Eva Meret Neuenschwander, Jürg Schneider

Tessin und Lago Maggiore

„Sobald man die Nähe der Hotels und die paar beliebtesten Ausflugsstraßen hinter sich lässt und in das steile, rauhe Bergland eindringt, dann ist man außerhalb Europas und außerhalb der Zeit ...“

Hermann Hesse

Impressum

Eva Meret Neuenschwander, Jürg Schneider
Reise Know-How Tessin und Lago Maggiore

erschienen im
Reise Know-How Verlag Peter Rump GmbH
Osnabrücker Str. 79, 33649 Bielefeld

4., neu bearbeitete und komplett aktualisierte Auflage 2014

Gestaltung
Umschlag: G. Pawlak, P. Rump (Layout);
M. Swiergot (Realisierung)
Inhalt: G. Pawlak (Layout); M. Swiergot (Realisierung)
Fotonachweis: siehe S. 420
Titelfoto: Jeannette Merguin
(Motiv: Am Bootshafen in Ascona)
Karten: Thomas Buri

Lektorat: Andrea Hesse
Lektorat (Aktualisierung): Marion Swiergot

Druck und Bindung: Wilhelm & Adam, Heusenstamm

Anzeigenvertrieb
KV Kommunalverlag GmbH & Co. KG,
Alte Landstraße 23, 85521 Ottobrunn,
Tel. 089 928096-0, info@kommunal-verlag.de

ISBN 978-3-8317-2465-9
Printed in Germany

Dieses Buch ist erhältlich in jeder Buchhandlung Deutschlands, der Schweiz, Österreichs, Belgiens und der Niederlande. Bitte informieren Sie Ihren Buchhändler über folgende Bezugsadressen:

Deutschland
Prolit GmbH, Postfach 9, D-35461 Fernwald (Annerod) sowie alle Barsortimente
Schweiz
AVA Verlagsauslieferung AG,
Postfach 27, CH-8910 Affoltern
Österreich
Mohr Morawa Buchvertrieb GmbH
Sulzengasse 2, A-1230 Wien
Niederlande, Belgien
Willems Adventure, www.willemsadventure.nl

Wer im Buchhandel trotzdem kein Glück hat, bekommt unsere Bücher auch über unseren
Büchershop im Internet: www.reise-know-how.de

Wir freuen uns über Kritik, Kommentare und Verbesserungsvorschläge, gern auch per E-Mail an info@reise-know-how.de.

Alle Informationen in diesem Buch sind von den Autoren mit größter Sorgfalt gesammelt und vom Lektorat des Verlages gewissenhaft bearbeitet und überprüft worden.

Da inhaltliche und sachliche Fehler nicht ausgeschlossen werden können, erklärt der Verlag, dass alle Angaben im Sinne der Produkthaftung ohne Garantie erfolgen und dass Verlag wie Autoren keinerlei Verantwortung und Haftung für inhaltliche und sachliche Fehler übernehmen.

Die Nennung von Firmen und ihren Produkten und ihre Reihenfolge sind als Beispiel ohne Wertung gegenüber anderen anzusehen. Qualitäts- und Quantitätsangaben sind rein subjektive Einschätzungen der Autoren und dienen keinesfalls der Bewerbung von Firmen oder Produkten.

Eva Meret Neuenschwander, Jürg Schneider

TESSIN UND LAGO MAGGIORE

Vorwort

Das Tessin und der Lago Maggiore haben mit ihren tiefblauen Seen, den Palmen vor schneebedeckten Gipfeln und mit ihrer üppigen Vegetation früh Reisende aus dem Norden angelockt – lange bevor die Küsten des Mittelmeeres oder tropische Destinationen durch Flugreisen in erreichbare Nähe rückten. In den letzten Jahren geriet das „Vorzimmer des Südens" jedoch fast in einen Dornröschenschlaf. Dabei haben der südlichste Kanton der Schweiz und die angrenzenden Gebiete der Lombardei und des Piemont viel mehr zu bieten als nur subtropische Landschaft und Wärme: Ruhige Seitentäler mit kleinen Dörfern, alte Steinhäuser, mit Granitplatten bedeckt, romanische Kirchen mit hohen Campanile, uralten Fresken und barockem Stuck, herrschaftliche Palazzi im Ausland reich gewordener Emigranten und moderne Bauten einer besonders kreativen Architekturbranche.

Verwöhnt werden die Besucher von kleinen, sorgfältig geführten Boutique-Hotels, mit schmackhaften, authentischen Gerichten und den erstaunlichen Ergebnissen einer alten Weinkultur. Das Ganze umrahmt von einer kontrast- und abwechslungsreichen Landschaft, wo sich schroffe Bergwelt und liebliche Seen auf engstem Raum ergänzen. Das öffentliche Verkehrsnetz in dieser abwechslungsreichen Landschaft ist typisch schweizerisch dicht: Noch das entfernteste Dorf ist mit einer meist kurvigen Straße gut erschlossen. So wird das Tessin ein Eldorado für Individualreisende,

› Wandern auf der Strada Alta in der Leventina

532te tt

die seine kulturellen Schätze entdecken oder die Landschaft eher sportlich erobern wollen – beim Wandern, Biken oder Skifahren.

Unser Reiseführer ist für echte Liebhaber gedacht, die nicht nur die Highlights absolvieren wollen: Deswegen haben wir auch Sehenswürdigkeiten in kleinen Dörfern erwähnt, die in anderen Führern fehlen, haben auf Entwicklungen hingewiesen, die sich in naher Zukunft abzeichnen, so die gerade im Aufbau befindlichen neuen Nationalparks im Tessin. Wir haben in dieser erneuerten vierten Auflage außerdem das gastronomische und Hotellerie-Angebot auf den neuesten Stand gebracht und das Thema Nachhaltigkeit (z.B. Bioprodukte, Biohotels) aufgegriffen.

Zugleich haben wir am bewährten Konzept der ersten drei Auflagen festgehalten – auch dieser Reiseführer ist regional geordnet von Nord nach Süd und folgt einer regionalen Logik, die auch erläutert wird. Jede Region endet mit Praktischen Tipps, in denen Empfehlungen und Informationen zusammengefasst werden.

Nach den Ortsbeschreibungen finden sich die „Praktischen Reisetipps A–Z" mit allgemeinen Hinweisen, wie etwa ausführliche Spartipps für budgetbewusste Reisende oder Familien.

Wir wünschen einen schönen Aufenthalt und eine interessante und erholsame Reise im immer wieder überraschenden und neu zu entdeckenden Tessin.

Eva Meret Neuenschwander
und Jürg Schneider,
im Mai 2014

Hinweis und Dank

Dieses Buch wäre ohne die Hilfe eines Standardwerks kaum möglich gewesen: den „Kunstführer durch die Schweiz". Das umfangreiche Werk wird von der Gesellschaft für Schweizerische Kunstgeschichte herausgegeben (Bd. 2 inkl. Tessin, ISBN 978-3-906131-96-2).

Inhalt

Der Schmetterling ...
... zeigt an, wo man besonders gut Natur erleben kann oder Angebote im Bereich des nachhaltigen Tourismus findet.

Unser Tipp: ...
... steht für spezielle Empfehlungen der Autoren: abseits der Hauptpfade und nach persönlichem Geschmack.

Nicht verpassen!
Die Highlights der Region erkennt man an der **gelben Hinterlegung.**

Exkurse

6 Praktische Reisetipps A–Z 324

7 Land und Leute 374

8 Anhang 402

Karten

Übersichtskarten

Ortspläne

Die Regionen im Überblick

1 Das nördliche Tessin | S. 12

Viele Touristen zieht es magisch in den Süden zu den Ufern der Seen der Südalpen, wo Palmen und Kamelien den Gast mit einem Hauch von Mittelmeer grüßen. Der Norden des Tessins, der Sopraceneri, bietet jedoch sowohl in der Leventina (S. 25) als auch im Bleniotal (S. 44) und an der kurzen Riviera (S. 41) viel intakte Natur abseits der Hauptstrecke. Sowohl religiöse als auch profane Bauten zeugen von einer alten Kultur an einem wichtigen europäischen Durchgangsweg von Norden nach Süden. Das Bleniotal wird Bestandteil eines der beiden neuen Nationalparkgebiete der Schweiz (Parc Adula, S. 52). Bellinzona besitzt neben der schönen Altstadt eines der besterhaltenen Beispiele von mittelalterlicher Festungsarchitektur (UNESCO-Weltkulturerbe, S. 59).

2 Schweizer Teil des Lago Maggiore | S. 80

Der Lago Maggiore und sein Hinterland sind so malerisch und abwechslungsreich, dass es Kenner dieser Region immer wieder hierhin zieht. Bekannte Ferienorte wie Locarno (S. 86), Ascona (S. 102) oder Brissago (S. 115) und die kleinen alten Dörfer, angeschmiegt an die steilen, von Kastanienbäumen bewachsenen Hänge, sowie der glitzernde See verführen mit ihrem Charme die Besucher. Für viele ist der Langensee (Lago di Lugano) der Inbegriff des Südens – mit ausgezeichneter Hotellerie und Gastronomie sowie glamourösen Events, die hier in Szene gesetzt werden. Viele lieben diese Gegend so, dass sie hier eine zweite Heimat gefunden haben. Faszinierend auch das Hinterland: Die Täler und Berglandschaften des Locarnese, das Verzascatal (S. 118) und das Valle Maggia (S. 127) und die noch abgeschiedeneren Valle Onsernone (S. 164) und Centovalli (S. 155). Hier findet man Natur- und Kulturlandschaften und ein Brauchtum, das über Jahrhunderte im harten Überlebenskampf entstanden ist. Wir empfehlen den See und das Hinterland zu kombinieren, um ein Gefühl für diese schöne Gegend zu bekommen.

3 Italienischer Teil des Lago Maggiore | S. 174

Eine Tessinreise verlangt einen Abstecher zum Langensee, wie er treffend auf Deutsch genannt wird, beträgt doch seine Ausdehnung von Tenero (S. 79) bis Sesto Calende (S. 206) am Ausfluss des Tessins aus dem See 66 km. Besonders schön ist hier das Westufer mit den alten Sommerfrischen wie etwa Baveno (S. 198) und Stresa (S. 199) mit ihren luxuriösen Hotels. Ein Muss ist der Besuch der Borromäischen Inseln (S. 199). Doch auch das Umland ist sehenswert. Da versteckt sich hinter den Bergen der hübsche Lago d'Orta (S. 194), oder man verbindet eine Reise durch das Hinterland des Locarnese mit dem Besuch des Valle Vigezzo (S. 181), des Val Cannobina (S. 181) und den ehemals eidgenössischen Besitzungen bei Domodossola (S. 183) oder den Walsersiedlungen des Val Formazza (S. 183).

4 Das Luganese | S. 212

Als Luganese wird die Gegend zwischen dem Monte Ceneri und dem Nordufer des Luganersees bezeichnet. Ähnlich wie beim Lago Maggiore dominieren die Bilder vom See die Vorstellungen: Lugano (S. 231) mit seiner einzigartigen Lage zu Füßen der „Zuckerhüte" San Salvatore und Monte Bré, mit seinen herrlichen Kirchen, Bürgerhäusern, Gassen und Märkten. Oder man denkt an die fast sprichwörtlichen Fischerdorfidyllen von Morcote (S. 265) und Gandria (S. 241). Doch auch Lugano hat ein reizvolles Hinterland: Die „Valli di Lugano“ (S. 217), das Val d’Isone (S. 218), das Val d’Agno, die Gegend um Tesserete (S. 224), der urspüngliche Malcantone (S. 249) oder die südlich vorgelagerte Halbinsel Ceresio (S. 263) mit Hermann Hesses Montagnola. Im Unterschied zum Locarnese ist das Luganese so kleinräumig, dass die lebendige und kulturell reiche Stadt jederzeit mit Abstechern ins Umland kombiniert werden kann.

5 Basso Ceresio und Mendrisiotto | S. 276

Das Südufer des Luganersees wird als Basso Ceresio bezeichnet und gehört touristisch zur südlichsten Destination im Tessin, dem Mendrisiotto – gerne auch „schweizerische Toscana“ genannt. Im Mendrisiotto wachsen einige der besten Merlots des Tessins, Weinkellereien findet man hier fast in jedem Dorf. Zu den herausragenden kulturellen Sehenswürdigkeiten gehört das älteste christliche Bauwerk der Schweiz, das aus dem 5. Jh. stammende Baptisterium in Riva San Vitale (S. 288) am Südende des Luganersees. Zu nennen sind auch die Meeressaurier-Fundstellen rund um den Monte San Giorgio, die zum UNESCO-Weltnaturerbe erklärt wurden und jetzt langsam erschlossen werden (S. 291). Und das vergessene Tal, das Valle di Muggio bei Muggio, am untersten Zipfel der Schweiz an der Grenze zu Italien (S. 307). Ein Abstecher zum Comersee und Como (S. 318) – mit der schönen Altstadt, der beeindruckenden Kathedrale und der typisch lombardischen Lebensart – sollte bei einem Besuch des Mendrisiottos nicht fehlen.

GRAUBÜNDEN
Piz Terri 3149
Campo-Blenio
Lukmanierpass
Acquacalda
Olivone
Airolo
Quinto
Ambri
Rodi
P. Molare 2585
Aquila
Adula Rheinwaldhorn 3402
Faido
1
V. DI BLENIO
VALLE LEVENTINA
Lavorgo
Acquarossa
Dongio
Fusio
P. Campo Tencia 3072
3063
Chironico
Piano di Péccia
Péccia
Giornico
Malvaglia
SCHWEIZ
Pontirone
Broglio
Bodio
2741
Biasca
Torrone Alto 2950
M. Zucchero 2736
Sonogno
Bignasco
TESSIN
VALLE RIVIERA
Iragna
Osogna
Cevio
Lodrino
Brione
2727
Someo
VALLE MAGGIA
VAL VERZASCA
2
Preonzo
Claro
Lavertezzo
Gnosca
Gordevio
Vogorno
Vergeletto
Gorduno
Mergoscia
Arbedo
Russo
Loco
Avegno
Bellinzona
VAL ONSERNONE
Tegna
Minusio
Gordola
Carena
Intragna
Locarno
MAGADINO EBENE
Giubiasco
Camedo
CENTOVALLI
Ascona
Quartino
Cadenazzo
Magadino
M. Ceneri
Brissago
San Nazzaro
Isone
M. Tamaro 1962
Bironico
ITALIEN
Pino
Indemini
VALCOLLA
Cavaglio
4
Tesserete
Sonvico
Curiglia
CANNOBINA
Cannobio
MALCANTONE
Breno
Lugano
Macagno
3
Novaggio
Cannero Riviera
Luino
Gandria
Agno
Aurano
Oggebbio
Caslano
Campione
Ponte Tresa
Ghiffa
Carona
Porto
Maggiore
Lago di Lugano
Bissone
Morcote
Riva-S. Vitale
Melano
Muggio
Laveno
Capolago
5
Lago
Mendrisio
Balerna
Stabio
Lago di Como
Besozzo
Cernobbio
Chiasso
Lesa
Como
Ispra
Albate
ITALIEN

400te bt Pino Brioschi

1 Das nördliche Tessin

Der Norden des Tessins wird oft unterschätzt, obschon er authentisch geblieben ist und es viele Kulturschätze zu entdecken gibt – und Natur pur, die bald in einen neuen Nationalpark integriert wird.

< Die Kirche von San Bernardo oberhalb von Monte Carasso

Das nördliche Tessin

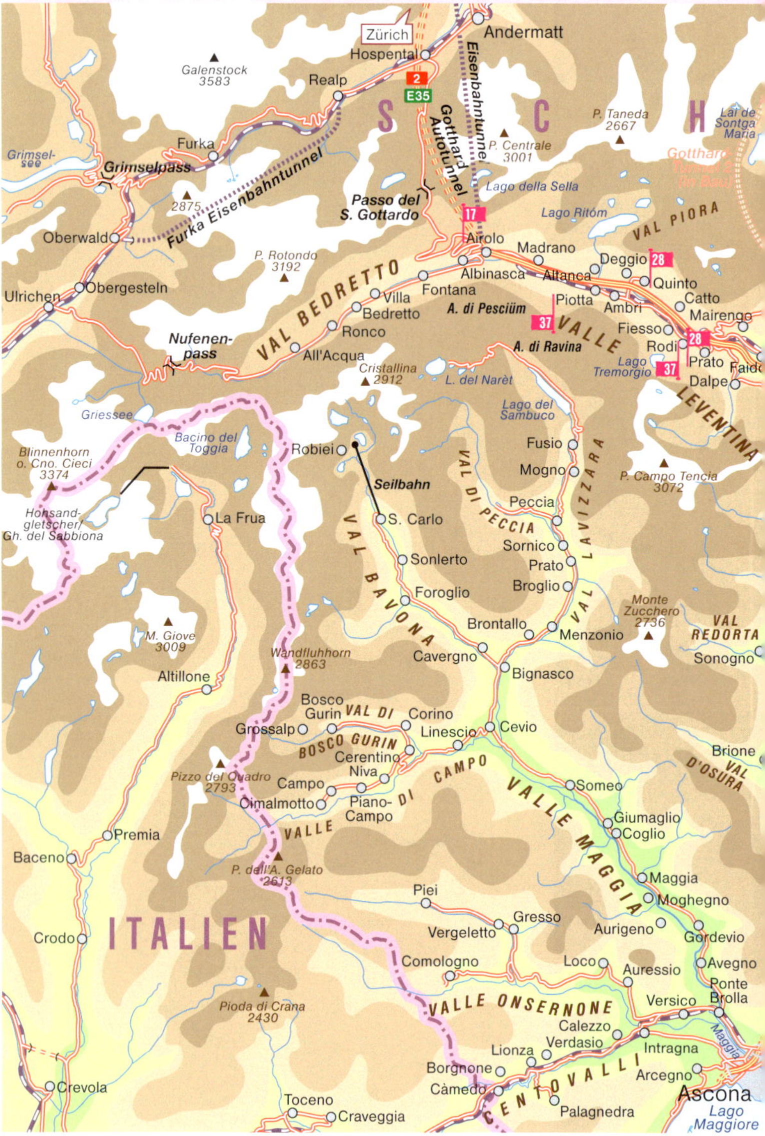

0
10 km
© Reise Know-How 2014
2500
2000
1500
1000
500 m
S C H W E I Z
I T A L I E N
Greinapass
2357
P. Cristalina 3128
P. Scopi 3190
Passo del Lucomagno
Val Camadra
Ghirone
Aquilesco
Pradasca
Val di Campo
Campo-Blenio
Lago di Luzzone
Guraletsch
Zervreilasee
Chur, Dornbirn
Medels
Nufenen
Splügen
Hinterrhein
Acquacalda
Dötra
Lavòrceno
Olivone
Camperio
Pian Segno
V. Santa Maria
Pinadee
Adula Rheinwaldhorn 3402
Passo del San Bernardino
San-Bernardino-Tunnel
A. di Cari
P. Molare 2585
Cari
Molare
Campello
Rossura
Chiggiogna
Aquila
Ponto-Valentino
Torre
Bassa di Nara
Valle
Castro
Lottigna
Prugiasco
Leontica
Acquarossa
P. Mucccia 2962
P. de la Lumbreida 2983
Lago d'Isola
Calonico
Corzoneso
Dongio
Madra
Lavorgo
Anzonico
Di
Motto
Ludiano
V. Malvaglia
Chironico
Cavagnago
Semione
Malvaglia
Altirolo
Giornico
Sobrio
Blenio
Pontirone
Val Pontirone
Mesocco
Cma. de Pian Guarnei 3015
Bodio
Rossa
Val Calanca
Soazza
Personico
Pollegio
Biasca
Val d'Efra
A. dell'Efra
Frasco
Iragna
Riviera
Cauco
Selma
Valle Mesolcina
P. della Forcolla 2675
Gerra
Osogna
Arvigo
Cma. di Bri 2520
Lodrino
E35
E43
Prosito
Cresciano
Buseno
Cama
Val Verzasca
Moleno
Preonzo
Claro
Grono
Laver-tezzo
S. Vittore
Lumino
Roveredo
Cima della Trosa 1869
Corippo
Castione
Gorduno
Arbedo
Mergoscia
Mti.-di Motti 1067
Val di Sementina
Mollnazzo
Lago di Vogorno
Monte Carasso
Gordola
Sementina
Bellinzona
Minusio
Cugnasco
Progero
Pianezzo
Melera
Carena
Tenero
Gudo
Piano di Magadino
Giubiasco
S. Antonio
Val Morobbia
Gravedona
Locarno
Contone
Cadenazzo
Lago di Como
Magadino
Milano
Isone

DAS NÖRDLICHE TESSIN – ZWISCHEN GOTTHARD UND LAGO MAGGIORE

Die meisten Touristen fahren schnell durch den Gotthard und dann möglichst rasch süd- oder nordwärts. So verpassen sie eine Region, die einzigartige Erlebnisse bietet: intakte Natur, die faszinierende Kultur des Mittelalters bis zum Barock sowie zahlreiche Freizeitmöglichkeiten.

NICHT VERPASSEN!

- Das Infocentro des neuen **Gotthard-Basistunnels** in Poleggio | 24
- Die romanischen Kirchen, v.a. in **Giornico** und in **Leontica** | 32 u. 49
- **Die „Strada Alta“** – der Höhenweg auf der Ostseite der Leventina | 37
- Die herrliche Natur im neuen **Nationalpark Adula** | 52
- Die **Burgen und Altstadt Bellinzonas,** UNESCO-Weltkulturerbe | 59

Diese Tipps erkennt man an der gelben Hinterlegung.

Überblick

Das nördliche Tessin ist ein fantastisches Wander- und Bikergebiet. Die Leventina bis nach Biasca, das dort einmündende Bleniotal (Teil des neuen Adula-Nationalparks), die kurze Riviera, die Stadt Bellinzona – UNESCO-Weltkulturerbe – und auch einige Trouvaillen im Valle Morobbia und in der Magadinoebene warten auf Entdecker und Genießer. Die Chance ist groß, dass man hier noch fern von Touristenströmen in Ferienstimmung kommen kann.

Der Gotthard – das Tor zum Tessin

Der Zugang zum **Gotthardpass** (Passo del San Gottardo) wurde erst nach dem Bau der Teufelsbrücke über die wilde Schöllenenschlucht im 12. oder 13. Jh. möglich. Der Warentransport zur Lombardei wurde verkürzt, politisch und strategisch stieg die Bedeutung der Urschweiz und der Orte auf dem Weg zum Pass. Der Säumer-Weg wurde 1820 in eine befahrbare Straße ausgebaut, 1882 fuhren die ersten **Züge** und 1980 die ersten **Autos** durch den Gotthardtunnel (s. Exkurs „Die Gotthardroute").

Auf der Passhöhe des Gotthards liegt das **Hospiz,** 1685 bis 1799 von Kapuzinern betreut und 1777 nach einem Lawinenniedergang neu gebaut. Das Hospiz wurde 2010 in die Liste des europäischen Kulturerbes aufgenommen. Zu Fuß erreicht man in nur wenigen Schritten die Themenwelt Sasso San Gottardo in den Kavernen aus dem 2. Weltkrieg (s. unter „Ausflüge").

Airolo

Vom Gotthardpass gelangt man in vielen Serpentinen in das Tal des Tessinflusses. Der Ticino – vom Nufenen kommend – durchfließt zuerst den hochalpinen Talabschnitt, den man Bedretto nennt. Von Airolo geht es dann in drei Talstufen immer dem Tessinfluss entlang abwärts in südöstlicher Richtung bis Biasca, wo sich Tessin und Brenno vereinen. In Airolo ist die Südausfahrt bzw. -einfahrt in den Gotthardtunnel, auch der ganze Zugverkehr passiert diesen Ort noch, bis 2016 dann der neue Eisenbahn-Basistunnel eröffnet wird.

Airolo war früh ein wichtiger Etappenort an der Gotthardroute. Das heutige **Dorfbild** wurde vor allem im 19. Jh. neu geprägt, nachdem ein Brand 1877 einen großen Teil der Gebäude vernichtet hatte. Bergrutsche und Lawinen, z. B. die von 1951, trugen zur weiteren **Zerstörung alter Bausubstanz** bei. Ein historischer Kern, der vielen anderen Tessiner Dörfern den südländischen Charme verleiht, fehlt. Trotzdem dient Airolo mit seinen Bergbahnen vielen Urlaubern als **Ausgangspunkt** für Wanderungen, Rad- und Skitouren.

Sehenswertes

Über die Zeit gerettet hat sich der **romanische Turm** der 1224 erstmals erwähnten Kirche SS. Nazario e Celso. Der sechsgeschossige, von Arkaden gegliederte Bau weist in den zwei oberen Stockwerken Zwillingsfenster auf. Ebenfalls erhalten geblieben ist an der Nordseite des Kirchenschiffs eine barocke **Kapelle** mit Stuckaturen aus der zweiten Hälfte des 17. Jh.

Giorgio und *Giovanni Guscetti* haben 2001 die Ortsmitte durch den Bau eines **Parkhauses** mit einer Freifläche auf dem Dach neu gestaltet. Der Turm des Parkhauses (Lift) verbindet den oberen mit dem unteren Dorfteil.

Der Tessiner Bildhauer *Vincenzo Vela* schuf 1882 das **Bronzedenkmal** neben dem Bahnhof, das an die beim Bau des Eisenbahntunnels verunglückten Arbeiter erinnert. Am Südeingang des Autotunnels versinnbildlicht die **Granitskulptur** aus dem Jahr 1980 von *Gianfranco Rossi* das Aufeinandertreffen verschiedener Völker und Kulturen.

In der **Umgebung Airolos** liegen etliche Oratorien und Kapellen, die vor allem wegen ihrer Ausstattung bemerkenswert sind, so etwa die spätbarocke Kapelle SS. Gervasio e Protasio in **Madrano** am linken Talhang. Im Chor des Oratoriums von **Brugnasco** finden sich Fresken der *Tarilli*, datiert auf das Jahr 1608. Der wertvolle Altar der Kapelle S. Anna in **Albinasca** von 1504 steht heute im Landesmuseum Zürich.

Praktische Tipps

Information

- **Leventina Turismo,** Airolo, beim Bahnhof, Tel. 091 86 91 533, www.leventinaturismo.ch, Di–Fr 8–12 Uhr und 14–17.30 Uhr, Juni–September Sa 8–12 Uhr.

Unterkunft

- **Albergo San Gottardo Ospizio,** 6780 Airolo, Tel. 091 86 91 235, www.gotthard-hospiz.ch. Auf Passhöhe; neu renoviert, 14 Zimmer mit Dusche/WC, DZ sFr. 190; Touristenlager sFr. 35; Öffnungszeiten Juni bis Oktober.
- **Hotel Forni,** Via Stazione, 6780 Airolo, Tel. 091 86 91 270, www.forni.ch. In der Nähe des Bahnhofs; 20 renovierte Zimmer mit Bad/Dusche und WC, sFr. 55 p.P., DZ sFr. 150–196; Gute Küche in gepflegtem Restaurant.
- **Albergo Garni B&B Motta,** 6780 Airolo, Tel. 091 86 92 211, www.bbmotta.ch. In der Dorfmitte, 29 Zimmer, DZ mit Bad/Dusche und WC ab sFr. 140–150.
- **Hotel Alpina Airolo,** 6780 Airolo, Tel. 091 87 33 232, www.hotel-alpina.net. Über dem Dorf gelegen, neu renoviert, außen massiv, innen freundlich und ansprechend. Die 28 modernen DZ besitzen alle einen Südbalkon mit Blick auf Airolo und das Leventinatal. Bar, italienische Küche im Restaurant. DZ mit Frühstück sFr. 145–180.

Essen und Trinken

- Gutes Restaurant im **Hotel Forni,** Nähe Bahnhof (s.u.: „Unterkunft").
- **Ristorante Cristallina,** Viale Stazione, Tel. 091 86 91 933. Restaurant und Pizzeria mit großer Terrasse. Gegenüber dem Bahnhof.

Museen

- **Museo Nazionale del San Gottardo,** auf dem Pass, Tel. 091 86 91 525, Juni bis Oktober 9–18 Uhr. Bedeutung des Gotthards, Geschichte des Passes, Mineralienausstellung, Sonderausstellungen.
- **Festungsmuseum Forte Airolo,** Tel. 091 86 81 770, da sich die Öffnungszeiten häufig ändern, erspart ein Anruf Enttäuschungen. 1,5 km oberhalb von Airolo an der Kantonsstraße zum Gotthardpass gelegen. Die Festungsanlage dient als Militärmuseum und zeigt Waffen, Ausrüstungsgegenstände, Baupläne und Dokumente zur zwischen 1886 und 1891 gebauten Festungsanlage, der ersten dieser Art in Europa. Geführte Besichtigung möglich.

Einkaufen

- **Schaukäserei** in Airolo – *Caseificio dimostrativo del Gottardo,* Tel. 091 86 91 180, www.cdga.ch. In Richtung Bedrettotal, ausgeschildert. Hier erfährt man, wie aus Milch Butter, Rahm oder Joghurt entsteht und welche Arbeitsabläufe sich hinter einem Laib Gottardo-Käse verbergen. Besucher können ih-

401te http://commons.wikimedia.org/wiki/File:Ritom01.jpg?uselang=de

ren eigenen Käse herstellen, er wird nach dem Reifeprozess per Post nach Hause gesandt. Mit Restaurant und Direktverkauf. Täglich offen. Schaukäserei von 8–13 Uhr geöffnet.

■ **Il Nostrano,** Via San Gottardo 58, Airolo, www.ilnostrano.ch. Ein Feinkostladen mit lokalen Produkten, v.a. Bergkäse, Merlots, Salametti, Pasta, Polentamehl und Reis. Auch Webshop.

■ Im September findet in **Ambri** und **Piotta** eine **Viehschau mit Käsefest** statt. Hunderte von Tieren werden prämiert und verkauft. Käse kann gekostet werden, Marktstände bieten Gastronomisches und Kunsthandwerkliches an. Informationen unter Tel. 091 86 91 533.

Ausflüge

■ **Themenwelt Sasso San Gottardo:** Auf der Gotthard-Passhöhe wird in über 2 km langen Stollen und Kavernen, die früher zum Gesamtkomplex der Festung Gotthard gehörten, eine sehenswerte Themenwelt mit den Kategorien Wasser, Klima, Mobilität und Lebensraum inszeniert. Den einzigartigen Bergkristallen ist ein eigener Raum gewidmet. Der Eingang befindet sich nahe der Passhöhe (ausgeschildert). Tel. 091 869 15 57. Juni bis Oktober, Eintritt sFr. 25/Kurzbesucher ab 16.30 Uhr sFr. 15/ Kinder bis 15 J. in Begleitung Erwachsener frei.

■ **Fahrt mit der Bergbahn Funivie del San Gottardo,** Tel. 091 87 33 040, www.airolo.ch. Die Talstation befindet sich in der Nähe der Autobahnausfahrt. Eine neue Kabinenbahn und Skilifte bringen Wanderer, Biker und **Skifahrer** im Sommer auf Pesciüm (1745 m, Bergrestaurant) und ab Weihnachten auf den 2065 m hohen Sasso della Boggia und den 2250 m hohen Varozzi. 30 km Abfahrtspisten, eine 3,5 km lange Loipe, eine Halfpipe sowie ein Snowpark warten auf den Wintersportler. Im Sommer führt die Bahn von der Station Pesciüm Wanderer z. B. mit der Strada degli Alpi ins Bedrettotal oder zur Alpe di Ravina.

■ **Standseilbahn Ritom-Piora,** *Funicolare del Ritóm,* Piotta, Tel. 091 86 83 151, www.ritom.ch/deu/funicolare.html; die steilste Standseilbahn fährt vom 1. Juni bis 30. September. Busverbindung nach Airolo. Führt ins Wandergebiet Ritom-Piora.

Hier im 8 km langen **Val di Piora** liegen, in Bergweiden eingebettet, circa 20 kleine Bergseen. Die größten sind der Ritom-, der Tom- und der Cadagnosee, wo sich auch das Centro di Biologia Alpi-

Der Lago Ritom

na befindet. Das Centro hat einen Berggarten, der in der Blütezeit in allen Farben leuchtet. Zwei Gasthäuser und Berghütten bedienen die Ausflügler.

■ **Postkutschenfahrt über den St. Gotthard,** *Historische Reisepost* AG, 6440 Brunnen, Tel. 041 88 80 005, www.gotthardpost.ch. Im originalgetreu nachgebauten Fünfspänner mit Postillion und Fahrer geht es über den legendären Pass. Max. 8 Pers., Mitte Juni bis Mitte September täglich; Start um 9.30 und 10.15 Uhr vom Bahnhof in Andermatt, Ankunft um 16.30 und 17 Uhr beim Bahnhof Airolo, bei jedem Wetter. Pro Person sFr. 750.

■ **Gotthard Bike Arena:** Auf kleinstem Raum 8 Alpenpässe überqueren und einzigartigen Single Trails im Herzen der Alpen folgen. Für höhenerprobte und trainierte Biker von Mitte Juni bis Mitte Oktober. www.gottardobikearena.ch bietet Karten, Übersicht über Trailnetz und Unterkünfte, Akku-Wechselstationen, spezielle Angebote wie E-Bikes, das Nachführen des Gepäcks, Bike and Rail-Tageskarten mit der Matterhorn-Gotthardbahn.

Wanderungen

■ Vom **Gotthardhospiz** zum **Lago della Sella,** zum **Passo Posmeda** und von hier auf den Gipfel **Giübin** (2776 m) und zurück zum Hospiz. Eine leichte, schöne Gipfelwanderung in 2 Std. 45 Min. Achtung: die weiß-roten Schießanzeigen beachten (Militärgebiet). Es gibt eine Busverbindung.

■ **5-Seen-Rundwanderung** zu den Laghi di Lucendro, d'Orsino, d'Oriorora und della Valle. Die ca. 4-stündige, relativ leichte und gut ausgeschilderte Bergwanderung führt vom Hospiz zur Staumauer des Lago di Lucendro und von hier rechts in Richtung Lago d'Orsino. Immer im Uhrzeigersinn weitergehend kommt man wieder zum Stausee.

■ Vom **Gotthardhospiz** über **Rosso di Fuori** und die **Alpe di Cavanna** nach **Ronco** im Bedrettotal, 3 Std. 45 Min. Eine Wanderung über der Waldgrenze mit schönem Blick auf die Cristallinagruppe; steiler Abstieg zum Ri di Bedretto. Busverbindung.

Die Gotthardroute

Der St. Gotthard, die kürzeste Nord-Süd-Verbindung der Westalpen, hat viele Reisende kommen und gehen sehen: Kaufleute, Säumer mit ihren Packtieren, Standesläufer und Botschafter der eidgenössischen Ortschaften, Pilger, Postboten, Stallburschen, vornehme junge Herren auf ihrer Grand Tour, edle Damen, Dichter und Maler, Bräute und Marktfrauen, Bauern und Knechte und allerhand Soldaten jeder Couleur. Viele werden über die Jahrhunderte von den Patres im Hospiz empfangen und bewirtet. Im 17. Jh. sind es jährlich um die 4000 Menschen, die hier einkehren, 1875 machen 72.000 Passagiere der Gotthardkutschen hier kurz Station, bevor sie ins Tal hinunter stieben.

Einige machen von sich reden, etwa die Pfauen gleichen spanischen Truppen, die in Kontingenten von 200 Mann mit der Erlaubnis der Eidgenossen von Mailand ins Burgund ziehen. Wenig erfreut ist man über die plündernden Franzosen unter *Napoleon,* denen Leventiner, Urner und Oberwalliser im Gotthardraum den Krieg erklärt haben. Ein besseres Image haben die Soldaten des „Generals Vorwärts", des Grafen Suwarow; er hält seine Truppe in eisernem Griff. Während sich die russischen Soldaten über den Pass schleppen, wird ihr Kriegsmaterial über den Brenner in den Bodenseeraum befördert. *Adam de Usk* aus Oxford lässt sich 1401 auf seinem Ochsenschlitten die Augen verbinden, so ängstigt ihn die Tremola, wie die Straße mit ihren engen Serpentinen genannt wird.

Der Mineraloge *Greville* benötigt 78 Mann, die seine Kutsche zerlegen und stückweise über den Pass transportieren, während er

und ihre Geschichte

sich in der Sänfte hinüber tragen lässt. *Goethe* war nachweislich dreimal auf dem Pass, einmal blickt er nur sehnsüchtig in die Leventina, welche auf Deutsch Livinental heißt. Zum Sinnbild für die Kutschenfahrten über den Gotthard wird *Rudolf Kollers* Angst einflößendes Bild „Die Gotthardpost" mit der fünfspännigen Postkutsche.

Bezwingung der Schöllenenschlucht

Verschiedene Anzeichen, so der Bau der Kapelle und des Hospiz auf dem Gotthard, lassen den Schluss zu, dass die Schöllenenschlucht **um 1150 begehbar** wird. Für den Straßenunterhalt und die Sicherheit bürgen die Leventina sowie Como und Mailand.

Der Schöllenensteg wird ähnlich gebaut wie die Suonen, die Wasserleitungen der Walser im Wallis. Stützen und Streben werden in Felsritzen und Vertiefungen verankert, Längsbalken verbinden sich zu einem Traggerüst; die darauf gelegten Bretter bilden den Steg, der Platz für ein Packtier bietet.

Wie die kühne **Teufelsbrücke** über die Reuss konstruiert wurde, kann man nur vermuten. Als Auftraggeber des Stegs und der Brücke könnten die *Lenzburger* als Herrscher über Zürich, Uri und Leventina in Frage kommen. 1707 wird der Steg weggeschwemmt. An seiner Stelle sprengt der renommierte Baumeister *Pietro Morettini* 1708 mit Schwarzpulver das **„Urnerloch"** durch den Berg. Es ist 64 m lang, 2,20 m breit und 2,50 m hoch, gerade groß genug für ein Maultier mit Begleiter. Zwei Arbeiter verunglücken beim Bau tödlich. 1830 wird der Tunnel auf 6 m Breite und 5 m Höhe erweitert.

Die Säumergenossenschaften

1237 hält die älteste bekannte Säumerordnung offenbar schon lange gängige Regelungen fest. Jeder Säumer hat nur ein Saumrecht, das er nicht veräußern darf. Das Pferd oder der Maulesel muss in seinem Besitz sein, und er hat das Tier selber zu führen und zu füttern, d. h. er muss Boden besitzen. Der Säumer ist für die Ladung haftbar. Eine „Saum" entspricht ungefähr 150 l. Mit gewissen Einschränkungen können auch Frauen das Saumrecht erben, falls ein männlicher Erbe fehlt.

Jede Saumgenossenschaft hat das **Transportmonopol** von einer Sust (Warenlager) zur anderen, auf ihrer Teilstrecke sind die Mitglieder für den Wegunterhalt und die Tränken verantwortlich. Die Susten gehen von Vicinanza zu Vicinanza (Nachbarschaften von drei bis fünf Weilern); hier wird von einem Saumtier aufs andere umgeladen, es gibt Übernachtungsmöglichkeiten, Stallungen sowie einen diebstahlsicheren „Safe" für die Warenladung. An der Sust zieht der Sustenmeister die Weggelder für den Straßen- und Brückenunterhalt ein, das Geld für die Warenlagerung und für die Wegbegleitung. Auf dem Lago Maggiore und dem Luganer See organisieren sich die Schiffer übrigens in ähnlichen Genossenschaften.

Das wiederholte Auf- und Abladen ist mühsam, die Kaufleute fordern **Stracksfuhren** (Eilfuhren) zwischen Magadino und Flüelen. Robustere Ladungen werden nach wie vor mit **Strusfuhr** von Sust zu Sust befördert. Endgültig Schluss mit den Monopolen macht die Bundesverfassung von 1848.

Erschließung der Piottina-, Biaschina- und Stalvedroschlucht

Ob die Säumer vor 1300 die Gola del Piottino lieber auf der linken Seite über Quinto und Mairengo oder auf der rechten umgehen, ist nicht klar. Ab diesem Zeitpunkt wählen sie aber öfter die Strecke über Rodi, Dalpe und Piana Selva nach Faido, weil sie als weniger gefährlich gilt. Trotzdem ist man froh, als die Urner 1560 bis 1570 einen Weg durch die Gola del Piotta schlagen.

Nach Rodi führen zwei Wendeplatten in Spitzkehren in die Schlucht hinab. Im Winter, wenn die Strecke vereist ist, braucht es viel Fingerspitzengefühl, die Tiere samt Ladung heil nach Faido zu bringen. Ebenfalls 1570 wird die Biaschinaschlucht durch einen Saumweg begehbar. Die 60 m tiefe Stalvedroschlucht wird erst im 17. Jh. passierbar. Jetzt beschleunigt sich der Warentransport erheblich.

Die neue Gotthardstraße

1827–1831 baut der noch junge Kanton Tessin die Kantonsstraße, später als Gotthardstraße bekannt. Er folgt dabei praktisch der Straßenführung des 16. Jh. In der **Tremola** überwindet der Ingenieur *Carlo Colombara* in 40 Kehren 950 m Höhendifferenz. Im gleichen Jahr (1831) wird der Damm von Melide eröffnet. Der Weg zwischen Gotthard und Mailand ist nun durchgehend offen. Am Anfang fahren drei Kutschen pro Woche über den Gotthard, 1842 ist es schon ein Eilwagen pro Tag, 1849 überqueren 14.000 Reisende den Pass. 1850 übernimmt der Bund den **Postdienst.**

Vorher waren Läufer, später Pferdekuriere als Nachrichtenübermittler unterwegs. Im 16. Jh. gründet der Luganese *Diego Maderni* einen Reiterpostdienst, der aber bald von der Zürcher Gotthardpost übernommen wird. 1875 befördern die Gotthardkutschen schon 72.000 Personen über den Pass in den Süden oder Norden. 18.000 arbeiten im gleichen Jahr beim Straßenunterhalt oder bei den Post- und Eildiensten. Im Winter werden die Reisenden übrigens in Decken gehüllt und am Schlitten festgebunden. So können sie nicht abspringen, wenn die Pferde am äußersten Straßenrand traben, um die Kurven zu kriegen.

Lukmanier oder Gotthard?

Bis 1874 liegen die **Eisenbahnkonzessionen** in den Händen der Kantone, aufs heftigste streiten diese über den Verlauf der Schienenstränge. Ausländische Financiers wie die *Rothschilds* und die Gebrüder *Pereire* sind erfolgreiche Konzessionen-Jäger, sie sind vor allem an der Einbeziehung französischer Häfen interessiert. Die Linie Basel – Olten – Luzern durch den Gotthard steht in Konkurrenz zur Strecke über Zürich und den Lukmanier. Die Tessiner favorisieren die letztere Variante. Ein Kämpfer für die Gotthardroute im Tessin ist der Erbauer des Staudamms von Melide und Vorsteher des Tessiner Bauamts, *Pasquale Lucchini*. Der italienische Flüchtling findet in Ingenieur *Carlo Cattaneo* einen Mitstreiter, welcher den Gotthard als Teil einer völkerverbindenden Eisenbahnstrecke sieht, deren Endpunkt der Suezkanal bildet.

Langsam dämmert es der Schweizer Regierung, dass sie die Federführung übernehmen muss. In *Alfred Escher,* dem Zürcher Begründer der Schweizerischen Kreditanstalt, findet sie eine treibende Kraft. Das mittlerweile vereinte Italien und Deutschland geben den endgültigen Ausschlag. 1866 meldet Italien sein Interesse an der Gotthardroute an, nach 1871 fließt deutsches Geld in ehemals französische Konzessionen. *Kanzler Bismarck* setzt sich auch für den „neutralen" Alpendurchstich am Gotthard ein.

Im Tessin macht sich der Luganer Politiker *Battista Pioda* für den Gotthard stark. Nach der

Eröffnung des Suezkanals unterschreiben Italien, Deutschland und die Schweiz eine Finanzierungsvereinbarung; Italien soll 45 Millionen, die Schweiz und Deutschland je 20 Millionen Franken beitragen. Den Bauauftrag erhält der Genfer Ingenieur *Louis Favre,* sein Angebot scheint das günstigste zu sein.

Die Arbeiten am Gotthardtrassee beginnen unverzüglich, doch bereits 1875 ist der Kostenvoranschlag um 50 Prozent überschritten, das Defizit beträgt 102 Millionen Franken. *Escher* nimmt seinen Hut. Auf eine Doppelspur muss verzichtet werden. Erstmals wird beim Bau eines Tunnels **Dynamit** eingesetzt, das Bautempo und der Spardruck führen zu vielen **Unfällen.** Fast 180 Arbeiter verlieren ihr Leben, 400 werden schwer verletzt. Dazu kommen schlechte Arbeits- und Unterkunftsbedingungen und überteuerte Nahrungsmittelbons. 1875 wird in Göschenen und Airolo **gestreikt,** auf der Nordseite tötet das Militär vier der Streikenden.

In den zehn Jahren Bautätigkeit sind 10.000 italienische Gruben- und Erdarbeiter im Tunnel beschäftigt. 1882 ist der Tunnel **fertiggestellt.** Der Einweihungszug wird überall begeistert begrüßt, nur in Uri signalisieren schwarze Fahnen, dass Hunderte von Säumern nun arbeitslos werden. Der erste Güterzug bringt – auf der „Völkerverständigungstrecke" – Waffen von Deutschland nach Italien.

Im Kanton Tessin expandiert der Tourismus: Die Zahl der Hotels steigt von 20 im Jahr 1880 auf 208 im Jahr 1912, darunter sind viele Luxushotels. Weitere Bahnstrecken in die einzelnen Täler sowie Zahnrad- und Standseilbahnen erschließen attraktive Ferienorte.

Ein Bauzug um 1875 vor dem Tunnelportal in Göschenen

402te http://commons.wikimedia.org/wiki/File:Gotthardtunnel_Bauzug.jpg?uselang=de

Ausbau der Gotthardstraße

1936–41 wird die Gotthardstraße auf 6 m verbreitert, die Kurven der Tremola werden gepflastert. 1967–1977 wird die Straße mit weit ausholenden Wendeplatten erneut ausgebaut; sie wird jedoch nur vier Jahre in Betrieb sein, bevor der **Autotunnel** seine Pforten öffnet. Das Nationalstraßengesetz von 1960 hat eine durchgehende Autobahn von Basel nach Chiasso vorgesehen, das letzte Teilstück zwischen Biasca und Castione wird 1986 geschlossen. Die Tunnelportale und Brücken der Autobahn sind nach Kriterien von *Rino Tami* in Eisenbeton gebaut. Die Raststätte Stalvedro wird von *Tito Carloni,* die knallrote von Piotta von *Mario Botta* gestaltet.

Der Gotthard-Basistunnel

Bereits in den 40er Jahren des 20. Jh. gibt es erste Pläne für einen Gotthard-Basistunnel. 1962 liegt ein einspuriges Tunnel-Projekt von Amsteg nach Gironico vor, das mehrmals abgeändert wird. 1992 geben zwei Volksabstimmungen grünes Licht, die Alpentransversale kann gebaut werden. Der Entscheid zwischen einer Doppelspurröhre mit Dienströhre oder aber zwei Einspurröhren fällt jedoch erst 1995. Eine kombinierte Lösung macht schließlich das Rennen: zwei Einspurröhren ohne Diensttunnel, jedoch mit zwei Multifunktionsstellen, Spurwechseln und ca. 180 Querschlägen, so dass jede Röhre der jeweils anderen als Notröhre dienen kann.

Der **längste Eisenbahntunnel der Welt** soll 2016, der anschließende Ceneritunnel 2019 in Betrieb genommen werden – denn zum Konzept der Alpentransversale gehören auch ein Basistunnel am Monte Ceneri, eine neue Überbrückung bei Melide sowie der Anschluss ans italienische Netz nach Milano.

Priorität für Schiene oder Straße?

Der Ausbau des Gotthards ist eines der großen verkehrspolitischen Streitthemen zwischen Lobbyisten des Straßenverkehrs und ökologisch sensibilisierteren Stimmbürgern, die wissen, wie gefährdet das Ökosystem der Alpen ist. Der 1994 beschlossene Alpenschutzartikel in der Bundesverfassung verbietet den Ausbau von Transitstraßen und will den Verkehr auf die Schiene verlagern (s. www.alpeninitiative.ch).

Noch 2004 lehnte das Schweizer Volk eine Aufweichung dieses Artikels mit einer starken Mehrheit von 63% Neinstimmen ab. Nur so – mit einer Beschränkung des Autoverkehrs durch den Gotthard, macht der teure Eisenbahn-Basistunnel Sinn. Nun muss die Röhre aber dringend saniert werden und der Bundesrat – insbesondere unter dem Druck der EU, aber auch der einheimischen Autolobby – schlägt neuerdings eine zweite Röhre vor: Beide Tunnelröhren würden nur einspurig befahren, was sicherer sei, wird argumentiert. Natürlich ist zu vermuten, dass in einem doppelspurigen Tunnel mittelfristig trotzdem vierspurig gefahren wird.

■ Das **Besucherzentrum Pollegio,** für dessen Bau Ausbruchmaterial aus dem Gotthard-Basistunnel verwendet wurde, zeigt den Tunnelbau und die neue Gotthardbahn mit audiovisuellen Mitteln, vielen Modellen und Originalobjekten. Dem Zentrum, das rollstuhlgängig ist, ist ein Bistro angeschlossen. Das Infocentro hat auch Ganztagesangebote mit Führung durch die Baustelle Alptransit im Programm (kulturelle, gastronomische und wirtschaftliche Themen), vgl. Angebot und Verfügbarkeit auf: www.infocentro.ch, Tel. 091 87 30 550.

Eintritt Di–Sa 9–18 Uhr, Eintritt frei, Führungen je nach Thema und Länge. Untertagsführungen sind mit Herzschrittmacher, bei Schwangerschaft und nach Alkoholgenuss aus Sicherheitsgründen nicht erlaubt.

Valle Bedretto

Das Grenztal zwischen Uri, Wallis, Italien und der Leventina ist das **Quellgebiet des Ticino** (Tessin) und das nördlichste Tal des Kantons, ein Alpweidenland mit tief eingeschnittenen Seitentälern. Die Haufendörfer bestehen aus gestrickten Holzbauten (siehe „Anhang", Glossar Kunst und Architektur), z. T. mit Schindeldächern. Sie liegen im Hochtal zwischen 1313 und 1618 m. Hauptort ist **Villa,** wie **Bedretto** und **Ronco** am linken Hang gelegen. In Villa weist die Kirche Santi Maccabei eine architektonische Besonderheit auf: einen polygonalen, vermutlich spätmittelalterlichen Turm, der als **Lawinenbrecher** dienen sollte. Auf der rechten Talseite liegt **Fontana,** das bereits zur Gemeinde Airolo gehört. Im von Lawinen bedrohten Tal hat sich, wie in Uri und der Leventina, die Genossenschaftssennerei *(boggie)* erhalten.

Das noch kaum italienisch wirkende Bedretto-Tal ist mit seinen Tannen- und Lärchenbergwäldern ein sehr beliebtes **Wandergebiet,** so z. B. die Strada degli Alpi (Kabinenbahn Airolo – Sasso della Boggia). Cioss-Prato ist ein kleines **Skigebiet** zwischen Ronco und All'Acqua mit leichten Abfahrtspisten, die sich vor allem für Kinder eignen. Ausgedehnte Loipen für Skilanglauf finden sich am Talausgang. Von Ronco aus kann man den Griesgletscher sehen; an seinem Fuß liegt der gleichnamige Pass, über den im 13. Jh. die Walser ins italienische Val Formazza und von dort nach Bosco Gurin zogen.

Auf dem Weg zum **Nufenenpass** liegt das alte Hospiz All'Acqua, von wo früher ein viel bereister Weg zum San-Giacomo-Pass nach Italien führte. Der steil abfallende Nufenenpass (2478 m) befindet sich inmitten einer imposanten Bergwelt. Er ist der höchste Straßenpass der Schweiz.

Unterkunft

- **Stella Alpina,** 6781 Bedretto, in Ronco, Tel. 091 86 91 714. Hübsch renoviertes kleines Hotel mit Restaurant. DZ mit Dusche/WC sFr. 138–190.
- **Ristorante All'Acqua,** 6781 All'Acqua, Tel. 091 86 91 185. Einfache DZ mit Dusche/WC sFr. 130. Auch Mehrbettzimmer und Zimmer mit Dusche auf der Etage.

Valle Leventina

Der Ticino durchfließt von seiner Quelle bis zur Mündung in den Lago Maggiore ein langes Tal, das in die Abschnitte Bedretto, Leventina, Riviera und Magadino-Ebene unterteilt ist. Der zweite dieser Abschnitte, die Leventina, auf Deutsch das Livinental, beginnt im alpinen, von Nadelbäumen gesäumten Airolo und endet nur 40 km später im schon südlichen Biasca mit seinen Kastanienwäldern und Weinstöcken. Der Talabschnitt ist zwar kurz, überwindet jedoch 800 Höhenmeter: Die Leventina wird durch zwei Engpässe (Piottina bzw. Biaschina-Schlucht) in drei Abschnitte geteilt, die höhere, mittlere und tiefere Leventina, die sich klimatisch und vom Naturraum her stark unterscheiden.

Der ganze Talabschnitt ist recht eng (wenn man von der ca. 4 km langen Ebe-

403te ns

ne zwischen Piotta und Ambri einmal absieht) und wird von zwei Bergketten flankiert: Die meisten Dörfer der Leventina sind auf der sonnigen, linken Talseite zu finden, wo sich auch die alte Säumerstraße („*Strada Alta*"/Hohe Straße) befindet, weil der Talgrund mit dem wilden Fluss viel zu sehr den Naturgewalten ausgesetzt war.

Mancher Tourist lässt die Leventina schnell hinter sich, um möglichst rasch nach Süden oder durch den Gotthard zu fahren. Einige Züge halten hier nicht mehr an. Dabei gibt es viel zu sehen: Überall grüßen den Vorbeiziehenden **romanische Kirchtürme.** Sie zeugen vom einstigen Wohlstand des Tales, den seit dem 13. Jh. Handelsgesellschaften, Schmiede, Lastenträger, Säumer, Gastwirte und Zöllner geschaffen hatten.

Blick auf Quinto talaufwärts in die Leventina

Kleine kompakte Dörfer mit Steinhäusern und Türmen stehen (z.B. an der Strada Alta) in engen Mulden oder auf sonnigen Hängen. Auf den Höhen – oft mit Seilbahnen erschlossen – sind wunderbare Wandergebiete mit kleinen Seen und Auengebieten zu finden. Die Wagemutigeren und Wanderfreunde locken hohe Bergspitzen. Wer über wenig Zeit verfügt, dem sei zumindest **Giornico** mit seinen Kirchen S. Nicola und S. Maria di Castello ans Herz gelegt.

Nicht nur die Touristen ziehen achtlos vorbei, auch der **Warenverkehr** fährt ungebremst auf Schienen, der Autobahn und Kantonsstraße nach Norden oder Süden, so dass vom einstigen Wohlstand heute wenig mehr im Tal verbleibt. Eindrucksvoll sind die von Airolo nach Chiasso führenden Autobahnbauten mit ihren Tunnelportalen und Brücken, gebaut nach Kriterien von *Rino Tami.* Die Raststätte Stalvedro wurde von *Tito Carloni,* die in Piotta von *Mario Botta* gestaltet.

Der Aufstand der Leventiner

Das Valle Leventina, einst ein abgeschiedenes, relativ armes Tal, erlangte mit der Erschließung des St.-Gotthard-Passes zunehmend strategische und wirtschaftliche Bedeutung. So wurde das Tal im Laufe seiner Geschichte immer wieder zum **Gegenstand kriegerischer Auseinandersetzungen.**

Vom 10. Jh. an stand es unter Mailänder Herrschaft; die Bewohner genossen jedoch weitgehende Selbstverwaltung und hatten auch die Zollvollmacht für ihr Gebiet inne. Als ihnen diese im 13. Jh. von den Mailänder Herzögen *Visconti* streitig gemacht wurde, wandten sich die Leventiner Hilfe suchend an die **Eidgenossen.** Endgültig an die Schweiz fiel das Gebiet jedoch erst im Jahr 1478 bei der Schlacht von Giornico. Bestimmte Tessiner Täler oder Talbschnitte wurden von Uri allein oder von Uri, Schwyz und Nidwalden oder auch von allen 12 Orten in zweijährigem Rhythmus verwaltet. Das Valle Leventina unterstand fortan den **Urnern.**

Da die Lebensweise der Leventiner derjenigen der Urner bereits sehr ähnlich war (z. B. die gemeinschaftliche Alpbewirtschaftung), respektierten die neuen Herren die Selbstverwaltung der Leventina. Sprache und Bräuche blieben erhalten; die Talbewohner genossen einige **Sonderrechte,** so wurden sie beispielsweise nicht zum Kriegsdienst herangezogen. Diese friedliche Koexistenz war jedoch nicht von Dauer. Im Laufe der Zeit versuchten die Urner mehr und mehr, die Satzungen der Leventina den ihren anzupassen und die Privilegien der Bewohner einzuschränken. Diese nahmen das keineswegs protestlos hin. Versuchten die Urner etwa, das Zivil- und Strafrecht unter ihre Kontrolle zu bringen, ignorierten die Leventiner dieses Ansinnen oder drohten sogar mit Krieg.

1755 eskalierte die Situation. Aus eher nichtigem Anlass (die Urner hatten eine Prüfung der Witwen- und Mündelkasse gefordert und so die Leventiner in ihrem Stolz verletzt) **griffen 3000 Talbewohner zu den Waffen;** der Urner Landvogt wurde verhaftet. Uri reagierte mit großer Härte: Das gesamte Tal wurde besetzt, alle Rechte und Privilegien der Leventiner mit einem Schlag abgeschafft. Die Aufständischen wurden auf den Hauptplatz von Faido zitiert, wo sie öffentlich gedemütigt wurden. Die Männer, die in den eidgenössischen Kriegszügen immer wieder Auszeichnungen als tapfere Kämpfer errungen hatten, wurden als „armselige und elende Talleute der Leventina" beschimpft und gezwungen, Uri auf Knien den Treueeid zu schwören. Schließlich wurden die **drei Anführer des Aufstandes,** *Orsi, Forni* und *Sartori,* **öffentlich geköpft.** Ihre Köpfe wurden zur Abschreckung an die umstehenden großen Nussbäume genagelt. Andere Aufständische wurden später in Uri hingerichtet.

Die **volle Unabhängigkeit** erlangten die Leventiner erst zur Zeit *Napoleons.* Er zerschlug 1798 die alte Eidgenossenschaft. Uri musste auf seine Vorherrschaft in der Leventina verzichten. Das Tal war nun einige Zeit formell unabhängig, doch die Willkür der französischen Besatzer erwies sich als zu groß; eine Mehrheit der Leventiner suchte bald wieder (wenngleich vergeblich) den **Anschluss an Uri.**

Vielen Tessinern blieben die Ereignisse von Faido dennoch als ein Symbol eidgenössischer Unterdrückung im Gedächtnis.

Piotta, Quinto und Umgebung

Piotta ist Ausgangspunkt der Standseilbahn zum Val Piora mit dem pittoresken Wandergebiet und Naturpark rund um den **Lago Ritóm** (1830 m) mit seinen Karseen und der seltenen Flora. Auf der Alpe Piora beherbergen zwei Gebäude aus dem 16. Jh. das **Zentrum für alpine Biologie,** das von den Universitäten Zürich und Genf sowie dem Kanton Tessin unterstützt wird; zur Blütezeit duftet der Berggarten des Zentrums und leuchtet in allen Farben. Vom Lago Ritóm führt eine dreistündige Wanderung auf den **Taneda** (2670 m).

Zwischen Piotta und Ambri liegt der ehemalige Militärflugplatz, der seit 1994 zivil genutzt wird. Eine Gleitschirmflugschule und Helikopterbasis sind hier nun zu Hause (www.ambri-airport.ch). Piotta selbst besitzt eine schöne **Barockkapelle** mit einem kleinen Rokoko-Altar und Balustradenteilen aus derselben Epoche im Chor. Vielen Schweizer Sportsfreunden ist Piotta wegen des legendären **Eishockeyclubs** *Ambri-Piotta* mit ein Begriff.

Viel schöner gelegen als die Dörfer im Tal, reihen sich am alten Höhenweg **Strada Alta** auf dem Sonnenhang wie eine Perlenkette kleine Dörfer aneinander, die einen Abstecher rechtfertigen: Altanca (1390 m), Ronco (1368 m), Deggio (1208 m), San Martino, Lurengo (1324 m) und Catto. Mit Ambri und Piotta gehören sie heute zur Gemeinde Quinto. **Altanca** ist oberhalb von Piotta gelegen; westlich des Dorfes findet man die gedrungene Kirche SS. Cornelio e Cipriano von 1603 mit Régence-Stukkaturen, einem geschnitzten Hochaltar (18. Jh.) sowie einem Fresko aus der Bauzeit.

Deggio besitzt eine Sehenswürdigkeit außerhalb des Dorfes: In Richtung Lurengo liegt mitten auf einer Wiese das reizende Kirchlein **S. Martino** mit karolingischen Blendarkaden aus dem 10. Jh. und einem quadratischen, tonnengewölbten Chor. Der kleine Turm stammt aus dem 11. Jh. Im Inneren birgt es spätgotische Fresken. Den **Schlüssel** kann man sich bei Frau *Gina Giannini,* San Martino, abholen (Tel. 091 86 81 174).

Südlich von **Catto** (das wie Quinto von Deggio aus zu erreichen ist) liegt die barockisierte Kirche S. Ambrogio mit Stuckaturen im Louis-XVI.-Stil und einem reich geschnitzten Tabernakel.

Lurengos Kapelle besitzt im eingezogenen Chor Régence-Stuckaturen. Wieder im Tal findet man in **Ambri Sopra** gestrickte Holzbauten (s. architektonisches Glossar) aus dem 17. und 18. Jh., welche den Dorfkern prägen.

Kurz hinter Ambri liegt das Dorf **Quinto,** der Hauptort der Gemeinde, mit seiner **Pfarrkirche SS. Pietro e Paolo,** die einen romanischen Glockenturm aufweist. Das Schiff wurde 1681 unter Einbezug von Architekturplastiken des ehemaligen Chors neu gebaut.

Prato

Rodi-Fiesso gehört bereits zur Gemeinde Prato. Etwa 500 m talwärts von Rodi, nahe dem wuchtigen ehemaligen Zollgebäude Dazio Grande, beginnt bei den Felswänden des Bosco d'Öss die wilde Piottinaschlucht, welche die obere von der mittleren Leventina trennt. Unten

1

bei Faido winkt schon der Süden mit ersten Kastanienbäumen. Bereits 1560 wurde die enge Schlucht – eines der großen Hindernisse auf dem Weg über den Gotthard – von den Urnern mit einem Saumpfad erschlossen.

In den 30er Jahren des 20. Jh. wurde die alte Kantonsstraße an gleicher Stelle durchgebaut, später wurde die Schlucht umfahren, die Kantonsstraße verfiel. Nach der Restaurierung ab 1990 wurde sie und ein Teil der gepflasterten mittelalterlichen Urnerstraße wieder begehbar. Hier ist eine problemlose Wanderung von 1½ Std. mit 200 m Höhenunterschied möglich.

In einer Geländemulde liegt Prato mit seinem homogenen Ortsbild; man erreicht den Ort über Rodi. Seine **Kirche S. Giorgio** ist berühmt für ihren romanischen Campanile. Der Turm ist sechsgeschossig mit zwei Glockengeschossen, quadergefügt; er wird durch Lisenen und vierteilige Blendbogenfriese gegliedert. Die Kirche besitzt Stuckaturen aus dem 17. Jh. und ein Fresko aus dem frühen 16. Jh., das den heiligen Georg mit dem Drachen zeigt.

Um einiges höher liegt der tiefblaue **Lago Tremorgio,** einer der schönsten Bergseen des Kantons Tessin. Eine Seilbahn führt von Rodi zum See auf 1800 m (Juni bis Anf. Oktober, tägl. 7.30 bis 19 Uhr; Hin- und Rückfahrt sFr. 20, Tel. 091 86 71 252).

› Wanderfreuden im oberen Tessin

404te tt

Dalpe

Auf der gleichen Terrasse wie Prato liegen **Cornone** mit seiner spätmittelalterlichen Kapelle und Dalpe. Dalpe, auf 1192 m Höhe, ist eine selbständige Gemeinde mit 160 Einwohnern. Es ist Ausgangspunkt für **Kletterpartien** auf den Campo Tencia (3072 m) sowie für Wander- und Bergtouren. Die Pfarrkirche S. Carlo weist Régencestuckaturen auf. Ein schön geschnitzter Holzrahmen umrahmt eine kleine Muttergottes aus dem Jahr 1437.

Faido

Die Talstraße der Leventina durch die wildromantische **Piottina-Schlucht** führt 221 Meter hinunter zum alten Hauptort Faido, zu Urner Zeiten zusammen mit Giornico Sitz des Potestas und der Landgemeinde-Versammlung. Faido war auch Warenumschlagplatz. Auf Faidos Hauptplatz fand 1755 der **Aufstand der Leventiner** gegen die Urner Vögte sein blutiges Ende: Drei Anführer wurden hier enthauptet, ihre Köpfe an die umstehenden Nussbäume genagelt (s. Exkurs „Der Aufstand der Leventiner“).

Am nördlichen Dorfeingang an der Hauptstraße steht die sehenswerte **Casa da Legno,** ein ansehnlicher Strickbau mit drei Reliefs von 1582, welche die Anbetung der Könige, die Kreuzigung und die Muttergottes zeigen. Die **Kirche S. Andres** hat zwei Kapellenpaare und einen mittelalterlichen Turm, die **Kapelle S. Bernardino** wurde 1595 umgebaut und besitzt ein Renaissancetor. Das Kapuzinerkloster am Südausgang stammt von 1608 und wurde 1786 umgebaut. In der Faido-Ebene finden sich erste Edelkastanien und Reben, am rechten Talhang liegt der Piumogna-Fall.

Mairengo und Umgebung

Von Faido aus führt auf der linken Talseite ein Sträßchen hoch hinauf nach Mairengo und noch höher ins kleine **Skigebiet von Cari-Croce** (1600 m). In der **Pfarrkirche S. Siro** in Mairengo ist die lombardisch-romanische Fassade erhalten geblieben. Die Kirche, bereits 1170 erwähnt, wurde im Spätmittelalter zur Doppelchoranlage ausgebaut. Ein deutscher Flügelaltar stammt aus dem Jahr 1510. Unter romanischen Blendnischen sind im Vor- und Innenraum spätgotische Wandgemälde aus dem frühen 16. Jh., die den heiligen Cyrus, Maria, den heiligen Sebastian und einen Papst als Sinnbild der kirchlichen Macht zeigen. Beide Chöre sowie die Nordwand des Schiffes wurden 1558 von *Gerolamo Gorla* ausgemalt. Der Schlüssel ist bei Frau *Emilia Longhi,* Mairengo, abzuholen (Tel. 091 86 61 303).

035te ns

< Der Torre dei Pedrini in Chironico

Das nahe **Osco** mit seinen Villen birgt in der Kirche San Maurizio ebenfalls Wandgemälde des 16. und 17. Jh. sowie Stuckaturen des 17. Jh.

Im zersiedelten **Campello** brechen Sportler zu den Höhen von Cari auf, wo Wintersport angesagt ist. Lifte führen auch zu zwei schwarzen (d.h. schwierigen) Pisten. Cari liegt sehr schön, wer hier jedoch Hotels sucht, ist fehl am Platz, es werden nur Ferienwohnungen angeboten (www.leventinaturismo.ch, Tel. 091 86 91 533). Unterhalb von Cari ist in der Kirche von **Molare** der prachtvoll geschnitzte Hochaltar von 1733 in Tabernakelform sehenswert.

Rossura

Auch das Haufendorf Rossura liegt, wie Mairengo, hoch auf der ersten Bergterrasse über dem Tal. Der Ort erinnert mit seinen von Steinplatten gedeckten Häusern an die Zeiten der Säumer. Beim angebauten Beinhaus der romanischen Kirche **SS. Lorenzo e Agata,** die südlich des Dorfes auf einem Felshügel liegt und von einem Kapellenkranz umgeben ist, sind Reste eines Christophorus-Gemäldes aus dem späten 12. Jh. zu sehen. Das heute einschiffige Kircheninnere mit dem vieleckigen Chor beherbergt einen Zyklus bedeutender **Malereien** aus dem 15. Jahrhundert von *Cristoforo* und *Nicolao da Seregno.* An der dem Haupteingang gegenüber liegenden Wand zeigen **Fresken** eines unbekannten Künstlers das Abendmahl, die Geißelung Christi, mehrere Heilige sowie das Fragment einer romanischen Malerei (Mönchskopf). Die **Schlüssel** sind bei *Marina Alfonso* in Rossura erhältlich (Tel. 091 86 61 239).

Chiggiogna

Chiggiogna liegt im Tal und gehört verwaltungsmäßig zu Faido. Mit der **Kirche S. Maria Assunta** mit ihrem sechsgeschossigen romanischen Turm mit Zwillingsblenden und Biforen aus dem 11. Jh. besitzt das Dorf einen bedeutenden Kirchenbau. Er birgt einen süddeutschen spätgotischen Flügelaltar von 1510. Fresken in der südlichen Kapelle zeigen Szenen aus dem Leben des heiligen Karl Borromäus von 1629, in der nördlichen Kapelle sind Malereien aus dem Jahre 1580 untergebracht. Das Beinhaus birgt Fresken von 1530. Der **Schlüssel** ist bei Frau *Ferrari,* vor der Bahnüberführung links, oder bei Frau *Giussani* gegenüber abzuholen.

Lavorgo und die Dörfer der Bergterrasse

Rund 4 km weiter talabwärts rauscht in Lavorgo rechts der Wasserfall der Cribbiasca. Sonnenseitig führt linker Hand eine Straße hinauf auf die **Bergterrasse** mit den typischen Leventiner Strickbauten mit offenen Giebeln zum Haufendorf **Calonico.** In malerischer Lage auf einem Felsvorsprung thront einsam der romanische Glockenturm der Kirche S. Martino mit seinen Zwillingsfenstern. Im Dorf steht die 1641 errichtete Kapelle S. Giovanni Battista mit Wandmalereien aus der Bauzeit. Auch weiter südlich in **Anzonico** liegt einsam eine Kirche, S. Giovanni Battista (1667). Der Holzaltar ist ein Werk des einheimischen Künstlers *Felice Rigoli* (1791), die Kreuzigungsgruppe stammt aus Mailand.

In **Cavagnago,** auf über 1000 m, erhebt sich im Ortsteil Segno das Kirchlein **S. Ambrogio** mit dem abseits stehenden gedrungenen Campanile. An der Südmauer beschützt ein großer Christophorus den Reisenden. Teile der Apsis sind spätromanischen Ursprungs, an der Südseite befinden sich Fresken aus dem 15. Jh. Im Zentrum sind die Majestas Domini und die Symbole der Evangelisten zu sehen, unten Heilige sowie eine Kreuzigung. Die spätgotischen Fresken (der heilige Laurentius, Caterina d'Alessandria, Margherita und der Erzengel Michael) werden Malern aus dem Kreis der *Seregnesi,* der heilige Ambrosius und die thronende Madonna an den Wänden *Nicolao da Seregno* zugeschrieben. Sichtbar sind auch Spuren früherer Malereien und ein teilweise erneuertes Fresko aus dem 15. Jh. Der Schlüssel ist im Restaurant *La Faura* erhältlich. Am vierten Julisonntag findet hier die **Festa Patronale S. Anna** statt.

Chironico

Chironico liegt auf knapp 800 m Höhe auf der rechten Talseite und gehört zur großen Gemeinde Faido. Das Dorf wurde auf einem Schuttkegel von ca. 5 km Länge erbaut, der durch einen riesigen Felssturz entstanden war. Talabwärts befindet sich die zweite Trennstufe der Leventina, die sog. Biaschina. Unterhalb der Biaschina gelangt man in südliches Klima.

Chironico erreicht man am besten von Lavorgo aus. Es hat malerische kleine Plätze; im Ortsbild wechseln Strickbauten mit gemauerten Häusern. Lohnenswert ist ein Abstecher vor allem, weil im Südteil der Ortschaft der mittelalterliche fünfstöckige **Torre dei Pedrini** aus dem 14. Jh. steht. In der Portalünette findet sich ein Fresko mit Madonna und Kind (Ende 15. Jh.) in der Art der Seregneser. Schön auch die kleine zweiapsidale Kapelle **SS. Ambrogio e Maurizio** im alten Dorfkern. Sie wurde in einer Bauetappe im 14. Jh. gebaut. Beachtlich sind ihre Fresken aus dem 14., 15. und 16. Jh. Eine erste, fast vollständige Ausmalung des Raumes erfolgte 1338 durch *Petrus Paulus Socus* aus Menaggio. Jüngere Fresken in der Mandorla datieren um 1400. 1537 entstand in der Südapsis ein Scheitelgemälde mit der Gottesmutter und den Heiligen Johannes und Ambrosius. Die in den 40er Jahren des 20. Jh. nicht fachmännisch restaurierten Fresken wurden in den letzten Jahren nochmals überarbeitet und im Rahmen des Möglichen wurde der ursprüngliche Zustand wieder hergestellt.

Die Kapelle ist täglich geöffnet, der **Schlüssel** ist bei *Alvise Nenzi* (Tel. 091 86 51 378) erhältlich.

Giornico

Durch die Spitzkehren der Biaschina hinab gelangt man ins stattliche Giornico mit seinem malerischen Dorfkern.

Unser Tipp: Wenn man nur wenig Zeit für die Leventina erübrigen kann, so sollte man unbedingt hier einen Halt vorsehen. Schweizer Schüler kennen Giornico wegen der bedeutenden Schlacht der Eidgenossen gegen den Herzog von Mailand (siehe „Geschichte"), ein Aufenthalt lohnt sich jedoch wegen der beachtlichen **Kirchen,** darunter v.a. San Nicolao, San Michele und S. Maria di Castello.

Giornico mit seinen Steinhäusern und Kirchen

Nahe der Hauptstraße findet man am linken Flussufer den alten Dorfkern mit Steinhäusern und insbesondere die winkelförmig um einen Hof angelegte **Casa Stanga** aus dem 16. Jh. Sie diente Jahrhunderte lang als Gasthaus. 50 Wappen an der Fassade erinnern an Herzöge, Botschafter, Heerführer, die hier übernachtet haben. Die 1589 angebrachten Wappen werden Tarilli und Caresana zugeschrieben. Die **Casa Stanga** ist Sitz des **Museums der Leventina.** Nicht weit davon rauscht der Ticino. Zwei alte Rundbogenbrücken führen über den Fluss zum Ortsteil San Nicola. Bei den Brücken ist ein romantisches Grotto zu finden (s.u.: „Essen und Trinken").

Auf der anderen Flussseite liegt die **Kirche S. Nicolao,** das **bedeutendste romanische Baudenkmal im Tessin.** Die frühere Benediktinerkirche wurde Anfang des 12. Jh. erbaut. Der Rechteckbau mit quadratischem Chor, halbrunder Apsis und rechteckigem Turm ist mit unterschiedlichen Granitplatten verkleidet. Der Turm hat Blendbogennischen mit Einzel- und Zwillingsfenstern. Die Fassade wird von Lisenen gegliedert, die von Zwillingsbögen überbrückt werden, darüber Giebel mit Zwillings- und Kreuzfenstern. Am Westportal kauern steinerne Löwen. Sowohl das West- als auch das Südportal zeigen **Figuren** an den Kapitellen, das Südportal ist mit bärtigen Kopfreliefs geschmückt. Die Westwand zieren zwei Tierskulpturen.

Das Schiff hat einen offenen Dachstuhl, der Chor ein Kreuzgewölbe. Unter dem Chor liegt eine Hallenkrypta mit grätigen Kreuzgewölben. Die acht Säulen und Wandvorlagen tragen Kapitelle mit pflanzlichen, geometrischen und figürlichen Motiven. Augenfällig sind die Löwen, Hasen, Widder und Steinböcke. Die romanischen Fresken an der Nordwand des Schiffs zeigen Fragmente eines Abendmahls, an der Südwand Christophorus und zwei Heilige, vermutlich aus dem 13. Jh. In der Apsis und im Chorgewölbe finden sich spätgotische Fresken

406te ns

Die Casa Stanga mit dem Museum der Leventina

von *Nicolao da Seregno* von 1478: in der Kalotte sind die Majestas Domini mit den Evangelistensymbolen zu sehen, darunter die Heiligen Godehard, Viktor, Petrus, Nikolaus mit dem Knaben im Bottich. Über dem Mittelfenster sind ein Trivultus, eine Kreuzigungsgruppe, Margaretha und Magdalena erkennbar. Im Kreuzgewölbe des Chors ist das Lamm Gottes dargestellt, am Altarblock die Geburt Christi, links ein heiliger Bischof, rechts die thronende Muttergottes. Die Kirche ist meist offen, falls nicht: Anschlag am Portal beachten oder Tel. 091 86 41 321 wählen.

Die neben S. Nicolao gelegene **Kirche S. Michele** wurde im Spätmittelalter in eine dreischiffige Anlage umgebaut, 1644 wurde der Chor, 1787 das Schiff neu errichtet. Im Chorgewölbe finden sich Stuckaturen von 1714. Die Antoniuskapelle birgt einen spätgotischen Flügelaltar von 1517.

In Giornico siegten die Eidgenossen 1478 über die **Mailänder,** die Leventina wurde Uri zugesprochen. Die **Kirche S. Maria di Castello** befindet sich im Areal einer großen mailändischen Burg, die die Urner 1518 zerstörten. Im Süden der Kirche sind Mauerreste des Palas erhalten. Im 12. Jh. entstanden der Apsidensaal sowie der südliche Flankenturm, die Kirche wurde etwas später durch einen weiteren kürzeren Apsidenraum nach Westen und nach Süden erweitert. Im 14. Jh. wurde der Nordchor in Form eines tonnengewölbten Rechtecks neu gebaut. 1575 wurden die Kassettendecken in beiden Schiffen erneuert und die Sakristei angebaut. Die südliche Apsis zeigt romanische Lisenen und Zwergarkaden. Am Nordchor finden sich Reste eines spätgotischen Christophorus-Gemäldes. Die Innenräume werden durch Zwillingsarkaden getrennt. Im südlichen Chor sind **vorzügliche Fresken** eines *Se-*

regnesi zu bewundern: im Gewölbe Majestas Domini mit den vier Evangelistensymbolen, an der Stirnfront kämpft der heilige Georg mit dem Drachen, darunter sieht man zwei Märtyrer. An der linken Wand sind Werke eines anderen Künstlers zu sehen: Sie zeigen die Heiligen Bernhard und Blasius, Nabor, Felix und Luzius. An der rechten Wand stehen der heilige Sebastian mit Stifter, Märtyrer und dazwischen Christus über der Grabkufe. Die Malereien im Nordchor stammen von 1904. **Achtung:** Die Kirche ist **einsturzgefährdet** und wegen einer Baustelle zurzeit meist nicht betretbar. (Info: 091 86 41 987, Frau Solari.)

Die Fresken der **Friedhofskapelle** von Giornico stammen aus dem Jahr 1563, sie werden den *Tarilli* zugeschrieben. Im Hintergrund sieht man die Madonna auf dem Thron, die Enthauptung Johannes' und des heiligen Laurentius, an der rechten Seitenwand Sant'Anna Metterza, auf der linken Seite eine Skizze in Sepiatusche. Die drei Heiligen stellen die Kirchenpatrone der Orte Anzonico, Sobrio und Cavagnago dar, die früher zur Gemeinde Giornico gehörten.

Altirolo

Etwas talaufwärts von Giornico befindet sich das zu derselben Gemeinde gehörende Altirolo. Auch in diesem Ortsteil besitzt Giornico ein bedeutendes Baudenkmal. Unterhalb des Waldes findet sich eine Steinbogenbrücke. An der alten Gotthardroute steht die 1345 geweihte **Kirche S. Pellegrino,** die 1589 nach Osten erweitert und ausgemalt wurde. Beim Schwibbogen sind die vier Kirchenväter und die Heiligen Martin und Antonius Eremita dargestellt, im Bogen der Seitenkapelle sechs Prophetenmedaillons mit Inschrift, die *Giovan Battista Tarilli* und *Domenico Caresano* aus Cureglia als Künstler ausweisen. An den Seitenwänden des westlichen Schiffs finden sich Renaissancemalereien aus dem 16. Jh. An der östlichen Rückwand zeigen Fresken von 1589 das Jüngste Gericht und zwischen den Fenstern Apostelfiguren, darunter folgen Illusionsmalereien mit personifizierten Tugenden, an der Südwand befinden sich Grisaillemalereien. Der erhöhte Chor ist mit frühbarocken Stuckaturen und Fresken geschmückt, der Hauptaltar aus Stuckmarmor ist von 1766. Am dritten Sonntag im Mai findet hier die **Sagra di San Pellegrino** statt.

■ **Schlüssel** bei *Doris Solari,* Giornico, Tel. 091 86 41 987; Kirche Tel. 091 86 41 321.

Bodio und Pollegio

Bei Bodio sieht man rechts den einst größten Industriebetrieb des Tessins, die **Eisenwerke Monteforno.** 1000 Menschen fanden allein im Stahlwerk Arbeit, viele kamen durch die elektrochemischen und mechanischen Industriewerke dazu. 1996 schloss die Anlage, sie wartet seitdem auf eine neue Nutzungsmöglichkeit.

Geplant ist ein großes Verkehrszentrum mit Halteplätzen für Lastwagen. Ob dies der Region Nutzen bringt, ist umstritten. Wichtiger für das Tal ist vielleicht, dass hier auch der Südeingang des neuen Basistunnels zu finden ist, des zur Zeit längsten Tunnels der Welt. Im nahen Pollegio steht das **Infocentro,** das sehr packend über dieses Projekt informiert und auch Führungen vermittelt.

Hier steht auch die **Kirche Santi Innocenti** an der Stelle, an der die Gefallenen der Schlacht von Giornico (1478) begraben liegen. Das heutige Gebäude stammt größtenteils aus dem 17. Jh.

Praktische Tipps

Unterkunft

- **Locanda Dazio Grande,** 6772 Rodi-Fiesso, Tel. 091 87 46 066, www.daziogrande. Das Urner Zollgebäude aus dem 16. Jh., das am Eingang zur Piottinaschlucht liegt, ist heute ein kultureller Treffpunkt mit einer Galerie, einem Salon, Restaurants sowie einem großem Garten. Es besitzt fünf DZ auf der Gartenseite. Geöffnet von Mai bis Oktober. DZ mit Dusche/WC inklusive Frühstück sFr. 130–150.
- **Hotel Defanti,** Strada San Gottardo, 6746 Lavorgo, Tel. 091 86 51 434, www.defanti.ch. Kleiner, einfacher und sehr freundlicher Familienbetrieb in fünfter Generation mit guter Küche in hübschem Restaurant. Nahe der Gotthardbahn gelegen. DZ mit Dusche/WC sFr. 115.
- **Albergo delle Alpi,** 6799 Dalpe, Tel. 091 86 71 424. Älterer Familienbetrieb mit einfachen Zimmern mit Einbaudusche, teils mit Terrasse. Etagen-WC. DZ mit Frühstück sFr. 84.

Ferien auf dem Bauernhof/Berghütten

- **Rifugio Lago Ritom,** 6776 Piotta-Piora, Tel. 091 86 81 424, www.lagoritom.ch. Speziell für Wanderer im einzigartigen Wandergebiet am Ritomsee gelegenes Gasthaus. Einfache Zimmer mit zwei bis vier Betten, sFr. 45 bis 65 p.P., Kinder sFr. 40 (inklusive Frühstück).
- **Agriturismo Bertazzi,** 6749 Cavagnago, Tel. 091 86 42 177, www.agribertazzi.ch, Unterkunft in zwei Appartements für jeweils bis 6 Personen. B&B sFr. 50 p.P., Kinder sFr. 25 p.P.
- **Rifugio Agriturismo Alla Meta,** 6763 Predelp-Mairengo, Tel. 091 86 62 343 oder 079 76 18 582, www.allameta.ch. Auf dem hoch über der Leventina gelegenen Bio-Alpbetrieb mit Ziegen und Pferden bieten Patrick Ghirlanda und Lara Jurietti von Ende Mai bis Ende Oktober sowie in den Winterferien drei Mehrbett-Zimmer (sFr. 25 p.P.) sowie ein DZ mit Bad und Frühstück (sFr. 45 p.P.) an. Lokale Küche, Direktverkauf von Bioprodukten.
- **Agriturismo Piana Selva,** 6760 Faido, Tel. 091 86 71 546, www.pianaselva.ch, Bio-Hof mit schönem kleinen Pool. Reitstunden, Reitexkursionen und Spielplatz für Kinder, Gastwirtschaft, Direktverkauf eigener Produkte, v.a. Obst, Gemüse, Honig.

Camping

- **Campeggio San Gottardo,** 6746 Chiggiogna, Tel. 091 86 61 562.
- **Centro vacanze Piantett,** 6760 Primadengo, Tel. 091 88 08 035.

Essen und Trinken

- **Enoteca Zamberlani Vini,** 6776 Piotta, Tel. 091 86 81 133. In einem schönen Holzhaus an der Kantonsstraße gelegener Laden für Tessiner und italienischen Wein sowie Grappa, Mo–Sa 8.30–12 und 13.30–17.30 Uhr geöffnet.
- **Grotto dei due Ponti,** Giornico, Tel. 091 86 42 030. Lauschig gelegenes Restaurant auf einer Felsinsel im Ticino zwischen zwei Brücken.
- **Alla Stazione,** 6746 Lavorgo, Via Cantonale, Tel. 091 86 51 408. Das Alla Stazione ist ein kleines sympathisches Lokal mit leichter, mediterraner Kost (eine Reservierung wird empfohlen).

> Wandern auf der Strada Alta

035te ns

Museen

■ **Museo di Leventina Casa Stanga,** 6745 Giornico, Tel. 091 86 42 522, www.museodileventina.ch. Bei Anruf unter der genannten Telefonnummer öffnet das Museum auf Anfrage. Gezeigt werden Werkzeuge, Haushaltsgegenstände sowie Exponate zu Brauchtum und Volkskunst.

■ **La Congiunta,** *Fondazione La Congiunta,* 6745 Giornico, Tel. 091 86 42 215, www.lacongiunta.ch. Am Nordeingang des Dorfes, zwischen Ticino und Eisenbahnlinie, steht der eindrückliche Betonbau des Architekten *Peter Märkli* von 1992. Gezeigt werden hier Reliefs und Skulpturen des Bildhauers *Hans Josephson* aus den Jahren 1950 bis 1991. Schlüssel im Restaurant *Giornico,* Tel. 091 86 42 215.

■ **Infocentro Pollegio:** In einem architektonisch gelungenen Gebäude mit einer interessanten multimedialen Ausstellung informiert Alptransit über das Jahrhundertbauwerk Gotthard-Basistunnel und über das Verlagerungsprojekt von der Straße auf die Schiene. Man kann Baustellenbesuche und ganze Besuchsprogramme buchen; Infocentro, Gottardo Sud, 6742 Pollegio, Tel. 091 87 30 550, www.alptransit.ch; mit Restaurant, Eintritt frei, Führungen auf Voranmeldung und kostenpflichtig.

Ausflüge

Unser Tipp: Standseilbahn Ritom-Piora, Piotta, Tel. 091 86 83 151, www.ritom.ch. Die steilste Standseilbahn Europas führt ins herrliche Wandergebiet Ritom-Piora. Hier im 8 km langen Val di Piora liegen, in Bergweiden eingebettet, ca. 20 kleine Bergseen. Die größten sind der Ritom-, der Tom- und der Cadagnosee, wo sich auch das Centro di Biologia Alpina befindet, mit einem Berggarten, der in der Blütezeit in allen Farben leuchtet. Zwei Gasthäuser und Berghütten bedienen die Ausflügler. Wanderungen siehe unten.

■ **Luftseilbahn von Rodi zum Lago Tremorgio,** Tel. 091 86 71 252, täglich 7.30–19 Uhr.

Wanderungen

■ **Strada Alta:** In drei Tagen durch die Leventina. In mittlerer Höhenlage geht es auf dem alten Maultierpfad der Gotthardroute zwischen Airolo und Pollegio oder Biasca über 40 Kilometer durch Siedlungen, Dörfer, Seitentäler, Bäche, Flüsse, Wiesen und Wälder. Hier findet man Pilze, geschützte Pflanzenarten wie Helm-Orchideen oder Holunder-Knabenkraut sowie verschiedene Tierarten. Die gesamte Route ist Bestandteil des nationalen Wanderweges Trans Swiss Trail und Teil des "Kulturwegs der Alpen". Auch der Europäische Fernwanderweg E1 führt hier vorbei.

1. Etappe Airolo – Osco (5 Std.): Vom Bahnhof Airolo durch das Val Canaria nach Madrano, über Brugnasco an der Ritom-Standseilbahn vorbei nach Altanca zur Cresta di Sopra (1421 m), dann über Ronco nach Deggio mit der Kapelle S. Martino und von hier über Lurengo nach Osco. Mit Übernachtungsmöglichkeit.

2. Etappe: Osco – Anzonico (ca. 3 Std.): Von Osco durch die Schluchten des Ri di Ri nach Calpiogna, weiter zum Weiler Figgione und zum typischen Rossura mit seiner Kirche SS. Lorenzo e Agata. Vom hübschen Tengia geht es über Calonico nach Anzonico. Mühsamer ist die Variante: Tengia – Berghütte Sorsella – Monti di Co – Anzonico. Übernachtungsmöglichkeit.

3. Etappe: Anzonico – Biasca (4½ Std.): Von Anzonico an der Kapelle vorbei nach Segno mit seiner Kapelle S. Ambrogio, dann weiter über Wiesen nach Cavagnago. Von der schönen Gesamtanlage San Lorenzo von Sobrio durch die Schlucht des Vallone zur Berghütte Bitanengo, von hier nach Dicanengo und Conzanengo; Abstieg nach Pollegio. Entlang der Bahnlinie führt der Weg nach Biasca.

■ **Wanderungen zu den Bergseen der Regionen Piora und Cadlimo:** Ausgangspunkt ist der Lago Ritóm (1850 m), erreichbar mit der Standseilbahn von Piotta. Von dort sind die Seen Lago di Cadagno (1923 m), Lago di Dentro (2298 m) und Lago Miniera (2525 m) erreichbar. Verschiedene Wege führen zum Lago Scuro (2451 m) oder zu den Laghi di Taneda (2305 m und 2248 m) und dem Lago di Tom (2021 m). Ein Rundweg führt von Piora in ca. 7½ Std. zum Lago di Ritóm und zum Lago di Tom, von hier zur Geländeterrasse der Laghi di Taneda, weiter hinauf zum Lago Scuro und von hier zur Capanna Cadlimo. Von dieser oberhalb des Lago dell'Isra zu Stabbio Nuovo und weiter über den Pass dell'Uomo zur Capanna di Cadagno nach Piora zurück. Bergausrüstung ist erforderlich. Am Ritomsee gibt es ein Restaurant mit Übernachtungsmöglichkeit. Weitere Möglichkeiten bieten die Berghütten Capanna Cadagno (1987 m) und Capanna Cadlimo (2570 m). Von Piora aus gelangt man über die Pässe Columbe (2380 m) und Sole (2379 m) auf den Lukmanier. Die Pässe Sole und Predelp (2245 m) liegen bereits auf dem Gemeindegebiet von Faido.

■ **Wanderungen zu den Bergseen von Tremorgio und Leit:** Der Ausgangspunkt ist Rodi, von hier Aufstieg zum Lago Tremorgio (1830 m) und weiter zur Alpe Campolungo (2086 m). Von hier ist der Aufstieg zum Lago Leit (2600 m) und Lago Varozzeira (2405 m) in drei Stunden möglich, wenn die Seilbahn von Rodi zum Lago Tremorgio benutzt wird. Fünf Stunden benötigt man zu Fuß ab Rodi. Der Höhenunterschied beträgt 1465 m. Bergausrüstung ist notwendig. Berghütten warten in Tremorgio und Leit. Die Capanna Leit ist von verschiedenen Ortschaften aus erreichbar: von Dalpe in viereinhalb Stunden, von Fusio über den Passo Campolungo in drei Stunden, von der Capanna Campo Tencia aus in zwei Stunden. Vom Pizzo Campolungo aus genießt man den Blick auf das Massiv des Campo Tencia. Vom Lago Tremorgio aus kann man den gleichnamigen Berg (2669 m) besteigen, mit prächtiger Aussicht auf die Leventina. Guten Alpinisten vorbehalten bleibt die Besteigung des Pizzo Prèvat (2558 m). Ebenso ist ein Rundgang von Rodi-Fiesso über den Tremorgio-See nach Prato und zurück nach Rodi in 6 Std. denkbar, mit der Luftseilbahn 2 Std. 45 Min. kürzer. Das Gebiet Campolungo – Campo Tencia – Piumogna ist geologisch sehr interessant und wurde in das Inventar der Landschaften von nationaler Bedeutung eingetragen. Man sieht hier Enzian, Anemonen, Männertreu, Rhododendren, Berg-Hahnenfuß, Alpen-Akelei, Gemeinen Seidelbast, Berg-Hauswurz, Alpen-Grasnelke und Hallers Primel. Schmetterlingsliebhaber treffen auf den äußerst seltenen *Erebia flavofasciata,* der auch „Kleiner Schmetterling des Campolungo" genannt wird.

■ **Weg der Vergangenheit:** führt in drei Stunden von Altirolo zur Kirche S. Pellegrino und von hier nach Chironico, wo die romanische Kirche S. Ambrogio sehenswert ist. Über Grumo und die Anhöhe von Calasc geht es dann nach Orsino und zurück nach Altirolo.

■ **Wanderlehrpfad Ri di Laium:** Diese Rundwanderung (3½ Std.) mit Ausgangspunkt Büiell, erreichbar von Lavorgo, hat 17 didaktische Stationen, die durch Kastanienpfähle markiert sind. Hier erfährt man Wissenswertes über den Schutz- und Naturwald, über Bodenprofile und Steinwege, Bäume, Flechten, Moose und Farne, über verwaiste Häuser, Naturgefahren und Lawinenverbauungen, über die Entwicklung des Waldes und über Tiere wie z. B. den Borkenkäfer. Festes Schuhwerk ist sehr empfehlenswert.

■ **Kunstpfad im Föhrenwald** *(Sentiero d'arte in pineta):* Etwas südlich von Cavagnago (erreichbar von Lavorgo und Anzonico) haben Freizeitkünstler in einem geschützten Föhrenwald einen 1,8 km langen Kunst- und Lehrpfad zu den Themen Religion und Toleranz gestaltet.

■ **Radwanderungen:** Eine Route führt vom Sankt Gotthard nach Bellinzona (ausgeschildert). Von Bellinzona bieten sich drei verschiedene Routen an: durch das Misox zum San Bernardino, auf dem Veloweg nach Locarno oder nach Chiasso.

Biasca

In Biasca endet die Leventina und es beginnt der Abschnitt des Tals des Ticino, den man Riviera nennt und der bis vor Bellinzona reicht. Von Nordosten her fließt hier der Brenno in den Tessin, das Tal des Brenno (das Bleniotal) führt hinauf zum Lukmanier und ins Bündnerland. Biasca ist **kirchliches, wirtschaftliches und politisches Zentrum** der drei Täler Leventina, Blenio und Riviera, die kirchlich bis 1888 zum Bistum Mailand gehörten. 1512 zerstörte ein Bergrutsch Teile des Dorfes, staute den Brenno und verursachte eine große Überschwemmung. Im 19. Jh. verlagerte sich der Dorfkern in die Ebene.

Das Klima ist hier recht mild, es wachsen Edelkastanienbäume und Reben, in den Grotti lässt sich südlicher Lebensstil pflegen. Biasca ist auch ein geeigneter Ausgangspunkt für Ausflüge in die Leventina, ins Bleniotal oder hinunter in die Riviera.

In Biasca selbst, an der Piazzetta, am Kreuzungspunkt der Straßen zu den Alpenpässen Lukmanier und Gotthard, hat sich der Museumssitz **Casa Cavalier Pellanda** von 1586 erhalten. Er wurde im Stil der lombardischen Renaissance von *Giovan Battista Pellanda* erbaut. 1986 wurde das Haus von *Fabio Reinhart* und *Bruno Reichlin* restauriert und in ein **Kulturzentrum** umgewandelt.

1999 gestalteten *Giorgio* und *Michele Tognola* mit einem neuen Gräberfeld den **Friedhof** neu. Früher sah man auf dem Friedhof viele **Atheistengräber,** die mit herzförmig zugeschnittenen Holztafeln gekennzeichnet waren, auf denen nur die Initialen oder die Namen standen. Biasca war im 19. Jh. eine Hochburg der Liberalen, die oft auch Atheisten waren. Ihren Kinder gaben sie fantasievolle, opernhafte Taufnamen wie Othello, Dusnelda oder Aida und ignorierten so die Kalenderheiligen.

Der **Kindergarten** in der Via Visani ist ein Bau des bekannten Architekten *Aurelio Galfetti* (1964). Am nördlichen Ortsrand liegen an der Via ai Grotti verschiedene **Grotti.** Von der Pfarrkirche S. Carlo geht es aufwärts zur romanischen Propsteikirche S. Pietro e Paolo.

Die Santa Petronilla-Wasserfälle bei Biasca

Kirche SS. Pietro e Paolo

SS. Pietro e Paolo ist **eines der wichtigsten romanischen Bauwerke der Schweiz,** geschmückt mit Wandmalereien aus dem 12. bis 17. Jh. Die oberhalb von Biasca liegende Kirche geht auf das 11. oder 12. Jh. zurück. Umbauten im 17. und 18. Jh. hatten eine Erhöhung des Bodenniveaus, der Pfeiler, der Fenster und des Gewölbes über dem Mittelschiff zur Folge. Bei Rekonstruktionen im 20. Jh. näherte man sich dem ursprünglichen romanischen Zustand wieder an.

Die dreischiffige Pfeilerstufenhalle mit erhöhtem Mittelschiff ist gegen den Berghang gerichtet und weist eine merkliche Neigung des Fußbodens auf. Die überhöhte Chorpartie mit halbrunder Apsis steht auf dem Felsen, das westliche Schiff auf einem künstlichen Sockel. Verschiedene Steinstrukturen und Außengliederungen kontrastieren miteinander: Lisenen und Zwergbogenfriese an Apsis und Südseite, Blendarkaden an der Nord- und Westseite und im Fassadengiebel Zwillingsfenster, Arkadenfries und Kreuzlucke. Der stämmige **Turm** besitzt Zwillingsfenster im Glockengeschoss unter einem hohen Zeltdach (12. Jh., Zugang zum Turm über eine Steinbrücke). An der Westseite liegen eine Freitreppe von 1685 und eine toskanische Vorhalle von 1772.

Fünf durch Arkaden verbundene Pfeilerpaare unterteilen den Innenraum in drei Schiffe. Das steigende Fußbodenniveau wird durch Stufen am zweiten und vierten Pfeilerpaar überwunden. Die drei Chorkapellen haben Kreuzrippengewölbe auf Konsolen, über der halbrunden Apsis befindet sich ein Kalottengewölbe. Haupt- und Nebenschiff haben flache Felderdecken mit Dekorationsmalereien aus dem 20. Jh.

Zahlreiche **Basreliefs** aus verschiedenen Epochen sind in die Mauern eingelassen. Auch die **Fresken** an den Kirchenwänden stammen aus mehreren Jahrhunderten. Zu den ältesten Fresken zählen der monumentale Christophorus an der Fassade neben dem Eingang sowie die Grissaillemalereien des Hauptchors und des nördlichen Nebenchors (Pferd, Wolf, Hahn, Schmied, Löwe, Schlange, Pfau). Die meisten Wandmalereien sind um 1500 entstanden. Die

Fresken am Triumphbogen und die Darstellungen über den beiden Seitenchören sowie einige Apostelfiguren sind in der Art der *Tarilli* gemalt (16. Jh.). Bemerkenswert an der Südwand über dem Portal sind die Szenen aus dem Leben des heiligen Karl Borromäus, *Alessandro Gorla* zugeschrieben: die Schlusszeremonie des Konzils von Trient mit dem heiligen Karl, umgeben von Szenen aus seinem Leben mit Inschriften. Rechts vom Eingang liegt die **Rosenkranzkapelle,** die *G. B. Pellanda* im 17. Jh. bauen ließ; ihre Renaissancestuckaturen zeigen gemalte Engel und Mariensymbole.

Von der Kirche führt ein Kreuzweg von 1779 in 30 Minuten zum **Wasserfall Santa Petronilla** und zur gleichnamigen Kapelle. Die Kreuzwegkapellen wurden 1998 renoviert und mit Mosaiken von *Giuseppe Bolzani, Max Läubli, Giancarlo Tamagni* und *Mauro Vaslangiacomo* geschmückt.

■ **Öffnungszeiten:** im Sommer 8–20 Uhr, im Winter 9–17 Uhr.

Riviera

Schon der Name „Riviera" weckt südliche Assoziationen und dies ist auch gerechtfertigt, ist doch dieser Talabschnitt – wie das Bleniotal – gegen Süden und gegen die Sonne ausgerichtet. Die Riviera reicht von Biasca nach Gorduno, wo die San-Bernadino-Passstraße in die Gotthardstraße einmündet. In der Riviera wird das Tal des Ticino (deutsch: Tessin) breiter, die **Vegetation** mit Feigen-, Nuss- und Maulbeerbäumen wirkt südlicher. Rebstöcke wechseln mit Wäldern und Wiesen, in 30 **Steinbrüchen** wird u. a. Glimmergneis für den Dachbau abgebaut. Die **Tourismus-Angebote** sind bescheiden.

Die Riviera wurde, wie die Magadino-Ebene, oft von **Naturkatastrophen** heimgesucht. Die verheerendste war wohl die „Buzza di Biasca" von 1515: 1513 war zuerst eine Flanke des Pizzo Magn (damals Monte Crenone) oberhalb von Biasca eingebrochen und hatte einen Damm und einen 5 km langen See gebildet, der das Bleniotal abtrennte. Malvaglia im Blenio war bis zur Kirchturmspitze im See versunken. Der 60 m hohe Damm brach dann 1515. Die Riviera, Bellinzona und die Magadinoebene wurden verwüstet. Locarno blieb – weil die einzige Brücke über den Tessin bei Bellinzona ein Opfer der Fluten wurde – für Jahrhunderte vom linken Talboden abgeschnitten.

Auf beiden Talseiten der Riviera liegen, meist auf Schwemmlandterrassen kleiner, einmündender Seitentäler, Dörfer und führen Straßen nach Bellinzona.

Westliche Talseite

Von Biasca über die Brücke links durch Granitsteinbrüche und Mischwald mit Kastanien, Tannen, Lärchen und Kiefern geht es zum Dorf **Iragna,** das wie die folgenden Dörfer auf dem Schuttkegel eines Baches liegt. Der moderne Rathauskomplex wurde 1995 von *Raffaele Cavadini* errichtet, gebaut wurde mit Beton und einheimischem Granit. Ebenfalls aus Granit ist die Skulptur auf dem Dorfplatz. Von Lodrino führt ein Weg zum **Paglio** hinauf, wo auf dem Monte Paglio die 1215 erwähnte romanische Kirche S. Martino liegt. Sie ist verputzt und nicht gegliedert. Die Kirche zieren Fresken aus dem 14. und 15. Jh. und in der Apsis Wandmalerien von 1583, die den *Tarilli* zugeschrieben werden. Die Fresken an der Nordwand stammen von *Tommaso de Creppa* aus Varese.

Über **Lodrino** mit seinen Granitsteinbrüchen, Grotti und die Linea Lona, eine der wichtigsten Panzersperren des Zweiten Weltkriegs, führt die rechtsufrige Straße über **Prosito** und das am Ausgang eines düsteren Tals liegende **Moleno** mit seiner markanten Kirche in das stattliche **Preonzo** mit Häusern aus dem 15. und 16. Jh. Sie sind durch Rundbogenportale und Außentreppen charakterisiert. Das Portal des Pfarrhauses ziert eine ländliche Malerei des 17. Jh.

Ein eingemauertes Muttergottesrelief aus der Mitte des 16. Jh. schmückt ein anderes Haus. Die barockisierte Pfarrkirche ist von 1533, älter ist der verputzte, vermutlich noch romanische Turm. Im Chor gibt es Kreuzgewölbe mit hervorragenden Stuckaturen; Wandmalereien finden sich an Fassade und Chor. Die Kirche birgt einen prachtvoll geschnitzten dreigeschossigen Hochaltar.

An einer Raffinerie vorbei gelangt man zum erhöht gelegenen **Gnosca** mit der kleinen romanischen Kirchenruine S. Giovanni Battista, die auf das 12./13. Jh. zurückgeht und im 15./16. Jh. erweitert wurde. 1992 restaurierten *T. Carloni* und *A. Martella* das nur noch in seinen Grundmauern erhaltene Bauwerk unter Verwendung modernen Baumaterials. Der dachlose Bau dient als Ausstellungsraum für Skulpturen.

Das Dorf **Gorduno** mit intaktem Ortsbild liegt auf einem nach Süden jäh abfallenden Felsplateau. Über **Carasso** führt die Straße über den Ticino nach Bellinzona.

Östliche Talseite

Osogna

Von Biasca kommend, am fast senkrechten Felsen entlang mit Sicht auf einen Wasserfall und rechts das Tal vor Augen, führt die Hauptstraße nach Osogna. Vor dem Ort drehen Knaben Runden auf einer Kartpiste. Osogna wird dominiert von der spätmittelalterlichen **Kirche S. Maria di Castello,** die auf dem Gebiet einer abgegangenen Burg liegt. Sie hat einen eingezogenen Chor und ein Schiff mit offenem Dach und birgt Fresken des 15. und 17. Jh. sowie einen vorzüglichen schwäbischen Flügelaltar von *Yvo Striegel* von 1494. In der Nähe stürzt ein schöner Wasserfall ins Tal.

Osogna hat ein weitgehend intaktes Dorfbild, im Ort hatte bis 1798 die Landvogtei Riviera der Urkantone ihren Sitz. In der barockisierten **Pfarrkirche** zeigt der Chor beachtliche Stuckaturen von 1719. Am Berghang südöstlich des Dorfes liegt die Kapelle **S. Maria Addolorata** mit einem schönen Barockaltar von *Franz Josef Kraus* (1706).

Cresciano, Claro

In **Cresciano** erhebt sich der romanische Turm der spätmittelalterlichen **Kirche S. Vincenzo** über dem Dorf. Das oberste der fünf Geschosse wurde im 19. Jh. neu gebaut. Der Ort wird gnadenlos von Bahn und Straße durchschnitten. **Claro** liegt auf einem von zwei Flüssen gebildeten Schwemmkegel. Hoch über Dorf und Tal thront das nur zu Fuß durch einen Kastanienwald erreichbare **Benediktinerinnenkloster,** 1490 gegründet.

Der auf das 15. Jh. zurückgehende Rechteckbau der Kirche erfuhr 1684 eine Verlängerung, der Kirchturm wurde 1783 in der oberen Hälfte neu gebaut. Im Inneren finden sich spätgotische Wandmalereien, in der Kapelle die Pietà von einem süddeutschen Meister um 1500. *Pia Durisch* und *Aldo Nolli* haben den Klosterkomplex von 1996 bis 2004 einfühlsam restauriert. Die Kirche von Brogo, Ende des 16. Jh. gebaut, mit wunderbaren Stuckputten im Chor, und jene von Scubiago mit Fresken des 16., 17. und 18 Jh. wurden beide um 1970 von *Alberto Finzi* umgebaut.

Castione, Lumino

Wo heute das Dorf **Castione** liegt, gab es bereits in der Bronzezeit eine Siedlung, wie zahlreiche Grabfunde belegen. Seit Jahrhunderten wird hier **Marmor** gebrochen. Am Taleingang des Misox liegt **Lumino.** Seine spätgotisch wirkende **Pfarrkirche S. Mamete** enthält spätgotische Fresken. Der Chor hat ein Kreuzgewölbe mit stuckierten Rippen und eine Relieffigur aus dem späten 16. Jh. In der Nordwand findet sich ein Wandtabernakel in Form einer Arkade aus weißem Marmor mit ländlichen Reliefs (um 1530). Sehenswert sind auch die zwei Weihwasserbecken aus Granit und Marmor.

409te ns

In Richtung Blenio wird es immer südlicher. Hier die Burg Serravalle inmitten von Kastanienbäumen.

Praktische Tipps

Information

- **Biasca e Riviera Turismo,** Contrada Cav. Pellanda, 6710 Biasca, Tel. 091 86 23 327, www.biascaturismo.ch.

Unterkunft/Essen und Trinken

- **Al Giardinetto,** Via Pini 21, 6710 Biasca, Tel. 091 86 21 771, www.algiardinetto.ch. Ein neueres Haus mit Pizzeria, Restaurant und netter Terrasse; DZ mit Dusche/WC sFr. 127–178.
- **Albergo della Posta,** Via Bellinzona 8, 6710 Biasca, Tel. 091 86 21 513, www.hotellaposta.ch, am Bahnhof gelegen, gutes, einfaches Hotel mit Restaurant und privaten Parkplätzen. DZ sFr. 145–155.
- **Grotto Petronilla,** Biasca, via ai Grotti, Tel. 091 86 23 929, gutes Grotto an der „Grottostraße".
- **Grotto Pini,** Via ai Grotti 34, Biasca, Tel. 091 86 21 221. Ein sehr beliebtes Grotto.
- **Agriturismo e Scuderia La Finca,** 6705 Cresciano, Tel. 079 33 73 541. Ganzjährig geöffneter Bio- und Reiterhof.

Valle di Blenio – Parc Adula

Das nach Süden gerichtete, auch als **Sonnental** (Val del Sole) bezeichnete Valle di Blenio lässt sich am Besten von Biasca aus erreichen.

UNSER TIPP: Trotz der bevorzugten Lage und der vielen Sehenswürdigkeiten ist das Bleniotal – oder schlicht „das Blenio" – so etwas wie ein Geheimtipp geblieben: es ist touristisch wenig frequentiert, hier trifft man nur ab und zu auf andere Besucher oder Wanderer. Erfahrene Biker haben gemerkt, dass es viele schöne, jedoch anspruchsvolle Bike-Strecken gibt. Das Blenio ist ein herrliches Paradies für diejenigen, die eher Ruhe, Erholung und viel Natur suchen. Außerdem gibt es viele kleine, aber wertvolle Baudenkmäler aus der romanischen Zeit. Das Tal führt hinauf zum Lukmanierpass (Passo del Lucomagno), dem mit 1916 m tiefsten Alpenpass von Nord nach Süd.

Der „Luggiam" diente schon den Kelten und Römern als Transitweg; *Otto der Große*, Begründer des Heiligen Römischen Reiches, zog dreimal über den Pass und räumte mit den Sarazenen auf, die damals das Bleniotal und Dissentis mit ihren räuberischen Horden unsicher machten.

1182 gelobten die Männer der Leventina und des Bleniotals im „Pakt von Torre", einem **Vorläufer des Rütlischwurs** von 1291, dass ohne ihre Erlaubnis keine Burg mehr in ihren Tälern gebaut werden dürfe und sie keine kaiserlichen Vögte mehr akzeptieren wollten. Profitieren konnte von diesem Bund vor allem das Domkapitel Mailand, das in den drei sogenannten ambrosianischen Tälern (eingeschlossen Riviera) den Podestà stellte, bis 1403 der Graf von Misox und Lugnez, *Alberto Sacco (Sax)*, und später die Eidgenossen die Herrschaft über die Täler übernahmen.

Im Laufe der Jahrhunderte verlor der Lukmanier durch den Ausbau der Gotthardroute an Bedeutung, wodurch das Tal viel von seinem Wohlstand einbüßte. Nun abseits der wichtigen Verkehrswege, blieb den Söhnen des Tals oft nur die **Emigration.** Einige Auswanderer kamen zu Wohlstand und zogen weitere Dorf- und Talleute in ihre europäischen oder überseeischen Unternehmungen und Fabriken nach.

Besonders in der zweiten Hälfte des 19. und im 20. Jh. hatte sich das Tal geleert. Im Rahmen der nationalen „Neuen Regionalpolitik" (NRP) versucht man nun die **Region Tre Valli** (Leventina, Ri-

410te ns

Im Bleniotal

viera, Blenio) neu zu beleben, die förderwürdigen Bereiche heißen Wald- und Steinwirtschaft sowie Wellnesstourismus. Doch das Blenio profitiert noch wenig von diesen Bemühungen, es liegt nach wie vor abseits.

Das Blenio soll (zusammen mit anderen Alpentälern) eine neue Chance bekommen – durch den in der Projektphase befindlichen **Nationalpark „Parc Adula"**. Das ganze Tal wird zum Parkgebiet gehören und damit in das Konzept nachhaltiger Entwicklung einbezogen. Der Park entwickelt sich gegenwärtig von der Kandidatenphase heraus zum endgültigen Park (s. Exkurs „Neue National- und Naturparks" im Kapitel „Land und Leute"). 2015 sollen sich die 20 Projektgemeinden in einer Abstimmung zu dem Park äußern.

Neben Fremdenverkehr und Alpwirtschaft setzt das Tal heute außerdem auf den Anbau von **Heilkräutern**. In Olivone wie auch in anderen Dörfern wird ihr Anbau unter wissenschaftlicher Begleitung betrieben.

Rundfahrt durch das Tal

Nach Biasca zwängt sich die Straße mit dem Flüsschen **Brenno** durch einen Engpass, und unvermittelt weitet sich das Tal. Hinter dem Reisenden liegt das Bergsturzgebiet der Biasca von 1512.

Semione

Bei der Abzweigung nach **Loderio** (links halten) gelangt man auf einer Nebenstraße nach Semione, ein stattliches Dorf über dem rechten Ufer des Brenno mit herrschaftlichen Häusern. Die 1731– 36 neu erbaute **Pfarrkirche S. Maria Assunta** bildet mit dem Kapellenkranz, der

037te ns

Friedhofssäule und dem Beinhaus eine malerische Anlage. Das Beinhaus, ein niedriges, nach Westen offenes Gebäude mit doppeltem Tonnengewölbe, zeigt an der Fassade ein Barockfresko der Auferstehung. Innen sind beachtliche Fresken der *Seregnesi* aus dem 15. Jh. zu sehen, an der Chorfront die Kreuzigung mit den Heiligen Johannes der Täufer und Antonius Eremita, im Gewölbe die Majestas Domini mit den vier Evangelistensymbolen sowie die Kirchenväter, links eine Epiphanie, rechts die Heiligen Christophorus, Luzius, Sebastian, Margaretha, Mamette und Dominika.

Die 1606 gebaute **Kapelle S. Carlo** mit einem Fassadenfresko des heiligen Karl birgt Wandmalereien der Brüder *Tarilli* von 1608. Das kleine **Dorfmuseum** gibt Auskunft über heimische Fossilien und Mineralien, es öffnet auf Anfrage unter Tel. 091 87 01 26 (Signora Alba Solari verlangen).

Kurz vor dem Dorf **Ludiano** (bei einer kleinen Kapelle in einer Kurve) führt ein Weg talabwärts zu **Barbarossas Burg Serravalle,** die auf einem Felsensporn in einem Kastanienhain den Talriegel überwacht. Von ihr sind eindrucksvolle Überreste erhalten: beim nordwestlichen Eingang Grundmauern eines Rundturmes sowie ein Palas mit Torgebäude an der Ostseite. Drei gemauerte Rundpfeiler gehören zu einer Halle, die in einen Längsraum mit Ofenanlage führt. An seiner Westseite steht ein halbrunder Wehrturm mit tonnengewölbtem Wachraum. Die umschließenden Mauern, die

Kapelle San Remigio in Boscero

auch den Hügel einschlossen, sind teilweise erhalten. Die Anlage wurde 1162 durch den kaiserlichen Vogt des Tals, *della Torre,* gebaut, 1176 hielt sich *Friedrich I. Barbarossa* hier vier Tage lang auf. Durch seine Niederlage bei Legnano fiel Serravalle an Mailand. 1181 wurde die Anlage zerstört, im 13. Jh. durch die *Visconti* wieder aufgebaut und 1402 durch die Talbewohner abermals zerstört. Die Ruine wurde 1932 gesichert.

Am Südrand der Burganlage liegt die **Kapelle S. Maria del Castello,** 1339 erwähnt. Die über einen Meter dicke Südwand soll die Ringmauer der Burg enthalten. Der Chor wurde von *Giovanni Battista* und *Domenico Tarilli* ausgemalt.

Navone

Im malerischen Weiler Navone bei Semione steht die reizvolle **Barockkapelle S. Maria Bambina,** 1667 gebaut. Die Kuppel wurde von *G. Solvia* und *G. Soldati* vollständig ausgemalt. Das Altargemälde entstand um 1500. Durch die Rebhänge führt die Straße zum Dorf **Ludiano** mit seiner stattlichen **Barockkirche** von 1780.

Dongio

Vor der Brücke nach Motto steht in Motto di Dongio einsam die **Kapelle S. Pietro.** Ihr romanischer Apsidensaal wurde 1581 erhöht und nach Westen verlängert, der Turm ist im Unterteil ebenfalls noch romanisch. Der Quader-Altbau ist sorgfältig gearbeitet, im Inneren finden sich Fresken des 13. bis 15. Jh. sowie ein bemerkenswerter Altar und Gräber. Den Schlüssel gibt es in der Osteria Tre Vie in Motto-Dongio, Tel. 091 87 11 925.

Die Hauptstraße führt weiter nach Dongio, dessen Kirche und ein Teil des Dorfes 1758 durch einen Bergrutsch zerstört wurden. Zwei Jahre später wurde die spätbarocke **Kirche SS. Luca e Fiorenzo** von *Stella* gebaut.

Über dem Dorf liegt die mittelalterliche **Höhlenburg Casa di Pagani** („Heidenhaus"). Von diesen sicheren Felsburgen aus plünderten einst räuberische Horden von Sarazenen wohlhabende Reisende.

Boscero

Gleich nach der Brenno-Brücke liegt – meist unbeachtet – links in Boscero in einsamer Lage in der Talsohle die romanische **Kapelle S. Remigio** mit beachtlichen Fresken der Romanik und des Manierismus. Der südliche Saal der unverputzten Zwei-Apsiden-Anlage stammt aus dem 11. Jh. Er wurde im 12. Jh. nach Norden erweitert, wobei ein ähnlicher, aber kleinerer Raum entstand, der im Barock in eine Sakristei und eine Kapelle umgewandelt wurde.

Die Wandmalereien aus dem 13. Jh. stammen von einem ländlichen Maler: in der Apsis eine Majestas Domini mit den Evangelistensymbolen, darunter die 12 Apostel in Dreiergruppen, am Chorbogen die Verkündigungsgruppe, an der Südwand Christophorus und Nikolaus von Myra. Links des Chorbogens ist Remigius dargestellt, Maria über dem Sakristeiportal.

Im Schiff und in der Kapelle finden sich abgelöste Wandbilder der *Tarilli* von 1600 mit identischen Motiven der romanischen Fresken, zusätzlich eine Abbildung des heiligen Michael als Seelenwäger. Am Blockaltar stehen zwei romanische Apostelfiguren und Reste von Pilastern aus Stuck aus dem 13. Jh.

■ Der **Schlüssel** ist bei Herrn *Conceprio* erhältlich, erstes Haus rechts (Richtung Acquarossa), Tel. 091 87 11 727; oder Blenio Turismo in Acquarossa kontaktieren, Tel. 091 87 11 765.

Corzonesco

Während die Hauptstraße talaufwärts nach Aquarossa führt, lohnt sich hinter Dongio auf der westlichen Seite ein kleiner Abstecher (links abbiegen) nach Casserio, Corzonesco und Leontica, die auf einer Stufe über dem Tal liegen.

Casserio westlich von Corzonesco ist ein hübscher intakter Weiler mit einer kleinen rechteckigen Kapelle. Die Casa Rotonda birgt das Archiv des Blenieser Fotografen *Roberto Donetta,* das zeitweise auch dem Publikum offen steht, Infos unter www. archiviodonetta.ch oder Tel. 091 87 11 263.

Unterhalb des Dorfes Corzonesco bildet die **Kirche** mit der Friedhofsmauer, dem Beinhaus und dem Pfarrhaus ein eindrucksvolles Ganzes in beherrschender Terrassenlage. Der Friedhof bietet eine schöne Sicht talaufwärts. Neben dem Westportal der Kirche steht eine Außenkapelle, die 1587 von den Brüdern *Tarilli* ausgemalt wurde. Die Marienkapelle besitzt Stuckaturen von *Gio Rezia.* Die Fresken an der Südwand der Sakristei stammen aus der Werkstatt der *Seregnesi:* Kreuzigung, Beichte mit Schriftrolle, rechts San Vittore. Am alten Saumpfad, der von der Kirche nach Scarada hinunterführt, liegen zwei kleine, tonnengewölbte Wegkapellen mit Fresken von *da Tradate* aus dem Jahr 1510.

412te ns

Leontica

Das hoch gelegene Leontica besuchen Gäste vor allem wegen der berühmten romanischen Kirche S. Ambrogio, besser bekannt unter dem Namen S. Carlo Negrentino. Leontica gehört zur Gemeinde Prugiasco. Der Kern dieser Gemeinde hat sich seit langem ins Tal verschoben. Auch im Tal, in Prugiasco, gibt es eine schöne Kirche mit dem Namen S. Ambrogio; sie stammt aus dem Jahre 1700. Ein Abstecher nach Leontica ist aber auf jeden Fall lohnenswert, schon allein aufgrund der Lage des Dorfes; auch das Dorfbild ist sehenswert. Die vom hohen Campanile von 1925 überragten Häuser haben gestrickte Wohngeschosse.

Das Auto kann man im Dorf stehen lassen; einfach in der kleinen Locanda nach dem Schlüssel der Kirche fragen und den gut beschilderten Weg über den Bach durch den Wald hinunter wandern zur einige Minuten entfernten **Kirche San Carlo Negrentino.** Auch in der Dorfgaststätte von Prugiasco und Acquarossa kann man einen Kirchenschlüssel bekommen.

Auf dem Weg zur Kirche kommt man etwas oberhalb von Leontica an der Sesselbahntalstation vorbei, die zum **Wander- und Biker-Gebiet Bassa di Nara** führt. Im Winter warten hier zwei Sesselbahnen, drei Skilifte, 30 Kilometer Piste, sieben Kilometer Loipe und fünf Kilometer Rodelbahn auf Gäste. Im Sommer locken viele Wanderwege. An der Zwischenstation Cancori kann man geführte Pferdetouren buchen und sich im Restaurant verpflegen. Im Winter gönnt man sich an der Skibar auf dem Pian Nara (1937 m) einen Drink.

Kirche S. Ambrogio (auch S. Carlo Negrentino)

Die Kirche thront in unvergleichlicher Lage am ehemaligen Saumpfad zum Nara-Pass über dem Tal und gilt als das authentischste Zeugnis **lombardischer Romanik** in der Schweiz; ausgestattet ist sie mit romanischen und ganz vorzüglichen spätgotischen Wandmalereien. Die Anlage, erwähnt 1214, ist in zwei Bauetappen entstanden. Der romanische Apsidensaal vom Ende des 11. oder Anfang des 12. Jh. erfuhr im 13. Jh. eine südliche Erweiterung durch einen schmaleren, aber sonst gleichen Raum. Die Eingänge wurden ins Südschiff verlagert. Im 12. Jh. entstand der Campanile, aus späterer Zeit sind die Sakristei und die Fenster in den Apsiden.

Die Halbrundapsis hat verschieden große und farbige Quaderlagen und wird durch Lisenen und Zwergarkaden gegliedert. Sie zeigt ein romanisches Pfauenrelief. Der Turm hat Zwillingsarkaden und ein Zeltdach, an der Ostwand prangen zwei Kreuzwappen der Leventina, darüber das von Uri. In der Lünette ist ein Fresko, darüber der heilige Michael, entstanden um 1500. Der flach gedeckte Innenraum wird durch ein Arkadenpaar über einem Rundpfeiler geteilt. Die romanischen Wandgemälde stammen vermutlich aus dem späten 11. Jh. An der Westwand des Nordschiffes steht Christus in der Tunika vor einem Kreis, seitlich sind eine Lanze und ein Essigschwamm erkennbar, links und rechts

< Weinbau in Ludiano

413te ns

flankiert von Aposteln, darüber liegt ein Mäanderfries mit Lämmern und einem Polypen. Die spätgotischen Fresken sind in der Art der *Seregnesi* gemalt, sie stammen aus der zweiten Hälfte des 15. Jh. In der Nordapsis findet sich eine Majestas Domini, darunter die 12 Apostel in Dreiergruppen und Draperie über romanischen Fresken, am Chorbogen sieht man Verkündigungsfiguren, darüber ein romanisches Mäanderfries. In der Arkade sind die Heiligen Stephanus und Katharina sowie 12 Prophetenbüsten zu sehen. Die Nordwand zeigt eine Kreuzigungsgruppe und eine thronende Muttergottes mit Antonius Eremita und Bernhardin von Siena sowie darunter zwei weitere Muttergottesfiguren. Links ist der heilige Ambrosius abgebildet. Die Gemälde im Südschiff stammen vermutlich von *Antonio da Tradate* (16. Jh.). In der Apsis sieht man eine Krönung Mariä, in der Südwand die Vertreibung Joachims aus dem Tempel sowie die Verkündung, die Begegnung unter der goldenen Pforte und die Geburt, Kindheit und Verlobung Marias. Den Triumphbogen zieren Heilige und musizierende Engel. An den Zwillingsarkaden sieht man die Geburt Christi und Prophetenmedaillons, im Zwickel eine Himmelfahrt Mariä. An der Westwand reitet der heilige Ambrosius zu Pferd in die Schlacht zwischen den Heiligen Gervasius und Prothasius. Das Fresko über dem südlichen Kircheneingang zeigt Jesus als Schmerzensmann; darüber der Seelen wägende Erzengel Michael. Die **Schlüssel** sind u.a. bei Blenio Turismo in Olivone erhältlich.

Castro

Statt auf der Hauptstraße von Aquarossa nach Aquila zu fahren, folgen wir weiterhin der westseitigen Nebenstraße talaufwärts und besuchen Castro. In seinem Heimatort Castro hat der Maler *Carlo M. Biucchi* 1732 den Chor der **Kapelle S. Antonio** illusionistisch ausgemalt. Neben der Kapelle befindet sich die so genannte **Casa dei Landvogti** von 1660, einst Sitz der Landvögte, ein dreigeschossiger Steinbau mit Holzbalustrade unter einer Traufe, deren originelle volkstümliche Fassadenmalerei Tiere, Landsknechte und die Wappen des Blenio-Tales und der Urkantone zeigt.

Beim Weiler **Traversa** kann man nach **Marolta** mit der Casa Romagnoli (Fassa-

< San Carlo Negrentino von außen

> Ein Teil der südlichen Apsis

de mit Heiligen, Wappen und Kreuzigung) abbiegen oder nach **Ponto Valentino** mit seiner schönen Aussicht, der stattlichen Barockkirche und dem eigenartigen Beinhaus weiterfahren. Im Bergdörfchen **Largario** gibt es eine malerische Kirche von 1776 mit Beinhaus.

Aquila

In Aquila treffen wir wieder auf die Hauptstraße zum Lukmanierpass. Der Hauptort des mittleren Blenio-Tals wirkt stattlich mit seinen alten Häusern, z. T. mit Außentreppen und Balkonen. Hier finden sich viele Fresken des 16. bis 18. Jh. und Bildstöcklein, u. a. vom hier beheimateten Künstler *Degiorgi* ausgemalt. Die eindrucksvolle **Pfarrkirche S. Vittore Mauro** mit dem markanten Glockenturm, dem Beinhaus, der Via Crucis und der Friedhofssäule, ursprünglich romanisch, wurde 1730 barock umgebaut. Die Kirche birgt ein originelles Chorgestühl.

Olivone

Olivone hatte seine Blütezeit im Hochmittelalter, als der Lukmanier oft überquert wurde. Es war relativ unabhängig und durfte Wegzoll erheben; bis 1823 besaß es sogar ein eigenes Maßsystem.

Die barockisierte romanische **Pfarrkirche S. Martino,** erwähnt 1136, wurde im 17. Jh. völlig umgebaut und besitzt einen romanischen Campanile. Der Chor zeigt frühbarocke Stuckaturen mit Putten und personifizierten Tugenden. Auf dem Friedhof liegt eine Barockkapelle; auch die Grabdenkmäler für *d'Albert* und *G. M. Soldati* sind hier zu finden.

414te ns

Das **Talmuseum Cà da Rivöi** (s. u.) ist ein Pfrundhaus aus dem 17. Jh. mit gestricktem Holz- und gemauertem Sockelteil. Der moderne Anbau von 2000 stammt von *Raffaele Cavadini.* Er verbindet den Schulkomplex der 1960er Jahre mit dem Pfarrhaus aus dem 17. Jh. und dem Cà da Rivöi.

Das in Olivone ansässige *Istituto Alpino di Fitofarmacologia* kontrolliert die Qualität der **Heilkräuter** aus dem Blenio-Tal. Die Kulturen umfassen mehr als 30.000 qm Fläche. Das Institut produziert und verkauft auch (s.u.: „Einkaufen"), es fördert die Ausbildung und Forschung in Biowissenschaften, besonders bei Gewürz- und Arzneipflanzen, und bietet botanische Ausflüge und -führungen an, denen man sich (in Gruppen) anschließen kann (Auskunft Tel. 091 87 22 168, www.fasv.ch).

Auf dem Gemeindegebiet von Olivone stehen etliche reich ausgestattete Kapellen. Zum Teil wurden die Kunstschätze in den Museen des Blenio-Tals in Olivone und Lottigna untergebracht. In **Lavòrceno** steht neben der Kapelle S. Giuseppe mit Fresken aus dem 17. Jh. die Casa Hemma, der mit verschiedenen Wappen ausgestattete Sitz einer gleichnamigen Notablenfamilie.

Campo-Tal und Val Camadra

Hinter dem Weiler Scona führt ein 1,5 km langer Tunnel ins Campo-Tal und ins Val Camadra. Links von der Straße liegt der kleine **Wintersportort Campo-Blenio** mit der 1225 erwähnten Pfarrkirche SS. Maurizio e Agata. Bei Aquilesco führt eine Straße in vielen Windungen zum **Luzzone-Stausee** hinauf. An seiner Staumauer ist eine 165 m hohe **Kletterroute** installiert, geöffnet von Mai bis Ende Oktober. Über Ghirone mit seiner Barockkirche mit einem großen Fassadengemälde und der Friedhofskapelle verläuft ein Sträßchen ins **Val Camadra,** welches in einen Pfad mündet, der über den **Greina-Pass** ins bünderische Somvix führt.

Nationalpark Adula

Über den **Greina-Pass** eröffnet sich rund um den Adula das Kerngebiet eines neuen, bisher kaum bekannten Naturwunders der Schweiz, eines der größten Gebiete ohne menschliche Eingriffe: die Greinaebene des neuen Nationalparks Adula. Ursprünglich waren hier Stauseen geplant, doch dagegen erhob sich Widerstand. In der Schweiz mit ihrer starken Referendumsdemokratie konnte so – mit dem Einverständnis der beteiligten Gemeinden in Graubünden und im Tessin – ein neues Parkprojekt entstehen, das es nun zum vom Bund anerkannten und deshalb geförderten kantonsübergreifenden „Kandidaten“ für einen neuen Nationalpark geschafft hat.

Der Nationalpark Adula ist neben dem kleineren Park im Hinterland des Lago Maggiore der einzige neu entstehende Nationalpark in der Schweiz. Das ganze Gebiet umfasst **1064 qkm,** darunter das ganze Bleniotal. Die vor menschlichen Eingriffen geschützte Kernzone ist 170 qkm groß. Der tiefste Punkt liegt auf 397 m, der höchste auf 3402 m.

Politisch umfasst das Gebiet **20 Gemeinden** in 2 Kantonen mit gerade einmal 14.000 Einwohnern. Die geologische und biologische Vielfalt ist einzigartig und soll zusammen mit einer sanften wirtschaftlichen Entwicklung des Gebiets ein Modellfall werden für das, was man als nachhaltig bezeichnet. Touristisch will man sich im Projekt vor allem an das halten, was sich über Jahrhunderte entwickelt hat: Das Gebiet am Greina-Pass war ein wichtiger Übergang von Nord nach Süd, traditionell wird hier **Handel mit Vieh** und **landwirtschaftlichen Bergprodukten** getrieben.

Hier soll nun angeknüpft werden: Menschliche Aktivität wird in eine einzigartige Natur eingefügt. Dabei wird auf uralte Wege und Pfade zurückgegriffen, mit denen sich der Park erschließt und die fünf beteiligten Regionen verknüpft werden. Das Projekt ist gegenwärtig im Aufbau. Über Hintergründe, Aktuelles und Aktionen informiert die zugehörige Webpage www.parcadula.ch.

Zum Lukmanierpass

Zurück auf der Hauptroute führt die Lukmanierstraße von Scona ins Valle Santa Maria nach **Camperio** mit seiner Kapelle und seinem Hospiz. Weiter geht es über Plan Segno und **Acquacalda** mit seinem Ökozentrum **Centro pro Natura** – **Lucomagno** (s. u.: „Unterkunft") durch eine alpine Parklandschaft mit ausladenden Arven und weiß ausgewaschenen Kalkformationen zum Passo del Lucomagno (*lucus magnus*, der „große Wald"), der auf 1915 m liegt. Der Pass trennt das Gotthardmassiv von den Adula-Alpen.

Die Gatti aus Dongio – ein Erfolgstrio in London

In Olivone im Bleniotal verraten etliche Grabsteine, dass die Verstorbenen zwar hier geboren, aber in London bestattet oder gestorben sind. Warum London?

Das Bleniotal war einst bekannt für seine **Schokoladenhersteller,** die sich ihr Handwerk in Mailand bei den Spaniern abgeguckt hatten. Noch bis ins 20. Jh. stellte in Dongio eine Fabrik die süße Leckerei her. Die Bleniesi trugen ihr Wissen in alle Winkel Europas, wo sie ihre Schokolade in Tee- oder Kaffeestuben anboten und sich auch dem Handel mit Kakao, Kaffee, Zucker und anderen Kolonialprodukten verschrieben. Mitte des 19. Jh. brachen die Brüder *Carlo, Giuseppe* und *Giovanni Gatti* von Dongio nach London auf, wo sie mehrere Konditoreien eröffneten und neben Backwaren auch Eis anboten. Die Nachfrage war so groß, dass die Brüder in zehn Jahren acht Schokoladenfabriken errichteten.

In Paris besuchten die *Gattis* ihren Vater, der dort mit Früchten handelte, und lernten die mondänen Etablissements der französischen Hauptstadt kennen; etwas Ähnliches schwebte ihnen nun auch für London vor. Sie eröffneten verschiedene Lokale, in denen man Musik hören konnte. Ihre Restaurants hatten Glasfronten wie die Bistros und Tische auf den Gehsteigen. Hier waren auch Damen gern gesehene Gäste, ganz anders als in den herkömmlichen Londoner Pubs und den ehrwürdigen Altherren-Clubs. Ball- und Konzertsäle und die bekannte Gatti-Music-Hall rundeten das Angebot ab.

Giovanni brachte es im weiteren Verlauf seiner Karriere zum Musikimpresario und zum Besitzer verschiedener Theater und Luxusrestaurants mit französischer Küche. Einer der Brüder führte den Eiswagenverkauf ein. Bald gliederten die *Gatti* ihren Geschäften außerdem einen Eisbarren-Handel an. 20 Schiffe transportierten das weiße Gut von den norwegischen Fjorden nach London, wo es auf 400 Karren verladen wurde.

Ihre Heimat vergaßen die drei Brüder aber in der Fremde nicht: Ihre Frauen kamen aus dem Bleniotal und viele Verwandte und weitere Dorf- und Talbewohner aus der Leventina fanden dank der *Gattis* in London Arbeit und oft auch eine neue Heimat.

040te tt

Die Casa dei Landvogti in Lottigna

Torre

Zurück in Aquila, fährt man nach **Dangio** mit der ehemaligen Schokoladenfabrik *Cima Norma* (das Museum öffnet auf Anfrage, Tel. 079 33 13 716) und seinen Häusern mit den Muttergottesfresken aus dem 15. bis 16. Jh. In **Grumarone** wurde die Kapelle S. Anna von 1624 von einem unbekannten Meister in Einzelbildern ausgemalt.

In Torre war einst das bedeutendste **Herrschergeschlecht** des Bleniotals zu Hause, die *delle Torre*. Sie standen auf der Seite *Barbarossas* und verloren nach seiner Niederlage bei Legnano ihren Einfluss und ihre Besitztümer, darunter die Burg Serravalle (zu deutsch „Talsperre“), deren Anfänge bis ins 9. Jh. datieren. Auf der Anhöhe bildet die barocke **Pfarrkirche** mit dem schlanken romanischen Turm und dem kleinen Beinhaus sowie dem Pfarrhaus ein weiteres schönes Bauensemble. Die Kirche birgt zwei bedeutende Verkündigungstafeln aus dem 16. Jh. In einer ehemaligen Schokoladenfabrik ist zudem die **Gesellschaft für die Verarbeitung von Heilpflanzen** zu finden.

Lottigna

Von Torre geht es hinab in den ehemaligen Hauptort Lottigna. Die **Pfarrkirche SS. Pietro e Paolo** geht auf die romanische Zeit zurück und wurde 1632 erweitert und barock umgestaltet. Im Inneren zeigen die Fragmente des romanischen Wellenbandfrieses die ursprüngliche Höhe des flach gedeckten Gebäudes an.

Die zu Beginn des 16. Jh. errichtete **Casa dei Landvogti** ist zusammen mit dem Landvogteihaus in Bironico das **bedeutendste heraldische Baudenkmal des Kantons Tessin.** Der quadratische Bau mit Steindach und zwei Giebeln wurde der Vogtei Blenio als Sitz der Landvögte überlassen. Die Talfassade zeigt zahlreiche Wappen der hier im 16. und 17. Jh. tätigen Landvögte. Über den Wappen hängen die Schilder des Blenio-Tals und der Urkantone Uri, Schwyz und Unterwalden. An der Rückfront des Hauses sind weitere Wappen und ein Kreuzigungsgemälde zu sehen. Im Palazzo ist das **volkskundliche Museum** des Blenio-Tals untergebracht, mit einer großen Sammlung von religiöser Kunst und Waffen.

Von Lottinga fährt man in Richtung Acquarossa, biegt beim ausgeschilderten Zeltplatz ab und fährt an diesem vorbei; man gelangt zu einem Reitstall, auf dessen Pferdekoppel die kleine, unscheinbare **Cappella del Piano** liegt. Diese birgt bedeutende signierte Fresken der Spätgotik, der Chor eine Kreuzigungsgruppe. Im Gewölbe ist Christus als Weltenrichter mit Evangelistensymbolen zu sehen, rechts der heilige Bernhardin von Siena und eine Inschrift von 1455, die *Christoforo da Seregno* und *Lombardus von Lugano* als Künstler angibt.

Acquarossa

Acquarossa ist heute die größte Gemeinde im Tal; hier hatte einst die Bleniobahn ihre Endstation. In einem Park liegt das ehemalige Kurhaus, das die Dorfbewohner gern aus seinem Dornröschenschlaf küssen möchten; hierfür wurden schon verschiedene Projekte ins Leben gerufen, aber zurzeit fehlt noch ein finanzkräftiger Investor. Gebaut wurde das Kurhaus wegen der zwei hier entspringenden eisenhaltigen **Quellen,** die schon die Römern genutzt haben sollen.

Val Malvaglia

Über Motto gelangt man nach Malvaglia, von wo eine Straße ins einsame, für seine Schafzucht bekannte Val Malvaglia abzweigt und eine andere ins ebenso urtümliche **Val Pontirone** mit dem einst blühenden Pfarrdorf Pontirone in schöner Aussichtslage, das eine einheitliche Steinplattenbedachung aufweist. Die Dörfer des Val Malvaglia sind großteils von eindrücklicher Geschlossenheit. Die Blockhäuser stehen auf Sockeln, besitzen Rückwände aus Trockenmauerwerk und haben Steinplattenbedachung. Zum Teil sieht man noch Heustadel mit Rundhölzern. In den Weilern am Südhang haben sich frei stehende Trockengitter *(rescane)* erhalten, die vom früheren Gerstenanbau zeugen. Bei der Brücke in Dandrio steht eine zerfallene Mühle. Den Schlüssel gibt es bei der Osteria.

Das langgestreckte Streudorf **Malvaglia** war einst bedeutender Stapelplatz am Lukmanier-Passweg. Infolge des Crenone-Bergsturzes 1512 bildete sich am Talausgang ein See, der das Dorf immer wieder überschwemmte.

Am Dorfplatz steht die kunsthistorisch interessante **Pfarrkirche S. Martino** mit einem der höchsten romanischen Türme des Tessins. Der fünfgeschossige Turm wurde im 12. Jh. in Quaderstruktur mit Rundbogenfenstern gebaut. Lisenen, Zwergarkaden und Sägefriesen gliedern ihn, an der Westseite zeigt er Überreste eines romanischen Christophorus. Die Kirche wurde in drei Etappen gebaut: im 13. Jh. als zweischiffige Apsidenanlage, wobei der nördliche Apsidensaal älter scheint; nach der Überschwemmungskatastrophe von 1512 wurde sie im Westen erweitert und 1603 erneut vergrößert.

Die asymmetrische Fassade zeigt Fresken aus der Mitte des 16. Jh.: Rechts vom Portal stehen der imposante Christophorus sowie Maria zwischen den Heiligen Rochus und Sebastian, darunter weitere Figuren wie Bernhardin von Siena und Hieronymus. Beachtliche Wandmalereien zeigt die südliche Turm-

415te ns

Ein typisches Grotto im Blenio

wand des Schiffes, so die Heiligen Martin und Bernhardin mit Stifterfigur in der Nische (Mitte des 16. Jh.). An der Nordwand findet man Szenen der Verkündigung: die Heimsuchung, die Darbringung im Tempel, eine Epiphanie, der Hauptmann von Kapernaum und die Erweckung des Lazarus. Die Bilder wurden 1510 von *Antonio da Tradate* gemalt. An der Südseite ist ein Abendmahl aus dem 16. Jh. zu sehen. An der Chorbogenwand, im Gewölbe und an den Wänden finden sich barocke Darstellungen von *Bernardion Serodine* aus Ascona, um 1650. Im Chor sind drei Glasgemälde aus dem 16. Jh. zu sehen.

Nördlich der Kirche steht die **Kapelle SS. Enrico e Appolinare** mit Kreuzgewölbe, ausgemalt im Jahr 1551.

Bemerkenswert sind die Kapellen in den Ville; so nennt man die einzelnen Siedlungen im Tal, wobei jede ihre eigene Kapelle hat. Am bedeutendsten ist die zwischen den wenigen Häusern von **Madra** versteckte Kapelle S. Giacomo mit originellen Fresken aus der Werkstatt der *Seregnesi* (15. Jh.), leider in einem stark beschädigten Zustand. Der Schlüssel liegt bei *Carlo Saglini* im Tal in Malvaglia, Tel. 091 87 01 721.

Praktische Tipps

Information

- **Blenio Turismo,** Olivone, Tel. 091 87 21 487, www.vallediblenio.ch oder www.blenio.com.

Unterkunft

Im Blenio-Tal bis zum Lukmanier hinauf gibt es eine ganze Reihe von akzeptablen *alberghi* zu vernünftigen Preisen. Informationen über das Touristenbüro.

■ **Centro pro Natura – Lucomagno,** Strada del Lucomagno, 6718 Acquacalda, Tel. 091 87 22 610, www.pronatura-lucomagno.ch. Das Ökohotel wurde umgebaut und führt Zimmer unterschiedlicher Qualität von einfach bis komfortabel sowie Mehrbettzimmer mit 4–6 Betten. Es bietet außerdem Seminarsäle und einen Campingplatz. **Geführte Exkursionen** zu verschiedenen Natur- und Alpenthemen sowie ins Waldreservat der Selvasecca, daneben Kurse und Seminare. Informationen sind auf der Website zu finden. Geöffnet Mai bis Oktober.

■ **Albergo Olivone e Posta,** 6718 Olivone, Tel. 091 87 21 366/67, www.hotel-olivone.ch. Familienhotel, Zimmer im Holzstil der 1960er Jahre, jedoch gut erhalten und gepflegt; Restaurant mit guter Butterküche; 25 DZ mit Dusche/WC sFr. 140.

UNSER TIPP: **Osteria Centrale,** Via alla Chiesa, 6718 Olivone; Tel. 091 87 21 107, www.osteriacentra leolovone.ch. Sehr originelle Osteria. Fünf relativ große freundliche Zimmer. Der lokale Gasthof bietet eigene Wurstwaren und Pasta; DZ ohne Dusche/ WC sFr. 100, mit Dusche/WC sFr. 100–110.

■ **Albergo Valsole,** 6716 Acquarossa, Tel. 091 87 12 610, www.valsole.ch. Straßenhotel bei der Post, moderne Zimmer mit Blick auf Fluss, Tal und das ehem. Kurhaus. Mit Pizzeria, Gartenrestaurant, Grotto; DZ mit Dusche/ WC sFr. 130.

■ **Statione,** 6716 Acquarossa, Tel. 091 87 11 123. Sehr einfache, saubere Zimmer; Restaurant. DZ mit Dusche/WC sFr. 110.

■ **Ferienhäuser:** *Blenio Rustici,* 6716 Leontica, Tel. 091 87 11 971, www.rustici.ch. Preise ab sFr. 20/30 pro Person.

Azienda agricola biologica Scarp, 6714 Scarp, Tel. 079 69 65 825. Auf dem Hof auf einer Sonnenterrasse oberhalb Semione werden auf biologische Art schottische Hochlandrinder und Schafe aufgezogen. Der Hof besitzt einen eigenen Weinberg. Es gibt drei Zimmer. Mit dem Auto 15 km von Biasca, mit dem Bus bis Semione und 15 Min. zu Fuß. Verpflegung im Restaurant in Semione.

Camping

■ Das **Centro pro Natura – Lucomagno** hat auch einen Campingplatz am Ufer des Baches Brenno, Adresse s.o.: „Unterkünfte".

■ **Eine Nacht in der Jurte:** Die aus der Mongolei stammenden Jurtenzelte sind aus Holz- und Schafwolle gebaut und haben ein Cheminée. Ein Plastikfenster erlaubt den Blick hoch zum Nachthimmel aus dem Bett. Auf dem Campingplatz Centro Lucomagno; Adresse s.o.: „Unterkünfte"; Jurte für 2 Pers. sFr. 110, 3–6 Personen sFr. 40 p.P. inkl. Frühstück (Gemeinschaftsdusche /WC im Centro).

■ **Camping Acquarossa,** 6716 Acquarossa, Tel. 091 87 11 603 oder 097 44 43 506; im Grünen zwischen Acquarossa und Lottigna nahe dem Brennofluss mit Blick auf das Naragebiet.

Einkaufen

Shop der **Fondazione Alpina per le Scienze della Vita,** 6718 Olivone (Zona Chiesa), Tel. 091 87 22 168, www.fasv.ch: Kräuterteeaufguss, Bonbons COFIT (Kooperative für die Förderung der Tessiner Heilpflanzen und Pflanzenprodukte), Öle.

Essen und Trinken

■ **Grotto Canvett,** Cà da Varénzin 6, 6714 Semione, Tel. 091 87 02 121, von März bis Dezember geöffnetes gutes Grotto.

■ **Grotto al Sprüch,** Ludiano, Tel. 091 87 01 060. Unter mächtigen Granitfelsen gibt es hier noch die richtige Grotto-Atmosphäre.

■ **Grotto Milani,** Ludiano, Tel. 091 87 02 197. Gute Alternative zum berühmteren *al Sprüch,* nur einige hundert Meter von diesem entfernt gelegen.

■ **Grotto Dötra,** Monti di Dötra, Olivone, Tel. 091 87 21 154. Wenn man auf der Alp Dötra unterwegs ist, empfiehlt sich hier eine Rast. Mo und So Abend geschlossen (zur Sicherheit vorher anrufen!).

Museen

■ **Museo di Blenio,** Casa dei Landvogti, Lottigna, Tel. 091 87 11 977. Themen: Bäuerliches Handwerk, Landwirtschaft, Weinanbau, Bienenzucht, Forstwirtschaft, Trachten, Emigration, sakrale Kunst, Milizenfeuerwaffen vom 15. Jh. bis heute. Von Ostern bis November geöffnet, Di–So 14–17.30 Uhr oder auf Anfrage, Tel. 091 87 11 977.

■ **Museum San Martino** im Cà da Rivöi/Casa d'Olivone, Olivone, Tel. 091 87 21 056. Mobiliar und Gegenstände des täglichen Lebens, Brauchtum im Blenio-Tal: Gerätschaften und Werkzeuge, Brotofen, Bekleidung, religiöse Kunst, Truhen, Goldschmuck, Kultgegenstände, Votivtafeln. Geöffnet von Ostern bis November, Di–So 14–17 Uhr.

Veranstaltungen

■ **Marienfeste** im Bleniotal: Die Marienfeste in Aquila und Ponto Valentino sind wegen der sogenannten napoleonischen Milizen einzigartig. Die Offiziere, Fahnenträger, Füsiliere und Trommler in ihren alten Uniformen marschieren an den religiösen Feiern in einem Festumzug mit. Der Ursprung liegt im Jahr 1812: Damals kamen 6000 Schweizer Söldner während des katastrophalen Russlandfeldzugs unter dem Kommando *Napoleons* ums Leben. Auf den Schlachtfeldern legten die Soldaten aus dem Bleniotal im Angesicht des Todes ein Gelübde ab: Sollten sie davonkommen, wollten sie jedes Jahr in Uniform am Fest der Madonna Dienst leisten. Nach ihrer Rückkehr aus Russland hielten sie dieses Versprechen. Das Fest der Rosenkranzmadonna in Aquila findet nach altem Brauch am ersten Sonntag im Juli statt, während das Fest der Madonna del Carmine in Ponto Valentino am 16. Juli oder dem darauf folgenden Sonntag gefeiert wird. Die Milizen begleiten auch das Fest des heiligen Johannes in Leontica am 24. Juni, dem vorausgehenden oder nachfolgenden Sonntag. Infos: www.miliziapontovalentino.ch oder www.leontica.ch.

Wanderungen

■ **Sentiero dei Fiori (Blumenweg):** Campo Blenio – Acquacalda (4 Std.). Die Wanderung beginnt hinter der Kirche von Campo Blenio und folgt bei der Brücke von Calcarida eine kurze Strecke dem Wasserlauf der Orsaira, dann geht es hinauf zur Alpe Pradasca und durch die Ebene von Cantonill nach Anvéuda. Abstieg ins Alpgebiet Dötra. Über Croce Portera gelangt man nach Acquacalda.

■ **(Rund-)Wanderung am Lukmanierpass** (ca. 3 Std. 45 Min): Vom Hospiz Santa Maria (1914 m) zum Val Termine und durch dieses zum Pass dell'Uomo (2218 m), dann leicht abwärts zur Verzweigung Piano dei Porci und wieder hinauf zum Passo delle Colombe (2381 m). Bei der Alpe Gana (1814 m) geht es entweder über Campo Solario nach Acquacalda oder über die Alpe Casaccia zurück zum Hospiz Santa Maria. Normale Bergausrüstung ist notwendig. Verpflegungs- und Übernachtungsmöglichkeiten im Hospiz auf dem Lukmanier-Pass und in Acquacalda. Abseits der Strecke liegen die Berghütten Cadagno und Cadlimo.

■ **Sentiero Basso von Olivone nach Loderio** (Tageswanderung, ca. 7 Std.): Von der Kirche S. Martino Richtung Sallo über Pinadee, Ponto Aquilesco nach Aquila. Aufstieg nach Dangio und Torre, über den Weiler Grumo nach Lottinga und durch den Wald nach Acquarossa. Nach 1 km führt der Weg auf die rechte Talseite zum sehenswerten Kirchlein S. Remigio mit seinen Fresken und weiter zur Kirche S. Maria nach Ludiano. Über die ehemalige Burg Serravalle nach Semione und Loderio.

■ **Rundwanderung in Semione** (2 Std. 15 Min.): Gegenüber der Pfarrkirche das Gässchen hoch und dann links bis zur Markierung, zum Weiler Scarp und Navone mit seiner hübschen Barockkapelle, ausgemalt von *Solvia* und *Soldati*. Durch einen Wiesenpfad und Waldpartien hinab zur verlassenen Siedlung Sülapièna, und von hier nach Ludiano mit seiner Kirche und seinen Grotti. Der markierten Talroute folgt man zur ehemaligen Burg Serravalle und zurück nach Semione.

■ Das **Centro pro Natura – Lucomagno** (s. o.: „Unterkunft") bietet geführte Wanderungen an.

In die Hochebene der Greina: Von Ghirone, wo es einen Parkplatz gibt, geht es durch das Valle Camadra zur Pian Geirett, wo der Wanderweg zur Scallettahütte beginnt; weiter durch Geröll und Schneefelder hoch zum Greinapass, wo sich die einzigartige Greinahochebene öffnet, eine der wertvollsten Naturlandschaften des neuen Nationalparks. Von hier führen weitere Wege zur Capanna Terri oder Capanna Michela-Metterascio, es öffnet sich der Blick aufs Val Luzzone. Zurück geht es über Rafüsc, Alpe Garzott und Luzzone-Stausee, von wo es nicht allzu weit ist bis nach Ghirone. Im Sommer kann man abkürzen mit Autobussen der Autolinee Blenesi (www.autolinee.ch; Details bei Bleniotourismo in Olivone, s. o.: „Informationen").

Wintersport

■ **Langlauf** in Campra oder Campo Blenio.

■ **Kinderfreundlich** ist das Skigebiet der Bassa di Nara oberhalb von Leontica mit Sessel- und Skiliften und einer Rodelbahn.

416te tt

Castelgrande in Bellinzona

Bellinzona

Das „Tor nach Italien" war schon in früher Zeit besiedelt (Funde im Museo Civico). 590 erstmals erwähnt, besaß Bellinzona für die Alpenpolitik der Römer und Franken, der deutschen Kaiser und der Eidgenossen eine Schlüsselfunktion. Bis ins 13. Jh. von Como beherrscht, ab 1242 von Mailand und unter diesem im 14. und 15. Jh. zu einer „uneinnehmbaren" Festung ausgebaut, errichteten 1503 die Urkantone hier eine Vogtei. Im Mittelalter bestanden die von den *Visconti* und *Sforza* gebauten Festungsanlagen der Stadt Bellinzona aus drei Burgen, einer Ringmauer und einer imposanten Wehrmauer, die sich vom Castelgrande bis zum Fluss Ticino (Tessin) hinzog. Sie dienten dazu, den Zugang ins Ticino-Tal abzuriegeln, die Straße zum Gotthard, zum San Bernardino und zum Lukmanier, und damit den Einzug der Wegzölle zu sichern. Mit der Übernahme durch die Eidgenossenschaft und der späteren Gründung des Kantons Tessin verloren die alten Festungsanlagen ihre Verteidigungsaufgabe. Viele dieser Bauten existieren nicht mehr, so die Porta Tedesca, die Porta Locarno und der dreistöckige Portone Visconteo, einst der einzige Mauerdurchgang; er wurde im Jahre 1869 abgerissen.

Eine primitive Festungsanlage mag schon früher auf den Hügeln Bellinzonas bestanden haben, ähnlich wie in Balladrume oberhalb Asconas oder im Berggebiet oberhalb Giornicos.

Unter der napoleonischen Herrschaft entstanden 1798 während der Helvetik im heutigen Gebiet des Tessins **zwei Kantone** mit den Hauptstädten Lugano und Bellinzona, nach der Mediationsakte von 1803 bestand das Tessin nur noch aus einem Kanton, dessen Hauptstadt alle sechs Jahre im Turnus zwischen Bellinzona, Lugano und Locarno wechselte.

Seit 1878 ist Bellinzona die alleinige **Hauptstadt des Kantons.** Im 19. Jh. war es neben Locarno und Lugano Schauplatz der erbitterten und auch blutigen Kämpfe zwischen den Liberalen und Konservativen. Am 11. September 1890 stürmten die Liberalen zum letzten Mal das Zeughaus und das Regierungsgebäude in Bellinzona. Nun hatte Bern endgültig die Nase voll: Bundestruppen rückten in das Städtchen ein, der Bund setzte eine Mischregierung ein. Der Kanton Tessin akzeptierte das Prinzip der Proporzvertretung; die erhoffte Ruhe im Kanton trat ein.

Die Festungsanlagen

Die drei Burgen von Bellinzona, Castelgrande, Montebello und Sasso Corbaro, sind mit ihren Festungsanlagen von der UNESCO als **Weltkulturerbe** anerkannt worden. Sie sind das besterhaltene Beispiel mittelalterlicher Festungsarchitektur am Alpenrand. Riesige Mauerschalen umfassen die beiden Burghügel und bilden die eigentlichen Zitadellen. Eine nördliche und eine südliche Stadtmauer riegeln die Stadt quer zum Tal ab, die noch erhaltenen Teile weisen viereckige, innen offene Wehrtürme, Maschikulikränze (Gussöffnungen im Boden des Wehrgangs) und Kerbzinnen auf. Im östlichen Teilstück blieb der Torbogen erhalten. Das Tor im Wehrturm südlich des Municipio mit einem spätgotischen Relief mit dem Schlangenwappen von Bellinzona stammt aus dem Jahr 1925.

Die Talsperre (Murata) verlief vom Castelgrande in die Ebene, wo sie die 1515 vom Hochwasser zerstörte Tessinbrücke erreichte. Die Mauer wurde 1486–89 unter der Leitung von *Burato (Pietro Bescapè), Maffaeo da Como, Gabriele Ghiringhelli* und *Camus da Mortara* massiv ausgebaut. Die noch in zwei Abschnitten vorhandene, von zwei Rundtürmen verstärkte Murata trägt einen Wehrgang von 4,70 m Breite, beidseitig von Zinnen über einen Pechnasenkranz eingefasst. Im Inneren finden sich zwei übereinander liegende Galerien mit Tonnengewölben.

Castello Sasso Corbaro

Zu Fuß kann man die Burgen und Mauern am besten erkunden. Eine verbilligte Eintrittskarte erlaubt den Besuch aller drei Burgen auf einmal. Das Castello Sasso Corbaro, vom Bahnhof mit dem Postauto erreichbar, wurde 1479 im Laufe von nur sechs Monaten an Stelle eines Turmes von *Maffeo, Danesio de Manieri* und *Benedetto da Firenze* erbaut; es bildete den obersten Punkt des Befestigungsrings, der die Stadt umgab. Das Tempo drängte sich wegen des Sieges der Eidgenossen bei Giornico auf: Die Mailänder befürchteten, dass die Eidge-

042te tt

Das Castello Montebello in Bellinzona

nossen die Festung auf dem Höhenweg umgehen wollten.

Der quadratische Bau war ein typischer Defensivbau gegen die neuen Feuerwaffen. Die Nordmauer erreichte eine Dicke von beinahe fünf Metern, an der Nordostecke erhebt sich ein niedriger Turm unter einem Walmdach, an der Südwestecke steht ein schlanker Wartturm mit zinnenumschlossener Wehrplatte. Umgestaltete Wohngebäude liegen an der westlichen und südlichen Hofinnenseite, neben dem Turmeingang stehen die Kapelle S. Barbara und ein rekonstruierter Sodbrunnen. Seit 1503 war die Burg der Sitz des Vogtes von Nidwalden, heute birgt sie ein **Museum.** Schloss und Museum von November bis März/April geschlossen.

Castello Montebello

Zu Fuß steigt man ab zum Castello Montebello, der malerischsten der drei Burgen und eine der eindrucksvollsten der Schweiz. Ihr Ursprung liegt im 12. oder 13. Jh., sie wurde 1460–70 ausgebaut; später war sie Sitz der Vogtei Schwyz, weshalb sie auch „Schwyz" genannt wird. Die Burg erhebt sich an der Ostflanke des Tals, etwa 90 Meter oberhalb der Stadt. Der Baukomplex wird charakterisiert von Maschikulis und einem Ring zinnenbewehrter Mauern, verbunden mit anderen, zur Stadt hinunterführenden Mauern.

Die Baugruppe gliedert sich in drei Wehrbezirke: Die hangwärts gerichtete **Schildmauer** mit einem kleinen, poly-

043te tt

gonalen Wehrturm bildet nach Norden einen spitzwinkligen Zwinger mit Falltür. Im Süden liegt eine mächtige **Zitadelle** mit einem zur Stadt gerichteten Wartturm. Ein polygonaler innerer **Mauerring** weist an der West- und Südecke je einen halbrunden Turm auf und bildet so talwärts ein Scharnier zu den Ringmauern. Der viereckige Turm an der Nordostecke ist durch einen Graben vom Zwinger getrennt und hat ein Tor mit Fallbrücke. Den Kern bilden der trapezförmige Bergfried, der Hof und der heute zum Museum umgebaute Palas, der von einer Mauer umschlossen ist. Auf der Ostseite, zwischen den beiden Mauern, hat die kleine, dem heiligen Martin geweihte Barockkapelle aus dem 17. Jh. mit kreuzgewölbtem Schiff und Chor Platz gefunden.

Das Castello Montebello wurde zwischen 1971 und 1974 von *Mario Campi, Franco Pessina* und *Niki Piazzoli* restauriert; es beherbergt das **Städtische und Archäologische Museum.** Schloss und Museum von November bis März/April geschlossen.

Castelgrande

Ein Treppenweg an der alten Stadtmauer entlang führt auf die Piazza della Collegiata. Hier beginnt der Aufstieg über die Scalinata San Michele zum Castelgrande, das nach Plänen von *Aurelio Galfetti* 1981–91 restauriert wurde. Er wandte kühne architektonische Lösungen an, so einen Aufzug durch den Felsen, der von der Piazza del Sole auf den Burghügel führt, und eine flügelförmig gewölbte Rampe bis zum höchsten Punkt, der Piazza Mario della Valle. *Galfetti* bezog

⌃ Das restaurierte Castelgrande

den ganzen Burghügel in die Neugestaltung ein. Es entstand ein städtischer Park. In einem Flügel des Castelgrande richtete er das **Historische Museum** mit einer archäologischen und einer geschichtlich-künstlerischen Abteilung sowie ein Restaurant mit Weinstube ein.

Die mittelalterliche Burg, die auch die alte Pfarrkirche S. Pietro sowie die Kapellen S. Maria und S. Michele, das bischöfliche Palais und die Kanonikerhäuser umschloss, soll im 13. Jh. entstanden sein. Der Turm wurde erstmals 1198 erwähnt, das Vorwerk (Zwinger) entstand in der zweiten Hälfte des 15. Jh. und war von 1503 bis 1798 Sitz des Landvogts von Uri, es wurde deshalb auch Schloss Uri genannt. 1881 wurde die Anlage zum kantonalen Arsenal umgestaltet.

Die ausgedehnte Anlage umfasste den ganzen Hügel mit einem System von Mauern und Vorwerken mit insgesamt fünf Wehrabschnitten: auf der östlichen Hügelflanke die nördliche Vorburg, rechts die Torre Bianca, der stärkere Bergfried, links die Torre Nera, verbunden mit einer Schildmauer mit Wehrgang und Zinnenkranz. Im tiefer gelegenen Ostabschnitt des Innenhofs (heute für Freilichtvorstellungen benutzt) lag der Kirchenbezirk mit der alten Pfarrkirche S. Pietro und den Priesterwohnungen. Vom westlichen Zwinger gelangt man auf die Murata. Von den alten Burgmauern hat man einen grandiosen Blick auf die Stadt.

Vom Castelgrande geht es weiter über die ebenfalls restaurierte **Wehrmauer,** die früher bis zum Fluss Ticino führte. Eine Passerelle überbrückt den seinerzeit abgebrochenen Teil und führt zum **Viale Portone.** Der Blick fällt auf moderne Bauten, die von Tessiner Architekten errichtet wurden. Im Hintergrund liegen die Grünanlagen des Sportzentrums, des städtischen Schwimmbads und der Tennisplätze am Ufer des Ticino. Von der Passerelle kann der Rückweg durch die Altstadt von der Via Orico aus, durch das Viale Portone oder die Via Mirasole angetreten werden.

Altstadt

Die um den Burghügel des **Castelgrande** gelagerte Altstadt weist eine ganze Reihe sehenswerter Plätze und Straßen auf, die man am Besten zu Fuß erkundet: Entweder von der im Süden der Altstadt gelegenen **Piazza Indipendenza** aus, auf der eine Stele an die in napoleonischer Zeit gewonnene Unabhängigkeit von den Waldstätten erinnert. Oder von der nördlichen Seite her, wo die 1996–99 von Livio Vacchini neugestaltete **Piazza del Sole** liegt.

Dazwischen liegt der älteste Platz der Stadt, die dreieckige, pittoreske **Piazza Nosetto** – mit dem **Palazzo Civico,** der 1924 im Neurenaissancestil erbaut wurde und einen Loggienhof und einen Turm besitzt sowie auf der Nordseite Arkaden aus dem 15. Jh. aufweist. An der nahen **Piazza Collegiata** fällt einmal die gleichnamige **Kollegiatskirche SS Pietra e Stefano** auf, beachtenswert sind aber auch die Häuser der Chorherren, welche teils noch schmiedeeiserne Balkone und Männerbüsten mit berühmten Persönlichkeiten präsentieren, alles datiert auf das 18. und 19. Jh. Pittoresk sind die verbindenden Gässchen und Straßen, in denen an Markttagen (jeweils am Samstagmorgen) einer der schönsten Wochenmärkte des Tessins stattfindet.

Kollegiatskirche SS. Pietra e Stefano

Vom Castelgrande aus gesehen, ragt die Kollegiatskirche SS. Pietra e Stefano an der Piazza Collegiata aus dem Häusergewirr heraus. Der 1424 erwähnte, bedeutende Renaissancebau mit barocker Ausstattung wurde 1517 nach Plänen von *Tommaso Rodari* (Bauherr des Doms in Como) weitgehend neu gebaut. Der Turm ist von 1583, die Fassadenverkleidung aus Castione-Marmor von 1654, der Umbau des Chores zog sich von 1684 bis 1764 hin. Die Kirche steht auf einem künstlichen Gelände, das später die großzügige Freitreppe zum Platz ermöglichte.

Die durch Lisenen gegliederte Fassade hat ein Hauptportal mit Säulenpaar, gesprengtem Giebel und Nischenfigur des heiligen Petrus, datiert auf 1640, darüber ein Radfenster im Stil der Gotik mit Renaissance-Reliefs. Im Inneren gibt es reiche **Stuckaturen.** Die Evangelisten, Propheten und Sibyllen in den Arkadenzwickeln und die Putten auf den Gebälkstücken der Kapellen sind Werke des Italieners *Giovanni Barberini.* Am Chorbogen zeigen sich Rokokostuckaturen. Bemerkenswert sind auch das Marmor-Weihwasserbecken von 1460, das vielleicht aus einem Schloss der *Sforza* stammt, sowie das Taufbecken mit dem hölzernen Ziborium (Hostiengefäß) von *Gaspare Mola* aus Colderio von 1610.

Nördlich über der Marthakapelle, an die Collegiata angebaut, liegt das **Bruderschaftsoratorium S. Marta,** ein Rechteckbau des 17. Jh. mit vorgeblendeter Loggia aus dem 18. Jh. Im Stichkappengewölbe findet sich illusionistische Architekturmalerei von *Baroffio.*

Via Magoria und Via Camminata

In der Via Magoria ist die herrschaftliche **Casa Magoria** (Nr. 12) aus dem 18. Jh. sehenswert. Sie hat einen Außenhof, eine merkwürdige Treppe, gewölbte Korridore, eine Beletage mit Säulenkapitellen

des 15. Jh. und im Erdgeschoss einen Steinkamin aus der Mitte des 16. Jh.

In der Via Camminata ist Haus Nr. 1 sehenswert: Es zeigt ein Renaissance-Tor mit zwei Pilastermedaillons, Löwenkopf und Windrose, einen Loggienhof und überwölbte Treppen.

Via Teatro

In der Via Teatro Nr. 9 steht die **Casa Cusa;** sie hat ein Renaissance-Kapitell an der Laube mit Fuchswappen der Familie und einen Loggienhof mit Kapitell aus dem 15. Jh., das das Wappen Rusca zeigt.

Das spätklassizistische **Stadttheater** ist von 1847. Der **Palazzo del Governo,** erbaut um 1740, war zuerst Ursulinerinnenkloster, dann Mädchenerziehungsanstalt. Die Klosterkirche wurde 1889 abgerissen, der Südwestflügel 1920 in neoklassizistischem Stil neu gebaut; um die Mitte des 20. Jh. folgten weitere Bauten. Im Großratssaal finden sich Gewölbemalereien von *Aldechi Maina* aus dem Jahr 1889, in einer neueren Halle ein Fresko von *Serge Brigioni.* Im neuen Palazzo del Governo von 1950 finden sich im Treppenhaus Wandmalereien verschiedener Künstler, die den Tessiner Alltag thematisieren.

Via Orico

In der Via Orico steht der **Palazzo Sacchi** (Nr. 9). Der Dreiflügelbau aus dem 18. Jh. hat drei schmiedeiserne Balkone und einen trapezförmigen Hof mit einer sich zum Schlosshügel öffnenden Treppenanlage. An der Straße zum Castello Sasso Corbaro steht die 1686 und 1750 erweiterte Kapelle der Madonna della Neve mit Fresken und Gemälden aus dem 18. Jh.

Kirche S. Rocco

Im südlichen Stadtteil liegt die Kirche S. Rocco, ein 1478 weitgehend neu errichteter Rechteckbau mit kleinem Turm neben der Fassade und gefluchteter Sakristei mit dem Bruderschaftsoratorium im Obergeschoss. Es ist ein dreijochiger, kreuzgewölbter Einheitsraum mit einfachen Stuckaturen (18. Jh.) und teils beachtlichen Gemälden aus dem 17. Jh.

S. Maria delle Grazie

Die Kirche besitzt zusammen mit S. Maria degli Angioli in Lugano die besten **lombardischen Renaissance-Malereien** im Tessin; sie haben einen Brand in der Neujahrsnacht 1997 unbeschadet überstanden. Die 1505 geweihte Rechteckanlage hat im Norden drei polygonale Kapellen, die durch Bögen miteinander verbunden sind.

Das flach gedeckte Schiff wird durch eine Lettnerwand vom quadratischen, kreuzrippengewölbten Mönchschor getrennt. An der Lettnerwand befindet sich ein Renaissancefresko aus der zweiten Hälfte des 15. Jh. Es zeigt in der Mitte den Kalvarienberg, umgeben von 15 Szenen aus dem Leben und Leiden Christi. In den mittleren Bogenzwickeln sind Stuckaturen aus der ersten Hälfte

Die Piazza Collegiata

des 17. Jh. zu sehen. In der südlichen Kapelle zeigt ein Gemälde von 1508 den Tod Mariä im Kreis der Apostel. In der ersten Seitenkapelle ist ein Fresko des heiligen Bernhardin von Siena mit den Heiligen Rochus und Sebastian aus der Umgebung von Bramantiono zu sehen. Von gleicher Hand stammen die Sinopien an den Wänden mit Szenen aus dem Leben Bernhardins.

Im Mönchschor sind Wandbilder des Verkündigungsengels und der Jungfrau Maria erhalten, darunter die Hl. Franziskus und Bernhardin. Das Gewölbe ist mit Sternen und dem Monogramm Christi ausgemalt, in der Bogenleibung sind Prophetenmedaillons zu sehen, die Gewölbekappen des Altarhauses zieren die vier Kirchenväter. Die Konventgebäude wurden mehrfach umgebaut, der Kreuzgang teilweise vermauert. Am Ost- und Nordflügel sind 36 rustikale, z. T. übermalte Wandbilder sichtbar.

Kirche S. Biagio

Nicht weit von S. Maria delle Grazie in Ravecchia steht die Kirche S. Biagio mit beachtlichen Wandmalereien. Sie ist eine der ältesten Kirchen von Bellinzona, gebaut im 13. Jh. auf den Überresten eines älteren Gebäudes. Die Fresken stammen von verschiedenen Künstlern und sind mit Ausnahme derer im Chorgewölbe im 15. Jh. entstanden, die meisten vor dem Jahr 1450.

Die dreischiffige frühgotische Pfeilerbasilika mit gefluchtetem Chorjoch zeigt in der Lünette des Westportals Halbfiguren Marias, Biagios und Petrus'. In der Rechteckrahmung darüber sind die Verkündigung und im Scheitelmedaillon Gottvater dargestellt. Daneben ein monumentales Fresko des heiligen Christophorus aus dem späten 16. Jh. von einem anonymen Künstler, der als „Maestro di San Biagio" bekannt wurde.

0418te tt

0419te tt

Der Innenraum hat drei gleich breite Schiffe mit flacher Holzdecke. Neben den Wandmalereien sind auch die Säulen mit Fresken verziert. An der Rückwand über dem Portal ist Maria zwischen den Heiligen Laurentius und Johannes, Antonius und Katharina zu sehen. Unten links ein Heiliger, rechts die Heiligen Laurentius und Antonius.

Im Südschiff zieren Heilige die Wand, darüber Fragmente einer Loretodarstellung; ebenfalls fragmentarisch erhalten ist eine Darstellung des heiligen Sebastian.An der Nordwand sind Maria, Antonius Eremita, der heilige Laurentius, der Kopf des heiligen Ludwig von Toulouse und ein weiterer Heiliger dargestellt. An der Südwand findet sich eine Muttergottes und eine Kreuzigungsgruppe sowie zwei weitere Kreuzigungsgruppen. An den Pfeilern sind zahlreiche Fragmente erhalten, besonders gut die Heiligen Katharina und Bartholomäus, Letzterer vermutlich von *Nicolao da Seregno.* Der Triumphbogen zeigt eine Verkündigung und eine große Schutzmantelmadonna, teilweise zerstört. Im Chor sind an der Stirnwand Fragmente einer ausgezeichnet gearbeiteten Kreuzigungsgruppe (um 1400) erhalten, an den Seitenwänden Apostelköpfe, im Gewölbe wurden die Evangelisten vom Meister von San Biagio gemalt.

Ein Renaissancegemälde von *Domenico Pezzi* aus dem Jahr 1520 zeigt im Schiff die Muttergottes mit den Heiligen Blasius und Hieronymus. Das im gleichen Jahr entstandene Ölgemälde die Jungfrau mit Kind; gemalt wurde es von *Domenicus di Lugano.* Das Weihwasserbecken aus Granit stammt aus dem 16. Jh. An der Süd- und Westwand sind Grabsteine aus dem 16. Jh. zu sehen.

■ **Öffnungszeiten:** Mo–Fr 9–11 Uhr und 13.30–17 Uhr.

Kirche S. Paolo in Arbedo

Die Kirche S. Paolo, auch **Chiesa Rossa** genannt, liegt in einer Industriezone in Arbedo, einem nördlichen Vorort Bellinzonas. Hier mussten die Eidgenossen 1422 eine verlustreiche Niederlage gegen mailändische Truppen einstecken. Daher der Name Chiesa Rossa, „Rote Kirche", wo die Soldaten auch begraben wurden. Die Kirche wurde in drei Etappen gebaut, von der zweiten, der romanischen, sind noch der ungegliederte Turm, das Rundbogenportal und ein Kreuzfenster in der Fassade erhalten.

Die heutige Kirche entstand kurz nach der Schlacht. In der Lünette des Westportals ist ein Christus-Fresko aus dem 15. Jh. in der Art *da Tradates* zu sehen. Das Schiff besitzt eine Balkendecke von 1540, der Chor ein Kreuzgewölbe. Der Stuckaltar (1678) links des Chorbogens stammt von *G. Rezia*. Rechts steht der Nikolausaltar von *Beltramello* aus dem Jahr 1698. An der Stirnwand ist ein auf Leinwand übertragenes Kalvarienbild aus dem 15. Jh. zu sehen, in der östlichen Gewölbekappe ein Evangelist (frühes 16. Jh.), am Chorbogen Überreste einer Verkündigung und dekorative Bemalung aus der zweiten Hälfte des 15. Jh. in der Art der *Seregnesi*. An der Südwand ein Gnadenstuhl aus dem 15. Jh., in der Mitte ein Abendmahl von *Nicolao da Seregno*, darunter der heilige Antonius Eremita und drei Szenen aus dem Leben Sebastians. An der Nordwand ist unter anderem die Muttergottes mit dem heiligen Antonius von Gorla abgebildet (1549), an der Südwand finden sich zwei Epitaphe, auch aus dem 16. Jh.

Das Westportal der **Pfarrkirche S. Maria Assunta** ist aus Castione-Marmor, die Kirche birgt gute Stuckaturen und Reste spätgotischer Fresken sowie dekorative Ausmalungen im Stil des Neurokoko.

◁ Die Chiesa Collegiata

Praktische Tipps

Information

■ **Bellinzona Turismo,** Palazzo Civico, 6500 Bellinzona, Tel. 091 82 52 131, www.bellinzonaturismo.ch, www.bellinzonaunesco.ch. Sowohl hier als auch in den drei Burgen ist für sFr. 7 ein Audioführer für eine Stadtwanderung zu den Sehenswürdigkeiten von Bellinzona erhältlich.

Unterkunft

Trotz seines Status als Kantonshauptstadt und Sitz des UNESCO-Weltkulturerbes ist die Hotellerie von Bellinzona unterentwickelt. Wir empfehlen auch Unterkünfte in der Umgebung zu beachten (s.u.: „Magadino-Ebene").

■ **Hotel Internazionale,** Viale Stazione 35, 6500 Bellinzona, Tel. 091 82 54 333, www.hotel-internazionale.ch. Dank Renovierung gibt es im Zentrum Bellinzonas endlich wieder ein Hotel, das wir mit gutem Gewissen empfehlen können: zwar etwas lärmig auf der Bahnhofseite, aber moderne, saubere Zimmer und Duschen. DZ sFr. 200–290.

■ **Grotto Paudese,** 6582 Pianezzo-Paudro, Tel. 091 85 71 468, am Eingang zum Valle Morobbia. Dieses sympathische Grotto mit Terrasse und Aussicht auf Bellinzona und die Magadinoebene bis zum Lago Maggiore bietet 4 individuelle Zimmer mit Dusche/WC; DZ sFr. 100–120. Unbedingt telefonisch voranmelden, um nicht vor verschlossener Türe zu stehen. Gute Saisonküche!

■ **Ostello IYHF Montebello,** Via Nocca 4, 6500 Bellinzona, Tel. 091 82 51 522, www.youthhostel.ch. Jugendherberge im imposanten Gebäude mit Park am Fuß des Schlosses Montebello, 10 min. vom Bahnhof, D/WC auf der Etage, DZ sFr. 96, Mehrbettzimmer sFr. 47.20–56.20. p.P.

Camping

■ **TCS Camping Bellinzona,** Via San Gottardo 131, 6500 Bellinzona, Tel. 091 82 91 118, www.tcs.ch. Ruhig im nördlichen Vorort Arbedo gelegen.

Essen und Trinken

■ **Ristorante Castelgrande,** Salita al Castello, Tel. 091 82 57 303, auf dem Gelände des Castelgrande. Gestylt, eher teuer, Fisch- und andere Spezialitäten. Mo Ruhetag. Im selben Lokal: **Grotto San Michele,** schön gestaltetes Grotto mit weitem Blick über die Magadino-Ebene; bietet Snacks an (Juli/August nur Grotto geöffnet).

■ **Bar Viale,** Viale Stazione, Tel. 091 82 57 303. nur tagsüber, So geschlossen. Beliebte Snackbar.

■ **Schloss Corbaro,** Tel. 091 82 55 532, fantasievolle Marktküche. Mo und So Abend geschlossen.

■ **Pedemonte,** Via Pedemonte 12, Bellinzona, Tel. 091 82 53 333, hübsches Lokal mit einer Küche, die mit unterschiedlichsten Düften lockt. Mo und mittags außer So geschlossen.

■ **Mistral,** Via Orico 2, Tel. 091 82 56 012, unprätentiöses Lokal mit guter Küche. So geschlossen.

■ **Orico,** Via Orico 13, Tel. 091 82 51 518. Hervorragendes Lokal mit einem Michelin-Stern in der Altstadt. Mediterrane und französische Küche; Reservierung ratsam.

■ **Osteria Nord,** Via alle Torri, Carasso bei Bellinzona, Tel. 091 82 62 095. Sympathische, typische Osteria mit guter Küche und schönem Gartenrestaurant unter Platanen.

■ **Grotto Malakoff,** Carrale Bacilieri 10, Tel. 091 82 54 940. Typische Pasta-Spezialitäten unweit des Kantonsspitals.

■ **Grotto Torcett,** Giubiasco, Tel. 091 85 73 719.

Museen

■ **Schloss Sasso Corbaro,** Collina di Artore – Castello di Untervaldo, Tel. 091 82 55 906. März/April bis November täglich 10–18 Uhr. Temporäre thematische Ausstellungen. Im Emma-Poglia-Saal: Herrschaftsraum aus dem Blenio-Tal aus der zweiten Hälfte des 17. Jh.

■ **Städtisches Museum Castello di Montebello,** Via Artore 4, Tel. 091 82 51 342, März/April bis Nov. täglich 10–18 Uhr. Im Hauptturm und im Palazzetto: Fundstücke aus archäologischen Ausgrabungen, Steinmetzarbeiten des 15. Jh., Werke von Tessiner Künstlern, Waffensammlung (15.–19. Jh.)

■ **Museo di Castelgrande,** Tel. 091 82 58 145, tägl. 10–18 Uhr, November bis April 10–17 Uhr. Piazza del Sole, Lift bis zur Schlossterrasse. Das Museum liegt im Südflügel des Castelgrande. Zeugnisse der 6500 Jahre menschlicher Präsenz auf dem Burghügel. Münzen des 16. Jh., Überreste einer Münzprägestätte.

■ **Civica Galleria d'Arte:** Piazza San Biagio, 6500 Bellinzona, Tel. 091 82 18 520. In der klassizistischen Villa dei Cedri, neben der Kirche S. Biagio, werden schweizerische und italienische Kunstwerke des Realismus und Symbolismus ausgestellt, Di–Fr 14–18 h, Sa/So 11–18 h. Eintritt: sFr. 8.

■ Speziell für Kinder: **Musée en herbe/Museo in erba,** Piazza Giuseppe Buffi 8, Tel. 091 83 55 254,

0420te tt

Der Rabadan zieht Menschen von weither an

www.museoinerba.com. Mo–Fr 8.30–11.30 und 13.30–16.30, Sa und So 14–17 Uhr, Eintritt sFr. 5. Das Museum ist ein Ableger des gleichnamigen Museums in Paris. Das Museum, eine angegliederte Bibliothek und ein Atelier sollen Kindern spielerisch einen Zugang zu Kunst, Kultur, Wissenschaft und Staat eröffnen.

Kultur und Feste

- **Cinema a Castelgrande,** Castelgrande, Tel. 091 82 52 131, www.open-air-kino.ch. Großleinwand, im Sommer Open-Air-Kino, 700 Sitzplätze.
- **Teatro del Chiodo,** Via Varesca, Daro, Infos und Vorbestellung Tel. 091 82 62 745; Bellinzonas Kleintheater.
- **Teatro Sociale,** Piazza Governo 1, Infos und Vorbestellung Tel. 091 82 02 441. 1997 wurde das Theater wieder in seine ursprüngliche Gestalt umgewandelt. Musik, Theater, Cabaret und Tanz.
- **Castellinaria – Internationales Jugend-Filmfestival,** Espocentro, Via Cattori 3, Tel. 091 82 52 893. Das Festival des Jungen Films mit Beiträgen aus der ganzen Welt findet im November im Espocentro statt.
- **Rabadan – Karneval:** Bellinzona ist bekannt für seinen Karneval, der nach römischem Ritus am Donnerstag mit der Übergabe der Stadtschlüssel an Faschingskönig Rabadan beginnt. Am Freitag findet ein Umzug mit Kindern statt. Guggenmusik aus dem Tessin und der deutschen Schweiz erheitert den Samstag, abends steigt auf der Piazza Collegiata eine bunte Veranstaltung mit Musik und Folklore. Am Sonntag gibt es wieder einen großen Umzug mit Tanzveranstaltungen bis in den Morgen hinein.
- **Bellinzona in Fiesta – Winzerfest:** Beim traditionellen Winzerfest im September auf der Piazza Nosetto und der Piazza del Sole erfreuen Weindegustationen der Kellereien aus dem Sopraceneri, Folklore, ländliche Trachten, Theater und viel Musik das große Publikum.

Nachtleben

- **Habana Blues Disco Club,** Via Franco Zorzi 19, 6500 Bellinzona, Tel. 079 7896315, www.habana-discoclub.ch, House, RnB, Trance, Fr/Sa 23–5 Uhr.
- **Vanilla Club** in Riazzone; s. u. „Locarno“.

Einkaufen

- **Markt** in der Altstadt von Bellinzona, Sa 7–12 Uhr. Tessiner Produkte wie Wurstwaren, Formaggini und Alpkäse, Tessiner Brot, Blumen, Kleider und Kunsthandwerk.
- Die Region um die Kantonshauptstadt ist reich an **Weinbergen,** die von Familienbetrieben geführt werden, welche bei geringen Mengen auf eine gute Qualität achten. Adressen siehe Weinführer im Kap. „Praktische Reisetipps A–Z, Essen und Trinken“.

Aktivitäten

- **Hallenbad Piscina Coperta Bellinzona,** Via Mirasole, Tel. 091 82 57 334. Di/Mi/Fr 12–18 Uhr, Sa/So/Mo/Do ab 10 Uhr geöffnet. Für Kinder an einem Regentag eine Alternative.
- **Biking:** Von Bellinzona bieten sich drei Fahrradrouten an: durch das Misox zum San Bernardino, auf dem Veloweg nach Locarno oder Richtung Lugano und Chiasso über den Monte Ceneri.

Ausflüge

- **Funivia Monte Carasso – Mornera,** Tel. 0900 21 11 12 oder 091 82 11 555, www.mornera.ch. Über Curzutt und Piantina gelangt man in 12 Minuten mit der Sesselbahn nach Mornera auf 1400 m. Von hier kann man zur Berghütte Albagno hinaufsteigen (1½ Std.), mit dem Gleitschirm ins Tal fliegen oder in der Felslandschaft des Sasso Torrasco herumklettern. Oder man wandert von Mornera nach Baltico (1000 m), wo eine Seilbahn nach Carasso führt, die jedoch nur Mi–Mo 7–21 Uhr in Betrieb ist. Ganze Fahrt sFr. 18.
- **Funivia Carasso – Baltico,** Tel. 091 82 56 565, führt von Carasso nach Baltico auf dem Monte di Carasso, wo viele Wandermöglichkeiten mit schönen Ausblicken warten. Man sollte sich vorher darüber informieren, ob die Seilbahn in Betrieb ist.
- **Funivia Camorino – Monti Croveggia,** Tel. 091 85 76 148 oder 079 38 28 585 (Herr *Augusto Rota*), führt zwei Kilometer südlich von Giubiasco auf 1021 m Höhe. Auch hier gibt es zahlreiche Wandermöglichkeiten. Die Seilbahn ist von März bis Mitte November Sa/So, Juli bis August auch Di, Do und Fr in Betrieb. Auf telefonische Anfrage sind auch Fahrten unabhängig vom Fahrplan möglich.
- Das **Oratorium S. Bernardo** mit seinen bedeutenden Fresken in Monte Carasso lohnt einen Besuch (s.u: „Magadino-Ebene – Unser Tipp“).

Valle Morobbia

Das von der Magadinoebene steil ansteigende, aber reizvolle Valle Morobbia führt zum Passo di San Jorio, der das Sopraceneri mit dem Comer See und Bellinzona mit dem italienischen Dongo verbindet, wo einst die Partisanen *Mussolini* bei seinem Fluchtversuch in die Schweiz aufspürten. Der Pass war früher ein Schmuggler-Paradies. Ausgangspunkt ist der südliche Ortsteil Motti von Giubiasco mit seiner hübschen Kapelle S. Rocco. Die Straße schlängelt sich hinauf nach Pianezzo ins enge Tal.

In **Pedevilla** steht die Casa Tatti, ein Rechteckbau mit ummauertem Park aus dem 17. Jh., sowie die Privatkapelle der Familie. Die Straße steigt und gibt den Blick auf die Magadino-Ebene und den

Lago Maggiore frei. Durch Rebhänge gelangt man zum auf einer Hangterrasse liegenden Dorf **Pianezzo** mit der spätmittelalterlichen Kirche. An die Fassade sind Christophorus und die Heiligen Jakobus und Philippus gemalt. Im Innern Reste eines großen Letzten Abendmahls aus dem 16. Jh.

Dem Dorf **Carmena** liegt der Fels des Camoghè gegenüber. Ein Wanderweg führt durch das wilde Valmaggina-Tal.

Die stattliche barocke Talkirche von **S. Antonio** hat Reste spätgotischer Malerei über dem Portal. Von **Melera** führt die Straße nach **Carena,** das wie die anderen Dörfer Bruchsteinhäuser mit Steinplattendächern und Holzlauben hat. Von Carena (985 m) führen Pfade hinauf zum **Jorio-Pass** (3½ Std.).

In Carena (985 m) ist ein Haus noch mit „Dogana Svizzera" (Schweizer Zoll) benannt, offenbar wurden hier früher Waren transportiert. Auf der Jorio-Passhöhe (2112 m) gibt es eine kleine Kapelle und jenseits der Grenze das Rifugio San Jorio. Mussolini hatte auf der italienischen Seite bis zur Passhöhe eine gepflasterte Straße bauen lassen, die noch heute erstaunlich intakt ist.

Carena ist Teil des neuen **Lehrpfads „Via del Ferro",** der die Eisengewinnung im Tessin und der nahen Lombardei dokumentiert. Etwas hinter Carena, unten am Fluss, wurde 300 Jahre lang Eisen gefördert und verhüttet, ein reicher Arzt aus Como baute 1792/93 Eisenwerke mit Hochofen und Hammerschmiede, 1831 zerstörte ein Brand das Werk. Nun wurden die interessanten Anlagen freigelegt und restauriert. Hinten im Tal wurde das Holz geschlagen, das den Ofen versorgte, nun gibt's einen Kohlenmeiler zum Anschauen. Über den Lehrpfad informiert eine interessante Dokumentation (allerdings nur in italienischer Sprache) auf www.bellinzonaturismo.ch, Unterseite media/12002/la_via_del_ferro.pdf.

Magadino-Ebene

Nicht nur die oben mehrmals erwähnte Katastrophe von 1514, die die Brücke über den Tessin fortriss und Locarno jahrhundertelang von der Gotthardroute trennte, stiftete in der Magadino-Ebene (Piano di Magadino) Unheil. Immer wieder traten der Ticino und andere Zuflüsse über die Ufer; ein großes Sumpfgebiet begünstigte das Auftreten der Malaria. Im Jahr 1885 wurde die Magadino-Ebene nach mehreren vergeblichen Anläufen melioriert; fruchtbares Agrarland entstand, welches heute allerdings durch Industrie und Zersiedelung viel von seinem Reiz verloren hat.

Die Südseite entlang

Hier mischen sich Industriebauten mit Food- und Einkaufspalästen, der Reisende erhält einen Vorgeschmack auf das Mendrisiotto und die italienische Industrielandschaft der Po-Ebene: Fast die ganze Ebene ist heute von Infrastruktur, intensiver Landwirtschaft und anderen Segnungen unserer Zivilisation geprägt und bietet kaum noch Reizvolles, wenn man von einigen Ausnahmen entlang der Nordseite – und insbesondere von der sehenswerten Bolle di Magadino, dem eigentlichen Flussdelta – absieht (s.u.: „Bolle di Magadino").

0421te ns

Giubiasco

Einige Sehenswürdigkeiten sind jedoch auch hier zu finden: So gibt es in Giubiasco die barockisierte **Pfarrkirche Maria Assunta** mit romanischem Turm und guten Stuckaturen im Kreuzgewölbe sowie spätgotischen Wandmalereien zu sehen. Auch die **Kirche San Giobbe** beim Friedhof besitzt reiche Stuckaturen und wertvolle Marienfresken.

In der angebauten **Kapelle** ist ein Madonnenfresko (um 1500) zu sehen. Über eine Steinbrücke erreicht man die auf einem Hügel liegende romanische **Kirche S. Bartolomeo** mit Überresten spätgotischer Fresken. Besonders erwähnenswert in Giubiasco sind die **Fortini della Fame („Hungertürme“),** fünf wuchtige runde Türme: Sie wurden 1853–55 gebaut, als die Lombardei österreichisch war. Die Lombarden versuchten mehrmals, sich zu befreien, so auch 1853. Österreich erhob die Beschuldigung, der Aufstand sei von der Schweiz angezettelt worden, wies als Gegenmaßnahme 5000 Tessiner aus Norditalien aus und verfügte eine Grenzsperre gegen die Schweiz.

Die Schweizer zeigten sich daraufhin mit den Tessinern solidarisch und spendeten Geld. Als Arbeitsbeschaffungsmaßnahme wurden die Türme mit Schießscharten gebaut. Die meisten wurden abgerissen, einige wieder instand gesetzt. In zwei Türmen finden gelegentlich Ausstellungen statt. Informationen unter: Tel. 091 85 74 746, www.fortini-camorino.com.

San Antonio, Cadenazzo

Von einer Hügelterasse herab grüßt in **Camorino** die Kirche S. Martino, ihre Umfassungsmauern sind aus dem Mittelalter. In San Antonino hat sich bei der

⌃ Blick von der Alpe di Neggia auf die Magadino-Ebene

barockisierten **Pfarrkirche** der Turm aus dem 12. Jh. erhalten. Das vorzügliche Fresko aus der Mitte des 15. Jh. an der Mensa, das Christus im Grab zeigt, stammt vermutlich von *Nicolao da Seregno.* In Cadenazzo besitzt die spätklassizistische **Kirche S. Pietro** ein Altargemälde mit dem heiligen Petrus von *Baldassare Orelli.*

Die Nordseite entlang

Etwas reizvoller ist die Fahrt an der Nordseite entlang. Hier ist noch erkennbar, wie die Magadinoebene ausgesehen hat, bevor das ganze Gebiet so stark bebaut wurde.

Monte Carasso

In Monte Carasso, auf der Bellinzona gegenüber gelegenen Ticino-Seite, hatten die *Sforza* ein Vorwerk errichtet. Der Siedlungskern des Ortes lag einst auf dem Berg, wie der Name verrät. Die **Pfarrkirche SS. Bernardino e Girolamo** weist auf der Fassade Wandmalereien aus dem 16. Jh. sowie auf der Südseite einen Christophorus aus dem 15. Jh. auf.

Neben der Kirche liegt das von *Luigi Snozzi* Anfang der 1990er Jahren renovierte Kloster **Monastero delle Agostiniane** aus dem 15. Jh. Bereits 10 Jahre zuvor hatte *Snozzi* Teile des Ortes neu gestaltet mit dem Ziel einer Verdichtung des Dorfzentrums.

Die an eine Burg erinnernde Kirche **S. Trinità** liegt auf einem Felssporn, die Kapelle **S. Maria di Loreto** (17. Jh.) malerisch im Tal. Die Straße führt über die Brücke der Sementina. Die sich hier am Ufer entlang ziehende Zinnenmauer gehörte nicht zum Vorwerk der *Sforza,* sondern ist ein Teilstück der Talmauer von 1854, die zur Abschreckung der Österreicher gebaut worden war.

Unser Tipp: Ein Halt in Monte Carasso empfiehlt sich wegen einer versteckten Sehenswürdigkeit: Das Kirchlein **Oratorium S. Bernardo** befindet sich in schöner Lage oberhalb von Monte Carasso; es ist sowohl mit der nach Mornera führenden Seilbahn (Haltestelle Curzutt) als auch in 30 Minuten zu Fuß von der Seilbahnstation erreichbar.

Das schon im 12. Jh. erwähnte Kirchlein wurde später mehrmals umgebaut und birgt eine Reihe wunderbarer Freskenmalereien des 15. bis 17. Jh. Aus dem 16. Jh. stammen die Darstellungen an der Fassade: Gottvater, die Himmelfahrt Christi, links die Heiligen Mauritius und Bernhard, rechts Bernhardin und Maria Magdalena. Die große Christophorusfigur beim südlichen Eingang geht auf das 15. Jh. zurück.

Im Kircheninneren sieht man an der Westseite die Grablegung Christi mit zwei Engeln, links die Heiligen Mamertus, Margaretha und Guido, rechts Sebastian, Nazarius und Celsus, aus der Handwerkstatt der *Seregnesi.* An der Nordwand sind die Heiligen Theodolus und Bernhardin sowie ein Letztes Abendmahl von *Cristoforo da Seregno* (1450) abgebildet. Aus dem Jahr 1427 stammen die Anbetung der Könige, die Heiligen Anna, Michael und Mauritius und eine Kreuzigungsgruppe. Darunter entdeckt man originelle Monatsbilder in Röteltechnik sowie einen heiligen Bischof (15. Jh.). An der Südwand finden sich die ältesten Fresken: vorne die Heiligen Bernhard, Nikolaus, Antonius und

Franziskus sowie eine Dreifaltigkeit im Stil der *Seregnesi.* Über dem Südeingang zeigt eine lebendige Darstellung das Martyrium der heiligen Apollonia (ca. 1480, vielleicht ein Werk *Nicola da Seregnos)* sowie eine Madonna auf dem Thron aus dem 14. Jh.

Die Fresken in der rechten Seitenkapelle sind aus dem Jahr 1565; sie zeigen die Heiligen Georg und Rochus, Christus, eine Himmelfahrt Mariä und drei Szenen aus dem Leben des heiligen Nikolaus. Weiter hinten an der Südwand sind Heilige in der Art der *Seregnesi* dargestellt. Am Chorbogen findet sich eine Verkündigung: Magdalena, Niklaus, Agnus Dei und Christophorus. An der Stirnwand die Kreuzigung und Szenen aus dem Leben des heiligen Bernhard aus dem Jahr 1607.

■ **Schlüssel** bei der Station der Seilbahn Monte Carasso, Tel. 0900 21 11 12, oder beim Kiosk der Mittelstation Curzutt, Tel. 091 83 55 723.

Wanderung

■ **Sentiero delle Vigne** (so ausgeschildert), fünf Kilometer wandert man durch Weinreben, von Monte Carasso bis Cugnasco.

⊻ Das Oratorio San Bernardo oberhalb von Carasso und sein Namensgeber

0422te ns | 0423te ns

Von Sementina bis Gordola

Das Dorf **Sementina** mit der barockisierten Pfarrkirche hat am Hang eine spätmittelalterliche Kapelle, im 17. Jh. umgestaltet, mit zwei spätgotischen Fresken an der südlichen Außenwand. Hinter Sementina öffnet sich das schroffe, düstere Val Sementina.

Bei **Gudo** beginnen die großen Rebberge, die sich bis Tenero ziehen. Die Barockkirche des Ortes birgt Fresken aus der Mitte des 17. Jh. und Stuckfiguren. Westlich auf einem Felssporn liegt zwischen gut erhaltenen Bauernhäusern ein kleine Kapelle aus dem 17. Jh.

Im nächsten Ort, **Progero,** liegt die romanische Kapelle S. Maria in einem prähistorischen Siedlungsgebiet. In der Apsis sind gute hochgotische Fresken erhalten: eine Majestas Domini, darunter Köpfe eines Apostelzyklus aus der zweiten Hälfte des 14. Jh.

Von **Cugnasco** mit seiner Barockkirche und seiner spätmittelalterlichen Kapelle mit einem Fresko der Muttergottes führt eine Straße in vielen Biegungen nach **Monti di Ditto** (810 m). Hier suchten früher zur Sommerzeit die Bewohner der Magadino-Ebene Schutz vor der Malaria. In der **Kapelle S. Martino** finden sich wunderbare spätgotische Fresken (u.a. Apostelreihe, Verkündigungsgruppe, letztes Abendmahl, Wandbilder von Alessandro Gorla von 1603: Kreuzigungsgruppe, Rochus und der Ölberg). Fast mit S. Martino identische spätgotische Wandmalereien in der Art der *Seregnesi* hat die mittelalterliche Kapelle SS. Anna e Cristoforo in **Curogna** vorzuweisen. Auch hier sind, im hinteren Teil, Fresken (Kreuzigung, mehrere Heilige) von *Alessandro Gorla* zu finden.

Von Ditto führt die Straße weiter zu den **Monti Motti** mit Blick auf die Magadino-Ebene. Eine kleine Panoramastraße zweigt bei Agarone links ab und folgt den Weinbauerndörfchen oben bis **Gordola** mit seinen guten Weinlagen. Gordolas Kirche besitzt zwei hübsche Gemälde von *Pedrini* (Ecce homo und die Verspottung Christi). Bei Gordola zweigt die Straße ins Verzasca-Tal ab.

Bolle di Magadino

Das **Delta der Flüsse Ticino und Verzasca,** der Bolle di Magadino, ist das einzige Mündungsgebiet am südlichen Alpenrand, das in natürlichem Zustand erhalten geblieben ist. Das Naturschutzgebiet ist auf das eigentliche Delta begrenzt und liegt in einem sonst dicht bebauten Gebiet. Ein Besuch ist trotzdem empfehlenswert: Die beiden heute noch getrennten Schutzgebiete auf beiden Seiten des Deltas sollen in Zukunft durch einen durchgehenden Wanderweg verbunden werden. Dann wird man von Locarno am See entlang bis nach Magadino spazieren können. Das Delta ist reich an **Biotopen,** beherbergt eine vielfältige Flora und Fauna und bietet vier Zugänge zu den **Naturlehrpfaden.** Drei der Zugänge sind in Magadino (für das Südufer), einer ist im Gebiet Tenero-Gordola (für das Nordufer) zu finden. Die Informationstafeln sind auf italienisch und deutsch gehalten. Hier leben über 250 Vogelarten. Die Bolle bilden den Rest eines großen Überschwemmungsgebiets, das einmal hundert Mal größer war. Das Dorf Magadino, welches dieser Gegend den Namen gab, wird im Kapitel „Gambarogno" beschrieben.

Praktische Tipps

Information

■ **Tourismusbüro,** Via ai Giardini, 5598 Tenero, Tel. 091 74 51 661, www.tenero-tourism.ch.

Unterkunft

■ **Hotel, Osteria & Locanda Brack,** Via delle Vigne, 6515 Gudo Progero, Tel. 091 85 91 254, www.osteriabrack.ch. Am Hang gelegen, umgeben von Weinbergen, mit mediterranem Garten und kleinem Swimmingpool; in dritter Generation geführtes Lokal mit pfiffigen Pastagerichten und sechs stilvollen Zimmern mit schöner Aussicht. DZ mit Dusche/WC sFr. 170–195.

■ **Hotel Cereda,** Via Locarno 10, 6514 Sementina, Tel. 091 85 18 080, www.hotelcere da.ch. Neu renoviertes, farbenfrohes, freundliches Hotel, Gartenanlage mit Platanen und kleinem Swimmingpool auf der anderen Straßenseite; Restaurant, Bar. DZ mit Dusche/ WC sFr. 170–190.

■ **Agriturismo Fattoria dell'Amorosa,** Via Moyar, 6514 Sementina / Gudo, Tel. 091 84 02 950, www.amorosa.ch. Zwischen Sementina und Gudo etwas erhöht inmitten der eigenen Weinberge gelegen. Kleine Hotels mit hübschem Restaurant, Gartenterrasse und acht stilvollen Zimmern. Saisonküche, eigene Produkte (Wein, Grappa, Öl und Essig). DZ mit Bad/WC sFr. 200–360.

■ **Rosa delle Alpi,** Via San Gottardo 109, 6596 Gordola, Tel. 091 73 09 518, www.rosadellealpi.ch. In einem geschickt renovierten Tessinerhaus aus dem 19. Jh. in der Nähe des alten Dorfkerns bietet dieses Hotel garni sechs freundliche Zimmer mit Dusche/WC, DZ inkl. Frühstück sFr. 100–120. Unbedingt telefonisch anmelden, sonst steht man vor verschlossener Tür.

Ostello Curzutt, Fondazione Diamante, San Bernardo, Caselle Postale, 6513 Monte Carasso, www.montecarasso.ch, wwwcurzutt.ch. Eigentlich als Jugendherberge geplant, stellt die Stiftung *Diamante* die Zimmer (bis zu sechs Personen mit Dusche/ WC) auch Familien und Individualreisenden zur Verfügung. Familien bezahlen sFr. 90 für ein gemeinsames Zimmer. Mehrzweckraum für 70 bis 90 Personen sFr. 20 p.P.. Neben einer hübschen Außenterrasse ist auch ein Kiosk vorhanden, bei dem man den Schlüssel für die romanische Kirche erhält. Das Ostello liegt bei Curzutt, der Mittelstation der Seilbahn Monte Carasso-Mornera. Die Stiftung bietet Themenbroschüren zu Geschichte, Bauweise, Flora und Fauna an (auch in deutscher Sprache), stellt alte Wege und Mauern wieder her und belebt alte Bräuche. Erwachsene sFr. 20, Kinder sFr. 12, Gedeck sFr. 3 (zeitweise kocht eine Behindertenwerkstatt für die Gäste, ansonsten ist eine Kochnische mit Küchenmaterial vorhanden).

Sport und Aktivitäten

■ **Bagno Pubblico,** Tenero, Tel. 091 74 34 243, öffentliches Strandbad am See in Tenero.

■ **Watersports;** 6598 Tenero, Tel. 079 68 55 817, www.watersports.ch, bietet im Strandbad von Tenero die Wasser-Trendsportarten Wasserski, Wakeboarding, Funtube, Banana Boat, etc. an.

■ **Bungee Jumping:** Wagemutige können wie James Bond im Film „Golden Eye" den verrücktesten Bungee-Jump der Welt erleben: von der Verzasca-Staumauer 220 m in die Tiefe. Trekking-Team, 6652 Tegna, Tel. 079 60 07 007; www.trekking.ch.

Seilpark

■ Der **Parco Avventura** an der Via Tratto di Fonda 2a in Gordola, Tel. 091 74 52 228, www.parcoavventura.ch, ist ein Adventure-Seilpark mit 8 Schwierigkeitsstufen. Kinder dürfen ab einer Körpergröße von 120 cm teilnehmen. Geöffnet Ostern bis Mitte Oktober 10–17 Uhr, Juli und August bis 18 Uhr. Eintritt sFr. 25, Kinder sFr. 12.

Biking

■ **Agrotouristische Velotour in der Magadino-Ebene:** Zwischen Bellinzona und dem Lago Maggiore erstreckt sich auf 2000 ha eine der besten Landwirtschaftszonen des Kantons. Der agrotouristische Lehrpfad ist mit besonderen Wegweisern versehen. Besuche auf den Bauernhöfen geben Einblick in die moderne Landwirtschaft. Picknickmöglichkeiten am Ufer des Ticino sowie auf einigen Bauernhöfen. Infos: www.veloland.ch, www. ticino.ch.
■ **Percorso Piano di Magadino:** Diese Rundtour von und nach Bellinzona führt über Landstraßen und durch wertvolle Feuchtgebiete. Sie ist für alle Fahrräder geeignet.

Tenero

Tenero, zu Füßen stark zersiedelter Hänge am Ufer des **Lago Maggiore** gelegen, besitzt zahlreiche **Grotti,** in denen man den einheimischen Nostrano probieren kann. Es hatte früher einen großen Hafen und war wichtiger Stapel- und Umschlagplatz. Heute ist es, genau wie Gordola, Minusio, Ascona und Losone, Vorort von Locarno.

In Tenero kommen vor allem Campingfreunde auf ihre Kosten. Auf zehn teils komfortabel eingerichteten Plätzen (unten eine kleine Auswahl) reihen sich Wohnmobile, Wohnwagen und Zelte aneinander. Hinter den Plätzen bietet ein Sportzentrum zahlreiche Aktivitäten an.

Zwischen den Campingplätzen, dem Dorfkern und Gordola verkehren **unentgeltlich Busse.** Von Juni bis Sept. fährt täglich zehn Mal ein **Schiff gebührenfrei** zwischen Tenero und Locarno.

Camping

■ **Camping Lido Mappo,** Via Mappo, 6598 Tenero, Tel. 091 74 51 437, www.lidomappo. ch. Guter Platz an der Uferpromenade. Früh buchen.
■ **Campofelice Tenero,** Via alle Brere 7, Tel. 091 74 51 417, www.campofelice.ch. Mit 400 m Sandstrand am Lago Maggiore (gleich angrenzend an die Bolle di Magadino), Tennisplätzen, Surfschule, Robinsonspielplätzen, Freilichtkino etc.

Essen und Trinken

■ **Grotto Scalinata,** 6598 Tenero, auf der Strecke Tenero – Contra (Verzasca-Tal) in der Nähe der Kirche, Tel. 091 74 52 981, Di Ruhetag. Sehr gute Küche, gekocht wird von drei Schwestern, teilweise mit Zutaten aus eigener Produktion.

Museum

■ **Weinmuseum Tenero,** Matasci Fratelli, Via Verbano, Tenero, Tel. 091 73 56 011, www.matasci-vini.ch, Di–So 14–18 Uhr, Eintritt frei. Umfassender Einblick in Rebbau und Weinproduktion: Fässer, Kufen, Tragfässer, Traubenpressen, Flaschen und Korbflaschen sowie Apparate zur Abfüllung und Verkorkung. Die wichtigsten Phasen des Weinbaus, von der Pflege der Reben bis zur Schnapsbrennerei, werden vorgestellt.

425te ns

2 Schweizer Teil des Lago Maggiore

Etwas abseits der Gotthardroute erschließt sich ein Gebiet, das alles hält, was man sich vom Tessin verspricht: Der Lago Maggiore mit seinem Hinterland. Jede Saison hat hier ihren ganz eigenen Reiz.

< Die Brissago-Inseln im Lago Maggiore

Schweizer Teil des Lago Maggiore und Hinterland

0 4 km

Tessin02

DER SCHWEIZER LAGO MAGGIORE UND SEIN HINTERLAND

Nur das nördlichste Fünftel des Lago Maggiore – zu deutsch der Langensee – gehört zur Schweiz. Vier Fünftel gehören zu Italien und werden dort Verbano genannt. Wir wagen uns festzulegen: Vom ganzen Tessin sind der Lago Maggiore und sein Hinterland wohl der schönste und abwechslungsreichste Teil.

Überblick

Hier findet sich eine fast unglaubliche Vielfalt: der See mit den angrenzenden, von Reben bekränzten Hängen, die in den 2300 Sonnenstunden beeindruckende Lichteffekte produzieren. Die südlich bis hochalpin wirkenden, noch immer sehr intakten, wenig zersiedelten Täler mit einer kargen, der Natur abgerungenen, eindrücklichen Kulturlandschaft. Eine auch verwöhnte Gourmets ansprechende, ganz eigene Küche, Hotels der Spitzenklasse bis hin zu ansprechenden Pensionen und B&B-Unterkünften. Schlussendlich fast das ganze Jahr hindurch abwechslungsreiche Events. Im Unterschied zum italienischen Teil des Lago sind die Hotels und Cafés in der Schweiz oft ganzjährig geöffnet. Wir beschreiben den Schweizer Teil zusammen mit dem schweizerischen Hinterland in einem Kapitel, denn der See und das Hinterland bilden eine Destination, die man sinnvollerweise miteinander kombiniert. Abstecher ins Val Verzasca oder ins weitverzweigte Maggiatal, ins Valle Onsernone oder Centovalli sind denjenigen zu empfehlen, die sich v.a. am See aufhalten: die Täler werden gerade wegen der dort noch weitgehend intakten Natur und Kultur begeistern. Hat man in den Seitentälern Quartier bezogen, wird ein Abstecher an die mediterrane Küste des Sees, eine Fahrt über den See oder eine Rundfahrt durch das Centovalli und zurück zu einem schönen Ausflug an einem oder zwei sonnigen Tagen. Den südlichen, italienischen Teil des Lago Maggiore beschreiben wir in einem nachfolgenden Kapitel.

NICHT VERPASSEN!

- Die **Altstadt von Locarno** | 89
- Der Blick von **Madonna del Sasso** oder **Ronco** auf den See und die Brissago-Inseln | 96 und 112
- Uralte und moderne **Kirchen** im Maggiatal wie in Maggia oder in Mogno | 130 und 144

Diese Tipps erkennt man an der gelben Hinterlegung.

424te tt

Minusio und Brione

Eilige Touristen werden kaum feststellen, dass – wenn man von Bellinzona herkommt – vor Locarno noch eigenständige Orte zu finden sind. Im September 2011 gab es eine **Volksabstimmung,** in welcher die Bürger der Stadt Locarno und sechs umliegender Gemeinden befragt wurden, ob sie der Fusion zu einer insgesamt ca. 40.000 Einwohner zählenden Stadt zustimmen: Nur die Bürger der Kernstadt Locarno und diejenigen des relativ armen Mergoscia stimmten zu, alle anderen Gemeinden widersetzten sich diesem Ansinnen zum Teil mit haushohen Nein-Mehrheiten. Auch Minusio und Brione, zusammen mit der Gemeinde Muralto (wo der Bahnhof Locarnos steht), wollten nichts von einer gemeinsamen Stadt Locarno wissen – vor allem aus steuerlichen Gründen: Der sogenannte **Speckgürtel** will offenbar zwar von den Vorteilen eines Zentrums profitieren, die Lasten jedoch, z.B. die Ausgaben für Kultur, lieber den Bürgern der Zentrumsgemeinde überlassen.

Darum finden Durchfahrende, wenn sie nach Locarno einfahren, zuerst Straßenschilder, die darauf hinweisen, dass man nach Minusio oder Brione sopra Minusio gelangt ist. Erst wenn man schon mitten in Locarno ist, merkt man, dass man soeben Muralto – eine andere selbstständige Gemeinde mit hoher Autonomie – hinter sich gelassen hat: Föderalismus nach schweizerischer Art!

Minusio am Lago Maggiore mit einer spätbarocken Kirche und einer frühbarocken Kapelle ist praktisch völlig mit der Doppelstadt Locarno-Muralto zusammengewachsen. Zum Ort gehört das ehemalige **Fischerdörfchen Rivapiano** mit der malerisch über dem See liegenden Barockkirche S. Quirico mit einem spätromanischen Turm, der einst als Wachturm diente.
Minusio und Brione sind wohlhabende Vororte von Locarno. Dies merkt man vor allem an der Siedlungsstruktur: Villen und Einfamilienhäuser reihen sich aneinander, teilweise noch kurz unterbrochen durch einen kleinen Rebhang. Einige Bauten sind bemerkenswert: Umgeben von einer großen Grünfläche, die sich ursprünglich bis an den See erstreckte, weist **La Baronata** zwei Villen auf. Die untere ist älter, sie stammt aus dem 17. Jh. Sie diente dem russischen Anarchisten *Bakunin,* der sie 1873 gekauft hatte, als Wohnsitz. Er richtete hier einen Landwirtschaftsbetrieb ein. Die Villa beherbergte zahlreiche außergewöhnliche Persönlichkeiten, Agitatoren wie Utopisten (nachzulesen bei *Riccardo Bacchelli* in seinem Roman „Il diavolo al Pontelungo"). Die obere Villa ließ *Bakunin* als Wohnsitz für seine Familie und die zahlreichen Freunde bauen.

Fahrradausflug in Muralto

Das Kulturzentrum **Sanctuarium Artis Elisarion** (siehe „Museum") an der Via Simen Nr. 3 wurde als Wohnhaus und Tempel für den baltischen Künstler *Elisar von Kupffer* und den Deutschen Begründer des Klarismus *Edouard von Mayer* 1927 gebaut. Der oktogonale Turm war 1939 für das Gemälde „Klarwelt der Seligen" von *Kupffer* konzipiert worden, das heute auf dem Monte Verità zu sehen ist.

Am Seeufer steht die **Kaserne Cà di Ferro,** erbaut um 1560, später als Umschlagplatz für Getreide benutzt. Sie ist zweigeschossig und hat einen Innenhof, einen vorspringenden Turm mit Wehrgang, einen weiteren kleinen Turm und ein Glockentürmchen. Vor dem Gebäude steht eine barocke Privatkapelle.

Auf dem Friedhof in Minusio liegt der deutsche Dichter *Stefan George* begraben, der hier Zuflucht vor den Nationalsozialisten suchte.

Der alte Ortskern des höher gelegenen **Brione sopra Minusio** mit den typischen, steil in die Höhe führenden Gassen weist spätmittelalterliche Elemente auf, z. B. Sträßchen mit in der Mitte ausgehobenen Granitgräben für den Wasserablauf, Portale und Häuser mit rohen Blockfenstern, Holzbalkonen, gusseisernen Rauchfängen und horizontalen Maueröffnungen neben den Haustüren für die Kellerlüftung.

Auf dem kleinen Platz hinter der Kirche stehen das alte Waschhaus und der sechseckige Brunnen aus dem Jahre 1861. Die Kirche wurde schon 1559 geweiht, das Querschiff und der halbrund geschlossene Chor wurden 1848 neu gebaut. Das Einfamilienhaus an der Via Panoramica 66 wurde 1976 von *Luigi Snozzi* gebaut.

Locarno

Locarno ist mit Muralto fest zusammengewachsen, der Hauptbahnhof Locarno befindet sich in Muralto, Zentrum der Altstadt ist die berühmte Piazza Grande. Die Altstadt Locarnos ist S-förmig am ehemaligen Uferverlauf des **Lago Maggiore** angelegt. Sie besteht aus dem unteren Teil mit der Piazza Grande und der auf einer Terrasse gelegenen oberen Stadt. Das Schloss und die alten Kirchen befinden sich im alten Ortskern. Im 19. Jh. dehnte sich die Stadt in Längsrichtung aus. Südlich der Piazza Grande entstand auf dem trocken gelegten Maggiadelta das neue, schachbrettartig angelegte **Quartiere Nuovo.** Locarnos Häuser haben eher unspektakuläre Fassaden; dafür überraschen oft die Innenhöfe mit Loggien und üppiger Vegetation. Wenn es nicht als unhöflich erscheint, lohnt sich deshalb der Blick in einen solchen Hof. Die hübschesten Winkel befinden sich zwischen der Piazza Sant' Antonio und der Via Cittadella, in der Via Borghese, an der Piazza delle Corporazioni und an der Piazzetta de' Capitani.

Geschichte

Der Name der Stadt geht auf das keltische Wort *Leukera* („die Weiße“, in Anspielung auf den wild schäumenden Fluss Maggia) zurück. Locarno ist seit der Römerzeit besiedelt. Funde lassen vermuten, dass Locarno ein Zentrum römischer Glasherstellung war.

Bis um das Jahr 1000 gehörte das Locarnese politisch zur Lombardei, kirchlich zum Bistum Mailand. Vor 1152 wurde es dem Bistum Como einverleibt, die weltliche Herrschaft blieb bei den kaisertreuen *Orelli,* ging dann 1342 an die *Visconti,* die es 1439 an die Kultur liebende Familie der *Rusca* belehnten. Locarno bildete eine Art **Adelsrepublik.** Mailänder Herzöge bauten eine Burg, die zu

Die bekannte Wallfahrtskirche Madonna el Sasso mit Blick über Locarno

den größten der Lombardei gehörte. Das Castello war von 1503 bis 1798 Sitz der eidgenössischen Vögte der XII Orte (ohne Appenzell), die sich im Turnus alle zwei Jahre ablösten. Im Nord-Südverkehr war Locarno ein wichtiger **Umschlagplatz.** Diese große Vergangenheit ist in der Stadt noch heute zu spüren.

In der Reformationszeit wurden die Protestanten, die geistige Elite der Stadt, vertrieben, was zum **wirtschaftlichen Niedergang** führte. Der Seidenhandel, der Locarno über Jahrhunderte Wohlstand beschert hatte, verlagerte sich nach Zürich. Zusätzlich fehlte seit der Zerstörung der Brücke über den Tessin in Bellinzona (1514) ein direkter Zugang zur Gotthardstrecke. Locarno versank mehr und mehr in Provinzialität.

1803–78 war die Stadt zusammen mit Bellinzona und Lugano im Wechselrhythmus von sechs Jahren **Regierungsresidenz** des Kantons Tessin.

Um 1900 entwickelte sich die Stadt zu einem mondänen **Ferienort** mit Hotelpalästen. 1925 fand im Gerichtsgebäude

426te dreamstime.com | Mopane

Locarno
0 200 m
ORSELINA
Bergstation Bergbahn
Talstation Bergbahn Carda
Via Santuario
Madonna del Sasso, Kirche und Kloster
Via Zoppi
Via alla Basilica
Autobahn
Sent. del Tazzino
Sent. del Carmelo
Via ai Monti della Trinità
Via ai Monti della Trinità
Via ai Monti della Trinità
Via al Sasso
Via Masino
S. S. Biagio
Via dei Fiori
Via del Sol
Sal. d. Magnolia
Via Sempione
Via Sempione
Via della Stazione
Piazza Stazione
Monastero Agostiniane und Chiesa Santa Catarina
Vicolo Chiossina
Via al Tazzino
S. Rocco
Via Cappuccini
V. delle Monache
Talstation Bergbahn
V. A. Ramogna
Viale Verbano
V. Fr. Balli Lungolago
Via Torretta
V. S. Caterina
V. d. Panelle
Casino
Giardini Avv. G. B. Rusca
Largo Zorzi
V. Marcacci
Municipio/ Rathaus
Via Borghese
Via Vallemaggia
Chiesa San Antonio
Casa Rusca/ Städtische Pinakothek
V. d. Corporazioni
V. Sant' Antonio
Via Cittadella
V. Panigari
Piazza Grande
Casa dei Canonici
Via Bossi
Santa Maria Assunta
Via Castelrotto
Via dell'Ospedale
Via San Francesco
V. B. Rusca
Via della Motta
Via F. Rusca
Via Trevani
Via Antonio Ciseri
Via della Posta
Via de la Pace
Via Simone da Locarno
Museo Civico e Archeologico
Casorella
Piazza Muraccio
Via Bernardino Luini
Piazza San Francesco
V. B. Varenna
V. Ripacanova
V. al Castello
Castello Visconteo
Klosterkirche San Francesco
Via Giovanni Antonio Orelli
Via Vincenzo Vela
Via Rinaldo Simen
Piazza Castello
Piazza G. Pedrazzini
Via Bramantino
Via Bramantino
Via P. Romerio
Via San Jorio
Strada Principale
Via alla Morettina
Via Angelo Nessi
Via Angelo Nessi
Via ai Saleggi
Via Dottor Giovanni Varesi
Via St. Franscini
Via Serafino Balestra
Via Francesco Ballerini
Via della Posta
Via de la Pace
1
2
3
4
5
6
7
8
9
10
11
12
13
14
15
16

die Friedenskonferenz statt, deren Resultate als **Locarnopakt** in die Geschichte eingingen: Deutschland stand danach der Einzug in den Völkerbund offen. Angriffskriege wurden verboten, die deutsche Westgrenze garantiert, das Rheinland entmilitarisiert. *Gustav Stresemann* und *Aristide Briand* erhielten 1926 dafür den Friedensnobelpreis.

Nach dem Zweiten Weltkrieg setzte eine intensive **Bebauung** des östlichen Maggia-Tales, des Seeufers und der angrenzenden Hänge ein.

Altstadtrundgang

Piazza Grande

Ein Rundgang beginnt sinnvollerweise an der **Piazza Grande,** einer großzügigen Platzanlage mit durchgehenden Arkaden an der Hangseite. Hier steht der **Torre del Comune** aus dem 14. Jh. An der Südseite gab es früher einen direkten Seezugang, der See zog sich jedoch zurück, heute liegen hier Geschäfts- und Verwaltungsbauten sowie der Park aus dem 19. Jh., der **Giardino Pubblico.** Im Kursaal von 1910 ist neben einem Theater und dem Kasino das Tourismusbüro untergebracht.

Die älteste Bausubstanz des Platzes findet sich im Westen, wo er sich verengt. Das **Municipio,** ehemals Palazzo Marcacci, ist seit 1854 Gemeindehaus, es wurde 1897 umgestaltet. Der **Palazzo Governativo,** Nr. 47, gegenüber dem Municipio, wurde 1838 von *Pioda* gebaut; er war bis 1878 kantonaler Regierungs- und Verwaltungssitz. Der **Palazzo delle Poste** von 1996 ist von *Livio Vacchini.* In der südlich vom Platz abgehenden Via delle Pace (Friedensstraße) tagte die internationale Konferenz 1925.

Seit 2008 ist die schöne **Piazza Grande** autofrei; sie wurde nach Plänen aus dem Jahr 1989 des Architekten *Luigi Snozzi* sanft renoviert. Restaurants und Bars erhielten die Möglichkeit, ihr Platzangebot auf der Piazza zu erweitern. Im Dezember verwandelt sich der mit Kopfsteinpflaster belegte Platz in eine Eisfläche mit Iglus und Barbetrieb. Im Sommer wird er zum Aufführungsort des Moon and Star Festivals und des Filmfestivals. Die Atmosphäre in einer lauen Sommernacht ist einzigartig.

Castello Visconteo

Durch die Via Franchino Rusca gelangt man zum Castello Visconteo, dem bedeutendsten Schloss des Tessins, in dem heute das **Museo Civico** (Städtisches und Archäologisches Museum) beheimatet ist. Der Ursprung der Burg liegt im Hochmittelalter. Im Jahre 1342 wurde das Castello vom Mailänder *Luchino Visconti* erobert und ausgebaut. Im 15. Jh. folgte ein großzügiger Ausbau als Festungsanlage, die bis ans untere Ende der heutigen Via Franchino Rusca reichte; sie sollte nicht nur das Schloss, sondern auch den eigenen Hafen schützen.

Die Eidgenossen, deren Landvögte hier hausten, schleiften aus finanziellen Gründen im Jahre 1532 die Burg. Von den vier Türmen ist nur einer übrig geblieben sowie der Palas. Die von einem Schanzengraben gesäumte Westmauer geht an der Nordwestecke in einen Turm über. Zum Teil besitzt sie einen Wehrgang. Das Castello wurde 1923 restauriert, so dass es jetzt zum Platz hin im Renaissancestil in Erscheinung tritt. Der Besucher gelangt durch den westlichen Eingang (15. Jh.) in eine Kaserne und das östlich vorgebaute Atrium. Hier öffnet sich der Arkadenhof mit dem Spitzbogenportal und einer darüber liegenden, malerischen Loggia. Im Treppenhaus gibt es ein Renaissancefresko lombardischer Schule. Die Wände und Decken der Säle sind zum großen Teil mit den Wappen der Vögte verziert (17. Jh.), beginnend mit dem Berner *Sebastian von Stein*. Die zahlreichen Kassettendecken tragen gotische Dekorelemente.

Casorella

Nordöstlich an das Schloss gebaut steht die Casorella, erbaut Ende des 16. Jh., unter Einbezug der mittelalterlichen Mauerreste der Burg, umgebaut unter den *Orelli*. Sie hat eine Fassade mit rustizierten Lisenen und ein Portal mit Volutengiebel sowie Dichterbüsten aus dem 19. Jh. Am Westende findet sich eine Loggietta mit schönen Stuckaturen, vermutlich von *G. B. Serodine* 1616 gestaltet. Im Obergeschoss ein Deckengemälde von *Orelli*. Heute wird die Casorella für **Kunstausstellungen** benutzt.

Klosterkirche S. Francesco

Weiter geht es zur Piazza S. Francesco und hier zum Grabmal des *Giovanni Orelli* von 1347. Die Klosterkirche S. Francesco ist ein Beispiel nachmittelalterlicher **Bettelordensarchitektur,** neu gebaut im 16. Jh. von *Giovanni Bereta*. Das Kloster wurde 1848 aufgegeben. S. Francesco ist eine Basilika mit Steinplat-

050te tt

tenbedachung, quadratischem Hauptchor und zwei polygonalen Seitenchören. Die Hauptfassade besteht aus Quaderblöcken von einem Vorgängerbau oder vom Visconti-Schloss, neben dem Radfenster sind drei Reliefs mit Lamm, Ochsen und Adler zu sehen. Fünf Säulenpaare mit Arkaden scheiden im Inneren das mit Balkendecke versehene Mittelschiff von den kreuzgewölbten Seitenschiffen. Die Kirche birgt eine Verkündigungsgruppe und Aposteldarstellungen aus dem 16. Jh. An den Seitenwänden gibt es gute illusionistische Architekturmalerei (18. Jh.) von *Antonio Orelli* sowie im zweiten Joch der Kapelle del Carmine ein Franziskus-Gemälde von *A. Ciseri* von 1887. Rechts von der Apsis gelangt man zum ehemaligen Klostergebäude (heute Sitz der pädagogischen Hochschule), im Südflügel wurde das Refektorium 1716 von *Baldassare Orelli* mit illusionistischer Malerei ausgestaltet.

Friedhof

Weiter südwestlich an der Straße liegt rechts der Friedhof *(cimiterio)* mit dem für das 19. Jh. typischen Grabmälern und der runden **Grabkapelle Rusca,** 1845 von *Pioda* gebaut, sowie die ehemalige Kirche, heute **Friedhofskapelle S. Maria in Selva.** Sie birgt **bedeutende Wandgemälde** von etwa 1400. Die 1400 gebaute Kirche war vollständig ausgemalt und wurde trotz heftiger Proteste

Die prächtige Piazza Grande

427te fotolia.com | darya

1884 mit Ausnahme des quadratischen Chors und des spätmittelalterlichen Turms abgerissen.

In der äußeren Chorfront sind oben Keramikschalen eingelassen, innen findet man ein Kreuzrippengewölbe auf Konsolen. Die ältesten Fresken stammen vom Meister von S. Maria in Selva und seinen Gehilfen: im Chorbogen 12 Prophetenbüsten, an der Chorfront über dem Fensterpaar eine Schutzmantelmadonna, begleitet vom Verkündigungsengel und der Jungfrau Maria. Von anderer Hand an der Nordwand ist die Geburt Christi in byzantischer Art.

Das schmale Kreuzigungsbild zwischen den Chorfenstern wurde 1401 gemalt. In der südlichen Lünette gibt es eine Madonna (um 1450) von *da Velate,* an der Nordwand die Darbringung im Tempel (16. Jh.) von *Antonio da Tradate.* Weitere Fresken aus der zweiten Hälfte des 15. Jh. stammen aus der Werkstatt der *Seregnesi,* so an der Ostwand der heilige Bartholomäus, der Adlige an der Nordwand mit dem Wappen der *Orelli,* die heiligen Johannes d. T. und Rochus sowie die Dreifaltigkeit. Die Heiligen Johannes d. T. und Georg sind wohl von *Nicolao da Sarengo* gefertigt.

Via Sant'Antonio

Der Weg führt zur Piazza Sant'Antonio und zur **Pfarrkirche S. Antonio Abate** zurück (mit ihren qualitätsvollen Fresken von *G.A. Orelli* in der Totenkapelle). In der Kapelle S. Gregorio Martire steht ein prächtiger Altar. In der zweiten lin-

Das Castello Visconteo von Osten

ken Kapelle birgt der Altar eine gotische hölzerne deutsche Madonnenfigur von 1440, die Holzstatuen von Rochus und Sebastian in den seitlichen Nischen sind aus dem 17. Jh.

Die Nr. 1 an der Via Sant'Antonio ist die aus zwei älteren Palästen entstandene **Casa Rusca** mit einem Innenhof und einer Loggia. Die Nr. 3 zeigt an der Fassade ein hübsches Madonnenfresko aus dem Anfang des 18. Jh. In der **Casa Simona** an der Via Sant'Antonio Nr. 3 aus dem 16. bis 18. Jh. wird der Loggienhof durch einen Arkadenflügel geteilt. Der aus mehreren Bauten bestehende **Palazzo Rusca-Bellerio** wurde im 18. Jh. einheitlich renoviert. Die nüchterne Fassade hat ein Bossenportal aus dem 16. Jh., dahinter verbirgt sich ein hübscher Garten mit kleinen Treppen. Das Haus besitzt Fresken und Malereien bedeutender Tessiner Maler.

Chiesa Nuova

Die **Kirche S. Maria Assunta** an der Via Cittadella, meistens Chiesa Nuova genannt, besitzt reiche frühbarocke Stuckdekorationen. Die überlebensgroße Stuckfigur an der Fassade zeigt den heiligen Christophorus. Der einschiffige, vierjochige Kirchenraum mit Tonnengewölbe ist reich mit Stuckaturen ausgestattet, vom selben Künstler sind auch die Chorfresken. Auf dem linken Seitenaltar steht eine recht makabre, mit Stoff verkleidete Statue des San Germano, in einer Marmornische auf der rechten Seite eine Holzstatue der in den Himmel aufgenommenen Muttergottes aus dem 17. Jh. Die Chiesa Nova wurde vor 1630 von *Cristoforo Orelli* gegründet.

Via Borghese

In der Contrada da Borghese Nr. 14 befindet sich die **Casa del Negromante.** Das alte Wohnhaus aus dem 14. Jh. wurde kürzlich restauriert, im Atrium sind Fresken aus dem 16. Jh. zu sehen: ein Schweizer Kreuz und ausgelöschte Wappen aus der frühesten Zeit der eidgenössischen Besetzung. Der Innenhof hat einen Portikus und eine von Holzsäulen getragene Galerie.

Der **Palazzo Morettini** an der Via Cappuccini Nr. 12 aus dem frühen 18. Jh., umgebaut 1870, hat eine elegante Gartenfront und eine Deckenmalerei von *Giovanni Antonio Vanoni.* Hier ist die Kantonsbibliothek Locarno untergebracht. Das **Collegio S. Eugenio** ist das ehemalige Kapuzinerkloster SS. Rocco e Sebastiano; die Kirche von 1602 zeigt ein Gemälde der Kreuzigung von *Enea Salmeggia.* Gegenüber der Kirche steht der **Palazzo Franzoni,** ein bemerkenswerter Barockbau aus dem 17. Jh. mit Deckenmalereien von *Caldelli.*

Zurück auf der Straße bis zur Höhe der Via al Sasso, liegt im Park das **Albergo Belvedere,** erbaut im 16. Jh., 1884 zum Hotel umgebaut. Der Ehrensaal hat eine Spiegeldecke mit Lünette in kräftiger Stuckrahmung aus der Bauzeit.

Kloster S. Catarina

In der Via delle Monache liegt das Frauenkloster S. Catarina, dessen Gründung durch den Humiliatenorden ins 13. Jh. zurückreicht. 1571 wurde der Orden aufgehoben und in das hauseigene Spital eingegliedert. Ein Neubau der Kirche erfolgte 1616. Der Chor hat Rokoko-

Stuckdekor, im Gewölbe ist ein Gemälde des heiligen Augustinus von *Giuseppe Orelli* zu sehen. Von ihm ist auch das Altarbild und im Schiff das Gemälde mit Maria im Tempel. Der Konvent ist ein Dreiflügelbau mit toskanischen Säulenarkaden aus dem 17. Jh.

Stiftskirche S. Vittore

Der westlich von der Piazza Grande am See liegende Stadtteil **Muralto** (eine eigene Gemeinde) war der römische Siedlungskern, heute ist er vollständig mit Locarno verschmolzen. Unweit des Bahnhofs in nordöstlicher Richtung liegt die römische Stiftskirche S. Vittore, zusammen mit S. Nicolao in Giornico die **bedeutendste romanische Kirche im Tessin,** gebaut 1090–1110, der Glockenturm stammt aus dem Jahr 1527, erhöht wurde er 1932. Das Kircheninnere wurde im 17. und 19. Jh. umgestaltet.

S. Vittore ist eine **Pfeilerbasilika** ohne Querhaus mit drei halbrund geschlossenen Chorarmen mit Hallenkrypta unter dem Hauptchor, gebaut in Quaderwerk aus einheimischem Granit, vereinzelt mit Marmorsteinen. An der Südseite steht der Renaissanceturm von 1527. In der Südwand prangt ein Relief mit Wappen von Muralto (1524) sowie ein Marmorrelief des heiligen Viktor als Reitergestalt (1462). Bemerkenswert sind die drei bärtigen Köpfe auf der Standarte, eine im Konzil verbotene Darstellung der Heiligen Dreifaltigkeit. An der Westseite des Turms sind drei Preisangaben von Lebensmitteln eingemeißelt, die die Teuerung von 1527 veranschaulichen sollten, welche zum Abbruch der Bauarbeiten am Turm geführt hatte.

An der Südwestecke steht das Beinhaus von 1745, dahinter die Bruderschaftskapelle des Heiligen Sakraments aus dem 17. Jh.. Stufen, die 1859 erneuert und erhöht wurden, führen zum Presbyterium und zum Chor. Die umfassenden Restaurierungsarbeiten haben die Struktur der Kirche wieder in ihren ursprünglichen Zustand versetzt.

Unter dem Presbyterium befindet sich die **dreischiffige Krypta,** eine der besterhaltenen romanischen Krypten der Schweiz mit **einzigartiger Kapitellenplastik.** Sie besteht aus zehn Freisäulen und zwölf Wandsäulen, Kreuzgewölbe und Gurtbogen. Die Säulen sind mit Kapitellen aus unterschiedlichem Material versehen. Keines der 22 Kapitelle gleicht dem anderen, sodass sich ein wahres Musterbuch der lombardischen Kunst der damaligen Zeit ergibt, sowohl hinsichtlich der fantasievollen Gestaltung als auch der handwerklichen Techniken. Geflechte, Blätter, Vögel sowie Tier- und Menschenköpfe sind zu entdecken. Das erste Gewölbejoch hat spätgotische **Fresken** mit vier Heiligen (um 1500) in der Art von *Antonio da Tradate.*

Zahlreiche Fresken aus verschiedenen Epochen zieren die Apsiden und die Wände der drei Schiffe, der älteste und bedeutendste Freskenzyklus ist während der Restaurierung der Kirche (1977–89) ans Licht gekommen. Er stellt Szenen aus der Genesis dar und geht etwa auf das Jahr 1150 zurück. An der Südwand der Gegenfassade ein romanisches Fres-

▷ Die Festa delle Camelie lockt ab März zahlreiche Besucher nach Locarno

428te tt

ko eines Christus mit Stock sowie Blumendekorationen. Die Fresken in der Wölbung der kleinen Apsis des südlichen Kirchenschiffs sind aus dem 13. Jh.: Majestas Domini mit Engeln und Apostelgesichter, die im Kreuzgewölbe des vorhergehenden Bogens erkennbar sind. Im unteren Teil des Chors hinter dem Hochaltar ist das Fragment einer Verkündigung mit Gottvater zu erkennen, umrahmt von einer Inschrift, datiert auf 1467 und mit Stifternamen aus der Werkstatt der *Seregnesi*.

Die große Pfingstszene in der Wölbung der größeren Apsis (1583) stammt vom deutschen Maler *Hans Schmidt*. Die Figuren von Propheten oberhalb dieses Freskos entsprechen dem Manierismus des späten 16. Jh. In der zentralen Arkade sind undeutlich Dekorationen mit Heiligen und Figuren in damastbesetzten Kleidern zu erkennen. Sie werden Malern aus dem Kreis um *Antonio da Tradate* (1500) zugeschrieben.

Sehenswertes in anderen Stadtteilen

Giardini Jean Arp und Parco delle Camelie

Wenn man auf dem **Lungolago Giuseppe Motta** am See entlang schlendert, kommt man am Ende zu den *Giardini Jean Arp* mit Skulpturen des Dadakünstlers und Surrealisten *Hans (Jean) Arp*, der zuletzt in Locarno lebte. Nach der öffentlichen **Badeanstalt Lido** (s.u.: „Speziell für Familien") gelangt man zum besonders in der Blütezeit einzigartigen, ca. 10.000 qm großen **Kamelienpark.** Er wurde 2005 eröffnet und birgt rund 900 verschiedene Kamelienarten. Hier findet im Frühling das fünftägige Kamelienfest statt, das Besucher aus der ganzen Welt anzieht. Der Park ist in eine Vielzahl von Beeten aufgeteilt und so gestaltet, dass er eine Art Labyrinth bildet, in dem die Gäste lustwandeln können.

Solduno

Im Ortsteil Solduno wurden Grabstätten der Eisenzeit gefunden. Hier steht die spätbarocke Kirche **S. Giovanni Battista** von 1789. Die Kirche **S. Trinità,** gebaut um 1621, zeigt gute Votivgemälde verschiedener Korporationen, großteils von *Baldassare Orelli* gemalt.

Orselina

Oberhalb von Locarno in Orselina zieht die wunderbar gelegene und immer wieder fotografierte Wallfahrtskirche **S. Maria Assunta (Madonna del Sasso)** Besucher an. *Frà Bartolomeo d'Ivrea,* ein Franziskanerbruder des Klosters von Locarno, wollte nach einer Erscheinung im Jahre 1480 auf dem „Sasso" einen Ort der Andacht schaffen und baute hier zwei kleine Kapellen. Diese wurden bald erweitert, später kam ein Kloster hinzu. Am Weg, der von Locarno zum „Sasso" hinaufführt, wurden zahlreiche Kapellen gebaut bzw. geplant. Geblieben sind zwei **Skulpturengruppen** in Terrakotta, die *Francesco Silva* zugeschrieben werden; sie stellen das Letzte Abendmahl und die Ausgießung des Heiligen Geistes in unverwechselbarem Barockstil dar. Beachtlich ist auch eine geschnitzte Beweinungsgruppe in der Cappella von Roll.

Die heutige Wallfahrtskirche, die auf einem künstlich terrassierten Felssporn liegt, geht auf das 16. und 17. Jh. zurück; danach wurde sie nach und nach ausgestaltet und 1903–25 weitgehend umgestaltet. Das Kreuzgewölbe hat Stuckaturen aus dem 17. Jh. Das spätgotische Gnadenbild der Madonna auf dem Hauptaltar stammt aus dem Jahr 1480. Die Flucht aus Ägypten im südlichen Seitenschiff ist ein berühmtes Werk des *Bramantino,* um 1520. Das Wandbild mit den Heiligen Martin und Viktor stammt von *Gorla.* An der Schiffsrückwand steht ein schöner mehrfarbiger Hochaltar aus dem 18. Jh. und in einer Nische eine spätgotische Madonna mit Kind. Die monumentale Grablegung in der dritten Seitenkapelle hat *Antonio Ciseri* 1870 gemalt. Eine reiche Sammlung von Votivtafeln findet sich an den Kir-

◁ Dorfszene am Lago Maggiore

chenwänden und in anderen Räumlichkeiten. Jeweils am 1. September findet das **Fest der Madonna del Sasso** statt. Im Museo Casa del Padre sind kirchliche Gegenstände sowie Votivbilder, Gemälde und Skulpturen ausgestellt (s. u.). Das Museum ist Bestandteil des im 15. Jh. gebauten **Klosters,** das zuerst von den Franziskanern und seit 1848 von den Kapuzinern geleitet wird. Die Flügel im Osten und Norden entstanden zwischen 1880 und 1912. In den 1980er Jahren folgte eine Neuorganisation des Klosters durch *Luigi Snozzi,* u.a. die Einrichtung des Museums.

Praktische Tipps

Information

- **Ente turistico Lago Maggiore,** Via B. Luini 3, 6600 Locarno, Tel. 091 79 10 091, www.ascona-locarno.com. Mit der *Guestcard Lago Maggiore* erhalten Sie in der Region bei gewissen Berghütten, Postautos, Seilbahnen, Zahnradbahnen, Museen, Festivals, Autovermietungen, Tennisclubs und anderen Sportaktivitäten Preisrabatte. All inclusive ist ein *Sommer-Ticket,* das zu den touristischen Höhepunkten führt, so etwa auf die Cimetta und zurück, freie Fahrt an einem Tag auf dem schweizerischen Teil des Sees sowie Eintritt in den botanischen Garten auf den Brissago-Inseln und den Lido offeriert. Erwachsene sFr. 64, Kinder sFr. 31.
- **Navigazione Lago Maggiore,** Lungolago Motta, 6600 Locarno, Tel. 091 75 16 140 und Tel. 091 75 11 865.

Unterkunft

Die Hotels am Lago Maggiore sind in der Hochsaison, insbesondere während des Filmfestivals, z. T. unverfroren mit ihren Preisen. Man sollte sich frühzeitig erkundigen.

- **Resort & Suite Hotel Orselina,** Via Santuario 10, 6644 Orselina-Locarno, Tel. 091 73 57 350, www.orselina.com. Tolles neu umgestaltetes Ferienhotel mit schönem Garten am Südhang oberhalb Locarnos, nur Wochenaufenthalt.
- **Hotel Esplanade,** Resort & Spa, Via delle Vigne 66, 8848 Minusio-Locarno, Tel. 091 73 58 585, www.esplanade.ch. Renoviert in einem exotischen Park mit Blick auf den See. Wellness, Fitness, Beauty auf 1600 m², Golfpauschalen. DZ sFr. 290–460.
- **Hotel Garni du Lac ,** Via Ramogna 3, Tel. 091 75 12 921, www.du-lac-locarno.ch. Gutes Hotel garni, zentral gelegen (nahe Piazza Grande), 31 DZ mit Dusche/WC, einige mit Balkon, sFr. 160–260.
- **Ramada Hotel La Palma,** Via Verbano 29, 6600 Lugano-Muralto, Tel. 091 73 53 636, www.ramada-treff.ch/palma. Ein sehr schön am See gelegenes Haus mit 68 z. T. sehr geräumigen Zimmern, DZ ab sFr. 160.
- **Hotel Belvedere,** Via ai Monti della Trinità 44, Tel. 091 75 10 363, www.belvedere-locarno.ch. Mit Blick auf Stadt und See gelegen, geräumige moderne Zimmer, Garten mit Schwimmbecken. DZ mit Seeblick sFr. 260–380.
- **Hotel Garni Nessi,** Via Varenna 79, Locarno-Solduno, Tel. 091 75 17 741, www.garninessi.ch. Modernes Garni-Hotel mit hellen Zimmern, geheiztem Gartenschwimmbad, Bar, Garage. DZ sFr. 160–215. Ruhiges Zimmer verlangen.
- **Pensione Olanda,** Via ai Monti 139a und **Garni Dolcevita,** Via ai Monti 160, Tel. 091 75 14 727 und 091 75 11 971, www.pensione-olanda.ch. In beiden einfachen Betrieben zum Teil schöne Seesicht. Im Januar geschlossen, DZ sFr. 120–130 (Olanda) bzw. 150–170 (Dolce Vita); auch günstigere Zimmer mit D/WC auf Etage.
- **Casa Lumino,** Via del Tiglio 36, 6605 Locarno Monti, Tel. 091 75 11 028, www.casalumino.ch. Hotel des Bibellesebunds in schöner Lage oberhalb Locarnos gelegen. Mit Schwimmbad. 28 einfache, aber saubere Zimmer, meist mit Dusche/WC; inkl.

Frühstück sFr. 166–224. Es gibt günstige Pauschalrabatte für Familien. März bis Oktober geöffnet.

■ **Hotel ibis,** Via Giuseppe Cattori 6, Tel. 091 75 62 626, im Stadtzentrum gelegen, klimatisierte Zimmer, DZ ab sFr. 87.

■ **Hotel Garni Stella,** Via al Parco 14, 6644 Locarno-Orselina, Tel. 091 74 36 681, www.hotelstella.ch. Über Locarno gelegen, schöner Garten mit sehr schönem Ausblick von der Restaurantterrasse. Hier gibt es gute traditionelle Küche und teils neu renovierte Zimmer. DZ sFr. 164–418.

■ **Hotel Garni Remorino,** Via Verbano 29, 6648 Minusio, Tel. 091 74 31 033, www.remorino.ch. Beim Dorfzentrum gelegen, mit Garten und Pool. DZ sFr. 220–460.

Novecento, Via Buetti 1, 6600 Muralto, Tel. 091 74 34 593, www.novecento.ch. Zentral gelegenes rauchfreies Familienhotel mit Bio-Frühstücksbuffet in alter Villa mit hellen Zimmern. Geschlossen Nov. bis April, DZ sFr. 160–190 (ab 3 Nächte).

■ **Camelia,** Via G.G. Nessi, 6600 Muralto, Tel. 091 74 30 021, www.camelia.ch. Sympathische Villa mit 41 Zimmern. Ruhiges Zimmer verlangen! Geschlossen November bis März, DZ sFr. 170–260.

■ **Jugendherberge Locarno „Palagiovani“,** Via Varenna 18, 6600 Locarno, Tel. 091 75 61 500, Ende Nov. bis März geschlossen. Im einzigartigen „Jugendpalast“ residieren neben der Jugendherberge auch das Lokalradio, ein Jugendbüro, die Musikschule und eine Presseagentur für Jugendliche. Es ist immer was los im stattlichen Haus, das am Rand der Locarneser Altstadt liegt. Zweier-, Vierer- und größere Zimmer, z. T. mit Dusche/WC, Richtpreis im Gruppenzimmer sFr. 41.50 p. P., DZ sFr. 102–146.

Camping

■ **Camping Delta,** Via Respini 7, 6600 Locarno, Tel. 091 75 16 081, www.campingdelta.com. Guter, komfortabler Platz im Delta der Maggia direkt am See. Frühzeitige Buchung empfohlen.

Essen und Trinken

■ **Cittadella,** Via Citadella 18, Tel. 091 75 15 885. Locarneser Institution; spezialisiert auf Fisch, Grill, Pizza.

■ **Trattoria da Luigi,** Via Dogana Vecchia 1, Tel. 091 75 19 746, ital. Küche zu vernünftigen Preisen.

■ **Locanda Locarnese,** Via Bossi 1, Tel. 091 75 68 756, an einer steilen, kleinen Altstadtgasse gelegen. Kleines, feines, nicht billiges Restaurant (im Sommer Tische auf der engen Gasse, im Winter im nicht ganz überzeugenden Innern).

■ **Da Valentino,** Via Torretta 7, Locarno, Tel. 091 75 20 110; zentrale Lage; gepflegte Küche und Service. So/Mo geschlossen.

■ **Osteria del Centenario,** Viale Verbano 17, Tel. 091 74 38 222. Terrasse am Seeufer mit mediterraner Küche. So geschlossen.

■ **Antica Osteria Malatesta,** Via dei Pescatori 8, Tel. 091 73 01 524. Gute Osteria zu vernünftigen Preisen, Di Ruhetag. In Muralto!

Unser Tipp: **Centovalli,** in Ponte Brolla bei Locarno, Tel. 091 79 61 444, www.centovalli.com. Sympathische Osteria mit ausgezeichneten Tessiner Spezialitäten und schönem Garten. Man versuche unbedingt das herrliche Risotto mit Lughanine. Bietet auch einfache Zimmer an, DZ 146–190 sFr., Mo, Di und vom 24. Dezember bis März geschlossen.

Nachtleben

■ **Festival Café Bar,** Viale Balli 2, Tel. 091 75 21 259, 7.30–1 Uhr. In-Treff.

■ **Lounge Bar Fashion2shè,** Via Luini 23, Tel. 091 75 19 317 Lounge Music, Snacks, Cocktails.

■ **Bar La Pergola,** Via Vallemaggia 83, Solduno, Tel. 091 75 18 626, DJs, Aperitifs, Cocktails, Terrasse.

■ **Vanilla Club,** Via Cantonale, 6595 Riazzino, Tel. 091 84 09 162. Neben der Rotonda in Gordola einer der populäreren In-Discos der Region.

■ **Daniel Club,** Piazza Stazione 7, Muralto, Tel. 091 74 33 535, Discobar, Mi–So 23–3 Uhr.

Rotonda Club, Via S. Gottardo 117, Gordola, Tel. 091 74 56 777, im Hotel Rotonda, Disco, 80er Jahre, Do–Sa 11–5 Uhr.

Casino di Locarno, Largo Franco Zorzi, Tel. 091 75 63 030, Glücksspiellokal in Belle-Epoque-Ambiente mit Restaurant und Bars, Zutritt ab 18 Jahren. So–Do 12–3 Uhr, Fr und Sa 12–4 Uhr.

Museum

Wallfahrtskirche Madonna del Sasso, mit dem berühmten Gnadenbild der Madonna auf dem Hauptaltar (1480), der „Flucht aus Ägypten" (1520, Bramantino), den Stuckaturen aus dem 17. Jh, mit Fresken von *Alessandro Gorla* sowie *Antonio Ciseris* Grablegung (1870). Geöffnet 6.30–18.30 Uhr, die Drahtseilbahn fährt täglich von 7–20 Uhr.

Pinacoteca Comunale Casa Rusca, Piazza S. Antonio, Tel. 091 75 63 185, Di–So 10–12 und 14–17 Uhr. Schenkung *Marguerite* und *Jean (Hans) Arp,* Schenkung *Nesto Jacometti,* Schenkung *Giovanni Bianconi,* Schenkung *Rudolf Mumprecht:* Depositum der Stiftung *Fillippo Franzoni,* bedeutende Sammlung seiner Werke. Außerdem werden zeitgenössische Ausstellungen gezeigt.

Museo Civico e Archeologico im Castello Visconti, Tel. 091 75 63 180, Öffnungszeiten: April–Oktober, Di–So 10–12 und 14–17 Uhr. Sammlung römischer Fundstücke aus der Umgebung von der Bronzezeit bis zum Hochmittelalter. Zu sehen sind auch eine apulische Vasensammlung des 8. Jh. sowie in der städtischen Abteilung Unterlagen zu den Friedensgesprächen von Locarno im Jahr 1925.

Das **Casorella,** ein hübsches Patrizierhaus in der Nähe des Castello Visconteo, ist nur zugänglich, wenn gerade Kunst- oder Fotoausstellungen stattfinden; Informationen erteilt das Tourismusbüro.

430te fotolia.com | FM2

Am Yachthafen von Locarno

Sanctuarium Artis Elisarion, Minusio, Via Rinaldo Simen 3, Tel. 091 74 36 671. 1926 ursprünglich als Tempelbau der Klaristen erbaut – einer neureligiösen Strömung, die wie viele andere Anfang des 20. Jh. auf gesellschaftliche und politische Veränderungen drangen (siehe auch Exkurs Monte Verità). Mehr zur spannenden Geschichte unter www.elisarion.ch. Öffnungszeiten: März bis Dezember auf Anfrage geöffnet. Kunstsammlung und Bibliothek des Balten *Elisar von Kupffer* („Klarwelt der Seligen") und des deutschen Klarismus-Vertreters *Eduard von Mayer.* Das Originalbild „Klarwelt der Seligen" ist auf dem Monte Verità zu sehen.

Die Museen in Ascona (siehe dort).

431te tt

Kultur und Feste

- Eine Vorstellung im **Teatro Dimitri** des weltberühmten gleichnamigen Clowns (s.u.: „Das Pedemonte und das Centovalli" unter Verscio).
- **Fischfest Muralto,** Piazzale Burbaglio, 6600 Muralto, Tel. 091 79 10 091. Findet immer am zweiten Sonntag im März statt.

UNSER TIPP: **Internationales Filmfestival Locarno,** Piazza Grande e Sale Cinematografiche, Tel. 091 79 10 091 (Infos), www.pardo.ch. Locarnos Filmfestival, das in den ersten zwei Augustwochen stattfindet, ist nicht das größte, aber sicher eines in unvergleichlicher Umgebung. Wer einmal auf der Piazza Grande war und die einmalige Stimmung erlebt hat, kommt immer wieder. Frühzeitig Unterkunft reservieren.

Cardada-Cimetta oberhalb von Locarno mit Blick über das Maggiadelta und den Lago Maggiore

- **Moon and Stars,** Piazza Grande, Tel. 091 79 10 091. Im Juli rocken während ca. 10 Tagen internationale Pop- und Rockkünstler auf der Piazza Grande in spektakulärer Szenerie, so etwa Vasco Rossi, die legendären Santana, Status Quo, Juanes, Lenny Kravitz, Alicia Keys, James Blunt etc.
- **Walk of Fame,** der Largo Zorzi beim Casino verwandelt sich mehr und mehr in einen Hollywood ähnlichen Walk of Fame mit den Handabdrücken und Unterschriften der Berühmtheiten des Moon & Stars Festivals: Elton John, Joe Cocker, Gianna Nannini, Zucchero, Santana, Herbert Grönemeyer und viele mehr.
- Während der jährlich im Mai ausgerichteten **Notte bianca** (Freinacht) kann man bis 2 Uhr auf der Piazza und in der Altstadt einkaufen. Außerdem gibt es von 18–6 Uhr Live-Musik, Theater, Zaubereien, Karussellfahrten u.v.m.
- Im September findet in Locarno der **Triathlon Locarno** statt. Für jeden ist etwas dabei, vom Kids Triathlon bis zum Mini Tri für Amateur-Sportler. Am Ziel gibt es ein Unterhaltungsprogramm.

Einkaufen

- **Markt,** Piazza Grande, Tel. 091 75 63 311 (Municipio), Do 8–13 Uhr, im Winter jeden zweiten Do. Angeboten werden Landprodukte wie Käse, Eier, Früchte, Gemüse, Blumen usw. Vom 14. April bis 31. Okt. auch Sa 8.30–13 Uhr.
- **Brocante,** Antiquitätenmarkt in der Città vecchia, Tel. 091 79 10 091 (Infos).

Speziell für Familien

- **Lido di Locarno,** Via Respini 11, 6601 Locarno, Tel. 091 75 99 000, www.lidolocarno.ch. Das Lido di Locarno wurde 2009 eröffnet und bietet ein Hallenbad, diverse Thermalbäder, Schwimmbecken, Rutschen etc. Anfahrt mit der Buslinie 2 bis Haltestelle Résidence Lido. Geöffnet 8.30–20.30 Uhr, im Sommer bis 22 Uhr. Attraktive Lounge am See.
- **La Lanca,** Lanca degli Stornazzi, 6600 Locarno, Tel. 091 75 21 295. Baden am See, Beachvolleyball und Tischtennis, außerdem gibt es einen Spielplatz und einen Kiosk. Geöffnet 10–20 Uhr.
- **Falconeria:** Eine Alternative bei Regenwetter bietet die Falknerei an der Via delle Scuole, Tel. 091 75 19 586, www.falconeria.ch. Mitte März bis November finden von Di. bis So. täglich zwei Flugvorführungen statt, im Juli und August sind es drei am Tag. Neben Falken werden u.a. auch Adler, Eulen, Bussarde und Geier mit ihren Besonderheiten und Lebensräumen vorgestellt.

Biking

- Von **Locarno** nach **Bellinzona** mit dem Fahrrad: Ein Veloweg verbindet die Hauptstadt des Tessins mit Locarno. Weitere Touren-Vorschläge sind auf der Website www.ascona-locarno.com unter „Aktivitäten" zu finden, unter anderem Ausflüge nach Bosco Gurin, ins Val Osernone, nach Cavergno oder auf den Monte Brè.

Ausflüge

- Mit der Drahtseilbahn nach Orselina, dann mit Kabinenbahn nach Cardada und mit dem Sessellift nach **Cimetta.** Es gibt ein Geologisches Observatorium, einen Spielweg, der sich durch den Wald schlängelt, und eine Passerelle, die zu einer Plattform mit prächtigem Ausblick auf den See und die Berge führt. In einer Stunde steigt man von der Cimetta zur Cima della Trosa (1871 m) mit großartiger Rundsicht.
- Schiffsfahrt zu den italienischen **Isole Borromeo.** Täglich fahren Schiffe und schnelle Tragflügelboote von Locarno zu den Borromäischen Inseln. Auf der Isola Bella und Isola Madre sind botanische Gärten angelegt, die Isola Pescatori hat ein reizendes Fischerdörfchen.
- **Katja Boat,** Capt. Bottani Roberto, Via Borghese 14, Locarno; Tel. 079 68 63 990 oder 076 37 63 990, www.katjaboat.com; Roberto Bottano schippert jeden Sonntag mit seinem selbst gebauten Boot (mit Bar) zum Wochenmarkt von Cannobio oder Luino. Abfahrt ab 8.30 Uhr, Rückkehr ca. 13.30/15.30 Uhr (Luino). Preis sFr. 45 p.P., Standort beim neuen Hafen, Giardini Arp, Lungolago.
- Locarno ist ein wunderbarer Startpunkt für Touren in die Wandergebiete der **Bergtäler** des Verzascatals, des Maggiatals und des Centovalli mit ihren Nebentälern.

E-Bikes: Der Ente Turistico (Tel. 848 09 10 91) hat eine Flotte von 20 E-Bikes und fördert so die ökologisch sinnvolle Fortbewegung. Mietstationen sind bei den Touristenbüros in Locarno und Ascona zu finden. Sie benötigen eine Privathaftpflichtversicherung und einen Personalausweis. Ab 16 Jahren sFr. 29 pro Tag, im Winter sFr. 19.

Themenwege: Das Tourismusbüro bietet einen sehr informativen Prospekt über die Themenwege in der Region an. Download der Broschüre unter: www.ascona-locarno.com, dann Aktivitäten / Ausflugsmöglichkeiten / Themenwege. Hier sind auch viele weitere interessante Broschüren und Ausflüge zu finden.

Wanderungen

■ **Sentiero della Collina bassa** – Hügelweg oberhalb von Locarno: ein Spaziergang am Hang über dem Lago Maggiore zwischen Orselina und Tenero, ca. 1½ Std. Beide Orte können mit öffentlichen Verkehrsmitteln erreicht werden.

■ **Höhenweg im Hügelgebiet Locarno Monti:** Der beliebte Höhenweg im Hügelgebiet oberhalb von Locarno führt von Locarno Monti nach Contra (6 km). Die Wanderung dauert 2 Std. 15 Min.; Busverbindungen von Locarno oder Tenero.

■ **Wanderung auf die Cimetta** (1671 m), s.a. „Ausflüge“: Auf- und Abstieg zu Fuß in 7 Std. 45 Min.; der Weg kann durch Busse und Bergbahnen beliebig verkürzt werden. Aufstieg zur Kirche in Orselina über die Via Pattocchi und die Via Eco, an deren Endpunkt der alte Saumweg nach San Bernardo liegt. Von hier kann man über die Alpe Cardada (1 Std.) auf die Cimetta steigen. Abstieg entweder über Cardada, Miranda, Monte Brè zur Madonna del Sasso oder über die Alpe Cardada, Chiodo, Cordonico nach Muralto.

■ **Wanderung von Locarno nach Mergoscia** (im vorderen Teil des Verzascatals), 4 Std. Von Locarno über Brione sopra Minusio, hier das links bei der Kirche abgehende Sträßchen nach Mergoscia einschlagen, beim *Hotel della Valle* beginnt der Fußweg. Weiter über die Weiler Tendrasca, Viona und durch den Kastanienwald nach Monti di Legno (1121 m) mit seiner betörenden Aussicht. Abstieg nach Al Passo und ins enge Val di Mergoscia über die Brücke in die hübschen Orte Busada und Mergoscia (hier fahren auch Postautos).

■ **Planetenweg Locarno** (Locarno – Tegna), der Lehrpfad, der das Sonnensystem im Maßstab 1:1.000.000.000 spiegelt, beginnt an der Flussmündung der Maggia am Ende des Lido und führt 6 km entlang der Flüsse Maggia und Melezza in ca. 2 Std. nach Tegna (Centovalli-Bahnverbindung).

Ascona

Von Locarno ist es nur ein Katzensprung über das Maggia-Delta nach Ascona, für viele nördlich der Alpen der Inbegriff der „Sonnenstube Tessin“. Als eine der ältesten Siedlungen am Lago Maggiore war Ascona im Mittelalter ein von drei Burgen bewachter Marktfleck, der nach der Eroberung durch die Eidgenossen eng mit dem Schicksal Locarnos verbunden war. 1518 wurden die Burgen von den Eidgenossen zerstört, außer einer romanischen Kapelle auf einem Hügel

nordöstlich von Ascona ist von ihnen nichts übrig geblieben. Ascona war Heimat berühmter Künstlerdynastien wie der *Serodine, Abbondio, Pisoni* und *Pancaldi.* Hier vertrödelten Aristokraten ihre Zeit im typischen Fischerdörfchen, Utopisten erprobten neue Lebensformen, Künstler ließen sich inspirieren. Schließlich wurde es zu einer Hochburg des Tourismus, was sich an den unzähligen Bauten in der Maggiaebene und an der Collina ablesen lässt.

Der Altstadtkern und die engen Gassen, verträumte Winkel und die Lage am See locken immer wieder Besucher an; die Seepromenade bleibt ein Muss. Die privilegierte Lage, das angenehme Klima, ein reges Kulturleben sowie eine Häufung von Spitzenhotels machen Ascona zu einem begehrten Reiseziel. Trotzdem findet man sogar hier (zumindest außerhalb der Hochzeiten) qualitativ gute Angebote zu einigermaßen vernünftigen Preisen. Wer gerne viel ausgibt, kann dies allerdings auch tun; Toprestaurants und fesche Boutiquen gibt es wie sonst nur in Großstädten.

Die Piazza Guiseppe Motta mit der Kirche SS. Pietro e Paolo im Hintergrund

Sehenswertes

Seepromenade Piazza G. Motta

Ein beliebter Treffpunkt ist die Seepromenade Piazza G. Motta mit ihren Platanen. Auch wenn man das ganze Jahr über nie allein, sondern immer gemeinsam mit anderen Touristen über den See blickt, ist man eigentlich nie enttäuscht über Szenerie und Stimmung. Das **Municipio** (Rathaus) wurde im 16. Jh. für *Bartolomeo Papio* gebaut, welcher als junger Mann nach Rom ausgewandert und als reicher Mann nach Ascona zurückgekehrt war.

Casa Serodine

Ende des 16. Jh. wurde die Casa Serodine oder Borrani für die Künstlerfamilie *Serodine* gebaut, mit einer der bemerkenswertesten Fassaden der Schweiz. Sie

wurde mit stuckverziertem Piano nobile vom Künstler *Cristoforo Serodine* – dem Bruder des Malers *Giovanni Battista* – und seinem Sohn *Giovanni Battista* gestaltet. Auf den Segmentgiebeln der seitlichen Fenster finden sich Figurenpaare in Anlehnung an *Michelangelo*. Das obere Fries zeigt Adam und Eva, die Madonna mit Kind, David und Bethseba. Über der Balkontür ist eine Muttergottes mit zwei Engeln. Im hübschen Innenhof befindet sich das Tourismusbüro.

Pfarrkirche SS. Pietro e Paolo

Gegenüber der Casa Serodine birgt die dreischiffige Säulenbasilika aus dem 16. Jh. mit dem hohen Campanile SS. Pietro e Paolo drei berühmte Gemälde von *Giovanni Battista Serodine:* die „Marienkrönung", die „Jünger in Emmaus" und die „Söhne des Zebedäus".

S. Maria Misericordia

Die Kirche S. Maria Misericordia besitzt den umfangreichsten **Freskenzyklus** der Spätgotik in der Schweiz. Sie wurde 1442 geweiht, seit 1584 ist sie an ein Kollegium angegliedert. Der Chor hat Außendekorationen mit grün glasierten Schalen. Über dem Westportal findet sich ein Lünettenfresko der Schutzmantelmadonna (15. Jh.). Im kreuzgewölbten Chor sind an der Nordwand 60 Bildfelder mit Szenen aus dem Alten Testament zu sehen, an der Stirnfront eine Schutzmantelmadonna und eine Kreuzigung, an der Südwand 36 Szenen aus dem Neuen Testament. Im Gewölbe erkennt man Christus in der Mandorla mit den vier Evangelisten, den heiligen Petrus als Papst mit zwei Bischöfen und eine Verkündigung. Den Chorbogen zieren 14 Propheten, an der Triumphwand ist oben eine Verkündigung zu sehen, links Christus in der Mandorla sowie Dominikus, Petrus und Maria. Rechts ist die Kreuzabnahme dargestellt, signiert 1466 von *Cristoforo* und *Nicolao da Lugano* (Seregnesi). An der Südwand des Schiffes sind eine Muttergottes und Heilige, datiert auf 1455, erkennbar. An der nördlichen Schiffswand finden sich Christophorus und die Madonna di Loreto mit Sebastian und Rochus.

Der Choreingang weist ein großes, auf Holz gemaltes Renaissancepolyptichon von 1519 auf, von *de Lagaia* aus Ascona, mit Schutzmantelmadonna, den Heiligen Dominikus und Petrus, darüber Himmelfahrt und Verkündigung sowie zwei Engel: eines der schönsten Altarwerke der lombardischen Schule in der Schweiz. Über dem Hauptaltar hängen Altartafeln aus dem Jahre 1519: die Aufnahme Mariens in den Himmel, vom Asconeser *Antonio Gaia.*

Das **Collegio Papio** weits einen der schönsten Renaissancehöfe der Schweiz auf – mit einem zweigeschossigen Säulenhof toskanischer Ordnung. Über dem Nordeingang prangt ein Marmorrelief von *Beretta* (1602).

Die Barockkirche **San Michele** im Westen der Altstadt wurde an Stelle einer keltischen und später langobardischen Burg errichtet.

Das **Strandbad** an der Via Alberelle Nr. 3 wurde 1986 von *Livio Vacchino* gebaut. Auf dem **Friedhof** findet man die Grabstätten von *Marianne Werefkin, Carl Weidemeyer, Wladimir Rosenbaum* und seiner Frau *Aline Valangin.*

432te tt

Kapelle S. Materno

Von den oben erwähnten drei Burgen ist die romanische Kapelle auf einem Hügel nordöstlich von Ascona erhalten, ein zweigeschossiger, turmartig überhöhter Bau mit Apsis. Außen ist die Kapelle durch Lisenen und Zwillingsarkaden gegliedert. In der oberen Apsiskalotte ist ein romanisches Fresko der Majestas Domini aus dem 12. Jh. erhalten. In den 1920er Jahren wurde der Bau zu einem Wohntrakt für *Charlotte Bachrach* (Künstlername *Bara*) umgebaut.

Teatro di S. Materno

Gegenüber der Kapelle baute *Carl Weidemeyer* 1928 für die Ausdruckstänzerin *Charlotte Bara* ein Theater im Bauhausstil. 2009 wurde das Theater nach jahrelanger Vernachlässigung durch *Guido Tallone* gerettet und in authentischem Stil wiedereröffnet.

Das Seminarzentrum **Albergo Monte Verità** wurde 1928 als ein Beispiel moderner Architektur von *Emil Fahrenkamp* für den *Baron von der Heydt* gebaut. Weiters interessant und ganz in der Nähe sind die **Villa Tuia** am Sentiero del Roccolo Nr. 11 (1961 von *Richard J. Neutra* erbaut), an der Via Collinetta Nr. 25 die **Villa Chiara** (1935 von *Carl Weidemeyer*) und die **Villa an der Via Ludwig** Nr. 26 (1966 von *Marcel Breuer*).

Madonna della Fontana

Am nördlichen Abhang des Monte Verità liegt im Wald die Wallfahrtskapelle Madonna della Fontana. 1677 geweiht, wurde sie nach einem Brand 1789 wiederhergestellt. Der hohe Rechteckbau mit eingezogenem Chor wird vom Wohngebäude der Einsiedelei umschlossen. Der Chor weist Stuckaturen auf, am Triumphbogen sieht man eine Verkündigung und die Himmelfahrt Mariä, gemalt 1637 von *Bernardino Serodine*. Vor der Fassade fasst ein überkuppeltes Grottenheiligtum die Quelle ein. Ein Mädchen soll hier im 15. Jh. für seine durstigen Schafe gebetet haben, worauf eine Quelle zu sprudeln begann.

Die Geschichte des Monte Verità

Auf dem Hügel oberhalb von Ascona gründeten zu Beginn des 20. Jh. verschiedene Menschen unter Leitung von *Ida Hofmann* und *Henri Oedenkoven* eine Kolonie. Sie vertraten eine **neue Lebensphilosophie,** die die Rückkehr zur Natur, die Befreiung von allen Fesseln, die vegetarische Ernährung, Bewegung in der freien Natur, das Sonnenbad, den Nudismus und die Theosophie propagierte. Die Kolonie wurde als **Sanatorium Monte Verità** bekannt und stand allen Besuchern offen.

Zu den Gästen zählten viele Persönlichkeiten der damaligen Zeit, einer der Ersten war der Schriftsteller und Publizist *Erich Mühsam,* der seine Eindrücke in der Broschüre „Ascona" von 1905 festhielt. Weitere Gäste waren der Locarneser Maler *Filippo Franzoni,* die Schriftsteller *Hermann Hesse* und *Erich Maria Remarque,* der Anarchist *Raphael Friedeberg* und der Psychoanalytiker *Otto Groß.*

Auf dem legendären Hügel, auf dem schon im letzten Viertel des 19. Jh. eine unglaubliche Zahl von alternativen Kulturformen erprobt wurde, sind heute nur noch wenige Spuren der „Ballabiotti" (Nackttänzer) zu finden, wie die Einheimischen die exzentrischen Persönlichkeiten nannten.

Nach einer Bankkarriere kam der deutsche Baron *Eduard von der Heydt* 1926 nach Ascona und erwarb den Monte Verità. Der reiche Bankier war seit seiner Jugend von der asiatischen Kunst begeistert und wandte viel Energie und Geld auf, um den Monte Verità in ein Kulturzentrum internationalen Ranges zu verwandeln. Von 1929 bis zum Ausbruch des Zweiten Weltkriegs organisierte er in Ascona Seminare, an denen die bedeutendsten Kenner der asiatischen Kunst teilnahmen.

Von der Heydt gründete eine Stiftung für philosophische und religiöse Studien. Er veröffentlichte etliche seiner Studien über chinesische Kunst und stellte seine reichen Sammlungen den wichtigsten schweizerischen Museen zur Verfügung. 1956 trat er den Monte Verità an den Kanton Tessin ab und legte in der Schenkungsurkunde fest, dass dieser Ort ein **Zentrum der künstlerischen und kulturellen Tätigkeit** bleiben müsse. *Baron von der Heydt* liegt auf dem Friedhof von Ascona begraben.

Der Kanton hatte kein Geld übrig, um den Monte zu erhalten oder aufzuwerten, lange Zeit geschah wenig. Mit der ETH Zürich konnte Ende der 1980er Jahre dann ein verlässlicher Partner gewonnen werden, mit dem nun ein Tagungs- und Kulturzentrum aufgebaut wird, das der Tradition des Ortes entspricht. Eine Stiftung betreibt den Standort, die ETH führt unter dem Label Stefano Franscini Tagungen, internationale Konferenzen und ein Doktorandenprogramm durch. Das erlaubt – sanft renoviert – auch einen Hotelbetrieb mit Restaurant und Gästezimmern, z.B. im historischen Bauhaus-Hotel (Emil Fahrekamp, 1927, renoviert 2008), in der Villa Semiramis oder in einer der drei Casas (s.u. „Unterkunft" oder www.monteverita.org).

Praktische Tipps

Information

■ **Ente turistico Lago Maggiore,** Via B. Papio 5, 6612 Ascona, Tel. 0848 091 091, www.ascona-locarno.com. Öffnungszeiten: Mo–Fr 9–18 Uhr, Sa 10–17 Uhr, So 10–14 Uhr.

Unterkunft

■ **Albergo Giardino,** Via Segnale 10, 6612 Ascona, Tel. 091 78 58 888, www.giardino.ch. Das Haus gilt als eines der bestgeführten Hotels der Schweiz, sFr. 415–910. Es genießt geradezu Kultstatus und beherbergt das mit zwei Michelin-Sternen ausgezeichnete *Restaurant Ecco* (Molekularküche) sowie das *Restaurant Aphrodite* (siehe unten).

■ **Park Hotel Delta,** 6612 Ascona, Tel. 091 78 57 785, www.delta-ascona.ch. Gutes Ferien- und Familienhotel im Maggia-Delta mit Hallenbad, Freibad, Golf Driving Range, Minigolf, acht Tennisplätzen, betreutem Kindergarten, *Kanebo*-Kosmetikstudio und zahlreichen weiteren Aktivitäten. DZ sFr. 220–590.

■ **Hotel Casa Berno,** 6612 Ascona, Tel. 091 79 13 232, www.casaberno.ch. Zwischen Ronco und dem Monte Verità in wunderbarer Höhenlage mit spektakulärer Sicht; unansehnliches, aber komfortables Hotel. DZ sFr. 360–586.

■ **Hotel al Porto,** Piazza G. Motta, 6612 Ascona, Tel. 091 78 58 585, www.alporto- hotel.ch. Besteht aus vier typischen Tessinerhäusern mit romantischen Zimmern zur Piazza oder zum malerischen Innenhof. DZ sFr. 153–330.

■ **Hotel Garni La Meridiana,** Piazza G. Motta 61, Tel. 091 78 69 090, www.garni-la-meridiana.ch. Neueres, modernes Hotel, zum Teil in mittelalterlichem Gemäuer mit Solarium-Terrasse und modernen, funktionalen Zimmern, DZ sFr. 220–380.

■ **Arthotel Riposo,** Scalinata della Ruga 4, Tel. 091 79 13 164, www.arthotelriposo.ch. In der Altstadt gelegen mit individuellen Zimmern, Schwimmbecken auf der Dachterrasse mit schönem Blick auf See und Berge, lokale Küche im Innenhof, DZ sFr. 210–340.

■ **Albergo-Caffè Carcani,** Piazza G. Motta, 6612 Ascona, Tel. 091 78 51 717, www.carcani.ch. Direkt an der Piazza Asconas mit meist tollem Blick auf den See. Frisch renoviert und mit allem notwendigen Komfort. DZ 240–360.

■ **Monte Verita** – Bauhaus Hotel, Villen und Casas: Fondazione Monte Verita, Via Collina 84, Ascona, Tel. 091 78 54 040, www.monteverita.org. Einzigartige Lage auf dem Berg der Utopien. DZ sFr. 180–230, und ganze Wohnungen.

■ **Albergo Collinetta,** Strada Colinetta 115, 6612 Moscia, Tel. 091 79 11 931, www.collinetta.ch. In aussichtsreicher Lage am See gelegen, umgeben von einem schönen Garten. Familiäres Hotel mit modernen Zimmern (Seesicht wählen) und Hallenbad, im Sommer wird auf einer schönen Terrasse mediterrane Küche serviert. DZ sFr. 192–272.

Casa Moscia, Via Moscia 89, 6612 Ascona, Tel. 091 79 11 268, www.casamoscia.ch. Christliches Kurs- und Ferienzentrum direkt am Lago Maggiore; saubere, einfache Zimmer, DZ inkl. Frühstück sFr. 124–194.

Essen und Trinken

■ **Aphrodite,** Via Segnale 10, 6612 Ascona Tel. 091 78 58 888, im *Albergo Giardino.* Im Sommer Garten, Marktküche, gutes Preis-Leistungsverhältnis. Teurer wird es im mit zwei Michelin-Sternen ausgezeichneten Restaurant **Ecco,** welches ebenfalls im *Albergo Giardino* untergebracht ist.

■ **Hostaria San Pietro,** Passaggio San Pietro 6, Tel. 091 79 13 976, in der Altstadt mit Gartenlokal, traditionelle und regionale Küche.

[>] Fischerboote am Hafen von Ascona

433te tt

■ Gepflegte Küche bieten auch die im oberen Preissegment angesiedelten Restaurants **La Brezza** im *Hotel Eden Roc,* Tel. 091 78 57 171, Via Albarelle 16, und die Locanda **Barbarossa** im *Hotel Castello del Sole,* Via Muraccio 142, Tel. 091 79 10 202, mit prächtiger Terrasse.

■ **Seven,** Via Moscia 2, Tel. 091 78 07 777, Lifestyle-Restaurant mit Lounge, Terrasse und Bar des Promikochs *Ivo Adam* am Hafen von Ascona. Die Crossover-Küche ist kreativ und marktfrisch. Täglich geöffnet 11–1 Uhr. Unter gleicher Leitung läuft das **7Easy** an der Piazza Motta 61, Tel. 093 78 07 771, hier werden italienische Spezialitäten serviert. Asiatische Gerichte bietet das **7Asia,** Via Borgo 19, Tel. 091 78 69 676. Infos für alle drei Betriebe unter www.seven-ascona.ch.

■ **Ristorante Borromeo,** Via Collegio 16, Tel. 091 79 19 281. Mit Hinterhofgarten. Regionalküche und Pasta.

■ **Osteria Nostrana,** Lungolago G. Motta, Tel. 091 79 15 158, täglich 9–24 Uhr. An der Seepromenade, für Pizzaliebhaber.

■ **Grott dal Mött,** Monti di Parcassone, Ronco sopra Ascona, Tel. 091 79 13 565, Mo Ruhetag. Terrasse mit herrlicher Aussicht; einfache Tessiner Küche.

434te tt

Nachtleben

■ **Club Seventy 7,** Via Moscia 2, 079 77 79 877, Mo–Sa 24–5 Uhr.

■ **Pix Club,** Via Aerodromo 3, Tel. 091 79 11 374, Geöffnet: www.pix-ascona.com.

■ **Delta Beach Lounge,** Via al Lido 82, Tel. 091 79 14 060, Mo–Do 16–01 Uhr, Fr bis 2 Uhr, Sa/So 11–1 Uhr (schöne Terrasse, ab und zu Live Musik).

Museen

■ **Museum für Moderne Kunst,** Palazzo Pancaldi, Via Borgo 34, Tel. 091 78 05 100, Di–Sa 10–12 und 15–18 Uhr, So 10.30–12.30 Uhr. Gemälde von *Jawlensky, Amiet, Klee, Werefkin, Helbig* und *Niemeyer, Otto van Rees, Arthur Segal,* Aquarell von *Hermann Hesse.* Werke von *Bissier, Nicholson, Valenti, Marini* etc. Die Sammlung der Werefkin-Stiftung mit etwa 70 Gemälden und 160 Skizzenbüchern ist das Herzstück des Museums. Der Palast wurde am Ende des 16. Jh. gebaut, die zwei oberen Geschosse der Fassade sind aus der Bauzeit erhalten.

■ **Museo Epper,** Via Albarella 14, Tel. 091 79 11 942, Nov. bis Mitte April geschlossen, Di–Fr 10–12 und 15–18 Uhr, Sa/So 15–18 Uhr. Atelierhaus des Schweizer Expressionisten *Ignaz Epper* und seiner holländischen Frau *Mischa.*

Percorso Museale Monte Verità, Fondazione Monte Verità, Tel. 091 79 10 181. Casa Anatta: Wohnhaus der Gründer der Naturistenkolonie von 1902. Casa Selma: typische Luft-und-Licht-Hütte von 1901, mit doppelt abgeschrägten Dachräumen für zwei Mitglieder der Vegetariergenossenschaft, bewohnt bis 1940. Klarwelt der Seligen: 1986 errichteter Holzpavillon auf den Fundamenten des alten Solariums. Mit Rundbild (3,45 x 25,30 m), 1923 von *Elisar von Kupffer*. Albergo Monte Verita: Hotel- und Seminargebäude, 1928 von *Emil Fahrenkamp* im Bauhausstil errichtet.

Kultur und Feste

Ascona und Locarno bieten während der ganzen Saison herausragende Kulturveranstaltungen. Insgesamt eines der besten Veranstaltungsprogramme, das man sich in den Ferien wünschen kann. Details zu Locarno s.o.: „Locarno".

Jazz Ascona, Centro – Lungolago, Tel. 091 79 10 091. Das bedeutendste europäische Festival für Hot Jazz. Zehn Tage im Juni oder Juli mit den besten Stars der internationalen Szene. Ein Programm aus Swing, Blues, Gospel, Mainstream, Funk und lateinamerikanischen Rhythmen.

1.-August-Feuerwerk.

Musikwochen, im Collegio Papio Ascona und in der Kirche S. Francesco in Locarno. Die Musikwochen von Ascona im August und Oktober sind das bedeutendste klassische Musikfestival der italienischen Schweiz. Seit über 50 Jahren ist Ascona für das hohe Niveau seiner Konzerte bekannt. Sinfoniekonzerte, Soirées mit Kammermusik und Rezitalen von Soloinstrumenten.

[<] Anziehungspunkt in Ascona: Das Internationale Straßenkünstler-Festival

Internationales Straßenkünstler-Festival im Mai in der Altstadt, Tel. 091 79 10 091, www.artistidistrada.ch. Mimen, Komödianten, Jongleure, Tänzer, Feuerschlucker, Clowns und Musiker treten hier vor großem und kleinem Publikum auf.

In der ersten Oktoberhälfte werden auf der Seepromenade anlässlich des **Herbstfestes** unzählige Kastanien geröstet.

Teatro del Gatto, Via Murraccio 21, Tel. 091 79 22 121, www.ilgatto.ch. Tanzspektakel, Theater und Themenabende.

Teatro San Materno, Via Losone 3, Tel. 091 79 23 037, www.teatrosanmaterno.ch. Das 2009 wiedereröffnete Theater bietet Ausstellungen, Filmvorführungen und Tanz. Das Teatro ist vom Künstler und Architekten *Carl Weidemeyer* 1928 in beispielhaftem Bauhausstil gebaut worden, wurde von der bekannten Ausdrucks-Tänzerin *Charlotte Barra* bis 1953 als Tanztheater benutzt, zerfiel nach ihrem Tod und wurde glücklicherweise nach gelungener Restaurierung 2010 wieder öffentlich zugänglich. Weidemeyer baute in der Gegend noch weitere 7 Gebäude, meist Privat- und Ferienhäuser.

Monte Verità Kulturprogramm: Auf dem Monte werden im Frühjahr und im Herbst Kulturprojekte durchgeführt, die auch für Gäste offen sind. Vgl. www.monteverita.org oder www.primaveralocarnese.ch.

Ausflüge

Schiffsfahrt zu den italienischen Isole Borromeo: Täglich fahren Schiffe und schnelle Tragflügelboote von Ascona zu den Inseln. Auf der Isola Bella und Isola Madre sind botanische Gärten angelegt, die Isola Pescatori hat ein reizendes Fischerdörfchen.

Von Losone nach Brissago

Losone

Losone, am rechten Ufer der Maggia, ist heute mit Locarno und Ascona vollständig zusammengewachsen. In Losone hinter dem Monte Verità sind nicht nur die vielen Grotti und der neue Golfplatz einen Besuch wert, sondern auch die **Kirchen** S. Lorenzo und S. Rocco, 1860 ausgemalt von *Giovanni Vanoni,* und die auf einem Geländevorsprung liegende Kirche S. Giorgio mit den spätgotischen Fresken im alten Chor, heute Sakristei. Im Gewölbe ist eine Majestas Domini mit den vier Evangelistensymbolen zu sehen, an der Stirnfront eine Kreuzigung mit Muttergottes und dem heiligen Johannes, seitlich die Heiligen Georg und Viktor (frühes 16. Jh.). An der Südwand ist eine Holzfigur des Hl. Georg als Drachentöter aus dem 15. Jh. beachtenswert.

Die **Casa Bianda** (Via Ubrio 6) wurde 1989 von *Mario Botta* erbaut. Das **Kulturzentrum** „La fabbrica" wurde von *Giorgio* und *Michele Tognola* entworfen. Es besteht aus einer umgewandelten ehemaligen Spielwarenfabrik und einem Neubau, der einer Schreinerei, einem Architekturbüro, einer Kunstgalerie und einer Bar Platz bietet.

In Saleggi ist die Sekundarschule **Scuola Media,** 1975 von *Livio Vacchini* und *Aurelio Galfetti errichtet,* bemerkenswert. Von Ersterem ist auch die **Mehrzweckhalle** an der Via Abrigo, 1997 erschaffen. Zwischen Losone und Arcegno liegt die 1692 erbaute, hübsche **Barockkapelle Madonna della Valle,** gestiftet von Emigranten in Florenz.

Arcegno

Auch das in einer Waldlichtung liegende Arcegno, das zur Gemeinde Losone gehört, ist bekannt für seine Grotti. Bemerkenswert ist hier die Kirche **S. Antonio Abate,** erbaut Mitte des 14. Jh., mit einem Gemälde von *G. Orelli* und spätgotischen Freskenfragmenten. Neben seinem **mittelalterlichen Dorfkern** besitzt es im Norden und Osten Gebäude aus dem 17. Jh.

Ronco sopra Ascona

An einem Hang mit wunderbarem Ausblick über den Lago Maggiore liegt Ronco, der Geburtsort des Malers *Antonio Ciseri.* In schmalen Gässchen, oft verbunden mit Schwibbögen, stehen hohe Bauten aus dem 17. Jh. Auf einer Geländeterrasse östlich des Dorfes steht die **Pfarrkirche S. Martino,** erwähnt 1498, umgebaut Ende des 17. sowie Anfang des 19. Jh., mit klassizistischem Erscheinungsbild. Im Stichkappengewölbe des Chors gibt es gute Stuckaturen und Bildfelder mit Szenen aus dem Leben des heiligen Martin aus der zweiten Hälfte des 17. Jh. An den Chorwänden finden sich spätgotische Fresken, datiert auf 1492, von *Antonio da Tradate.*

Das verwinkelte Haus mit Türmchen gegenüber der Kirche ist die **Casa Ciseri;** hier wohnte der Maler *Antonio Ciseri,*

> Blick über Ronco hinweg auf die Brissago-Inseln

bevor er in Florenz sein Domizil errichtete. Ronco war auch die Wahlheimat des Malers *Richard Seewald* sowie vieler weiterer Künstler.

Die **Barockkapelle S. Maria delle Grazie** stammt aus dem 18. Jh. Die Fresken in der Chorkuppel stammen von *Baldassarre A.* und *Giuseppe A. F. Orelli.* Ihre Vorhalle eröffnet ein eindrucksvolles Panorama.

Ein steiler Treppenweg mit zwei Wegkapellen, als **„Himmelsleiter“** bezeichnet, verbindet Ronco mit Porto Ronco.

Porto Ronco ist auch am Seeufer entlang von Ascona erreichbar. Von hier kann man sich zu den Brissago-Inseln mit dem sehenswerten Botanischen Garten übersetzen lassen. *Erich Maria Remarque,* dessen Roman „Im Westen nichts Neues“ von 1929 Weltruhm erlangte, verbrachte die letzten Jahre seines Lebens in einer Villa in Porto Ronco, zusammen mit seiner Frau *Paulette Goddard,* der Schauspielerin und früheren Ehefrau von *Charlie Chaplin. Remarque* starb 1970 in Locarno und liegt auf dem Friedhof von Ronco begraben.

Eine Wanderung von 3½ Std. auf die **Corona dei Pinci** eröffnet eine prachtvolle Rundsicht auf den Lago Maggiore, ins Centovalli, ins Onsernonetal bis ins Val di Vergeletto.

Fontana Martina

„Weit schweift der Blick von Fontana Martina über Brissago, seine Inseln, nach Italien und zurück zu den Gipfeln des Gambaragno nach Ronco, Ascona, Locarno und zum verschneiten Monte Vogorno“, schwärmt *Jonny Rieger* in seinem Buch „Ein Balkon über dem Lago Maggiore“. **Seine Bewohner wanderten einst nach Amerika aus,** der Weiler zerfiel, bis der Berner Journalist und Anar-

141te ns

chist *Fritz Jordi* Mitte der 1920er Jahre das Ruinendörfchen kaufte. Zusammen mit dem zeitweise in Worpswede tätigen Bremer Maler und Architekten *Heinrich Vogler* wollte er dort eine **Künstlerkolonie** gründen. Dies scheiterte an mangelndem Interesse der beteiligten Künstler. Trotzdem fanden in den 1930er Jahren diverse Flüchtlinge hier **Zuflucht,** darunter *Ignazio Silone* und *Carl Meffert* unter dem Namen *Clément Moreau.* Letzterer arbeitete neben *Jordi* und *Vogler* auch an der Halbmonatszeitschrift „Fontana Martina“ mit. Weitere Besucher waren *Gustav Regler, Else Lasker-Schüler, Paul Klee* und der junge *Max Bill.* Seinem Sohn *Peter,* einem bekannten Töpfer, gelang es später **namhafte Künstler** um sich zu versammeln, so z.B. *Richard Seewald.*

Brissago-Inseln

Die kleinere Insel, **Isola di Sant'Apollinare,** ist von einer urwüchsigen Vegetation bedeckt, die in ihrem natürlichen Zustand belassen wird. Auf ihr befinden sich die Ruinen der romanischen Kirche S. Apollinare, die im 12. Jh. auf den Überresten eines Gebäudes aus der Römerzeit errichtet wurde.

Auf der **Isola Grande** oder Isola di San Pancrazio wurden vor allem Pflanzen (sub-)tropischen Ursprungs kultiviert. Die russische Baronin *Antoinette Saint-Léger* hatte als dritten Ehemann den wohlhabenden irischen Baron *Richard Saint-Léger* geheiratet und lebte zuerst mit ihm in der Villa Baronata. 1885 wählte das Ehepaar die Inseln zu ihrem Wohnsitz. Die Ehe scheiterte. Die intelligente und gebildete Frau lud nun häufig Maler, Bildhauer, Musiker und Schriftsteller ein und organisierte auf den Inseln internationale Tagungen. Sie verarmte im Alter, musste zuerst die Inseln und später ihren Schmuck verkaufen und starb mittellos in Intragna. Heute ist sie auf der Insel begraben, die sie zu einem exotischen Garten verwandelt hatte. 1927 ließ der neue Besitzer *Max Emden,* ein Geschäftsmann aus Hamburg, das jetzige Inselpalais, den Hafen und das Römische Bad vom Berliner Architekten *Breslauer* bauen und erweiterte die Anpflanzung von exotischen Gewächsen. 1949 ging die Insel in staatlichen Besitz über; heute beherbergt sie den **Botanischen Garten** des Kantons Tessin. Er ist reich an tropischen und subtropischen Pflanzen. Informationen unter www.isolebrissago.org.

Brissago

Die Uferstraße entlang, folgt das reizvolle Brissago, das im Mittelalter eine eigene Minirepublik bildete, die sich auch unter den Eidgenossen behaupten konnte. Bis 1798 stellte die Familie *Orelli* den Bürgermeister. Berühmt wurde der Ort durch die 1848 eingeführte **Tabakindustrie** und seine legendären, geruchsintensiven Zigarillos, die Brissagos. Der historische Dorfkern liegt in einem Bachdelta, einst dominiert von Reben. Leider gab es hässliche Eingriffe ins Dorfbild.

Die Renaissance-Kirche **SS. Pietro e Paolo** wurde 1526 bis 1610 von *Giovanni Beretta* und seinem Sohn *Pietro* gebaut.

Malerisches Brissago

Sie besitzt eine oktogonale Tampourkuppel und birgt eine hübsche Orgel mit einem gut geschnitzten Barockprospekt aus dem frühen 18. Jh.

Der **Palazzo Branca-Baccalà** ist eines der aufwendigsten Barockgebäude des Sopraceneri, neu errichtet um 1745 unter Einbeziehung eines Vorgängerbaus. Seeseitig hat er eine siebenachsige Schaufront mit Säulenloggia und ein Mezzaningeschoss mit stuckierten Löwenmasken, dazwischen mythologische Figuren und Wasserspeier in Form von Drachen. Hier ist das **Museum Ruggero Leoncavallo** untergebracht (s.u.). Ein ähnliches Schaufassadenmuster weist die Villa an der Via Pioda Nr. 11 auf.

Die **Casa Bianchini** ist ein turmartiges Haus mit Vorhangbogen und Fresko der Immakulata (1987). Auf einer Rampe liegen die Häuser oberhalb der Durchgangsstraße, sie weisen Balkongitter und Loggien auf. An der **Casa Conti-Rossini** finden sich drei spätgotische, beschädigte Fresken. Die alten Gebäude haben teilweise beachtliche Portale aus dem 17. und 18. Jh. Die **Casa Dürr** wurde 1995 von *A. Galfetti* gebaut.

Südlich des Dorfkerns, direkt am See, steht die Kirche **S. Maria del Ponte,** ein **Höhepunkt der lombardischen Renaissance** in der Schweiz, 1528 von *Giovanni Beretta* gebaut und Ende des 16. Jh. von seinem Sohn *Pietro* umgestaltet. Es ist ein Längsbau mit Chor und dominanter Vierungskuppel, dessen säulenumstellter Tambour mit Laterne an S. Maria delle Grazie in Mailand erinnert. Der Turm wird von Lisenen gegliedert, das Renaissanceportal hat korinthische Säulen und eine gebrochene Giebelbekrönung. Die Restauration der Vorhalle mit dem Grab und Gedenkstein von *Ruggero Leonca-*

vallo sowie des Kircheninnern und -platzes wurden Ende des 20. Jh. nach Plänen von *Raffaele Cavadini* durchgeführt. An der Chorfront ist ein Fresko von Mariä Himmelfahrt zu sehen (um 1600). In der neuen Kapelle steht ein prachtvoller Barockaltar in Buntmarmor von 1686. Die liturgische Einrichtung wurde 1957 von *Peppo Brivio* entworfen, der auch die barocken Eingriffe beseitigte.

Im Ortsteil **Porta** steht das 1998 von *Raffaele Cavadini* gebaute Oratorio, an der Stelle einer abgebrannten Kapelle des 16. Jh., mit zwei vermutlich aus der Werkstatt *Antonio da Tradates* stammenden Fresken (Ende 15. Jh.).

Bei der Post führt die Straße Costa di Mezzo zur barocken Wallfahrtskapelle **S. Maria Addolorata** in **Sacro Monte.** 1767 erbaut, birgt sie Fresken von *Giuseppe Orelli.* Der imposante Kreuzweg gegenüber (ebenfalls 18. Jh.) – in Anlehnung an die Heiligen Berge von Madonna del Sasso und Varese – wurde vom Bauherr der Villa Branca gestiftet.

Incella, Piodina

Incella weist schöne Häuser aus dem 16. und 17. Jh. auf, darunter die **Casa Beretta.** Seine Kapelle birgt ein bemerkenswertes Tabernakel aus der Kirche Madonna di Ponte.

Im gut erhaltenen Dorf **Piodina** mit seiner einheitlichen Steinplattenbedachung gibt es zahlreiche originale Kaminhütten sowie die Kapellen S. Macario und Di Taia. Bei Valmara erreicht man die **italienische Grenze,** hinter der sich viele hübsche Orte ans Ufer des Lago Maggiore schmiegen (s.u.: „Italienischer Teil des Lago Maggiore").

Praktische Tipps

Information

- **Ente turistico Lago Maggiore,** Via Leoncavallo 25, 6614 Brissago, Tel. 091 79 10 091.

Unterkunft

- **Albergo Losone,** Via dei Pioppi 14, Tel. 091 78 57 000, www.albergolosone.ch. Ideales, nicht so günstiges Familienhotel außerhalb von Losone. Riesiger Garten, Streichelzoo, Schwimmbad, Wellness, Golf und Tennis, Kinderbetreuung. Unterschiedliche Zimmertypen, z.B. original Zirkus-Knie-Waggons für 2 Personen, DZ April bis Oktober, sFr. 380–580.
- **Hotel Garni Elena,** Via Gaggioli 15, 6616 Losone, Tel. 091 79 16 326, www.garni-elena.ch. In ruhigem Wohngebiet gelegen, mit Pool und Palmengarten. DZ sFr. 160–280.
- **Hotel Garni Tiziana,** Via Truscio 9, 6616 Losone, Tel. 091 78 54 070, www.hotel-tiziana.ch. DZ sFr. 180–280.
- **Albergo Ronco,** Piazza della Madonna 1, 6622 Ronco Sopra Ascona, Tel. 091 79 18 470, www.hotel-ronco.ch. Familiäres kleines Hotel mit schönem Blick von der Restaurant-Terrasse und dem kleinen Pool. DZ sFr. 150–300.
- **Hotel Mirto Al Lago,** Lungolago 2, 6614 Brissago, Tel. 091 79 31 328, www.hotel-mirto.ch. Gutes älteres Hotel direkt am See; DZ mit Bad/WC SFr. 185–280.
- **Venus Garden B&B,** Via Costa di Mezzo 34, 6614 Brissago, Tel. 091 78 09 090, www.venusgarden.ch; 4 Zimmer mit Seeblick, 2–3 Betten, sFr. 130–220.

[>] Brunnen vor einem Hotel in Porto Ronco, das unterhalb von Ronco sopra Ascona liegt

437te tt

Camping

Camping Zandone, 6616 Losone-Ascona, Tel. 091 79 16 563, in Losone am Fluss Melezza, wenige Autominuten von Locarno und Ascona entfernt. Natürliche Grünanlagen, schöne und ruhige Lage mit herrlicher Aussicht auf die Tessiner Berge.

Essen und Trinken

Osteria del l'Enoteca, Contrada Maggiore 24, Losone, Tel. 091 79 17 817 (Mo und Di Ruhetag). Altes Tessinerhaus mit Garten und Pergola, täglich zwei Menüs, guter Weinkeller.

Grotto Raffael, Vicolo Canaa 21, Losone, Tel. 091 79 11 529 (Mo Ruhetag). In einem ehemaligen Steinbruch unter mächtigen Platanen; einfache Tessiner Gerichte.

Grotto La Risata, Arcegno, Tel. 091 79 21 514 (Mo geschlossen). Am Dorfeingang zwischen zwei Bächen und unter Bäumen. Küche für ein Grotto überdurchschnittlich.

Grotto Mulin di Ciöss, Via Altisio 7, Arcegno, Tel. 091 79 14 800. Im Grünen.

Grottino Ticinese, Via San Materno 10, Losone, Tel. 091 79 13 230.

Grotto Lauro, Via Ceu, 6618 Arcegno, Tel. 091 79 14 296.

Grotto Borei, Via Ghiridone, Brissago, Tel. 091 79 30 195. Hoch über Brissago in Piodina mit großer Terrasse und wunderbarem Blick; Tessiner Küche.

Della Posta, Via Ciseri 9, Ronco sopra Ascona, Tel. 091 79 18 470, www.ristorantedellaposta.ch. Gute mediterrane Küche im Restaurant oder auf der schönen Panoramaterrasse. 4 DZ sFr. 200–280.

Graziella, Viale Lungolago 10, Brissago, Tel. 079 51 63 588, traditionelle Küche am See mit gutem Preis-Leistungs-Verhältnis. März bis Nov., Mi und Sa abend geschlossen.

Osteria al Giardinetto, Muro degli Ottevi 10, Brissago, Tel. 091 79 33 121. Im Zentrum mit mediterraner Küche. Gutes Preis-Leistungs-Verhältnis. Nur abends geöffnet.

Museen

- **Tabakfabrik Brissago,** Fabrikshop, Tel. 091 79 10 091, www.centrodannemann.com. Legendär ist die dünne, lange, knorrige Brissago-Zigarre, die noch immer nach dem Originalrezept aus aromatischem Virginia- und Kentucky-Tabak hergestellt wird. Die Fabrik liegt am See an der Via R. Leoncavallo 25.
- **Museo Ruggero Leoncavallo,** im Palazzo Branca, www.leoncavallo.ch. Der napoletanische Komponist *Ruggero Leoncavallo* (1857–1919) lebte einige Jahre in Brissago und wurde Ehrenbürger des Ortes. Seine bekannteste Oper war „I Pagliacci" („Der Bajazzo"). Das Museum zeigt Briefe und Partituren, Möbel und persönliche Gegenstände des Künstlers. Geöffnet von März bis Oktober, Mi–Sa 10–12 Uhr und 16–18 Uhr.
- Das **Kraftwerk Verbano** in Crodolo wird vom Ausgleichsbecken Palagnerda gespeist. Es hat vier Francisturbinen und nutzt ein mittleres Gefälle von 255 m. Es ist der unterste Teil eines Systems von Pumpspeicherwerken, das im Oberwallis und im Tessin mit dem Kraftwerk Robiei beginnt. Besuch auf Anfrage bei der Ente Turistico in Brissago.

Ausflüge

- **Schiffsfahrt** zu den Brissago-Inseln ab Porto Ronco, Tel. 091 79 14 361, April bis Ende Okt. Täglich 9–18 Uhr. Beschreibung der Inseln s.o..

Mitten im Verzasca-Tal

Val Verzasca

Im Unterschied zu den anderen Tälern im Hinterland des Lago Maggiore muss man – falls man von Bellinzona oder vom Sottoceneri herkommt – für das Val Verzasca nicht durch Locarno fahren: Man biegt bereits bei **Gordola** nordwärts ab und fährt dann steil bis auf die erste Talstufe auf ca. 500 m hinauf, für die Westseite des Tals zweigt man bei Tenero nach Contra und Mergoscia ab.

Das 29 km lange Verzasca-Tal ist, abgesehen von der Hochsaison, ein relativ unberührtes, landschaftlich reizvolles Tessiner Tal. Der untere Teil ist eng und steil, der obere breit und eben. Die Schlucht der Verzasca bei der Mündung des Hochtals versank 1959 im Stausee Lago di Vogorno. Sehenswert sind die **Gletschererosionen** und die bizarren **Felsformationen** bei Lavertezzo und die **Wandmalereien** im Giotto-Stil in der Kirche von Brione.

Das Verzasca ist ein herrliches **Wander- und Bikerparadies,** und dies – dank der Abschirmung gegen Norden – bei meist mildem Klima. Trotzdem sind die Temperaturen innerhalb des Tals recht unterschiedlich: Man steigt flussaufwärts bis Sognono, dem letzen Dorf im Tal, immerhin von 500 auf über 900 m auf, weshalb die Sommer dort schon recht kühl sind.

Die Landwirtschaft des Verzascatals konnte die Bewohner nicht ernähren. Jahrhundertelang fand ein **Exodus** junger Männer statt (s. a. Exkurs „Emigration aus den Tessiner Tälern"). Auch heute zieht es die Jungen trotz gut gemeinter Initiativen in die größeren Zentren der

Ebenen, ein bescheidener Tourismus ist eine der wenigen Einnahmequellen.

Das Tal ist ein Badeparadies, besonders bei Lavertezzo, aber auch anderswo vergnügt sich in der Hauptsaison eine große Zahl von Badelustigen in den natürlichen Pools des **Verzasca-Flusses** und ruht sich auf den vom Wasser geschliffenen Felsen aus. Doch aufgepasst: Nicht zu übersehen sind die vielen **Warnungen,** die **Bäche** betreffend. Harmlose Rinnsale können sich innerhalb von Minuten in reißende Wildwasser verwandeln. Schleusen von Kraftwerken sollen zum Teil ohne Vorwarnung geöffnet werden; zumindest behauptet das die Presse, wenn Bäche wieder einmal Todesopfer gefordert haben. Also aufpassen und das Wasserniveau im Auge behalten. Erhöht es sich, das Fluss- oder Bachbett unverzüglich verlassen!

Die Ostseite talaufwärts

Lago di Vogorno

In **Gordola** zweigt die Straße ins Verzasca-Tal ab. Die Straße steigt zur 220 m hohen **Staumauer** des Lago di Vogorno an (Parkplatz vor dem Tunnel). Nicht nur der Stuntman von James-Bond-Darsteller *Pierce Brosnan* lässt sich hier von der Mauer fallen, Bungee-Springer aus der ganzen Welt können auf diesen Nervenkitzel nicht verzichten.

Die Bischofskapelle, **Cappella del Vescovo,** befindet sich oberhalb des Verzasca-Staudamms im Ortsteil Selvatica von Gordola. Die Wegkapelle wurde kürzlich restauriert und weist ein schönes Kreuzigungsbild auf. Der Bischof *Torriani von Como* soll bei einer Pastoralvisite vom Pferd gestürzt und in die

438te tt

Schlucht gefallen sein. Wie durch ein Wunder blieb er unverletzt und ordnete daraufhin den Bau einer Kapelle an.

An den steilen Seeufern des Lago di Vogorno entlang kommt man an Berzona vorbei nach **Vogorno** mit den am Fuß des Pizzo di Vogorno gelegenen Dorfteilen Pregossa und S. Bartolomeo. Hier befindet sich – in kleinen Häuschen im Rusticostil – auch eines der familienfreundlichen Feriendörfer der REKA (s.u.: „Unterkunft"). Vogorno spielte im Leben des Tals eine führende Rolle und war Gerichtsort. Die Barockkirche stammt aus dem 17. Jh. Die Pfarrkirche in S. Bartolomeo war die Mutterkirche des Tals, gegründet nach 1225. Im 17. Jh. wurde sie völlig umgebaut. Sie birgt mittelalterliche Fresken aus dem 13. Jh. an der Nordwand und reiche Stuckaturen (17. Jh.) in den Seitenkapellen.

Zwei Kilometer nach Vogorno zweigt ein Sträßchen nach **Corippo** ab (das ursprüngliche Dorf wird unter der Westseite des Tals beschrieben, ist aber mit dem Auto nur von hier erreichbar). Parkplätze sind im Dorf beschränkt, Wendemöglichkeiten praktisch nicht vorhanden. Im Frühjahr, Sommer und Herbst sollte man das Auto beim großen Parkplatz des **Grotto al Bivio di Coripp** lassen und hinaufwandern. Die Mühe lohnt sich. Das Grotto liegt lauschig.

Lavertezzo

Vor Lavertezzo beginnt sich das Tal zu weiten, und oberhalb mündet ein Seitental – das **Val d'Agro** – mit weiteren Nebentälern ein, die zahlreiche Wandermöglichkeiten eröffnen. Die Kirche und die Häuser liegen malerisch am gemächlich dahinströmenden Fluss, der sich durch eine Schicht von kristallinem Schiefer, Gneis und weißem Granit gefressen und eine ganz eigene Flusslandschaft geschaffen hat. Dies ist wohl eines der schönsten Fotomotive des Tessins: Riesenkiesel, vom Wasser rund geschliffen, natürliche Felswannen, in denen man sich herrlich räkeln kann, das smaragdgrün schimmernde Wasser der Verzasca. Das Ganze wird überbrückt von der **Ponte dei Salti,** fälschlicherweise auch Römerbrücke genannt – eine elegante **Steinbrücke** in zwei Bögen aus dem Mittelalter, 1868 zerstört und 1960 neu aufgebaut.

Brione Verzasca

Durch Wiesen und Kastanienhaine gelangt man zur Schlucht von Brione und über die durch einen Bergsturz geschaffene Talstufe zum Hauptort Brione Verzasca. Kurz vor Brione mündet im Westen das Val d'Osura oder Val d'Osola ein, ein romantisches Bergtal mit verlassenen Alpenweilern.

Brione besitzt einen stimmungsvollen Kirchplatz und in der **Pfarrkirche S. Maria Assunta** einzigartige hochgotische **Fresken.** Die Fassade hat rechts des Barockportals eine mosaikartige Bemalung der Lünette vom gleichen Meister, der auch den Innenraum gestaltete, daneben Christophorus mit Krone und zwei Stifterfiguren (14. Jh.). Innen ist am südwestlichen Mauerwinkel ein Fres-

> Die Ponte dei Salti wird gerne Römerbrücke genannt, obwohl sie im Mittelalter gebaut wurde

114te ns

kenzyklus erhalten (14. Jh.), die Malereien sind der Giotto-Schule verpflichtet. Sie zeigen eine Verkündigung, eine Epiphanie, die Darbringung im Tempel, die Taufe im Jordan, der Einzug in Jerusalem und ein Abendmahl. An der Südwand sind die Heiligen Michael und Viktor abgebildet. Seitlich des Chorbogens zeigen Freskenfragmente die Geburt Christi und die thronende Muttergottes. An der Südwand des Chores ist eine große Epiphanie dargestellt, vermutlich aus dem 16. Jh. In der nördlichen Seitenkapelle findet man die Heiligen Domenikus und Luzia.

Das verspielte barocke **Castello Marcacci,** erbaut in der zweiten Hälfte des 17. Jh., das einst der gleichnamigen, einflussreichen Locarneser Adelsfamilie als Sommersitz diente, erinnert mit den vier Ecktürmen und der Ringmauer mit vier Eckpavillons an mittelalterliche Wehrbauten.

Gerra Verzasca

In Gerra Verzasca stehen einige bemerkenswerte **Hofgruppen.** Viele Verzascer besitzen in Gerra-Piano in der Magadino-Ebene Talgüter, sie pendeln je nach Jahreszeit zwischen dem Verzasca-Tal, den Maiensäßen und der Magadino-Ebene.

Frasco

In Frasco mit seinen typischen Talhäusern und einer Barockkirche mit beachtlichem Hochaltar aus buntem Marmor (17. Jh.) mündet das **Val d'Efra** ein. In der Nähe der Brücke ließ der Museumsverein eine alte **Mühle** mit doppeltem Schaufelrad und ein kleine Elektrizitätszentrale, die ab Beginn der 1920er Jahre zur Stromversorgung diente, funktionstüchtig instand setzen.

Sonogno

Im Dorf Sonogno mit einem gut erhaltenen Dorfkern teilt sich das Verzasca-Tal in die Seitentäler **Val Redorta** mit dem gleichnamigen Pass, der ins Val Lavizzara führt, und ins **Val Vogornesso,** das über den Passo di Piatto nach Chironico führt; beides sind mögliche Wanderrouten. In Sonogno befinden sich das **Museum des Verzasca-Tals** (s.u.: „Museum") mit einem heute noch öfters in Betrieb gesetzten Brotbackofen und die **Wollzentrale** der *Pro Verzasca,* in der Wollprodukte angeboten werden.

Die Westseite talaufwärts

Contra

Bei Tenero führt eine Straße zur westlichen Talseite. Vor Contra mündet die Höhenstraße von Locarno ein. An der Nordseite der Pfarrkirche von Contra, deren Gewölbe 1863 von *Vanoni* ausgemalt wurde, liegt die reich stuckierte Rosenkranzkapelle (17. Jh.) mit spätgotischen Fresken an der Südwand.

Mergoscia

Hinter Contra gelangt man ins Verzasca-Tal und hier zuerst nach **Fressino** und durch das Valle di Mergoscia zum früher abgeschiedenen und erst 1900 durch eine Straße (und neu mit einem 1,3 km langen Tunnel) angebundenen Mergoscia. Hier fallen die Weiler steil zum Stausee ab, Rebhänge und Kastanienhaine wechseln sich ab. Die spätbarocke Kirche, das Pfarrhaus und das Beinhaus bilden eine malerische Gruppe um einen Hof, in der sich eine Friedhofssäule von 1715 erhebt. Auch dieses Kirchengewölbe ist von *Vanoni* ausgemalt worden. Mergoscia ist sehr schön gelegen mit Blick auf die Bolle di Magadino und den Lago Maggiore. Von Mergoscia geht es nur zu Fuß weiter nach Corippo.

Unser Tipp: Corippo

Über dem westlichen Ufer des Vogrono-Stausees liegt inmitten von Kastanien Corippo mit einem der besterhaltenen Ortsbilder des Tessins. Die Häuser sind aus Bruchsteinmauerwerk, die Fassaden weisen oft Votivbilder auf und haben eine einheitliche Steinplattenbedachung, überragt vom barocken, frei stehenden Campanile. Im unter Denkmalschutz stehenden Dorf leben heute 30 Einwohner. Corippo besitzt eine Straßenanbindung zur östlichen Talseite via Postauto.

Zur Baugeschichte Tessiner Häuser

Das Baumaterial der Tessiner Häuser ist – von den Walsersiedlungen abgesehen – der **Stein.** Im Sopraceneri waren die Häuser traditionell mit **Granitplatten** bedeckt, im Sottoceneri von aus Lehm gebrannten **Rundziegeln** (*coppi*). In der ersten Hälfte des 20. Jh. verdrängten Ziegel die *coppi*.

In den engen Straßen der Städte schlendert der Besucher in **Laubengängen,** die Schutz vor der Sonne bieten. Etwas unter dem Straßenniveau befindet sich der **quadratische Hof** der Häuser, umgeben von **Loggien** mit kraftvollen Säulen, oft mit einem Brunnen in der Mitte. Die Fenster öffnen sich zum Hof, die Fassaden an der Straßenseite wirken meist abweisend. Auf steinernen, in den Loggien verborgenen Treppen steigt der Hausbewohner in die Obergeschosse. Ursprung dieses Haustyps ist das Mendrisiotto. Hier umschließt das Bauernhaus einen Innenhof mit Loggien.

In den abgelegenen Tälern des Sottoceneri, etwa im Malcantone, im Val Colla oder Isone-Tal, sowie im Sopraceneri im Maggia- und Verzasca-Tal wird die Architektur von einem **einfachen Bauernhaus-Typ** mit oft nur einem Raum dominiert: der Wohnküche, Cà (für *casa*) genannt. Den Mittelpunkt bildet der **Ofen,** dessen Rauch früher durch die Lücken des Steindachs entwich. Erst später rückte er an die Wand und erhielt einen Kamin. Der Wunsch nach einem rauchfreien Raum ließ die Besitzer oft die Mauern erhöhen und einen Kastanienboden einziehen, so entstand ein zweiräumiges Haus, das oft noch zusätzlich einen Estrich erhielt. Die oberen Geschosse waren nur über die Außentreppe erreichbar. Wegen Bodenmangels rückten die Häuser eng aneinander, so dass sie heute wie zusammenhängende Baukomplexe wirken. Auf den Balkonen trocknete der Bauer Mais, Holz und Heu.

Der Begriff **Rustico** wird im Tessin (und zum Teil auch im Kanton Graubünden) eigentlich für ältere, früher bäuerlich genutzte Gebäude (meist aus Stein) verwendet. Er hat sich aber mit dem Tourismusboom im Ticino mehr und mehr zu einem Synonym für **Zweitwohnungen** entwickelt, da tausende der alten Häuser quer durch den Kanton verkauft und zum Zweitwohnsitz bzw. zu Ferienwohnungen umgenutzt wurden. Der Ausbau erfolgte dabei zum Teil illegal. Die **„Zweitwohnungsinitiative"** vom März 2012 hat nach einem Volksentscheid den Bau von Zweitwohnungen in der Schweiz beschränkt (in einer Gemeinde dürfen seitdem nur noch maximal 20% dieser Art von Wohnungen stehen). In diesem Zusammenhang wurde auch diskutiert, inwiefern Rustici davon betroffen sein sollen, da diese Gebäude ja sowieso existierten und deshalb eine moderne Nutzung Sinn mache.

Der Bundesrat gab der Tourismuswirtschaft nach und schlägt im Umsetzungsgesetz eine „liberale" Lösung vor; demnach könnten im Tessin noch tausende alter Häuser unter Umgehung der 20%-Regel umgenutzt werden. Doch der Widerstand ist vorprogrammiert. Die Initianten wehren sich gegen eine Verwässerung ihrer Initiative. Und das Bundesgericht wird ebenfalls auf die Interpretation des Verfassungsartikels achten. Man darf gespannt sein.

059te ns

Corippo mit seinem gut erhaltenen Ortsbild

Praktische Tipps

Information

- **Ente turistico Tenero e Valle Verzasca,** Via ai Giardini, 6598 Tenero, Tel. 091 74 51 661, www.tenero-tourism.ch, info@tenero-tourism.ch.
- Die Tourismusbüros vermitteln auch einzelne B&B- sowie Übernachtungen in Privatzimmern.
- Wer mit dem Auto anreist, besorgt sich sinnvollerweise die **Verzasca Parking Card** für sFr. 10 pro Tag oder sFr. 30 pro Woche, erhältlich bei den beiden Infobüros in Tenero oder an der Staumauer, bzw. über Download www.tenero-tourism.ch und dann Download und Prospektbestellung.

Unterkunft

Hinweis: Da es relativ wenige Unterkünfte im Tal gibt, haben wir sie so geordnet, dass die empfohlenen Unterkünfte talaufwärts aufgelistet sind, beginnend im unteren Talteil.

- **Ristorante al Lago,** Berzona, 6632 Vogorno, Tel. 091 74 53 232. Einfache, saubere Doppelzimmer mit Dusche/WC und schönem Blick auf den Stausee, ein Zimmer mit Balkon; DZ sFr. 120–140.
- **Hotel Pizzo Vogorno,** 6632 Vogorno, Tel. 091 74 51 256, www.pizzovogorno.ch. Einfaches Familienhotel mit 17 Zimmern, DZ sFr. 100–140.
- **REKA-Feriendorf „Rustici della Verzasca",** 031 32 96 699, www.reka.ch. Mietwohnungen in kleinen Steinhäusern im Rustico-Stil. Schwimmbad, zentrale Rezeption, Spiele, Sauna, Waschmaschine etc.. Geeignet für Familien. Bushaltestelle nahebei. Außerhalb der Saison evtl. auch ohne Buchung .

■ **Hotel Vittoria,** 6633 Lavertezzo, Tel. 091 74 61 581, Fax 091 74 61 008. Beim Fluss, leicht zurückversetzt von der Straße. Älteres Tessinerhaus, renoviert 1999. Restaurant mit Pergola. Freundliche, einfache Zimmer mit schöner Holzdecke. Hier werden keine Kreditkarten akzeptiert. DZ sFr. 120–140.

■ **Ristorante ai Piee,** 6634 Brione Verzasca, Tel. 091 74 61 544, Fax 091 75 61 588. Kurz vor Brione an der Straße gelegen, verfügt über vier moderne, ansprechende Zimmer; DZ sFr. 120–160.

■ **Hotel Ristorante Froda,** 6635 Gerra, Tel. 091 74 61 452, www.altea.ch. Stattlicher Familienbetrieb, Restaurant mit Terrasse und schönem Blick ins Tal. Die meisten Zimmer haben Dusche/WC, einige auch einen Balkon. Die Zimmer zur Talseite sind am schönsten, aber auch die seitlichen Zimmer sind ok. EZ liegen leider zur Straße. DZ mit Bad/WC auf Gang sFr. 100, DZ mit Bad/WC sFr. 110.

Unser Tipp: **Familienhotel Campagna,** 6636 Frasco, www.alberocampagna.ch, Tel. 091 74 61 146; Eine außergewöhnliche Holzkonstruktion mit Doppelleben: Von April bis Ende Oktober ist das Haus ein blitzsauberes, angenehmes Hotel-Restaurant, im Winter ist es bei Lawinengefahr Zufluchtsort für die lokale Bevölkerung. 12 hübsche Zimmer, ganz in Holz, DZ sFr. 125–140.

■ **Ristorante Alpino,** 6637 Sonogno, Tel./Fax 091 74 61 163. Freundlicher Familienbetrieb, vermietet einfache, zweckmäßige Zimmer mit Dusche/WC und solche mit Dusche/WC auf dem Gang. DZ mit Dusche/WC sFr. 110.

■ Eine Bauernfamilie bietet neben Kost und Logis einen Waren- und Lastaufzug (max. 4 Personen) zur **Alp Bardughè** und zum Weg nach Odro an. Reservierung 24 Std. im Voraus, Tel. 091 74 54 815.

Bauernhof / Berghütten

■ **Agriturismo Cà di Ciser,** 6647 Mergoscia, Tel. 091 74 52 754: Bio-dynamischer Betrieb (Demeter), der Wein, Honig, Gemüse produziert und auch einfache Unterkunft und Verpflegung anbietet.

■ **Azienda Montana Odra,** J.L. und Chris Villars, 6632 Vogorno, Tel. 091 74 54 815, www.odro.ch; Im kleinen Flecken Odro oberhalb Vogorno (1240 m) übernachten die Gäste in natürlicher Umgebung. Übernachtung in zwei Alphütten (sFr. 90) oder im Massenlager (sFr. 25 p.P.)

■ Tenero-Verzasca Tourism führt eine **Liste der Berghütten** rund ums Verzascatal, wo man bei Bergwanderungen übernachten kann: www.tenero-tourism.ch, dann Unterkunft-Berghütten.

Essen und Trinken

■ **Osteria Ferriroli,** Via Contra, 6646 Contra, Tel. 091 74 51 114; ausgezeichnete Osteria nicht weit von Locarno auf dem Weg nach Contra von Brione, Minusio oder Tenero (westliche Verzasca-Talseite). Bekannt für Grillspezialitäten.

■ **Grotto Redorta,** in Sonogno neben der Kirche, Tel. 091 74 61 334.

■ **Grotto Sasselo,** Gerra, Tel. 091 74 61 309.

Museum

■ **Museo della Valle Verzasca,** Casa Genardini, Sonogno, Tel. 091 74 61 777, Mai bis Okt. täglich 13–17 Uhr. Mühle und Museum in Frasco auf Anfrage, Tel. 091 74 61 777. Das Museum befindet sich am Anfang der Straße, die ins Val Redorta führt. Die Casa Genardini ist ein typisches Verzasceser Haus mit Originalküche, Milchverarbeitung, Wildheuet (Heumahd an schwer zugänglichen Hängen über 2000 m), Verarbeitung von Wolle und Hanf.

■ Zum **Museum Odro,** einem Ende der 60er Jahre im Originalzustand ver- und belassenen Maiensäss, führt ein steiler, aber bequemer Rundgang ab dem Restaurant Pizzo Vogorno. Werkzeuge und Utensilien des ehemaligen Bewohners *Luigi Berri* geben Aufschluss über die bäuerlichen Arbeiten im Sommer, z.B. über das Wildheuen (vgl. www.odro.ch).

444te ns

Veranstaltungen

■ **Verzasca Country Festival,** kleines noch ländliches Festival in Sognono in der 1. Augusthälfte, Info: www.tenero-tourism.ch.

Einkaufen

■ Die **Azienda Agricola,** zwischen *Restaurant ai Piee* und Brione gelegen, verkauft in einem Seitental Käse, Konfitüre und Honig.

Sport und Aktivitäten

■ **Bungee Jumping:** Von der Staumauer des Lago di Vogorno; Details siehe Kap. 1, „Magadino-Ebene, Sport und Aktivitäten" oder www.trekking.ch.

■ **Canyoning:** Abseilen, Abklettern, Rutschen, Springen, Schwimmen durch die Bäche und Schluchten des Verzasca. Trekking Team, Tegna, Tel. 079 60 07 007 oder Indepth-Outthere Adventures, Gordola, Tel. 078 61 49 877.

Wanderungen

■ **Sentierone Verzasca,** 6½ Std., von Gordola oder Mergoscia, relativ leichte, aber lange Talwanderung den Fluss entlang aufwärts bis Sognono (oder abwärts); an mehreren Bushaltestellen kann man auf den Bus warten und abkürzen.

■ **Wanderung Berzona – Monti di Motti – Gordola,** 3¾ Std., vom *Ristorante al Lago* in Berzona am Lago di Vogorno das Sträßchen hinauf bis zum Fußpfad nach Fontöbbia und Lignasca. Weiter hinauf nach Corte di sopra, bei Chingnolo rechts zu den Monti di Motti (1062 m). Abstieg über Bazzadde nach Monte San Sassalto, steiler und steiniger Abstieg nach Sotto Sassalto, von hier gemächlicher nach Gordola. Postauto und Busverbindung.

■ **Wanderung im Val d'Osura zu den Alpe d'Osura,** 2½ Std., Rückweg 2 Std. Von der Kirche in Brione geht es über die Weiler Bolastro und Aghei zu den Alpe d'Osura. Der reizvolle Talgrund wird vom Monte Zucchero beherrscht.

■ **Wanderung Cimetta – Cima della Tossa – Mergoscia,** 3 Std. 20 Min. Von der Bergstation Cimetta über die Alpe di Pietri, Faedo und Busado nach Mergoscia.

■ **Wanderung zum Lago d'Efra,** Hinweg 3 Std. 15 Min., Rückweg 2 Std. 10 Min. Der Wanderweg beginnt bei der Kirche in Frasco und führt ins Tal der Efra, zu den Maiensäßen Efra und Montada, nach Chingnolo zu den Alpe d'Efra und von hier zum Lago d'Efra. Übernachtung in der Efra-Hütte auf der Corte di Cima (2039 m), erreichbar vom See in 45 Min.

Lehrpfad „Weg der Kunst": Beginnt in Lavertezzo, überquert den Ponte dei Salti und führt auf dem Sentierone nach Brione Verzasca, gesäumt von Kunstwerken internationaler Künstler. (4,5 km, bequem begehbar).

■ **Ethnographischer Rundgang Odro:** Führt von Vogorno über Odro und Bardüghè zurück nach Vogorno (11 km, 120 m Höhenunterschied, 5 Std.).

◁ Wilde Verzasca

Valle Maggia und Seitentäler

Das Maggia-Tal, das zweite große Längstal neben dem Verzasca-Tal im Hinterland, reicht vom Lago Maggiore bis weit in die alpine Zone hinein. 65 km lang, stellt es mit seinen Seitentälern ein **Fünftel der Gesamtfläche des Tessins.** Im unteren Teil erheben sich steile Felsen; der Talboden mit dem Fluss Maggia ist bis Bignasco eher flach und breit. Dort zweigen das Lavizzara-Tal und das Bavonatal ab, enge V-Täler mit größerem Gefälle und alpinem Charakter. Hier trifft man auf Nadelwald und Wiesen, während im Tal Kastanien-, Birken- und Eichenwälder mit Rebbergen abwechseln. Oben errichteten die Bauern Block- und Strickhäuser in Art des Gotthard- oder Walserhauses, unten bauten sie Bruchsteinhäuser mit Holzgalerien.

Der karge Boden trieb auch hier die jungen Männer in die **Emigration.** Zurück blieben neben alten Leuten die Frauen und Mädchen, die im Haus und auf dem Feld Männerarbeit verrichteten.

Der knappe Boden führte, wie der aus dem Tal stammende Schriftsteller *Plinio Martini* zu erzählen weiß, auch zu Streitigkeiten und Gewalt. So zeigt eine Statistik von 1650 bis 1700, dass das Lavizzaratal bei einer geschätzten Einwohnerzahl von 2000 zwei **Ermordete** pro Jahr aufwies, fast Washingtoner Verhältnisse. (Heute bevölkern übrigens noch 572 Menschen das Tal.) Allerdings lebten damals die von den Eidgenossen eingesetzten Podestà vor allem von den juristischen Streitigkeiten ihrer Untertanen, sie konnten kein Interesse an einem friedlichen Zusammenleben der Bewohner haben. Um die Wende vom 19. zum 20. Jh. soll ein Verbrecher aus der Valmaggina am Stammtisch die Klagen eines Bauern über seinen Nachbarn gehört haben, der ihm auf dem Weg zum Stall ständig seine Wiese zertrete. Der Ortsfremde bot für 20 Franken sofortige und endgültige Hilfe an: Am nächsten Tag fand man die Leiche des Graszertreters. Man sieht, hier wurde nicht lange gefackelt.

Ein Indiz für das große Misstrauen in der Bevölkerung ist sogar die Straßenführung im Lavizzaratal: Die Dörfer Brontallo und Menzonio sind heute nur mit Stichsträßchen erreichbar, die Gemeinde hatte eine größere Straße abgelehnt, zu groß war die Furcht vor Banditen und fremden Einflüssen.

Neben menschlichen Tragödien gab es auch **Naturkatastrophen** in Form von Lawinen, Rüfen und Überschwemmungen, oft begünstigt durch hemmungslosen Holzschlag, mit dem man die Überfahrten der jungen Dorfbewohner in die überseeischen Länder beglich. 1958 entstand das das Hochwasser regulierende Maggiakraftwerk; es setzte den vielen verheerenden Überschwemmungen ein Ende, veränderte aber auch die Landschaft: Aus der einst mächtigen Maggia wurde zeitweise ein Rinnsal.

Neben dem urtümlichen Bavonatal, dem Valle di Bosco, Valle di Campo und Val Lavirazza sind auch die **Kirchen** S. Maria delle Grazie mit ihren wunderbaren Renaissancefresken in Campagna bei Maggia, S. Maria del Ponte in Cevio mit ihren gekonnten, fröhlichen Rokoko-Stuckaturen und die eindrucksvolle Kirche S. Giovanni Battista von *Mario Botta* in Mogno besonders sehenswert.

Avegno

Von Locarno kommend, führt die Straße über Solduno nach **Ponte Brolla,** wo der Maggiafluss sich mit der Melezza vereinigt. Die Maggia macht hier einen Knick und hat sich tief in die enge **Schlucht Orrido di Ponte Brolla** eingegraben und Gletschermühlen und Strudellöcher geformt. Über sie führt eine 33 Meter hohe mittelalterliche Brücke. In der Nähe der Straßenbrücke ist die Maggia ein beliebtes Ziel für Badegäste; Vorsicht ist im Frühjahr allerdings vor Hochwasser geboten. Oben – auf Straßen- und Bahndammhöhe – findet man das legendäre Albergo Centovalli (s.u.: „Das Pedemonte und das Centovalli“).

Die Hauptstraße ins Maggiatal führt rechts an den Dörfern vorbei nach Bignasco. Hinter der Schlucht weitet sich das Tal, und die beiden Dorfteile von Avegno mit ihren Wein-Grotti und Kastanienhainen rücken rechts ins Blickfeld. Mit seinen Häusern aus Bruchsteinmauern und mit Steinplattenbedachung wirkt Avegno im Kern wie ein Bergdorf.

Die **Kirche** birgt in der linken Kapelle eine spätgotische Muttergottes mit Bischof aus dem 15. Jh. Das Abendmahl und die Glasfenster (Ende 20. Jh.) sind von Fra'Roberto.

Gordevio

Bei Gordevio, das kürzlich mit Avegno fusionierte, wird das Tal noch weiter. Das intakte Bergdörfchen liegt in sonniger Hanglage oberhalb der Hauptstraße. Gordevio hat einen intakten – meist aus dem 16 Jh. stammenden – Dorfkern, umgeben von Rebhägen und Trockenmauern. Hier stehen die mit Fresken und Gemälden ausgestattete **Pfarrkirche SS. Giacomo e Filippo** und ein malerisches Beinhaus mit Säulenvorhalle, ausgemalt von *Giovanni Antonio Vanoni.*

Am Nordeingang des Dorfes ist ein **Landhaus** mit Säulenarkaden und einer Holzstützengalerie zu finden, der Bildstock in der Gartenmauer wurde von *G. Orelli* ausgemalt.

445te ns

Aurigeno

Den Talhang entlang sieht man auf der westlichen Seite das verträumte Dorf Aurigeno mit teils herrschaftlich wirkenden Häusern aus dem 19. Jh. Hier hat der Maler *Vanoni* gelebt, sein Grab ist auf dem örtlichen Friedhof zu finden. Zahlreiche Bildstöcke wurden von ihm gestaltet. In der Pfarrkirche S. Bartolomeo sind seine gekonnte Rokoko-Ausmalung sowie die Orgel beachtenswert; auch das Beinhaus lohnt einen Blick.

⌃ Cimalmotto im Valle di Campo, einem Seitental des Maggia-Tals

Von Moghegno nach Ronchi

Moghegno besitzt einen hübschen Dorfplatz und eine Kirche, die auf das 16. Jh. zurückgeht. Westlich davon steht das Haus Ramelli mit einem Arkadenhof von 1740. Bei **Ronchi** gibt es etliche Grotti mit Steinplattenbedachung und hohen Eingängen. Im Süden des Dorfes birgt eine Kapelle Malereien von *Antonio Vanini* aus der Mitte des 19. Jh. Im Weiler Ronchini besitzt die Kapelle di Antrobio Fresken, die in der zweiten Hälfte des 15. Jh. entstanden sind.

Maggia

Statt auf der Hauptstraße an Maggia vorbeizufahren, fährt man talaufwärts bei Campagna rechts die Abzweigung nach Maggia hinein. Hier – gleich bei der Abzweigung – steht meist unbeachtet eines der bemerkenswertesten Kulturdenkmäler des Tessins: Die **romanische Kapelle S. Maria delle Grazie** mit bedeutenden **Renaissance-Fresken** von 1528 und Werken von *Giovanni Vanoni* ist romanischen Ursprungs, der Apsidensaal wurde im Spätmittelalter und im 19. Jh. verlängert. Sie besitzt eine Holzbalkendecke mit Sparrenbemalung. In der Apsiskalotte ist eine Krönung Mariä in der Mandorla zu sehen, umgeben von den vier Evangelistensymbolen, gemalt 1528. Darunter ist eine Apostelreihe sichtbar, an der Stirnwand eine Verkündigung, datiert auf 1525. Darunter sieht man die Heiligen Martinus und Markus. Die Südwand zeigt die Heiligen Rochus, Viktor und Bartholomäus, über dem Fenster einen Christusknaben mit Kreuz aus dem 17. Jh. Daran anschließend sind in zwei Reihen 17 Szenen aus der Annenlegende und dem Leben der Muttergottes (Joachim im Tempel bis Kindermord) dargestellt. Die untere Reihe ist von einem talentierten Maler in der Art *Luinis* gemalt, am Sockel sind Überreste von Monatsbildern sichtbar. Die Nordwand zeigt zwei thronende Madonnen sowie Johannes den Täufer, einen unbekannten Heiligen, eine Schutzmantelmadonna, die Geburt Christi und drei Figuren eines zerstörten Abendmahls. Die manieristischen Fresken in der Seitenkapelle stammen aus den Anfängen des 17. Jh.

■ **Geöffnet:** Mai bis Okt., Mi/Do 15–17 Uhr, Fr. 16–17 Uhr, 1. Sa im Monat 14–16 Uhr. Noch sicherer sind die Angaben auf www.vallemaggia.ch. Sie finden die Kirche unter Aktivitäten-Kultur und Traditionen-Historische Gebäude und Kirchen. Für Gruppen: Schlüssel bei Frau *Isabelle Cattaneo*, Tel. 091 75 32 210 oder Anschlag beachten. **Führungen** führt durch: *Barbara Cheda*, Tel. 079 37 93 122.

Maggia besitzt einen schönen Dorfplatz, Arkaden und Gassen. 80% der Weinproduktion des Maggia-Tals fällt auf die Gemeinde Maggia. Oft sind die Rebberge terrassiert und werden von Trockenmauern begrenzt.

Außerhalb des Dorfes auf dem Hügel liegt die älteste Talkirche, die **Pfarrkirche S. Maurizio;** der heutige Bau stammt aus dem 17. Jh. Die Kirche wurde 1855 verlängert, der Glockenturm erhöht und die Fassade nach Zeichnungen des einheimischen Architekten *M. Pedrazzini* erhöht. Der imposante Treppenaufgang stammt von 1881. In den chornahen Seitenkapellen sind gute Stuckaturen aus dem 17. Jh. erhalten, die Kreuzigung und die Rosenkranzmadonna sind von *Isidoro Bianchi,* der auch in der Kirche Madonna del Ponte in Cevio wirkte. Die Kirche wurde um 1998 von *Guido Tallone* renoviert; der Chor erhielt einen schlichten Altar aus weißem Peccia-Marmor, die neue Empore bildet mit der Orgel und dem Altarkreuz eine Einheit. Die kleine **Kapelle Antrobbio** (gegenüber dem Schulkomplex Bassa Valemaggia) zeigt Fresken aus der Werkstatt der Seregesi aus dem 15. Jh.

Lodano, am rechten Talhang gelegen, gehört zur Gemeinde Maggia. Seine Kirche, die mit dem Pfarrhaus, dem Turm und dem Portikus eine Baugruppe bildet, geht auf einen romanischen Vorgängerbau zurück. Die Kapelle **S. Maria della Pioda** steht auf einer Felsterrasse über einem Wasserfall am Eingang zum **Valle del Salto,** an einem alten Saumpfad ins Verzascatal. Der spätmittelalterliche Bildstock erhielt 1713 eine offene Vorhalle. Die Fresken von 1492, eine Mariendarstellung mit Heiligen im Stil der *Seregnesi,* wurden 1998 restauriert.

Von Coglio nach Someo

In Coglio überrascht das **Beinhaus** mit Säulenvorhalle von 1765 mit seinen Todessymbolen und Sinnsprüchen. Skelette und Totenschädel sollen die Machtlosigkeit des Menschen symbolisieren. An Giumaglios **Wasserfall** vorbei gelangt man nach **Someo,** das am Fuß von Rebbergen liegt; es wurde 1924 durch eine Unwetterkatastrophe teilweise zerstört. Someos **Villen** aus der zweiten Hälfte des 19. Jh. kontrastieren mit dem alten Dorfkern. Sie weisen an der Rückseite Gärten und Malereien auf. Die im 16. Jh. neu gebaute Kirche wird vom hohen Turm überragt.

Cevio

Cevio ist der **Hauptort des Bezirks Valle Maggia** und Sitz einer flächenmäßig großen Gemeinde, die u.a. auch das ganze Bavonatal umfasst. Dieser Umstand trug dazu bei, dass der neue Nationalpark im Hinterland des Lago Maggiore am Widerstand von Cevio zu scheitern drohte: der 25-köpfige Gemeinderat entschied im Mai 2009 mit 18:6 Stimmen, sich am Projekt nicht zu beteiligen. Die Interessen von Jägern, Fischern und Grundstückbesitzern wogen offensichtlich schwerer als die nachhaltige Entwicklung eines Parks. Ein Kernstück des neuen Parks war damit verloren. Zum Glück wird der Park nun trotzdem – vorläufig ohne Cevio – realisiert.

Cevio war früher abwechselnd mit Sornico Sitz der eidgenössischen Vögte der XII Orte, ihre Wappen schmücken noch das Vogteigebäude **Pretorio** (17. Jh.) an der hübschen Piazza. Die Casa Respini war Wohnsitz der Vögte, das Prunkportal wird von Säulen und einem gesprengten Giebel umrahmt (17. Jh.). Die Mauer hat turmartige Pavillons, hinter dem Hof steht ein großes Kehrgiebelhaus aus zwei Bauetappen mit teils gewölbten Räumen. Hier und im Palazzo Franzoni aus dem 17. Jh. (Innenumbau 2002) befindet sich das **Ethnographische Museum** des Maggia-Tals.

Die für solch ein kleines Dorf erstaunlich große **Piazza** wurde im 19. Jh. aufgrund einer Bauordnung neu gestaltet, nur die wichtigen Gebäude durften von diesem einheitlichen Plan abweichen. Die Piazza gibt dem Dorf nun ein sehr urbanes Gepräge.

Die stattliche **Pfarrkirche S. Maria Assunta e Giovanni** in Cevio Vecchio geht auf das 16. Jh. zurück, früher stand hier eine romanische Kirche. Gegen die Straße durch Stützmauern abgerückt, liegt sie auf einer leicht terrassierten Ebene. Flankiert vom Beinhaus und der neoklassizistischen Fassade liegt zurückversetzt die Friedhofsmauer mit dem gedrungenen Campanile. Das Beinhaus zeigt Rokokofresken, ein ungewöhnliches Memento Mori von ortsansässigen Künstlern.

Unser Tipp: Im Ortsteil **Rovana,** am gleichnamigen Fluss in der Nähe der Steinbrücke liegt die **Wallfahrtskirche S. Maria del Ponte;** sie ist eine der an Stuck reichsten Kirchen des Sopraceneri und steht unter **Denkmalschutz.** Die Kirche wurde 1615 im Auftrag einer Familie *Franzoni* errichtet und präsentiert sich in unveränderter Form.

Außerordentlich ist v.a. das Innere: Besucher werden von einer Flut fröhlicher weißer Engel und Putten empfangen, die teilweise gewagt auf Gesimsen, Kapitellen oder stuckierten Rahmen sitzen. Symmetrisch zu ihnen sind verschieden große Bildfelder angeordnet mit Szenen aus dem Leben Marias, des heiligen Johannes und anderer Heiliger. Am Chorbogen sind die Heiligen Rochus und Sebastian zu sehen, darüber Mariensymbole und das Wappen der Familie *Franzoni.* Die Fresken an den Wänden und dem Gewölbe des Chores sowie die vier Heiligen an den Pfeilern des Triumphbogens stammen von *Isidoro Bianchi* (1581–1662) aus Campione und seinen Gehilfen. Die übrigen, ebenfalls aus dem 17. Jh. stammenden Fresken können nicht zugeordnet werden.

Eine Legende rankt sich um die vielen Stuckaturen. Ein alter Mann mit einer Hutte voller Engel habe die Kirche mit ihren nackten Wänden betreten. Maurer hätten dann die Engel an den Wänden befestigt. Der alte Mann habe sich später als Johannes der Täufer entpuppt.

In Cevio muss man sich entscheiden, ob man weiterhin die Maggia aufwärts fahren will und von dort ins Lavertezzo oder Bavonatal weiterfährt. Gegen Süden zweigt nämlich hier das **Tal der Rovana** ab, mit dem Eingang in das **Valle di Campo** und das **Valle di Bosco.** Diese Route erreicht man über Cevio und den eben beschriebenen Ortsteil Rovana. Wir folgen mit unserer Beschreibung zuerst dieser Nebenroute und kehren nachher zum Haupttal zurück.

446te ns

Nette Begegnung im Valle di Campo

Emigration aus den Tessiner Tälern

Die alten Friedhöfe der Tessiner Dörfer geben viel über die Dorfgeschichte preis. Grabsteine zeigen, dass viele Menschen, die im Dorf geboren wurden, in Mailand, Paris, London, Brüssel, St. Petersburg, San Diego, Buenos Aires oder sogar Melbourne gestorben sind. Kapellen und Kirchen tragen Inschriften, auf denen als Spender kalifornische, australische, argentinische oder ungarische Auswanderer auftreten. Imposante Bauten in den hintersten Winkeln der Täler sind Ausdruck ihres fern der Heimat errungenen Wohlstandes. Warum aber zieht es Generation um Generation in die Ferne?

Zerstückelte und winzige Agrarflächen, Hungersnöte, Naturkatastrophen in Form von Erdrutschen, Überschwemmungen oder Lawinen, die geistige Enge der Bergtäler sowie die politische Verfolgung durch gegnerische Parteien zwingen jahrhundertelang Tessiner Männer zur temporären oder definitiven Auswanderung. Wie Zugvögel folgen sie ihren Vorfahren ins Ausland, seit der zweiten Hälfte des 19. Jh. auch nach Übersee, und sie wählen nicht nur die gleichen Wohn- und Arbeitsorte, sondern auch die gleichen Berufe. In Genua, Livorno oder in der Toskana (1631) erben Dorfbewohner **Berufsmonopole.** Jedes Tal, jede Gemeinde hat „sein" Metier. Das Bleniotal exportiert Kastanienverkäufer in die Deutschschweiz, die es später zum Teil sogar zum Großhändler bringen. Seine Chocolatiers haben ihr süßes Handwerk in Mailand von Spaniern erlernt und bringen es nach ganz Europa; später handeln sie auch mit Kakao, Kaffee und Zucker. Glaser aus Giornico ziehen in die Städte Frankreichs, Belgiens und nach Preußen. Dienstmänner aus dem Pedemonte haben das Berufsmonopol in der Toskana.

Aus dem Centovalli und dem Verzascatal ziehen hunderte Kaminfeger, die **Spazzacamini,** in die Städte Norditaliens – schmächtige, unterernährte Knaben im Alter von 8 bis 16 Jahren. Auf Barken gepfercht, erreichen sie das Südende des Lago Maggiore, von wo sie zu Fuß in die Städte weiterziehen. Hier leben sie oft obdachlos, erbetteln ihr Essen und leiden unter dem strengen Regiment ihrer Padroni. Turiner und Mailänder Damen der Gesellschaft versuchen ihr Los zu mildern, auch in der Deutschschweiz empört man sich über ihr erbärmliches Schicksal. Einige wenige Kaminfeger machen Karriere als Ofensetzer, die später in Holland, Ungarn und Polen arbeiten.

Lastträger aus dem Centovalli und Onsernonetal schuften im Hafen von Livorno und in Rom, das Onsernonetal schickt seine geschickten Strohhutflechter in die Fabriken Norditaliens. In Mailand dominieren Köche und Gastwirte aus Brissago den Markt. Losone ist bekannt für seine Scherenschleifer, im Gambarogno brechen Maler und Hafner auf. Im Colla- und Cavargnatal schließen sich Schmiede und Kesselflicker dem Auszug an. Im Malcantone ziehen vor allem Ziegelbrenner in die Lombardei. Das gleiche Ziel haben jedes Jahr 800 Spinnerinnen, darunter viele junge Mädchen, aus dem Mendrisiotto. Die Adresse der Barometerhersteller ist das Muggiotal.

In vielen europäischen Städten schließen die Zünfte die Einwanderer aus; ihnen bleiben unbeliebte Jobs mit wenig Sozialprestige wie Latrinenreiniger, Lastträger, Kellner, Stallknecht oder Krämer. Jahrhundertelang wandern aber auch hoch **qualifizierte Arbeitskräfte** aus, namhafte Architekten wie *Domenico Fontana, Carlo Maderno* und *Francesco Borromini*, Ingenieure, Stuckateure und Schokoladenhersteller.

Kommende und Gehende reichen sich die Hand. Im Winter ziehen die Männer des Blenio-

und des oberen Maggia-Tales sowie der Leventina los, im Frühjahr kommen sie gerade rechtzeitig für den Alpaufzug zurück. Im Luganese und Mendrisotto ist der Sommer Aufbruchszeit, vor allem auf italienische, aber auch andere europäische Bauplätze. Im Locarnese mit seinen landarmen steilen Tälern ist Winter wie Sommer **Auswanderungszeit.** Manchmal steht ein Drittel, im Luganese und im Mendrisiotto sogar die Hälfte der männlichen Bevölkerung für einen Reisepass an. In manchen Gemeinden bleiben nur Frauen, Kinder und alte Männer als Arbeitskräfte zurück. Einige der Fortgezogenen bleiben drei, vier, fünf Monate, andere ein, zwei, drei oder fünf Jahre weg. Von Übersee werden die Männer erst nach 5, 10 oder 20 Jahren zurückkommen; viele werden sich in der räumlichen und geistigen Enge der Bergtäler nicht mehr zurecht finden und bald definitiv in die neue Heimat auswandern.

Das **19. Jh.** ist im Tessin sowohl eine Epoche der Aus- wie der Einwanderung. Es ist das Jahrhundert, in dem alte Privilegien und erworbene Vorteile wegfallen: Monopole werden aufgehoben, Korporationen aufgelöst. Die Industrielle Revolution tilgt viele der traditionellen Berufe, so z. B. den der Stuckateure. Die Bauarbeiter frieren und schwitzen jetzt auf den Eisenbahn-Baustellen in Ungarn, Russland, Algerien und am Suezkanal.

Mitte des 19. Jh. wird in Kalifornien und in Australien **Gold** gefunden, zu einer Zeit, in der in Europa Armut herrscht. Auswanderungsagenturen heizen vor allem im oberen Tessin das Goldfieber an. Für die Überfahrten werden Hypotheken auf den Grundbesitz erhoben, was die zurückgebliebenen Familienangehörigen in Schwierigkeiten bringt. Manche Gemeinden schießen den Auswandern das Geld vor, indem sie sich verschulden oder Raubbau an ihren Wäldern betreiben. In kurzer Zeit verlassen 4500 Tessiner ihre Täler in Richtung USA und Australien. Einige Gemeinden im Maggia-Tal verlieren die Hälfte ihrer Männer, junge im heiratsfähigen Alter fehlen ganz.

Großflächige Überschwemmungen und Verwüstungen im Tal des Ticino bringen 1868 die **zweite Auswanderungswelle** ins Rollen. Diesmal brechen ganze Familien auf, 1868 sind es 1200 Personen, 1869 1500, in den nächsten fünf Jahren geht es in dieser Größenordnung weiter. Die Menschen aus dem Mendrisiotto schiffen sich nach Argentinien ein, wo schweizerische landwirtschaftliche Kolonien gegründet werden. Die Tessiner ziehen die Städte vor, wo sie Gasthäuser und Restaurants betreiben.

Die Auswanderungswelle wird von den Behörden unterstützt, sie werden so elegant die Katastrophenopfer los und können zudem auf Geldsegen aus Übersee hoffen. Die Ausgewanderten halten den Kontakt mit der alten Heimat; bis 1900 kehrt die Hälfte von ihnen zurück, der eine oder andere bleibt jedoch in der neuen Heimat und holt nach und nach seine Familie und andere Dorfbewohner über den Teich.

Viele werden ihr Leben lang nicht in der Lage sein, ihre Vorschüsse für die Überfahrt zu bezahlen. Einige der 7000 Tessiner in Argentinien werden wie Sklaven leben. Anderen jedoch ist das Glück hold, oft weil sie schon von Haus aus die besseren Karten hatten. Die *de Marchi* bauen mithilfe der *Soldati* in Argentinien eine pharmazeutische Industrie auf, dazu kommen Gas- und Kunsteisfabriken, später auch Textilfabriken, Immobiliengeschäfte und Versicherungsgesellschaften, der Ausbau der argentinischen Häfen, die Gründung von Banken, darunter auch der Volksbank von Lugano.

Die Brüder *Soldati* besitzen riesige Ländereien und bauen in Buenos Aires ein ganzes Quartier auf. Zurück im Tessin, bauen sie die Eisenbahn Lugano – Ponte Tresa, investieren in Luganeser Hotels, errichten moderne Landwirtschaftsbetriebe im Malcantone und beteiligen sich an Institutionen zum Wohle Tessiner Kinder. Dem Schumacher *Bernasconi* aus Coldrerio gelingt der Aufstieg zu einem führenden Unternehmer, indem er mit Fellen und Schuhen aus Europa handelt. Er kauft Tausende von Hektar Land für seine Viehzucht. Die Brüder *Chiesa* aus Chiasso eröffnen einen Eisenwarenladen, werden erfolgreiche Immobilienhändler und beteiligen sich an einer Tabakfabrik. Zurückgekehrt, gründet einer der Brüder die landwirtschaftliche Schule in Mezzana, ein Kinderspital in Mendrisio sowie Kurhäuser; weiterhin investiert er in sanitäre Einrichtungen des Tessins.

Carlo Pelegrini aus Ponte Tresa wird Staatspräsident von Argentinien, *Alfredo de Marchi* aus Astano argentinischer Landwirtschaftsminister. In Paraguay gründet der Naturalist *Mosè Bertoni* aus dem Bleniotal am Ufer des Paranà den landwirtschaftlichen Versuchsbetrieb „Guillermo Tell", der ihn in seiner neuen Heimat berühmt macht. *Giuseppe Guggiari* aus Savosa wird Präsident der Republik Paraguay. In Mexico besitzt der aus dem Maggia-Tal stammende *Giovanni Pedrazzini* große Viehfarmen, Silber- und Goldminen. Nach seiner Rückkehr 1900 nach Locarno betreibt er Immobilien- und Bankengeschäfte, engagiert sich beim Eisenbahnbau und in diversen Industriezweigen.

In den USA schürfen Tessiner nicht nur Gold, sie betätigen sich auch u. a. als Gastwirte, Bügler, Schleifer, Kaffeehändler, Zuckerbäcker, Fabrikbesitzer, Juristen, Ärzte, Bankdirektoren und, wen sollte es überraschen, als Architekten und Ingenieure. *Lorenzo Delmonico* aus Mairengo in der Leventina ist der Starkoch in seinem Feinschmeckerlokal am Broadway und Liebling der New Yorker Prominentenszene. Der Familienbetrieb umfasst mehrere Lokale und beschäftigt 1881, im Todesjahr *Lorenzos,* 200 Kellner und 30 Köche. In Fresno besitzt ein Tessiner das höchste Haus. Der aus einer Bankenfamilie stammende *E. C. Palmeri* wird Senator in Kalifornien. Die Tessiner haben sich hier in den Counties Cayoucos, Gonzales und Soledad niedergelassen. Noch in den 30er Jahren des 20. Jh. wohnen in den Tälern um San Louis Obispe und Salinas fast nur Tessiner. Sie betreiben Viehzucht, bauen Getreide an, unterhalten künstliche Hühnerbrutkästen und besitzen ausgedehnte Obstkulturen. Die Golden State Milk Products Company, der Branchenführer, ist 1927 fest in Tessiner Händen. Die von Schweizern betriebenen Weinkellereien in Kalifornien, die an Größe die anderen bei weitem übertreffen, erleiden während der Prohibition Schiffbruch.

Wenig Glück haben die Goldschürfer in Australien, sie plagen sich mit Dieben herum, werden übers Ohr gehauen, so dass viele nach Kalifornien weiterreisen. Ein Drittel bleibt zurück und wendet sich anderen Berufen, etwa in Melbourne, zu.

Die Emigration gefährdet durch den Aderlass der Bevölkerung einerseits die Landwirtschaft, andererseits durch die große Hypothekarverschuldung die Familien. Der Exodus lässt aber auch beträchtliches Kapital ins Tessin fließen, das für die Modernisierung des Kantons, den Bahnbau, den Aufbau von Elektrizitätswerken und für den Tourismus eingesetzt werden kann. Dank des Know-hows der Zurückgekehrten entstehen Banken; Aktien, Obligationen, Immobiliengeschäfte gehören nun zum Tessiner Vokabular. Die Ex-Emigranten kennen die Regeln des modernen Kapitalismus. Sie investieren in das Eisenbahnnetz, in Industrien, in die Hotellerie, in Sozial- und Bildungsinstitutionen.

In der ersten Hälfte des 20. Jh. verhindern die zwei großen Kriege die Auswanderung; aus dem einstigen Auswanderungskanton wird nun ein Einwanderungskanton.

Valle di Bosco und Valle di Campo

Bei Cevio hinter Rovana mündet das steil abfallende Tal der Rovana in das Maggia-Tal ein, das sich nach der ersten Talstufe in zwei Seitentäler teilt, das Valle di Bosco (mit dem deutschsprachigen Walserdorf Bosco Gurin) und das Valle di Campo.

Valle di Campo

Bei Pretorio zweigt die Straße links ab und steigt den Talhang empor, unten liegt die sehenswerte **Schlucht Goda della Rovana.** In einem Kastanienhain liegt das aus drei Siedlungskernen bestehende Dorf **Linescio** mit seiner 1640 gebauten Kirche und seinen weit in die Höhe terrassierten Hängen.

„Treppen zum Himmel" werden die kunstvollen Terrassierungen genannt, die an ähnliche Kulturlandschaften in Südostasien oder Südamerika erinnern. Die kleinen Felder auf Trockenmauern ziehen sich fast wie ein Schachbrett sauber über die Hänge. Auf engstem Raum mussten sich einst die Menschen des Tals auf kärglichem Boden das Überleben sichern. Die **Terrassierungen** sind kulturgeografisch bedeutend. In Linescio wird deshalb gegenwärtig ein von der APAV (Assoziatione per la protezione del patrimonio artistico e architettonico di Valmaggia; www.apav.ch) initiiertes und von Pro Linescio durchgeführtes Projekt vorangetrieben, das die Terrassierungen auf insgesamt 25 km absichern soll. **Linescio,** eine winzige Gemeinde mit 49 Einwohnern, gehört – im Unterschied zu Cevio und Campo – als Enklave zusammen mit Bosco-Gurin neu zum Nationalparkgebiet des **Parco Nazionale del Locarnese.**

Cerentino ist eine Gemeinde mit weit verstreuten Weilern, die auf verschiedene Familiensippen zurückgehen. Außerhalb der Siedlungen steht auf einer kleinen Terrasse die barocke Baugruppe der Pfarrkirche S. Maria; an der Rückwand des Schiffes wurden Renaissancemalereien mit dem heiligen Sebastian aus dem 16. Jh. freigelegt. Im Beinhaus ist neben Fragmenten einer Apostelreihe

▷ Das abgelegene Campo ist ein Kleinod

aus dem 16. Jh. im Giebel eine Fegefeuerdarstellung aus dem 18. Jh. zu entdecken. Die Fassade des Pfarrhauses zieren Votivfresken und Mariendarstellungen des 18. und 19. Jh.

Am Dorfeingang von Cerentino zweigt die Straße links nach Campo ab. Über den auf einer Wiesenterrasse gelegenen Weiler **Niva** mit seiner Barockkirche S. Rocco geht es weiter nach **Piano.** Von hier führt die Straße zu dem in einer Mulde eingebetteten **Campo** mit reizvollem Dorfbild in imposanter Berglandschaft auf 1300 m Höhe.

Unser Tipp: **Campo** war schon immer so etwas wie das Ende der Welt. Die Bewohner mussten auswandern wie in vielen Bergdörfern des Tessins und als Steinmetz, Schmied, Kaminfeger oder Händler ihr Glück in der Ferne versuchen. Ein Bewohner von Campo war besonders erfolgreich: *Gasparo Pedrazzini* baute in Kassel, Paderborn, Frankfurt und Berlin erfolgreich Handelsgeschäfte auf, Campo blühte auf und soll in der ersten Hälfte des 19. Jh. bis über 1000 Einwohner gezählt haben. Dann folgte die zweite große **Auswanderungswelle.** Heute leben in Campo noch ca. 50 Einwohner.

Erstaunlich, was ein so abseits gelegenes Dorf an Kulturgütern aufzuweisen hat: Da sind v.a. die **Palazzi Pedrazzini,** die palastartigen Wohnbauten der drei Söhne von *Gasparo,* die zwischen 1730 und 1747 gebaut wurden und z.T. von *Giuseppe Borgnis* mit Fresken versehen wurden. Die zwei noch bestehenden Pa-

447te ns

lazzi – bedeckt mit Satteldächern aus Steinplatten – gelten als die schönsten Häuser des Maggiatals, sind aber in einem restaurationsbedürftigen Zustand. Durch Torbogen und Galerie verbunden mit einem der Wohnhäuser ist an der Ostecke das Oratorio **S. Giovanni Battista,** eine Privatkapelle der *Pedrazzini,* auch sie ausgemalt von *Borgnis.* Nicht weit davon, vis-à-vis vom kleinen Hotel, das gegenwärtig von einem Pedrazzini-Familienmitglied ganz neu renoviert wird (s.u.: „Unterkunft"), liegt eine weitere Kapelle, das barocke Oratorium **Mater Dolorosa** (1768). Bei ihr versammelten sich die Dorfbewohner, um die Schmerzensmutter um Schutz anzurufen, wenn Naturgefahren drohten.

Hier beginnen auch die sieben Kapellen der **Via Crucis,** 2000 restauriert, nur unterbrochen von der Casa Patriziale, einem stattlichen ehemaligen Schulhaus (Ende 19. Jh.), das aber schon 1965 wegen Schülermangels geschlossen wurde. Die Via Crucis führt zur – auf höchster Anhöhe gelegenen – barocken Pfarrkirche **S. Bernardo** mit Glockenturm. Sie wurde eben wunderbar restauriert und hat beachtliche Barockmalereien (alle von Borgnis): in der Chorverlängerung Engel, illusionistisch gemalte Nischenfiguren an den Wänden und personifizierte Tugenden und Heilige in den Lünettenfenstern. Die Auferstehung Christi, Propheten, Kirchenväter und Engel zieren das Gewölbe; alles wird von lebhaften Stuckprofilen unterteilt. Im alten Chor sind links eine Epiphanie und ein Letztes Abendmahl, rechts Christi Geburt und der Ölberg sowie einzelne Heilige zu bewundern, alles in ältere Stuckrahmen des späten 17. Jh. eingefasst. Im Gewölbe sind der heilige Bernhard und die Dreifaltigkeit sowie die vier Evangelisten zu sehen, weitere Malereien neben der Kapelle, in der Taufnische und an der Fassade.

Übrigens: die **Kirche** von Campo hat sich in den letzten Jahren **um 30 Meter horizontal und 6,50 m vertikal verschoben.** Grund: die Abhänge des **Pizzo Bombögn** sind von einer bis zu 200 m dicken Gesteins- und Vegetationsschicht bedeckt. Bei starken Regenfällen und der Schneeschmelze staut sich das Wasser auf der undurchlässigen Fels- und Lehmschicht, die Erde findet keinen Halt mehr und rutscht zwischen Cimalotto und Campo mit. Von 1991 bis 2012 waren **Stabilisierungsmaßnahmen** im Gange, unter anderem entzieht ein 2 km langer Drainagestollen der Erde Wasser.

Noch ist Campo nicht allzu bekannt. Wenige haben den eigenartigen Kontrast zwischen totaler Abgeschiedenheit und barocker Pracht bisher entdeckt. Wer aber da war, kann sich dem besonderen Reiz wohl kaum entziehen.

Cimalmotto ist das höchste und letzte Dorf im Tal Valle di Campo, dem Tal der Rovana. Hier ist auch Endstation für den öffentlichen Postbus, der das Tal mit der Linie nach **Bosco Gurin** verbindet. Einwohner hätte das gut erhaltene, von Rusticos und einzelnen Walserbauten geprägte Dorf wohl kaum noch, wäre da nicht der oberhalb des Dorfes gelegene **Ökohof La Reita.** In ihm bietet die aus dem Zürcher Oberland stammende Familie *Senn* erlebnisreiche Ferien auf dem

⊡ Fassade eines der Pedrazzini-Häuser

Bauernhof (s.u.: „Unterkunft“). Von Cimalmotto ist es nicht weit zum Talende, welches die **Grenze** zu Italien bildet. Das Dorf liegt auf einer Terrasse, umgeben von Wiesen und Nadelwäldern, und blickt wunderschön auf das tiefer gelegene Campo hinunter. Sehenswert ist die **Pfarrkirche,** welche auf das 16. Jh. zurückgeht. Sie enthält Fresken von *Borgnis* (insbesondere am Portikus) sowie Malereien von *Pedrazzi* (Turm und Innenräume). Zahlreiche Kornspeicher – die ältesten aus dem 15. Jh. – beweisen, dass hier oben von Walsern früher Roggen angebaut wurde. Auf dem Weg zur Kirche entdeckt man das **Waschhaus,** etwas außerhalb der Häuser ein auf 1773 datiertes Ofenhaus, welches heute noch benutzt wird.

Valle di Bosco – die deutschsprachige Enklave

Als Alternative zum Valle di Campo – oder als Ergänzung, wenn man genügend Zeit hat – lohnt sich ein Besuch des Valle di Bosco. Es ist nicht so intakt wie das Valle di Campo, doch es ist bekannter, weil hier das **einzige deutschsprachige Dorf** des Tessins zu finden sein soll, das jedem Schulkind in der Schweiz bekannte Bosco-Gurin.

Von Cerentino, auf der ersten Talstufe der Rovana, steigt die Straße steil auf. Beim Weiler Corino mit Steinbogenbrücke und Kapelle führt ein Weg zur Terrassensiedlung Camanoglio mit der 1602 unter *Casserini* gebauten Kapelle S. Antonio di Padova.

448te ns

062te ns

Durch Tannenwälder, Wiesen und Trümmerfelder führt die Straße nach **Bosco Gurin,** dem höchstgelegenen Dorf des Tessins (1506 m) und deshalb auch **Winterkurort.** Empfangen wird der Gast am Dorfeingang von einem weiten Parkplatz und einer großen Hotelanlage. Man vermisst deshalb – zumindest von Corino kommend – das intakte Dorfbild, das sonst den Siedlungen im Tal der Maggia durchweg Qualität gibt. Erst eine nähere Begehung zeigt Sehenswertes. Verlässt man Parkplatz und touristische Anlagen, so entdeckt man den alten Kern des Dorfes:

Im typischen Siedlungsstil der Walser bietet Bosco Gurin ein hübsches Dorfbild auf einem Bergsturzkegel. In der nordwestlichen Mulde stehen gestrickte Wohnhäuser mit Zangen und Schwertkeilen sowie Heustadeln mit Rundholzwandungen auf Mäusesteinen, auf der südlichen Gegenseite gemauerte Häuser im Tessiner Stil des 18. und 19. Jh.

Nordöstlich des Dorfes steht eine geschlossene Gruppe von Heustadeln, die auch als Schutz vor Lawinen gedacht war. Gepflasterte Fußpfade führen an modern ausgemalten Bildstöcken (von *Tomamichel)* vorbei. Die barockisierte Pfarrkirche, gebaut 1581, besitzt einen Turm mit elegantem Glockengeschoss und Oktogon von 1779 sowie in der Kapelle ein Rokokoretabel mit beachtlicher Madonnenstatue.

Und wie steht es nun mit der Deutschsprachigkeit? Schon im 13. Jh. siedelten hier **Walser** aus dem **Val Formazza** (dt. Pomatt) am oberen Lauf des Flusses Toce. Dieses Tal, zusammen mit dem **Valle Antigorio** (Eschental), stand bis 1515 (Schlacht bei Marignano) unter der gemeinsamen Regierung der Eidgenossen, die sogenannte Sprachinsel war verbunden mit deutschsprachigen Nachbarn. Noch heute sprechen die Alten im Pomatt und Eschental das **Walserdeutsch,** es gab auch eine Verbindung über den Griespass zum Oberwallis. In neuester Zeit wandelt sich das Dorf allerdings sprachlich rapide: Während 1980 noch über 80% der Bewohner die deutsche Muttersprache aufwiesen, waren es bei der Volkszählung 2000 noch 30%, man hört also eher Italienisch als Deutsch in Bosco, wenn man nicht gerade Touristen begegnet.

Im Jahr 2004 entbrannte deswegen ein Medienstreit, ein deutschschweizer Radiosender und Zeitungen zitierten die Volkszählungsergebnisse. Einheimische empörten sich, denn wer wollte schon die „Unique Selling Proposition" – in diesem Falle die Einzigartigkeit der Deutschsprachigkeit – verlieren. Doch wer die Namensschilder an den Briefkästen liest, merkt, dass der Wandel stattgefunden hat, auch der Name des Priesters tönt italienisch. Einzig auf dem Friedhof wähnt man sich noch in der Deutschschweiz. Trotzdem, der Dorfcharakter erinnert an das Oberwallis und da Bosco-Gurin Teil des neuen Nationalparks des Locarnese sein wird, besteht eine Chance, dass sich die Walserkultur in Bosco-Gurin erhalten lässt.

Das **Museum im Walserhaus,** Tel. 091 75 41 819 (unterhalb der Kirche) enthält eine Sammlung von Möbeln, Gerätschaften und Volkstrachten. Geöffnet: Ostern bis Nov. Di–Sa 10–11.30 Uhr und 13.30–17 Uhr, So 13.30–17 Uhr.

‹ Waschhaus in Brontallo mit Speichergruppe

Neben der Deutschsprachigkeit gibt es noch einen anderen Grund, warum Bosco-Gurin so beliebt ist: seine Eigenschaft als Sommer- und Winterferienort. Im Sommer kann man hier schöne Wanderungen unternehmen und im Winter ist der Ort dank seiner Höhe relativ schneesicher. Bosco Gurin scheint vor allem für **Familien** interessant zu sein, nicht zuletzt wegen seines Preisniveaus. Nach wirtschaftlich schweren Zeit sind die Bahnen und Lifte nun wieder in Betrieb. Informationen, ob und wann die **Sessellifte** zur Capanna Grossalp und zum Sonnenberg geöffnet sind, erhält man unter www.bosco-gurin.ch oder Tel. 0848 66 85 85.

Bignasco

Zurück im Haupttal folgt auf Cevio bald Bignasco. Das charaktervolle Dorf liegt am Zusammenfluss der Maggia mit der Bavona und bildet den Endpunkt des Maggia-Tals; von hier zweigen das Val Lavizzara und das Val Bavona ab. Beide Flüsse werden je von einer Bogenbrücke überspannt, die auf das Mittelalter zurückgeht. **Mittelalterliche Häuser** sind in Bignasco Vecchio zu sehen. Bei der Brücke über die Maggia liegt die barockisierte **Kapelle S. Rocco** von 1597. In erhöhter Lage steht die kleine kreuzgewölbte Kapelle **S. Maria del Monte,** erbaut 1512, mit Fresken an der Stirnfront. Im Winkel von **Sott Piodau** beim südlichen Eingang von Bignasco, führt ein kurzer Weg zur **„lüera"** genannten Falle zum Einfangen von Wölfen. Das zwischen dem 14. und 15. Jh. gebaute Werk ist eine Rarität, dessen Grundpinzip aber ziemlich einfach funktioniert: Die von einem Köder angelockte Beute setzte beim Eintreten in die „lüèra“ einen Mechanismus in Gang, der hinter ihr eine Klappe zuschnappen ließ. Die **Wolfsfalle** umschließt innerhalb einer Felswand, eines gewaltigen Monoliths und zweier Trockenmauern eine Fläche von 100 qm. Die Höhe der südlichen Außenmauer übersteigt 7 Meter.

Val Lavizzara

Der bewohnte Oberlauf des Valle Maggia von Bignasco und Cavergno bis Fusio wird Val Lavizzara genannt. Das Maggia-Tal wird ab hier enger und steigt merklich an. In diesem malerischen Talabschnitt liegen zwei Dörfer auf Höhenterrassen. **Brontallo** hat eine sehr schöne Speichergruppe in Mischbauweise mit aufgemauerten Seitenwänden und eingeschobenen Balkenfronten. Die Bauten bestehen aus einem Raum. Viele der Gebäude dienen heute als Ferienwohnungen. Die Osteria mit kleinem Garten eröffnet einen schönen Blick ins Tal. Die Kirche hat eine hübsche Balkendecke und einen schönen Marmoraltar.

Im Beinhaus sind die um 1550 entstandenen Renaissancefresken sehenswert. **Menzonio** mit unverfälschtem Ortsbild liegt in sanfter Hanglage. An den Schiffswänden seiner Kirche hängen Paneele (Teile eines Gesamtwerkes) aus Granit-, Holz-, Glas- und Acrylreliefs von *G. Camesi* aus dem Jahr 1986. In **Broglio,** das bereits 250 m höher als Bignasco (aber im Talgrund) liegt und die Heimatgemeinde des Tessiner Dichters *G. Zoppi ist,* lädt die **Casa Pometta** mit ihrem malerischen Arkadenhof zur Besichtigung. Der Nordflügel wurde 1623 von *d'Orella* gebaut, er weist Reste heraldischer Bemalung auf. Das Erdgeschoss ist gewölbt und teilweise holzvertäfelt. Oberhalb des Straßendorfs liegt eines des schönsten Maiensäße des ganzen Tales, die **Monti di Rima.** Das urtümlichste Gebäude ist das des Dichters *Zoppi.*

130te ns

Die Stadel auf Mäusesteinen verraten den Einfluss der Walser.

Durch Kastanienmischwald talaufwärts fahrend, entdeckt man einen Felsblock, den **Sasso del Diavolo,** mit dem einer Legende nach der Teufel die Kirche von Broglio zerstören wollte, was durch eine gottesfürchtige Frau verhindert worden sein soll.

Vor **Prato** öffnet sich das landschaftlich überwältigende Prato-Tal. Vom Val di Prato führt ein alter Passübergang (Forca della Redorta, 2181 m) ins Val Redorta und nach Sonogno im Verzascatal. Das Maiensäß Monti di S. Carlo wirkt noch völlig intakt. Das schöne Prato am linken Flussufer besitzt herrschaftlich wirkende Häuser, seine Kirche wurde 1761 gebaut und sein eleganter Barockturm schaut auf den Palazzo Berna hinter der Kirche hinab.

Oberhalb von Prato liegt **Sornico,** wo sich alte Häuser des 16. und 17. Jh. an der schönen Piazza um die Kirche und den 35 m hohen Campanile reihen. Die Pfarrkirche war die Mutterkirche des Lavizzara-Tals, erwähnt 1372, der heutige Bau stammt aus dem Spätmittelalter. Im Chor sind Stuckaturen aus der Mitte des 17. Jh. zu sehen. Zusammen mit Cevio war die westlich der Kirche gelegene **Casa Comunità** aus dem 17. Jh. zeitweise Sitz des Landvogtes. Sie zeigt Pellonini-Wappen und eidgenössische Standeswappen an der Fassade sowie einen Pranger mit Kette und Halbeisen.

Peccia wurde im 19. Jh. zweimal überschwemmt und musste neu gebaut werden. Die Kirche des Dorfes geht auf das Mittelalter zurück, sie wurde barockisiert; über dem Hochaltar befindet sich ein prachtvoller Holzaufbau in Form eines Tempels. In Peccia wird grobkörniger **Marmor** in Weiß-, Grau-, Blau- und Grüntönen gebrochen. Überall im Dorf stößt man auf Werke von Künstlern und der Bildhauerschule, die seit mehr als 20 Jahren hier ansässig ist (Tel. 091 75 51 304, www.steinbildhauen.ch.).

Links zweigt die Straße ins kurze **Valle di Peccia** mit seinen gut erhaltenen Weilern und Marmorbrüchen ab und gewinnt an Höhe. Sie führt erst am intakten Weiler **Veglia** mit der sehenswerten Kapelle S. Maria del Carmine vorbei zum 1017 m hohen **Cortignelli** mit Kapelle und von hier weiter nach **S. Antonio.** Bemerkenswert ist die Friedhofssäule mit dem rustikalen Steinkruzifix, datiert auf 1690.

Am Maggia-Kraftwerk vorbei geht es zum schön gelegenen Weiler **Piano di Peccia.** Hier gibt es in der Kapelle S. Maria della Neve im Chor Renaissancefresken zu sehen.

Hinter Peccia wird das Val Lavizzara wieder breiter und steigt gemächlich an bis zur Abzweigung in die Terrassenstreusiedlung **Mogno** mit gestrickten Holzhäusern in Walserart. Kurz vor Mogno im **Weiler Camblee** findet man den restaurierten, ältesten **Getreidespeicher** des Maggiatals (1401 m). Das daneben liegende Steinhaus stammt aus dem Jahr 1544. In ihm befindet sich eine kleine Ausstellung. Mogno ist mehr ein Weiler als ein Dorf. Hier gibt es dank eines Lifts im Winter einen bescheidenen **Skitourismus,** v.a. für Kinder geeignet. Mogno wurde immer wieder von Hochwasser und Erdrutschen heimgesucht, eine Lawine zerstörte 1986 die Kirche komplett.

Steinhauer in Peccia

Nach Plänen von *Mario Botta* wurde 1996 die moderne Gedenkkirche **S. Giovanni Battista** gebaut, ein in seiner Schlichtheit eindrucksvoller Sakralbau. Der einzigartige Bau ist aus sich abwechselnden Schichten von einheimischem **Peccia-Marmor** und **Vallemaggia-Granit** errichtet, was dem ganzen eine Zebra-ähnliche Farbstruktur gibt. Das Gebäude passt wunderbar in die einsame Landschaft, es ist fensterlos, das Licht dringt durch das schräge Glasdach ein, was spannende Effekte ergibt. Die Kapelle bietet nur 15 Personen Platz, der Besuch ist ein Muss. In Mogno steht auch einer der ältesten Stadel, die Jahreszahl 1651 ist noch deutlich zu lesen.

In steiler Hanglage liegt auf 1278 m das mit seinem kompakten Ortskern geschlossen wirkende Dorf **Fusio;** es bildet optisch einen eindrucksvollen Abschluss des Tals. Typisch sind die Schindeldächer aus Lärchen- oder Tannenholz auf einigen Ställen. Entlang dem hier noch bescheidenen Fluss, eher ein Bach, bieten sich ein Besuch der **Mühlen** an. Die früher fast in jedem Dorf vorhandenen Bauten sind besser erhalten als anderswo und werden deshalb gegenwärtig restauriert und wieder in Betrieb gesetzt (vgl. www.apav.ch).

200 Meter höher baute man zwischen 1950 bis 1954 eine 130 m hohe Staumauer, welche heute den 63 Mio. Kubikmeter Wasser fassenden Lago del Sambuco staut.

Der **Steinweg „Fusio und die Wassermühlen"**, der das örtliche Handwerksgeschick beleuchtet, beginnt 200 m hinter dem Hauptparkplatz Fusios in Richtung Sambuco.

> Foroglio mit seinem beeindruckenden Wasserfall

Val Bavona

Falls man bei Bignasco nicht die Hauptstraße rechts hoch ins Lavizzara wählt, sondern nach links, nach Cavergno abbiegt und weiterfährt, gelangt man in das felsige, urtümliche Bavonatal. Hier gibt es zahlreiche **Wasserfälle** zu bestaunen, überall liegen Felsbrocken herum, ab und an finden sich kleine Weiler, Terre genannt. Das Bavonatal gehört zur Gemeinde **Cevio,** seit 1950 ist es durch eine Straße erschlossen (am alten Maultierweg finden Wanderer noch ausgemalte Bildstöcklein).

Die Steinlawinen und überaus harten Lebensbedingungen führten zunehmend zur Abwanderung, so dass das Tal heute nur noch im Sommer bewohnt wird. Gerade diese Einsamkeit macht aber den speziellen Reiz aus. Wo gibt es heute in der Schweiz noch ein **Tal ohne Steckdosen?** Nur in San Carlo gibt es dank eines Kraftwerkes Elektrizität. Auch touristisch ist das Tal noch wenig erschlossen, nur das Dorf **Mondada,** kurz nach Cavergno, ist in der Hand der Besucher, die anderen Weiler und Terre werden im Sommer nur von Einheimischen bewohnt, die hier halbnomadisch einfache Wohnstätten und Ställe besiedeln. Was man sieht, sind Wanderer und andere Tagesausflügler, oft jedoch ist man ganz allein. Das Bavonatal ist eine Landschaft, die im sogenannten Bundesinventar der Landschaften und Naturdenkmäler von nationaler Bedeutung registriert ist. Es genießt deshalb seit 40 Jahren besonderen Schutz. Seit 1990 sorgt eine Stiftung dafür, dass der Schutz und die aktive Erhaltung dieser einzigartigen Stücks Natur und Kultur gewährleistet ist (vgl. www.bavona.ch).

130te tt

Typisch sind hier die Geröll-Landschaften, *ganne* genannt, mit ihren Höhlen, die als Unterschlupf, Keller oder sogar als Wohnraum genutzt werden. Das einzige ganzjährig bewohnte Dorf ist am Talausgang das stattliche **Cavergno.** Die spätbarocke Pfarrkirche und der spätmittelalterliche Glockenturm sind beachtlich, das Beinhaus besitzt einen Bogengang. Im Dorfkern ist ein Holzspeicher sehenswert. In Cavergno wurde der bekannte Schriftsteller *Plinio Martini* geboren, wo er 1979 auch starb. Hinter dem Ort beginnt ein Trümmerfeld von Granitblöcken, es wechseln Weiler mit Kastanienwäldern und Wiesen, von den Felswänden sprudeln Wasserfälle.

Nach **Mondada,** Fontana, Aluedo, Sabbione und Ritorto folgt **Foroglio,** dessen kompakte Häusergruppe mit der kleinen spätmittelalterlichen Kapelle S. Maria Assunta und dem grandiosen Wasserfall eine wunderbare Kulisse abgibt. Die Kapelle birgt ein deutsches spätgotisches Flügelaltärchen von 1553.

Jetzt wird das Tal wilder und steiler, die Seitenbäche bilden markante Schutthügel. Auf Foroglio folgen die Weiler Rosed, Fontanellata, Faedo und der reizvollste des Tales, **Sonlerto.** Bemerkenswert hier eine sogenannte Torbe, ein Getreidespeicher auf Stelzen, der älteste des Tals aus dem Jahr 1591. Einsam gelegen ist in **Gannariente** die Kirche S. Maria delle Grazie mit Fresken aus dem Marienleben und guten Einzelgemälden. Hier findet alljährlich eine Wallfahrt statt, die von Cavergno hinaufführt.

Nach einer kurzen Steigung folgt **San Carlo,** wo die Seilbahn nach **Robei** eine großartige Hochgebirgswelt mit hochalpinen Stauseelandschaften erschließt: Zahlreiche Bergtouren führen ins Basodino- und Christallina-Gebiet. Unweit von San Carlo, wo die Straße endet, liegt in **Presa** in völliger Waldeinsamkeit eine

064te ns

Im Bavontal

Kapelle mit niedrigem Campanile. Seine spätgotischen Fresken sind in der Kirche San Carlo zu sehen.

Die **Stiftung Bavonatal,** 1990 gegründet, ist Hüterin eines außergewöhnlichen Landschaftsraum-Schutzprogramms: Die Zweitwohnungsbesitzer mähen gegen Entschädigung die Wiesen und verhindern so das Vordringen des Waldes, Expertengruppen überprüfen Baugesuche, wobei sehr auf Detailtreue und Baugeschichte geachtet wird. Zusammen mit *Pietraviva* hat die Stiftung den **Percorso della Transumanza** mit Infotafeln eingerichtet, ein Pfad zwischen Bignasco und Foroglio, der zu Viehställen, Vorratskammern und Holzkammern unter Felsbrocken führt.

Praktische Tipps

Information

- **Vallemaggia Turismo,** 6673 Maggia, Tel. 091 75 31 885, www.vallemaggia.ch. Freundliches Touristenbüro (Mo–Fr 9–12 Uhr und 14–17 Uhr, Sa 9–12 Uhr) und gute Prospekte zum Downloaden.
- **Infopoint Bosco Gurin,** 6685 Bosco Gurin, Tel. 0848 66 85 85, www.bosco-gurin.ch.
- Unter **www.guidevallemaggia.ch** gibt es Informationen zu begleiteten Führungen zu verschiedenen Themen im Maggiatal und den Seitentälern.
- **www.vallemaggiasecrets.ch** – sehr instruktive Webpage mit Informationen zu Besonderheiten in der Maggiaregion; dasselbe gibt's auch als App.
- **www.bavona.ch** informiert über die Aktivitäten der Stiftung im Bavonatal.
- **www.parconazionale.ch** informiert über den kommenden Nationalpark des Locarnese, der auch (kleine) Teile des Maggiatals umfasst.
- Ausgezeichnete **Wanderkarte** im Maßstab 1:50.000 (Hallwag) für das Valle Maggia, sFr. 22.50.

Unterkunft

Die ausgewählten Hotels und Restaurants sind so geordnet, wie der beschreibende Text, d.h. talaufwärts, inkl. Abstecher in Seitentäler.

Hotel Garni Casa Ambica, 6672 Gordevio, Tel. 091 75 31 012, www.casa-ambica.ch. Patrizierhaus im alten Dorfkern, mit hübschen Zimmern, Hof mit Loggia, tolles Frühstück, DZ sFr. 160–200.

Ristorante Unione, 6672 Gordevio, Tel. 091 75 32 598, www.ristoranteunione.ch; am Fluss gelegenes farbenfrohes Haus mit Restaurant, Garten, 5 moderne DZ, D/WC auf Etage, DZ sFr. 100–140.

Villa d'Epoca, 6677 Aurigeno, Tel. 091 75 65 000, www.villaepoca.ch. Jugendstilvilla mit 20 individuellen Zimmern, DZ sFr. 145–250.

Backpacker Baracca Ostello, 6677 Aurigeno, Tel. 079 20 71 554, www.baracca-backpacker.ch. Einfacher Backpacker, etwas außerhalb des Dorfes, Selbstkocherküche, DZ (D/WC auf Etage) ab sFr. 80 (April–Okt.).

Casa Martinelli, Via Cantonale Vecchia 60, 6673 Maggia, Tel. 091 76 90 51, www.casa-martinelli.ch; Vielgerühmtes, vom Architekten L. Snozzi neugestaltetes Hotel in Maggia in einem Gästehaus aus dem 17. Jh., 10 Zimmer, DZ sFr. 160 – 240.

Ca'Serafina, nucleo 13, 6678 Lodano (bei Coglio), Tel. 091 75 65 060, www.caserafina.com; DZ sFr. 200–220.

Hotel Cristallina, 6678 Coglio, Tel. 091 75 31 141, www.hotel-cristallina.ch. Zwischen Coglio und Giumaglio. Modernes Ökohotel mit regionaler Bioküche und Betonung auf vegetarischen Gerichten; verschiedene Massageangebote, DZ sFr. 130–190.

Pensione Boschetto, 6675 Cevio, Tel. 091 75 42 164, www.pensioneboschetto.ch. Gemütliches Haus mit originellen Zimmern, DZ sFr. 160 (nur bar).

Unser Tipp: Fior di Campo, 6684 Campo, Tel. 091 75 41 511; www.fiordicampo.ch. Auf sonniger Hanglage im einsamen, aber kulturhistorisch interessanten und für richtiges Abschalten geeigneten Campo eröffnet ein Nachkomme der Pedrazzinis ein kleines, aber feines, der Gegend angepasstes Boutiquehotel und knüpft damit an die große Tradition und Geschichte des Ortes an. Tolle Lage, Restaurant mit lokaler Küche, Weinkeller, reich sortierte Malt Whiskybar, kleiner privater Spa (Sauna/Solarium und 2 Wannen), Besichtigungen, Boccia, Kinderskilift. 6 grosszügige DZ in verschiedenen Größen ab sFr. 180, 3 Juniorsuiten ab sFr. 210 (Eröffnung geplant auf Juni 2014).

Hotel Walser, 6685 Bosco-Gurin, Tel. 091 75 90 202, www.bosco-gurin.ch. Am Dorfeingang beim großen Parkplatz, typisches Skihotel, Restaurant, Bar, Pizzeria, etwas Wellness, DZ sFr. 140–160.

Garni Ca'Stella, 6676 Bignasco, Tel. 091 75 43 434, www.ca-stella.ch. Altes, baubiologisch nachhaltig umgebautes Haus mit Gemeinschaftsraum im Dorf. Wem es nichts ausmacht, wenn D/WC auf der Etage sind, dem werden die einfachen, mit Charme eingerichteten 7 Nostalgiezimmer gefallen. DZ (D/WC auf Etage) sFr. 95–135; ab 3 Nächten bestimmt der Gast den Preis nach Absprache mit den Geschäftsführerinnen, Kinderfreundlich!

Albergo e Ristorante Robiei, 6685 Bosco Gurin, Tel. 091 75 65 020, www.robiei.ch. Das ab Mitte Juni bis Anf. Okt. geöffnete 8-eckige Hotel in 1891 m Höhe ist mit 30 Zimmern und 47 Betten das einzige Hotel im Bavonagebiet. Man erreicht es vornehmlich mit der Kabinenbahn von San Carlo. Ausgangspunkt vieler Höhenwanderungen und Bergtouren. 12 DZ (D/WC auf Etage) sFr. 95, mit D/WC sFr. 128; auch Touristenlager (sFr. 30).

Antica Osteria Dazio, Fusio, Tel. 091 75 51 162, www.osteriadazio.ch. Ganz hinten im Lavizzaratal, Einfache, originelle Zimmer, Regionalküche, DZ sFr. 170–190; auch Gruppenräume.

Munt la Reita, Familie Senn, 6684 Cimalmotto, Tel. 091 75 41 936, www.muntlareita.ch. Vielfältige Ferienmöglichkeiten (v.a. für Familien und Wanderer geeignet) auf dem Biohof auf 1430 m über Cimalmotto im Campotal. Die gastfreundliche Familie Senn produziert v.a. Bio-Bergkäse, aber auch einige andere Alpprodukte. Man kann herrlich wandern. Verschiedene Unterkünfte stehen zur Verfügung: Eine 2-Zi.Wohnung, zwei gemütlich eingerichteten Baustellenwagen, eine mongolische Jurte oder Schlafen im Heu, im großzügigen Matratzenlager oder auf der hofeigenen Campingwiese.

Azienda Agricola Agrituristica Mattei, Piano di Peccia, 6696 Lavizzara, Tel. 091 75 51 467, Biologischer Alpbetrieb der Familie Mattei, ca. 5 Min. per Auto vom Zentrum von Peccia, Aufzucht von Highland-Rindern, 3 Ferienappartments mit je 7 Betten, plus eines mit 4 Betten sowie einfacher Campingbetrieb.

Azienda Sasso del Trave, 6694 Prato-Sornico, Tel. 091 75 51 366. Kleiner Biobetrieb im Pratotal mit Ziegen, Schafen, Ponys und Eseln. 3 Abteilungen im Stroh, D/WC und kleine Küche.

Camping

- **Piccolo Paradiso,** 6670 Avegno, Tel. 091 79 61 581, Mobil 079 2776950, www.piccolo-paradiso.ch. Schöner Platz in der wilden Maggia-Landschaft.
- **Bellariva,** Gordevio, Tel. 091 75 31 444, www.campingtcs.ch, guter Camping am Fluss; Restaurant, Grillplatz, Laden, W-Lan, Mietwohnwagen.
- Auf dem **Ökohof Munt la Reita** (s.o.).

Essen und Trinken

- **Grotto Al Bosco,** Via Cantonale, Avegno, Tel. 091 79 62 023; neben zwei anderen Grotti; hier gute hausgemachte Küche; netter Service.
- **Osteria al Sasso,** Via Cantonale, Avegno, Tel. 091 79 62 308; Di–So in der Saison, sonst nach den Öffnungszeiten fragen. Gute Osteria.
- **Poncini,** Maggia, Tel. 091 75 31 320, von jungen Piemontesen betriebene Enoteca und Locanda im Dorfzentrum. Hat auch Zimmer mit D/WC. Do–Di.
- **La Froda,** 6690 Foroglio-Cavergno, Tel. 091 75 41 181. Am Wasserfall, leckere Tessiner Küche.
- **Al Ponte,** 6694 Prato-Sornico; Tel. 091 75 51 118, direkt an d. Maggia-Brücke, Gartenwirtschaft.
- **Grotto Pozzasc,** Peccia, Tel. 091 75 51 604, am Bergsee und Wasserfall gelegen, etwas versteckt. Authentische Tessiner Küche, v.a. Polenta.

Museum

- **Museo Etnografico di Valmaggia,** Palazzo Franzoni, Casa Respini-Moretti, 6675 Cevio, Tel. 091 75 41 340, www.museovalmaggia.ch; Im alten

450te ns

Ortsteil von Cevio, April–Nov. Di–Sa 10–12 und 14–18 Uhr. So 14–18 Uh. Dazu gehören das Grotto del Sole und die Torba in Sonlerto. Im Museumshof eine riesige Traubenpresse.

- **Museum Walserhaus**, 6665 Bosco Gurin, Tel. 091 75 41 819, www.walserhaus.ch; Wohnräume in einem Walserhaus; Tradition und Leben der Walser; April–Okt. Di–Sa 10–11.30 und 13.30–17 Uhr, So 13.30–17 Uhr; Eintritt sFr. 5

Unser Tipp: Einkaufen

- **Artis-Laden für Kunsthandwerk,** Cevio, Tel. 091 75 41 816, am Hauptplatz in Cevio; ein Entwicklungsprojekt innovativer Frauen aus dem Tal. Bietet lokale Lebensmittelprodukte und kunsthandwerkliche Artikel an und ist Infopoint für viele Informationen über das Maggiatal, Mo–Sa 10–12, 14–18 Uhr (nur im Sommerhalbjahr).
- **Punto Verde,** Bignasco, Tel. 091 75 42 480, www.puntoverdebignasco.ch. Bei Familie Matasci gibt es heimische Spezialitäten und Handwerksprodukte. Senf, aromatische Kräuter, Bienenwachs, aber auch lokale Weine, Murmelfett usw. Der Renner ist „Peppe della Valle Maggi" (Pfeffer). Auch Internetshop. Nicht ganz billig!

Wanderungen im Maggia-Tal

- **Ponte Brolla – Gordevio,** 4 Std.: von Ponte Brolla (Abstieg zur Maggiaschlucht möglich) nach Tegna und, dem Sentiero di Montagno folgend, zum Oratorio S. Anna; von hier Anstieg zum verlassenenen Weiler Streccia, von hier geht es hinunter nach Dunzio, bei Terra di Fuori weist der Wegweiser nach Ronchini und Gordevio.

◁ Biokäserei in Cimalmotto

- **Rundwanderung Giro della Valle del Salto,** 3 Std.: der Rundgang führt durch das Valle del Salto über mit Kopfstein gepflasterte oder mit Platten belegte Wege, Steintreppen und in den Felsen gehauene Passagen entlang alter Rustici und z.T. von *A. Vanoni* ausgemalten Bildstöcken. Der Weg beginnt im alten Dorfkern von Maggia auf der linken Flussseite und führt in 25 Min. zur Kapelle Santa Maria della Pioda über dem Wasserfall (s.o.). Weiter auf dem Treppenweg gelangt man ins Tal und auf einer relativ ebenen Strecke kommt man nach 1½ Std. zu einer Schleuse, hier gelangt man rechts über einen Pass ins Verzascatal (anstrengend), links auf die andere Talseite und nach etwa 3 Std. zu einer Steinbrücke und zurück zur Kapelle della Pioda.
- **Maggia – Aurigeno – Gordevio Ronchini – Maggia,** 3¼ Std.: vom Ortszentrum in Maggia zum Fluss hinuntersteigen, über die Hängebrücke und hier erst links, später rechts zum Dorf Moghegno wandern. Hier beim Restaurant in der Dorfmitte erst links, dann rechts dem Wanderweg nach Aurigeno folgen, welches man über eine Brücke erreicht. Weiter zur Kirche und von hier über die Hängebrücke über die Maggia, rechts nach Gordevio bis zum Restaurant Uno Pic wandern. Hier beginnt der Rückweg über Ronchini nach Maggia.
- **Von Bosco Gurin ins Valle di Campo,** 4 Std., 10 Min.: anspruchsvolle Passwanderung. Von der Post an den Ställen vorbei auf einem Sträßchen dem Talgrund der Rovina entlang bis zum Fußpfad bei Zum Schwarza Brunna. Weiter bis zum Wasserfall und rechts Aufstieg, nach 100 m links und Aufstieg zur Chumma (1855 m), von hier zum Pass Quadrella (2137 m) mit Blick auf Campo und Cimalmotto. Abstieg über Cava und Cimalmotto nach Campo. Achtung: die kleinen Geröllbäche in dieser Gegend schwellen manchmal rasant an!
- **Zweitägige Wanderung von Someo ins Vergelettotal,** 8½ Std.: bis zum Lago d'Alzasca 5 Std. 10 Min. (dort Berghütte), bis hier auch für ungeübte Bergwanderer möglich, nachher anspruchsvolle Route ins Vergelettotal. Von der Bushaltestelle in Someo über den Talboden rechts zur Hängebrücke

und wieder rechts bis zu einer Wegkapelle, hier Aufstieg zu den Alpen des Val di Soladino über einen Treppenweg und über Serpentinen nach Corte di Sotto und von hier zur Alphütte Corte di Fondo und zur Capanna d'Alzasca (1734 m) sowie zum gleichnamigen See. Von hier weiter Anstieg zur Bocchetta di Doia (2057 m) und Abstieg zur Alpe di Doia, nach felsiger Hangpartie steiler Abstieg zum Talboden des Valle di Fümegn, zu den Hütten Fümegn und Passo, hinunter zu den Tälern Camagna und Vergeletto und dort zum Ort Vergeletto.

■ **Wanderung durchs Lavizzara-Tal, von Bignasco über Peccia nach Fusio,** 5 Std. 50 Min: Dem linken Talhang bis Ronco auf einem Sträßchen folgen, bald beginnt der alte Saumpfad. Bei der alten Steinbrücke Ponte della Merla auf die rechte Talseite, Aufstieg nach Menzonio und Pianezza. Bei der Abzweigung Monti di Rima entweder nach rechts über Broglio und auf dem linken Talhang über Vedlà nach Prato oder links über Monti di Rima. Von Prato führt der Weg nach Peccia, wo man oberhalb der Kirche nach links in Richtung Mogno abbiegen muss. Hier wartet die Kirche von *Mario Botta* auf Besuch. Fusio ist jetzt nicht mehr weit.

■ **Rundwanderung von Prato nach Broglio,** 2½ Std.: Von Prato steigt ein Sträßchen nach Monti di Rima mit seiner Kapelle, das ursprünglichste Maiensäß hier ist das Rima des Dichters *Giuseppe Zoppi*. Der Weg führt hinab nach Broglio, *Zoppis* Heimatort. Rechts der *Osteria Zoppi* führt eine Treppe zur Maggia, links geht es zum linken Ufer und zur Kapelle in Vedla; hier überquert man ein Zuflüsschen und steigt hinab nach Prato.

■ **Rundwanderung von Fusio zum Lago di Mognola,** 4¾ Std.: Zuerst auf der Umgehungsstraße, nachher auf einem Bergweg zum Maiensäß Corte dell'Ovi, weiter zur Alp Corte Mognola, zum Wasserfall des Ri di Mognola und zum gleichnamigen See (2003 m). Hinab über Corte della Sassina zum Bächlein Ri di Vacarisc unterhalb der Alphütte Cana. Über Corte dell Sasso und Corte di Mezzo nach Vacarisc di Fuori. Von hier nach Fusio zurück oder als Variante auf dem Sträßchen über Portol di Fuori.

Lehrpfade

Vallemaggiatourismus beschreibt sehr eindrückliche kulturelle Rundgänge durch das Tal, so die Brücken und Waschhäuser um Gordevio, Lodano und seine Weinberge, Campo und der Bergrutsch, Peccia und der Marmor, Fusio und seine Mühlen. Vgl. www.vallemaggia.ch und dort unter Aktivitäten- Sehenswürdigkeiten; kulturelle Rundgänge.

Der Rundgang „Val Bavona und die Transhumanz" sei besonders empfohlen; er thematisiert das halbnomadisch-saisonale Leben der Bewohner im Bavonatal. Der Prospekt kann beim Touristenbüro bezogen werden und ist auf Italienisch und Deutsch erhältlich. Auf www.vallemaggia.ch kann er heruntergeladen werden. Die beschriebenen Sehenswürdigkeiten können nicht in einer Wanderung oder einem Spaziergang erschlossen werden, sondern angesichts der Größe des Gebiets nur Stück für Stück oder in Etappen.

Herbstlicher Blick über das Centovalli und das Onsernone-Tal (rechts)

451te tt

Das Pedemonte und das Centovalli

Von Locarno den Monte Brè entlangfahrend, wo die Zistrose wächst, gelangt man nach **Ponte Brolla.** Statt scharf rechts abzubiegen und in das lange Maggiatal hineinzufahren, kann man links über die Brücke fahren und findet dann zuerst die **fruchtbare Gartenlandschaft** des sogenannten Pedemonte vor, der untere Teil des Tals der Melezza.

Wenn man weiter talaufwärts fährt, folgt der obere Teil, Centovalli genannt, der sich bis zur Staatsgrenze hinzieht. Als Alternative kann man nördlich ins wenig bewohnte Val Onsernone abbiegen, welches wir in einem eigenen Kapitel beschreiben.

Alle diese Gebiete gehören zum geplanten **Nationalpark** „Parco Nazionale del Locarnese", der sich in der Kandidatenphase befindet und ca. 2016 (mit drei weiteren in der Schweiz) realisiert werden soll. Über die Projekte informiert umfassend der Exkurs „Neue National- und Naturparks in der Schweiz" im Kapitel „Land und Leute". Zum neuen Nationalpark des Locarnese s.u.: Exkurs „Parco Nazionale del Locarnese".

Das Pedemonte

Das Pedemonte zieht sich von Intragna bis Ponte Brolla hin und gehört zum Flusslauf der **Melezza.** Da es eine fruchtbare Gartenlandschaft auf Schwemmland ist, die ein ganz eigenes Gepräge aufweist und dank der Exposition auch klimatisch bevorzugt ist, wird das Pedemonte vom Talteil „Centovalli" unterschieden, obschon es nur drei Dörfer (Tegna, Verscio, Cavigliano) aufweist, die heute fast zusammengewachsen sind.

454te ns

Tegna

Von Locarno kommend fällt vor Tegna vor allem der freistehende Kirchturm an der Eisenbahn auf. Über dem Dorf selbst sind auf einem Felssporn außerdem eine **prähistorische,** später römische **Burg- und Militäranlage** sowie mittelalterliche Bauten zu finden. Das Castello besteht aus einem quadratischen Hauptgebäude aus dem 1. Jh. (vielleicht ein Wartturm oder Tempel), einer Zisterne und einem Sodbrunnen.

Die **Kirche** in Tegna wirkt barock, ist aber im Kern älter und besitzt Stuckaturen aus der ersten Hälfte des 17. Jh. sowie eine Louis-XVI.-Balustrade mit farbigen Marmorintarsien sowie Fresken des 15. bis 17. Jh.

An der quadratischen Piazza mit Brunnen liegt das **Ristorante alla Cantina** mit Säulenarkaden an der Hofseite aus dem 17. Jh. und einem Wandgemälde der Pietà, 1753 von *G. Orelli.* Daneben weitere Bürgerhäuser wie die Casa Zorbola und Casa Zurini, welche dem Ort fast ein städtisches Gepräge geben.

Das **Zementbacksteinhaus** an der Via Cantonale mit den Bäumen auf dem Dach und einem Atelier hat *Christoph Zürcher* 1989 für den 2005 gestorbenen Ausstellungsmacher *Harald Szeemann* (Biennale, dokumenta, Expo 2002) gebaut. Die letzten Jahre bis zur ihrem Tod 1995 lebte auch *Patricia Highsmith,* die Autorin des „Mr. Ripley", hier.

Tegna grüßt mit einem freistehenden Kirchturm

Der Clown Dimitri und sein Teatro

Dimitri kommt 1935 als Sohn des Bildhauers und Architekten Werner Jakob Müller in Ascona zur Welt. Zu Hause wird Berndeutsch gesprochen, daneben spricht er fließend Italienisch und singt wunderbar Lieder im Dialekt seiner Tessiner Heimat. Dimitri lernt vorerst Töpfer, interessiert sich aber für den Ausdruckstanz, schon mit sieben Jahren will er nach einem Besuch des Clowns Adreff selbst Mime werden.

Nach dem Schulabschluss in Ascona und Zürich nimmt er neben seiner Töpferlehre Schauspielunterricht, spielt an Studentenbühnen, sieht Vorstellungen von Harald Szeemann, Marcel Marceau und dem berühmten Grock und besucht bald Kurse in Paris, wie Akrobatik, Kunstturnen, Musik und Tanz. Marceau nimmt ihn in seine Truppe auf.

Im Todesjahr von Grock, 1959, tritt Dimitri erstmals als Clown auf. Der Erfolg lässt nicht lange auf sich warten, Dimitri wird bald national und international bekannt, er heiratet seine lebenslange Liebe Gunda. Mit ihr gründet er eine große Familie, alle Kinder werden Künstler, die mit ihm zusammen später das Teatro Dimitri (1971), die Clown- und Mimenschule (1975) sowie die gegenwärtig entstehende Casa del Clown und den Parco del Clown in Verscio führen.

Für Dimitri beginnt eine Karriere als Weltstar, er tritt so ungefähr überall auf, wo ein Clown auftreten kann, zuerst meist als Einzelmime, zunehmend aber auch als „Compania Dimitri" mit seiner Familie.

453te Wolf Fischer

Dimitri ist ein einzigartiger Clown, ein Akrobat, Tänzer, Musiker, Sänger, bildender Künstler, ein Multitalent, das seinesgleichen sucht. Menschlich – im persönlichen Kontakt – ist er äußerst bescheiden geblieben, seiner sympathischen Ausstrahlung kann man sich kaum entziehen. Noch heute – mit bald achzig Jahren – tritt er auf: Der Besuch einer Vorstellung mit ihm ist ein einmaliges Erlebnis. Sehenswert sind auch die Ausstellungen seiner Bilder und Lithographien, die er gemeinsam mit Werken seiner Frau Gunda ausstellt.

Schon früh fühlte sich Dimitri zum Pantomimen und Clown berufen

Verscio

Verscio war der Hauptort des Pedemonte und ist auch das größte der drei Dörfer. Berühmt wurde es aber erst, als sich der Clown und **Pantomime Dimitri** hier niederließ und 1971 sein zur Legende gewordenes **Teatro** aufzog. Heute ist Dimitri in Verscio nicht nur durch das Teatro präsent. Das Dorf ist ein richtiges **Kulturzentrum** geworden, hier gibt es zwei Theatersäle und ein Restaurant, ein festes Ensemble, ein kleines Museo Comico (seit 2010 in der „Casa del Clown"), das noch *Harald Szeemann* einrichtete und in dem man z.B. Filme der großen Clowns dieser Welt zeigt (vgl. www.teatrodimitri.ch). Auch die Schule ist hier angesiedelt (heute als Fachhochschule anerkannt).

S. Fedele liegt am Südrand des Dorfes. Die 1214 geweihte Barockkirche wurde 1748 durch das heutige Gotteshaus ersetzt, wobei der Chor und Teile des Schiffes als Bruderschaftskapelle erhalten blieben. Der Campanile wurde 1720 vollendet. Spätgotische Wandmalereien in der Art *Antonio da Tradates* finden sich im Kreuzgewölbe des ehemaligen Chors, *chiesina* genannt. In der Taufnische findet sich ein Wandbild von *G. Orelli.* Die Kirche birgt einen Altar mit Aufbau in Form eines Tempels mit Figuren und Reliefs.

Auf der Piazza steht der Dorfbrunnen von 1811, westlich die **Casa Cavalli** (von *Snozzi,* 1978) mit Pfeilerloggia, nördlich die **Casa Leoni** mit zweigeschossiger Arkadenfront aus dem 17. Jh.; hier hat das *Teatro Dimitri* seine berühmten Aufführungen. Die **Casa Snyder** von 1966 wurde von *Snozzi* und *Vacchini* entworfen.

Die Steinbogenbrücke Ponte Romano spannt sich bei Intragna über die Melezza

119te ns

Cavigliano

Im ländlich geprägten Straßendorf Cavigliano zweigt die Straße ab ins Onsernone-Tal, weiter unten ins Centovalli. Die Häuser sind mit **Fresken** und **Skulpturen** verziert; die spätmittelalterliche Pfarrkirche S. Michele liegt südlich des Dorfes. Man kann hier eine **Hebelpresse** aus dem 17. Jh. betrachten, die Schlüssel liegen im Gemeindehaus bereit. Die mittelalterliche Steinbrücke **Ponte di Cratolo** am Anfang des Onsernonetals, in der Nähe der Postautohaltestelle Cratolo, wurde restauriert.

Das Centovalli

Das Gebiet des Centovalli (was „100 Täler" bedeutet) wurde von zahlreichen Wildbächen geformt; diese fallen vor allem auf der südlichen Talseite von 2000 auf 200 m hinab. Das Centovalli verbindet Locarno mit Domodossola in Italien; seit 1923 werden das Pedemonte und das Centovalli von der **Centovalli-Schmalspurbahn** durchquert. In 90 Minuten fährt sie über 82 Brücken, z. T. in Schwindel erregender Höhe, und durch 31 Tunnel, während draußen die Dörfer des Centovalli vorbeiziehen, das sich auf der italienischen Seite unter dem Namen Valle Vigezzo (s.u.: Kap. „Val Cannobina und Valle Vigezzo") fortsetzt.

Das Centovalli ist dicht bewaldet, nur wenige Dörfer unterbrechen das grüne Band. Das Centovalli war – zusammen mit dem benachbarten, italienischen **Valle Vigezzo** – das „Hauptrekrutierungsgebiet" der kleinen Kaminfeger, die sich aus Armutsgründen bis zum Beginn des 20. Jh. in den norditalienischen Städten verdingen mussten. Wegen ihrer schmächtigen Körpergestalt waren sie besonders geeignet, durch die Kamine zu kriechen und diese zu reinigen. Im (Kinder-)Roman „Die schwarzen Brüder" ist das Los dieser Knaben herzergreifend dargestellt (s.u.: „Anhang, Literaturtipps"). Im gleichnamigen Film des Oscar-Preisträgers Xavier Koller wird die Geschichte dieser armen Tessiner Jungen neu erzählt.

Golino war vor dem Bau der Talstraße der Ausgangsort der Saumpfade ins Centovalli und wichtiger Umschlagplatz; es besitzt einen hübschen, geschlossenen Dorfplatz mit stattlichen Häusern des 16. bis 18. Jh. In einem ist ein kleines Hotel beheimatet (s.u.: „Unterkünfte").

Intragna

Intragna liegt auf einem Sporn des alten Talbodens zwischen den Flüssen Melezza und Isorno, wobei letzterer das wilde Onsernonetal entwässert. Intragna ist eine große Ortschaft, die 2009 mit den Gemeinden Borgnone und Palagnedra zur noch größeren Gemeinde Centovalli fusionierte und so jetzt bis zur italienischen Grenze reicht. Das Dorf selbst wirkt mit seinen schmalen verwinkelten Gassen und seinen Plätzen urban, vor allem der Kirchplatz mit Rathaus, Friedhofssäule und spätklassizistischem Brunnen.

Die **Pfarrkirche S. Gottardo** besitzt den höchsten Campanile des Tessins (65 m). Dieser, 1774 vollendet, ist schon von weitem als Wahrzeichen des Ortes sichtbar. Das Innere birgt eine elegante Rokokobalustrade aus vielfarbigem Marmor und in der zweijochigen Kapelle mit

Kreuzgewölbe Renaissancestuckaturen aus dem frühen 17. Jh. mit Putten, Cherubimköpfen und Grotesken.

An der Hauptstraße liegt die barocke **Casa Maggetti** mit fünfjochiger Loggia und Balkonen auf der Gartenseite; sie beherbergt das **Regionalmuseum.** Von Intragna hat man einen schönen Blick auf das Pedemonte und die Locarneser Skiberge Cardada und Cimetta.

Hinter Intragna fällt der Talhang links zur Melezza-Schlucht ab, und eine Straße führt nach **Calezzo** und **Costa** hinauf, beide in schöner Aussichtslage.

100 m hinter dem Grotto du Rii (ausgeschildert) führt in 15 Minuten ein Saumpfad abwärts zur Steinbogenbrücke **Ponte Romano,** die im 16. Jh. über die Melezza gebaut wurde. Unter der Brücke laden **Plätze zum Baden** ein. Ganz anderen Vergnügungen dient die 72 m hohe Eisenbahnbrücke über den Isorno: Sie ist Treffpunkt der **Bungee-Springer.**

Verdasio, Terra Vecchia und Rasa

Verdasio mit seinen schmalen Gassen ist eines der am besten erhaltenen Dörfer des Tessins. Der Ort liegt auf einem sonnigen Plateau oberhalb der Talstraße und ist über ein steiles Sträßchen erreichbar. Viele Gäste kommen nur wegen des gleich bei der Kirche gelegenen Feinschmeckerlokals Al Pentolino (s.u.: „Essen und Trinken"). Die **Pfarrkirche** hat nierenförmige Fenster und einen sehr hohen, unverputzten Turm mit Zeltdach. Bei der Kirche liegt die herrschaftliche **Casa Tosetti** aus dem 17. Jh. Sie besitzt einen malerischen Hof. Aus der gleichen Zeit stammen die **Casa Cavalli** und die **Casa de Martini.**

Das unberührte Bergdorf Rasa auf 1000 m ist von der Bahnstation in Verdasio mit einer **Seilbahn** erreichbar. Eigentlich gibt es zwei Rasa: Das alte Rasa (heute Terra Vecchia) lag in einer schattigen Senke. Zusammen mit anderen Dörfern im Tessin besaßen die Bewohner von 1631 bis 1847 das Monopol für Lastenträger im Hafen von Livorno, was Rasa einen bescheidenen Wohlstand sicherte. Mit dem gesparten Geld bauten sie etwas oberhalb das neue Rasa an einem sonnigeren Ort. Doch auch dieses Dorf entleerte sich – wie das alte – mit der Emigration.

Erst eine christliche Gemeinschaft gab dem Dorf neues Leben: Das autofreie neue Rasa, das heute gerade einmal 30 Einwohner zählt, wartet mit einer Barockkirche, hübschen Häusern, einem kleinen Museum, einem Grotto, einem Brotofen, einer Töpferschule und eben jenem christlichen Zentrum auf, welches verschiedene Unterkünfte anbietet.

Das alte Rasa, das völlig zerfiel, wurde seit den 70er Jahren des letzen Jahrhunderts von einer Stiftung wieder aufgebaut, die Sozialtherapie, Arbeitsintegration und eine Produktionsstätte miteinander verbindet. Das Dorf nennt sich heute wie diese Gemeinschaft: „Terra Vecchia". Das am gegenüberliegenden Talhang liegende Bordei wurde von derselben Stiftung restauriert.

> Herbstidylle in Palagnedra

456te ns

Palagnedra und Bordei

Will man zum Dorf Palagnedra gelangen, so muss man von der Talstraße beim Stausee Lago di Palagnedra tief unten im Tal zuerst über enge Serpentinen hoch auf das Plateau fahren. Hier liegt der Flecken mit ca. 120 Einwohnern (im Winter ca. 50), der früher der Hauptort des Centovalli war.

Palagnedra brachte es bis ins 19. Jh. zu einem gewissen Wohlstand dank Emigranten wie der Familie *Mazzi,* die erfolgreich am Hof der *Medici* tätig war. Andere Auswanderer waren erfolgreich als Kaminfeger oder als Köche. Einige Bürgerhäuser und die reich ausgestattete Kirche zeugen vom dadurch erworbenen, bescheidenen Wohlstand einzelner Erfolgreicher. Daneben gab es Landwirtschaft und die Schmuggelei über die nahe Grenze. Heute ist der Ort bei vielen v.a. wegen seines Country&Rock-Openairs bekannt, das im Juni stattfindet.

In der **Pfarrkirche S. Michele,** nördlich des Dorfes, sind vorzügliche Fresken erhalten, das Hauptwerk *Antonio da Tradates* (Ende 15. Jh.). Man beachte v.a. das Gewölbe in der Sakristei (ehemaliger Chor), die Ost- und Nordwand sowie die Seitenwände. In der westlichen Seitenkapelle ein Verkündigungsgemälde von L. Crescius (1602). Der Schlüssel ist beim Pfarramt erhältlich, Tel. 091 79 61 129).

Die **Palazzi** am Nordrand sind klassizistisch oder biedermeierlich mit Dekorationsmalereien. Eine Mühle wurde kürzlich wieder instand gesetzt.

Von Palagnedra aus kann man auf einem schmalen Sträßchen zum ehemals völlig verlassenen **Dörfchen Bordei** inmitten von Kastanien- und Nussbaumhainen fahren. Bordei wurde – wie Terra Vecchia – von der gleichnamigen Stiftung in mühsamer Arbeit wieder in Stand gesetzt. Es gibt Ställe, Werkstätten und eine (gute) Osteria, daneben einen Landwirtschaftsbetrieb auf biologischer Basis. In der Osteria gibt es auch einfache Zimmer (s.u: „Unterkünfte").

Grenzregion

Oberhalb des **Palagnedra-Sees** gelangt man zum Grenzort **Camedo.** Von hier zweigt eine Straße nach Borgnone, Costa und Lionza ab. Dieser Abstecher ist bei guter Witterung lohnend, hat man doch von allen drei sonnenverwöhnten Dörfern eine einmalige Aussicht über das ganze Centovalli und die angrenzenden Bergzüge. Dies haben einige schon erkannt: Die Dörfer weisen alle gut erhaltene Rustici auf und haben auch sonst ein gepflegtes Äußeres. In allen drei Dörfern herrscht trotzdem wenig Leben, wenn die Besitzer der Wochenendhäuser nicht anwesend sind.

In **Borgnone** auf der ersten Höhenstufe grüßt der hohe spätmittelalterliche Turm der Pfarrkirche S. Maria Assunta, gut sichtbar sind von hier aus die gegenüberliegenden alten Terrassierungen von Moneto. Zwei Stichstraßen führen von hier nach Lionza und noch höher hinauf, nach Costa.

In **Lionza** wirbt man um Spenden, um die Kirche zu erhalten, daneben wirkt das Dorf gepflegt, es ist sonnenverwöhnt und bietet eine schöne Aussicht.

Der neue Parco

Der Parco Nazionale del Locarnese ist ein Gemeinschaftsprojekt von 14 Gemeinden und 13 Bürgergemeinden (Patriziate) der Region. Er will die wirtschaftlich schwachen, aber von der Natur und Kultur reich beschenkten Seitentäler des Tessins „hinter" dem Lago Maggiore in nachhaltiger Weise schützen und gleichzeitig beleben. Das Gebiet des neuen Nationalparks war im 16. Jh. dicht besiedelt, entwickelte sich jedoch zunehmend zum Armenhaus und einem der großen **Auswanderungsgebiete** der Alpen. Die Kaminfeger, Maurer, Gipser und Stuckateure suchten Erwerb in Italien, Flandern, Deutschland oder Frankreich und zogen bis in die USA, nach Südamerika und Australien. Die landwirtschaftlich genutzten Flächen mit Terrassierungen aus Trockenmauern, Rustici und intakten Dörfern starben aus und die Wildnis holte sich das Gelände zurück.

Die „schönste Sackgasse der Schweiz" (der „Spiegel" über das Onsernonetal), das Centovalli, Linescio mit seinen Terrassierungen aus Trockenmauern, die Walsersiedlung Bosco Gurin, das Hinterland der Ufergemeinden am Lago Maggiore und die Brissagoinseln werden nun also einen großen, neuartigen Park bilden. Der Park ist als Naturpark geplant, Menschen arbeiten und leben im Parkgebiet. Es gilt somit, die einzigartige **Natur- und Kulturlandschaft** zu schützen und gleichzeitig Tourismus und Wirtschaft so nachhaltig zu entwickeln, dass Menschen hier leben und sich ernähren können.

› Blick über das Centovalli

Nazionale del Locarnese

459te ns

Im Unterschied zu den ebenfalls entstehenden Naturparks hat ein Nationalpark eine sogenannte **Kernzone,** in der die einheimische Flora und Fauna unberührt bleibt und Entwicklung nur als dynamische Eigenentwicklung der Natur erfolgt. Dies ist nicht überall möglich, sondern nur dort, wo genügend Raum für eine solche Kernzone ohne menschliche Eingriffe vorhanden ist, v.a. im Gebirge und in Gebirgstälern.

Der neue Nationalpark des Locarnese umfasst deshalb sowohl sogenannte **„Umgebungszonen"** wie die vom Menschen stark geprägten Uferregionen des Locarnese mit Ascona, Losone, Ronco und z.B. des Pedemonte. Er umfasst aber insbesondere auch eine Kernzone in den Bergregionen des Hinterlandes, v.a. im Onsernone und Centovalli.

In beiden Teilen, der Kernzone und den angrenzenden, bevölkerten Gegenden, verpflichten sich die Einwohner auf unterschiedliche Regeln der Nachhaltigkeit. In der Umgebungszone geht es z.B. um eine naturnahe Bewirtschaftung der Kulturlandschaft und den Schutz vor (zusätzlichen) nachteiligen Eingriffen. Diese Idee gefiel nicht allen Einheimischen: Einige – im ursprünglichen Parkkonzept wichtige – Gemeinden wie die große Gemeinde Cevio mit dem Bavonatal oder die Gemeinde Campo traten aus dem Verbund aus, das Parkprojekt drohte an den Interessen einiger Fischer, Jäger und Immobilienbesitzer zu scheitern.

Mutig wurde es dennoch wieder aufgenommen, und nun sind die verbleibenden Gebiete auf dem besten Weg, ab 2015 zum Parco Nazionale zu werden – neben dem gestandenen Nationalpark im Engadin/Münstertal und dem ebenfalls projektierten Nationalpark Adula. Sie sind die einzigen Parks in der Schweiz, die das Label „Nationalpark" führen dürfen. Über die Entstehung des Parks und die geplanten Aktivitäten informiert www.parconazionale.ch.

457te ns

Oberhalb der Kirche fällt der Palazzo Tondü auf, ein markanter Bau der gleichnamigen Familie, die als Kaminfeger emigrierte, in Parma reich wurde, zum Adel aufstieg und sich hier ca. 1650 ein Denkmal schuf. 1784 schenkte der Ritter *Ferdinando Tondü* das Haus, welches wenig benutzt wurde, der Gemeinde. Diese nutzte es bis 1984 wiederum als Verwaltungsgebäude. Aktuell bemühen sich eine Stiftung und der Kanton um die fehlenden 2,5 Mio. sFr. für die Restaurierung des imposanten Gebäudes (vgl. www.palazzotondu.ch).

Auch im höchstgelegenen **Costa** haben Wochenendbesucher sehr schöne Rustici ausgebaut. Klima und Lage belohnen sie für die Mühe. Kern des eng aneinandergebauten Dorfes ist ein hübscher Platz mit großem Granittisch, etwas unterhalb liegt in malerischer Lage die hübsche Kirche S. Anna mit Bruchsteinmauerwerk und Steinplattendach. In Camedo führt eine weitere Abzweigung zum Weiler **Moneto** auf der anderen Talseite. Nach Camedo führt die Straße durch das Valle Vigezzo nach Domodossola oder nach 10 Kilometern bei Malesco durch das Cannobinotal hinunter zum See bei Cannobio und von dort zurück über die Grenze nach Brissago.

Praktische Tipps

Information

- **Infopoint Centovalli Pedemonte Onsernone,** Piazza, Intragna, Tel. 091 78 07 500, www.centovalli.net. Geöffnet: Mo–Sa 9.30–12.30 Uhr; Mo auch 14–17 Uhr.

⌃ Die schöne Kirche von Lionza

■ **Rustici und Ferienhäuser** vermietet Cento Rustici, Piazza, Intragna, Tel. 091 78 07 440, www.centorustici.ch; Mo–Fr. 9–11.45 Uhr. Dorfführungen im Sommer-Halbjahr jeweils Mi ab 10.30 Uhr, Treffen auf dem Dorfplatz Intragna, sFr. 15 p.P.; Einkauf lokaler Produkte.

Unterkunft

UNSER TIPP: **Albergo Centovalli,** 6625 Ponte Brolla-Tegna, Tel. 091 79 61 444, www.centovalli.com. Am Fuß eines steilen Felsens; berühmtes Restaurant mit noch berühmterem Risotto. Hier gibt es auch ansprechende Unterkunft, DZ mit D/WC oder Bad/WC sFr. 190, mit D/WC auf Etage sFr. 149.

■ **T3e Terre,** 6625 Ponte Brolla-Tegna, Tel. 091 74 32 222, gleich neben dem bekannteren Albergo Centovalli. Für Übernachtungen durchaus eine Alternative zum Albergo. DZ sFr 180–210.

■ **Hotel Al Fiume,** 6652 Tegna, Tel. 091 79 62 284, www.alfiume; In schöner Lage nahe Maggiastrand mit Garten. 7 DZ, sFr. 195–270.

■ **Garni Barbate,** 6652 Tegna, Tel. 091 79 61 430, www.garnibarbate.ch; nettes Garni, ruhig gelegen, 12 Zimmer zum Garten, März–Dez. DZ sFr. 162–210.

■ **Landgasthaus Cà Vegia,** 6611 Golino, Tel. 091 79 61 267, www.hotel-cavegia.ch. Patrizierhaus aus dem 17. Jh. mit 24 renovierten Zimmern. Hotel garni, DZ mit Bad sFr. 136–182. November bis 15. März geschlossen.

■ **Hotel al Ponte Antico,** 6656 Golino, Al Ponte, Tel. 091 78 56 161, www.ponteantico.ch. Ruhige Lage nahe dem Fluss Melezza; Zimmer mit hübschen Möbeln, Restaurant, Wintergarten, 12 DZ mit Dusche/WC sFr. 180–200. April bis Ende Okt.

■ **Boutique Hotel Tentazioni,** Via Cantonale, 6652 Cavigliano, Tel. 091 78 07 071, www.tentazione.ch. Vier elegante Zimmer im schön renovierten alten Tessinerhaus des gleichnamigen Feinschmeckerlokals. DZ sFr. 180–270.

Albergo Pensione Casa Soledaria, 6654 Cavigliano, Tel. 091 79 61 115, www.soledaria.ch, Biohotel in Cavigliano am Eingang des Centovalli, 27 einfache Zimmer, schöner Garten, DZ sFr. 180, Bad/WC auf Etage sFr. 130–170.

■ **Stazione da Agnese,** 6655 Intragna, Tel. 091 79 61 212, www.daagnese.ch. Bahnhofsrestaurant mit schöner Aussicht. Gute regionale Gerichte, 10 hübsche Zimmer. DZ sFr. 170–260. Täglich geöffnet, Dezember bis Februar geschlossen.

■ **Camporasa,** Bildungs- und Ferienzentrum im autofreien Rasa, erreichbar mit der Seilbahn von Verdasio-Rasa, 6655 Intragna, Tel. 091 79 81 391, www.camporasa.ch. Das Zentrum hat verschiedene Häuser DZ mit D/WC auf Etage sFr. 124; **Ferienhaus Casetta** (mit D/WC und kl. Küche) sFr. 160–180. Auch Halb- und Vollpension möglich.

■ **Osteria Bordei,** 6657 Palagnedra-Bordei, Tel. 091 78 08 005, www.bordei; Osteria im von der Stiftung Terra Vecchia restaurierten Dorf; einfache Zimmer mit D/WC auf Etage (Achtung: Unbedingt nachfragen, ob Straße und Osteria offen sind!)

Essen und Trinken

■ **Albergo Centovalli,** s.o: „Unterkunft"

■ **Ristorante da Enzo,** Ponte-Brolla, Tel. 091 79 61 475. Feinschmeckerlokal mit schönem Garten zum Fluss, regionale Küche. März bis Dez. Fr–Di.

■ **Grotto Pedemonte,** Verscio, Tel. 091 79 62 083, im alten Dorfteil an der Kantonsstraße, schöne Pergola, Tessiner Küche.

Ponte dei Cavalli, Cavigliano, Tel. 091 79 62 705. Am Eingang zum Onsernonetal in einer alten Mühle, raffiniert bio und vegetarisch.

■ **Tentazioni,** Via Cantonale, 6652 Cavigliano, Tel. 091 78 07 071, Reservierung ratsam.

■ **Ristorante Madonna,** Golino, 091 79 61 695, in altem Tessinerhaus, schöner Garten, mediterrane Küche, Mi–Mo.

■ **Grotto du Rii,** Intragna, Tel. 091 79 61 861. In einer ehemaligen Mühle am Wasserfall, Do–Mo.

■ **Ristorante Centrale,** Intragna, Tel. 091 79 61 284. An hübschem Platz, kreative Küche, Di–Sa.

■ **Al Pentolino,** Verdasio, Tel. 091 78 08 100; Mitten im Dorf, sympathisch, für Gourmets; der Koch kocht im Winter auf dem Stoos im Kt. Schwyz. Vorbestellen ratsam!

■ **Osteria Bordei,** s.o.: „Unterkunft"; Di–So.

Einkaufen

■ **Centorustici,** im Zentrum Intragnas; lokale Produkte, Adresse s.o.: „Information".

Museum

■ **Museo regionale delle Centovalli e del Pedemonte,** Casa Maggetti, Intragna, Tel. 091 79 62 577, geöffnet Ostern bis Ende Okt. Di–So 14–18 Uhr. Regionalmuseum, im Hof eine Presse zur Herstellung von Nussöl und ein Brotbackofen, Herstellung der charakteristischen Stoffschuhe, Sammlung von Gerätschaften des alltäglichen Gebrauchs, Kaminfeger-Leben, Archiv des Basler Fotografen *Rico Jenny,* auch Sonderausstellungen.

Ausflüge

Wildkräuter Events Ticino, Erica Bänziger, Tel. 091 79 62 861 oder mobil 079 35 41 230, www.ericabänziger.ch; Die Autorin und Ernährungs-Beraterin Erica Bänziger führt von Mitte März bis Mitte Juli jeden Dienstag oder nach Vereinbarung Kräuterstreifzüge in der Region (Pedemonte, Centovalli, Maggia, Bavona, Bolle di Magadino) durch. Kinder und Hunde willkommen; Preis inkl. Picknick und Biowein sFr. 50 bis 65 p.P.

■ **Seilbahn Intragna-Pila-Costa,** mit der Centovalli-Bahn (Abfahrten vom Bahnhof Locarno alle 1½ Std.) nach Intragna, dann mit der Seilbahn nach Pila und Costa mit vielen Wandermöglichkeiten. Tel. 091 79 61 127, Betrieb März bis Mitte November.

■ **Seilbahn Verdasio-Rasa,** mit der Centovalli-Bahn nach Verdasio, mit der Seilbahn nach Rasa mit guter Rundsicht. Wandermöglichkeiten. Tel. 091 79 81 263, Betrieb täglich 9–13 und 14.20–18 Uhr.

■ **Seilbahn Verdasio-Monte Comino,** Verdasio, Tel. 091 79 81 804, www.montecamino.ch, oberhalb der Hauptstraße bei Verdasio Stazione; ein Bergrestaurant an der Bergstation mit verblüffender Aussicht (auch einfache Übernachtungen). Mitte März bis November.

■ **Mühlenpark „Parco dei Mulini",** in der Ortschaft Lionza oberhalb Borgnone, am Beginn des sog. „Marktwegs", ist von Camedo aus in 20 Min. zu Fuß der Mühlenpark erreichbar. Am Bach sind eine antike Hammerschmiede, ein Waschtrog, Mühlenruinen und ein Brotbackofen Zeugnisse einer handwerklichen Vergangenheit.

Wanderungen

■ **Wanderung durchs Centovalli,** von Intragna nach Camedo über Monte di Camino nach Camedo, 5 Std. 40 Min. Nach Calezzo beginnt der Saumweg nach Slönga, von hier geht es in Serpentinen nach Monte di Camino. Über Wiesen führt der Weg zum Kirchlein Madonna della Segna (1166 m), vor der Kirche führt der Weg links hinunter nach Verdasio. 60 m unter dem Dorf führt der Weg in den Wald und in den Tobel des Ri di Verdasio. Bei einer Kapelle führt ein Weg direkt nach Borgnone, man kann aber auch den Weg über das hübsche Lionza wählen. Vor Borgnone folgt der alte Saumweg dem Tobel des Ri di Mulitt, Abstieg nach Camedo auf der Straße.

■ **Wanderung von Palagnedra nach Rasa,** das autofreie hübsche Bergdörfchen Rasa mit Grotto ist sowohl von Palagnedra als auch von Intragna aus erreichbar. Entweder man folgt von Palagnedra dem beschilderten Weg, der über unbehauene Stufen nach unten geht, über eine Brücke und wieder Stufen hinauf in 30 Min. nach Rasa führt. Oder man

> Bike-Ausflug nach Rasa hoch über dem Lago

wandert 1 Std. in das Dörfchen **Bordei**, am Brunnen links in die Gasse und kommt nach ca. 1 km zu zwei Hinweisschildern, die nach Rasa führen, das man 1 Std. später durch ein Tal und einen mäßigen Aufstieg erreicht. Eine Seilbahn von Verdasio bringt Wanderer in kurzer Fahrt nach Rasa, von wo weitere Wanderrouten ausgehen.

■ **Von Verdasio im Centovalli ins Onsernonetal,** 3 Std. 50 Min. Von der Station der Centovallibahn Verdasio geht es auf dem kleinen Sträßchen ins schöne Dorf Verdasio; vor dem Dorf führt ein Weg in Serpentinen in die Mulde des Monte di Comino und von hier auf ebenem Weg auf die Passhöhe Madonna della Segna (1166 m). Durch einen Buchenwald hinunter ins Onsernonetal, (Achtung: der Weg wird zunehmend steiler!) an Pign vorbei zur Ponte Nuova über die Schlucht des Isorno. Kurzer steiler Aufstieg über Mosogno di Sotto nach Mosogno, hier gibt es einen Postautoanschluss. Diese Wanderung ist zum Teil sehr steil. Sie verkürzt sich erheblich, wenn man den Aufstieg mit der Seilbahn Verdasio – Monte di Camino umgeht.

■ **Von Loco im Onsernonetal nach Intragna im Centovalli,** 2 Std. Bei der Post in Loco führt ein Wanderweg zum verlassenen Weiler Niva und von dort durch Wiesen und Wald in Serpentinen zur Isorno-Schlucht. Über die 50 m hohe Brücke geht es auf die andere Talseite. Ein alter Saumpfad führt an Wegkapellen vorbei und nach einem kurzen Anstieg nach Scherpia und Vosa. Hier erreicht man das Centovalli. Weiter geht es nach Pila, wo sich ein schöner Blick eröffnet. Abstieg nach Intragna.

■ **Wanderung über den Garina-Pass,** von Intragna im Centovalli nach Aurigeno im Maggiatal, 5½ Std. Bei der Kirche am Dorfende von Intragna beginnt der alte Saumpfad ins Onsernonetal, in Serpentinen steigt man nach Pila auf; Abstieg über Vosa und Vosa di Dentro über die hohe Brücke und relativ steiler Anstieg nach Niva zum Westrand des Dorfes Loco. Talauswärts am östlichen Dorfende zur Kirche S. Remigo abbiegen. Ein Wanderweg führt durch Kastanienwald in das Seitental des Ri del Vò. Aufstieg bei der Wegkapelle Sasièl zu den Maiensäßen Ighelon und Mulegn. Über die Mulde von Campo erreicht man den Passo della Garina. Steiler Abstieg ins Valle di Lareccio. Nach zwei kurzen Gegensteigungen bietet sich bei einer Kapelle ein schöner Ausblick. Rechts Abstieg am Westhang des Maggiatals, über den Talboden und die Maggia zur Bushaltestelle Aurigeno-Moghegno. Die Wanderung ist aufgrund des steilen Abstiegs bei feuchtem Wetter nicht zu empfehlen.

458te ns

Val Onsernone

Das Onsernone-Tal ist wie das ebenfalls von Cavigliano ausgehende Centovalli landschaftlich reizvoll mit malerischen Dörfern auf sonnigen Terrassen am steilen Südhang. Der wilde Isorno hat sich tief in das Tal eingegraben. Die andere Talseite ist praktisch unbesiedelt und von dichtem Wald bedeckt, hie und da öffnet sich eine Waldlichtung mit einem verlassenen Maiensäß. Wie das Centovalli, so gehört auch das Onsernonetal zu dem im Aufbau befindlichen neuen Nationalpark „Parco Nazionale del Locarnese“ (s.o.: gleichnamiger Exkurs).

Im 18. und 19. Jh. war das Tal bekannt für seine **Produkte aus Stroh.** In mühsamer Heimarbeit entstanden Hüte, Körbe und andere Gegenstände des täglichen Bedarfs, welche bis nach Südamerika exportiert wurden. Wie in anderen Bergtälern auch, findet man im Onsernonetal die Paläste der in der Emigration reich gewordenen Heimkehrer. Wegen seiner Abgeschiedenheit waren das Onsernonetal und das noch abgeschiedenere Valle di Vergeletto besonders von Abwanderung bedroht. Gerade dies, zusammen mit der landschaftlichen Schönheit und dem Klima, mag im 20. Jh. dazu geführt haben, dass sich hier viele Künstler wohlfühlten. Das Tal wurde so mit der Zeit zum Tal der Schriftsteller.

In Cavigliano verlässt man das Pedemonte und gelangt durch einen Kastanienmischwald aufsteigend ins Onsernone-Tal. Über Brücken erreicht man

460te ns

Auressio, wo malerische Gässchen zur Kirchenterrasse mit der barockisierten Kirche führen. **Loco** war lange Zeit der Talhauptort und einst Zentrum der Strohflechterei. Malerisch ist hier der Kirchplatz mit den toskanischen Säulen. Durch die gewölbte Vorhalle des Beinhauses von 1680 gelangt man zur Pfarrkirche S. Remigo. Westlich der Kirche liegt der Dorfkern mit verwinkelten Steilpfaden und vielen bemerkenswerten Fassaden mit Loggien. Hier ist auch das Talmuseum, dem eine Mühle angeschlossen ist.

Oberhalb der Straße liegt **Berzona** mit seinen von Steinplatten bedeckten Häusern. S. Defendente wurde 1564 neu gebaut, der hohe Campanile mit oktogonalem Abschluss stammt aus dem Jahr 1676. Hinter dem kreuzgewölbten Chor liegt das 1713 angebaute Pfarrhaus. Die Casa Broggini neben dem Gemeindehaus geht auf das Jahr 1589 zurück. Berzona war zeitweise die Wahlheimat der Schriftsteller *Max Frisch, Golo Mann* und *Alfred Andersch.* Letzterer fand hier zusammen mit seiner Frau Gisela seine letzte Ruhestätte.

Mosogno ist zweigeteilt: oben die um 1600 erbaute Kirche, vergrößert 1817, mit einem Verkündigungsgemälde von 1653. Westlich von San Bernardo liegt die Casa Grassi, ein eleganter Bau mit Loggien und Balkonen des 17. bis 18. Jh. **Mosogno Sotto** ist ein intakter Weiler mit ländlichen Bauten mit den typischen Holzbalkonen. Hier steht die Kapelle S. Maria Addolorata mit einem monumentalen Beweinungsgemälde von 1691.

Die Strohbarone

Das abgelegene Onsernonetal war lange geprägt durch die Strohindustrie, die hier für Jahrhunderte neben der kärglichen Landwirtschaft die wichtigste Einkommensquelle bildete. Bereits im 16. Jh. waren **Strohhüte** aus dem Onsernonetal begehrte Produkte. Im Winter trafen sich die Leute zum gemeinsamen Flechten, die Produkte wurden nach Italien exportiert.

Einzelne Familien dominierten dieses Geschäft im 19. Jh. und die Oberhäupter wurden zu „Strohbaronen", die ihren Reichtum ähnlich wie einige Rückkehrer aus der Emigration auch gerne zeigten: Herrschaftliche Häuser in den Dörfern des Onsernone und auf seinen Friedhöfen zeugen noch heute von dieser kurzen, etwa ein Jahrhundert andauernden Epoche.

Gegen Ende des 19. Jh. eroberten asiatische Produkte und **Hüte aus Filz** mehr und mehr den Markt, Produkte aus Stroh verschwanden in der Mottenkammer. Heute versuchen einige Frauen im Onsernonetal die alte Tradition wieder zu neuem Leben zu erwecken. Der Verein Pagliarte unterhält in Berzona ein Atelier, wo auch Kurse angeboten werden und Produkte in einem kleinen Shop erworben werden können.

Verein Pagliarte, Berzona: Juni–August, geöffnet Di 09.30–12.00 Uhr, Fr. 14.30–17.00 Uhr, April, Mai, Sept., Okt. nur am Dienstag, sonst auf Vereinbarung. Informationen auf www.pagliarte.ch, Tel. 091 79 71 706 oder 091 79 71 022.

Die Osteria Al Palazign in Comologno

Russo besitzt einen malerischen Dorfplatz, der vom Postgebäude mit fünf stichbogigen Arkaden auf toskanischen Säulen aus der Mitte des 18. Jh. beherrscht wird. Die Kirche S. Maria Assunta geht auf das 14. Jh. zurück. Das *Centro Sociale,* 1989 von *Franco* und *Paolo Moro* entworfen, beherbergt ein Altersheim und ein kleines Spital.

Zwischen Russo und Crana zweigt in einer Talkehre die Seitenstraße ins Valle Vergeletto ab, das wir anschließend beschreiben. **Crana** auf einer sonnigen Geländeterrasse hat eine reich stuckierte Kirchenfassade. In der kleinen Osteria (Tel. 091 79 71 759) lässt sich gut rasten.

Comologno

Comologno tritt mit seinen herrschaftlichen Bauten fast patrizierhaft auf. *General Carlo Francesco Remonda,* der aus dem Dorf stammt, stand im Dienste *Napoleons.* Sein **Palazzo della Barca** entstand 1770. Der dreigeschossige Rechteckbau erhebt sich auf einer künstlichen Terrasse, umgeben von einer hohen Mauer. An der Rückseite steht ein Treppenturm mit zwei überhöhenden Geschossen, Zeltdach und Dachreiter. Der Palast hat eine kostbare Ausstattung, bemalte Wände und Decken. Zeitweise war es der Wohnsitz der Schriftstellerin **Aline Valangin** und ihres Ehemanns, des Staranwalts *Wladimir Rosenbaum,* die hier in den 1930er und 40er Jahren von Emigranten besucht wurden, darunter *Max Ernst* und der Autor *Ignazio Silone.*

■ **Buchtipp:** „Geschichte zweier Leben. Wladimir Rosenbaum, Aline Valangin" von *Peter Kamber,* Limmat Verlag, ISBN 978-3-85791-342-6.

Auch **Kurt Tucholsky** war Gast im Palazzo della Barca. Er reiste mit diversen Anzügen und 120 Hemden an, die nach Zürich geschickt werden mussten, weil die Dienstboten aus dem Tal sie nicht sorgfältig genug plätteten. Er setzte hier seine in Tarasp begonnene Diät fort. Nach dem Morgenbad im Schwimmbecken pflegte er als Erster ein reichliches Frühstück einzunehmen, was er dann mit jedem neu zum Frühstück eintreffenden Gast vollständig von A bis Z wiederholte – ein Prozedere, das er auch bei den Hauptmahlzeiten fortsetzte, sehr zum Leidwesen der Gastgeberin, die sich für seine Diät verantwortlich fühlte.

Die **Casa Gamboni** neben dem Palazzo delle Barca geht auf einen vermutlich französischen Entwurf um 1730 für *Remigio Gambonino* zurück. Sie beherbergt ein kleines, aber feines Hotel (s.u.: „Unterkunft, Essen und Trinken").

Östlich der Kirche steht die **Casa Remonda,** gebaut 1767, ein dreigeschossiger Rechteckbau mit Loggien und gemalten Fensterbekrönungen. Oberhalb des Dorfes steht ein weitere Casa Remonda mit einer doppelten Loggia. Die **Kirche S. Giovanni** wurde 1697 eingeweiht, sie besitzt fünf Altäre mit Scagliola-Frontale von 1730–50, in der Art *Pancaldis.* Zusammen mit dem Beinhaus, der Missionssäule, dem Friedhof sowie den unterhalb der Kirche am Steilhang gelegenen Kreuzwegkapellen bildet sie ein eindrucksvolles Ganzes. Die von der Familie *Remonda* 1772 gestifteten Wegkapellen wurden 1952 unter anderem von *Pietro Salati, Carlo Salvioni* und *Emilio Beretta* neu ausgemalt.

Spruga

Das letzte Dorf des Tales ist Spruga, ein Bergweiler mit ländlichen Häusern, den typischen Balkonen und einer Barockkapelle. Von hier senkt sich eine Straße – nur zu Fuß begehbar – zu den verfallenen **Bagni di Craveggia** hinab, wo die italienische Grenze ist. Der hintere Teil des Tals ist italienisch, allerdings nur über Bergpfade mit dem Mutterland verbunden (s.u.: Exkurs „La Battaglia dei Bagni di Craveggia").

Das Valle di Vergeletto

Statt Richtung Crana und Comologno kann man hinter Russo auch nach rechts (oder nördlich) weiter ins Valle Vergeletto fahren, wohl eines der am wenigsten berührten Täler der Schweiz, mit vielfältigen Wandermöglichkeiten, aber ohne große touristische Infrastruktur.

Nach ca. 5 km talaufwärts dem schäumenden Ribo-Fluss entlang gelangt man über eine Brücke zu einer ersten Abzweigung, die ins hochgelegene Gresso führt. **Gresso** (994 m) ist hübsch herausgeputzt mit kleinem Kirchlein.

In **Vergeletto** wartet oberhalb des Dorfes die malerische Casa Garbani mit dreiteiligen Loggien, erbaut um 1750, sowie eine Steinbogenbrücke. Die alte Mühle neben der Kirche wurde renoviert. Sie gehörte zu einer von fünf Mühlen in diesem kleinen Dorf mit 60 Einwohnern, mit der man in traditioneller

461te ns

Fundstück im Onsernone-Tal

Weise Maismehl, das sogenannte **„Farina Bona"**, produzierte. Ein Volksschullehrer nahm die Tradition wieder auf, es wurde ein Verein gegründet, und die Schweizer Berghilfe ermöglichte die Finanzierung der Mühlenrestauration. Nun kann man hier wieder Farina Bona kaufen – mitsamt den notwendigen Rezepten zur Herstellung traditioneller Gerichte bis hin zu modernen Variationen (Farina Bona-Ice-Cream etc.). Es gibt bereits erste Hauben- und Sterneköche, so z.B. Ivo Adam in Ascona, die das Mehl gerne für ihre Küche verwenden (s.u.: „Einkaufen").

Etwa zwei Kilometer außerhalb des Dorfes führt eine **Seilbahn** von April bis Ende Oktober von Vergeletto nach **Salei.** Das Tal des Ribo war früher eine Kaminfeger-Export-Hochburg; noch heute finden die Bewohner ihren Arbeitsplatz weit abseits des Tales.

Praktische Tipps

Information

■ **Infozentrum Onsernonetal** in Auressio in der ehemaligen Post in unmittelbarer Nähe der Bushaltestelle. Infos über das Tal sowie Verkauf von Produkten aus dem Tal. Öffnungszeiten Mi und Fr 9–13 Uhr und Sa/So und an Feiertagen 14.30–17 Uhr. www.valle-onsernone.info.

Unterkunft/Essen und Trinken

■ **Palazzo Gamboni,** 6663 Comologno, Tel. 091 78 06 009, www.palazzogamboni.ch. Es gibt sowohl Zimmer mit antiken Möbeln im historischen Palast aus dem 18. Jh. (Dusche/ WC im Neubau nebenan) als auch einfache, komfortable Zimmer mit Dusche/WC im Neubau. Halb- und Vollpension werden in der nahen *Osteria Palazign,* ebenfalls ein sympathisches Lokal, serviert. Suite sFr. 286, DZ im historischen Haus mit Frühstück sFr. 220, im Neubau DZ mit Dusche/WC inkl. Frühstück sFr. 176. Mit Sauna und Whirlpool.

■ **Ristorante Locanda Zott,** 6664 Vergeletto, Tel. 091 79 71 098, www.locandazott.ch. Sechs einfache, saubere Zimmer, z. T. mit eingebauter Dusche, WC auf dem Gang, Restaurant mit Terrasse, DZ mit Dusche sFr. 120. 1. April bis November geöffnet.

■ **Ristorante La Pergola,** 6661 Auressio, Tel. 091 78 06 023, Pizzeria, schöne Terrasse, auch einfache DZ (mit D/WC auf Etage) sFr. 100.

■ **B&B Beate Planta,** 6611 Mosogno, Tel. 091 79 71 670, www.tinyurl.com/onsernone, DZ sFr. 120.

■ **B&B Casa Gianni,** J. und S. Studer, Piansecco, 6663 Spruga, Tel. 091 79 71 025, www.montidispruga.ch. Wenn Sie es ganz speziell möchten: Auf dem Maiensäss gibt es 2 Zimmer inkl. Mitbenutzung der Wohnküche, DZ sFr. 100. Auch ein Rustico ist zu vermieten. Nur zu Fuß, recht steil in 45 Min. von Spruga aus zu erreichen!

Museum

■ **Museo Onsernonese,** Casa Degiorgi, 6661 Loco, Tel. 091 79 10 091, www.onsernone.ch. Trachten, Werkzeuge, Dokumente zur Strohverarbeitung, alte Uniformen, Fahnen, Gewehre. In der Mühle: Gerätschaften für die Verarbeitung von Getreide. Geöffnet von April bis Oktober, Mi–So 14–17 Uhr, April bis Juli Fr geschlossen.

Ausflüge

■ **Historisch-literarischer Rundgang** Berzona: auf den Spuren Max Frischs, Museo Onsernone. Tel. 091 79 71 070.

■ **Alp Saléi und Lago Saléi:** mit der Bergbahn von Zott im Vergeletto hoch und wieder zurück (siehe auch unten, Wanderung).

Einkaufen

Strohartikel und andere handwerkliche Produkte aus dem Onsernonetal: Verein Pagliarte, Berzona. Juni–August: geöffnet Di 09.30–12.00 Uhr, Fr. 14.30–17.00 Uhr , April, Mai, Sept., Okt. nur am Dienstag, sonst nach Vereinbarung Tel. 091 79 71 706 oder 091 79 71 022.

Farina Bona Produkte: Parco die Mulini, 6664 Vergeletto, Tel. 091 79 62 967.

Wanderungen

■ **Vergeletto – Lago della Cavegna.** Eine Straße führt von Vergeletto zur Alpe Casone, hier führt ein Pfad zur Alpe di Porcaresc und zum Cavegna-Pass. Unterhalb des Passes im Valle di Campo liegt der Lago della Cavegna.

■ **Comologno – Pilone – Spruga,** 5¼ Std.: Eine steile Bergroute (Höhendifferenz 1000 m) führt von Comologno ins Val Lavadina zur Alp Saléi (Übernachtungsmöglichkeit in der Capanna) und dem Lago di Saléi vorbei am Passo del Busan zum Pilone (2191 m) und zurück über den Pass Busan, die Alpe Pesced, Pian Seco hinunter nach Spruga.

Von Spruga zur Alp Saléi, ca 3. Std.: Von Spruga über Pian Secco und Mondada hoch zum kleinen, schönen Saléi-See und von dort zur Alp Saléi. Hier steht die Capanna Saléi, in der man sich verpflegen und auch übernachten kann (Gemeinschaftsräume, vgl. www.capannasalei.ch). Mit der Gondelbahn geht es hinunter nach Zott im Vergeletto. Von hier verkehrt ein Bus nach Russo.

Von Spruga zu den Bagni di Craveggia: Auf dem mit Fahrverbot belegten Sträßchen von Spruga in ca. 30 min. hinunter zum Flüsschen. Auf dem Steg den Fluss überqueren. Man befindet sich schon in Italien, wenn man die Bagni auf 977 m erreicht, das ehemalige Kurbad, das 1951 von einer Lawine zerstört wurde. Die Quelltemperatur beträgt 28 Grad, die Wannen sind gesichert und können besichtigt (oder auch benutzt) werden. Hier fand am 18./19. Oktober 1944 das eigenartige Ereignis statt, das als „Battaglia dei Bagni di Craveggia-Spruga" in die Geschichte einging.

La Battaglia dei Bagni di Craveggia

Gegen Ende des Zweiten Weltkriegs löste sich Italien unter alliiertem Druck in mehrere Teile auf, im Norden entstand die kurzlebige Mussolinirepublik von Salò unter Protektion der Nazis. Im Eschental, nahe der Schweizer Grenze, lösten sich jedoch Partisanen von diesem faschistischen Konstrukt und gründeten am 10. September 1944 die freie Republik Ossola, die vom Monte Rosa Massiv bis nach Canobbio am Lago di Maggiore reichte, ca. 85.000 Einwohner zählte und Domodossola als Hauptstadt hatte. Die Alliierten waren daran kaum interessiert, und so erdrückten nazistisch-faschistische Truppen in der Operation „avanti" dieses Widerstandsnest recht schnell. Am 14. Oktober wurde Domodossola von SS-Truppen erobert, am 23. Oktober war die freie Republik Ossola am Ende.

Viele Partisanen mit ihren Familien wollten sich in die nahe Schweiz retten. Ca. 500 Flüchtlinge, die Hälfte Zivilisten, darunter 37 Frauen und 31 Kinder, versuchten am 18. Oktober über die Bäder von Craveggio in die Schweiz zu fliehen, aber in Stellung gegangene faschistische Truppen und SS beschossen die Gruppe mit Geschützen, es gab Tote und Verletzte, die meisten konnten über die Grenze fliehen. In Spruga, auf der Schweizer Seite, stand nur ein kleines Schweizer Grenztrüppchen, die Faschisten verlangten von ihnen – mit Ultimatum bis 6.00 Uhr in der Frühe des 19. Oktober – die Rückführung der geflüchteten „Banditi", allenfalls würden sie Spruga einnehmen.

Doch die Schweizer Armeeführung hatte eilends eine Grenadierkompanie nach Spruga beordert; diese erreichte nach einem Nachtmarsch Spruga und begann mit dem Stellungsbau. Um 6.00 Uhr morgens lehnte der Schweizer Kommandant das Ultimatum ab. Nach längerem Zögern besann sich der italienische Kommandant eines Besseren und zog sich aus dem Onsernonetal zurück. Aline Valangin erzählte in ihrem 1946 geschriebenen, aber erst 1982 erschienenen Roman „Die Bargada. Dorf an der Grenze" unter anderen – meist düsteren Geschichten für die Schweizer Asylpolitik – auch diese Begebenheit am Ende des Zweiten Weltkriegs.

Das Gambarogno

Das Gambarogno, eine viel weniger frequentierte Gegend als die großen Touristenzentren auf der anderen Seeseite, umfasst das **Ostufer des Lago Maggiore** bis zum 1962 m hohen Monte Tamaro und zum 1734 m hohen Monte Gambarogno. Im Rahmen der großen Gebietsreform, die das Tessin auch aus Kostengründen unternimmt, fusionierten die bisher unabhängigen neun Gemeinden (gegen den Widerstand von San Nazarro) zu einer einzigen Gemeinde, die das ganze Gebiet des Gambarogno umfasst.

Quartino, das noch zur Magadino-Ebene gehört, liegt am Fuße des Monte Ceneri. Ein alter gepflasterter Römerweg führt in eineinhalb Stunden auf den Monte Ceneri (554 m), wo sich ein schönes Panorama eröffnet.

Magadino liegt an der Mündung des Ticino in den Lago Maggiore. Nachdem 1515 durch eine Naturkatastrophe die Brücke bei Bellinzona weggerissen wurde und Locarno auf dem Landweg nicht mehr erreichbar war, war Magadino eine Zeit lang Ersatzhafen und Umschlagplatz. Nach der Eröffnung der Gotthardstraße 1830 wurde der Ort **Endstation für Postkutschen und Schiffe.** Es entstanden Lagerhäuser, Hotels und Gasthöfe, die man teilweise noch entdecken kann. In der Kirche findet alljährlich das internationale Orgelmusik-Festival statt.

In schöner Lage über dem Dorf liegt die **Kirche San Carlo,** die zusammen mit dem Pfarrhaus eine spätklassizistische Einheit von hoher bauhistorischer Bedeutung ausmacht. Man beachte die Fresken von *Richard Seewald* im Chor (1950). Hübsch ist auch die Villa Ghisler (1844) unterhalb der Kirche.

Vira liegt noch am See und ist mit knapp 700 Einwohnern neben San Nazzaro eines der bedeutenden Dörfer des Gambarogno. Es besitzt eine intakte Seefront; früher war hier ein Hafen, und der Ort besaß das Zollrecht. Einige Häuser zeigen abstrakte Fresken von 1970. Die Pfarrkirche S. Pietro steht auf einer künstlichen Terrasse am Seeufer, sie geht ins Frühmittelalter zurück; ihr heutiges Aussehen erhielt sie im 17. Jh. und im Jahr 1804. Im Chor und in der Muttergotteskapelle hat sie Stuckaturen aus der zweiten Hälfte des 17. Jh. Der Renaissancetaufstein ist von 1589.

Zur Alpe di Neggia und nach Indemini

Von hier zweigt ein Sträßchen nach **Fosano** ab, das durch Rebberge, Wiesen und Wälder zu den Alpe di Neggia (1395 m) und hinab zum Grenzort Indemini führt. In Fosano ist die Kapelle S. Maria di Loreto, ein barockisierter spätmittelalterlicher Bau, wegen der spätgotischen Fresken aus dem Kreis *da Tradates* sehenswert. Im Kreuzgewölbe des Chors sieht man paarweise die Evangelisten und Kirchenväter, an der Stirnwand eine Kreuzigung, an der Südwand Maria mit Kind (als Maria di Loreto), an der Nordwand die Verkündigung Mariä, eine thronende Muttergottes und Heilige, in den Chorleibungen Propheten, am Triumphbogen sind die Heiligen Rochus und Sebastian zu sehen.

Die **Alpe di Neggia** dient im Winter als kleines Skigebiet, im Sommer ist sie

462te ns

Ausgangspunkt für schöne Wanderungen zum **Monte Tamaro** oder zur Alpe di Cedullo. Hier liegt die Kapelle SS. Maria e Anna, ein Rechteckbau aus dem 15. Jh., der im 19. Jh. erweitert wurde. Der Altar besitzt ein spätgotisches Fresko aus dem Kreis *da Tradates,* Maria mit Kind. Im hinteren Teil ist heute eine Massenlager für Wanderer eingerichtet. Am 26. Juli pilgern die Leute von Indemini aus zum Kirchlein hinauf.

Indemini mit seinen steinplattenbedachten Häusern liegt einsam auf 945 m im obersten Teil des weitgehend italienischen Veddasca-Tals. Es besitzt verwinkelte Gassen und malerische Durchgänge. 1870 hatte es 441 Einwohner, 2008 waren es noch ganze 43. Um 1800 versuchten die Tessiner, Indemini im Tausch mit Campione an die Cisalpinische Republik abzutreten. Das Dorf erhielt erst 1917 eine Verbindungsstraße mit dem Gambarogno. Noch bis in die 1950er Jahre arbeiteten die Männer vorwiegend als Lastenträger im Mailänder Bahnhof, die kamerascheuen Frauen lebten praktisch allein im Dorf unter der Obhut eines strafversetzten Priesters, der früher als Missionar in China gewirkt hatte. Westlich des Dorfes liegt die

Blick vom Gambarogno nach Nordwesten

Kirche S. Bartolomeo; vom Altbau um 1500 hat sich nur der Chor erhalten, das Langhaus wurde 1859 neu gebaut, die Kuppel 1873. In der Chorverlängerung liegt das Pfarrhaus, heute Kulturzentrum, an dessen Nordseite steht der unverputzte Turm von 1817.

Am See entlang zur Grenze

Weiter nach Vira entlang der Riviera del Gambarogno am Lago Maggiore folgt **San Nazzaro** mit einem frei stehenden Campanile auf dem Kirchplatz. Das Rathaus und die Schule wurden 1978 von *Luigi Snozzi* gebaut.

Oberhalb des Dorfes blühen im Frühling im **Parco Eisenhut** (auch Parco di Gambarogno genannt) 900 Kamelien- und 600 Magnolienarten. In **Gerra-Gambarogno** kann an der Fassade der Kirche der Wasserstand des Sees vom Oktober 1868 abgelesen werden. In **Ronco** zeigt die spätmittelalterliche Kapelle S. Bernardino spätgotische Fresken in der Art *da Tradates,* sie sind allerdings durch Einzug des Tonnengewölbes und durch neue Fenster teilweise zerstört. An der Nordwand sind der heilige Sebastian, Maria mit Kind, Rochus (dies ist nicht ganz sicher), eine thronende Muttergottes, eine Inschrift, die heilige Agatha und weitere Heilige zu sehen. Im Chor sieht man eine Kreuzigung mit Maria und Bernhardin aus dem 17. Jh. Das Kreuzgewölbe zeigt Gottvater, von Engeln umgeben.

Von **Ranzo** führt die Straße in das auf einer Hangterrasse des Paglione im Gambarogno-Massiv liegende **Sant'Abbondio.** Es besitzt eine prachtvolle Aussicht auf den See und das gegenüberliegende Ufer sowie Kreuzwegkapellen, die 1972 von verschiedenen Künstlern ausgemalt wurden. Seine auf dem griechischen Kreuz basierende **klassische Kirche** hat den Turm des Vorgängerbaus von 1558 beibehalten. Die hölzerne Madonnenstatue des 17. Jh. in der ersten Kapelle besitzt bewegliche Pappmachee-Arme. Im klassizistischen Stil wurden die Fassade und das Schiff **Cavianos** 1864 erstellt. In Cà del Massèe fallen die drei modernen Reiheneinfamilienhäuser des Atelier 5 auf. Von Ranzo führt die Straße zum Grenzort **Dirinella.**

In seinem1957 erschienen Buch „Ein Balkon über dem Lago Maggiore" erzählt *Jonny Rieger* von dem über Dirinella gelegenen idyllischen Ort **Cento Campi.** Zu den mit Steinplatten bedeckten Häusern führte keine Straße. Die zufriedenen Bewohner tranken den Wein aus Suppentellern, sie hatten zuvor in Kanada und der Deutschschweiz gearbeitet und genossen nun in völliger Abgeschiedenheit ihr hart verdientes Geld. *Rieger* beneidete sie, weil sie mit einem Bein in der Schweiz, mit dem anderen in Italien standen, und träumte von offenen Grenzen, was ihm damals unerreichbar schien. Der Grenzübertritt ohne Kontrolle ist natürlich längst Routine geworden. Heute stehen hier rekonstruierte ländliche Hütten mit Strohdächern.

Praktische Tipps

Information

- **Gambarogno Turismo,** 6574 Vira, Tel. 091 79 51 866, www.gambarognoturismo.ch.

Unterkunft/Essen und Trinken

■ **Hotel Bellavista,** 6574 Vira Gambarogno, Tel. 091 79 51 115, www.bellavista.ch. Oberhalb von Vira gelegen, mit schöner Sicht auf den See. Teils Hotelzimmer, teils Bungalows. Alle Zimmer mit Balkon oder Terrasse. Schöner Garten mit Swimmingpool, elegantes Restaurant, gepflegter Service. DZ mit Dusche/WC sFr. 186–254, verschiedene Spezialangebote für Familien, Kurzaufenthalt (zwei Nächte) etc. Geschlossen von November bis 20. März.

■ **La Campagnola,** 6575 San Nazzaro, Tel. 091 78 52 500, www.campagnola.ch. Oberhalb von San Nazzaro in schöner Aussichtslage, Ferienanlage für Familien mit Restaurant, Grotto, großem Swimmingpool; einfache Zimmer mit Balkon, Dusche/WC, DZ ab sFr. 184.

Albergo Sass da Grüm, 6575 San Nazzaro, Tel. 091 79 42 850, www.sassdagruem.ch. Ökologisch betriebenes Hotel in Höhenlage mit schöner Sicht auf das Seeufer von Locarno; spirituelle Kurse, Bioküche. DZ mit VP ab sFr. 350.

■ **Rodolfo,** Strada Cantonale, Vira, Tel. 091 79 51 582. In einem altem Patrizierhaus mit Pergola; gute (Fisch-)Küche.

■ **Roccobello,** Gerra Gambarogno, Tel. 091 79 41 619, www.roccobello.ch. Tessiner Küche, schöne Terrasse mit Blick auf See und Berge.

Kultur

■ **Internationales Orgelmusik-Festival Magadino,** Chiesa Parrocchiale di Magadino, Tel. 091 79 52 620. Das malerische Magadino am nordöstlichen Ufer des Lago Maggiore richtet seit 1963 ein internationales Orgelmusik-Festival in seiner Kirche aus.

Zwei Lehrpfade durch das Magadinodelta. Auf zwei unabhängigen Wegen auf der jeweils rechten oder linken Talseite des Ticino kann das Magadinodelta besucht werden: Vom Norden her beginnt der Lehrpfad im Nordosten von Tenero bei der letzten Brücke über die Verzasca, im Süden in Magadino. Infotafeln erläutern auf Deutsch die für Sümpfe und Auen typischen Pflanzen- und Tierarten, darunter 250 Vogelarten. Geführte Wanderungen (2 Std.) unter www.bolledimagadino.com oder bei Frau *Sabrina Salvion,* Tel. 078 63 90 749. Für Familien bis zu 7 Personen sFr. 40.

Wanderungen

■ **Höhenwanderung Monti di Piazzogna – St. Abbondio – Ranzo,** 4 Std. 40 Min. Mit dem Postauto zur Haltestelle Monti di Piazzogna im gleichnamigen Ort; von hier aus geht es zum Dorf Monti di Gerra und weiter zum Ort Monti di Sant'Abbondio. Über Monti di Caviano und Sant'Abbondio zum Bahnhof in Ranzo. Die Wanderung hat zum Teil sehr steile Abstiege.

■ **Von Gerra über den Sant'Anna Pass nach Indemini,** 4 Std. 15 Min. Zuerst das Sträßchen nach Ronco einschlagen, bis beim Valle di Gerra der Saumpfad beginnt. Über Matro gelangt man zu den Monti di Gerra und von hier zum Pass Sant'Anna. Abstieg nach Indemini (Postauto-Haltestelle) Diesen Weg mussten früher die Mädchen und Frauen einmal in der Woche gehen, um in Gerra oder San Nazzaro einkaufen zu können.

■ **Von Gerra über Sant'Abbondio nach Dirinella,** ca. 1½ Std.: unter der Bahnhofsunterführung das Sträßchen hinauf über Calgiano nach Sant'Abbondio, hier beim Postplatz Abstieg ins Valle di Sant'Abbondio nach Caviano und Scaiano und dann nach Dirinella.

■ **Von der Alpe di Neggia zum Monte Tamaro und zur Alpe Foppa,** 3 Std. Über Tamaretto und den Pt. 1843 zum Monte Tamaro (1¾ Std.) und wieder zurück zu Pt. 1843 zur Capanna Tamaro, der Bergstation des Sessellifts, der nur im Winter in Betrieb ist. Von hier hinunter zur Alpe Foppa und der dortigen Luftseilbahn, die nach Rivera führt. Auf der Alpe Foppa steht die 1996 geweihte außergewöhnliche Kapelle S. Maria degli Angeli von *Mario Botta,* die Gemälde im Inneren sind von *Enzo Cucchi.*

3 Italienischer Lago Maggiore

Das Westufer des Lago Maggiore ist seit alters her die „Schokoladenseite“ des Sees. Abstecher zum Lago d’Orta und ein Besuch des lombardischen Ostufers ergeben zusätzliche reizvolle Eindrücke.

‹ Die Seilbahn von Stresa auf den Monte Mattarone

Italienischer Teil des Lago Maggiore

ITALIENISCHER TEIL – NOVARA, VERBANIA UND VARESE

Drei italienische Provinzen grenzen an den Lago Maggiore: Die Provinz Verbania mit dem Hauptort gleichen Namens gehört wie Novara im Süden zur Region Piemont, die Provinz Varese im Osten des Sees zur Lombardei.

NICHT VERPASSEN!

- Ein Ausflug zu den **Borromäischen Inseln** | 199
- **Stresa** mit seinen Hotels aus der Belle Époque, den Shops und Museen | 199
- Der **Colosso di San Carlone** auf einem Hügel vor Arona | 203
- Die Wallfahrtskirche **S. Caterina del Sasso** | 208

Diese Tipps erkennt man an der gelben Hinterlegung.

Überblick

Auf die Besucher warten einige der **schönsten Landschaftsszenarien Italiens und ganz Europas:** die Riviera am Westufer des Sees mit den intakten Städtchen Cannobio und Cannero, mit unzähligen prächtigen Villen, dem einzigartigen Botanischen Garten der Villa Taranto, dem hübschen Pallanza in Verbania, mit Baveno, Stresa und dem „Weltwunder" der Borromäischen Inseln, mit den Seen Orta und Mergozzo und den Naturparks in den nahen Bergen bis zum Monte-Rosa-Massiv. Aber auch Hässliches aus den letzten 40 Jahren des ungezügelten norditalienischen Wirtschaftswunders verschandelt hier die Landschaft. So der lieblose Siedlungsbrei aus Industrie, Großmärkten und Plattenbauten in Gravellona Toce und Omegna, im Süden des Lago Maggiore und in der Provinz Varese. Das Verkehrschaos tut sein Übriges dazu.

463te dreamstime.com | Travelpeter

Am Westufer entlang

Die zum Piemont gehörende **Westseite** des Sees heißt schon von alters her die **„fette" Seite.** Sie ist touristisch seit den „Grand Tours" der Adeligen ein Muss: *Goethe, Lord Byron, Alexandre Dumas (der Ältere), Gustave Flaubert,* aber auch *Queen Victoria* und später *Churchill* oder *Hemingway* flanierten hier. Doch schon viel früher war die Gegend beliebt: Bereits die Römer ließen sich hier nieder, später stritten sich die *Visconti* und *Sforza* um den Besitz. Die *Borromini,* welche als eine Art Schutzschild gegen die nach Süden drängenden Eidgenossen hierher gesandt worden waren, verwandelten die Gegend in ein Kulturjuwel und Naturparadies. Reiche Mailänder Familien, Adelige und Wohlhabende aus ganz Europa bis Russland bauten hier ihre Wohn- und Alterssitze.

Unsere Beschreibung beginnt auf der Westseite, an der Grenze zum schweizerischen Ufer. Mit Abstechern ins Hinterland geht es in südliche Richtung, und am touristisch wenig erschlossenen lombardischen Ostufer entlang kehren wir zur Schweizer Grenze und ins Gambarogno zurück.

Reisevorschlag

Eine ausgezeichnete Art und Weise, die Region mit öffentlichen Verkehrsmitteln in einem oder zwei Tagen zu erkunden, ist die Reise mit dem so genannten **Lago Maggiore Express.** Ein Spezialfahrschein ermöglicht es, mit den Panoramazügen der Centovallibahn, den Zügen von *Trenitalia* und *Cisalpino* sowie den Motorschiffen der *Navigazione Lago Maggiore* das Gebiet (inklusive der Borromäischen Inseln) zu bereisen und die Sehenswürdigkeiten zu ermäßigten Eintrittspreisen zu erkunden. Die Fahrt kann an jedem Stationsort beginnen und enden, auch kann sie jederzeit unterbrochen und nach Besuch einer Sehenswürdigkeit weitergeführt werden. Die Fahrkarten kosten für Erwachsene für einen

< Das hübsche Cannobio

Tag 32 €/sFr. 48, für zwei Tage 42 €/sFr. 58, für Kinder jeweils die Hälfte.

Informationen an den Schaltern der *Navigazione Lago Maggiore*, Tel. 0039 0322 23 32 00, oder unter www.lagomaggioreexpress.com, www.navigazionelaghi.it und www.ticino.ch.

Im Unterschied zum Tessin sind im Gebiet des italienischen Teils des Lago Maggiore viele Hotels und Touristenbüros im Winterhalbjahr geschlossen. Man beachte die entsprechenden Hinweise!

Cannobio

Das piemontesische Ufer des Lago Maggiore nach der Schweizer Grenze bei Valmara zeigt kein wesentlich verändertes Landschafts- oder Siedlungsbild. Steil abfallende bewaldete Hänge und kleine Dörfer auf den Plateaus grüßen. Bald ist Cannobio erreicht, ein Eldorado für Camper, das aber auch einige schöne Hotels besitzt.

Das hübsche, ca. 5000 Einwohner zählende Städtchen wurde von den Römern Canobinum genannt. Es war im Mittelalter ein **bedeutender Handelsplatz,** was man den stattlichen Häusern im historischen Ortskern noch anmerkt. Hier findet man auch den romanischen Turm der Kirche S. Vittore und das frühgotische Rathaus, den Palazzo della Ragione (Ende des 13. Jh.), welches ein kleines Ortsmuseum beherbergt.

Unterhalb des Rathauses erreicht man durch schmale Gässchen und über einige Treppen den unteren Teil der Stadt am Seeufer. Hier locken eine lange **Uferpromenade** und viele Restaurants und Cafés unter den Arkaden der schönen Patrizierhäuser aus dem 16. und 17. Jh.

Am Ende dieser Promenade liegt die **Wallfahrtskirche S. Pietà,** ein Renaissancebau (1571), der innen barockisiert wurde. Die Pietà soll im 16. Jh. Blut und Tränen vergossen und infolge dieses Wunders zahlreiche Wallfahrer angezogen haben. Heute besucht man die Kirche wegen des berühmten Gemäldes „Gang nach Golgatha“ von *Gaudenzio Ferrari* (um 1475–1546), das den Kreuzweg Christi darstellt.

Der Sonntag ist **Markttag** (8–13 Uhr) in Cannobio. Die Uferstraße ist mit Händlern aus dem Piemont und der Lombardei belebt, die sowohl regionale kulinarische Spezialitäten als auch Kleider und Schuhe anbieten.

Praktische Tipps

Information

- **Assoziatione strutture ricettive Cannobio,** Infopoint Lido, Piazza Martiri della Libertà, Tel. 0323 30 60 088; www.lagomaggioreferien.com; März bis Oktober.

Unterkunft/Essen und Trinken

- **Hotel Cannobio,** Piazza Vittorio Emanuele III. 6, Tel. 0323 73 96 39, www.hotelcannobio.com. Gutes Hotel der gehobenen Klasse am See, DZ mit Bad/WC 195–289 €.
- **Hotel Pironi,** Via Marconi 35, Tel. 0323 70 624, www.pironihotel.it. Hübsches kleines Hotel garni in der Altstadt, das durch die Restauration zweier alter Patrizierhäuser entstand. Nostalgisches Interieur. 12 Zimmer mit Bad/Dusche und WC, inkl. Frühstück 150–190 €; Mitte März bis Okt.

■ **Antica Stallera,** Via P. Zaccheo 9, Tel. 0323 71 595, www.anticastallera.com. Einfacheres Familienhotel in einer alten Postkutschenstation, im Jahr 2000 renoviert. Schöner alter Garten. DZ mit Bad/WC inkl. Frühstück 118 €; März bis Okt.

■ **Park Hotel Belvedere,** Via Casali Cuserina 2, Tel. 0323 70 159, www.villabelvederehotel.it. Etwas hinter der Altstadt am Aufgang zum Cannobinatal in einem großen, schönen Park gelegen, mit Pool. Zimmer mit Terrasse oder Balkon, DZ mit Bad/WC 145–165 €; Ende März bis Mitte Oktober.

■ **Lo Scalo,** Piazza Vittorio Emanuele 32, Tel. 0323 71 480. Zentral am Hauptplatz in Seenähe gelegen; sehr gutes, aber auch hochpreisiges Restaurant; So abend und Mo geschlossen; reservieren!

■ **Osteria Grotto Vino Divino,** Tel. 0323 71 919. Schöne alte Osteria mit typischer Küche. Im Sommer lauschiges Gartenrestaurant mit Steintischen. Zwei Kilometer außerhalb Cannobios auf dem Weg ins Val Cannobina. Do–Di 19–22 Uhr.

■ **Del Lago Ristorante und Hotel,** Via Nazionale 2, 2822 Carmine-Cannobio, Tel. 0323 70 595, www.hoteldellagocannobio.it; Feinschmeckerlokal an der Hauptstraße auf dem Weg nach Cannero mit schönen Zimmern meist auf den See; DZ 140 €.

■ **Grotto Sant'Anna,** Via Sant Anna 30, Traffiume, Cannobio, Tel. 0323 70 682, im Hinterland Cannobios über der Cannobino-Schlucht, gute Küche, Mo geschlossen.

Camping

■ **Camping Riviera,** Via Casali Darbedo 2, Tel. 0323 71 360, www.riviera-valleromantica.com; man beachte von der Grenze her kommend die Schilder, die auf das Hotel (seewärts, d.h. nach links) hinweisen. Zwischen See, Flussmündung und Straße mit Kiesstrand.

■ **Camping Internazionale Paradis,** Tel. 0323 71 227, www.campinglagomaggiore.it. Beim Hotel „Villa delle Palme" am See; recht komfortabel. April–Anfang Oktober.

Val Cannobina und Valle Vigezzo

Im Hinterland von Cannobio liegen die reizvollen Täler Val Cannobina und Valle Vigezzo. Bei einer Fahrt durch das Val Cannobina hat man immer wieder einen schönen Ausblick auf den See.

Schon bald nach Cannobio gräbt sich das Flüsschen Cannobina durch eine tiefe Schlucht, **Orrido di Sant' Anna** (Achtung: Zufahrt beachten!). Dann führt eine kurvenreiche und enge Straße am Flüsschen entlang bis zur Passhöhe auf 1040 m; links und rechts erschließen noch engere Stichstraßen die an den Hängen klebenden Dörfer mit ihren alten Kirchen und kleinen Plätzen. Viele dieser Dörfer wie das sehenswerte **Falmenta** oder die weiter oben liegenden Orte **Gurro** und **Spoccia** sind heute restauriert; wohlhabende Milanesi haben sich hier ihre Zweitwohnung eingerichtet. Die Einwohner von Gurro behaupten von sich, sie seien Nachkommen schottischer Söldner, die sich nach der Schlacht von Pavia (1525) hier niederließen. Darum sind hier eine *Scotch Bar* und ein *Ristorante Scozia* zu finden. In **Orasso** ist die alte romanische Kirche Madonna del Sasso sehenswert.

Valle Vigezzo

Kurz nach **Finero** erreicht man die Passhöhe und fährt ins Valle Vigezzo hinunter, wo ab **Malesco** die aus Locarno kommende schmalspurige Centovallibahn gemeinsam mit der Straße Domodossola, dem Hauptort des Valle d'Ossola (Eschental), zustrebt.

Das Valle Vigezzo, die Verlängerung des schweizerischen Centovalli gegen Westen, verbindet Locarno mit den Valli Ossolani und dem alten Hauptort Domodossola. Das Wanderbuch „Grenzschlängeln" (s. „Literaturtipps" im Anhang) erinnert daran, dass die Bewohner des Tales noch im Jahre 1994 in Demonstrationen den Anschluss an die Schweiz forderten, weil sie so erzürnt waren, dass nach einem Felssturz die italienischen Behörden über Monate nichts unternahmen, um die Straße wieder zu öffnen. Heute hört man nichts mehr von derartigen Sezessionsgelüsten; vielleicht sind die Bewohner des Valle Vigezzo doch ganz froh, dass sie nicht zum „außereuropäischen" Helvetien gehören.

Man ist hier dennoch abhängig von den gut bezahlten **Arbeitsplätzen in der Schweiz.** Etwa 1000 Talbewohner pendeln jeden Tag in Richtung Locarno, um hier ihrem Broterwerb nachzugehen. In Malesco erinnert ein Denkmal an die vielen Kaminfeger, die aus dem Centovalli und dem Vigezzotal bis ins 20. Jh. in die norditalienischen Städte zogen.

Malesco ist ein hübscher Ort mit etwas Tourismus; er dient als Ausgangspunkt in den großen italienischen Nationalpark Valgrande, weshalb im Museum auch eine Informationsstelle des Parks eingerichtet ist (s.u.: „Museen"). Ebenfalls in Malesco ist die **Mulin dul Tac,** eine als Museum konzipierte Getreidemühle vom Beginn des 19. Jh. mit drei großen Mühlsteinen, zu besichtigen (Tel. 0324 92 261 oder 92 444).

Talaufwärts im Valle Vigezzo liegt **Re,** ein bekannter Wallfahrtsort; seine Kirche dominiert das gesamte Tal. Talwärts gelangt man nach **Santa Maria Maggiore,** Hauptort des Valle Vigezzo. Hier zeigt das **Museo della Spazzacamino** eine interessante Ausstellung über die harten Lebens- und Arbeitsbedingungen der „Spazzacamini", der Kaminfegerjungen, die sich in Italien verdingten. Im Jahre 1837 sollen in Santa Maria Maggiore von knapp 1000 Einwohnern 500 Kaminfeger gewesen sein!

Man beachte auch die bunt bemalte **Casa Mandamentale** mit rotem Turm, das frühere Verwaltungsgebäude mit Gefängnis. Von Santa Maria Maggiore sind es nur noch wenige Kilometer bis zum Tal des Toce und zum sehenswerten Handelsstädtchen Domodossola, von wo man über die Autobahn in wenigen Minuten zurück an den Lago Maggiore (nach Stresa) gelangt.

Öffentliche Verkehrsmittel ermöglichen eine schöne und stressfreie **Fahrt durch diese Gegend:** von Locarno geht es mit der Schmalspurbahn durchs Centovalli und das Valle Vigezzo nach Domodossola, von hier mit der Simplonbahn nach Stresa und dann mit dem Schiff zurück nach Locarno oder zu einer anderen Destination am See.

Beide Täler bieten viele Wandermöglichkeiten. Eine führt zur Cima della Laurasca im Nationalpark Val Grande. Es gibt jedoch weniger Einkehrmöglichkeiten als im Tessin, im Zweifelsfall Picknick mitnehmen.

> Prächtige Kulisse am Lago Maggiore

465te ns

Domodossola

Bevor man zum See zurückkehrt, empfiehlt sich ein Aufenthalt in Domodossola. Das Städtchen ist nicht nur Endpunkt der Schweizerischen Bundesbahnen am südlichen Teil des Simplon und wichtiger Industriestandort; man befindet sich hier im Zentrum der so genannten **Valli Ossolani** (Ossolatäler); der Ort erlangte deshalb schon früh Bedeutung.

Geschichte

Die heute knapp 20.000 Einwohner zählende Stadt mit römischem Ursprung liegt auf der Route des schon von den **Römern** genutzten Simplonpasses vom Rhônetal im Schweizer Kanton Wallis zum Val d'Ossola und zum Lago Maggiore. In der Antike wurde der Ort (nach den Lepontiern) Oscella Lepontiorum, später Domus Ossulae genannt. Die **Eidgenossen** integrierten auf dem Höhepunkt ihrer Macht im 16. Jh. die Stadt und das dahinter liegende Eschental (wie die Täler Antigorio und Formazza damals zusammengefasst hießen) kurzfristig in ihren Einflussbereich.

Mit der Eröffnung der modernen Simplonstraße durch *Napoleon* im Jahre 1805 begann die moderne Entwicklung der Stadt. Mit dem **Bahnbau** durch den 19,8 Kilometer langen Simplontunnel von Iselle nach Brig (1906, der damals längste Eisenbahntunnel der Welt) wuchs die Bedeutung der Stadt als Durchgangsstation von Nord nach Süd.

Am 10. September 1944 wurde Domodossola für 40 Tage Hauptstadt der **Repubblica dell'Ossola,** der Partisanenrepublik des Val d'Ossola. Im Gebiet zwischen Domodossola, Cannobio und der Schweizer Grenze vertrieben die Partisanen die Faschisten und riefen eine eigene Republik aus. Bereits am 19. Oktober machten aber die von Cannobio ausrückenden deutschen Truppen der Republik wieder den Garaus.

Sehenswertes

Herz der Altstadt von Domodossola ist die hübsche arkadengesäumte **Piazza Mercato** mit Häusern aus dem 16. bis 19. Jahrhundert. Hier findet am Samstag ein lebhafter **Markt** statt, in früheren Zeiten ein beliebtes Wochenendziel der Schweizer, die hier viel billiger einkaufen konnten. Sehenswerte **Gebäude** in Domodossola sind die Collegiata aus dem 18. Jh., die Kirche Madonna della Neve (17. Jh.) und der Palazzo San Francesco (9. Jh.). Im Juni findet das zehntägige Stadtfest **„Giugno Domese"** statt, ein großer Markt mit Lokalprodukten, von Kultur- und Musikveranstaltungen begleitet.

1656 war Baustart des **Sacro Monte Calvario** auf dem Hügel Mattarella, der im Süden über Domodossola emporragt. Er gehört seit 2003 mit sechs anderen „Heiligen Bergen" des Piemonts – wahren Hochburgen des Glaubens – zum UNESCO-Weltkulturerbe. Geführte Besichtigungen ermöglicht das Ufficio Turistico. Die **Sacri Monti** dienten nach dem Konzil von Trient (2. Hälfte des 16.Jh.) als Bollwerke der katholischen Orthodoxie im Kampf gegen den Protestantismus jenseits der Alpen. In unzähligen Kapellen und Kreuzstationen, die in einem Zeitraum von etwa 300 Jahren gebaut wurden, zeichneten namhafte Künstler aus ganz Europa die Leidensgeschichte Jesu oder Marias nach, darunter Künstler wie *Gaudenzio Ferrari, Guglielmo Caccia,* die flämischen Brüder *Jean* und *Nicolas Wespin* oder die Brüder *Giovanni, Melchiore* und *Antonio D'Enrico.*

Von Domodossola aus kann man Abstecher zum Beispiel in den kleinen **Naturpark Parco Natura Veglia-Devero** an der Schweizer Grenze (Infos unter: www.parcovegliadevero.it) oder in den größten Naturpark Italiens, den zwischen den Ossola-Tälern und dem Lago Maggiore gelegenen **Parco Nazionale Val Grande** (Infos unter: www.parcovalgrande.it), unternehmen. Auch der **Tosafall** *(Cascata del Toce)* ist nur eine Stunde entfernt. Bei La Frua (1861 m) stürzt er über 143 m hinunter ins Val Formazza. Nur an bestimmten Tagen im Sommer kann man das Spektakel bewundern, da der Wasserfall zur Energiegewinnung in Leitungen gebändigt wird (www.valformazza.it/cascata-toce.php).

☒ Einer der schönsten Wasserfälle der Alpen: die „Cascata del Toce" bei Domodossola

Praktische Tipps

Information

■ **Ufficio Informazioni Turistiche Santa Maria Maggiore,** Piazza Risorgimento 28, Tel. 0324 95 091, www.comune.santamariamaggiore.vb.it.

■ **Informazioni Turistiche Domodossola,** Piazza Matteotti (am Bahnhof), Tel. 0324 24 82 65, www.comune.domodossola.vb.it.

Unterkunft/Essen und Trinken

■ **Hotel Belvedere,** via Cursolo 8A, 28827 Cursolo Orasso; Tel. 0323 77 136; www.belvedereorasso.it; wohl das einzige Hotel im Cannobinatal; DZ 70 €.

■ **Hotel Scheggia,** Via Cavour 27, 28857 Santa Maria Maggiore, Tel. 0324 95 098, www.hotelscheggia.it; etwa 1.5 km vom Zentrum, im Ortsteil Crana, Mittelklasse, einfache Zimmer, DZ 70–120 €.

■ **Hotel Eurossola,** Piazza Matteotti (am Bahnhof), Domodossola, Tel. 0324 48 13 26, www.eurossola.com. Im Zentrum Domodossolas gelegenes, angenehmes Hotel mit guter Küche; die Zimmer sind recht modern mit Dusche oder Bad/WC, DZ 85–90 € (ohne Frühstück).

■ **Hotel Edelweiss,** Viceno, Tel. 0324 61 87 91, www.albergoedelweiss.com. Angenehmes Berghotel im kleinen Bergdorf Viceno nahe Crodo und dem Parco Veglia-Devero; Hallenbad und Fitnesszone, Restaurant mit guter Pastaküche, Mi Ruhetag, schöne moderne DZ, 78–100 €.

■ **Pizzo del Frate,** Foppiano, Gasthof mit ausgezeichneter einheimischer Küche (im Herbst Wildgerichte) und 13 DZ mit Dusche/WC 64–70 €.

467te dreamstime.com | Arturko

Camping

■ **Valle Romantica,** Via Valle Cannobina, Traffiume (bei Cannobio), Tel. 0323 71 249. Parkartiger Platz am Cannobina-Fluss mit Badestellen.

Museen

■ **Museo Archeologico della Pietra Ollare** (Steinmuseum) und **Parkzentrum des Nationalparks Val Grande;** Palazzo Pretorio, Piazza Ettore Romagnoli, 28854 Malesco, Tel. 0324 92 444; Leben der Ureinwohner, Fundstücke, interessant v.a. für Speckstein! Juli bis Sept., Fr–Mi 10–12 Uhr und 15.30–17 Uhr, sonst nur an spez. Feiertagen, 2 €.

■ **Museo dello Spazzacamino,** Santa Maria Maggiore, im Park der Villa Antonia. Sa und Feiertage 10–12 und 15–17 Uhr, So–Fr 10–12 und 15–18 Uhr, November, Januar und Februar geschlossen.

Cannero Riviera

Cannero Riviera ist vor allem wegen seines milden Klimas und der schönen Südlage auf dem Delta des Rio di Cannero am See sehr beliebt. Hier wachsen in den Gärten Zedern, Olivenbäume, Zitronen, Orangen und sogar Bananen.

Der Ort ist schon 985 in einer Schenkungsurkunde erwähnt; seit dem 14. Jh. war er eine autonome Gemeinde; die *Sforza* und *Visconti* stritten sich später um seinen Besitz.

Kommt man von Cannobio her, so fallen einem kurz vor dem Ort zwei Felsinseln mit Burgruinen auf, die touristisch anziehenden **Castelli di Cannero.** Hier hausten bis ins 15. Jh. berüchtigte Raubritter, die Brüder *Mazarditi. Filippo Visconti* ließ die Burgen 1414 zerstören. Ein *Borromeo* baute eine Burg wieder auf, doch auch von ihr sind heute nur Ruinen übrig; sie wurde unter anderem als Zitrusplantage und Kaninchenfarm genutzt. Die Castelli di Cannero faszinierten so bekannte Persönlichkeiten wie *Garibaldi, Queen Victoria* und *Winston Churchill.*

Der Ort ist zwar weniger pittoresk als Cannobio, die **schöne Lage** und der **Strand** mit dem kleinen Hafen, dem Strandpark und der abseits des Verkehrs gelegenen schattigen Seepromenade entschädigen aber die Besucher. Im Frühjahr organisiert Pro Cannero eine **Kamelienausstellung.**

In der Umgebung kann man z. B. ausgezeichnet zu den Bergdörfchen **Viggiona, Cheglio** oder bis nach **Trarego** wandern, oder zu den kleinen Sakralbauten, etwa zum Oratorio von **Piancassone** mit seiner bemerkenswerten Holzskulptur der Karmeliter Madonna oder zu den Oratorien S. Rocco, S. Antonio in Cassino oder S. Giovanni in **Donego.**

Von Cannero führt eine kurvenreiche Straße über das hübsch gelegene Dorf Trarego, die beiden Pässe Passo della Piazza und Piancavallo und über Colle nach **Premeno** auf 840 m. Die Sommerfrische liegt auf einem breiten Rücken zwischen dem San-Giovanni-Tal und dem Lago Maggiore. Von hier bietet sich die Wanderung zum Punta d'Omo auf 1070 m an, wo man einen herrlichen Blick auf den See hat. Von Premeno führt die Straße weiter nach **Intra** und von dort zurück nach Cannero.

> Südliches Flair in Cannero Riviera: Hier wachsen Zitronen, Orangen und Olivenbäume

469te 123rf.com | Travelpeter

Praktische Tipps

Information

- **Officio Turistico IAT,** Piazza degli Alpini, 28821 Cannero Riviera, Tel./Fax 0323 78 89 43, www.cannero.it.

Unterkunft

- **Hotel Cannero,** Tel. 0323 78 80 46, www.hotelcannero.com. In zwei Gebäuden am See gelegenes Hotel gehobenen Standards. Beheiztes Freibad mit Solarium, 55 DZ mit Bad/WC, 120–390 € (Suiten), April–Sept.
- **Il Cortile,** Via Massimo d'Azeglio 73, Tel./Fax 0323 78 72 13, www.cortile.net. Liebevoll eingerichtetes Hotel nahe dem See mit gepflegter Küche und schönen Zimmern. Doppelzimmer mit WC/Bad und Frühstück 110–185 €, April–Okt.
- **Park Hotel Italia,** Lungolago delle Magnolie 19, Tel. 0323 78 84 88, www.parkhotel-cannero.it, Am See gelegenes Hotel mit schönem Garten und 25 charmanten Zimmern, DZ mit WC/Bad 115–200 €.

Camping

- **Camping Lido Cannero,** Viale del Lido 5, 28821 Cannero Riviera, Tel. 0323 78 71 48, www.campinglidocannero.com. Der große Platz (9000 m²) liegt am Strand von Cannero mit Panoramablick über den See.

Einkaufen

- **Enoteca Casa Bava,** Piazza 27–28, ausgezeichnete Weinauswahl, www.casabava.com.

Oggebbio und Ghiffa

Auf der Seestraße nach Süden gelangt man von Cannero in kurzer Zeit nach Oggebio. Oggebbio ist eine **Gemeinde aus 15 Fraktionen** (Dörfern), die vom Ufer des Lago Maggiore bis auf die Almhöhen der umliegenden Berge verstreut liegen. Die Dörfer besitzen schöne alte, meist romanische Kirchen, und dazwischen findet man Kapellen mit zum Teil beachtlichen Fresken. In der Fraktion **Novaglio** stehen zum Beispiel die restaurierte Kirche S. Agata (12. Jh.) und die Kapelle della Natività di Maria di Cadessino (15. Jh.) mit sehenswertem Freskenzyklus.

Schon im 19. Jh. zogen die herrliche Lage und das milde Klima **Prominente und Reiche** an, die sich hier prächtige Ferien- oder Alterssitze bauten, so die Villa Anelli, berühmt für ihren Garten, oder die Villa del Pascià. Sie gehörte dem ägyptischen Würdenträger *Pascha Draneht;* ein Aufenthalt dort soll einst *Giuseppe Verdi* zu seiner Oper „Aida" angeregt haben. Heute dient das Gebäude als Appartementhaus.

Auch das Ortsbild von **Ghiffa** mit seinen 2500 Einwohnern ist vor allem durch **Villen** geprägt, besonders auffällig die Villa des Fürsten *Trubetzkoy.* Daneben fällt die **Hutfabrik** Panizza auf; die Hutmacher des Orts genossen einst Weltruhm. Heute beherbergt die Fabrik ein Hutmuseum *(Museo del Capello).* Sehenswert in Ghiffa sind auch die Wallfahrtskirchen **der Heiligen Dreifaltigkeit,** die etwas oberhalb des Ortsteils Ronco liegen, sowie **Sacro Monte della S. Trinità di Ghiffa** auf 360 m mit ihrem Kreuzweg, die inmitten eines **Naturschutzgebiets** am Hang des Monte Cargiago liegt. Für die Anlage, mit deren Bau 1647 begonnen wurde, waren ursprünglich 30 Kapellen vorgesehen; sie wurde 2003 zum UNESCO-Weltkulturerbe erklärt. Die Seite www.sacromonteghiffa.it vermittelt auf Italienisch einen guten Überblick über den Park und die Sehenswürdigkeiten (nur italienisch).

Unterkunft

- **Villa Morissolina,** Contrada San Mauro 6, 28826 Trarego Viggiona, Tel. 0323 797 826, www.villa-morissolina.it. Schöne, mit guter Aussicht auf 750 m Höhe in Trarego gelegene Villa mit einigen liebevoll eingerichteten Zimmern (B&B, teilweise mit Balkon) und gutem Restaurant. Schöner, großer Garten, DZ 90–110 €.

468te dreamstime.com | Roberto Maggioni

■ **Residenza Erbaluna,** Ignazio Merlo/Via Milano 10, Frazione Piazza, 28824 Oggebbio, Tel. 0323 48 697, www.erbaluna.net. Gute Pension im Ortsteil Piazza, 6 Zimmer oder Kleinwohnungen mit schönem Blick auf den See. Gutes Preis-Leistungs-Verhältnis; DZ für 2 Übernachtungen am Wochenende 140 €; meist Wochenmieten 500–560 €, nach Einzelübernachtung fragen.

■ **Castello di Frino,** Via Cristoforo Colombo 8, 28823 Ghiffa, Tel. 0323 59 18, www.castellodifrino.com. Einfaches Hotel in einem Castello aus dem 18. Jh., in großem Park mit Swimmingpool und Tennisplatz. 15 DZ, ab 70 €.

■ **Ghiffa,** Corso Belvedere 88, Ghiffa, Tel. 0323 59 285, www.hotelghiffa.com. In einem Haus aus dem späten 19. Jh., zentral am See gelegen, mit Terrasse und geheiztem Schwimmbad, komfortable Zimmer, DZ 134–180 €.

⌃ Verbania – die größte Stadt am Lago Maggiore

Verbania

Verbania, 1939 aus dem Zusammenschluss von **Pallanza, Intra, Suna** und **Fondotoce** entstanden, ist heute mit ca. 35.000 Einwohnern die **größte Stadt am Lago Maggiore** und zugleich Provinzhauptort. Der Name Verbania erinnert an die römische Bezeichnung des Sees, Lacus Verbanus. Italiener nennen den See auch heute noch Lago di Verbania.

Von der schweizerischen Grenze bei Brissago herkommend, gelangt man zuerst zum Ortsteil **Intra** zwischen den beiden Bergflüsschen San Giovanni und San Bernardino, die hier in den See münden. Von Intra aus legt die Fähre über den See zum lombardischen Laveno ab. Intra ist trotz seiner schönen Lage vor allem von Industrie und Handel geprägt. Im Ort ist wenig historisches Flair erhalten; der Hafen und geschäftiges Treiben bestimmen sein Gesicht.

Zwischen Intra und Pallanza liegt der 20 Hektar große Park der **Villa Taranto,** gleich daneben die Gärten der Villa San Remigio, die ganz im englischen Stil gestaltet sind. Der steinreiche Schotte *Neil McEacharn* verwandelte 1931 den 1875 errichteten Park in einen öffentlich zugänglichen **Botanischen Garten,** der heute eine Freude für alle Besucher der Region ist. *McEacharn* schenkte den Park 1935 dem italienischen Staat *Mussolinis* unter der Bedingung, ihn zu erhalten.

20.000 Pflanzenarten sollen heute hier wachsen; berühmt sind die ungezählten Dahlien- und Rhododendrenarten, die Magnolien, Azaleen und Kamelien. Im Mai erfreut man sich an fast 100.000 Tulpen und an den Magnolien, im Herbst sind es vor allem die bunten Dahlien, die den Park beherrschen. Wasserbecken und Springbrunnen geben dem Ganzen Struktur; große Buchen schützen die Blumen vor der Sonne. *McEacharn* ließ sich in der Mitte des Parks ein Mausoleum bauen, in dem er seit seinem Tod 1964 ruht. Eine Windhose mit mehr als 180 km Geschwindigkeit hat am 25. August 2012 den Park fast zerstört. Umfangreiche Wiederaufbauarbeiten ließen es zu, ihn im Sommer 2013 neu zu eröffnen (s.u.: „Ausflüge, Besichtigungen").

Pallanza, der Stadtteil südwestlich der Villa Taranto, liegt auf einer Halbinsel, die in den See hineinragt und die Borromäische Bucht vom Hauptarm des Sees trennt. Pallanza ist ein ruhiger, recht geschlossener Erholungsort mit Villen, Hotels, Cafés und Restaurants an der langen Seepromenade. Dank seiner Lage gegen Süden ist das **Klima** hier noch milder und sonniger als andernorts am See. Sehenswert ist die romanische, im 16. Jh. im Renaissancestil umgebaute **Kirche Madonna di Campagna.** Die ausladende Kirche bildet ein Oktogon, der romanische Turm blieb erhalten. Die Kirche liegt etwas außerhalb des Zentrums an der Straße zum Monte Rosso.

Kunstliebhaber beachten auch das **Museo del Paessaggio** im Palazzo Dugnani mit Plastiken des Bildhauers *Paolo Troubetzkoy* (1866–1938), Sohn eines Fürsten aus Russland und einer amerikanischen Tänzerin; sein künstlerischer Stil erinnert an *Rodin.*

Pallanza besitzt eine ganze Reihe schöner **Villen,** von denen allerdings nur ein Teil der Öffentlichkeit zugänglich ist. Die Villa Biffi-Rusconi-Clerici liegt am See, sie wird heute vor allem für Empfänge und Gala-Diners vermietet. Gleich daneben steht die ebenfalls elegante Villa Giulia Branca, und nicht weit davon die Villa Cadorna aus den 1920er Jahren. Die Villa Giulia wurde 1882 ebenfalls am See gebaut, von ihrer arkadengesäumten Terrasse aus blickt man über den herrlichen Garten zum See. Die Villa San Remigio stammt aus dem frühen 20. Jh.; sie ist von einem acht Hektar großen „Park der Melancholie" umgeben.

In der Umgebung Verbanias ist unbedingt ein Ausflug auf den **Aussichtsberg Monte Rosso** angesagt, der an klaren Tagen eine superbe Aussicht zum Monte-Rosa-Massiv und über den See bietet. Die Wanderung auf einem ca. fünf Kilometer langen Sträßchen dauert über eine Stunde, man kann aber auch fast bis zum Gipfel hochfahren.

Übernachtung
1 Campingplätze
3 Hotel Italia
4 Hotel Pallanza, Hotel Belvedere
7 Centro Pastorale San Francesco

Essen und Trinken
5 Osteria dell'Angelo
6 Il Torchio

Einkaufen
2 Outlets bei Fondotoce
8 Wochenmarkt

Von hier aus lohnt eine Tages- oder Mehrtagestour in den nahen **Nationalpark Val Grande** Richtung Domodossola, der von Intra aus gut zu erreichen ist. Schöne Ausblicke ergeben sich auf Wanderungen von den Höhen bei Miazzina oder vom Monte Zeda aus, dem höchsten Gipfel in Seenähe auf 2156 m.

Bald nach **Fondotoce,** das noch zu Verbania gehört, gerät man in eine der für Norditalien so typischen hässlichen Industrie- und Siedlungslandschaften, das Gebiet von Gravellona Toce und Crusinello. Anziehungspunkte sind hier die **Outlet- und Fabrikshops** einer ganzen Reihe bedeutender Markenfirmen. In Crusinello befindet sich die *Alessi*-Fabrik mit einem großen, speziell auf Touristen ausgerichteten Laden, in dem man Originalprodukte zu reduzierten Preisen kaufen kann. Auch *Sergio Tacchini*, *Lagostina* und *Piazza* sind hier vertreten. Design gedeiht offenbar besonders gut in verschandelter Landschaft.

Praktische Tipps

Information

- **Ufficio Informazioni ed Accoglienza Turistica,** Corso Zanitello 6/8, 28922 Verbania, Tel. 0323 50 32 49.

Unterkunft/Essen und Trinken

- **Pallanza,** Viale Magnolie 6/8, Tel. 0323 50 32 02, www.pallanzahotels.com. Gutes Hotel der gehobenen Mittelklasse in altem Gebäude, nahe der zentralen Piazza Garibaldi. Seezimmer mit herrlichem Blick auf den Lago; DZ mit Dusche/WC inkl. Frühstück ab 130 €.
- **Hotel Belvedere-San Gottardo,** Viale delle Magnolie 8, 28922 Verbania, Tel. 0323 503 202, www.pallanzahotels.com. In Pallanza, direkt am See und bei der Altstadt gelegenes, renoviertes Doppel-Hotel (siehe Pallanza), wobei das Belvedere etwas höher bewertet ist. DZ ab 70 €.
- **Italia,** Viale Magnolie 10, Tel. 0323 55 73 25, www.fiorenzahotels.org. Nettes kleines Hotel gleich neben dem *Pallanza*. Schöne Zimmer, einige mit Blick auf den See. Gute Küche. DZ mit Dusche/WC ab 75 €.
- Unterkunft findet man auch im **Katholischen Zentrum** zwischen Intra und Pallanza nahe dem See: *Centro Pastorale San Francesco,* Via alle Fabbriche 8, Intra, Tel. 0323 40 85 42, www.centropastoralesanfran cesco.com. Einfache Unterkunft in einem ehemaligen Kloster, v. a. für Jugendliche und Familien. DZ mit Frühstück 50 €.
- **Il Torchio,** Via A. Manzoni 20, Tel. 0323 50 33 52. Gutes Restaurant in altem Gebäude gleich hinter der Piazza Garibaldi; Pasta und einheimische Gerichte. Mi Ruhetag.
- **Osteria dell Angelo,** Piazza Garibaldi 35. Gutes Restaurant auf dem Hauptplatz in Pallanza. Pasta und italienische Küche. Mo geschlossen.
- **Piccolo Lago,** Via Turati 87, Fondotoce, Tel. 0323 58 67 92, am Mergozzo-See, Michelin-Restaurant mit entsprechenden Preisen. Mo geschlossen.

Camping

- **Village Camping Isolino,** 28924 Fondotoce, Tel. 0323 49 60 80, www.campingisolino.com. In einer von Schilf begrenzten Bucht, mit leicht abfallendem Sandstrand und Liegewiesen. Freizeitprogramm und viel Infrastruktur.

Einkaufen

- **Markt im Ortsteil Intra,** Sa 9–16 Uhr; größter, sehr vielfältiger Markt in der Gegend.

■ **La Casera di Buratti,** Piazza Ranzoni 19, Intra, Verbania, an kleiner Parallelstraße hinter dem Corso Goffredo Mameli, hervorragender Käse, Weine, Wurstwaren, Teigwaren, Salate, etc., gepflegte Präsentation. Mo–Sa 9–23 Uhr, Mi nur bis 19 Uhr.

■ **Baudo,** Via Ruga 47, Pallanza. Feine Amaretti und „Dolce Camelia" aus Pallanza.

Outlets und Fabrikshops

■ **Alessi,** Via Provata Alessi 6, Crusinallo bei Omegna: Fabrikoutlet des Haushaltdesigners.

■ **Lagostina,** Via IV Novembre 37, Crusinallo bei Omegna, Pfannen und Edelstahltöpfe.

■ **Bialetti,** Via IV Novembre, 106/108, Crusinallo; Espressokocher und -maschinen.

■ **Piazza,** Via IV Novembre 242, Edelstahlgeschirr.

■ **Minoci Emilio,** Sterling Silber Kollektion, Via Nuova 118, Gravellona Toce.

■ **Sergio Tacchini,** Corso Marconi 40, Gravellona Toce, Sportbekleidung und -schuhe.

■ **Maglificio Matia,** Via Mergolo 2, Anzola d'Ossola; Knitwear.

■ **Lanificio Luigi Colombo,** Via Novara 263, Romagnano Sesia; Kaschmir.

■ **Cantina Sociale dei Colli Novaresi,** Via Cesare Battisti 68/0, Fara Novarese; Wein.

■ **Francoli Center,** C.so Romagnano 69, Ghemme; Wein.

Ausflüge, Besichtigungen

Park der Villa Taranto, www.villataranto.it; 16 ha großer Wunderpark des Captain Neil Mc Eachern mit 60.000 Zwiebelpflanzen in Pallanza, 8.30–18.30 Uhr, Mitte März–Oktober; Eintritt 10 €.

■ **Casa della Resistenza und Parco della Memoria e della Pace,** Via Turati 9, 28924 Verbania Fondotoce; thematisiert die Geschichte des Widerstands gegen Mussolini und die SS-Truppen, welche v.a. nach dem Umsturz in Italien mit der „Republik von Salo" das faschistische Regime in Norditalien noch fortführen wollten. Die Widerstandsbewegung war hier im Norden Italiens besonders stark und führte zur Gründung „autonomer Republiken" wie der „Repubblica del Ossola". Eintritt Di–Fr 9–12 und 15–18 Uhr, Sa nur nachmittags, im Winterhalbjahr Mo–Fr.

Über den Passo Il Colle nach Verbania

Statt die Küste entlang südwärts über Oggebbio und Ghiffa nach Verbania zu fahren, kann man die ca. 40 km lange, beschwerlichere, aber sehr pittoreske Route über den Passo Il Colle wählen – falls man Zeit und ein **Mountainbike** oder zumindest ein gutes, **geländegängiges Fahrzeug** hat. Man gelangt über Viggiona und Cheglio nach Monte Carza auf 1116 m. In Trareggo Viggiona, kurz hinter Cheglio, hat sich auf traumhafter Aussichtslage eine Künstlergemeinschaft angesiedelt, die an Ostern jeweils den Sentiero d'Arte präsentiert, einen Künstlerpfad mit ihren jeweiligen Werken. Weiter hoch geht es nach Monte Piazza und dann zum Monte Spalavera im Nordwesten des Nationalparks Val Grande (1534 m), den man so umrundet. Dann geht es auf Schotter weiter bis zum Passo Il Colle (1238 m): Hier erinnert eine Gedenkstätte an die Partisanen aus dem 2. Weltkrieg. Am Monte Piancompra vorbei gelangt man über Manegra und Premeno dann kurvenreich wieder hinunter nach Verbania.

Lago Mergozzo und Lago d'Orta

Zum Glück ist der **Lago Mergozzo** durch Sedimentanhäufungen und die Schilfgürtel des Reservats am Toce-Fluss sowie durch den Mont'Orfano (790 m) vom lärmigen Tocetal getrennt. Der kleine See hat sich deshalb seine Ursprünglichkeit noch weitgehend bewahrt. Das **Dorf Mergozzo** am Westufer des Sees mit dem mittelalterlichen Schloss und den beiden Kirchen besitzt eine schöne Seepromenade, hübsche Gässchen und eine intakte Bausubstanz. Der Mergozzosee ist ein beliebter Bade- und Campingsee, da sein **Wasser** durch die geschützte Lage sowohl wärmer als auch sauberer ist als das der größeren Seen Lago d'Orta und Lago Maggiore.

Wenn man die Autobahn bei Gravellona Toce unterquert und südwärts fährt, passiert man bald Omegna und gelangt zum schmalen, aber mit 13 Kilometern recht langen **Lago d'Orta,** dem westlichsten der oberitalienischen Seen. Wer hier die Ruhe und Abgeschiedenheit eines Bergsees sucht, ist am falschen Ort: Omegna ist eine betriebsame Stadt, und auch am südlichen und südöstlichen Ufer des Sees macht sich Industrie breit; vor allem Badezimmer- und Kücheneinrichtungshersteller haben sich hier angesiedelt.

Trotzdem lohnt sich eine Rundfahrt um den See, überall eröffnen sich hübsche Ausblicke. So z. B. am südlichen Teil des Sees auf die kleine **Insel San Giulio,** einst ein bedeutender Wallfahrtsort mit großem Bischofspalast und einem Priesterseminar. Auf der Insel steht die bemerkenswerte **Basilika di S. Giulio,** dem gleichnamigen Heiligen gewidmet, der die Insel im 4. Jh. von einem Drachen befreit haben soll. Die Basilika ist romanischen Ursprungs, allerdings stark barockisiert; man beachte die schwarze Marmorkanzel aus dem 11. Jh.

Der interessanteste Ort am See ist das auf einer Halbinsel gelegene kleine **Orta San Giulio** am Ostufer. Über kieselsteingepflasterte Gässchen erreicht man den sich plötzlich öffnenden zentralen Platz, die große Piazza Mario Motta mit dem Palazzo della Communità, einem Renaissance-Rathaus aus dem 16. Jh. mit schönen Arkaden und etwas verblassten Fresken an den Außenmauern. Zum See hin ist die Piazza offen, man sieht die Insel San Giulio, die man mit Booten von hier aus erreichen kann.

Über dem Ort liegt der 1591 von einem Kapuzinermönch entworfene **Sacro Monte d'Orta** mit 20 Kapellen, die alle auf den See ausgerichtet sind. Auch er ist seit 2003 UNESCO-Weltkulturerbe (vgl. Sacri Monti im Kap. über Domodossola). Ungewöhnlich ist, dass dieser heilige Berg nicht dem Leben Marias oder Jesu sondern einem Heiligen gewidmet ist.

Im Süden des Sees liegt das Industriegebiet von Gozzano. Wenn man sich dem Westufer des Sees zuwendet und nordwärts fährt, ist man bald wieder in ländlichem Gebiet und hat immer wieder einen schönen Ausblick auf den See und auf die **Wallfahrtskirche Madonna del Sasso.** Falls die Zeit reicht, ist eine Fahrt hinauf zu der kleinen Kirche bei klarem Wetter unbedingt empfehlenswert, das prächtige Panorama des ganzen Seengebietes und der umliegenden Berge ist bestechend.

470te ns

Praktische Tipps

Unterkunft

■ **La Quartina,** Via Pallanza 20, 28802 Mergozzo, Tel. 0323 80 118, www.laquartina.com. Charmantes kleines Hotel am Mergozzo-See mit zehn Zimmern, Restaurant (Mo Ruhetag), Terrasse und Rasenfläche bis zum See. Die meisten Zimmer haben Blick auf den See (aber auch auf den Campingplatz). Gutes „Slow Food"-Angebot. DZ mit Dusche/WC 96–116 € (ohne Frühstück).

■ **Villa Crespi,** Via G. Fava 8/10, 28016 Orta San Giulio, Tel. 0322 91 19 02, www.villacrespi.it. Herrschaftssitz eines reichen Industriellen im maurischen Jugendstil (1879). Stilvolle Einrichtung, exklusives Milieu, schöner Blick auf Lago d'Orta oder Park. Restaurant der Spitzenklasse. DZ mit Bad/WC inkl. Frühstück 190–580 € (Suite).

■ **La Bussola,** Via Panoramica 24, 28016 Orta San Giulio, Tel. 0322 01 19 13, www.hotelbussolaorta.it. In erhöhter Lage über dem See und ca. 300 m vom historischen Ortszentrum entfernt, mit Blick auf die Insel und den See. Moderne Zimmer und schönes Schwimmbad, im Sommer isst man auf der Terrasse. DZ mit Bad/WC 135–220 €.

■ **Contrada dei Monti,** Via dei Monti 10, 28016 Orta San Giulio, Tel. 0322 90 51 14, www.lacontradadeimonti.it. Liebevoll gepflegtes Kleinhotel (ohne Restaurant) in einem Gässchen der Altstadt, wo man sich wohlfühlt. 17 DZ mit Dusche/WC 110–160 € inkl. Frühstück.

Die Isola San Giulio im Lago d'Orta

■ **Hotel Giardinetto,** Via Provinciale 1, 28028 Pettenasco, www.lagodortahotels.com, Tel. 0323 89 118. Älteres Mittelklassehotel am See mit schönem Ausblick, z.T. renovierte Zimmer. DZ mit Dusche/WC und mit Frühstück ab 87 € mit Gartenblick, bis 180 € mit Seeblick. April-Okt.

Agriturismo „Cucchiaio di Legno“, Tel. 0345 67 13 306, www.ilcucchiaiodilegno.com. Bauernhof mit Ferienzimmern und veritablem Restaurant, wo Menüs vor allem mit Produkten vom Hof gekocht werden.

Essen und Trinken

■ **Taverna Antico Agnello,** Via Solaroli 5, 28010 Miasino, Tel. 0322 980 527, neu in der Villa Porta Nigra im Dorf Miasino bei Orta S. Giulio. Gute Küche, angenehmer Service.

■ **Al Sorriso,** Via Roma 18, Soriso, etwas südlich des Lago d'Orta bei Gozzano, Tel. 0322 98 32 28, www.alsorriso.com. Mit zwei Michelin-Sternen ausgezeichnetes Lokal. Erfüllt hohe Ansprüche der Kochkunst, verlangt allerdings auch dementsprechende Preise. Acht Zimmer stehen zur Verfügung, falls man nach dem Essen nicht mehr mit dem Auto fahren will. DZ 200 €. Unbedingt vorbuchen! Mi–So.

Camping

■ **Camping Orta,** 28016 Orta San Giulio, Tel. 0322 90 267, www.campingorta.it. Nördlich von Orta, an steilem Hang, durch Straße zweigeteilt (Unterführung). Kurzer Kiesstrand und Liegewiese.

> Die wunderschöne romanische Kirche SS Gervasio e Protasio in Baveno

Die Riviera des Lago Maggiore

Der Teil des Sees, der sich von **Verbania** bis zum Ausfluss des Ticino aus dem Lago Maggiore bei **Sesto Calende** erstreckt, wird oft auch als Riviera bezeichnet, handelt es sich doch um den sonnigsten Teil des Sees. Nur der obere Teil dieser Strecke ist touristisch bedeutend, mit Bavona und insbesondere Stresa als Zentrum. Ab Arona südwärts herrscht wieder Industrie und Zersiedelung vor, die im Süden des Sees an irgendeine beliebige amerikanische Vorstadt erinnert.

Hinter Verbania durchfährt man zunächst Industrie und dann einige Ferienorte in schöner Seelage. Nach einer Biegung geht es immer südlich am Zentrum der Riviera, Stresa, mit den vorgelagerten Borromäischen Inseln vorbei. Auf-Stresa folgen einige kleinere ehemalige Fischerdörfer und das beeindruckende Arona mit der berühmten Statue des Carlo Borromeo. Empfehlenswert ist ein Besuch der vom Strand her sanft ansteigenden Hügel, welche den Lago Maggiore vom Lago d'Orta trennen.

Feriolo

Von Verbania herkommend, durchfährt man vorerst Feriolo, das für seine **Steinbrüche** und Steinmetzbetriebe bekannt ist. Als man 1867 hier eine neue Seepromenade bauen wollte, schwemmte ein **Erdrutsch** das halbe Dorf weg; viele Bewohner kamen dabei im See um. Die versunkenen Häuser liegen noch heute

ca. zwei Meter unter der Wasseroberfläche. Feriolo ist ein eher ruhiger Ort an der Hauptdurchgangsstraße. Aus dem rosafarbenen **Baveno-Granit** der nahen Steinbrüche wurden die Petersbasilika in Rom und die Galerie Vittorio Emanuele in Mailand gebaut. Heute ist der Ort v.a. für seine Campingplätze bekannt (s.u.: „Praktische Tipps").

Baveno

Das nächste Städtchen, Baveno, liegt eingebettet zwischen dem See und den hier noch recht hohen **Bergen** Monte Camoscio (890 m, hier gibt es viele Steinbrüche), Monte Zucchero (1230 m), Monte Mottarone (1490 m), auf den von Stresa aus eine Luftseilbahn führt, Monte del Falo (1080 m) und Monte Cornaggia (920 m). Der See erscheint hier durch die Borromäische Bucht besonders breit und erinnert an das Meer. Die vorgelagerten Inseln geben der Szenerie einen besonderen Reiz und machen den einzigartigen Charme dieser Gegend aus, die schon in alten Zeiten Bewunderer anzog.

Baveno hat ca. 5000 Einwohner und wird durch große **Villen** und Hotelpaläste beherrscht. *Lord Byron, Queen Victoria* und *Richard Wagner* wählten Baveno zu ihrem Lieblingsaufenthaltsort. Man beachte die Anlegestelle der Schiffe, in reinstem Jugendstil gebaut, aber auch die öffentlich zugängliche **Villa Fedora** mit ihrem großen Park. In diesem Gebäude soll *Umberto Giordano* die Oper „Andrea Chenier" komponiert haben. Baveno besitzt im Unterschied zu anderen Orten an der „Riviera" den Vorteil, dass es über einige Hotels mit direktem Seeanschluss verfügt.

Stresa

Fast ohne Übergang gelangt man von Baveno über den Ortsteil Calciano nach Stresa, wo die riesigen **Hotelpaläste** der Belle Époque und eine ganze Reihe schöner **Villen,** wie die Villa Muggia-Antico Palazzo, die Casa Bolongaro oder die berühmte Villa Pallavicino, das Ufer dominieren.

Stresa ist seit dem 18. Jh. einer der **berühmtesten Erholungsorte Europas;** es hat alle Wirren und Schwierigkeiten politischer oder tourismuswirtschaftlicher Art relativ heil überstanden. Adelige, Künstler, Politiker (Konferenz von Stresa, 1935) und später der Massentourismus erkoren Stresa zu einem ihrer beliebtesten Ziele. Die einzigartige Lage, das Klima, aber auch die gute Verkehrsanbindung sind einige der Faktoren, die eine Rolle spielen (die Simplon-Eisenbahnlinie, die Autobahn und der internationale Flughafen Milano-Malpensa liegen in unmittelbarer Nähe). Wie damals besitzt die Grafenfamilie Borromini Hotels, Parks und Einrichtungen und hat somit immer noch Einfluss in Stresa.

Kurze Spaziergänge führen durch die hübschen Gässchen der Stadt, in den **Park der Villa Ducale** (mit seiner monumentalen Libanonzeder, die 150 Jahre alt sein soll), ins dort gelegene kleine **Museum des Collegio Rosmini** oder in die **Villa Pallavicino** mit dem großen öffentlich zugänglichen englischen Park und dem Zoologischen Garten.

Stresa eignet sich gut als Ausgangspunkt für einen Tagesausflug zu den Inseln, aber auch als Aufenthaltsort für einige Tage, kann man doch von hier aus auch das Wander- und Skigebiet am **Mottarone** oder die umliegenden Seen besuchen bzw. mit dem Schiff den Lago Maggiore befahren.

Auf der Autostraße zum Mottarone findet man im Dorf Gignese ein recht interessantes **Schirmmuseum;** die Schirmfabrikation stellte in dieser Gegend lange Zeit eine wichtige wirtschaftliche Basis dar.

Die Borromäischen Inseln

Ein Besuch der Borromäischen Inseln gehört sicher zu den Höhepunkten des Aufenthalts im norditalienischen Seengebiet. Da an schönen Tagen im Sommer Tausende von Touristen hier die Sehenswürdigkeiten dieser schon früh als **Weltwunder** gepriesenen Inseln bewundern wollen, empfiehlt sich eher ein Tag mit schlechter Wetterprognose oder ein Tag außerhalb der Saison für einen Besuch. Auch an nebelverhangenen Tagen oder sogar bei Regen haben die Eilande, die Gebäude und Parks ihren Reiz.

Von den vier Inseln ist die kleinste, die **Isola San Giovanni,** in Privatbesitz und deshalb nicht zugänglich. Die anderen Inseln können zumindest in der Saison mit Schiffen angefahren werden.

Die **Isola Madre** ist die größte der vier Inseln und gehört nach wie vor der Adelsfamilie der *Borromeo,* die einst hier als Bollwerk gegen die Eidgenossen Mailand verteidigen sollte. *Vitaliano Borro-*

meo verwandelte diese Insel im 19. Jh. in das, was sie heute ist: ein riesiger **englischer Garten.** Im bereits im 16. Jh. errichteten – 2012 und 2013 aufwendig restaurierten – **Palazzo** ist eine bemerkenswerte Sammlung von Keramik und Marionetten zu besichtigen (Ende März bis Oktober 9–17.30 Uhr).

Die **Isola dei Pescatori** war, wie es der Name sagt, eine Fischerinsel, die heute noch neben einigen Bewohnern viele Geschäfte, die vom Tourismus leben, und ein kleines Hotel beherbergt. Das Gedränge ist in der Hauptreisezeit groß.

Die **Isola Bella** ist ein Wundermix aus Natur und Gestaltung. Ein Architekt aus dem nahen Ponte Tresa, *Antonio Crivelli,* soll 1632–1672, zusammen mit *Carlo Fontana,* im Auftrag des Fürsten *Carlo Borromeo III.* und seiner Gattin *Isabella d'Adda* aus dem unscheinbaren Inselchen ein Kunstwerk geschaffen haben, das bald als barockes Weltwunder galt. Der Bruder *Carlos, Julius Caesar Borromeo III.*, soll jenem die größere Insel, die Isola Madre, weggenommen haben. *Carlo* machte jedoch aus der Not eine Tugend; das vorher „Isola Inferiore" genannte Eiland taufte er zu Ehren seiner Gattin „La Bella".

Die Insel liegt wie ein Schiff im See, auf der Südseite die zehnstufig auf Terrassen angelegten **Gärten,** Grünflächen, Blumenbeete, Sträucher und Bäume, Wasserspiele und Brunnen, begrenzt am Südende von den beiden Belvedere-Türmen. Auf der Westseite schmiegen sich ein kleines Dörfchen und das **Amphitheater** an den Hang; der nördliche Teil der Insel wird beherrscht von der **Kirche S. Vittore** und dem **Palazzo Borromeo.** Es war *Vitaliano Borromeo,* der nach dem Tode seines Vaters den Palazzo auf grandiose Weise als Barockmonument ausgestalten ließ. Er war ein Einzelgänger, der so vernarrt in die Insel gewesen sein soll, dass er sie als seine Geliebte bezeichnete und darum bat, sein Herz nach seinem Tode in der kleinen Kirche hinter den Gärten zu begraben. Sein Neffe und Nachfolger, der Vizekönig von Neapel *Karl IV.*, und *Giberto V.* vollendeten das Werk und machten daraus einen Aufenthaltsort für die Großen der damaligen Welt. *Napoleon Bonaparte* und *Josephine,* die Prinzessin von Wales und viele andere mehr weilten hier. Mitte März bis Mitte Oktober täglich 9–17.30 Uhr geöffnet.

Praktische Tipps

Information

- **Ufficio Turistico,** Piazza Marconi 16, Stresa, Tel. 0323 31 308, www.stresaturismo.it.

Unterkunft

- **Grandhotel Dino,** Corso G. Garibaldi 20, Baveno, Tel. 0323 922 201, www.zaccherahotels.com. Direkt am See gelegenes Grandhotel mit grandiosem Blick hinüber zu den Inseln. 360 Zimmer, DZ 115–290 €.
- **Grand Hotel des Iles Borromées,** Lungolago Umberto I, 67, 29838 Stresa, Tel. 0323 93 89 38, www.borromees.it. Grandioses Hotel aus der großen Zeit des Seetourismus, laufend dem neuesten Standard angepasst, mit einzigartigem Blick auf die Inseln und den See. DZ 204–630 €.
- **Aminta,** Strada Statale del Sempione 123, 28838 Stresa, Tel. 0323 93 38 18, www.villa-aminta.it. Einzigartiger Bau, gleich hinter Baveno gelegen, mit wunderbarem Ausblick auf die Borromäi-

473te ns

schen Inseln. 58 liebevoll eingerichtete Zimmer und fünf Suiten (viel Stuck, Lüster und alte Möbel), außerdem Swimmingpool und eigener Strand. DZ 174–571 €.

■ **La Luna nel Porto,** Corso Italia 60, 28838 Stresa, Tel. 0323 934 466, www.lalunanelporto.it; vielgerühmtes und darum gut besuchtes, neu renoviertes Hotel an der Hauptpromenade. Geräumige, geschmackvolle Zimmer, meist mit tollem Blick auf den See; DZ 140–300 €.

■ **Lido La Perla Nera,** Viale Lido 15, Lido di Calciano, 28838 Stresa, Tel. 0323 33 611, www.hotelstresa.info/lido. Einige Schritte vom See gelegenes Hotel in einem Garten abseits der Hauptstraße, nahe der Talstation zum Mottarone. Renoviert, mit eigenem Hallenbad. Esszimmer mit großen Fenstern auf den See. DZ mit Dusche/WC 110–140 €.

■ **Albergo Verbano,** 28049 Isola dei Pescatori, Tel. 0323 30 408, www.hotelverbano.it. Kleines Fischerhaus auf der einzigartigen Isole dei Pescatori, direkt am Wasser gelegen, Inselromantik pur. 12 einfache Zimmer mit Minibalkon. Gute Küche, v. a. Fisch. DZ mit Dusche/WC und Frühstück 150–185 €.

Camping

■ **Camping Holiday,** 28835 Feriolo, Tel. 0323 28 164. Neuerer Platz mit guten Einrichtungen am See. Kleiner Sandstrand mit Liegewiese.

■ **Conca d'Oro,** 28835 Feriolo, Tel. 0323 28 116, www.concadoro.it. In Mischwald und Wiesengebiet am See mit Sandstrand und Blick auf Insel.

Die Isola Bella im Winter

075te ns

Essen und Trinken

- **Ristorante Amélie,** via 1 Maggio 17, Baveno, Tel. 0323 924 496; sehr gutes, kleines Restaurant hinter der Promenade, Di–So 19–22 Uhr und So Mittag (unbedingt reservieren).
- **Piemontese,** Via Mazzini 25, Stresa, Tel. 0323 30 235. Typisch piemontesische Küche in ebensolcher Atmosphäre, So/Mo Ruhetag.
- **Pizzeria Nonna Italia,** G. Garibaldi 32, Stresa, Tel. 0323 933 922. Gute Pizzeria, daneben auch andere italienische Gerichte. Zentral gelegen.
- **Triangolo,** Via Roma 61, Stresa, Tel. 0323 32 736. Gutes Lokal mit Garten. Di Ruhetag.
- **Vecchio Tram,** Via per Vedasco 20, Stresa, Tel. 0323 31 757. Empfehlenswertes Restaurant in Panoramalage über dem See. Di Ruhetag.
- **Gigi Bar und Confiserie,** Corso Italia 30, Stresa, Tel. 0323 30 225. Lokale Pasticceria mit typisch italienischen Leckereien.

Einkaufen in Stresa

- **Isola del Gelato,** Corso Europeo 43. Mehr als 50 Sorten italienischer Eiscreme.
- **Enoteca da Giannino,** Piazza Cardona 9. Guter Wein, Likör und Grappa.
- **Gigi,** Corso Italia 30, und **Pasticceria Marcolini,** Via Principessa Margherita 29. Hier gibt's die Backwarenspezialität *Stresa Margheritine,* aber auch andere feine Backwaren.
- **Da Antonio,** Via de Vit 3, einheimische Produkte, v.a. Käse, Weine, Wurst, Schinken.
- **Markttag** in Stresa ist der Freitag.

⌃ Arona am Südzipfel des Lago Maggiore

⟩ Der Colosso di San Carlone

Ausflüge

- **Park der Villa Pallavicino,** www.parcozoopallavicino.it. Tausend Jahre alte Bäume, botanischer Garten und 40 Tier- und Vogelarten, die frei hier leben. Mitte März–Okt. 9–18 Uhr; Eintritt 9.50 €.
- **Alpinia Botanischer Garten,** www.giardinoalpinia.it; oberhalb Stresas auf ca. 800 m, 40.000 qm großer Alpengarten (April–Okt. 9.30–18 Uhr).
- **Luftseilbahn auf den Monte Mottarone:** Die Talstation liegt gleich am See bei Carciano zwischen Baveno und Stresa. Vom Gipfel aus bieten sich wunderschöne Wanderungen an den Hängen über dem See an. Für Biker ist die steile Downhillstrecke eine Herausforderung.
- **Schifffahrt auf dem See:** Man erkundige sich bei den Schiffsstationen. Besuch der Borromäischen Inseln: Fast alle Schiffsstationen am Lago Maggiore fahren regelmäßig die Borromäischen Inseln an, www.borromeoturismo.it.

Von Stresa bis Sesto Calende

Nach Stresa südwärts ist die Landschaft weniger beeindruckend als weiter oben am See. Die Ausläufer des Küstengebirges sind weniger hoch, die Po-Ebene kündigt sich an. Die Hügellandschaft wird Vergante genannt, sie ist das Stammgebiet des Visconti-Geschlechts.

Nach **Belgirate** folgt **Lesa,** ein hübscher Fischerort mit Hafen ohne viel Rummel. Auf einem letzten schroffen Felshügel, kurz vor der Handels- und Industriestadt Arona, beherrscht der 1697 errichtete **Colosso di San Carlone** die Szene, die 20 Meter hohe Statue des Gegenreformators **Carlo Borromeo,** der aus Arona stammte. Auf einer Leiter gelangt man bis in den Kopf der Statue, von hier blickt man über den See. Im Priesterseminar gleich bei der Statue ist ein Gedenkzimmer für den Heiligen eingerichtet. *Karl Borromäus* (1538–84) ist der berühmteste Sohn der bekannten Adelsfamilie. Er wählte die kirchliche Laufbahn, wurde Bischof von Mailand und brachte es bis zur Kardinalswürde. Auf dem Konzil zu Trient (1545–63) soll er hauptverantwortlich dafür gewesen sein, dass man sich mit den Reformierten nicht einigen konnte; er löste die Gegenreformation aus. Schon 26 Jahre nach seinem Tod wurde *Karl* heilig gesprochen. Der Bau vieler spätmittelalterlicher Kirchen im Tessin und im ganzen Seengebiet wurde von ihm, offenbar aus Propagandagründen, veranlasst; heute bewundern wir die wundervollen Fresken und Malereien.

Arona ist eine recht bedeutende Handels- und Industriestadt mit knapp 20.000 Einwohnern. Die Altstadt am Hafen hat sich ihren Charme bewahrt, es

474te ns

gibt eine schöne Promenade am See, von wo man auf die Rocca di Angera auf der anderen Seeseite herüberblickt. Man besuche auch den verkehrsberuhigten Hauptplatz gleich hinter der ersten Häuserzeile am See und die kleinen, verkehrsfreien Gässchen mit den schicken Geschäften zum Shoppen und Flanieren. Das **Museo Civico** beim Rathaus zeigt Exponate aus der uralten Geschichte der Stadt, die bereits in vorgeschichtlicher Zeit besiedelt war. Drei **Kirchen,** die Pfarrkirche S. Maria Nascente im seenahen unteren Stadtteil, Santi Martiri (Piazza San Graziana) und Madonna di Piazza (1592 geweiht) sind sehenswert.

Sobald man, südlich fahrend, das alte Stadtgebiet Aronas verlässt, durchquert man nun über Kilometer wild wuchernde moderne **Industrie- und Logistikarchitektur;** man wähnt sich schon in den Vorstädten Mailands. Am südlichen Ende des Sees wird dieser Eindruck abgelöst durch ebenso hässliche **Freizeiteinrichtungen:** Nachtklubs, Discos, Spielklubs, Kartbahnen lösen sich ab mit Pizza-, Kebap- und Hamburgerbuden. Auf einer langen Eisenbrücke überquert man den Tessinfluss und gelangt nach Sesto Calende in der Lombardei.

Praktische Tipps

Information

- **IAT, Ufficio di Informatione e Accoglienza Turistica,** Piazzale Duca d'Aosta, 28041 Arona, Tel. 0322 24 36 01.

Unterkunft

- **Relais Casali della Cisterna,** Strada Veccia alle Sale 8, Belgirate, Tel 0340 36 50 136, www.casalidellacisterna.it, zwischen Stresa und etwas vor Belgirate nahe der Hauptstraße, aber hinter Bäumen in einem schönen Garten etwas versteckt. Zwei Häuser mit komfortablen und schön eingerichteten 12 DZ bzw. Suiten mit schönem Ausblick auf den See. Einzige Einschränkung: Man hört die vorbeifahrenden Züge. DZ/Suiten 110–260 €.
- **Hotel Aries,** Via Sempione 37, 28040 Lesa, Tel. 0322 77 137, www.arieshotel.net. Gut geführtes, familiäres und sauberes Hotel, DZ mit Bad/WC 75–82 € (ruhige Zimmer verlangen).
- **Hotel Concorde,** Via Verbano 1, 28041 Arona, Tel. 0322 24 93 21, www.concordearona.com. Gleich unter dem Felsen, der zum Denkmal führt. Schöner Blick auf den See und Rocca di Angera, unweit des alten Stadtzentrums, etwas abgenutzt. 82 DZ mit Dusche/WC ab 134 €.
- **Cascina Incocco,** Via per Incocco 1, 28041 Arona, Tel. 0338 37 93 167, www.incocco.com; man erreicht diesen alten Landsitz auf einem Hügel über Arona via Oleggio Castello in ca. 10–15 Min. mit dem Fahrzeug. Der Sitz besteht aus einem Wohnhaus, einer ehemaligen Stalla und einer Kapelle, in der sich heute ein Aufenthaltsraum für die Gäste befindet. Es gibt auch Boxen für Pferde. DZ mit bequemen Betten 120 €, für längere Aufenthalte um 100 €. Achtung: nicht ganz leicht zu finden, Webpage beachten!
- **Casa Violetta,** Via Roma 60, 28010 Agrate Conturbia, Tel. 0322 832 047, www.casavioletta.it; Das Haus ca. 10 km südwestlich des Seeendes stammt aus dem 17 Jh. und wurde von der Besitzerfamilie in ein kleines Relais oder B&B verwandelt. Gepflegter, sehr zuvorkommender Service, DZ 70–80 €.

Die Chiesa dei Santi Martiri in Arona

078te ns

Camping

■ **Camping Solcio,** 28040 Solcio di Lesa, Tel. 0322 74 97. Ortsrand am See, neben Bahnlinie und Werft.

■ **Camping Lago Azzurro,** Via Fermi 5, 28040 Dormelletto (südlich von Arona), Tel. 0322 49 71 97. Wiese am See mit Kiesstrand; Freizeitprogramm.

Essen und Trinken

■ **Ristorante Al Camino,** Via per Comnago 30, Lesa, Tel. 0322 74 71. Mitten im Grünen, schöne Terrasse mit Panoramablick auf den See.

■ **Hostaria al Veccio Portico,** Piazza del Popolo 14, Arona, Tel. 0322 240 108; zentral gelegen, Blick auf den Fährhafen. Gute Küche.

■ **Ristoro Antico,** Via Bottelli 46, Arona, Tel. 0322 46 482, sympathisches Restaurant nahe der zentralen verkehrsfreien Zone. Mittelitalienische Küche.

■ **Pescatori,** Lungolago Marconi 27, Arona, Tel. 0322 48 312. Gutes Fischrestaurant, direkt an der Seepromenade.

■ **Taverna del Pittore,** Piazza del Popolo 39, Arona, Tel. 0322 24 33 66, vornehmes Lokal in einem Haus aus dem 15. Jh., Terrasse mit Blick auf den Rocco di Angera.

Einkaufen

■ **Fratelli Belloli,** Corso Repubblica 16, Arona. Wein und Fleischwaren aus der Region.

■ **Luigi Guffanti,** Via Milano 140, Arona. Riesenauswahl an Käse aus der Region und ganz Italien.

■ An jedem dritten Sonntag des Monats findet auf der pittoresken Piazza del Popolo in Arona nahe dem See ein sehr lebendiger und schöner **Antiquitätenmarkt** statt. Auch wenn man nichts kauft, lohnt sich ein Besuch.

Die lombardische Seite des Lago Maggiore

Wenn man vom regen piemontesischen Westufer an das **Ostufer** hinüberwechselt, so ist man erstaunt, wie **wenig touristisch erschlossen** die lombardische Seite des Sees ist. Hotels und Restaurants, die von der schönen Lage profitieren, kann man fast an zwei Händen abzählen. Natürlich haben sich auch hier Wohlhabende (bescheidene) Villen gebaut, aber man sucht vergeblich nach Ferienorten wie Baveno oder Stresa.

Einzelne schöne Unterkünfte sind trotzdem vorhanden, und die Durchreisenden werden mit Sehenswürdigkeiten wie der Rocca di Borromeo oder S. Caterina del Sasso belohnt. Zudem finden sich hier am Strand noch mehr Natur und kleine Häfen und Badeplätze. Insgesamt also – falls man nicht Highlife sucht – durchaus eine Alternative zum Westufer des Sees. Auch das **Valle Veddasca** bis zum eidgenössischen Indemini ist mit seinen urtümlichen Dörfern und den schönen Ausblicken auf den See stets lohnenswert.

Der **Mittwochs-Markt** in Luino ist etwas Besonderes. Wer gerne gut isst, kommt hier in der Provinz Varese auf seine Kosten; man ist im Einflussgebiet des Wirtschaftsraums Mailand, es gibt eine ganze Reihe von **Spitzenrestaurants** der gehobenen Klasse, in welchen hervorragend zubereitete Kreationen zusammen mit den Spitzenweinen Norditaliens kredenzt werden. Das Preisniveau ist allerdings entsprechend, gehört doch Milano zu den Regionen mit dem höchsten Bruttosozialprodukt Europas.

Sesto Calende

Sesto Calende, das Sextuum Calendarum der Römerzeit, liegt nicht direkt am See, sondern am Ausfluss des Ticino aus dem See. Der hübsch am Fluss gelegene Stadtplatz wird deshalb kaum von Touristen besucht, obschon sich hier gut einkaufen und auch essen lässt. Das **Museo Civico** zeigt prominent die Fundstücke der hiesigen so genannten **Golasecca-Kultur** (ein vorrömischer norditalienischer Kulturkreis der Bronzezeit).

Am Ortsausgang Richtung Angera kann man in der Nordapsis der teilweise romanischen **Kirche S. Donato** schöne spätgotische Fresken ansehen (falls die Kirche nicht gerade geschlossen ist). Sesto Calende ist auch Ausgangspunkt für Ausflüge in das Naturreservat **Parco Lombardo della Valle Ticino** im Süden der Stadt, ein intaktes Stück Natur in der Industriewüste der Großstadtumgebung Mailands.

Zwischen Angera und Arolo

Wer sich nun nicht dem nahen Milano oder dem Hauptort der Provinz, Varese, zuwendet, sondern wieder nordwärts am See entlang fährt, gelangt rasch zur Seebucht von Angera, dem ehemaligen Zollhafen Österreichs mit der trutzigen Burg **Rocco di Borromeo** auf einem Felsen über der Stadt. Das etwas über 5000 Einwohner zählende hübsche Hafenstädtchen gegenüber dem nahen Arona

475te ns

auf der anderen Seeseite liegt etwas abseits der Hauptstraße. Eine Sehenswürdigkeit ist der hübsche **Hafen** mit der eigenartigen, nie vollendeten **Kirche Santuario Madonna della Riva,** einer bedeutenden Marienverehrungsstätte, die

Maccagno, das letzte lombardische Städtchen vor der Schweizer Grenze

auf ein Wunder von 1657 zurückgeht. Das 1980/81 restaurierte Innere birgt eine wunderschöne Freske von 1443 (Maria mit Kind) und einige sehr sehenswerte Bilder lokaler Meister.

In der **mittelalterlichen Burg**, der Hauptsehenswürdigkeit Angeras, beeindrucken die gotischen **Wandmalereien** in der Sala della Giustizia (1314). Sie feiern den Sieg der *Visconti* über die Rivalen *Torriani*. Später übernahm die Familie *Borromeo* die Burg; der Sala delle Cerimonie birgt Bilder, die sie aus ihrem Mailänder Palast Ende des 15. Jh. hierher brachte. Das Schloss beherbergt außerdem ein **Puppenmuseum** und eine Weinpresse aus dem 17. Jh. Die Burg ist mit dem Linienschiff erreichbar. Mitte März–Mitte Oktober, täglich von 9 bis 17.30 Uhr geöffnet.

Auf dem weiteren Weg nach Norden kann man am Seeufer entlang durch das ruhige **Ranco** fahren und dann auf der Hauptstraße nach **Ispra,** Sitz von *Euratom,* dem europäischen Kernforschungszentrum. Östlich landeinwärts liegen der kleine, touristisch kaum erschlossene **Lago di Monate** und **Brebbia** mit einer lohnenden romanischen Kirche.

Wallfahrtskirche S. Caterina del Sasso

Fährt man weiter nordwärts am Seeufer entlang, gelangt man bald zur eindrucksvollen Wallfahrtskirche S. Caterina del Sasso, die abseits der Hauptstraße zwischen **Arolo** und **Reno** am felsigen Steilufer klebt und aufgrund ihrer einzigartigen Lage Tausende von Touristen und Fotografen anzieht (Hinweistafeln an der Hauptstraße beachten). Für Santa Caterina del Sasso gilt dasselbe wie für die Borromäischen Inseln: Am besten kann man sie an einem Frühjahrs- oder Herbsttag besuchen, auf keinen Fall an einem sonnigen Sommertag. Eine Alter-

477te ns

native ist ein Besuch früh am Morgen, kurz nach der Öffnung. Auf einem schmalen Felsband zwischen Wasser und Himmel klebend, findet man die heilige Stätte; diese wurde 1170 zuerst von einem **Einsiedler,** *Alberto Besozzi,* bewohnt; er hatte sich hierher aufgrund eines Gelübdes zur heiligen Katharina zurückgezogen, nachdem er ein Schiffsunglück heil überstanden hatte. Die einfache Einsiedelei wurde in den folgenden Jahrhunderten von Dominikanern und Karmelitern ausgebaut. Seit 1914 steht sie unter **Denkmalschutz.**

Die Stätte umfasst **drei Gebäudekomplexe,** die durch einen gepflasterten Weg miteinander verbunden sind. Das **südliche Kloster** diente ursprünglich als Logierhaus für die Pilger, hier befindet sich der schöne Klostergarten. Dann folgt das kleine arkadengesäumte **gotische Kloster** in der Mitte des Komplexes. Es wurde 1315 bis 1320 gebaut und enthält eine alte Küche und einen Brotofen. Als dritter Teil folgt die Kirche **Chiesa di S. Caterina** (1587), die auf mehreren Vorgebäuden aus älteren Zeiten errichtet wurde, was sich im verschachtelten Aufbau mit verschiedenen noch heute sichtbaren Teilen zeigt – darunter dem aus dem 12. Jh. stammenden Schrein. Bemerkenswert ist auch die goldbemalte neapolitanische Orgel aus dem 18. Jh.

Öffnungszeiten in der Hauptsaison April– Oktober 8.30–12 Uhr und 13.30–18 Uhr, außerhalb dieser Zeit am besten anfragen, Tel. 0332 64 71 72, www.santacaterinadelsasso.com.

◁ Anziehungspunkt für Touristen aus aller Welt: die Einsiedelei Santa Caterina del Sasso

Laveno

Laveno, ein Städtchen mit fast 10.000 Einwohnern, liegt an einer belebten Bucht am Seeufer und ist als Eisenbahnstation, Straßendurchgangsort und Industriestandort von Bedeutung. Hier startet und landet die **Fähre** aus Ispra am westlichen Seeufer. Der belebte Ort ist Zentrum der regionalen **Keramikindustrie.** Von der Stadt führt eine **Gondelbahn** hinauf auf den Sasso del Ferro (1092 m), der Blick über See und in die Alpen ist bemerkenswert; ein Wanderweg führt von hier zurück nach Laveno hinab.

Nördlich von Laveno gelangt man zurück in das alpine Gebiet des Lago Maggiore. Man kann über die Hauptstraße oder etwas mehr landeinwärts auf der pittoresken Nebenstraße über **Mucena** und **Brezzo** zum letzten größeren Ort vor der Schweizer Grenze gelangen, der Markt- und Handelsstadt Luino.

Luino

Luino und das damit verbundene Germignaga ist bei Touristen vor allem wegen seines regen **Marktes** bekannt. Seit 1541 findet hier jeden Mittwochvormittag der „Mercantone“ statt, der Marktfahrer aus der Lombardei und dem Piemont anlockt und der bei Touristen und Schnäppchenjägern aus nah und fern berühmt geworden ist. Einheimische und Gäste mischen sich, das Verkehrschaos ist sehenswert, und auch wer nicht in Kaufrausch gerät, wird sich an dem Treiben erfreuen. Am Markt werden sowohl regionale Lebensmittel wie auch insbesondere **Schuhe, Lederwaren und**

Kleider angeboten. Daneben besitzt die Stadt zwar eine recht schöne **Seepromenade,** wirkt jedoch im Übrigen wenig touristisch erschlossen, was man auch bemerkt, wenn man ein geeignetes Hotel oder Restaurant sucht.

Bis zur Schweizer Grenze

Hinter Luino – falls man am Ufer weiterfährt und nicht den Umweg über das Veddascatal wählt (siehe unten) – durchquert man auf dem Weg zurück zur Schweizer Grenze **Colmegna,** das durch Tunnels von den Nachbarorten getrennt ist und an einem steilen, felsigen Uferabschnitt liegt. Es ist bekannt wegen seines Villenhotels Camin (s.u.: „Unterkunft“). Das letzte Städtchen vor der Schweizer Grenze ist **Maccagno**. Der pittoreske Flecken liegt am Einfluss des Veddascaflusses in den See.

Auffallend in Maccagno Inferiore ist der Torre Imperiale. *Otto I.* soll nach Rettung aus der Seenot dem Ort Reichsfreiheit und das Münzrecht verliehen haben, Privilegien, die bis ins 18. Jh. hielten. Darum heißt das Quartier um den Hafen auch heute noch „La Zecca“ (Münze). Etwas südlich des Hafens liegt die Kirche **Madonna della Punta** pittoresk auf einem Felsen. Maccagno ist vor allem bei deutschen Touristen beliebt.

Nördlich des Giona-Deltas liegt Maccagno Superiore. Über den Fluss führt etwas unterhalb der Straße nahe der Mündung eine zweite Brücke, die die beiden Ortsteile verbindet – das **Brückenmuseum** „Civico Museo Parisi Valle“ mit einer erstaunlichen Kunstsammlung (s.u.: „Museen“).

Von Maccagno zum **Val Veddasca** führen viele Serpentinen zum **Lago Delio** auf 930 m hinauf. Die Hänge des Giona-Flusses sind von Mischwald bewachsen – von Kastanien und Nussbäumen über diverse Laubbäume bis (in höheren Lagen) hin zu Rottannen und Lärchen. Die Dörfer liegen wie in den Seitentälern des Locarnese am sonnseitigen Hang des Fiume Giona. In einem der ersten Dörfer, Garabiolo, ist eine sehr spezielle Ausstellung in der **Fabricca della Cultura** zu sehen (s.u.: „Museen“). Über Cadero, Armio und andere Orte gelangt man nach **Indemini,** das geografisch zum Val Veddasca, aber politisch zur Schweiz gehört und deshalb in unserem Buch im „Schweizer Teil des Lago Maggiore“ unter „Gambarogno“ zu finden ist.

Zurück am See gelangt man entlang steiler Felsufer über Poggio zum Grenz- und kleinen Badeort **Zenna;** einen halben Kilometer davor beachte man noch auf dem „Sasso di Pino“ genannten Felsvorsprung den Flecken **Pino Lago Maggiore** mit herrlichem Weitblick über den See in alle Richtungen.

Praktische Tipps

Unterkunft/Essen und Trinken

- **Tre Re,** Piazza Garibaldi 25, 21018 Sesto Calende, Tel. 0331 92 42 29, www.hotel3re.it. Schöne Zimmer, DZ mit Dusche/WC 100–145 €.
- **La Biscia,** Piazza de Cristoforis 1, Sesto Calende, Tel. 0331 92 44 35, www.ristorantelabiscia.com. Ausgezeichnetes Feinschmeckerlokal im Zentrum des Ortes am Flussufer; originelle Einrichtung, große, erlesene Weinkarte. Nicht billig!
- **Dei Tigli,** Via Paletta 20, 21021 Angera, Tel. 0331 93 08 36, www.hoteldeitigli.com. Angeneh-

mes Hotel (ohne Restaurant) nahe dem Hafen des Städtchens. 31 DZ mit Dusche/WC 150 €.

- **Conca Azzurra,** Via Alberto 53, 21020 Ranco, Tel. 0331 97 65 26. Etwas in die Jahre gekommener Betrieb in herrlicher Panoramalage über dem See, abseits jeden Durchgangsverkehrs. Große Terrasse. DZ mit Bad/WC 90–160 €.
- **Il Sole di Ranco,** Piazza Venezia 5, Ranco, Tel. 0331 97 65 07. Spitzengastronomie, im Sommer unter einer Pergola im Freien. Unbedingt vorbuchen. Mo/Di meist geschlossen.
- **Schuman,** Via Piave 5/7, Ispra (ausgeschildert), Tel. 0332 78 19 81. Michelin-Restaurant mit lokaler Küche, relativ preiswert. Mi/Do Mittag geschlossen.
- **Il Porticciolo,** Via Fortino 40, 21014 Laveno, Tel. 03312 66 72 57, www.ilporticciolo.com. Das Restaurant außerhalb des Städtchens führt zehn Zimmer mit gediegener Einrichtung. Im Restaurant isst man gut, aber teuer. DZ mit Dusche/WC 95–200 €.
- **Camin Hotel Luino,** Viale Dante 35, 21016 Luino, Tel. 0332 53 01 18. Eine Villa aus dem 18. Jh. an der Seepromenade wurde in ein gepflegtes Hotel umgewandelt. Stilvolle Räume, schöner Garten, 13 DZ mit Dusche/WC 160–190 €.
- **Camin Hotel Colmegna,** Via A. Palazzi 1, 21016 Luino, Tel. 0332 51 08 55, www.camin-hotels.com. Eine Villa in einzigartiger Panoramalage am See (leider auch an der Hauptstraße), knapp drei Kilometer nördlich von Luino. DZ mit Dusche/WC 140–215 €.

Camping

- **Camping Citta di Angera,** Via Bruschera 99, 21021 Angera, Tel. 0331 93 07 36. Zwischen Sportanlagen und See, mit steinigem Strand.
- **Azur Parkcamping,** Via Corsini 13, 21010 Maccagno, Tel. 0332 56 02 03. Zwischen Häusern, Bach und See mit steinigem Strand.

Museen

- **Rocca di Angera** und **Museo della Bambola e del Giocattola:** Besichtigung der borromäischen Festung und des Puppenmuseums mit 1000 Puppen, Spielzeug, Kinderkleidung aus verschiedenen Zeiten und Kulturen, Roboter, Automaten; im Westflügel der Burg Rocca di Angera; April–Okt. 9–17.30 Uhr. Eintritt 8.50 €.
- **Civico Museo Parisi Valle,** Via Pietor Valsecchi 25, Maccagno, Tel 0332 561 202, www.museoparisivalle.it; 1998 fertiggestelltes modernes Museum, das die beiden Teile Maccagnos als Brücke über den Giona verbindet. Italienische und europäische Kunst des 20. Jh., Juni–Sept. Do–So 10–12 Uhr und 15–19 Uhr; Okt–Mai Fr–So; Eintritt gratis.
- **Fabbrica della Cultura,** Garabiolo, Tel. 0332 716 189; sehr spezielle Sammlung um das Thema „Nachtkultur" von Nachttöpfen über Nachtunterwäsche bis zum horizontalen Gewerbe. Sa 15–20 Uhr, Do 10.30–20 Uhr. Eintritt frei.

Einkaufen

- **Rossi d'Angera,** Via Mazzini 93, Angera. Hier gibt es besten Grappa aus hauseigener Produktion.
- **Pasticeria Frigerio,** Piazza Garibaldi 20, Angera. Seit Generationen wird hier feinste Patisserie angeboten. Im Sommer ein schöner Platz am See.
- **Centro Vini,** Piazza San Francesco 5, Luino. Gute Weinauswahl und lokale Spezialitäten wie Trüffel, Saucen, Olivenöl etc.
- **Der große Wochenmarkt in Luino** (Mercato di Luino) findet am Mittwoch (8–16 Uhr) im Stadtzentrum statt und ist einer der ältesten und größten Wochenmärkte Norditaliens. Hier findet sich allerlei Bekleidung, aber auch Kulinarisches: Wein, Käse, Oliven, Gemüse und Früchte. Achtung: Parken ist sehr schwierig!

4 Das Luganese

Alle landschaftlichen Schönheiten des Tessins auf kleinem Raum, das bietet der nördliche Teil des Sottoceneri – das Luganese. Dazu das umtriebige Lugano in einzigartiger Lage am See.

< Morcote und seine beliebte Pfarrkirche S. Maria del Sasso

Lugano und Umgebung

Überblick

Neben dem Besuch der quirligen Stadt Lugano eröffnen sich den Besuchern des Luganese noch viele andere verlockende Ziele – so die meist nur Insidern bekannten Täler und Hügel der Valli di Lugano, das malerische Gandria, das Bergland des Malcantone oder die Halbinsel Ceresio. Wanderer und Biker kommen hier ebenso auf ihre Kosten wie Liebhaber von Architektur, Kultur und Parklandschaften. Den südlichen Teil des Sottoceneri, das Mendrisiotto, beschreiben wir im nächsten Kapitel.

IM LUGANESE – VOM MONTE CENERI ZUM LUGANER SEE

Jahrhundertelang – bis zum Bau der Autobahn und eines Bahntunnels – trennte der Monte Ceneri den oberen Teil des Tessins, den Sopraceneri, fast vollständig vom unteren Teil, dem Sottoceneri. Jenseits des Berges liegt in malerischer Lage am gleichnamigen See Lugano, die inoffizielle Hauptstadt des Tessins: Eine lebendige, vom Austausch mit dem nahen Italien und vom Tourismus lebende Stadt. Lugano hat durch seinen Wohlstand kulturell viel zu bieten.

NICHT VERPASSEN!

- Das Wander-und Feriengebiet der **Valli di Lugano** | 217
- Ein Ausflug zum **Monte Tamaro** oder zum **Monte San Salvatore** | 217 u. 273
- Das Flair von **Lugano** | 231
- Das malerische **Morcote** mit seiner bekannten Pfarrkirche **S. Maria del Sasso** | 265

Diese Tipps erkennt man an der gelben Hinterlegung.

Monte Ceneri

Der Monte Ceneri ist zwar nicht so hoch wie der Himalaya, trotzdem trennte er den nördlichen Teil des Tessins über Jahrhunderte so effizient vom Süden, dem sogenannten Sottoceneri („unter dem Ceneri"), dass dies noch heute Nachwirkungen hat: Politiker von nördlich und südlich des Berges bekämpfen sich um Partikularinteressen gerne bis aufs Messer mit südlichem Temperament. Die Wegstrecke über den Ceneri galt als eine der gefährlichsten der Schweiz. In den dichten Wäldern lauerten ganze Horden wilder Wegelagerer. Zur Abschreckung wurden die abgeschlagenen Köpfe der Banditen auf Pfähle gesteckt, sie boten den Reisenden einen schauerlichen Anblick.

Als sich die Tessiner im 19. Jh. von der Herrschaft der Innerschweizer lösten, sah es zunächst so aus, als würden zwei Kantone entstehen. Jahrzehntelang beherrschte der Konflikt zwischen denen vom Sopra- und denen vom Sottoceneri die Politik des jungen Kantons. Erst seit die Autobahn über den Pass und der Tunnel durch den Berg die zwei Teile verbindet, verschwinden die Grenzen

115te ns

langsam und so etwas wie eine gemeinsame Identität entsteht: Der Berg ist Standort des (gemeinsamen) Tessiner Radio- und Fernsehsenders. Unten hindurch wird der **Ceneri-Basistunnel** gegraben, der Bellinzona in einen Vorort Luganos verwandeln wird. Auf dem Ceneri ist neuerdings neben dem Radiomuseum das größte Bade- und Wellnesszentrum des Tessins eröffnet worden – „Splash and Spa". Hier treffen sich Familien von nördlich und südlich des Ceneri beim Badeplausch mit Touristen, manchmal verbunden mit einem Ausflug auf den Monte Tamaro.

Monte Tamaro

Fährt man von Bellinzona oder Locarno kommend über den Monte Ceneri, der die Magadino-Ebene nach Süden hin abschließt, erreicht man bei **Rivera** und seiner Kirche Spirito Santo die Talstation einer Kabinenbahn. Sie führt auf die **Alpe Foppa,** den Ausgangsort zum Monte Tamaro (1928 m) mit seiner bestechenden Aussicht. Gleitschirmflieger und Mountainbiker genießen das einmalige Panorama, Carver und Snowboarder wedeln im Winter die Hänge hinunter.

Auf der Alpe Foppa liegt auf 1530 m Höhe die 1992–96 nach Plänen von *Mario Botta* errichtete **Chiesa di S. Maria degli Angeli,** ein Betonbau mit Porphyrverkleidung. Eine 65 Meter lange Rampe führt zur Aussichtsterrasse; von hier fällt der Blick auf die ganze Magadino-Ebene bis zum Talanfang des Misox, auf Lugano und seine Täler sowie auf die Alpengipfel. Bergwärts erreicht man eine Treppe, die zum Kirchplatz führt, oder man steigt zum zylindrischen Kirchgebäude ab. Zwei Trennmauern schaffen hier einen äußeren Korridor und die Dreiteilung des Innenraums. Die gewölbte Decke des Mittelschiffs führt vom Eingang zur kleinen Apsis, die nur vom Tageslicht erhellt wird. Durch schmale Fenster blickt man ins Tal hinunter. Die Intarsien und Malereien stammen vom Italiener *Enzo Cucchi.*

☐ Die Kirche S. Maria degli Angeli

Auf der Alpe Foppa gibt es einen Adventure Park, eine Rodelbahn, eine Tyrolienne und einen Kinderspielplatz. Vom Restaurant erreicht man in ca. einer Stunde den Gipfel des Monte Tamaro. In der Nähe ist eine Berghütte mit Ausschank. Von hier führt eine längere Wanderung auf dem Gebirgskamm zum **Monte Lema** mit einem wunderbaren Rundblick auf Berge und Seen.

Valli di Lugano

Zu den Valli di Lugano gehören das Val Vedeggio und sein Seitental Val d'Isone, dazu auch die vom Flüsschen Casserate durchflossenen Täler Val Colla und Val Capriasca im nördlichen Hinterland der Stadt Lugano. Einige Teile der Valli sind neuerdings eingemeindet und gehören verwaltunsgmäßig zur Stadt Lugano. Die Landschaft ist hier – neben unschönen Entwicklungen entlang der Hauptverkehrsroute – trotz recht großer Siedlungsdichte relativ intakt geblieben und strahlt das ländlich-südliche Flair noch immer aus. Ob die Eingemeindung trotz

Zweitwohnungsinitiative (vgl. Kap. „Land und Leute", Exkurs „Direkte Demokratie, Verkehrs- und Raumpolitik") bewirkt, dass dieses wunderschöne Gebiet nun mit lieblosen Ferienhäusern verbaut wird, wird sich in den nächsten Jahren zeigen.

Val Vedeggio

Im Val Vedeggio, dass sich vom Monte Ceneri bis nach Agno am Luganersee erstreckt, bündelt sich der gesammelte Nord-Südverkehr über die Alpen nochmals in einem engen Tal. Autobahn, Kantonalstrassen, mehrspurige Eisenbahnlinien verlaufen mal parallel, mal kreuzend, Industriebauten wechseln mit Raffinerien und Parkplätzen.

Trotzdem sind hier einige bemerkenswerte Schätze zu finden, die im Folgenden beschrieben werden und einen Halt lohnen: Manchmal taucht unverhofft wie eine Fata Morgana ein spätmittelalterliches Kirchlein auf, z.B. die romanische Kapelle S. Ambrogio in **Camignolo** am Eingang ins Val d'Isone bzw. die baugeschichtlich bemerkenswerte Kirche S. Mamete in **Mezzovico.** Im Val d'Agno empfiehlt sich das hübsche Städtchen **Lamone** für einen Abstecher. Zudem ist es von hier nicht weit in die anderen Valli di Lugano, die noch meist dem Postkartenidyll des Tessins entsprechen.

Bironico

Die an der heutigen Kantonsstraße liegende **Casa dei Landvogti** wurde 1576 gebaut, um der alljährlich erscheinenden eidgenössischen Prüfungskommission vor der Weiterfahrt nach Lugano eine standesgemäße Adresse für Empfänge zu bieten. Die Verbreiterung der Straße im Jahr 1966 bedingte einen teilweisen Abbruch des Gebäudes, wobei an der Straßenfront Arkaden entstanden. Die beiden Loggiengeschosse im Hof sind mit 100 Wappen der Landvögte und Tagsatzungsgesandten aus dem 17. Jh. verziert. Der Saal besitzt eine Kassettendecke und einen Stuckkamin mit Wappen und dekorativen Landschaftsfresken.

Die spätromanischen Umfassungsmauern der **Pfarrkirche SS. Giovanni Ev. e Martino** sind z. T. mit spätmittelalterlichen und barocken Ausbauten durchbrochen, der romanische Turm wurde 1931 leider durch den heutigen ersetzt. In der Lünette des spätgotischen Westtors ist ein Weihnachtsbild mit Segelschiff zu sehen. Das Kreuzgewölbe des Chors birgt Stuckaturen aus der ersten Hälfte des 17. Jh. und an den Wänden Renaissancefresken aus der ersten Hälfte des 16. Jh.

Val d'Isone

Das Val d'Isone und seine Hänge sind Eingeweihten als Infanterieübungsgelände für die Schweizer Armee bekannt. In der übungsfreien Zeit ist das Val d'Isone aber ein ruhiges, attraktives Wandergebiet mit Wiesen, Kastanienwäldchen und verstreuten Rustici. Vom alten Dorfteil in Bironico klettert die Straße die Rebhänge hoch, und nach einer Fahrt durch Kastanienwälder erreicht man das Val d'Isone; weit unten

> Typisches Dorf im Sottoceneri

081te ns

fließt der Fluss Vedeggio. Nach einem Wasserfall erreicht man den Weiler **Drossa** und das auf einem Steilhang gelegenene Dorf **Medeglia.** Die Pfarrkirche S. Bartolomeo birgt Fresken der Renaissance und des 17. Jh. Unweit von **Isone** mit dem romanischen Kirchturm liegt der **Grenadier-Waffenplatz** der Schweizer Armee. **Achtung:** Es ist deshalb für Wanderer ratsam, sich über Schießübungen und ähnliche Militäroperationen zu informieren.

Etwas südlich von Bironico zweigt die Straße ab in das am Ausgang des Tals gelegene **Camignolo.** Die um 1600 erbaute Pfarrkirche zeigt beachtliche Gemälde des 17. Jh. sowie gute Stuckaturen aus der zweiten Hälfte des 17. Jh. In einsamer Lage auf einem Hügel steht die **Kapelle S. Ambrogio** mit romanischen Fresken an der östlichen Stirnwand: Am Triumphbogen sind zwei Engel zu sehen. An der Nordwand ist der heilige Ambrosius abgebildet (frühes 14. Jh.), daneben Rochus aus dem 18. Jh., gegenüber eine thronende Muttergottes mit den Heiligen Antonius und Katharina (Mitte des 15. Jh.).

Vira, Mezzovico, Sigirino

Zurück im Val Vedeggio erreicht man weiter südlich Vira. Auch Viras am großen Dorfplatz gebaute Pfarrkirche und die Friedhofskapelle nördlich des Dorfes besitzen hochwertige **Stuckaturen** mit Putten und Todesemblemen aus dem frühen 19. Jh. An der Straße nach Mezzovico steht die ihr in Form und Maß nachgeahmte **Loretokapelle** von 1683.

In Mezzovico liegt auf einem Hügel die **Pfarrkirche S. Abbondio** mit dem aufgestockten romanischen Turm und dem angebauten barocken Pfarrhaus. Die Kirche hat Stuckaturen sowie Fresken der Jungfrau Maria mit Mönchen des Dominikanerordens (Mitte 15. Jh). Die Kreuzigungsgruppe stammt aus dem frühen 17. Jh.

Östlich des Dorfes liegt die besonders beachtenswerte, von einer Friedhofsmauer umgebene **Kirche S. Memete** oder **S. Ermete.** Die Bauetappen der Kirche reichen von 1055 bis ins 14. Jh., der Campanile mit Blendnischen, dreiteiligen Bogenfriesen und Zwillingsfenstern wurde im 11. oder 12. Jh. errichtet. Das Ostportal zeigt Mamete und Antonius Abate (1480), in der Art der *Seregnesi* gemalt. An der Stirnfront des Chors ist ein großes Kreuzigungsfresko in der Art *Luinis* aus dem frühen 16. Jh. zu sehen.

Die westliche Chorwand zeigt das Jüngste Gericht. Im Gewölbe sind paarweise die Kirchenväter und Evangelisten abgebildet, der Triumphbogen zeigt Prophetenmedaillons, der Chorbogen die Heiligen Antonius und Luzia (um 1500); darunter ist der Rest eines romanischen Freskos sichtbar. In der östlichen Kapelle sind Renaissancestuckaturen mit Szenen aus dem Leben des heiligen Sebastian zu sehen sowie ein Stuckaltar mit hochwertigen Renaissancegemälden von 1606.

Die beiden Ortsteile **Vianco** und **Ossignano** von Sigirino liegen über den Rebhängen und unterhalb des bewaldeten Steilhangs des Monte Tamaro. In Vianco bildet die **Kirche S. Andrea** mit dem Beinhaus, der Friedhofsmauer und der Friedhofssäule eine malerische Gruppe. Am Tor der Friedhofsmauer findet sich außen ein Rosenkranz-Muttergottes-Fresko mit den Heiligen Andreas und Abbondio, innen sind der Tod und ein König dargestellt (1660). Im kreuzgewölbten Beinhaus ist Maria als Fürbitterin der armen Seelen zu sehen.

Taverne, Torricella, Bedano

Oberhalb des z. T. im Dorfkern gut erhaltenen Industrieortes Taverne liegt auf dem Hügel das **Castello,** die Überreste einer Burg. Eine weitere stand früher auf dem westlichen Hügel.

Torricella am westlichen Talhang besitzt zahlreiche **Loggienhäuser.** Seine **Kirche** wird vom Friedhof und dem Pfarrhaus umschlossen, im Inneren birgt sie ein Freskofragment des Jüngsten Gerichts (Ende des 15. Jh.) sowie gute Stuckaturen mit Puttenpaaren aus der ersten Hälfte des 18. Jh. Torricella-Taverne ist Haltebahnhof der Gotthardbahn.

In einem Park an der Via al Cios steht das **Castello Trefogli** mit dem auffälligen Turm im Süden. An der Via Sottochiesa ist die 1974 von *Bruno Reichlin* und *Fabio Reinhard* in Anlehnung an den Grundriss einer klassizistischen palladianischen Villa gebaute zweistöckige **Casa Tonini** interessant.

Bedano ist der Heimatort der Familie *Albertolli,* deren berühmtestes Mitglied der Architekt und Bildhauer *Giocondo Albertolli* war. Sein Wohnhaus hat sich im Dorfkern erhalten. Die **Kirche S. Maria** zeigt an den Wänden Fresken aus dem 14. und 15. Jh.

Weiter südlich in der Höhe liegen die Dörfer **Gravesano** mit der spätmittelalterlichen Kirche und dem romanischen Turm und **Manno** mit seinen sehr engen Gassen. Die Casa Portà wurde 1688 von *Porta* gebaut. Das Haus mit zwei L-förmigen Bauten wurde Ende des 18. Jh. sowie 1850 um- und neugebaut, so der Terrassengarten und der neugotische Turm am Westflügel.

Nicht zu übersehen ist das moderne, 1996 von *Dolf Schnebli, Tobias Ammann,*

Flora Ruchart und Partner gebaute **UBS-Verwaltungszentrum Suglio,** im Innern ausgestattet mit einem großen Fresko von *Sol Levitt* von 1998. Gravesano und Manno gehören schon zum Malcantone, den wir weiter unten beschreiben.

Lamone, Monte Zanone

Auf dem Weg von Taverne nach Lugano sollte man einen Abstecher ins **Val d'Agno** einplanen, zum reizenden Lamone mit seinen engen Gassen und malerischen Passagen und Plätzen, seinen Tessiner Landhäusern und Palazzi. Südlich des Dorfes steht die stattliche Pfarrkirche S. Andrea, 1472 geweiht, mit romanischem Turm, barock umgebaut, mit guten Stuckaturen in den Seitenkapellen. Der beachtliche Hochaltar stammt von 1632. Ein weiterer Abstecher führt nach **Origlio** zum Laghetto di Origlio, einem kleinen See, der unter Naturschutz steht.

Auf dem **Monte Zanone** liegt die gleichnamige **Kapelle.** Sie ist sowohl von Lamone auf einem Weg durch Rebberge und Wälder als auch von Origlio erreichbar. Die heutige Kapelle ist spätmittelalterlich, sie wurde mehrmals umgestaltet. Das spätgotische Fresko auf dem Altar wird von Stuckaturen von *Ghezzi* aus Lamone eingerahmt. Die Räumlichkeiten neben dem Oratorium dienten einst als Einsiedlerklause, 854 erwähnt. Gleich neben der Kapelle liegen prähistorische Schalensteine.

Von Taverne bis Vezia und Massagno befindet man sich in den nicht gerade attraktiven Vorortgebieten nördlich von Lugano, eine weitere Beschreibung erübrigt sich hier.

Val Colla und Val Capriasca

Im Unterschied zum arg verschandelten Val Vedeggio sind die vom **Flüsschen Casserate** durchflossenen Val Colla und Val Capriasca noch wunderschöne, intakte Kulturlandschaften mit südlichem Flair. Wenig ist von der Betriebsamkeit der nahen Stadt zu spüren, obschon die Gegend teilweise eingemeindet ist. Fast unberührt plätschert der Casserate dem See zu. Hier macht Wandern Freude. Auch das Val Capriasca ist ein angenehmes **Wandergebiet.**

Cadro, Dino, Sonvico

Vom Ortsteil Casserate in Lugano erreicht man in der Nähe des *Centro Esposizioni* die Straße, die in das Terrassendorf **Cadro** am Fuß der Denti alla Vecchia führt. Die unter Denkmalschutz stehende **Kirche S. Agata,** 1603 auf einem Vorgängerbau errichtet und 1779 im Stil des Rokoko umgebaut, birgt im Chor und Schiffsgewölbe schöne Stuckaturen der Brüder *Reali* aus Cadro sowie Fresken aus dem 15. Jh. in der Sakristei.

Die obere Straße führt nach **Villa Luganese,** seine Kirche zeigt in der Vorhalle Renaissancekapitelle und -fresken. Die untere Straße führt ins prachtvoll gelegene **Dino,** eine Fraktion von Sonvico, mit seinen wertvollen romanischen Wandmalereien in der **Kirche S. Nazario.** 1146 erwähnt, besitzt sie einen schlanken romanischen Turm, erfuhr 1879 jedoch einschneidende Veränderungen. An der Südseite ist ein fragmentarisches Wandgemälde aus dem frühen 16. Jh. zu sehen; es zeigt die Muttergottes, Engel, den heiligen Bernhardin und weitere

091te ns

Heilige in den Arkaden. An der Nordwand des Schiffes sind romanische Freskenfragmente im byzantinischen Stil zu bewundern, die den Kaiser *Nero* und drei Krieger mit Schwertern zeigen, vermutlich eine Szene aus dem Martyrium von Petrus und Paulus; oben ist sie durch ein Mäanderfries begrenzt. In der Nordkapelle ist ein abgelöstes Kreuzigungsfresko sehenswert; es stammt aus einem abgerissenen Kloster und ist von *Bernardino Luini* gefertigt.

Im benachbarten **Davesco** ist neben der Pfarrkirche ein Haus im Dorfkern sehenswert, man beachte unter der Vorhalle besonders das aus der Werkstatt der *Serengesen* stammende Fresko, datiert mit 1485.

Oberhalb Dinos blickt das urban wirkende **Sonvico** (*summus vicus*, „höchstes Dorf") auf sein monumentales Parkhaus und das Tal hinab. Es war bereits in prähistorischer Zeit besiedelt. Es liegt auf einer Hügelterrasse; von hier hat man einen herrlichen Ausblick auf den San Salvatore und die Bucht von Lugano. Sonvico war einst von einer Ringmauer umgeben und weist neben engen Gassen und der Piazza mittelalterliche Häuser auf, die von einer stolzen Vergangenheit zeugen. Eingeengt von Häusern liegt im Süden des Dorfes die **Kirche S. Giovanni Battista,** erbaut 1407, umgestaltet 1830 nach Plänen von *Albertolli*. Das südliche angebaute Tor führt in eine Galerie mit fünf Renaissancesäulen, ein Seitenportal ist auf 1527 datiert. Die südliche Seitenwand zeigt qualitativ hochwertige, jedoch schlecht erhaltene Fresken eines Totentanzes aus der ersten Hälfte des 16. Jh. In der Lünette ist eine Pietà von 1540 zu sehen. Darüber steht Johannes der Täufer, gemalt von *G. Tarilli* (16. Jh.). An der Rückwand hinter der Empore finden sich spätgotische Fresken, eine Muttergottes, unten die Heiligen Martin und Sebastian sowie ein weiterer Heiliger, rechts Carpophorus, links ein Mönch, alle aus der zweiten Hälfte des 15. Jh. Im Chor sind gute frühbarocke Stuckaturen zu sehen, in der Bruderschaftskapelle ein spätgotisches Wandgemälde in der Art der *Seregnesi* aus der zweiten Hälfte des 15. Jh. Die Kirche S. Maria di Loreto von 1636 besitzt reiche Stuckdekoration im Chor.

☐ Im Val Colla macht Wandern Freude

Rundfahrt durchs Val Colla

An der steigenden Straße ins Val Colla steht eine **Wegkapelle** mit Lünettenfresko um 1500. Es zeigt die Muttergottes mit den Heiligen Antonius Eremita und Rochus. In der Höhe liegt einsam die **Kapelle S. Martino sul Colle,** zu Fuß in 25 Minuten erreichbar. Sie ist die älteste Kirche des Tales, 1146 erwähnt. S. Martino hat einen hohen romanischen Campanile und neben dem Portal ein spätgotisches Fresko des heiligen Christophorus. Im Inneren birgt sie spätgotische Malereien.

Durch einen schönen Kastanienwald gelangt man auf einem Geländesattel zur Kapelle d'Arla, hier öffnet sich der Blick auf die nördliche Talseite. Durch Wiesen und Wälder führt die Straße nach **Piandera** am Bach Casserate. Hier ist ein Abstecher nach **Cimadera** möglich, ein kleines Bergdörfchen auf der Südseite des Val Colla. Seine Kapelle stammt aus dem Jahre 1660.

Nach einem kleinen Seitental kann man im Talgrund direkt nach Tesserete fahren oder den interessanteren Weg über Bogno im hinteren Abschnitt des Val Colla wählen. Vor Bogno zweigt eine Straße ins höher gelegene Dörfchen **Certara** ab; die Dorfkirche und Kapelle liegen unterhalb des Dorfes, beide gehen auf das 17. Jh. zurück. Die Kirche S. Rocco in **Bogno,** ein im Jahre 1780 umgestalteter spätmittelalterlicher Bau, birgt drei sehenswerte Gemälde aus der ersten Hälfte des 17. Jh.

Nach Bogno folgt **Colla.** In erhöhter Lage steht hier die **Kirche SS. Pietro e Paolo,** 1662 neu gebaut, mit älterem Turm. Sie birgt einen schönen Hochaltar aus Stuck mit Fresken sowie beachtliche Stuckaturen. Jenseits einer Schlucht liegt **Signora,** kurvenreich geht es weiter nach **Scareglia,** das in der Kapelle S. Maria delle Neve, um 1617 erbaut, ein schönes Himmelfahrtsgemälde aus dem 17. Jh. zeigt. Über **Corticiasca,** wo man nach Isone abzweigen kann, und **Albumo** führt die Straße nach **Bidogno,** Heimat der Kesselflicker und Kupferschmiede. Hier führt ein malerischer **Kreuzweg** mit kleinen Bildstöcken des 18. Jh. zur Wallfahrtskapelle **S. Maria delle Grazie** mit niedrigem Barocktürmchen. Einen sehr hohen barocken Campanile (um 1700) besitzt die **Kirche S. Barnaba,** 1487 geweiht; sie ist mit vorzüglichen Stuckaturen aus der ersten Hälfte des 17. Jh. ausgestattet. Links neben dem Portal ist ein spätgotisches Freskofragment mit dem heiligen Michael zu sehen. Im tiefer gelegenen **Campestro** birgt die **Kirche S. Andrea,** 1375 erwähnt und im 16. Jh. erweitert, Fragmente gut gearbeiteter gotischer Fresken, die einen Kindermord, die Epiphanie, eine Muttergottes, Christophorus und Heilige aus dem 14. Jh. zeigen. Rechts bei der Kirche führt ein Sträßchen ins **Val Capriasca** zum Ausflugsort **Gola di Lago.** Unterhalb des Dorfes ist die 1911 von *Ernesto Quadri* gebaute Villa Carmen bemerkenswert.

Tesserete und Bigorio

Das stattliche Tesserete war eine zum Bistum Mailand gehörende Enklave, bekannt durch seine **Propsteikirche S. Stefano.** 1444 wurde sie neu errichtet, vom Vorgängerbau blieb der romanische Turm erhalten. In der Barockzeit erfolgte eine Erweiterung. Das spätgotische Portalfresko zeigt eine Madonna mit Kind, daneben Christophorus; beide stammen aus dem 15. Jh.

Die Kirche besitzt eine sehr reiche Ausstattung und einige gute Stuckaturen. An den Chorwänden sind Szenen aus dem Leben des heiligen Stephanus zu sehen. In der Taufkapelle kann man spätgotische Fresken der zweiten Hälfte des 15. Jh. bewundern, die Maria und die Heiligen Rochus und Sebastian zeigen. Die Friedhofskapelle ist ein Bau von *Ernesto Quadri* mit einem Fresko von *Luigi Rossi* von 1903.

Im Sommer findet in Tesserete ein **Open-Air-Rockkonzert** statt, im Winter ist der **Ambrosianische Karneval** Anziehungspunkt. Dieser zeichnet sich durch wunderschöne, traditionsreiche Masken und Kostüme aus; so finden sich neben den bekannten Harlekinen Figuren wie Brighella (Intrigant), Dottore (Doktor) oder Francatrippa (Vielfraß).

> Sala Capriasca

024te ns

Von Tesserete führen **Wanderwege** nach Gola di Lago und nach Bigorio, wo ein schöner Kreuzweg zum Kloster führt.

Oberhalb von Tesserete liegt aussichtsreich Bigorio und über dem Ort das **älteste Kapuzinerkloster der Schweiz,** 1535 gegründet und im 17. und 18. Jh. erweitert. In der Klosterkirche ist auf dem Rokokoaltar ein kleines, sehr gutes Renaissancegemälde der Muttergottes aus dem 16. Jh. zu bewundern. Das Kloster birgt eine gute Sammlung von Gemälden des 16. bis 19. Jh. sowie Werke von *Fra'Roberto.*

In den 1960er Jahren wurde ein Holzschuppen nach Plänen von *Tita Carloni* und *Mario Botta* in eine Kapelle umgewandelt, Anfang der 1970er Jahre folgte dann noch ein Umbau des ersten Obergeschosses zu Sitzungszimmern, ebenfalls durch *Mario Botta.*

Zwischen Tesserete und Lugano

Von Tesserete kann man direkt über **Lugaggia** mit seiner mit dekorativen Stuckaturen geschmückten Kirche nach Lugano fahren.

In **Sureggio** liegt unterhalb der Siedlung im Valle Capriasca eine der ältesten Kirchen des Tals, **SS. Pietro e Paolo,** mit bedeutenden romanischen Fresken. Die romanische Kirche liegt über einem älteren Zweiapsidenbau. Der dreigeschossige Turm hat Blendbogennischen, das verputzte Schiff einen offenen Dachstuhl sowie einen unverputzten barockisierten Rechteckchor. An den Schiffswänden sind romanische Wandmalereien in je zwei Streifen. An der Nordwand sind der Ostermorgen und eine Kreuzigungsgruppe dargestellt, darunter die Stadt Mailand. Auf der Gegenseite die Darbringung im Tempel und die Flucht nach Ägypten, unten eine thronende Muttergottes mit zwei Hunden, ein Mäander- und ein Wellenrankenfries; alles geht auf die zweite Hälfte des 12. und 13. Jh. zurück.

Das stattliche **Comano** zeigt in Comano di Sotto ein geschlossenes Ortsbild. Die Tessiner kennen den Ort v.a. wegen seines staatlichen Fernsehstudios für die italienischsprachige Schweiz TSI. Der Ort liegt auf einem fruchtbaren Hochplateau zwischen den Tälern Colla und Vedeggio, am Fuß des Monte S. Bernardo. Bekannt ist Comano für seine Kirchen und das 1627 gestiftete **Pfrundhaus;** heute ist es in Privatbesitz. Das Pfrundhaus besitzt eine fünfjochige Loggia mit Gittern des ehemaligen Beinhauses. Die **Casa Borrani** zeigt ein Fresko und eine Inschrift aus dem 15. Jh. Die **Pfarrkirche S. Maria** hat im Chor reiche Stuckaturen von *Marchi,* in den Bilderfeldern sind Szenen aus dem Leben Marias dargestellt, um 1660 von *Bianchi* gemalt. Das Altargemälde aus der ersten Hälfte des 17. Jh. stammt von *Caresana.*

In Höhenlage mit schöner Aussicht liegt die ehemalige Einsiedelei, die **Kapelle S. Bernardo.** Sie birgt an der rechten Schiffswand ein Fresko mit der Bekehrung des Herzogs von Gascogne und dem heiligen Bernhard von 1574, vermutlich von *G. Tarilli.* An der rechten Chorwand ist eine Muttergottes mit den Hl. Rochus und Sebastian zu sehen.

Von Tesserete kann man auch über Sala, Ponte Capriasca und Origlio nach Lugano fahren. **Sala** liegt wie Vaglio auf einem Geländevorsprung. Im Mittelalter war es ein befestigtes Burgstädtchen, es wurde 1478 von den Eidgenossen zerstört. Es ist der Geburtsort der südamerikanischen Lyrikerin *Alfonsina Storni.* Die stattliche Kirche S. Antonio Abate wurde im 15. und 16. Jh. neu gebaut.

In **Vaglio** mit dem geschlossenen Ortsbild steht nördlich des Ortes die interessante Kirche **S. Antonio di Padova** mit reicher ornamentaler Ausschmückung der Fassade und des Turmes, 1916 von *Quadri* gebaut. Im Süden liegt die Kapelle S. Maria di Casletto von 1640. Der **Torre di Redde** erhebt sich im Wald

489te tt

< Mittagsstimmung in Tesserete

des Naturschutzgebietes, er ist von Vaglio in 30 Minuten zu Fuß erreichbar. Der Turm ist mittelalterlichen Ursprungs und gehörte zur Siedlung Redde, die im 16. Jh. vermutlich wegen der Pest aufgegeben wurde. Übrig geblieben ist das etwa 300 Meter vom Turm entfernte Kirchlein S. Clemente. Der Torre di Redde war Teil eines befestigten Hauses, das im 13. Jh. wohl von den *Rusca* gebaut worden war. Vom vierstöckigen Turm ist das über einen Meter dicke und etwa 15 Meter hohe Mauerwerk erhalten geblieben. Das Steindach und der Dachboden aus Holz waren eingestürzt. Restauriert wurde es von dem Architekten *Ivo Trümpy*.

Ponte Capriasca liegt in idyllischer Landschaft und besitzt malerisch verwinkelte Gassen und Häuser aus dem 16. und 17. Jh. An der Casa Eggenschwyler ist eine Madonna mit Kind aus dem 15. Jh. zu sehen, vielleicht von einem *Seregnesi*. Am Tor eines Hauses am Dorfplatz ist eine Gottesmutter mit Kind und den Heiligen Ambrosius und Rochus abgebildet, gemalt im 16. Jh., vermutlich von *Tarilli*. Die dem Hof zugewandte Fassade des Pfarrhauses zeigt ein spätgotisches Fresko mit der Geburt Christi.

In der **Kirche S. Ambrogio** westlich des Dorfes (von 1835, der z. T. romanische Turm und die Westpartie sind mittelalterlich) ist eine berühmte **Kopie des „Abendmahls"** von *Leonardo da Vinci* zu sehen. Ein unbekannter Maler gestaltete um 1550 das Gemälde meisterhaft nach, das *da Vinci* 1495–98 gemalt hatte. Räumlich ist die Struktur verändert. Die Seitenwände sind durch acht rechteckige Felder aufgegliedert, und die Rückfront weist an Stelle der drei rechteckigen Öffnungen zwei Arkaden auf. In der rechten Kapelle ist eine geschnitzte Kreuzigungsgruppe aus dem 16. Jh. zu sehen, darüber ein gelungenes Auferstehungsbild; im Chor finden sich Stuckaturen von *Bolino* von 1728 und spätgotische Fresken um 1550. Im Südjoch sind abgelöste Fresken aus dem 15. Jh. zu sehen.

Unweit des verträumten Origlio-Sees liegt halbkreisförmig an die Hänge geschmiegt das gut erhaltene **Origlio** mit seinen schmalen Gassen und herrschaftlichen Bauten des 15. bis 17. Jh. Am östlichen Dorfeingang ist ein besonders stattliches Haus mit einem fünfjochigen Solaio (Dachgeschoss). Auch die **Kirche S. Giorgio e S. Maria** in malerischer Lage über dem Dorf ist ein imponierender Neubau von 1622 bis Ende des 17. Jh. Die imposante, unverputzte Fassade verrät **lombardischen Stil.** Der kreuzgewölbte Innenraum mit originalem Tonplattenboden und reicher Ausstattung ist überwältigend. Das Fresko des heiligen Antonius rechts vom Eingang stammt aus dem 15. Jh. Die Chorstuckaturen stammen von *Quadri*, die Apsisstuckaturen von *Ghezzi*. Auf dem Hochaltar steht eine mehrfarbige Marienstatue aus Holz aus dem 15. Jh. Der Schreinaltar mit den Heiligen Laurentius und Stephanus aus dem späten 15. Jh. stammt aus einer süddeutschen Werkstatt. Im ehemaligen Chor der Vorläuferkirche, der heutigen Georgskapelle, sind Fresken mit musizierenden Engeln und einer Krönung Mariä aus dem 16. Jh. vermutlich von der Malerfamilie *Tarilli* zu sehen. Die Kirche ist das ganze Jahr über geschlossen. Der Schlüssel ist bei Herrn *Angelo Poretti* erhältlich, Tel. 091 94 51 830.

Der **Laghetto di Origlio** steht unter Naturschutz; man darf hier fischen und baden, aber nicht mit Booten fahren.

Im Ortsteil **Carnago** befindet sich die **Kirche S. Vittore Mauro,** neu gebaut im 16. Jh. mit spätgotischen Fresken im Chor und an den Pfeilern, die z. T. den *Seregnesi* und den *Tarilli* zugeschrieben werden. An der Rückwand des Schiffes der heilige Sebastian, an den Pfeilern auf der Nordseite die heilige Ursula und eine Madonna mit Kind (spätes 16. Jh.). Die Fresken im Chor aus dem 16. Jh. stellen Schutzheilige dar, die Stuckaturen von 1707 stammen von *G. Quadri.*

Über **Cureglia** mit dem Wohnhaus der Malerfamilie *Tarilli* (die Malereien stammen von 1558 und 1612) und die Casa Rusca, das Gemeindehaus am Dorfrand, führt der Weg über Vezio zurück nach Lugano.

Praktische Tipps

Information

- **Ente Turistico,** Piazza Stazione, 6950 Tesserete, Tel. 058 86 64 950. Mo–Fr 8–12 und 13–17 Uhr.

Unterkunft

- **Hotel garni Villa Capriasca,** 6950 Tesserete, Tel. 091 94 34 573, www.villa-capriasca.ch. Fünf Minuten von der Busstation „Tesserete" im Grünen. Zehn schöne, freundliche Zimmer, z. T. mit Balkon, in Familienhotel mit Garten und Swimmingpool. DZ mit Dusche/ WC inkl. Frühstück sFr. 158–200.
- **Albergo Hotel Tesserete,** 6950 Tesserete, Tel. 091 94 32 444, www.hotel-tesserete.ch. Bescheidene Zimmer in einem Jugendstilhotel von 1904 mit schönem Garten. Das Restaurant ist 50 m vom Hotel entfernt. Von einem jungen, engagierten Team geführtes, empfehlenswertes Haus. März bis November geöffet. DZ mit Dusche/WC sFr. 139–150.
- **Locanda del Giglio,** 6957 Roveredo Capriasca, Tel. 091 93 00 933. Das 2005 nach ökologischen Richtlinien gebaute Haus liegt in einem Kastanienhain mit Sicht auf den See und die Denti della Vecchia, Restaurant mit Panoramaterrasse und Bioküche, u.a. drei DZ mit WC/Dusche und Balkon sFr. 140–160, im 8-Bett-Zimmer sFr. 40, Kinder bis 6 Jahre sFr. 15, bis 12 Jahre sFr. 30.
- **Ristorante Motto del Gallo,** Taverne, Tel. 091 94 52 871, www.mottodelgallo.ch. In einer Gruppe verwinkelter Häuser aus dem 16. Jh. verbirgt sich in viel Grün das Gourmet-Ristorante mit Garten und großer Tessiner Weinkarte. 22. Dezember bis 20. Januar geschlossen, So und Mo Mittag geschlossen. Das Haus bietet auch 4 hübsche Zimmer und eine Suite an. DZ mit Frühstück sFr. 240.

Essen und Trinken

- **Del Cenacolo,** Ponte Capriasca, Via alla Chiesa, Tel. 091 94 51 476. Ein spezielles Ambiente hat dieses Restaurant in einem Haus aus dem 13. Jh. Zwei Säle und kleiner Platz im Freien. Do–Mo.
- **Stazione,** Tesserete, Tel. 091 94 31 502. Restaurant mit Terrasse, Küche italienisch angehaucht.
- **Storni,** Tesserete, Via Canonica, Tel. 091 94 34 015. Im alten Dorfkern liegt diese alte Osteria, auch sie bietet eher italienische Gerichte an. Mo–Sa.
- **La Torre del Mangia,** Via Margherita 2, 6965 Cadro, Tel. 091 94 33 835. Im Wohngebiet gelegen, kann man hier zu vernünftigen Preisen gut essen. Mediterrane Küche mit Fisch und Meeresfrüchten. Mi–Sa und Mo.
- **Osteria Gallo d'Oro,** 6964 Davesco-Soragno, Tel. 091 94 11 943. Neueres Lokal mit schöner Terrasse und Marktküche.
- **Grotto Monte Creda,** Villa Luganese, Tel. 091 94 31 195. Einheimische Küche, Mi–So (mittags).

> Die beliebte Tyrolienne auf der Alpe Foppa

491te tt

■ **Grotto Ticinese,** Cureglia, Tel. 091 96 71 226. Schattiger Garten und rustikale Räume. Seit 1883. Tägl. geöffnet, Grill wird empfohlen.

■ **Grotto dell'Ortiga,** Manno, Tel. 091 60 51 613, www.ortiga.ch. Rustikales Restaurant, im Sommer unter Pergola; regionale und italienische Küche, gutes Preis-Leistungsverhältnis. Di bis Sa 10–14 und 17–24 Uhr, Januar geschlossen.

Museum/Besichtigungen

■ **Casa-Museo Luigi Rossi,** Aprica, Tesserete. 50 Werke des Künstlers (1853–1923). Besichtigung jeden ersten Samstag des Monats oder auf Anfrage, Tel. 091 93 60 368, www.casamuseoluigirossi.ch.

Ausflüge

■ **Kabinenbahn Rivera – Alpe Foppa,** Tel. 091 94 62 303, www.montetamaro.ch/interna. Ende März bis November, täglich durchgehend 8.30–17 Uhr, letzte Bergfahrt 16.30 Uhr. Die Fahrzeiten ändern sich oft. Es gibt Spezialangebote, etwa Kombi-Tickets, die die Benutzung der Seilbahn Funivia Monte Lema im Malcantone einschließen. Von Juni bis Oktober gibt es täglich eine Busverbindung von und nach Miglieglia, wo die Seilbahn auf den Monte Lema führt. Bei der Mittel- bzw. Bergstation der Gondelbahn auf den Monte Foppa gibt es mannigfaltige Aktivitäten wie die längste Tyrolienne der Schweiz, einen Erlebnispark, Spielplatz, Mountainbike-Routen, Wanderungen und Panorama-Spazierwege, u.a. zum Monte Tamaro. Vgl. www.montetamaro.ch; Selbstbedienungsrestaurant. 23.3. bis Ende Okt. 08.30 bis 17.00 Uhr, Hin- und Rückfahrt sFr. 23, Kinder sFr. 11, Kombiabonnements.

Sport und Aktivitäten

■ **Splash e Spa Tamaro,** Via Campagnole, 6802 Rivera, Tel. 091 93 62 222, www.splashespa.ch; Unter drei Kuppeln ein großes Wellenbad sowie ein Wellnessbereich mit Saunen, Dampfbädern, Hamam, Massage, Regeneration. Im Außenbereich auf 12.000 qm ein 34 Grad warmes Schwimmbad, Salzwasserpool, Poolbar, Kinderreich mit Rutschen, Bobs und Booten, Düsen, Brunnen und Terrasse. Werktags 10–22 Uhr, Wochenende/Feiertage schon ab 9 Uhr. Auch mit Postauto und Bahn gut erreichbar. Eintritt (Grundtarif) Erwachsene: Splash 4 Std. sFr. 35, Spa sFr. 50; Tageskarte +sFr. 10; Kinder:

Splash: sfr. 25 für 4 Std. (Ganztagesaufenthalt +sFr. 10). Wochenende: +sFr. 3; Railaway Kombi: Info bei allen öV-Verkaufsstellen.

■ **Arena Sportiva;** Schwimmbad und Sportzentrum Tesserete, 6950 Tesserete, Tel. 091 94 33 636, www.arenasportiva.ch. Juni–Aug. 9.30–19.30 Uhr, Mai und Sept. 10–19 Uhr.

Wandern, Themenwege

■ **Wanderung vom Monte Tamaro zum Monte Lema,** 4½ Std. Eine der schönsten Wanderungen im Tessin mit herrlicher Fern- und Rundsicht. Ausgangspunkt ist Rivera, wo die Talstation der Kabinenbahn auf die Alpe Foppa liegt. In etwa einer Stunde ist man auf dem Gipfel des Monte Tamaro. Abstieg zum Sattel (Berghütte), zu Pt. 1843 und hier fast immer auf dem Kamm über Pt. 1723 zum Monte Pola, Abstieg zur Alpe Agario und Aufstieg zum Monte Magno; über Poncione di Breno oder Forcora d'Arasio hinunter zur Seilbahn auf dem Monte Lema mit der Radarstation. Die Meteorologie-Station wurde 1993 von *Pietro Boschetti* gebaut. Die Seilbahn führt nach Miglieglia, wo ein Bus nach Rivera zurückfährt (auch umgekehrt machbar).

■ Historisch-naturalistischer **Themenweg Sonvico** (insg. 14 km, 1 bis 3.45 Std.): Von Sonvico-Rosone; thematisiert die komplexen und delikaten Beziehungen Mensch-Umwelt.

■ **Ein Tag in der Capriasca:** Natur und Region der Capriasca, verschiedene Varianten von 2 bis 4 h.

■ **Eindrücke in der Capriasca:** Speziell für Blinde und Sehbehinderte konzipiert, ab Tesserete-Sala Capriasca (2 h).

› Lugano in der Blauen Stunde

■ **Der erzählte Weg:** Geschichten und Legenden der Umgebung; ab Tesserete 4 h.

■ **Spuren der Menschheit:** Kultur, Geschichte, Natur zwischen Castelrotto-Ronco und Beride (2 h).

■ Naturalistischer **Themenweg San Zeno;** Beschreibung der Natur in der Region (2 h, ab Lamone oder Taverne). Download der Broschüre über www.lugano-tourism.

Biken

■ **Vom Monte Tamaro zum Monte Lema** mit dem Mountainbike, Strecke A 8 km, Strecke B 10 km. Strecke A: vom Ristorante *Alpe Foppa* über Sosta dell'Alpe, Nagra, Monti di Spina di Sopra nach Tornago. Strecke B: vom Ristorante *Alpe Foppa* über Valle Luna, Piano di Mora, Monti di Spina nach Tornago. Die Abzweigung Monte Ceneri oder Tomba wählen über Monti di Sasso und Spada nach Soresina. Abfahrt mit der Gondel.

■ **Gianetti Day** im Oktober, Volksradrennen und -fest mit Amateuren und Profis, Start in Riviera, Ziel auf dem Monte Ceneri. Zur Auswahl stehen verschieden lange Strecken: kurz, klassisch oder lang. Der Mini Gianetti Day ist für Kinder und Jugendliche von 4–14 Jahren. Infos unter www.gianettiday.ch.

492te tt

Lugano

Lugano liegt an der Bucht des gleichnamigen Sees, flankiert von den Bergen Monte Brè und Monte San Salvatore. Die Stadt ist drittgrößter Finanzplatz der Schweiz, Standort von Textil- und Hightech-Betrieben und internationaler Urlaubsort mit italienischem Flair. Hier haben Rundfunk und Fernsehen, seit 1996 auch die Universität der italienischen Schweiz ihren Sitz. Lugano sei die „Signora" des Tessins, hier kleide man sich „businesslike", ganz im Gegensatz zu Locarno, wo „casual" angesagt sei – so die Deutschschweizer Presse, die so Bezug nimmt auf das Konkurrenzverhalten der beiden Seestädte.

Geschichte

Unter dem Namen *Luano* wird die Stadt erstmals 818 erwähnt. Im 9. Jh. war das ursprünglich mailändische Gebiet im Besitz des Bischofs von Como. Seit dem 13. Jh. war es immer wieder Zankapfel der beiden Städte und Schauplatz von Machtkämpfen zwischen den Ghibelinnen und Guelfen. Im 15. Jh. baute der Herzog von Mailand bei der heutigen Villa Ciani eine Burg direkt am See.

Nachdem die Eidgenossen das Tessin erobert hatten, bildeten Lugano und die zugehörige Pieve von 1512 bis 1798 eine Gemeine Vogtei der XII Orte. Lugano wurde mit seiner Herbstmesse ein wichtiges **Zentrum für den Warenaustausch** zwischen Italien und dem Norden. Die Friedenszeit begünstigte nicht nur den Handel, sondern auch den Bau von Kirchen und Patrizierhäusern. Die Padri Somaschi, eine Bruderschaft, die sich vor allem der (Schul-)Bildung verpflichtet sah, und eine im 18. Jh. eröffnete Druckerei machten die Stadt weit über die Grenzen hinaus bekannt. In der Helvetik nahm Lugano eine pro-schweizerische Haltung ein. Befürworter und Gegner bekämpften sich, bis 1803 der selbstständige Kanton Tessin entstand. Bis 1878 war Lugano abwechselnd mit Bellinzona und Locarno **Hauptstadt** des Kantons.

Zu Zeiten des **Risorgimento** riefen der Schriftsteller *Carlo Cattaneo* und *Giuseppe Mazzini,* ein Wortführer des italienischen Freiheitskampfs und Begründer eines Geheimbundes, ihre Landsleute von Lugano aus mit Streitschriften zum Widerstand auf: *Manzoni* mit seiner Schrift „Agli Italiani" (1848), ein Jahr später folgte Cattaneos „Dell Insurrezione di Milaono nel 1848 e della successiva guerra" („Vom Aufstand in Mailand von 1848 und dem darauf folgenden Krieg"). Ganz sauer stieß den österreichischen Überwachern „Carte segrete e atti ufficali della Polizia austriaca in Italia" („Geheime (Land-)Karten und offizielle Akten der österreichischen Polizei in Italien") auf. Die Druckereien *Svizzera Italiana* in Lugano und die *Elvetica* in Capolago mussten auf österreichischen Druck hin schließen.

Nach der Eröffnung der Gotthardbahn 1882 beschleunigte sich der wirtschaftliche Aufschwung, Lugano entwickelte sich zu einem **internationalen Tourismusort.** Die mittelalterliche Stadt wurde modern, wobei man nicht zimperlich mit der alten Bausubstanz umging. Von 1882 bis 1918 entstanden etappenweise die bekannte Promenade und der Parco Civico; das bescheidene Fischerdorf verwandelte sich in eine Hotel- und Geschäftskulisse. Ein hemmungsloses Wachstum setzte aber erst in den 60er Jahren des 20. Jh. ein und zersiedelte auf beklagenswerte Weise eine Bilderbuchlandschaft. Historische Gebäude in der Altstadt erlitten unangemessene Eingriffe, und alte Hotelpaläste, auf die man so stolz gewesen war, wurden durch nichtssagende Bauten ersetzt.

In jüngster Zeit hat sich die Stadt durch Eingemeindungen statistisch erheblich vergrößert und zählt heute 65.000 Einwohner. Durch die Eröffnung des neuen Gotthard-Basistunnels und des Ceneri-Basistunnels wird Lugano noch näher an die großen Zentren nördlich des Gotthards heranrücken, von Zürich wird es nicht einmal 2 Std. dauern, bis man aus dem neuen Tunnel kommt, der quasi in der Stadt Lugano endet.

Sehenswertes

Am Anfang kann man sich – bei jeder Stimmung – kaum satt sehen an der einzigartigen Szenerie des Sees und der Stadt zu Füßen der beiden markanten „Zuckerhüte" des San Salvatore und Monte Brè. Besonders schön ist es am „Lungolago", direkt am See, oder von einem der Aussichtspunkte, vom Bahnhof oder San Lorenzo, hinunter auf die Stadt und den See zu schauen. Noch spektakulärer natürlich vom Monte Brè oder vom San Salvatore: Ferienstimmung kommt auf, man bewundert die Parks und Blumen, Gässchen und Märkte, Sakralbauten, vornehmen Villen, aber auch die Zeugnisse einer modernen Architektur, die zahlreich sind in der Stadt.

Erreicht man Lugano mit der Bahn, so bietet schon der **Bahnhofplatz** einen **grandiosen Orientierungsblick** auf Lugano, den See und die Berge. Der Bahnhof ist mit der Altstadt durch eine Standseilbahn verbunden, die auf die Piazza Cioccaro führt. Man kann natürlich auch zu Fuß erste Eindrücke der Stadt gewinnen und auf dem Weg hinab die Kathedrale besuchen.

Am Lungolago in Lugano

495te tt

Kathedrale S. Lorenzo

Oberhalb der Altstadt auf einer künstlich erweiterten Geländeterrasse steht die Kathedrale S. Lorenzo mit der berühmten Renaissancefassade, reichen Fresken und barocker Ausstattung. Der 818 erwähnte Bau ist im Kern romanisch und wurde im 13. und 14. Jh. erweitert. 1517 war Baubeginn der Fassade, eine Umgestaltung und Erhöhung des Turmes fand im 17. Jh. statt. Die bekannte Architektin *Tita Carloni* restaurierte 2000–2004 die Fassade, den Turm sowie die Muttergotteskapelle. Auf der Südseite der Kirche liegen die Chorherrenhäuser und der Bischofspalast.

Die dreischiffige, vierjochige Pfeilerbasilika wirkt gedrungen, ihr polygonaler Chor drängt in den Hang, sie hat Steinplattenbedachung. Im Norden steht der Turm mit romanischem Schaft und zwei barocken Glockengeschossen. Ein Meisterwerk ist die vorgeblendete, fast quadratische Fassade aus gefügten Saltrio-Quadern und Carrara-Marmor im Stil der lombardischen Renaissance des 16. Jh. Sie wird durch Pilaster, durch ein Zwischengebälk und ein Kranzgesimse harmonisch gegliedert. In der Mittelachse im Obergeschoss liegen Rundfenster in quadratischer Rahmung und geflügelte Puttenköpfchen. Gute Reliefs zieren die Wandpfeiler und Querbalken der Portale, das linke Portal (Portale degli Uccelli) zeigt Vogelmotive, das rechte (Portale dei Giorni brevi) im Fries einen Putto mit Vergänglichkeitsmotiven. Das Haupttor wird durch ein Fries mit Medaillons von Heiligenbüsten bekrönt.

Neben den Portalen sind große Halbfiguren der vier Evangelisten sowie von David und Salomon zu sehen, im Fries des Zwischengebälks Propheten, Sibyllen und Hippokampen (fischschwänzige Seepferdchen). Der dreischiffige Innenraum besitzt ein Kreuzrippengewölbe; vier Pfeilerarkaden öffnen sich zu den Seitenschiffen, die von barocken Kapellen begleitet werden.

In der ersten nördlichen Kapelle sind im Gewölbe Engelsfiguren der Gebrüder *Torricelli* zu sehen. Sie malten auch die Zwickel und die Kuppel der im 18. Jh. neu gebauten **Muttergotteskapelle** aus sowie die zwischen den Säulen an der Rückwand angeordneten 20 Fresken mit biblischen Szenen. Das Altarbild der Hl. Rochus und Laurentius ist von *G.B. Carloni,* die acht Rokokostatuen der personifizierenden Tugenden werden *Stefano Salterio* zugeschrieben.

Von *T. Rodari* könnte das Wandtabernakel aus dem 15. Jh.im 4. Joch sein, in der nördlichen Abschlusskapelle ist ein prächtiger Hochaltar nach Plänen von *A. Biffi* entstanden sowie das schmiedeiserne Tor im 17. Jh. Der Chor ist illusionistisch ausgemalt, an der Stirnwand ist die Apotheose des heiligen Laurentius abgebildet, signiert 1764 von *Giuseppe* und *Antonio Torricelli.* Im südlichen Seitenschiff ist ein achteckiger Taufstein aus dem Jahr 1430 sowie im vierten Joch ein geschnitzter Orgelprospekt aus dem 16. Jh. erhalten.

Sehenswert auch das ca. 1635 gemalte Altarbild mit der Steinigung des heiligen Stephan in der dritten Kapelle. Die Kathedrale birgt weitere Altäre aus dem 17. Jh. sowie romanische Fresken an der Westwand aus dem 11. und 12. Jh. (schlecht erhalten) und an der Südwand und Pfeilern solche aus dem 13. bis 16. Jh., neben vielen Heiligen, Maria und Christus ist an einem Pfeiler ein Mann hinter Gittern zu entdecken sowie am zweiten nördlichen Pfeiler ein Porträtrelief des Bischofs von Como von 1346.

Altstadt

Die drei ineinander greifenden Plätze Riforma, Rezzonico und Manzoni bilden mit der Fußgängerzone das Herz der Altstadt. Die ursprüngliche Via Pessina mit ihren malerischen Lauben und der typischen Straßenpflasterung mit plattenbelegter Fahrspur sowie die Via Nassa mit ihren Nobeladressen sind die **Hauptgeschäftsstraßen** Luganos. Hier reihen sich Cafés, Restaurants, Geschäfte und Delikatessenläden aneinander, ideal zum Schlendern und Schlemmen.

Palazzo Riva

Auf der Piazza Cioccaro an der Via Soave Nr. 9 steht einer der **Palazzi Riva** (da der Name Riva in Lugano etwa so häufig ist wie Meyer in Deutschland, gibt es hier mehrere Gebäude, die diesen Namen tragen); er weist an zwei Seiten Arkaden auf und besitzt Fenster mit zierlichen Balkongittern, erbaut Anfang des 18. Jh. Der Binnenhof ist mit Glas überdacht, eine zweigeschossige elegante Treppenanlage führt zu den Salons und Zimmern, die z.T. Deckengemälde und Stuckaturen besitzen.

> Tretboote bei den Palazzi Gargantini

S. Carlo Borromeo

Durch die Via Pessina und die Via Nassa gelangt man zur **Kirche S. Carlo Borromeo** (erbaut 1642) mit dem Gemälde der Schlüsselübergabe an Petrus (um 1730) vermutlich von *Giovanni Antonio Petrini.* Die Nr. 17, der Pallazzo Pirmavesi, wurde 1913 von *Augusto Guidini sen.* mit schöner Fassade zum See gebaut. Die Nr. 31 ist einer der ersten Neurenaissancebauten von 1896.

S. Maria degli Angioli und LAC

Am Südeingang der Stadt an der Piazza Luini steht die Kirche S. Maria degli Angioli, erbaut 1499. Sie gehörte zu dem 1490 gegründeten Franziskanerkloster und besitzt das **berühmteste Renaissancegemälde der Schweiz.** Der Konvent wurde 1848 aufgehoben, an seiner Stelle baute man 1852 ein Hotel, das 1903 als Hotel Palace um zwei Geschosse erhöht wurde. Ein zweigeschossiger Flü-

494te tt

083te tt

gel des Konvents blieb erhalten. Dieser Hotelkomplex wird unter Beibehaltung des Flügels zum neuen **Kulturzentrum LAC** (Lugano Arte & Cultura) umgebaut, das 2015 eröffnet werden soll.

Von außen betrachtet ist **S. Maria degli Angioli** eher schlicht, mit einem auffallend niedrigen Längsbau sowie einem vierjochigen Schiff, einem gefluchteten quadratischen Mönchschor und einem eingezogenen Altarhaus, ähnlich den lombardischen Klosterkirchen des Minoritenordens. An der Nordflanke des Schiffs liegen vier durch Arkaden verbundene Seitenkapellen. Der hohe Turm hat zwei Glockengeschosse. Das Portal wird von einem halbrunden Giebelfeld mit Relief bekrönt.

Betritt man die Kirche, fällt der Blick auf den wandartigen Lettner mit seinen drei kreuzgratgewölbten Durchgängen. Hier hängt das monumentale **Wandfresko der Passion Christi,** ein Hauptwerk *Bernardino Luinis* (1529). An den Stirnfronten des mittleren Durchgangs sind links der heilige Sebastian, rechts der heilige Rochus zu sehen. Über den Arkaden sind liegende Propheten dargestellt. Darüber der mit Menschen dichtgedrängte Kalvarienberg mit den stark überhöhten Kreuzen von Christus und den beiden Schächern. Das an Details reiche Bild wirkt wie ein spätgotischer Teppich.

Ebenfalls von *Luini* sind das in drei Teilen abgelöste Abendmahlsbild auf der Südwand sowie das Madonnenbild mit Christus und Johannes in der hinteren ersten Kapelle, beide von *Leonardo* beeinflusst. Die Malereien in den Lettnerdurchgängen stammen von anderer Hand. Im rechten Durchgang sind die Heiligen Laurentius und (vermutlich)

⌃ Palmen und im Hintergrund der Monte Brè

Stephanus sowie Prophetenmedaillons zu sehen. An der Südwand findet sich ein figurenreiches Bild, vielleicht ein Votivbild für die Befreiung von der Pest. Im mittleren Durchgang sind zwei Lünetten-Malereien mit Darstellungen der Stadt Jerusalem und des Golgathahügels.

Das Bild des heiligen Franziskus in der zweiten Kapelle wurde 1728 von *Petrini* gemalt, die Fresken der vierten Kapelle stammen von *Surnicus.* Es zeigt die Anbetung der Könige und die Flucht nach Ägypten. Über dem Altar ist ein Madonna-Fresko in der Art *Antonios da Tradate* vom Ende des 15. Jh. oder Anfang des 16. Jh. angebracht, es schmückte früher ein Haus in Taverne. Die Kirche ist das ganze Jahr geöffnet.

Piazza Riforma

Im Stadtzentrum an der Piazza Riforma laufen fast alle Straßen der Altstadt zusammen. Hier und in ihrer unmittelbaren Umgebung findet Dienstag- und Freitagmorgen ein **Gemüse- und Blumenmarkt** statt, während des Sommers am Samstag ein **Kunst- und Antiquitätenmarkt.** Unter den Arkaden der Häuser aus dem 19. Jh. genießen die Luganesi ihren Kaffee oder besuchen eine der schicken Boutiquen. Die Fresken im Treppenhaus sind von *Pietro Chiesa* (1937), die im Hochzeitssaal von *Rosetta Leins* (1943).

An der Seepromenade liegt das **Municipio** (Rathaus), 1845 von *Moraglia* als Regierungsgebäude für die Kantonsregierung mit repräsentativer Platzfassade gebaut. Seit 1890 dient das Gebäude als Rathaus. Im Innenhof finden sich ein toskanischer Säulenportikus und der Ratssaal mit Säulenloggia. Im Durchgang erinnert Spartakus, eine lebensgroße Marmorfigur von *Vincenzo Vela,* an die italienische Freiheitsbewegung.

Palazzi

An die Piazza Riforma schließt die Piazza Manzoni mit der Brunnenanlage an. Hier steht der frühere **Palazzo Riva,** heute Sitz der Banca della Svizzera Italiana, ein Rechteckbau mit Arkaden und spätbarocken Fensterverdachungen. Der Treppenaufgang im Innern hat eine Marmorbalustrade mit Schmiedeeisen und Malereien von den *Orelli* und *Tarilli.* Der Erweiterungsbau aus Metall und Granit von 1970 ist von *G. Durisch.*

In der Riva Giocondo Albertolli Nr. 1–5 stehen die **Pallazzi Gargantini,** 1915–18 von *Bonghi* und *Bordozzi* als Hotel gebaut. Der Komplex – nur zwei Minuten von der Piazza Riforma entfernt – besteht aus fünf Gebäuden, von denen drei auf den See gehen.

Die zwischen 1904 und 1909 im neoklassizistischen Stil erbauten Arbeiterhäuser rund um die Piazza Indipendenza sind 1985 nach Plänen von *A. Camenzind* und *B. Brocchi* in ein Geschäftsviertel umgebaut worden. In der Via Canova 10 ist das kantonale Kunstmuseum untergebracht und an der Stelle eines früheren Franziskanerklosters steht der 1816–18 nach einem Entwurf von *Grato Albertolli* im klassizistischen Stil mit dekorativen Stuckaturen erbaute **Palazzo Albertolli** (Nr. 12), heute Sitz einer Bank. Das Neurenaissancegebäude mit dem Eckturm an der Via della Posta 7, die Hauptpost, ist ein Werk von *Theodor Gohl* von 1912.

Die Kirche San Rocco

Der Rechteckbau an der Piazzetta San Rocco stammt aus dem 16., der Chor und der Turm aus dem 18. Jh. Die neubarocke Fassade von 1910 schuf *G. Zanini.* Im Innern fällt im Gewölbe die Scheinarchitektur von *M.A. Pozzi* sowie die drei Gemälde von *R.v.L. David* aus dem 17. Jh auf. Die Kirche birgt Fresken aus dem 17. und 18. Jh. sowie im Chor Stuckaturen aus dem 18. Jh.

S. Antonio Abate

Auf der Piazza Dante steht die Kirche S. Antonio Abate (1652) mit neubarocker Fassade. In den Seitenkapellen sind drei Altargemälde von *Pertini* sowie Fresken der Brüder *Toricelli* zu bewundern.

Weitere Sehenswürdigkeiten

Am Corso Pestalozzi steht die **Piccionaia,** ein Haus aus dem 15. Jh. mit Renaissanceornamenten, im Hintergrund das **Kapuzinerkloster** (1759) mit der öffentlichen Bibliothek von *Mario Botta.* Ebenfalls von ihm ist der **Palazzo Ransila** an der Via Pretorio Nr. 9, ein Geschäftsgebäude aus dem Jahr 1985. Nr. 7 ist der spätere **Palazzo Riva,** ein hufeisenförmiger Spätbarockbau mit schmiedeeisernen Balkongeländern und einem Gartenpavillon. Nr. 13, das **Centro Macconi,** ist ein Geschäfts- und Verwaltungsgebäude, das 1974 von *Livio Vacchini* und *Alberto Tibiletti* gebaut wurde.

Parco Civico

Im Parco Civico am See stehen zwei Statuen von *Vincenzo Vela* und die **Villa Ciani,** Sitz des Museo Civico di Belle Arti. Hier stand eine 1517 geschleifte Burg der Mailänder Herzöge und im 17. Jh. der Palazzo Beroldingen. Er wurde 1840 nach den Plänen des Architekten *Luigi Clerichetti* im neoklassizistischen Stil umgestaltet. Im Park liegen auch das **Kongresshaus,** ein Werk von *Rolf Otto* (1965–75), und die **Biblioteca Cantonale;** das Gebäude an der Via Cattaneo 4 wurde 1940 von *Rino* und *Carlo Tami* gebaut und 1973 erweitert, es gilt als Meilenstein der modernen Architektur im Tessin.

S. Maria di Loreto

Die Kirche S. Maria di Loreto wirkt mit ihrer grazilen Vorhalle wie ein Palazzo. Sie besteht aus einem fünfjochigen Arkadenportikus mit Stuckaturen und gemalten Szenen aus dem Leben Marias und der Passionsgeschichte. Das Renaissanceportal ist von 1524. Das Schiff hat ein Tonnengewölbe mit Stichkappen. In den Seitenachsen gibt es je eine Kapelle. Hinter dem Chor, durch zwei gewölbte Seitengänge erreichbar, liegt die Casa Santa, eine Nachbildung der Kapelle in Loreto. Am Chorbogen sind Fresken zweier Heiliger und eine Verkündigung Mariä von 1530 sowie Putten und Engel aus Stuck (um 1700) zu sehen, in der nördlichen Schiffswand eine ausgemalte Nische mit Christus am Kreuz zwischen Rochus und Sebastian in der Art *Luinis.* In der Gnadenkapelle finden sich Stuckaturen aus dem 17. Jh.

Geschäftsviertel

Die City von Lugano, die sich nördlich an die Altstadt anschließt, ist jener Teil der Stadt, der mit Banken, Versicherungen, Finanzinstituten, Agenturen und Büros aller Art hauptsächlich auf den Dienstleistungssektor ausgerichtet ist. Dieses Quartier, ein ehemaliges Villenviertel, weist **Neubauten** auf, die Architektur-Interessierte zu einem Rundgang animieren dürften:

- Die Verbindung zwischen Altstadt und Geschäftsviertel markiert die von Mario Botta geschaffene **Busstation Centro** an der Corso Enrico Pestalozzi mit einem 90 m langen Plattformdach auf vier Paar schlanken Säulen (dank der wechselnden Beleuchtung v.a. in der Nacht bemerkenswert!).
- Der **Palazzo Botta,** Via Ciani 16, ist ein Mehrfamilienhaus und das Architekturbüro von *Botta,* 1991 von *Mario Botta.*
- An der Via Lambertenghi 4 befindet sich das Schulgebäude **Scuola Comunale,** 1972 von *Alberto Camenzind, Bruno Brocchi* und *Roberto Sennhauser* erbaut.
- Nr. 6, ein Mehrfamilienhaus, ist ein Beispiel des **Neuen Bauens,** 1933 von *G. Franconi* errichtet.
- An der Via Trevano stehen die Wohnhäuser **Palazzi Garzoni,** 1966 von *Tita Carloni.*
- Die Kirche **Chiesa di Cristo Risorto** mit Pfarreizentrum an der Via Brentani 1 wurde 1976 von *Rino Tami* gebaut.
- Die **Casa del Popolo** an der Via Balestra (Nr. 19) ist ein Verwaltungsgebäude und Hotel, 1970 von *Tita Carloni* erbaut.
- Das **Altersheim Casa Serena** an der Via Marco da Carona 10 wurde 1977 von *Giancarlo Durisch* errichtet. Es gehört zum Themen-"Weg der Zeitgenössischen Architektur".
- An der Ecke Via dei Faggi/Via Maggio steht das Mehrfamilienhaus **Casa Leonardo** von 1986, von *Antonio Antorini* und *Aurelio Galfetti.*
- Die **Casa La Torre** an der Via delle Scuole wurde 1957 von *Rino Tami* gebaut.
- Die **Banca del Gottardo** an der Viale Stefano Franscini 8 ist ein Werk von *Mario Botta* von 1988.
- Die **Villa Enderlin,** von *Giuseppe Pagani,* gebaut 1904, ist reich verziert mit Stuckaturen und Glasmalereien.
- **Palazzo** und **Kino Corso** an der Via Pioda 4, gebaut von *Rino Tami* 1956.
- Das 1888 von *Augusto Guidini sen.* gebaute **Hotel Splendide-Royal** an der Riva Vela 7 ist das erste Beispiel eines Palasthotels in Lugano.
- Der Komplex des **italienisch-schweizerischen Radiostudio** an der Via Canevascini stammt von 1961, erbaut von *Alberto Camenzind, Augusto Jäggli* und *Rino Tami.*
- Die 1905 von *Americo Marazzi* gebaute **Villa Elisa** an der Via Coremmo 10 ist eine herrschaftliche Villa mit Jugendstilelementen.
- An der Via Riva Nr. 9 steht das Einfamilienhaus **Felder** mit Innenhof, gebaut 1978 von *Mario Campi* und *Franco Pessina.*
- Das **Lido** in Casserate an der Via Lido ist ein originelles Strandbad mit Ausstattung aus der Bauzeit von 1928, von *Americo Marazzi.*
- Die fünf **Neubauten der Universität Lugano** (die seit 1996 besteht) konnten u. a. dank einer großzügigen Spende und des Generalplans von *Aurelio Galfetti* und *Jachen Könz* 1998 bis 2002 im ehemaligen Park des Spitals an der Via Buffi von folgenden Architekten gebaut werden: die **Aula Magna,** ein Mehrzwecksaal für 500 Personen, von *Jachen Könz* und *Aurelio Galfetti;* die **Hörsaalgebäude** vor dem alten Spital von *Piero Bruno, Donatella Fioretti, José Gutierrez* und *Lorenzo Martini;* das **Lab** mit dem beweglichen Sonnenschutz an der Via Madonetta und Viale Casserate von *Sandra Giraudi* und *Felix Wettstein.* Der neue Baukörper der **Bibliothek** schließt das hufeisenförmige ehemalige Nebengebäude des Spitals aus dem frühen 20. Jh. ab. Er wurde von *Giorgio* und *Michele Tognola* entworfen. Das einfache und klar strukturierte Gebäude der **Theologischen Fakultät** ist das *Michele Christens.*

Castagnola

Der **Villenvorort** von Lugano thront in prächtiger Lage am Südhang des Monte Brè. Bekannt wurde Castagnola durch die jetzt zum größten Teil in Madrid befindliche Sammlung des Barons *Thyssen-Bornemisza* in der Villa Favorita. Das malerische, von einem subtropischen Park umgebene Herrschaftsgebäude wurde 1687 gebaut. Seit 1932 gehört es dem deutschen Baron. Ebenfalls an der Via Riviera (Nr. 18) steht ein weiteres herrschaftliches neubarockes Gebäude, die Villa Helios, 1902 von *Otto Mariani* für die Mailänder Industriellengattin *Rosa Lepori* gebaut.

Die **Pfarrkirche S. Giorgio** in schöner Aussichtslage ist ein spätmittelalterlicher Bau, der im 17. Jh. barockisiert wurde. Sie birgt Stuckaturen mit Girlanden und Putten und Rahmenwerk mit Bildern von *Buonafede.*

Von Castagnola aus kann man fast bis zum Gipfel des zweiten Hausbergs von Lugano, dem **Monte Brè,** fahren – mit Blick auf die Monti Sighignola und Generoso, auf San Salvatore und dahinter San Giorgio. Dazwischen lässt sich die Po-Ebene erahnen. Vom Gipfel kann man ins malerische, auf einer Geländeterrasse liegende **Bergdorf Brè** absteigen und von dort die Haltestelle der Standseilbahn Brè Paese erreichen.

Der Turm der dreischiffigen Basilika **SS. Simone e Fedele** hat im Unterbau Blenden, das Glockengeschoss wurde im 18. Jh. errichtet. An der Rückwand des Schiffes zeigen Fresken aus dem 17. Jh. die Heiligen Antonius Eremita und Karl Borromeo. Ein **Museum** zeigt Werke des Schweizer Malers *Wilhelm Schmid* (1892–1971), einem Vertreter der Neuen Sachlichkeit und des Magischen Realismus. Es ist von Ostern bis Oktober geöffnet, Mi bis So von 13 bis 17 Uhr. Sehenswert auf dem Friedhof sind sein Grab mit seinem Mosaik „Abendmahl“ und das Relief „La dea della pace“ (1916) auf dem Familiengrab der Guggenheims von *Pasquale Gilardi.*

An der Via al Lido Nr. 3 steht in Viganello ein stattliches Bauernhaus aus dem 16. Jh. Über Pregassona liegt auf einem Hügel die Ende des 16. Jh neugebaute Kirche **Santa Maria** mit freiem Turm und Stuckaltären, Fresken und Malereien des 17. und 18. Jh.

Gandria

Am steil abfallenden Seeufer liegt das malerische Gandria mit seinen engen Gassen, Treppen und charakteristischen, terrassenförmig übereinander gebauten Häusern, von denen v. a. die Casa Verda de Olivetis, die Casa Taddei, die Casa Bordoni und die Casa Rabaglio mit Sgraffiti und Muttergottesfresko von 1605 beachtenswert sind. Gandria war bis Mitte der 30er Jahre des letzten Jahrhunderts nur vom See aus erreichbar. Heute kommt man über eine recht enge, kurvige Straße bequem auch zu Lande zum hübschen Ort. Die 1563 erwähnte **Pfarrkirche S. Vigilio** ist ein Barockbau mit einer Fassade aus dem 19. Jh. Auf der Südseite des Kirchenschiffs finden sich Spuren einer früheren Kirche aus dem Mittelalter. Die Kirche birgt Stuckaturen und Fresken im Barockstil, ein Altarbild der *Torricelli* und eine gotische Statue Johannes des Täufers im Stil der Maestri Campionesi.

Gandria am steilen Hang des Monte Brè

496te tt

Praktische Tipps

Information

■ **Lugano Turismo,** Riva Albertolli – Palazzo Civico, 6900 Lugano, Tel. 058 86 66 600, oder im Hauptbahnhof FFS, www.lugano-tourism.ch, Mo–Fr 9–19 Uhr, Sa 9–18 Uhr, So 10–18 Uhr. Montags von April bis Mitte Oktober findet im Palazzo Civico von 9.30–12 Uhr eine unentgeltliche **Stadtführung** für Individualtouristen und Familien statt. Man sollte sich telefonisch voranmelden. Lugano Turismo bietet eine ganze Reihe von Führungen, thematischen Wanderungen und kleinere bis größere Kreuzfahrten auf dem See an, von März bis Oktober fährt auch der kleine „Trenino" die beliebtesten Punkte an (Tel. 079 685 70 70, Fahrt sFr. 9 p.P.).

Unterkunft

■ **Lugano Dante Center,** Piazza Cioccaro 5, 6900 Lugano, Tel. 091 91 05 700, www.hotel-luganodante.com. Guter, zentral gelegener Viersterne-Betrieb mit komfortablen Zimmern. DZ sFr. 295–440.

■ **Novotel Lugano Paradiso,** Viale San Salvatore 11, 6900 Lugano-Paradiso, Tel. 091 98 50 909, www.novotel.com (Hotelcode 6775); Neueröffnetes typisches Novotel in toller Lage und mit allem Komfort inkl. Pool, DZ sFr. 180–300.

■ **Parco Paradiso,** 6902 Paradiso-Lugano, Via Carona 27, www.parco-paradiso.com, Tel. 091 99 31 111. Modern gestyltes Hotel, helle Zimmer mit herrlicher Sicht auf die Bucht, Terrassenrestaurant und japanisches Restaurant; DZ sFr. 350–700.

■ **Gran Hotel Villa Castagnola,** 6906 Lugano, Via Castagnola 31, Tel. 091 97 32 555, www.villacastagnola.com. Hinter der Seestraße in einem Park, Hotel für Feriengäste und Geschäftsleute. Renoviert, mit modernen Zimmern; DZ sFr. 260–550.

■ **Hotel Lido Seegarten,** Viale Castagnola 24, 6900 Lugano, Tel. 091 97 36 262, www.hotellido-lugano.com. Direkt am See, von den Zimmern und vom Swimmingpool aus hat man einen einzigartigen Blick auf den Monte San Salvatore und die umliegenden Berge, sodass man kleinere Mängel des gastfreundlichen Betriebs gern übersieht. DZ sFr. 260–290, mit Seeblick sFr. 270–420.

■ **Hotel Nassa,** Via Nassa 62, 6900 Lugano, Tel. 091 91 07 060, www.hotelnassa.ch. Ein einfaches Hotel garni mit 21 Zimmern, im Zentrum gelegen, mit Sicht auf die Promenade und den See. Privatparkplatz. Ermäßigungen für Familien und Geschäftsleute; DZ mit Bad/WC sFr. 180–280.

■ **Hotel International au Lac,** Via Nassa 68, Tel. 091 92 27 541, www.hotel-international.ch. Zentral gelegen, am Ende der Fußgängerzone und neben der Kirche S. Maria degli Angeli. Das Haus ist seit 1906 im Betrieb und verfügt über einen recht liebevoll erhaltenen Retro-Charme. Es wird mediterrane Küche serviert. Mit Terrasse, Swimmingpool und Zimmern mit und ohne Seeblick. Parkmöglichkeit im Haus. April–Okt., DZ sFr. 206–216.

■ **Hotel Atlantico,** Via Concordia 12, 6900 Lugano, Tel. 091 97 12 921, www.atlanticolugano.ch. Angenehmes Zwei-Sterne-Stadthotel garni mit freundlichen Zimmern, z. T. mit Balkon (keine Sicht auf den See); in ruhiger Lage, nahe dem Lido di Lugano, zu Fuß ca. zehn Minuten zum Stadtzentrum. Privatparkplatz. Vom Hauptbahnhof mit Bus Nr. 2 erreichbar. DZ mit Dusche/WC, TV, Minibar inkl. Frühstück sFr. 146–156.

■ **Villa Sassa,** Via Tesserete 10, Lugano-Massagno, Tel. 091 91 14 111, www.villasassa.ch. Gepflegter Hotel- und Residencekomplex mit Blick auf Lugano, den See und die Berge. Wellnessbereich, mediterrane Küche, Lounge-Bar und großzügige Terrasse mit Swimmingpool. DZ sFr. 202–595.

■ **Hotel Colibri,** Via Aldesago 91, 6974 Aldesago, Tel. 091 97 14 242, www.hotelcolibri.ch. Einen schönen Blick auf Lugano, den See und die Berge bieten die Zimmer, das Restaurant, die Terrasse und der Swimmingpool dieses Hotels am Monte Brè. Geräumige Zimmer, DZ sFr. 150–260.

■ **Hotel Motel Vezia,** Via San Gottardo, 6943 Vezia, Tel. 091 96 63 631, www.motel.ch. Für Auto-

und Motorradfans ist dieses in den 1950er Jahren errichtete und in diesem Stil renovierte Motel unweit der Villa Negroni eine Option. Mit Restaurant und Swimmingpool im Garten. DZ sFr. 160–170.

■ **Albergo Stella,** Via F. Borromini 5, 6903 Lugano, Tel. 091 96 63 370, www.albergostella.ch, Gutes Garni mit Garten und kleinem Pool, nahe am Bahnhof, 14 DZ sFr. 190.

■ **Ibis,** Via Geretta 10a, 6900 Lugano-Paradiso, Tel. 091 98 61 909, www.ibis.com, nahe See, üblicher Ibis-Standard DZ ab sFr. 89.

■ **Hotel Moosmann,** 6978 Gandria, Tel. 091 97 17 261, www.hotel-moosmann-gandria.ch. Sehr schön und ruhig direkt am See gelegen im autofreien hübschen Gandria. Ältere, aber recht freundliche Zimmer, z. T. mit Balkon. DZ mit Dusche/WC, TV, Minibar und Seeblick sFr. 196–240. April–Okt.

■ **Parco San Marco Resort,** C.P. 641, 6906 Lugano, Tel. 091 92 34 086, www.parco-san-marco.com. Luxusresort mit 111 Suiten und Appartements, Pool, Privatstrand, Spa, am See etwas östlich von Lugano, bereits auf italienischem Hoheitsgebiet.

■ **Jugendherberge Lugano-Savosa,** Via Cantonale 13, 6942 Savosa, Tel. 091 96 62 728. Sehr schöne Herberge am nördlichen Stadtrand in altem Park; Familienzimmer mit Dusche/WC, größere Familien- und Gruppenräume, reichhaltiges Essen; DZ sFr. 59 p.P. inkl. Frühstück, Mehrbettzi. sFr. 37 p.P.

■ **Jugendherberge Figino,** Via Casoro 2, 6918 Figino, Tel. 091 99 51 151. Erreichbar mit dem Bus nach Figino, direkt am See, diverse Zimmer auch mit Dusche/WC. Mehrbettzimmer-Richtpreis sFr. 32.50 p.P., DZ sFr. 96 p.P.

Essen und Trinken

■ **Ristorante Principe Leopoldo,** Via Montalbano 5, Tel. 091 98 58 855; im Sommer hat man auf der Terrasse einen schönen Blick auf Luganos Golf. Kreative italienische und französische Küche, teuer.

■ **Osteria Trani,** Via Cattedrale 12, Tel. 091 92 20 505. Italienische Küche, Weinbar mit Degustation.

■ **La Bottega del Caffé** oder **Caffeteria Cattedrale,** Via Cattedrale 6, Tel. 091 92 34 733, So Ruhetag. Café mit italienischer Atmosphäre.

■ **Al Portone,** Viale Cassarate 3, Tel. 091 92 35 511. Eines der wenigen traditionsreichen Restaurants mit zeitgemäßer, liebevoll zubereiteter Küche; relativ teuer. So/Mo geschlossen.

■ **Grand Café al Porto,** Via Pessina 3, Tel. 091 91 05 130, Mo–Sa 8–18.30 Uhr. Nette Atmosphäre und köstliche Confiserie.

■ **Bottegone del Vino,** Via Magatti 3, Tel. 091 92 27 689. Im Zentrum Luganos, trendig, lebhaft, gut. An großen Tischen werden Käse, Salami und andere kalte und warme Kleinigkeiten serviert.

■ **Grotto Grillo,** Via Roncchetto 6, Tel. 091 97 01 818. In der Nähe des Funball-Stadions, traditionsreiches Grotto in freundlicher Atmosphäre. Sa und So mittags geschlossen.

■ **Osteria Calprino,** Via Carona 18, Tel. 091 99 41 480. Im Stadtteil Paradiso an der Straße nach Carona gelegene Osteria, wo man zu vernünftigen Preisen gut isst.

■ **Grotto della Salute,** Massagno, Via del Sindacatori 4, Tel. 091 96 60 476. Typisches und preiswertes Grotto unter Platanen, etwas außerhalb der Stadt. Gute Tessiner Saisonküche.

■ **Pizzeria Galleria,** Via Gerolamo Vegezzi 4, Lugano, Tel. 091 92 22 415. Sehr gute, zentral gelegene Pizzeria.

■ **Grotto del Pep,** Via Arbostora 18, 6913 Carabbia-Lugano, Tel. 091 99 44 336. Gutes Grotto im Industriequartier im Norden Luganos. Typische Tessiner Spezialitäten. Mo geschlossen.

■ **Le Bucce di Gandria,** Cantonale, 6978 Lugano-Gandria, Tel. 091 22 58 833, kleines Restaurant in Gandria mit überwältigendem Blick über den See.

■ **Grotto Descanso,** Cantine di Gandria, 6978 Gandria, Tel. 091 92 28 071. Am See gegenüber Gandria, nur mit Boot/Schiff erreichbar. Schöne Terrasse, Mo geschlossen.

■ **Santabbondio,** Via Formelino 10, Sorengo, Tel. 091 99 32 388. Elegantes Michelin-Ein-Stern-Restaurant mit raffinierter Küche. Im Sommer wird auch auf der beschatteten Terrasse bedient. Unbedingt vorbestellen. Im preiswerteren Bistro italienische Gerichte serviert. Mo geschlossen.

■ **Grotto Canvetto Federale,** Via ai Grotti 3, Paradiso, Tel. 091 99 31 588.

■ **Grotto Teresa,** Cantine di Gandria, Tel. 091 92 35 895.

Nachtleben

■ Wie auch in italienischen Städten üblich, hat Lugano seinen *corteggio;* das Hin- und Herschlendern beginnt auf der Piazza Riforma, wo man sich zum Aperitif im **Caffè Federale** oder **Vanini** trifft.

■ **Luce al Gargantini,** Riva Albertolli 5, Tel. 091 92 11 876. Italienische Küche, So geschlossen.

■ Ein anderer beliebter Aperitif-Ort ist das Restaurant **al Lido di Lugano** im See- und Strandbad an der Viale Cassarate in Cassarate. Besondere Apéro-Häppchen gibt es v.a. am Do ab 18.30 Uhr. Hier finden auch Openair-Vorführungen bis 24 Uhr statt.

■ **Casino,** Via Stauffacher 1. Tel. 091 97 37 111, www.casinolugano.ch, geöffnet 12–4 Uhr, Fr und Sa bis 5 Uhr. Eine schöne Panoramaterrasse besitzt das Restaurant *La Perla del Lago,* Tel. 091 97 37 272, geöffnet 19–24 Uhr, Mo bis So auch 17–1 Uhr.

■ **Etnic Ristorante,** Quartiere Maghetti, Tel. 091 92 33 825. Für Ethno-Pop-Fans, exotisches Interieur, Tequila und Margaritas. Afrikanische Küche.

■ **Gran Caffè & Caffè Bar,** Via Carducci 3, Tel. 091 92 22 216. Im Trend.

■ **La Piccionaia,** Corso Pestalozzi 21, Lugano, Tel. 091 92 10 284; zentral gelegener Night Club, Cabaret, Dancing; 22–5 Uhr.

■ **Blu Martini,** Via al Forte 4, Lugano, Tel. 091 92 20 348, Funk, Deep House, Dance, Commercial 70/80, Mi, Do, So 22–4 Uhr, Fr/Sa bis 5 Uhr.

■ **WKND,** Via Trevano 56, Lugano-Pregassona, Tel. 091 9703843, Deep House, Hip Hop, Hits, House, Sa 24–05 Uhr, Eintritt sFr. 25 (1. Getränk gratis).

■ **Club 1,** Via Cantonale 1, Tel. 078 90 97 550. House, R'n'B, 70's und 80's. Do bis Sa 24–5 Uhr.

■ **Laroy,** Piazza Riforma, Tel. 079 62 77 150, www.laroi.com. Neuer Laden. 23–5 Uhr.

■ **Madai Disco Club,** Via Ferruccio Pelli 13, Tel. 091 92 25 637, www.madai.ch. Disco, House und R'n'B.

■ **Living Room,** Via Trevano 89a, Tel. 091 97 01 517, www.livingroomclub.ch. Hier wird House und Techno gespielt. Mi/Do 20–3 Uhr, Fr/Sa 22–5 Uhr.

■ **Discoteca Privilege,** Piazza Dante 8, Lugano, Tel. 079 62 01 235,www.privilegelugano.ch. House, 70's, 80's und Latino.

■ **Tito's Place,** Via al forte 41, Tel. 091 92 11 197, www.titosplace.ch. Disco, Cocktailbar, Mi black music, täglich 10–5 Uhr.

Museen

■ **Lugano Arte e Cultura (LAC):** Auf der Seepromenade Riva Cacchia eröffnet 2015 oder 2016 mit großer Verspätung das neue Kulturzentrum Lugano Arte e Cultura seine Tore. Es wird neben Theater- und Konzertsälen sowie einem Panorama-Restaurant v.a. auch die Kunstsammlung beherbergen, die früher im Museo Civico di belle Arti zuhause war. Architekt ist der Einheimische *Ivano Gianola.* Infos zur Eröffnung und den Öffnungszeiten bei der Touristeninformation nachfragen.

■ **Museo Cantonale d'Arte,** Via Canova 10, Tel. 091 91 04 780, www.museo-cantonale-arte.ch, Di 14–18 Uhr, Mi–So 10–18 Uhr. In einem aus drei Palazzi des 16. Jh. bestehenden Gebäude. Die permanente Sammlung umfasst v. a. Gemälde, Skulpturen und Grafiken des 19. und 20. Jh. Thematische Sonderausstellungen. Eintritt sFr. 12.

■ **Museo d'Arte,** Villa Malpensata, Riva A. Caccia 5, Tel. 058 86 67 214, Di– So 10–18 Uhr. Moderne Kunst, keine permanente Ausstellung. *Di Lonigo, Gi-*

[>] Blick von der Uferpromenade in Lugano auf den Monte San Salvatore

ampietrino, Mola, Petrini und Turner, Degas, Renoir, Pissarro, Hodler, Arp, Jawlensky, Klee, von Werefkin, Richter, Henri, Oppenheim sowie zeitgenössische Werke Tessiner Künstler und fotografische Werke des 20. Jh. Sonderausstellungen, Vorträge und Seminare. Eintritt sFr. 12.

■ **Naturhistorisches Museum,** Palazzo degli Studi, Parco Civico, Tel. 091 81 54 761, Di–So 9–12 und 14–17 Uhr. Fossilien, Gestein, Mineralien, Fauna und Flora des Tessins. Sammlung von Pilzen. Sonderausstellungen.

■ **Museum Wilhelm Schmid,** Contrado Pro 22, Brè, Tel. 058 86 66 910, von Ostern bis Ende Oktober Do–So 10–12 und 14–18 Uhr. Werksammlung des Schweizer Exponenten der Neuen Objektivität und des Magischen Realismus. Eintritt frei.

■ **Mario Bernasconi Museum,** Piazzetta Mario Bernasconi 9, Pazallo mit Werken aus der Privatsammlung des Schweizer Bildhauers (1899–1963) und seiner Frau *Irma Bernasconi Pannes* (1902–71). Die Nr. 7, das Geburtshaus, wurde 2005 renoviert. Besichtigung des Hauses und der Sammlung auf Anfrage bei Frau Sandra Pagnamenta, Tel. 091 99 41 947, www.museomariobernasconi.com.

■ **Museo delle Culture** – Villa Heleneum, Via Cortivo 24, Castagnola, Tel. 058 86 66 960, www.lugano.ch/museoculture. Di–So 10–18 Uhr. Die neoklassizistische Villa Heleneum liegt am Uferweg nach Gandria. Das 1989 eröffnete Museum ist eine Schenkung an die Stadt Lugano von *Serge* und *Graziella Brignoni*. Etwa 650 Exponate, in erster Linie Holzfiguren aus Ozeanien, Neuguinea, Polynesien, Sumatra, Kalimantan, Sulawesi, Flores, Timor; afrikanische Holzmasken. Amerikanische und europäische namhafte Vertreter des Kubismus, Expressionismus, Dadaismus, Surrealismus, der russischen Avantgarde, des Action Painting, der Pop Art und des Fotorealismus sind ebenfalls ausgestellt.

■ **Historisches Archiv Lugano, Casa Carlo Cattaneo,** Strada di Gandria 4, Castagnola, Tel. 058 86 66 850, www.archiviostoricolugano.ch, Mo–Fr 9–12 Uhr. Dokumentation über den italienischen

497te tt

Schriftsteller und Politiker *Carlo Cattaneo,* der während seines Exils von 1848 bis zu seinem Tod 1869 in diesem Haus wohnte. Weitere Säle sind Dokumenten und Werken der lettischen Dichter und Freiheitskämpfer *Janis Rainis* (1865–1929) und seiner Frau *Aspazjia* (1869–1943) gewidmet, die hier ebenfalls im Exil lebten. Das historische Archiv von Lugano ist hier untergebracht sowie die Bibliotheken von *Carlo Battaglini* und die Kunst- und Architekturbücher der Brüder *Paolito* und *Ezio Somazzi.*

■ **Schweizerisches Zollmuseum,** Gandria, Tel. 091 92 39 843, Mitte März bis November täglich13.30–17.30 Uhr, Eintritt frei. Gegenüber von Gandria liegt das Schweizerische Zollmuseum, mit Schiff oder Boot erreichbar. Es wurde 1935 in einer alten Kaserne der Grenzwächter an der Grenze in Cantine di Gandria eingerichtet. Mobiliar, Uniformen, Exponate zur Zollgeschichte, zum Zweiten Weltkrieg und zum Kampf gegen den Schmuggel.

Kultur und Feste

■ **Frühlingskonzerte im Kongresshaus,** April bis Juni, Infos und Vorbestellung Tel. 091 91 33 232.

■ **Estival Jazz, www.estivaljazz.ch.** Gratis-Konzerte in Mendrisio und Lugano .

■ **LongLake Festival,** Theater und Tanz, Konzerte, Vorstellungen auf den Plätzen und in den Gassen Luganos fast das ganze Sommerhalbjahr hindurch: Rock, Blues, Klassik, Straßenmusikanten, Urban Art, Family Festival, Words Festival, freier Eintritt (Straßensammlung), Mitte Juni bis Mitte Juli.

■ **Cinema OpenAir,** am Lido, jeden Abend Mitte Juni bis Anfang August, Infos Tel. 091 91 33 232.

■ **Herbstfest Lugano,** Piazza Cioccaro, Manzoni, Rezzonico, Tel. 091 91 33 232, im Oktober.

■ **1.-August-Feuerwerk** im Golf von Lugano.

Einkaufen

■ **Markt für Blumen, Früchte, Gemüse, Frischkäse, Wurstwaren:** Piazza della Riforma, Di und Fr 7–12 Uhr.

■ **Antiquitätenmarkt Lugano,** im Quartiere Canova und im Quartiere Maghetti, Di und Fr 8–12 Uhr, Sa 8–17 Uhr.

Ausflüge

■ Die Tourismusinformation Lugano bietet eine ganze Reihe von interessanten **geführten Städterundgängen und Touren** durch, z.B. Lugano Photo Tours, Walking City Tour, Lugano yesterday and today etc., zum Teil auch kombiniert mit Schiffahrt und Bergbahnen der Gegend. Nähere Details bei der Tourismusinformation.

◁ Der beliebte Markt auf der Piazza Riforma

■ Bei heißem Wetter empfiehlt sich ein Besuch des **Lido di Lugano,** des **See- und Strandbads** an der Viale Cassarate in Cassarate, das von 9–19 Uhr, im Juli und August bis 19.30 Uhr geöffnet ist.

■ **Schifffahrtsgesellschaft Luganer See,** Viale Castagnola 12, Tel. 091 97 15 223, www.lakelugano.ch. Rundfahrten auf dem See von Ende März bis Mitte Oktober, Abendkreuzfahrten mit Live-Musik und Essen.

■ **Serpiano:** Mit dem (Post-)Auto über Meride oder nach Brusio am südlichen Seeufer und von dort mit der Seilbahn nach Serpiano. Schöner Blick auf Morcote und Luganersee.

■ Mit der **Standseilbahn auf den San Salvatore** (912 m), von Lugano-Paradiso, Tel. 091 98 52 828, www.montesansalvatore.ch. Mitte März bis Nov., täglich 9–17.30 Uhr alle 30 Min., im Hochsommer bis 23 Uhr. Von hier schöner Blick und Wandermöglichkeiten.

■ Mit der **Standseilbahn auf den Monte Brè** (925 m), von Lugano-Cassarate, Tel. 091 97 13 171, www.montebre.ch, Mitte Januar bis Mitte Februar geschlossen, tägl. 9.15–17.15, im Sommer bis 18.45 Uhr alle 30 Min. Vom Hausberg der Luganeser hat man eine schöne Aussicht; es gibt Wandermöglichkeiten.

■ Auf den **Monte Bar** (1600 m) zehn Kilometer nördlich von Lugano mit schönem Blick auf Lugano und Umgebung. Mit dem Auto bis zum Rifugio Monte Bar, von hier in einer halben Stunde zu Fuß auf den Gipfel.

■ Auf den **Monte di Tremezzo** (1700 m), zwischen Luganer und Comer See mit beeindruckendem Blick. Bis Boffalora, dann Güterweg (mit Bike befahrbar).

■ Auf den **Monte Tamaro** mit der Kabinenbahn von Rivera zur Alpe Foppa, Tel. 091 94 62 303, www.montetamaro.ch/interna. Ende März bis November, täglich 8.30–17 Uhr, fährt durchgehend. Fahrplanänderungen sind jedoch möglich.

■ Auf den **Monte Lema** mit der Seilbahn von Miglieglia, Tel. 091 60 91 168, www.montelema.ch, April bis November täglich 8.30–17.30 Uhr, alle 30

Minuten. Von Mitte Juli bis Mitte August Abendfahrten. Fahrplanänderungen sind jedoch möglich.

■ Nach **Campione d'Italia ins Casino Municipale,** Tel. 091 64 01 111, täglich 11.30–5 Uhr, Fr 11.30–6 Uhr. In gediegenem Rahmen kann man hier Roulette, Blackjack, Baccara und Trente e Quarante spielen. Events mit internationalen Künstlern; angeschlossen *Trattoria Rustica.*

■ Auf den **Monte Generoso** mit der Bahn von Capolago, www.montegeneroso.ch, Tel. 091 63 05 111, im Sommer stündliche Abfahrt von 10.30–15.30 Uhr. Die Fahrzeiten können sich ändern.

Wanderungen

■ **Sentiero di Gandria** (Uferweg Gandria), 50 Min. Der Weg beginnt in Castagnola und führt in das malerische Dorf Gandria. Vom Sentiero di Gandria gibt es eine markierte Abzweigung, die zum Parco degli Ulivi (Olivenpark) in Castagnola führt.

■ **(Schiffs-)Wanderung von Caprino über Cantine di Gandria nach Gandria und Castagnola.** Caprino ist mit dem Schiff erreichbar, es lässt sich auch ein Motorboot mieten. Von Caprino-Cavallino führt ein Weg nach Cantine di Caprino und Cantine di Gandria, hier liegt das Schweizer Zollmuseum (Eintritt frei). Mit dem Schiff setzt man nach Gandria über, auf dem Sentiero di Gandria erreicht man am Ufer in 50 Minuten Castagnola. Rückfahrt mit dem Schiff oder der Buslinie 1.

■ **Von Brè über den Monte Boglia nach Cadro,** 4 Std. 20 Min. Mit der Seilbahn von Lugano-Cassarate zum Dorf Brè (800 m). Am Parkplatz der Pfarrkirche beginnt der Aufstieg zum Wasserreservoir Carbonera. Über den Südhang des Monte Boglia gelangt man bei Sasso Rosso zum Grat, auf diesem erreicht man den Gipfel (1516 m) mit herrlicher Rundsicht. Über den schmalen Grat in vielen Serpentinen Abstieg zum Sattel Pian di Scagn, von hier westwärts zur Alpe Bolla. Der Weg führt nun über Pian Soldino zur Alpe Stabbio und unterhalb des Maiensäß Zarei auf ein Sträßchen, das nach Cadro (475 m) führt. Bergschuhe sind erforderlich. Hier gibt es einen Busanschluss.

■ **Von Aldesago über den Monte Brè nach Gandria und Castagnola,** 4 Std. Mit dem Bus oder der Standseilbahn nach Aldesago (568 m). Vor dem Viadukt der Standseilbahn beginnt der Wanderweg über Cureggia zum Dorf Brè, man kann von Aldesago allerdings auch direkter zum Dorf Brè wandern. Von Brè gelangt man auf dem Treppenweg Scalinata alla Torretta auf den Gipfel (925 m) oder man wechselt vom Treppenweg auf den Sentiero delle Betulle zum Restaurant mit der schönen Aussicht auf den Monte Rosa. Wieder zurück in Brè, führt südlich des Kirchplatzes ein steiler Treppenweg, der Sentiero al Lago, nach Gandrina. Von hier führt der Weg in einigen Serpentinen auf den von Aldesago kommenden Weg, links abbiegend geht es zuerst etwas aufwärts, dann wieder in Serpentinen nach Gandria, wo eine Treppe zum Ortskern führt (Schiffsverbindung). Von hier führt der schöne Uferweg nach Castagnola (Bus Nr. 1 oder Schiff).

■ **Lehrpfad Natur und Archäologie,** 3 Std., 7 km. Mit 15 Stationen, Ausgangspunkt ist Lentisgee an der Kantonsstraße bei Gandria. Am Wegrand und im Wald stehen Schalensteine (z.T. prähistorisch) mit Vertiefungen und Kreuzen. Solche Steine wurden in Gandria als Baumaterial verwendet. Der „Masso di Gandrigna" fällt aufgrund seiner Größe auf. In Lizzura und Scensc, dem ältesten Siedlungskern von Gandria, sind Trockenmauern erhalten. Danach erhebt sich der „Sasso della Predescia". Die Felszeichnungen und der Name „Sasso delle streghe" (Hexenstein) lassen symbolische und religiöse Funktionen vermuten. Solche Felsblöcke sollen bis in die ersten Jahrhunderte n. Chr. als Altäre gedient haben. Am Weg wachsen geschützte Pflanzen wie Feuerlilie, Christrose oder Alpenveilchen und mediterrane Pflanzen, z.B. Oleander.

› Wanderparadies Malcantone

Der Malcantone

Zum Luganese gehören neben den Valli di Lugano und der Stadt Lugano auch die Halbinsel Ceresio und der Malcantone. Der Malcantone ist ein **reizvolles, liebliches Bergland** zwischen Luganersee und Lago Maggiore, recht unberührt, obschon er der Stadt Lugano sehr nahe ist. Er grenzt an den Golf von Agno, einen Arm des Luganer Sees, und an den Tresa-Fluss, er liegt zu Füßen des Monte Lema und des Monte Gradiccioli. Malcantone bedeutet nicht „schlechter Kanton", das „mal" im **Namen** leitet sich vermutlich (hier sind sich Etymologen nicht einig) von *maglio* ab, „Hammerschmiede" – wurden hier doch bis ins 20. Jh. Erz, Bleiglanz, Pyrit, Zinkblende und kleine Mengen Gold abgebaut.

Wo es im Tal sehr geschäftig zugeht – der Regional-Flughafen Agno liegt zu Füßen des Berglands und von Autobahn und Zug blickt man direkt in die Hügellandschaft – so fühlt man sich, wenn man die Hänge des Malcantone erklimmt, sofort in einer anderen Welt: Wanderwege durch Weiden, uralte Kastanienhaine und ruhige, kleine Dörfer mit Steinhäusern, engen Gässchen und Grotti sowie malerischen Dorfplätzen. Ohne grandiose Tourismus-Infrastruk-

479te tt

tur zwar, dafür mit noch fast intakter Landschaft und Architektur. Ein Wander- und Bikerparadies, das z.B. über eine Reihe von Themenwegen erkundet werden kann!

Unten am See eine ganz andere Atmosphäre: Da ist der emsige Badetourismus in Caslano – die Einheimischen haben sich hier ihre Wohnungen und Einfamilienhäuser gebaut – und dazwischen der Weinbau, der hier traditionell ein ausgezeichnetes Klima und gute Böden vorfand und viele Bewohner ernährte.

Die Dörfer des Malcantone brachten viele namhafte **Architekten** hervor, die vor allem im alten Russland, in Sankt Petersburg und Moskau wirkten. Als gute Gipser, Maler und Dachdecker arbeiteten die Malcantonesi oft in der **Baubranche,** meist in Italien. Ihre Kunstfertigkeit färbte auch auf die Heimat ab.

Auch hier gibt es viele Kunst- und **Kulturschätze** zu entdecken, daneben locken **Sportangebote** wie Reiten, Surfen, Tennis, Golf, Gleitflug, Skifahren und Boccia. An verschiedenen Orten weisen auf **Natur- oder Kulturwanderlehrpfaden** Tafeln auf Besonderheiten der Gegend hin. Oft sind die bei den Tourismusbüros erhältlichen Beiblätter noch informativer; bevor man sich also auf Schusters Rappen begibt, sollte man sich hier schlau machen.

Es gibt verschiedene Wege, den Malcantone zu erkunden. Als **Ausgangspunkte** bieten sich **Agno** oder das Vedeggiotal bei Manno an. Unsere **Route** beginnt in Manno (erreichbar über Lugano, Vezia und Bioggio).

Gravesano und Arosio

Von der Talstraße bei **Manno** im Vedeggio-Tal führt die Straße nach Gravesano. Die **Pfarrkirche** außerhalb des Dorfes birgt einen römischen Altar aus dem 2./3. Jh. sowie Fresken aus dem 11. Jh. (darunter einen kleinen Frauenkopf) und dem 16. Jh. Originell ist hier die **Barockkapelle S. Maria di Buon Consiglio,** erbaut 1769.

Kurvenreich führt die Straße 500 Meter weiter hinauf zum höchsten Ort des Malcantone, nach Arosio. Auf dem Weg liegt die **Kapelle S. Maria** mit einem Muttergottesfresko im Chor (15. Jh.) und Christus, den Evangelisten, Kirchenvätern und Assunta in den Gewölbekappen (1. Hälfte des 16. Jh.). Die Fassade zeigt Maria und die Heiligen Michael und Sebastian.

Arosio hat zwei übereinander liegende Dorfkerne, die durch die Kirche verbunden sind. Hier lebten die Stuckateure *Pietro* und *Francesco Ferroni,* deren Rokokostuckaturen in Form von Portalreliefs, Wappen und Kaminen an den Häusern Arosios zu finden sind.

Gegenüber des Friedhofs erhebt sich die **Pfarrkirche S. Michele** von 1640. Sie zeigt im Kirchenraum an den Wänden der Apsis und des Schiffs einen **Freskenzyklus** (1518) des *Antonio da Tradate* und seines Sohnes *Giovanni Antonio.* Die Fresken wurden in den letzten Jahren restauriert. An der Ostwand des Chores sind eine Kreuzigungsdarstellung, ein Flammenornament mit einer Epiphanie und eine Beschneidung. Die Nordwand zeigt eine Verkündigung, die Heimsuchung, die Geburt Christi, darunter Szenen aus dem Leben Christi und der Passion bis zur Kreuztragung.

An der Südwand sind oben der Kindermord, unten die Grablegung, die Auferstehung, Christus in der Vorhölle und Pfingsten dargestellt. Im Fenster ist der heilige Sebastian zu sehen, in der Sockelzone Monatsbilder, im zweiten Nordjoch eine Pietà, datiert auf 1518, darüber eine bemerkenswerte Mariä Himmelfahrt. Auf der Gegenseite finden sich folgende Motive: Heilige, Ecce homo, eine Kreuzigungsgruppe, Bernhard und Michael, hinten rechts der heilige Franziskus vor *Papst Innozenz III.* aus der ersten Hälfte des 14. Jh. Reiche Stuckaturen birgt die Muttergotteskapelle.

Ein ausgeschilderter Wanderweg, der **Percorso del Sole,** führt zu den **Sonnenuhren** der Gegend. Der **Sentiero del Castagno** (Kastanienrundweg) beginnt hier, er führt in ca. fünfeinhalb Stunden über Mugena und Vezia wieder nach Arosio (s. u.).

Von Mugena bis Breno

An einer Bergflanke liegt das gut erhaltene Dorf Mugena. Seine bereits im 13. Jh. erwähnte **Kirche S. Agata** wurde 1683 bis 1702 neu gebaut. Sie birgt in der Kuppel dekorative Stuck-Engel von *Insermini* (18. Jh.) und schöne Stuckaltäre.

Die Straße führt hinunter über die Magliasina nach **Vezio.** Hier bilden die Pfarrkirche S. Bartolomeo mit der Vorhalle und dem angebauten Waschhaus sowie die Friedhofssäule eine malerische Gruppe. Nordöstlich des Dorfes steht die reizende barocke Wallfahrtskirche S. Maria delle Grazie di Sassello (1805).

Über das intakte Dörfchen **Fescoggia** führt die Straße durch Wiesen nach **Breno.** Auf einer Bergterrasse des Monte Lema gelegen, besitzt dieser Ort eines der eindrucksvollsten Dorfbilder des Malcantone: Über dem ringförmig geschlossenen Dorf thront auf einer Terrasse die Kirche S. Lorenzo. Brenos Häuser zieren z. T. satirische Malereien und Sprüche.

Monte Lema

Vom stattlichen Miglieglia (siehe unten) führt ein **Sessellift** auf den Monte Lema (1624 m). Von hier hat man einen herrlichen Blick auf die Hochalpen, die lombardische Tiefebene und die Seen. Im Sommer lässt es sich hier gut wandern, und im Winter ist der Monte Lema das Skiparadies der Luganesi. 1993 hat *Pietro Boschetti* hier eine beachtliche Radarstation geschaffen.

■ Die **Seilbahn** fährt von April bis Oktober täglich von 8.30 bis 17.30 Uhr, von Mitte Juli bis Mitte August werden auch Abendfahrten angeboten. Abfahrt alle 20 Minuten, bei starker Nachfrage ununterbrochen. Zwischen Miglieglia und Rivera verkehren Busse. Nur mit Kombiticket, einzulösen bis 11.30 Uhr, Tel. 091 60 91 168, www.montelema.ch.

Von Miglieglia bis Pura

Miglieglias **Pfarrkirche S. Stefano al colle** mit dem romanischen Turm über dem Dorf besitzt schöne spätgotische Wandmalereien. Der Chor wurde 1511 vollständig ausgemalt. An der Stirnwand ist ein Kalvarienberg mit den Heiligen Stefan und Antonius Eremita zu sehen, seitlich steht eine Apostelreihe. In den Lünetten sind Christi Geburt und eine Epiphanie, in den Gewölbekappen eine Majestas Domini, die Kirchenväter und die Evangelisten, am Chorbogen Halbfiguren der Propheten, im Scheitel das Agnus Dei dargestellt. Am vorderen Gurtbogen sind Könige des alten Testaments und zweimal der heilige Stefan (zweite Hälfte des 16. Jh.) sowie eine Muttergottes, Joseph und Antonius Eremita sichtbar. Die Muttergotteskapelle zeigt eine Verkündigung, Madonna und den Stifter, 1604. Die Ecce-homo-Darstellung im Chor ist um 1500 entstanden. Romanische Freskenfragmente mit zwei Köpfen von Heiligen, im Schiff zu sehen, gehen auf das 11.–13. Jh. zurück, sie stammen ursprünglich vom Chorboden. Das barocke hölzerne Tabernakel befindet sich heute in der Kirche San Stefano. Unterhalb der Kirche steht ein quadratisches **Beinhaus** mit postromanischen Blendbogenarkaden; im 15. Jh. wurden sie mit Fresken bemalt. Die verblassten Fresken an den Wänden stammen aus der ersten Hälfte des 16. Jh. Malerisch präsentiert sich der Friedhof.

Schön und sonnig gelegen ist **Novaggio** mit seinem Sanatorium und seiner Barockkirche. Hier beginnt und endet der ausgeschilderte **Sentiero delle Mera-**

524te fotolia.com | chiakto

viglie (Weg der Wunder), sieben Kilometer sind in vier (ohne Pausen) bis sechs Stunden zurückzulegen. 13 Tafeln geben Auskunft über die Sehenswürdigkeiten, u. a. über Trockenmauern, Mühlen, den Abbau verschiedener Rohstoffe (Gold, Silber, Zink, Schwefel), über Ziegelbrennerei, eine (Hammer-)Schmiede, über einen Auwald und über das Terrassengelände.

Curio, auf einer Aussichtsterrasse gelegen, besitzt eine enge Hauptgasse und herrschaftliche Häuser, teilweise mit Innenhöfen und nach Süden gerichteten Loggien. Die barockisierte Pfarrkirche wurde 1610 erbaut. An der linken Chorwand findet sich ein Reliquienschrein mit prachtvoller Stuckrahmung von 1695. Das **Museo del Malcantone,** eine ehemalige Zeichnungsschule, gebaut von *Luigi Fontana,* veranschaulicht das Leben vergangener Jahrhunderte und macht Gründe anschaulich, die zur Auswanderung zwangen. Am alten Saumpfad nach Pura liegt dann einsam im Wald die **Wallfahrtskirche S. Maria della Morella.** An der Fassade sind Wandmalereien von *D. Banchini* aus dem Jahr 1597 zu sehen; sie zeigen die Muttergottes mit zwei heiligen Frauen.

Pura in der Talsenke ist ein gut erhaltenes Dorf mit aristokratischem Ambiente. Ein interessantes Beispiel lombardischer Renaissance-Architektur ist die **Casa Crivelli** (15. Jh.) mit kleinem Innenhof. An der abgewinkelten Gassenfassade hat sie Backsteindekorationen und einen tonnengewölbten Durchgang, im Hof vermauerte Säulenarkaden mit Renaissancekapitellen. Ferragutti ist ein dreigeschossiger Bau mit Loggienfassade, erbaut im 17. Jh. Die Kirche **S. Martino** und ihre monumentale Treppenanlage wurden in drei Bauetappen errichtet, an der Südseite des Schiffes sieht man die Heiligen Martin auf einem Pferd und Katharina, darüber eine Dreifaltigkeitsdarstellung. Im Inneren finden sich spätgotische Wandmalereien.

◁ Die Seilbahn am Monte Lema

Magliaso, Caslano, Ponte Tresa

Magliaso gehörte zu einer Abtei in Pavia, bevor das Schloss und das Dorf 1667 an das Urner Geschlecht derer *von Beroldingen* kam, die es als Lehen der alten Eidgenossen bis 1785 behielten. Der Dorfkern liegt unterhalb der Burg, das Quartier Castellaccio am See. Entlang des Kanals gab es früher zahlreiche Ölpressen, nur eine hat die Zeit überlebt. Die ins Hochmittelalter zurückgehende **Burg** war 1116 Schauplatz eines Dramas, als hier der schismatische Bischof *Landolfo von Como* ermordet wurde, was einen zehnjährigen Streit zwischen Mailand und Como auslöste. Ab 1667 war das Schloss im Besitz *Konrads von Beroldingen,* der 1687 den Wohntrakt an den mittelalterlichen Turm bauen ließ. *Beroldingen* gab 1680 den Anstoß zum Bau der Barockkirche SS. Biagio e Macario, ein entsprechender Hinweis findet sich auf dem Westportal. Zusammen mit dem angebauten Pfarrhaus und der Burgruine ergibt sich ein malerisches Gesamtbild. In Magliaso liegt der einzige **Zoo** des Kantons, „Al Maglio“, mit Tieren aus aller Welt.

Caslano liegt am Agno-Arm des Luganer Sees am Fuß des **Monte Caslano,** der früher eine Insel bildete und durch die Ablagerungen der Magliasina zur Halbinsel wurde. Der Ort hat durch die starke Zersiedelung sehr an Charme verloren. Am schönsten ist Caslano an der **Uferpromenade.** Interessant die Einfamilienhäuser im Quartier San Michele, in den 1960er Jahren von *Franco Ponti* gebaut im Stil von *F. L. Wright.*

Schön gelegen ist auch die **Villa Ferretti** von 1903 mit reicher Bauplastik an der Piazza Lago. Kindern und Liebhabern von Süßigkeiten beantwortet das **Schokoladenmuseum Alprose** viele Fragen rund um die Leckerei, ein weiteres Museum ist der **Fischerei** gewidmet. Auf dem 526 m hohen Monte Caslano vermittelt ein **Naturlehrpfad** in 15 Stationen Wissenswertes zum geologischen Aufbau und zur Vegetation, speziell zum Wald. Er beginnt und endet am Ende der Via Stremadone. Caslanos **Kirche** birgt in der Sakristei spätmittelalterliche Fresken. Die Kapelle S. Maria delle Grazie zeigt ein Triptychon aus der gotischen Vorgängerkapelle mit der thronenden Muttergottes.

In **Magliasina** an der Straße nach Ponte Tresa steht die **lombardische Kapelle S. Maria** mit ihren bedeutenden Renaissancefresken; sie wurde 1442 gebaut, die Vorhalle 1543. Die Fresken in der Muttergotteskapelle sind im Chorgewölbe in der Art des Meisters von Santa Maria degli Angeli in Lugano, die übrigen in der des Lombarden *Gaudenzio Ferrari* (1471–1546) gemalt. Im Chorgewölbe sind die Dreifaltigkeit und ein Engel dargestellt, in den Lünetten die Kirchenväter, an der Ostwand des Schiffs Mariä Tempelgang, auf der Gegenseite ein Kalvarienberg, im Gewölbe die Krönung Mariä und ein Engelreigen.

Der **Grenzort Ponte Tresa** mit seinen malerischen Lauben ist durch die Uferstraße vom See getrennt und wird zusätzlich durch andere **Bausünden** entstellt. So haben die Loggienhäuser aus dem 18. Jh., etwa Casa Zampini und Casa Bella bei der Brücke, viel von ihrem Charme eingebüßt. In einem schönen Park liegt in dominierender Lage das zum Teil auf 1663 zurückgehende **Castello De Stoppani.** Ebenfalls erhöht über den Bahngleisen fällt die Villa Menotti an der Via San Bernardino Nr. 5 ins Auge. 1912 von *Giuseppe Bordonzotti* mit achteckigem Belvedereturm gebaut, ist sie ein typisches Beispiel für eklektisches Bauen. Die **Pfarrkirche S. Bernardino,** gegründet im 15. Jh., zeigt über dem Portal ein Fresko mit dem Titelheiligen von 1612. Im Schiff hinten ist ein Pietà-Fresko aus dem 16. Jh. zu sehen. Im Chor besitzt sie zarte Stuckaturen zwischen Rokoko und Klassizismus. Sie fassen den Hl. Bernhardin und Engel, wohl von *G. A. F. Orelli,* ein.

Die **Tresa** verlässt bei Ponte Tresa den Luganer See und mündet nach wenigen Kilometern nordwestlich bei Luino in den Lago Maggiore.

Monteggio und Termine

Von Ponte Tresa folgt man der Tresa zum Grenzweiler **Fornasette.** Von hier führt die Straße in das 150 m höhere, an einer sonnigen Bergflanke gelegene **Monteggio** mit der als Sommerresidenz genutzten **Casa Passera**. Sie hat nach Süden gerichtete Arkadengalerien aus dem 17. Jh. Hoch über dem Tal der Tresa liegt

094te tt

die malerische Baugruppe von **Castello.** Reste vom Mauerwerk gehen wahrscheinlich auf eine Befestigungsanlage zurück, welche 1240 von *Friedrich II.* erwähnt wurde.

Auf dem Höhenrücken westwärts fahrend, gelangt man zum Grenzort Termine mit herrlichem **Ausblick** auf den Lago Maggiore, bei klarem Wetter bis zum Mont Blanc. Fährt man den Hügel auf der anderen Seite hinab, kommt man in eine Ebene, die vom italienischen Longhirolo bis nach Sessa reicht; vielleicht war hier früher ein Seebecken.

Sessa hat sich sein Ortsbild bewahrt

Sessa

Sessa liegt in einer vergessenen Ecke der Schweiz, dabei ist es besonders sehenswert: Es hat das charakteristische Ortsbild der Dörfer im Malcantone beibehalten. Rund um den Ortskern liegen die interessantesten Bauten, etwa das alte Gerichtsgebäude, die **Casa dei Landvogti,** mit Portikus und Loggia an der Piazza ist mit Fresken geschmückt. Sie zeigen eine thronende Muttergottes mit Gratus und Rochus aus dem Jahr 1601. Auf der Galerie sind eine Geißeldarstellung und die Wappen Uris zu sehen. Das **Pfrundhaus,** die Casa del Beneficio di Sant'Orsola, liegt gegenüber der Pfarrkirche und verfügt über einen harmonisch angelegten Innenhof mit Laubengang. Im Westen steht eine alte Traubenpresse aus dem 15. Jh.

Im Ortszentrum sind noch einige Corti, kleine Höfe sowie Portale mit Granitbalken und Nussbaumtoren und charakteristische Häuser mit Lauben und Bogengängen erhalten. In einige Häuser wurden mittelalterliche Fundstücke – Kapitelle, Säulen oder Wappen – eingebaut. Ein schönes Renaissancebeispiel ist die **Dorfkirche S. Orsola** mit der zweigeschossigen, von Pilastern gegliederten Hausteinfassade (1601). Die Fassade besitzt ein Portal mit Sprenggiebel, Serliana und zwei Nischen mit Stuckfiguren. Die **Pfarrkirche S. Martino** wurde 1609 gebaut und hat eine beachtliche Ausstattung: Der Hochaltar besitzt eines der eindrucksvollsten zweigeschossigen **Tabernakel** des Tessins (1662 von *Pini* und *Ramponi).* Die mittleren Seitenkapellenstuckaturen sind von *Taddei* gefertigt (1759). Links steht ein Altar mit hölzernem Renaissancetabernakel.

Sessa besitzt zwei kleine Museen. Das **Piccolo Museo-Bonzaglio** zeigt die traditionelle Verarbeitung von Seide, Hanf, Wolle und Leinen und stellt alte Berufe vor. Im **Cà du Lol** wurde der Eingang zu einer Mine nachgebaut, das kleine Museum gibt Einblick in die Geschichte des Minenbaus im Malcantone. Beide Museen sind von Mai bis Oktober, jeweils am Sa und So von 16 bis 18 Uhr geöffnet. Dorfführungen durch Herrn *Lindo Deambrosi,* Tel. 091 60 82 285.

Astano

Von Sessa führt die Straße durch Rebhänge, Wiesen und Wälder über den kleinen Weiler **Beredino** mit herrschaftlichen Häusern und Kapellen nach Astano. Das aristokratisch wirkende Dorf mit seinen gut erhaltenen Gassen ist wie Sessa die Heimat von **Baukünstlern,** z. B. dem Architekten *Domenico Trezzini,* der zu Beginn des 18. Jh. unter *Peter dem Großen* die Bauleitung in Sankt Petersburg inne hatte.

Die **Casa Antonietti** zeigt im Erdgeschoss Arkaden und einen Kamin mit Wappen aus dem 16. Jh., in den beiden Obergeschossen Kolonnaden. Die **Cà da Roma** hat eine dreigeschossige Hauptfassade, im Mittelteil Säulenloggien aus dem 17. Jh. Das „convento vecchio“ genannte Haus ist dreigeschossig und besitzt einen polygonalen Innenhof, in den sich Loggien öffnen (17. Jh.). Östlich über dem Dorf thront die **Barockkirche S. Pietro,** erbaut nach 1636, mit großem Turm. Die Fassade hat einen geschweiften Giebel (18. Jh.).

Bedigliora, Castelrotto und Croglio

Über **Beride** mit der barocken Kapelle und dem barocken Casa delle Giovanna mit Arkaden, Loggien und Solaio aus dem 17. Jh. gelangt man nach **Banco** mit der kleinen barockisierten Kirche S. Maria. Oder man fährt nach **Biogno** mit seiner Barockkirche und der Casa de Mattei von 1675 über das an einem Steilhang liegende **Bedigliora.** Ein verschachteltes Dorf mit malerischen Gässchen und Galerien und einem geschlossenen Kirchplatz mit Friedhofssäule von 1632. Der Barockbau aus dem 17. Jh. besitzt eine imposante zweigeschossige, durch Pilaster gegliederte Fassade. In **Madonna del Piano** ist die 1574 errichtete Kapelle S. Maria mit dem schönen

095te tt

Hochaltar zu besichtigen. Auf einer Geländeterrasse liegt inmitten von Rebbergen am Nordhang des Tresa-Tals **Castelrotto** mit der barocken Pfarrkirche S. Nazzaro in beherrschender Lage.

Das herrschaftliche Landhaus Casa Conti in **Croglio** hat drei nach Süden gerichtete Loggien aus dem 18. Jh. In der **Kirche S. Bartolomeo** mit dem nachromanischen Apsidensaal befinden sich **bedeutende Fresken:** in der Apsis eine Majestas Domini, darunter eine Apostelreihe von 1440, signiert von *Thomas* und *Balthasar,* an der Südwand eine thronende Muttergottes sowie eine Krönung Mariä, daneben ist der heilige Antonius Eremita zu sehen.

Der vier Kilometer lange und etwa dreistündige **Wanderweg Tracce dell' Uomo** beginnt in Croglio beim Schulzentrum Lüsc, hier sind auch die Schlüssel für die Gebäude erhältlich (während der Schulferien im Gemeindezentrum). Er führt rund um Castelrotto; zu sehen sind eine Käserei, ein Eiskeller und ein Vogelfangturm.

Purascas Kapelle S. Pietro Martire zeigt eine schöne Schaufront von 1750. Am Westhang des Monte Mondini führt die Straße zurück nach Ponte Tresa.

Bedigliora grüßt durch Bäume

Von Breno über Aranno nach Agno

Von Breno, das von der Kirche San Lorenzo dominiert wird, führt die Straße in den Talgrund der Magliasina und dann wieder hinauf ins hübsche **Aranno** mit seiner malerischen Pfarrkirche S. Vittore. Es ist der Heimatort der Künstler- und Architektenfamilie *Pelli.* Die Familie errichtete 1745 die Barockkapelle an der Wegkreuzung Breno und Cademario. Zwischen den Ortschaften Aranno und Miglieglia, am Ufer des Flusses Magliasina, befindet sich die **Hammerschmiede** von Aranno, eine der letzten von zahlreichen Anlagen dieser Art im Kanton Tessin. Sie wurde in der ersten Hälfte des 19. Jh. gebaut und musste 1951 geschlossen werden. Mit dem schweren Hammer der mit Wasserkraft betriebenen Werkstatt wurden einst große Eisenstücke geschmiedet. Diese Rohbearbeitung ging der Feinarbeit des Schmieds voraus. Die zu Demonstrationszwecken wieder instand gesetzte Hammerschmiede liegt am Wanderweg „Sentiero delle Meraviglie" und kann besichtigt werden. Sie ist die einzige noch betriebene Hammerschmiede der Schweiz.

Auf gleicher Höhe liegt, von Kastanienwäldern umgeben, **Iseo** mit seiner Dorfkirche und der auf einer Bergkuppe stehenden Kapelle S. Maria mit schönem Blick auf das Agno-Tal. Die Straße führt um die Bergkuppe herum, und dem Betrachter eröffnet sich ein einzigartiges Panorama.

Über Rebbergen liegen aussichtsreich **Vernate** und **Neggio,** dessen hübsche Barockkirche aus einer Häuserzeile mit Loggien hervorspringt. Die in Argentinien zu Reichtum gelangte Familie *Soldati* hat hier in ihrem Heimatort nach ihrer Rückkehr viel gebaut, so etwa die Piazza mit dem Brunnen vor der Kirche.

Agno

Durch ein kleines Tal am Hangfuß gelangt man nach Agno, das nahe an der Vedeggio-Mündung liegt. Der stattliche Ort war früher Mittelpunkt eines Kirchspiels, das Leute aus dem Tessin und Italien anlockte. Agno ist vor allem bekannt, weil sich hier der **Regionalflughafen** des Tessins befindet. Er bietet einige nationale und internationale Verbindungen an, v.a. mit der lokalen Airline. Ob das weiterhin so sein wird, wird sich weisen, da die Airline Ende 2013 in arabische Hände überging (vgl. Kap. „Reisetipps, An- und Rückreise mit dem Flugzeug").

In **Serocca** steht die Kapelle S. Giuseppe, erbaut 1690, mit vier hervorragenden Gemälden von *G. Petrini* (Jeremias, Rebecca, Andreas und Franziskus) aus der ersten Hälfte des 18. Jh. Der Palazzo Quadri mit den drei Loggiengeschossen stammt aus dem 17. Jh. Auf einer Geländeterrasse liegt das relativ geschlossene **Cassina.**

Von Breno über Cademario nach Bioggio

Kurz vor dem Dorf Aranno führt die Straße nach links nach **Cademario,** das auf einer Höhenterrasse mit schöner Aussicht in Kastanienhainen liegt. Dies ist ein Klimakurort mit mehreren Kurhäusern am Fuß des Monte Cervello, der zusammen mit Locarno die **längste Sonnenscheindauer** der Schweiz verzeichnet. Der Ort ist Ausgangspunkt für **Höhenwanderungen.**

Unterhalb des Dorfes liegt die interessante **Pfarrkirche S. Ambrogio** mit romanischen und spätgotischen Fresken. Zuerst ein Apsidensaal (11. Jh.), wurde die Kirche im 13. Jh. ausgebaut und die zwei Schiffe mit Arkaden verbunden. Im 17. Jh. nahm man eine Achsendrehung vor und baute einen barocken quadratischen Chor an.

Neben dem Barockportal an der Südfront sind Reste von Wandgemälden und die Heiligen Christophoros und Ambrosius, beide aus dem 15. Jh., erkennbar. In der Apsis finden sich romanische Wandmalereien: eine Majestas Domini, darunter ein Zackenfries und unter diesem eine fragmentarische Apostelreihe sowie der heilige Ambrosius, außerdem Reste einer Teppich-Ornamentierung. An der Stirnfront sieht man eine Verkündigungsgruppe und ein gelöschtes Medaillon aus der ersten Hälfte des 13. Jh.

An der Ostwand der Südkapelle ist der Kalvarienberg, an der Südwand das Martyrium des heiligen Bartholomäus zu entdecken, weiterhin Ambrosius und andere Heilige. An der Gegenseite sind eine Muttergottes und Johannes der Täufer dargestellt, ein Bischof und ein Sockel mit Würfelornament. Die Westwand zeigt das Jüngste Gericht, die Hölle und ein Muttergottesgemälde. Am Arkadenpfeiler finden sich ein Gnadenstuhl, die heilige Agatha und Apostel aus der zweiten Hälfte des 15. Jh. Im Dorf steht eine barockisierte Kirche von 1600 mit einem Fassadenfresko der *Assunta*.

In **Cetta** kann man eine Wegkapelle mit Muttergottesfresko und die auf einem Hügel liegende Kapelle S. Bernardo besichtigen.

Von Cademario geht es steil hinauf zum Dorf **Bosco-Luganese** und von hier hinunter nach **Bioggio** mit interessanten Bauten, so die Casa Riva, ein Rechteckbau mit Loggienpartie, der von einem turmartigen Solarium mit Zwillingsarkaden überragt wird (17. Jh.). Die Casa Staffieri ist ein beachtlicher Renaissancebau.

An Stelle der heutigen klassizistischen Pfarrkirche mit dem verputzten Turm aus dem 17. Jh. stand schon im 5./6. Jh. eine Kultstätte. Ein **archäologischer Lehrpfad** zeigt in drei Stationen die Bedeutung Bioggios an der Straße zum Monte Ceneri zu Zeiten der Römer und des Frühmittelalters.

Auf einem Hügel oberhalb des Dorfes liegt die auf den Anfang des 8. Jh. zurückgehende **Kapelle San Ilario.**

Praktische Tipps

Information

- **Ente Turistico,** Piazza Lago, 6987 Caslano, Tel. 091 60 62 986, www.malcantone.ch.
- **Lugano Airport Turismo,** Via Aeroporto, 6982 Agno, Tel. 091 60 62 986, www.lugano-airport.ch.

Unterkunft

- **Albergo Gardenia,** 6987 Caslano, Tel. 091 61 18 211, www.albergo-gardenia.ch. Ehemaliges Klosterhaus mit Gewölben; 24 Zimmer und geräumige Panorama-Suiten mit Wintergarten und Dachterrasse, DZ sFr. 270–410.

■ **Della Posta,** Via Trezzini, 6999 Astano, Tel. 091 60 83 265, www.albergo-posta-astano.ch. Zwei Gebäudeteile: historische Villa mit z.T. antiken Möbeln und jüngeres Gebäude. Mediterraner Garten mit Swimmingpool, Tennisplatz und (Garten-)Restaurant. DZ mit Dusche/ WC sFr. 150–240.

■ **Kurhaus Cademario,** 6936 Cademario, Tel. 091 61 05 111, www.kurhauscademario.ch. Auf 850 m, Kurhaus mit angeschlossenem Hotelbetrieb mit Erlebnishallenbad, römischen Thermen, Fitness, Beauty. DZ sFr. 225–414.

■ **Hotel Cacciatori,** Lisone, 6936 Cademario, Tel. 091 60 52 236, www.hotelcacciatori.ch. Hotel in sehr schöner Lage in der Natur. Freundliche Atmosphäre, gute Küche; 30 DZ sFr. 100–165.

■ **Casa Santo Stefano,** Hotel garni, 6986 Miglieglia, www.casa-santo-stefano.ch, Tel. 091 60 91 935. Das freundliche Hotel besteht aus zwei unkonventionell renovierten und neu eingerichteten Häusern mit je 1 Einzel- und 7 bzw. 6 Doppelzimmern, zwei urgemütlichen Tessiner Wohnküchen und einem Veranstaltungsraum. Die Häuser haben drei offene Kamine, ein Kellergewölbe und eine Sonnenterrasse mit Pergola. DZ mit Dusche/WC sFr. 150–170. Achtung: Bar zahlen oder 2% Aufpreis.

■ **Ristorante Albergo San Michele,** 6939 Arosio, Tel. 091 60 91 938, www.sanmichele.ch. Einfaches Familienhotel in schöner Lage mit DZ für sFr. 94–114 (WC/Dusche auf der Etage).

■ **Hotel Il Castagno,** 6939 Mugena, Tel. 091 61 14 050, www.ilcastagno.ch. Zehn schöne Zimmer mit Dusche/WC für sFr. 144–160.

■ **I Grappoli,** 6997 Sessa, Tel. 091 60 81 187, www.grappoli.ch. Ferienzentrum in einem Park unweit des Dorfes mit Freibad, Spielwiese für Kinder, Camping, Restaurants (auch im Freien), Snackbar, Aufenthaltsräumen, Hotel, Bungalows mit drei bis sechs Betten; DZ mit Dusche/WC sFr. 162–192.

■ **Ostello Vetta Monte Lema,** Tel. 091 96 71 353, auf 1600 m auf dem Monte Lema, 60 Betten in Mehrbettzimmern für sFr. 35, Dreierzimmer, DZ und EZ für sFr. 50 p.P. Von hier bietet sich eine wunderbare Weitsicht, bei gutem Wetter bis nach Mailand.

Camping

■ **Campingplatz La Palma,** Via Molinazzo 21, 6982 Agno, Tel. 091 60 52 561. 220 Stellplätze; direkt am See mit Snackbar und Seeterrasse. Gut ausgestattet, insbesondere auch die Sanitäranlagen.

Essen und Trinken

■ **Grotto Lema,** Novaggio, Tel. 091 60 65 441. Ein echtes Grotto: Unter Tannen und Kastanienbäumen, Tessiner Küche, Bocciabahn.

■ **Belcantone,** Via Noga, Navaggio, Tel. 091 60 61 323, Gute Pizza; Do–Di.

■ **Grotto dell'Ortiga,** Manno, Tel. 091 60 51 613. Rustikales Restaurant, im Sommer unter Pergola; regionale und italienische Küche, gutes Preis-Leistungsverhältnis.

■ **Grotto Stremadone,** Caslano, Tel. 091 60 62 485.

■ **Taverna dei Pescatori,** Caslano-Torrazza, Tel. 091 60 61 847. Am See, es gibt Fisch.

△ Eine der beliebtesten Wanderrouten im Tessin: Vom Monte Tamaro zum Monte Lema

480te tt

■ **Grotto Sassalto,** Via Stremadone, Caslano, Tel. 091 60 09 094. Slow Food, schöne Aussicht.

■ **Grotto Antico,** Via Cantonale, Bioggio, Tel. 091 60 51 239. In einem auf das 18. Jh. zurückgehenden herrschaftlichen Weiler gelegen; klassische Marktküche. Vorbestellung erwünscht.

Museen/Zoo/Ausflüge

■ **Schokoladenmuseum** (Museo del Cioccolato Alprose), Via Rompada 36, Caslano, Tel. 091 61 18 856, www.alprose.ch, Mo–So 9–16.30 Uhr. Das Museum schildert die Geschichte der Schokolade und die wichtigsten Phasen ihrer Herstellung, vom Ursprungsland des Kakaos über den Transport zu den Schokoladenfabriken bis zum Fertigprodukt. Fabrikbesuche sind hier möglich.

■ **Fischereimuseum,** Via Meriggi 32, Caslano, Tel. 091 60 66 363, www.museodellapesca.ch. Geräte und Dokumente über die Fischerei in der Antike, der Schwerpunkt liegt auf den Geräten, die zum Aalfischfang in der Tresa benutzt wurden; Exponate zur Berufs- und Sportfischerei. April bis Oktober Di, Do, So 14–17 Uhr.

■ **Museo Plebano,** Via Prada (neben dem Pfarrhaus), Agno, Tel. 091 60 46 265. Fundstücke von etruskischen, langobardischen und byzantinischen Gräbern aus Agno und Umgebung sowie Dokumente aus dem Archiv des Kapitels. Geöffnet von März bis 31. Okt., Do und So 16–19 Uhr. Andere Öffnungszeiten auf Anfrage unter Tel. 091 60 46 265.

■ **Museo del Malcantone,** Curio, Tel. 091 60 63 172, www.museodelmalcantone.ch. Behandelt Aspekte der Emigration und veranschaulicht das Leben im Malcantone in den letzten Jahrhunderten; Öffnungszeiten erfragen (z.Zt. Renovierung).

■ **Zoo Al Maglio,** Magliaso, Tel. 091 60 61 493, täglich April bis Oktober 9–19 Uhr, November bis März 10–19 Uhr. Einziger Zoo im Tessin. Etwa 100 Tiere aus der ganzen Welt: Löwen, Tiger, Leoparden, Panther, Pumas, Waschbären, Affen und verschiedene Papageienarten. Mit Picknickmöglichkeiten.

■ **Seilbahn Funivia Monte Lema,** Miglieglia, Tel. 091 60 91 168, www.montelema.ch. Von April bis Oktober fährt die Seilbahn täglich alle 20 Min. ab 08.30 bis 17 Uhr, bei starker Nachfrage ununterbrochen. Von Mitte Juli bis Mitte Aug. gibt es auch Abendfahrten. Spezialtickets, z.B. Kombi mit Alpe Foppa (Vedeggio) beachten. Juni-Okt auch Busverbindung Rivera-Miglieglia (für Wanderer interessant, siehe „vom Monte Lema zum Monte Tamaro"). Auf dem Gipfel auch einfache Unterkunft (s.o.: Ostello Vetta Monte Lema).

Wandern, Themenwege

■ **Vom Monte Lema zum Monte Tamaro,** Dauer: 5 Std. Beschreibung unter Val Vedeggio (S. 230). Busverbindung zwischen Miglieglia nach Rivera.

■ **Sentiero del Castagno,** Kastanienweg, Rundwanderung von Arosio über Mugena und Fescoggia nach Arosio, 5 Std. Vom *Grotto Sgambada* in Arosio in den Kastanienhain von Induno und wieder zurück nach Arosio zur Kirche S. Michele mit der italienischen Sonnenuhr von 1664 und dem schönen Freskenzkyklus der *da Tradate* (in der Nähe liegt ein Grà, wo die Kastanien getrocknet wurden). Weiter geht es in Richtung Mugena mit Blick auf die Caroggio-Ebene nach Busgnone, wo man den Fluss Magliasina überquert und entlang dem Valle di Firinescio oberhalb Vezios ins hübsche Fescoggia gelangt. Rückweg über Caroggio und Mugena nach Arosio.

■ **Rundwanderung von Magliaso über San Bernardo und Novaggio,** 5 Std. 50 Min. Mit Bahn oder Auto fährt man über Agno nach Magliaso. Zuerst folgt man der Straße nach Ponte Tresa; vor der Brücke führt ein Sträßchen ins Tal, Abkürzung rechts nach wenigen Schritten, Aufstieg nach Neggio und Vernate und zum Pt. 719, hier lohnt ein Abstecher zur Kapelle S. Maria d'Iseo mit schönem Ausblick. Über den Waldrücken geht es zum Kirchlein S. Bernardo (897 m), Abstieg Richtung Cademario über den Sattel Forcora nach Aranno. Vor der Ortstafel links den Fußweg zur Magliasa einschlagen, bei Maglio liegt die Hammerschmiede; talauswärts dem Sentiere delle Meraviglie nach Novaggio folgen. Bei der Kirche links zur Kapelle, hier wiederum links nach Curio, an der Post vorbei bis zu Pt. 535, hier ins Sträßchen zum Oratorio della Morella und weiter über Pura und Molini zurück nach Magliaso. Die Strecke lässt sich mit dem Bus abkürzen.

■ **La Strada verde del Malcantone in drei Tagen.** Bequeme Wanderung in abwechslungsreichem Gebiet. Die erste Etappe führt von Arosio über die Alpe di Agra, Cademario, Forcora, Aranno, Maglio, Miglieglia, Vinera nach Novaggio (3 ¼ Std.). Die zweite Etappe geht von Novaggio über Curio, Piazzano, I Pre, Grotto Selvatica, Bedigliora, Beride, Sessa, Sasso, Biotto, Erbagni und Laghetto nach Astano (4 Std). Die dritte Etappe führt von Astano über die Alpe di Paz nach Frécc, Miglieglia, Tortoglio, Piano di Nadro, Breno, Vezio, Caroggio, Mugena und Piano di Piem nach Arosio (4 Std.)

■ **Sentiero Pedemontano von Miglieglia nach Ponte Tresa.** Mit dem Bus nach Miglieglia, mit der Seilbahn auf den Monte Lema; der Weg führt von hier nach Paz und Astano mit dem kleinen See, weiter nach Riva Sole und über den Monte Scerée nach Costa di Sessa und Sessa. Mit dem Postauto fährt man zurück nach Ponte Tresa, hier Zugverbindung nach Lugano.

■ **Von Astano zum Monte Lema,** 3 Std., 1000 m Aufstieg. Bis Astano Bus von Magliaso oder Novaggio benutzen. Von Astano führt der Weg nördlich des Dorfes bis Motto della Croce. Hier kann der Weg nach rechts oder nach links gewählt werden, entweder zum Passo della Forcola oder zum Passo di Monte Faëta, von hier zum Monte Lema (1620 m).

■ **Weg der Wunder,** Region Malcantone, 7 km, 4 bis 6 Std. Ausgangspunkt und Ziel ist Novaggio. 13 Tafeln geben Auskunft über die jeweiligen Sehenswürdigkeiten.

Biken

■ **Von Arosio nach Miglieglia** mit dem Mountainbike, Dauer: 30 Min., Strecke: Arosio – Mugena – Vezio – Fesoggia – Breno – Miglieglia (Weg nach Tortoglio). Der Boden besteht zu 40 % aus Schotter, zu 60 % aus Asphalt .

Der Lago di Muzzano

481te tt

Halbinsel Ceresio

Ceresio – so bezeichnen die Italiener und Tessiner den Luganer See, aber auch die von San Salvatore nach Süden reichende, hügelige Landzunge, die vom See umrahmt wird. In der Eiszeit ragte die Halbinsel aus den **Gletschern** hervor, die aus dem Val di Vedeggio und Val Colla herausdrängten.

Zwei Berge dominieren die Halbinsel: Im Westen die ca 650 m hohe Collina d'Oro mit Gentilino, Montagnola, Bigogno und Agra. Im Osten – bereits im Tal Barbengo und steil zum See abfallend – ein felsiger, dicht mit Wald bewachsener Höhenzug mit den Spitzen des „Zuckerhuts" San Salvatore im Norden (912 m) und M. Arbostora am Südende (822 m). Dazwischen liegt das völlig zersiedelte Tal des Scairolo, in dem vor allem Industrie- und Logistikbetriebe heimisch sind. Die Autobahn verläuft in zwei Tunnels bei Viglio und Grancia unter den Bergen und schließt an den Damm bei Melide an, der über den See führt.

Im Folgenden werden zuerst die Dörfer der Collina d'Oro geschildert, anschließend führen wir zu den wichtigsten Sehenswürdigkeiten am und auf dem Haupthügel mit Morcote und Melide. Die Halbinsel wird von der Ebene des Baches Scairolo im Norden begrenzt.

Muzzano, Agnuzzo, Sorengo

Von Agno gelangt man in dicht besiedeltem Gebiet auf der Straße nach Lugano zum malerisch über dem Muzzano-See gelegenen Dorf Muzzano mit einer 1650 neu gebauten Kirche mit Barockfassade. Gegenüber der Kirche liegt die **Casa Lamoni,** Anfang des 19. Jh. gebaut für den in Russland tätigen Stuckateur und Architekten *Felice Lamoni* (1745–1830). Die Casa Fe am Abhang geht auf das 17. und 18. Jh. zurück.

In **Agnuzzo** südlich der Autobahn besitzt die **Kapelle S. Andrea** an der Rückwand des Schiffes vorzügliche Renaissancemalereien, entstanden um 1520–30. In der Mitte der drei Arkaden eine Christusfigur am Kreuz mit zwei Engeln, rechts ist der heilige Stephanus, links ein Bischof zu sehen.

Sorengo, etwas östlich des kleinen Lago die Muzzano ist ein Vorort von Lugano mit wunderbarer Aussicht und zahlreichen Tessiner Grotti im Wald. In der ehemaligen **Klosterkirche** sind sehr gute Fresken der romanischen Vorgängerkirche an der Schiffsrückwand zu sehen. Sie zeigen ein Mäanderfries mit Fischen und Pfauen, darunter links die Heiligen Nazarius und Celsus, rechts Gervasius und Protasius aus dem Ende des 11. Jh. Unterhalb der Kirche liegt die **Villa Lampugnani** mit Zwillingsloggia und Renaissancerelief. Die bemerkenswerte Orangerie stammt aus der ersten Hälfte des 19. Jh. In der Via Noale Nr. 11 hat der bekannte Architekt *Rino Tami* sein Haus gebaut, ebenfalls von ihm ist die Kapelle der St. Anna Klinik.

Gentilino und Montagnola

Das Dorf Gentilino ist noch relativ intakt. Am Dorfeingang steht die 1510 gebaute **Casa Somazzi e Bottani** mit Renaissance-Sgraffiti. An der malerischen Piazzetta springt ein Haus mit kielbogiger Loggia vor.

Eine Zypressenallee führt zur einsam und sehr malerisch gelegenen **Barockkirche S. Abbondio,** gebaut im 16. Jh. Bemerkenswert sind die illusionistischen Architekturmalereien im Spiegelgewölbe (1850) sowie die reichen Stuckaturen im Chor. Vor der Kirche steht das würfelförmige Beinhaus, um 1730 ausgemalt. Zu sehen sind der heilige Michael, die Muttergottes mit den Heiligen Karl Borromeo und Franziskus, Mariä Himmelfahrt mit den Heiligen Franziskus und Antonius, im Inneren Maria und Christus im Grab.

Auf dem Friedhof von San Abbondio befindet sich das **Grab von Hermann Hesse.** Hier ruhen auch der Dirigent *Bruno Walter* sowie *Emmy* und *Hugo Ball-Hennings*. Das Grab der Familie *Boffa* ziert eine Skulptur von 1867 von *Vincenzo Vela*.

Montagnola in herrlicher Aussichtslage war früher eine Sommerfrische, heute ist es ein zersiedelter Villenvorort von Lugano inmitten von Reben und Gärten. Von 1919 bis zu seinem Tod 1962 war es **Wohnort des Dichters Hermann Hesse.** Beinahe im Ortszentrum steht die Casa Camuzzi, das erste Wohnhaus des Schriftsteller, in dem er bis 1931 lebte. Das Ende des 17. Jh. erbaute Haus wirkt wie ein kleines Schloss. Die gewundenen Linien der **Casa Camuzzi** und die Vorliebe für Stuckaturen und Schmiedeeisen zeigen Anklänge an den Rokokostil. Der gegen den Garten abfallende Teil verrät mit seinem Turm, den Zinnen und der Mauerverkleidung aus Ziegeln den neugotischen Stil. Die Casa Camuzzi ist heute ein privates Wohnhaus. Der dazu gehörende Torre Camuzzi ist Sitz des **Hermann-Hesse-Museums.**

In der **Kirche S. Nazario e Celso** sind im ehemaligen Chor Renaissancefresken zu sehen, datiert 1551. Sie zeigen die

› Postkarten-Idyll: Morcote

Heiligen Rochus, Sebastian, Apollina und Nazarius, die Muttergottes sowie Johannes den Täufer. Die spätgotische Muttergottes (Ende 15. Jh.) kommt wohl aus einer schwäbischen Werkstatt. Das moderne Primarschulhaus von 1982 stammt von *Livio Vacchii.*

Bigogno, Agra, Barbengo

In Bigogno gerät man endlich etwas aus dem Stadtgebiet heraus. Bigogno weist nördlich von seiner kleinen Kapelle einen von Loggienhäusern umstandenen Hof mit mittelalterlichen Bestandteilen auf. Agra mit seiner charaktervollen Kirche S. Toma, deren Chor im illusionistischen Stil ausgemalt wurde, bietet eine schöne Aussicht.

Inmitten von Rebbergen, Kastanienhainen und Weilern liegt Barbengo mit seiner einsam auf einer Terrasse thronenden barockisierten Kirche S. Ambrogio mit zarten Rokokostuckaturen. Die 1932 gebaute **Casa Sciaredo** in der Nähe der Kirche stellt ein gutes Beispiel für Neues Bauen dar. In der Umgebung gibt es archäologische Fundstätten aus der Zeit der Etrusker.

Der moderne Ortsteil von Barbengo liegt bereits im Zentrum des Scairolo-Tals, das die Halbinsel teilt. Von hier gelangt man gegen Süden nach Figino am Delta des Flüsschens und weiter südlich entlang dem Agno-Zipfel des Luganer Sees nach Morcote-Vedo und Morcote, zu Füßen des Arbostora.

Morcote

Morcotes geschlossenes Postkarten-Ortsbild gehört zu den schönsten der Schweiz. Das malerische Dorf zieht sich am Ufer des **Luganer Sees** entlang, die typischen Pfeilerarkaden spiegeln sich im Wasser. Nicht nur im Hochsommer

090te tt

ist es schwierig, hier einen Parkplatz zu finden; ein Besuch mit dem Schiff oder Bus ist eine sinnvolle Alternative.

Morcote wurde 926 erstmals erwähnt und erhielt unter den Mailändern gewisse Privilegien, so das Wahlrecht des Potestaten, Zollfreiheit und Fischereirechte. Obschon es nach 1513 zur Vogtei Lugano gehörte, blieb seine **politische Selbstständigkeit** unter den Eidgenossen erhalten. Morcote war Heimat bekannter Künstlerfamilien wie der *Fossati, Bazzurri, Paleari, Raggi* und *Caccia.*

Sehenswertes

Viele der charakteristischen Häuser haben Loggien und Portici, Laubengänge mit gemauerten Gurtenbögen und Balkendecken, darunter der **Palazzo Paleari,** das Eckhaus östlich der Arkadenzeile, ein 1483 erbautes Herrschaftshaus, das 1661 barockisiert wurde. Die Fassadenstuckaturen stammen von 1661.

In der inneren Gasse steht die alte **Casa Ruggia,** ein Rennaissancebau mit kleinem Hof und vierjochigem Säulenportikus, bekrönt von einer neunjochigen Loggia mit sich abwechselnden Pfeilern und Säulen. Über die Hausdächer ragt der **Torre del Capitano** mit sorgfältigem Quadermauerwerk aus dem 14. Jh. hinaus, der oberste Teil wurde abgetragen. Über dem Portal sind barocke Freskenspuren zu sehen sowie das **Stadtwappen,** das eine säugende Sau zeigt. An der Riva da Sant'Antoni steht das Neurenaissance-Rathaus aus dem 19. Jh. mit schöner Ausstattung aus der Bauzeit.

Ein steiler Stufenweg führt hinauf zur Kirche S. Maria del Sasso, zum terrassierten Friedhof und der dem heiligen Antonius von Padua gewidmeten Kapelle. Am Weg stößt man auf einen Brunnen von 1728, einige Bildstöcke mit Malereien von *Pietro Chiesa* (1941) und die spätmittelalterliche **Kapelle S. Antonio Abate.** Sie zeigt neben dem Portal Freskenreste des Gnadenstuhls, den heiligen Christophoros und Christus, im Inneren spätgotische Fresken zweier Meister aus Seregno. Im östlichen Seitenschiff und an der Südwand sind verschiedene Heilige (etwa Franziskus, Luzia und Apollonia) und eine Weihnachtsdarstellung zu sehen. Im Ostflügel erkennt man Gottvater, darunter eine Kreuzigungsgruppe mit Maria und dem heiligen Bernhardin, rechts ein Gnadenstuhl, die Muttergottes und Heilige, alles von gleicher Hand im 15. Jh. gemalt. An der Chorstirnwand finden sich jüngere Fresken: eine Darstellung mit nackten Figürchen, im Netz zappelnd, darunter Szenen aus dem Leben des heiligen Antonius.

404 Treppenstufen führen zu einer Aussichtsterrasse, auf der die berühmte **Pfarrkirche S. Maria del Sasso** steht, vermutlich im 13. Jh. gegründet und 1462 neu gebaut. Die veränderte Ausrichtung erfolgte 1578. Der spätromanische Glockenturm wurde im 16. Jh. erhöht. Die Kirche birgt hervorragende Renaissancefresken aus dem 16. Jh., unter anderem von *Giovanni Battista Tarilli.* Die Renaissancefresken im alten Chor wurden vermutlich von zwei Meistern 1480–1513 gemalt. Zum Teil sind sie hinter der Orgel versteckt. Rechts sieht man den Ölberg, links eine Kreuztragung und an der Front die Kreuzigung.

☒ S. Maria del Sasso ist ein beliebtes Ausflugsziel und natürlich auch Fotomotiv in Morcote

Jünger sind die Malereien im Gewölbe und in der Arkade des südöstlichen Seitenschiffjochs. Zu sehen sind die Heiligen Thomas, Augustinus und Hieronymus, Gottvater sowie marianische Medaillons und Renaissance-Ornamente, an den Gurten weibliche Heilige. Im nordwestlichen Seitenschiff ist der große wunderbare Fischfang zu bewundern, im Gewölbe Medaillons mit Taube und Engeln, in den Gurten Sibyllen. Links neben dem Portal sieht man die Heiligen Johannes d. T. und Antonius Abbas, 1614 gemalt, auf der Gegenseite Antonius Eremita und Paulus Eremita vor einer Landschaft, vermutlich von *G. Tarilli*. Darunter sieht man Karl Borromeo und die Muttergottes, ebenfalls von 1614. Im Südjoch des westlichen Seitenschiffs finden sich Gewölbemalereien mit vier Szenen aus dem Leben des heiligen Johannes, an der Arkadengurte ist eine Signatur von *Giovanni Battista Tarilli*.

Die Stuckaturen von 1591 in der Sakramentskapelle beziehen sich auf die Bruderschaften des 17. Jh. Die barocken

482te tt

484te tt

illusionistischen Malereien in der Checcia-Kapelle stammen von *C. Pelli.* Westlich der Kirche am Rand der Terrasse steht die **Kapelle S. Antonio da Padova,** erbaut 1676. Sie besitzt einen reich stuckierten Altar und über dem Gebälk Heilige, Engelpaare und Putten von *A. Paleari.* Die Kuppel wurde von *Giovanni Carlone* vollständig ausgemalt (1682). Zu sehen ist die Kreuzigung des heiligen Petrus, zweimal eine Christusfigur und einmal ein Prophet.

An der Hangseite des Platzes steht das **Pfarrhaus,** weiter oben sind Mauerreste einer Burg zu sehen.

Der **Friedhof** in schönster Aussichtslage weist einige interessante Grabdenkmäler aus dem 19. Jh. auf, so das des einst in Berlin gefeierten Schauspielers *Alexander Moissi* (1880–1935), dessen Grabstein viersprachig den Betrachter auf seine letzte Stunde hinweist. Auch der Schriftsteller *Georg Kaiser* (1878–1945) und der Komponist *Eugen d'Albert* (1864–1932) liegen hier. Das Grab des Mailänder Bankiers *Carlo Bombieri* ziert eine Plastik von *Henry Moore.*

Hübsch über dem See gelegen ist der **Parco Scherrer** mit seinen exotischen Bauten und Pflanzen.

Vico Morcote

Am Südosthang des Monte Arbostora oberhalb von Morcote liegt umgeben von Rebbergen Vico Morcote mit herrlicher Aussicht. Das eng verschachtelte Dörfchen ist gut erhalten und hat schmale Gässchen, teilweise mit Lauben. Herrschaftlich ist die **Casa Bazzurini** aus dem 18. Jh.

Unterhalb des Dorfes liegt die wegen eines skulpierten Frührenaissance-Triptychons berühmte **Pfarrkiche SS. Fedele e Simone.** 1627 wurde sie neu gebaut, Teile des ehemaligen Chors sind im Mauerwerk des südlichen Schiffes und in einem südlichen Anbau erhalten. Die zweigeschossige Fassade ist von 1720. Das Triptychon aus Saltrio-Stein befindet sich über der Tür zur Sakristei. Vielleicht stammt es aus der Werkstatt *Rodari* aus dem frühen 16. Jh. In der Mitte ist die Muttergottes abgebildet, links Johannes der Täufer, rechts der heilige Fidelis, darüber ein Relief mit der Erschaffung Adams und Evas. Das Rahmenpilaster, die Sockelzone und das Gebälk zeigen Evangelistensymbole, Embleme und Grotesken, ein bekrönendes Relief zeigt Christus über dem Grab mit den Leidenswerkzeugen.

Zu Fuß gelangt man von Vico Morcote in einer Stunde nach Carona.

Carona

Das gut erhaltene Bergdorf Carona liegt zwischen dem Monte San Salvatore und dem waldreichen Arbostora. Von hier kommen die Künstlerfamilien *Solari, Casella, Aprile, Scala* und *Petrini*. Der bekannteste ist der Maler *Giuseppe Antonio Petrini* (1677–1759), der in der nahen Kirche S. Maria d'Ongero tätig war.

In den drei engen, verwinkelten Gassen stehen aristokratisch wirkende Häuser, deren Fassaden Sgraffiti, Dekorationsmalereien, Reliefskulpturen und Stuckaturen aufweisen. In der Via della Costa bilden die **Casa Adami** mit ihren Granitkonsolen mit Maskenreliefs, die **Casa Solari** mit vorzüglichen Rokokostuckaturen und Gemäldemedaillons im Inneren sowie die barocke **Casa Lucchini** ein verträumtes Ensemble um eine Piazzetta. Die **Casa Costanza** mit freskengeschmückter Fassade (18. Jh.) hat Balkone auf Löwenkonsolen und reiche Rokokostuckaturen.

Stolze Häuser mit Höfchen und schmiedeeisernen Balkonen finden sich auch an der malerischen Piazza. An der Biegung der Via della Posta steht ein großer Barockbau mit Überresten figürlicher Bemalung aus dem 17. Jh. Nahe der Post findet sich die **Casa Andreoli** mit zweibögigen Fenstern und einem Lanzettfenster (alle 15. Jh.) sowie einer mit Stuckaturen geschmückten Nische von 1638. Das an die Pfarrkirche S. Giorgio anschließende Gemeindehaus **Loggia del Comune** wurde 1591 gebaut; es besitzt eine elegante, kreuzgewölbte Galerie. An der Fassade prangen illusionistische Architekturgemälde und die Wappen der XII alten Orte.

Pfarrkirche S. Giorgio

Ein eindrucksvoller Spätrenaissancebau mit gut gefertigten Reliefskulpturen und Wandgemälden aus dem 16. und 17. Jh. ist die Pfarrkiche S. Giorgio, im 16. Jh. weitgehend neu gebaut. Die Pfeilerbasilika mit Tambourkuppel birgt ein großes Wandgemälde von *Domenico Pezzi* (1585): an der Chorfront ein Kalvarienberg, an der Nordseite ein Allerheiligenbild, gegenüber das Jüngste Gericht, eine gute Kopie des Gemäldes von *Michelan-*

gelo. Der südliche Altar im dritten Joch birgt eine schöne Darstellung der Muttergottes im Dominikanerkloster Soriano, um 1600. An der Seitenwand zeigt ein Fresko die Enthauptung des heiligen Johannes. Zwei Fresken zeigen die Verlobung und die Himmelfahrt Mariä, in den Lünettenzwickel sind Propheten, um 1600 gemalt. Im zweiten Südjoch hängt ein Renaissancekruzifix.

Auf der Gegenseite sind Freskenfragmente aus dem 15. Jh. zu sehen, an der Westwand ein Abendmahlgemälde aus dem 16. Jh., darunter hängt eine Beweinung Christi aus dem 17. Jh. Der Renaissance-Taufstein weist Putten am Fuß und figürlichen Reliefs auf; er stammt aus den Anfängen des 16. Jh. Im ersten Südjoch ist ein hervorragendes Tabernakeltriptychon aus Saltiro-Stein aus der ersten Hälfte des 15. Jh. zu bewundern. Es ist zweigeschossig mit Pilastern und Wimpergen, über dem Sakrarium liegt Christus im Grabe, beweint von Maria und Johannes, links stehen zwei Engel, seitlich die beiden Heiligen Petrus und Paulus in Muschelarkaden, darüber der heilige Georg und die beiden Heiligen Agatha und Stephanus, vermutlich aus der Werkstatt von *F.* und *A. Solari.*

Im ersten Nordjoch ist ein Renaissancetriptychon mit Maria, Rochus und Sebastian aus dem 16. Jh. von *Tomasso Rodari* zu finden. Im zweiten Nordjoch zeigt ein Marmorbild aus dem 17. Jh. die thronende Muttergottes. In der 1769 angebauten Sakristei sind Rokokostuckaturen und barocke Gemälde zu sehen.

Die im 16. Jh. erweiterte gotische **Kirche St. Marta** auf einer Anhöhe nordwestlich des Dorfes birgt im Chor und an der Südwand spätgotische Fresken aus dem 15. Jh.

Madonna d'Ongero

Im Wald westlich von Carona steht ein barockes Juwel, die **Wallfahrtskirche** Madonna d'Ongero; sie ist über einen Kreuzweg erreichbar. Sie wurde in der ersten Hälfte des 17. Jh. errichtet und steht am Platz eines Bildstockes aus dem Jahre 1515. *„Diese Wald- und Wallfahrtskirche sucht die Menschen nicht und will nicht gekannt sein, das ist es, was ich an ihr so liebe ...“,* schrieb Herman Hesse über Madonna d'Ongero.

Ihr Grundriss hat die Form eines lateinischen Kreuzes, mit einem einzigen zweijochigen Schiff, flankiert von dreijochigen Pfeilerarkaden und zwei Seitenkapellen, in der Mitte eine Pendentifkuppel. Bemerkenswert sind die Stuckaturen im Kuppelgewölbe wie auch an den Kirchenwänden, die zum größten

486te tt

Teil 1646–48 von *Alessandro Casella* geschaffen wurden. 1646 signierte er die Davidstatue im Chor. Beachtenswert ist die Frontale mit Marmorverzierungen und dem Relief der heiligen Familie.

Der prunkvolle Hauptaltar trägt das Fresko der wundertätigen Madonna (1515), umrahmt von Putten aus einer späteren Epoche. Die Altarbilder der Seitenkapellen sind von *G. Andrea* und *Giacomo Casella* (1648) geschaffen worden, ebenso die Dekorationen in der Kapelle S. Giuseppe (links) und S. Antonio (rechts). In den Blindbögen sind Fresken von *G. A. Petrini* aus dem 17. Jh. zu sehen. Sie zeigen Christus im Gespräch mit den Schriftgelehrten, Christi Geburt und die Darbringung im Tempel. Die übrigen Fresken stammen von anderer Hand, sie gehen auf die erste Hälfte des 17. Jh. zurück.

Jeweils in der zweiten Septemberwoche findet rund um die Kirche die **Festa della Madonna** statt.

■ **Schlüssel** bei *Sofia Schmidt*, Tel. 091 64 97 238.

S. Maria Assunta di Torello

Weiter südwestlich am Osthang des Arbostora liegt in unvergleichlicher Aussichtslage die spätromanische Kirche S. Maria Assunta di Torello. Das ehemalige **Augustinerchorherrenstift** wurde 1217 gegründet und 1389 aufgelöst. Die Kir-

⌃ Wunderschöner Panorama-Blick vom Parco San Grato in Carona

che und das stark veränderte Konventsgebäude sind in Privatbesitz. Der unverputzte Rechteckbau mit eingezogenem Chor hat aufgrund des abfallenden Geländes eine hohe Westpartie. Der Turm besitzt Arkadennischen und Zwillingsfenster. Die Kirche hat eine Holzbalkendecke im Schiff und einen tonnengewölbten Chor. Das einfache Westportal hat Knospenkapitelle und eine stark verblichene Malerei der Muttergottes zwischen einem Bischof und den Aposteln. Darüber liegt ein Bogenfenster und ein Christophorus, links das Bildnis des Kirchengründers, alles ist in spätromanischem byzantisierendem Stil gehalten. An der Nordwand der Vorhalle ist ein Kreuzigungsfresko zu sehen. In der Apsis schimmern Renaissancefresken durch, noch erkennbar ist hier der heilige Hieronymus.

■ **Schlüssel** bei Herrn *Fausto Piceni* in Carona, Tel. 091 99 51 492.

Umgebung von Carona

Von Carona führt die Straße weiter auf dem Höhenzug des San Salvatore und über den Weiler **Ciona** nach **Carabbia.** Die 1610 gebaute Kirche weist Barockmalereien und ein bemerkenswertes Fresko auf, vermutlich von *G. A. Petrini.* Die Casa Laurenti besitzt Sgraffitti.

Weiter den Westhang des San Salvatore entlang, gelangt man nach **Pazzallo** und von hier nach Lugano-Paradiso zurück. Auf der winzigen Halbinsel **San Martino** zu Füßen des San Salvatore, die bis 1861 zu Campione gehörte, erhob sich einst eine Burg, später der Galgen von Lugano.

Melide

Melide, das Dorf am Damm, der über den See in den südlichsten Zipfel des Tessins führt, kann man von Lugano-Paradiso über S. Martino erreichen, oder durch den Autobahntunnel, der den San Salvatore durchquert. Man kann aber von Carona aus auch nach Vico Morcote zurückfahren und sich von Süden aus dem See entlang nähern. Melide war Heimatort des in Rom und Neapel tätigen Architekten *Domenico Fontana* (1543–1607). Er baute in Rom den Lateranpalast und die Vatikanische Bibliothek, in Neapel den Königspalast.

Die **Pfarrkirche** besitzt ein Renaissanceportal aus der zweiten Hälfte des 16. Jh., am rechten Postament ist es von *Marsilio Fontana* signiert, einem Bruder *Domenicos.* Eine kleine Kapelle aus dem Jahr 1626 überblickt den Ort. Der Architekt *Matteo Castello* soll hier als Knabe ein Kreuz im Himmel gesehen haben.

Bemerkenswert die neugotische **Villa Branca** an der Cantine di Mezzo mit Jugendstilelementen sowie die beiden Jugendstilhäuser an der Cantine di Fondo 45 und v.a. die Nr. 80, die ehemalige **Cantine Passardi.**

Melide ist vor allem wegen des Freizeitparks **Swissminiatur** bekannt; hier sind Sehenswürdigkeiten der Schweiz im Kleinen nachgebildet – für Kinder ein absolutes Muss.

▷ Zweimal hinsehen muss man oft im Park Swissminiatur in Melide – welcher Berg ist echt?

Monte San Salvatore

Von Carona ist der Monte San Salvatore (912 m) zu Fuß, von Lugano-Paradiso aus mit der **Seilbahn** erreichbar. Er ist Teil der Berggruppe, die als Halbinsel Ceresio in den Luganer See hineinragt. Die Fahrt auf den Monte San Salvatore erschließt eine herrliche Aussicht: Gegen Westen vom Monvisier bis zum Monte Rosa, gegen Osten Bernina und Monte Legnone, und im Süden reicht der Blick bis zum Apennin.

Der **Naturlehrpfad Monte San Salvatore** zeigt die typische Pflanzenwelt der Region.

Praktische Tipps

Information

- **Ente Turistico,** Riva dal Craravell, Morcote, Tel. 058 86 64 960, Mo–Fr 8.30–12.30 Uhr, 13.30–17.30 Uhr, Sa/So 10–12 Uhr, 13–17 Uhr.

Unterkunft

- **Albergo della Posta,** 6922 Morcote, Tel. 091 99 61 127, www.hotelmorcote.ch; kleines, sauberes Hotel direkt am See. Netter Service, gute Küche. Durchgangsverkehr stört etwas und es gibt kaum Parkplätze. Trotzdem: Nur Haupthaus, nicht Dépendence wählen! Vom Haupthaus beeindruckender Seeblick! DZ sFr. 120–190.

485te tt

■ **Villa Carona,** 6914 Carona, Tel. 091 64 97 055, www.villacarona.ch. Patrizierhaus mit 17 stilechten Zimmern mitten im Dorf, DZ sFr. 180–270.

■ **Art Deco Hotel Dellago,** 6815 Melide, Tel. 091 64 97 041, www.hotel-dellago.ch. Direkt am See gelegen; sein Restaurant ist nicht nur bei Hotelgästen beliebt. 15 sehr unterschiedliche Zimmer in warmen Farben. Internationale (Fisch-)Küche. Seeseite wählen! DZ sFr. 180–340.

Essen und Trinken

■ **Ristorante Santabbondio,** Sorengo, Via Formelino 10, Tel. 091 99 32 388. Ein Feinschmeckerlokal mit einem Michelin-Stern, s. u. Lugano.

■ **Grotto Figini,** Via ai Grotti, Gentilino, Tel. 091 99 46 497. An der Straße Sorengo – Ponte Tresa (von Lugano herkommend) links abbiegen und über die erste Abzweigung nach rechts direkt zum Grotto mit seiner einfachen Hausmannskost.

■ **Ristorante La Sorgente,** Vico Morcote, Tel. 091 99 62 301, Mo und Di geschlossen. Schmackhafte tessinische und mediterrane Küche, gutes Preis-Leistungsverhältnis.

■ **Grotto Osteria al Böcc,** Vico Morcote, Tel. 091 99 63 423, täglich geöffnet, Oktober bis Mai Di und Mi sowie im Januar geschlossen. Am Dorfplatz mit Hausmannskost.

■ **Grotto del Parco,** Morcote, Tel. 091 99 62 207.

■ **Grotto Alpe Vicania,** Tel. 091 98 02 414, Mo Ruhetag, in der Nebensaison auch Di. Hoch über Vico Morcote auf einer Waldlichtung; gute Tessiner Küche, vom Ort in 20 Min. zu Fuß erreichbar.

■ **Posta,** Carona, Tel. 091 64 97 266. Im Dorfzentrum mit zwei rustikalen und einer eleganten Gaststube sowie einem romantischen Garten, gute mediterrane Küche. Mo-und Di Mittag sowie Mitte Januar bis Februar geschlossen.

■ **Grotto Flora,** Bigogno d'Agra, Tel. 091 99 41 567, in altem Patrizierhaus, Mo geschlossen, abends ab 18 Uhr geöffnet.

■ **Grotto Posmonte,** Agra, Tel. 091 99 41 111.

■ **Grotto Circolo Sociale,** Montagnola, Tel. 091 99 46 919.

■ **Grotto Morchino,** Pazzallo, Tel. 091 99 46 044. Tolles Grotto. Empfehlenswert.

Museum/Besichtigungen

■ **Museo Hermann Hesse,** Torre Camuzzi, Montagnola, Tel. 091 99 33 770/71, www.hessemontagnola.ch. März bis Ende Okt. täglich 10–18.30 Uhr, November bis Februar Sa/So 10–17.30 Uhr. Das 120 Jahre nach der Geburt des Schriftstellers gegründete Museum wurde im Baukomplex der Casa Camuzzi eingerichtet, in der *Hesse* seine ersten 12 Jahre im Tessin verbrachte.

■ **Swissminiatur,** Melide, Tel. 091 64 01 060, www.swissminiatur.ch, Mitte März bis Mitte Oktober 9–18 Uhr, bis Mitte November 13–16 Uhr. Auf einem großen Parkgelände am Luganer See, permanente Ausstellung. Im Maßstab 1:25 reproduzierte Sehenswürdigkeiten der Schweiz. Die ganze Miniaturlandschaft wird von einer Eisenbahnlinie durchzogen, die sich über 3560 m erstreckt. Auf dem Platz Selbstbedienungsrestaurant mit Spielplatz und kleinen Wasserbecken.

Wanderungen

■ **Von Morcote nach Carona,** 2 Std. 15 Min. Eine leichte und interessante Wanderung im Hügelgebiet der Arbòstora, die zwischen zwei Armen des Luganer Sees liegt. Vom Zentrum Morcotes in Richtung Valle del Gaggio. Von der hufeisenförmigen Gabelung der Fahrstraße, die in den höher gelegenen Ortsteil Arbòstora führt, zweigt ein bequemer Weg zu den Ruinen bei der romanischen Kirche Santa Maria di Torello ab; von hier führt der Weg zur Barockkirche Santa Maria d'Ongero und nach Carona.

■ **Vom Monte San Salvatore nach Morcote,** 3 Std. Mit der Seilbahn von Lugano-Paradiso auf den Monte San Salvatore (Restaurant), über den

487te tt

Weiler Ciona nach Carona und von dort in zwei Stunden nach Morcote oder in 30 Minuten nach Melide. Bis zum Weiler Ciona ist der Weg steil und unbefestigt, gute Wanderschuhe sind von Vorteil.

Ausflüge

■ **Botanischer Garten San Grato,** Carona, Eintritt frei. Den Zugang zum Park bildet der „Blumenweg" *(Sentiero dei fiori)*, der vom Gipfel des Monte San Salvatore ausgeht, den Ortskern von Carona durchquert und schließlich zum Park führt, in dem Rhododendren, Azaleen und Kamelien sowie seltene Koniferenarten wachsen. Der „Weg der Märchen" liegt in der Nähe des Spielplatzes. Die Tafeln und Figuren stellen das Azaleenmärchen dar. Der „Relaxweg" (1,5 km) fasst die ebenen und bequemsten Spazierwege innerhalb des Parks zusammen. Im Park gibt es eine Bar und ein Restaurant.

■ **Parco Scherrer,** Morcote, Tel. 091 99 62 125, www.morcote.ch, Mitte März bis Mitte Oktober 10–17, Juli bis August 10–18 Uhr. Kunst, Architektur und Pflanzenwelt ergeben ein harmonisches Gesamtbild (Hindu-Statuen, Elefanten und Schlangen, ein siamesisches Teehaus).

■ Das **Osservatorio Calina,** die Sternwarte, Via sotto Scuole, bietet zusammen mit dem Observatorium auf dem Monte Lema Besichtigungen und in der Nacht manchmal Sternbeobachtungen an, www.lepleiadi.ch.

⌃ Rund um Morcote und Carona gibt es viele Wandermöglichkeiten

5 Basso Ceresio und Mendrisiotto

Das Basso Ceresio/Mendrisiotto bietet am Südende des Lago Maggiore eine idyllische Landschaft und Millionen Jahre alte Fossilienfunde. Außerdem ist es eine der besten Weinregionen des Tessins.

< Eine liebliche Hügellandschaft kennzeichnet das Mendrisiotto

DAS MENDRISIOTTO – DIE TOSKANA

Früher war der südlichste Zipfel des Tessins ein Landstrich mit weiten Äckern, Tab: feldern und Rebbergen. So erstaunt es nicht, dass das sanfte Hügelland des Mend siotto als schweizerische Toskana oder als „Terra Adorna", liebliches Land, galt.

DER SCHWEIZ

Überblick

Neben den Weinbergen finden sich im Mendrisiotto und Basso Ceresio auch einige einzigartige Kultur- und Architekturdenkmäler und mit dem Valle di Muggio ein vergessenes Tal, das immer noch der Entdeckung harrt. Geschichtsträchtig sind auch die Marmorbrüche bei Arzo; Marmor aus Arzo war lange ein Tessiner Exportschlager. Mit den Saurierfundstellen am Monte San Giorgio hat der Landstrich außerdem ein veritables UNESCO-Weltnaturerbe zu bieten. Ein Abstecher nach Como gehört zu einem Mendrisiottobesuch.

NICHT VERPASSEN!

- Das Baptisterium **Riva San Vitale,** das älteste christliche Bauwerk der Schweiz | 289
- Das UNESCO-Weltnaturerbe am **Monte San Giorgio** | 291
- Die Altstadt von **Mendrisio** | 297
- Das südlichste Bergtal der Schweiz, das **Valle di Muggio** | 307
- **Como,** sein See, seine Altstadt, und sein Dom | 318

Diese Tipps erkennt man an der gelben Hinterlegung.

Bei der heutigen Belastung durch Industrie und Verkehr muss man die Lobpreisung auf das Mendrisiotto zwar etwas einschränken, die Schönheit der Landschaft offenbart sich Touristen jedoch auch heute noch. Zudem ist die Gegend Heimat berühmter Architekten, Bildhauer und Stuckateure, die nicht nur Roms Stadtbild, sondern auch das vieler norditalienischer Städte mitgeprägt haben (vgl. Kap. „Land und Leute"). *Francesco Borromini* aus Bissone wirkte neben *Bernini* im 17. Jh. als Kirchen- und Palastbauer. Ebenfalls im 16. und 17. Jh. in Rom tätig waren *Carlo Maderna* als Leiter der Werkstatt der Peterskirche und *Stefano Maderna* aus Capolago.

Im 19. Jh. waren es *Luigi Fontana, Antonio Croci* und *Isidoro Spinellei,* die öffentliche und private Bauten errichteten. Und auch *Luigi Snozzi* wurde 1932 in Mendrisio geboren. 1943 erblickte der heute wohl bekannteste Tessiner Architekt, *Mario Botta,* das Licht der Welt. *Tita Carlonis* (*1931) Geburtsort ist Bissone. Die jüngere Tessiner Architektengeneration gibt als Heimatort oft Lugano, Locarno, die Leventina oder Mailand an; eine Ausnahme ist Raffaele Cavadini, auch er ist 1954 in Mendrisio geboren.

Es ist keine große Überraschung, dass die **Fakultät für Architektur** der Universität der italienischen Schweiz in Mendrisio ihren Sitz hat, nicht weit von Riva San Vitale, wo sich der älteste Sakralbau der Schweiz erhebt.

Im Mendrisiotto finden wir einen typischen **Bauernhofstil** vor. Hier umschließt das Bauernhaus den quadratischen Innenhof mit Loggien auf kraftvollen Säulen. Die Fenster öffnen sich zum Hof, in den Loggien verborgene Treppen führen in die Obergeschosse.

Am östlichen Ufer des Luganer Sees

Wer an das Ostufer des Luganer Sees gelangen will, darf nicht auf die Autobahn, sondern muss schon in Melide auf der alten Kantonsstraße ostwärts über den **Damm** von Melide nach Bissone fahren. Dieser wurde vom Tessiner *Pasquale Lucchini* auf einer Eismoräne gebaut; eröffnet wurde er 1848. Damit war die Strecke vom Gotthard nach Chiasso durchgehend befahrbar. Lobbying von Lugano und Como führte dazu, dass auch die internationale **Eisenbahnstrecke** diesen Verlauf nahm. Vorgesehen war ursprünglich die Streckenführung entlang des Ostufers am Lago Maggiore, also eine direktere Verbindung nach Mailand.

Bissone

Bissone ist der Geburtsort des genialen Tessiner Architekten **Francesco Borromini** (1599–1667); ein Denkmal ist ihm gewidmet. Nach einem Aufenthalt in Mailand, wo er als Steinmetz am Dombau arbeitete, übersiedelte *Borromini* nach Rom. Er wurde von seinem Onkel *Carlo Maderno* (1556–1629), dem Leiter der Werkstatt der Peterskirche, als Bildhauer und Dekorateur angeheuert. Als *Maderno* starb und **Bernini** sein Nachfolger wurde, begannen heftige Ausei-

› Blick vom Monte Generoso auf den Monte San Giorgio, UNESCO-Weltnaturerbe

503tc tt

nandersetzungen zwischen den beiden Baumeistern, die sehr unterschiedliche Auffassungen vertraten. 1634 verließ *Borromini* die Werkstatt der Peterskirche und machte sich selbstständig. Er baute in der Folge in Rom das Kloster und die Kirche S. Carlo alle Quattro Fontane, die Fassade von S. Agnese (1645–1650) an der Piazza Navona, den Glockenturm von S. Andrea delle Fratte, und er übernahm im Auftrag *Papst Innozenz' X.* die Neugestaltung von S. Giovanni in Laterano sowie den Bau der genialen achteckigen Kapelle S. lvo in der Sapienza, in der seine Vorliebe für Lichteffekte zum Ausdruck kam. Kurz vor seinem Freitod 1667 schuf *Borromini* sein letztes Meisterwerk, die Fassade von S. Carlino alle Quattro Fontane.

Bissone ist auch der Heimatort der beiden **Künstlerfamilien** *Gaggini* und *Tencalla.* Bissones an sich malerisches **Ortsbild** wirkt durch Autobahn, Eisenbahn und Nationalstraße eingeklemmt. Das Städtchen ist trotzdem sehenswert. Am Seeufer liegen charakteristische Häuser mit Pfeilerarkaden. Die **Casa Casellini,** Nr. 11, ist ein Bürgerhaus aus dem Jahr 1611 mit Fresken an der Fassade und unter dem Torbogen. Interessant sind auch die **Casa Verda,** die **Casa Pigazzini** und die **Casa Bollina.** Der Kindergarten und die Grundschule wurden 1980 von *Schnebli* gebaut.

Der Innenraum der **Pfarrkirche S. Carpoforo** am Südende des Dorfes quillt förmlich über vor Stuckreichtum. Über den Arkaden sind stuckierte Muscheln und Puttenpaare zu sehen, das Gewölbe zieren reiche Stuckaturen mit Engelkaryatiden, Festons und Kartuschen aus der zweiten Hälfte des 17. Jh., aus der Zeit, als große Teile der Kirche umgebaut wurden. Der Hochaltar zeigt Stuckfiguren der Muttergottes mit Johannes, Petrus und Carpophorus, vermutlich von *Lombardo* in der Mitte des 16. Jh. geschaffen. Am Nordeingang des Dorfes steht die 1630 barockisierte **Kapelle S. Rocco** mit ihrer dekorativen Stuckfassade.

Die Enklave Campione d'Italia

Von Bissone zweigt links die Straße in die **italienische Enklave** Campione d'Italia ab. Das schöne Familienhotel am See Richtung Campione wurde Ende 2013 leider geschlossen, ein weiterer Betrieb, der aus Renditegründen vom Hotel zu einer Seniorenresidenz umgewandelt wird. Ob dieses Hotelsterben dem Tessiner Tourismus gut tut? Campione kam im 8. Jh. als Geschenk zum Kloster S. Ambrogio in Mailand, es blieb unter klösterlicher Hoheit bis 1797, war aber auch unter den Eidgenossen Bestandteil der Landvogtei Lugano. Unter *Napoleon* kam es zur Cisalpinischen Republik und später mit der Lombardei unter österreichische Herrschaft. 1848 versuchte Campione sich vergeblich dem Kanton Tessin anzuschließen, 1860 wurde es italienisches Territorium. Zollamtlich gehört Campione jedoch zur Schweiz.

Vom 13. bis 15. Jh. stellte der Ort viele Bildhauer und Architekten, die in der Lombardei tätig waren.

Das malerisch gelegene Campione, früher ein Fischerdorf, ist heute ein internationaler **Ferien- und Ausflugsort** mit schöner Uferanlage und **Spielkasino**. Der 2007 neu eröffnetete 13-stöckige Casino-Neubau von *Mario Botta* wurde in der Lombardei von Umweltverbänden und linken Politikern zum „Umweltmonster des Jahres 2007" gekürt. Der *Corriere della Sera* titelte „Die Faust aufs Auge? Botta hat sie gezeichnet". Worauf *Botta* in der gleichen Zeitung zwar meinte, „ohne Grünzone (d.h. den ge-

501te tt

planten großen Park) mache der große Bau tatsächlich keinen Sinn", den Vorwurf der Verschandelung des Ostufers wies er jedoch zurück. Das von überall sichtbare Bauwerk ist in der Tat nicht zu übersehen und ist wohl nicht das beste Werk des Meisters.

Am Dorfplatz steht die romanische **Pfarrkirche S. Zenone,** die im 17. Jh. barockisiert wurde; heute ist sie ein Profanbau. Sie birgt an einer Säule und in der Apsis Fresken aus der Mitte des 14. Jh. Die letzten beiden Pfeiler zeigen ein Marmorrelief der heiligen Familie aus der *Rodari*-Werkstatt und ein Fresko aus dem 15. Jh. Die **Kapelle S. Pietro** am alten Dorfeingang stammt aus dem 14., ihre Fassade aus dem 18. Jh. Unter dem Glasboden sieht man die ehemalige Apsis sowie ein langobardisches Grab. An den Wänden und im Gewölbe ist ein schöner Freskenzyklus mit den Lebensgeschichten von Maria und Jesus sowie die Himmelfahrt des Elias dargestellt.

Kirche S. Maria dei Ghirli

Unbedingt sehenswert ist im Süden des Dorfes die auf einer Geländeterrasse mit großer Treppe zum See gelegene **Wallfahrtskirche** S. Maria dei Ghirli mit ihren außergewöhnlichen Wandmalereien aus dem 14. und 17. Jh. Die Kirche stammt aus dem 13. oder 14. Jh. und wurde um 1630 barockisiert, die Vorhalle entstand 1740. Die Fresken an der südlichen Außenwand des Schiffes zeigen das Jüngste Gericht, Christus im Baldachin, umgeben von Engeln, darunter rechts Erlöste aus Kirche und Staat, links Verdammte, die Luzifer zu sich holt. Darunter ist ein Streifen mit Höllenqualen und Seelenwaage zu sehen. Zuoberst zeigt ein Fries Sonne und Mond sowie vier Männer mit den vier Elementen. Am rechten Fuß des Thrones ist eine Datierung von 1400.

Über dem Seitenportal zeigt ein Fresko von 1474 die Verkündigung Mariä. Das zweijochige Schiff hat beachtliche Engel und Putten aus Stuck. An den Seitenwänden und an der Rückenwand finden sich vorzügliche gotische Wandmalereien aus der zweiten Hälfte des 14. Jh. Abgebildet sind **Szenen aus dem Leben Johannes des Täufers:** an der Südwand eine Verkündigung, die Heimsuchung, die Geburt Jesu, die Namensgebung durch Zacharias in der Wüste. An der Westwand sieht man die Taufe im Jordan, den Vorwurf an Herodes, die Gefangennahme, den Besuch der Jünger, Salome, den Kopf des Täufers verlangend. An der Südwand ist die Enthauptung Johannes' zu sehen sowie weitere Szenen: Salome bringt den Kopf ihrer Mutter Herodias, die Vorbereitung des Grabes, die Grablegung, Johannes begegnet seinen Eltern, Julian Apostata lässt den Leichnam exhumieren. An der Nordwand folgen die Verbrennung der Gebeine, die Auffindung des Hauptes und dessen Verehrung; alles Arbeiten eines unbekannten Meisters.

An der Nordwand sind Freskenfragmente zu sehen, sie zeigen u.a. eine mittelalterliche Werkhütte in Anspielung auf die vielen Campionesischen Meister. Das Presbyterium wurde von *Bianchi* ausgemalt, an den Seitenwänden finden sich große Architekturmalereien und in der Kuppel eine Mariä Himmelfahrt und

Der alte Ortskern von Bissone

Gottvater mit Aposteln und Sibyllen. Der Chor birgt gute Stuckarbeiten mit Engelkaryatiden und Putten von 1630. Im Altarhaus ist eine gotische Muttergottes aus dem 15. Jh. zu sehen.

Arogno

Zurück nach Bissone geht vor der Dorfeinfahrt von Maroggia links die Straße zum Bergdorf Arogno im einsamen **Valle Mara** ab. Das am Westhang des Monte Generoso gelegene Arogno ist die Heimat bekannter Baumeister, Stuckateure, Maler und Architekten, darunter der Baumeister *Adamo d'Arogno,* der am Dom in Trient arbeitete. Hier wurde früher **Steinkohle** abgebaut und 1873 die **Uhrenindustrie** eingeführt. In den folgenden Jahrzehnten folgte ein Zuzug von Familien aus der französischen Schweiz. Sie bauten Wohnhäuser die oft ausgeklügelte Dekorationsmalereien aufweisen. Das **Ortsbild** mit der hübschen Piazza Adamo und der Casa Cometta ist bemerkenswert, wenn auch etwas beeinträchtigt. Sehenswert sind die ungewöhnliche stuckreiche Barockkirche **S. Stefano** in prachtvoller Lage, umgebaut und erneuert im 17. Jh., und das pittoreske Beinhaus vom Anfang des 18. Jh. Die Kirche gilt als eine der bedeutendsten Barockbauten des Tessins. Bemerkenswert sind die Fresken von *L. A. Colomba* im Chorgewölbe von 1728, die Fresken an den Chorwänden stammen aus dem 17. Jh. und stammen von *G. A.* und *G.B. Colomba.* Von letzterem sind auch die Wandmalereien der Dreikönigskapelle,von *G. A. Colomba* die der Muttergotteskapelle. Im Raum links neben dem Presbyterium ist die einzige erhaltene romanische Holzfigur des Tessins zu sehen: eine thronende Muttergottes aus dem 12. Jh.

Auf der östlichen Talseite liegt die romanische Kapelle San Michele. Von Arogno kann man nach **Caprino** weiterfahren, einem beliebten Ausflugsort am südöstlichen Ufer des Luganer Sees mit vielen Grotti.

Von Maroggia nach Rovio

Zurück am See, erreicht man **Maroggia** mit einem alten Dorfkern und engen Gassen, an der Nordseite flankiert vom Collegio Don Bosco, früher Palazzo Petrucci. Maroggia ist Heimatort der Bildhauer- und Architektenfamilie *Rodari.* Sie war in Salzburg, Venedig, Ravenna und Como tätig. Die Chiesa di Salute in Venedig wurde vom hier geborenen *B. Longhena* (1598–1682) gebaut. An den Case Caccia und Frigerio sind Renaissancereliefs der Muttergottes zu sehen. Die gedrungene Pfarrkirche S. Pietro hat einen romanischen Turm. Im Chor sind gute Fresken erhalten, links die Kreuzigung des heiligen Petrus, rechts die Enthauptung Paulus', beide aus der Mitte des 17. Jh. Oberhalb der Autobahn liegt die ovale Wallfahrtskapelle **S. Maria della Cintura** aus der zweiten Hälfte des 18. Jh. Unterhalb der Kapelle stehen Ferienhäuser von *Rino Tami* aus den Jahren 1954, 1957 und 1963.

Auf Maroggia folgt **Melano** mit großer Piazza und stattlichen Häusern. Das Dorf ist durch die Straße vom See abgeschnitten. An der Piazza steht die ehemalige **Casa Polatta,** vom Festungsingenieur *Polatta* gebaut; von ihm stammen auch die Solothurner Bastionen. Die Gebäude mit vorspringendem Torgebäude umrahmen einen Hof, unter der Traufe ist ein Stuckfries mit Stuckbekrönung von 1688 zu sehen. Die **Kirche S. Andrea** wurde von *Luigi Fontana* 1850 errichtet, vom Vorgängerbau blieb der barocke Turm erhalten. Die Malereien im Gewölbe und Halbgewölbe der Apsis stammen von *Colla,* es sind fantasievolle Bilder mit üppigen Dekorationen. Die ehemalige klassizistische Spinnerei am nördlichen Dorfrand ist ebenfalls ein Bau von *L. Fontana.* Bis ins Spätmittelalter wurde Melano durch eine **Mauer,** die vom Monte Generoso zum See führte, von Castelletto getrennt.

In **Castelletto** liegt die Kirche Santa Maria, einer der schönsten und bekanntesten **Wallfahrtsorte** des Tessins. Sie birgt schöne Fresken, zahlreiche Exvotos des 17.–20. Jh. und einen wertvollen Altar mit einem spätgotischen Fresko von *Nicolino da Seregno* und *Pietro del Sasso von Sovico.* Ein Kreuzweg führt auf den Hügel, der stattliche Barockbau wurde im 17. Jh. neu errichtet.

Bei Melano führt ein Sträßchen nach **Rovio** auf dem Monte S. Agata. Das bemerkenswerte Dorf tritt als **Soana** in *Gerhard Hauptmanns* Erzählung „Der Ketzer von Soana“ auf. *Hauptmann* pflegte mit seiner zweiten Ehefrau im *Hotel Monte Generoso* abzusteigen; seit 1907 gibt es dort ein Hauptmann-Zimmer. Rovio hat eine harmonische Piazza und behäbige **Häuser** mit Klosterziegeln, zum Teil mit Fresken oder Stuckfassaden. Die Häuser Tacchella und Lauti mit Stuckaturen und Fresken des 17. und 18. Jh. gelten als Stammsitz der Künstlerfamilie *Carlone.* An der Casa Conza kann man einen als Spolie verwendeten römischen Inschriftenstein sehen. Sechs **Brunnen** sollen ursprünglich römische Sarkophage gewesen sein. Nicht verwunderlich, da Rovio schon in vorgeschichtlicher Zeit besiedelt war. Das originelle **Kopfsteinpflaster** hat eine Steinplattenspur. Die **Casa Balmelli** an der Via San Viglio wurde 1957 von *Carloni* und *Camenisch* gebaut. Die malerische Anlage der **Pfarrkirche** geht auf das 13. Jh. zurück, der Neubau von 1776 ist von *Cantoni,* die vorangestellte Fassade aus Back- und Saltirostein hat *T. Carloni* 1997 in Einbezug der Malereien der ursprünglichen Fassade des 19. Jh. neu gestaltet.

Auf der Anhöhe westlich des Dorfes steht die beachtliche **romanische Kapelle S. Vigilio** mit romanischen Wandmalereien aus der ersten Hälfte des 13. Jh. Sie fällt durch die ungewöhnliche Außengliederung auf. An den Längsseiten hat sie Blendgliederung mit dreiteiligen Bogen, an der Ostpartie der Südseite mit Blendarkaden sowie an der Apsis mit Blendarkaden und Zwillingsbogen. Die romanischen Wandmalereien zeigen in der Kalotte Christus mit Buch und ausgestreckter Rechten, seitlich die Evangelistensymbole. Unter einem Mäanderfries ist Maria zu sehen, begleitet von den 12 Aposteln, in der Sockelzone eine Draperiemalerei. Sie zeigt das Weltgericht und Christi Himmelfahrt. Die Malereien sind byzantinisch beeinflusst. Eine weitere romanische Kapelle steht auf dem Berg nördlich von Rovio.

Die **„Gesiolo“** genannte achteckige Kapelle an der Via Cantonale von 1657 birgt einen Marmoraltar von *Andrea Manni* von 1709. Das Muttergottesfresko aus dem 16. Jh. wird von Engeln von *Santo Galli* umgeben, von ihm sind auch die anderen Stuckarbeiten.

Capolago

Hinunter zur Uferstraße gelangt man nach Capolago, Geburtsort des Barockarchitekten *Carlo Maderno* (1556–1629), Leiter der Werkstatt der Peterskirche. An der Piazza lag die berühmte **Tipografia Elvetica** (1830–56), die im italienischen Risorgimento eine große Rolle spielte, daran erinnert ein Denkmal. In der Pfarrkirche sind gute Stuckaturen, z.B. in der Bruderschaftskapelle im Stil der Rocaille, erhalten, die Chorfresken stammen von *Rinaldi* (1858). Im Raum rechts neben dem Chor ist eine kleine Glasmalerei der Hl. Magdalena aus der ersten Hälfte des 16. Jh. zu sehen.

Die Zahnradbahn zum Monte Generoso

Monte Generoso

Mit der **Zahnradbahn** fährt man von Capolago in 40 Minuten auf den Monte Generoso (1704 m). Der Blick von hier oben ist fantastisch und umfasst das ganze Tessin, die oberitalienischen Seen, die Po-Ebene mit Mailand, vom Matterhorn zur Jungfrau, vom Gotthardmassiv bis zur Berninagruppe und bei klarem Wetter bis zum Apennin. Neu ist hier eine **Sternwarte.** Auf dem Monte Generoso sind Wandern, Gleitschirmfliegen und Mountainbiking angesagt. Ein Restaurant und eine Schnellimbissbude vertreiben den Hunger. Wegen eines Restaurant-Neubaus sollten unbedingt die Öffnungszeiten der Bahn erfragt werden! Aktuelle Infos gibt es unter www.montegeneroso.ch.

Praktische Tipps

Unterkunft/Essen und Trinken

■ **Hotel Campione,** 6816 Bissone, Via Campione 62, Tel. 091 64 01 616, www.hotel-campione.ch. Blick auf See und Berge; Schwimmbad, modernes Restaurant, Panoramaterrasse (im Winter geschlossen); DZ mit Dusche/WC sFr. 159–329.

■ **La Palma,** Piazza Borromini, 6816 Bissone, Tel. 091 64 98 406, www.palmabissone.ch. Kleines Hotel mit Seeblick, eigener Badestrand, Restaurant mit Terrasse; DZ sFr. 150–260.

■ **Ticino,** 6816 Bissone, Tel. 091 64 95 150, im Geburtshaus von *F. Borromini;* Fischrestaurant.

■ **Park Hotel Rovio,** Via ai Ronchi, 6821 Rovio, Tel. 091 64 97 372, www.parkhotelrovio.ch. Auf den Hügeln des Monte Generoso mit Blick auf den See. Schöne Gartenanlage, geräumige Aufenthaltsräume, Restaurant. DZ sFr. 174–316.

■ **Grotto Conza,** Rovio, Tel. 091 64 97 494. Ausgezeichnet und authentisch.

■ **Vetta/Kulm,** auf dem Monte Generoso, Ferrovia Monte Generoso, 6825 Capolago, Tel. 091 63 05 111. Auf 1223 m gibt es in der Station Bellavista ein **Buffetrestaurant,** auf 1650 m wird Mitte 2015 das neue **Panoramarestaurant** in einem prägnanten Gebäude eröffnet. Nähere Info verlangen.

Camping

■ **Camping Monte Generoso,** 6818 Melano, Tel. 091 64 98 333, www.montegeneroso.ch. Am baumbestandenen Ufer des Luganer Sees, ca. 20 km südlich von Lugano gelegen.

■ **Camping Paradiso Lago,** 6818 Melano, Tel. 091 64 82 979, www.camping-paradiso.ch; am See in Melano (Ausfahrt Mendrisio Capolago). Mit Restaurant, Laden und Spielplatz.

502te tt

Nachtleben

■ **Casino Municipale,** Campione d'Italia, Tel. 091 69 01 111 (11.30–5 Uhr, Fr bis 6 Uhr geöffnet). Wer sein Erspartes bei Roulette, Chemin de Fer, Trente et Quarante, Black Jack oder an Automaten vermindern will, findet das von Botta gebaute Casino offen am Mo/Di 12–4 Uhr, Fr/Sa 12–5 Uhr, So 11–14 Uhr. Events mit internationalen Spielern.

Ausflüge

■ **Zahnradbahn Monte Generoso,** Capolago, Tel. 091 63 05 111, www.montegeneroso.ch. Im Sommer und Winter stündl., Nov. geschlossen. Die Fahrzeiten können sich ändern – bis 2015 auch wegen eines Neubaus. Im Zweifelsfall anrufen.

■ **Planetenweg Monte Generoso:** Auf dem etwa 600 m langen Planetenweg (Maßstab 1:10 Milliarden) sind Informationen in den Steinbelag des Weges eingefügt. Er beginnt auf dem Platz östlich des Albergo-Ristorante Vetta, wo ein dreidimensionales Sonnenmodell aufgestellt wurde.

Ein **Naturlehrpfad** erklärt auf 12 Tafeln geologische, botanische und zoologische Besonderheiten des Berges. Eine Route führt zu den wegen Regenmangels künstlich geschaffenen **Bolle** (Weiher), eine andere zu 11 **Schneegrotten,** eine weitere zu Lichtungen, auf denen **Kohlenmeiler** standen. Eine **Bärenhöhle** mit Neandertaler- und anderen Funden ist von Juni bis September in 30 Minuten vom Restaurant erreichbar (Tickets in der Cafeteria, geöffnet Fr bis So 10–16 Uhr).

Wanderung

■ **Rundwanderung Monte Generoso,** 6¼ Std.: Ausgangspunkt ist Muggio (Wegmarkierung ab Parkplatz gegenüber dem *Ristorante Stella).* Abstieg zum Fluss Breggia über Molino, Aufstieg über Lentano, Ronco, Roncapiano zur Alpe Grénor und weiter zu Pt. 1452 zum Hauptgrat des Monte Generoso. Mit der Generoso-Bahn nach Capolago oder zur Station Bellavista, oder den Hauptkamm entlang zur Station Bellavista wandern. Von hier auf dem alten Saumweg nach Cascina d'Armirone über ein Fahrsträßchen zum Pt. 1105. Abstieg nach Pianspessa, auf einem Pfad an der Alpe di Germania vorbei zum Weiler Tur, am Kirchlein S. Giovanni vorbei über die Breggia. Aufstieg nach Muggio. Teils steile Wege. Es gibt eine Postautoverbindung nach Mendrisio.

Bike

■ **Monte Generoso Bike-Strecke:** Abfahrt bis nach Mendrisio (12 km) über Somazzo, Bellavista, Mendrisio nach Capolago.

Rund um den Monte San Giorgio

Riva San Vitale

Etwas abseits der Hauptstraße liegt am südlichen Ende des Luganer Sees Riva San Vitale. Die Ortschaft geht auf eine Bronzezeitsiedlung und einen römischen Vicus zurück. Unter den Eidgenossen zur Landvogtei Lugano gehörend, erklärte sich Riva San Vitale am 26. Februar 1798 zur Republik; diese überlebte gerade einen Monat lang. Seit 1814 ist der Ort dem Bezirk Mendrisio zugeteilt. Riva San Vitale ist ein gut erhaltenes Städtchen mit altem Kern. Viele der Häuser haben Innenhöfe. Der **Palazzo della Croce** südlich der Kirche S. Croce ist eine Familienresidenz aus dem 16. Jh. An der Piazza steht die **Casa Commu-**

504te tt

nale, ehemals der Palast der Familie *Croce,* ein repräsentativer Renaissancebau mit toskanischem Arkadenportikus, Rustikaportal, Beletage und Mezzaningeschoss (16. Jh.). Der alte Kirchenbezirk liegt am Südende der Siedlung. Die Pfarrkirche und das sich anschließende Pfarrhaus bilden einen Hof, in dem das berühmte Baptisterium liegt.

Das **Schulzentrum** an der Via Monsignor Sesti 1 gilt als ein Meilenstein des Schulhausbaus im Tessin, ein Projekt von *Galfetti, Ruchat* und *Trümpy,* das in Etappen in den 1960er und -70er Jahren realisiert wurde. An der Via dell'Ingleses 3 findet man *Giancarlo Durischs* Haus und an der Via Formeggie 6 ein 1972 gebautes Haus von *Mario Botta.*

Das **Baptisterium Riva San Vitale** bei der spätbarocken Pfarrkirche San Vitale ist das **älteste religiöse Bauwerk der Schweiz.** Die Taufkirche ist vermutlich im 5. Jh. entstanden. Der kubische Bau mit achteckigem Tambour war ursprünglich wohl von einem für Prozessionen gedachten Gang umgeben, von dem noch einige Spuren am Boden sichtbar sind. An der Nord- und Südseite sind Rundbogenportale, an der Ostseite eine karolingische Apsis. Das Kircheninnere ist achteckig mit entsprechendem Gewölbe und weist tiefe halbkreisförmige Nischen und eine kleine Apsis auf, die später hinzugefügt wurde.

In der Mitte befindet sich das Taufbecken in achteckiger Form, mit zwei Stufen eingetieft, in dem die Taufe durch Eintauchen vollzogen wurde, eine Praxis, die bis ins 9./10. Jh. üblich war. Vermutlich in jener Zeit wurde darauf ein zweites, rundes Taufbecken aus einem einzigen Block gestellt.

Die Kirche Santa Croce in Riva San Vitale sticht einem schon von weitem ins Auge

505te tt

In den Nischen sind wertvolle romanische Fresken aus dem 12. Jh. erhalten. Rechts von der Apsis sieht man die Geburt Christi, die Verkündigung an die Hirten, den Traum Josephs, darüber eine Himmelfahrt und Maria in der Mandorla. In der Nische links sind das Jüngste Gericht, Christus als Richter und die Symbole der Evangelisten dargestellt, darunter die Erweckung der Toten und rechts das Einrollen des Himmels. In der Apsis sind Spuren einer Kreuzigung aus einer späteren Epoche zu sehen. Ein Teil des **Fußbodens** entspricht noch dem Originalzustand; er besteht aus weißem und schwarzem Marmor. Gleiche Taufhäuser gab es im Orient, an der Adria und in der Provence. Die 1579 erwähnte **Kapelle San Rocco** am Südrand des Dorfes wurde ab 1665 barock umgebaut, sehenswert die korinthischen Kapitelle mit Blumen und Früchten.

Am Nordende des Dorfes steht die **Kirche S. Croce,** einer der wichtigsten Renaissance-Sakralbauten der Schweiz, der schon barocke Elemente aufweist. S. Croce wurde vom Erzpriester *Giovanni Croce* gestiftet und 1588–92 von *Giovanni Antonio Piotti,* genannt *Vacallo,* einem Festungsingenieur im Dienst *Philipps II.*, gebaut. Wer die Pläne entworfen hat, lässt sich nicht mehr ermitteln. Eine achteckige Tambourkuppel erhebt sich über dem kubischen Unterbau, aus dem ein querrechteckiger Chor und zwei Seitenkapellen vorspringen. Dem hohen Hauptportal entsprechen zwei niedrige Seitenportale. Der Innenraum besticht durch seine acht Kolossalsäulen, über diesen entwickeln sich das Gebälk, die Pilaster des Tambours und die Gurten der Kuppel. Ein kostbarer Marmorstein in verschiedenen Farben bedeckt den Boden. Die Marmoraltäre sind das Werk von *Domenico Fossati* aus Arzo. Reiche dekorative Malereien mit Grotesken, Girlanden, Marmor- und Teppichimitationen der Gebrüder *Pozzi* schmücken den Bau. Im Fries sind Trophäen und Embleme zu sehen.

Brusino-Arsizio und Serpiano

Auf der Uferstraße erreicht man Brusino-Arsizio, ein idyllisches Fischerdörfchen am Fuß des Monte San Giorgio mit einem alten, um die barocke Kirche gruppierten Dorfkern. Es liegt Morcote gegenüber. Von hier führt die **Seilbahn** auf den Monte San Giorgio nach **Serpiano.** Das Kurhotel Serpiano liegt einsam auf einer Hochterrasse mit herrlichem Blick über den See nach Morcote. Hier eröffnen sich verschiedene Wandermöglichkeiten. Von Brusino-Arsizio ist es nicht mehr weit bis zur Landesgrenze. Porto Ceresio am Südzipfel des Sees ist bereits italienisches Hoheitsgebiet.

Monte San Giorgio

Von Serpiano und Meride führen Wanderwege zum Gipfel des Monte San Giorgio. Der Berg wurde aufgrund seiner **Meeressaurierfundstellen** im Jahr 2003 zum **UNESCO-Weltnaturerbe** erklärt. Weltweit einmalig, sind hier in sechs verschiedenen Schichten Saurier, Fische, Wirbellose und Salzwasserreptilien gefunden worden. Sie erlauben wertvolle Rückschlüsse auf die Evolution. Unter der Leitung des Paläontologischen Instituts und Museums der Universität Zürich wird am Berg seit 1919 gebuddelt, heute z. B. in einem kleinen Steinbruch bei Crocifisso. Die 240 Millionen Jahre alten Funde aus dem mittleren Trias sind im von *Mario Botta* umgebauten und 2012 neue eingeweihten Fossilien-**Museum** im Dorf Meride (s.u.: „Meride" und „Museen") zu sehen. Im Zusammenhang mit der Ernennung zum Kulturerbe werden zur Zeit neue Wanderwege erschlossen und Fundstellen öffentlich zugänglich gemacht.

Vom **Gipfel** des 1097 m hohen San Giorgio erfreut man sich einer herrlichen Rundsicht über die Zipfel des Luganer Sees, die Alpen bis zum Monte Rosa und der Po-Ebene, über Melide, Lugano und Morcote. Die im 13. Jh. erwähnte **Kapelle S. Giorgio** hat im stuckierten Chorgewölbe ein Medaillon mit der Himmelfahrt Mariä von *Francesco Antonio Giorgioli,* um 1700 gemalt.

◁ Brusino-Arsizio am Fuße des Monte S. Giorgio

Rancate

Den Monte San Giorgio und die Dörfer am Südhang erreicht man auch von Süden, von Mendrisio her. Von Meride führen reizvolle Wanderwege zum Berg der Saurier.

Erste Etappe ist Rancate am Fuß des Monte San Giorgio, ein Städtchen mit engen Gassen und harmonischem Kirchplatz. An der Piazza steht die barocke **Casa Caroni** mit einem Innenhof, auf den sich eine Säulenloggia öffnet (19. Jh.). Sehenswert ist die **Via grazioso Rusca** mit Schwibbögen. Rancate ist der Geburtsort von *Carlo Fontana,* Schüler und Nachfolger *Berninis* in Rom. Im umgebauten Pfarrhaus ist die **Pinacoteca Cantonale Züst** (s. u.) untergebracht, der Neubau stammt von *Tita Carloni.* Die **Pfarrkirche S. Stefano** ist ein hoher, eleganter Spätbarockbau von 1776 von *I. Regazzoni.* Am südlichen Dorfausgang liegt die **Casa Züst.**

Besazio

Das intakte **Besazio** liegt reizvoll am Hang des Monte S. Giorgio. Am Westrand des Hügels von S. Antonio ist eine **Nekropole** aus neolithischer bis römischer Zeit erhalten. Südlich steht die ehemalige Pfarrkirche, die auf das 7. Jh. zurückgeht und Fresken aus dem 13. Jh. und 15. Jh. birgt.

Die spätbarocke **Kirche S. Maria Immacolata** wurde 1779 von *I. Regazzoni* gebaut. Die Assunta im Gewölbe wurde von *Vela* und *Carmine* 1884 gemalt. An der Chorrückwand hängt ein Hauptwerk mit der Immacolata, den Hl. Hieronymus, Antonius, Philipp Neri und Franziskus Saverius von *G. B. Bagutti* in einem Rahmen von *A. Bagutti*. Der Altar besteht aus Arzo-Marmor.

Arzo

Die Straße führt in das in einer Mulde am Gaggiolo-Bach gelegene Arzo hinab. Das gut erhaltene Grenzstädtchen besitzt eine auffällige Piazza. Die **Casa Allio** ist das Geburtshaus des Malers *Salvatore Allio,* mit stattlichem Portal und zweigeschossiger Loggia. Viele Häuser haben Arkadenhöfe.

Die **Pfarrkirche SS. Nazario e Celso** besitzt einen originellen, rotschwarz gemusterten Marmorboden. An der Chorwand ist ein vierteiliges Fresko der Passion Christi aus der zweiten Hälfte des 16. Jh. zu sehen. Der Hochaltar aus Buntmarmor, ein schönes Beispiel eines Tessiner Altars, stammt aus der Mitte des 18. Jh. In der Rosenkranzkapelle ist in einer Nische eine Muttergottesstatue aus Holz des 17. Jh. zu sehen, umgeben von Rosenkranzmysterien in Wachsmalerei, aufgebracht auf schwarzem Marmor von *A.S. Aglio* in der zweiten Hälfte des 18. Jh.

Die oktogonale **Kirche S. Maria del Ponte** am Gaggiolo wurde 1671 geweiht. Sie birgt verschiedene Stuckfiguren und am Altar ein Fresko der Muttergottes aus dem 15. Jh. Die **Kapelle Madonna delle Grazie** an der Gemeindegrenze besitzt ein Fresko aus dem 16. Jh., das den *Tarilli* zugeschrieben wird; es zeigt die Madonna mit Kind vor einem mit Stoff verkleideten Hintergrund.

Berühmt wurde der hübsche Ort durch seinen **Buntmarmor** – Macchia vecchia, Brocatello und Rosso d'Arzo – der vor allem im Tessin und in den südlichen Voralpen Verwendung fand. Alte Marmorbrüche sind noch an der Straße nach Tremona zu finden. Männer kennen Arzo vielleicht auch wegen seiner **Hemdenfabrik.**

Tremona

Tremona, das umgeben von Rebhängen in schöner Aussichtslage auf einem Hügel thront, birgt das originelle Haus des Malers *A. Rinaldi.* In der Pfarrkirche Santa Maria Assunta steht in der Muttergotteskapelle ein guter Stuckaltar mit Engelkaryatiden und gesprengtem Giebel aus dem 17. Jh.

In schöner Hügellage steht die **Kapelle S. Agata.** Sie besitzt einen prachtvollen Stuckaltar. Man erreicht sie auf einem Kreuzweg; die Bildstöcke wurden modern ausgemalt. Der Turm ist im Un-

Der Monte San Giorgio

499te tt

terbau romanisch, der Rechteckbau vermutlich spätgotisch. Im Schiff birgt die Kapelle an der Südwand Fresken in der Art der *Seregnesi*. Sie zeigen die Grablegung Christi, den heiligen Georg und das Martyrium der heiligen Agatha. In der Ecke sind eine Muttergottes und Reste einer Kreuzigung zu erkennen, vielleicht noch aus dem 14. Jh. Jünger sind die Fresken an der Chorfront, die die Heiligen Petrus und Antonius zeigen, über ihnen eine Verkündigung aus der ersten Hälfte des 17. Jh. Von der Kapelle aus hat man einen wunderschönen Blick ins südliche Mendrisiotto und in die Po-Ebene.

Meride

Das abgeschiedene Meride ist Ziel vieler Interessierter, die im Dorfzentrum das **Museo dei Fossili** besuchen wollen (s.u.: „Museen"). Daneben ist das hübsche Dorf Heimat einiger **Künstlerfamilien;** bekannt ist der in der Deutschschweiz tätige Maler *Francesco Giorgioli.*

Die bescheiden wirkenden Häuser haben oft geräumige Innenhöfe mit Loggien aus dem 17. oder 18. Jh., so die Casa Communale mit einem Wandfresko der Heiligen Familie von *Giorgioli* (um 1700), die Casa Oldelli mit zwei Innenhöfen und einer Balustrade im Hof, die Casa Monti und die ehemalige Casa Roncati. Die beiden Letzteren zeigen in den Innenräumen zahlreiche Fresken von *Giorgioli.* Beim westlichen Dorfeingang stehen im ehemaligen Casa Oldelli Stuckreliefs von *F. A. Aglio* zu Themen des italienischen Unabhängigkeitskriegs. Die ehemalige Casa Fossati weist ein Portal aus Arzo-Marmor und Saltiro-Stein von *F. Fossati* auf.

Die barockisierte **Kirche S. Rocco** von 1772 geht auf einen hübschen Platz mit barockem Schalenbrunnen. Das *Ristorante Silvestro* besitzt einen lauschigen Garten in einem schönen Arkadenhof.

Die **Pfarrkirche S. Silvestro,** auf einem ehemaligen Burghügel gelegen, hat im Chor vorzügliche Malereien von *Francesco Giorgioli* aus dem Jahr 1690. An der Nordwand ist die Taufe *Konstan-*

506te tt

tins durch den Papst *Silvester* zu sehen, an der Südwand der Sieg des Christentums über die Heiden (*Konstantin* schenkt dem Papst die Stadt Rom). Die ursprünglich romanische Kirche wurde, vermutlich im 16. Jh., durch einen Neubau ersetzt. An der Südseite sind romanische Kapitelle vom Vorgängerbau am Porticus erhalten.

Ligornetto

Nur zwei Kilometer trennen Rancate von **Ligornetto,** dem Geburtsort der Bildhauer *Vincenzo Vela* und *Appolonio Pessina*. Es ist ein von einem Straßendreieck geprägtes Dorf. Seine Häuser zeigen Stuckaturen und Fresken. Seine Kirche wurde 1772 barockisiert; in der Penditifkugel finden sich sehr gute illusionistische Malereien von *C. Pelli* aus Aranno, 1777. Die drei großen Gemälde an den Wänden des Heiligen Laurentius (Almosen, Martyrium, Abschied von Papst Sixtus V.) wurden von 1788–98 von *G. B. I. Colomba* gemalt. Die Friedhofskapelle S. Giuseppe aus dem 16. Jh. steht auf dem Gelände eines Merkurtempels. Sie birgt einen imposanten Stuckaltar (17. Jh.) mit einem Renaissancefresko. Das Marmorgrabmal für *Vincenzo Vela* auf dem Friedhof wurde von *A. Guidini sen.* entworfen und von seinem Sohn realisiert. Das **Museo Vela** hat einen zentralen Tambour, 1863 von *Spinelli* nach Plänen von *Ajmetti* gebaut, 2001 unter der Leitung von *Mario Botta* restauriert. Hier werden Werke des Künstlers *Vincenzo Vela,* seines Bruders und seines Sohns gezeigt.

Vincenzo Vela (1820–1891) war der bekannteste Bildhauer des 19. Jh. im Tessin, wegen seines Engagements für das Risorgimento in Turin war er in Italien sehr beliebt. Sein älterer Bruder *Lorenzo*

Vela (1812–1897) wurde vor allem als Maler bekannt, obschon er auch als Bildhauer und Dekorateur arbeitete. Der Maler *Spartaco Vela* (1854–1895), der Sohn *Vincenzos*, konnte sich zeit seines (kurzen) Lebens nicht aus dem Schatten des Vaters befreien.

An der Straßenverzweigung nach Clivio steht die **öffentliche Waage** von 1852, gebaut von *Luigi Fontana* mit einer Statue von *Vincenzo Vela* von 1855.

Genestrerio

Im unscheinbaren Genestrerio überrascht die Fassade der **Kirche S. Antonio Abate,** sie ist das Werk *Mario Bottas*, der die Barockkirche umgestaltet hat; vor ihm baute 1842 *Luigi Fontana* den Chor neu. Die Kirche birgt prachtvolle Stuckaltäre und in der Kreuzigungskapelle ein an *B. Luini* angelehntes Renaissance-Polyptychon von 1545, der Rocaillerahmen stammt aus dem 18. Jh.

San Pietro und Stabio

In **San Pietro** stieß man auf interessante **Grabfunde** aus der Eisenzeit und der Zeit der Etrusker und Römer. Die Kirche **Santi Pietro e Lucia** geht auf das 7. Jh. zurück, das Schiff ist spätmittelalterlich, der Chor aus dem 18. Jh., die Seitenschiffe wurden im 19. Jh. errichtet. Im Süden steht ein Renaissancetor. Das daran anschließende schöne Haus mit Arkadenvorhalle und Säulenloggia stammt aus dem 17. Jh. Der Ort ist fast mit Stabio zusammengewachsen, das zwischen zwei in die Ebene vorgeschobenen Hügeln liegt und einige herrschaftliche Häuser und Villenviertel besitzt. Die **Pfarrkirche SS. Giacomo e Cristoforo,** erwähnt 1104, wurde im 16., 18. und 20. Jh. umgebaut. Sie birgt einen Stuckaltar aus dem 17. Jh. mit einer außergewöhnlichen Figurengruppe, die den Leichnam Christi und trauernde Frauen zeigt. In den Seitenkapellen sind Fresken des 16. und 17. Jh. erhalten.

Übereck zur Pfarrkirche steht die Bruderschaftskapelle S. Maria auf den Grundmauern eines Wachturms. Die **Casa Rotonda,** Via Pietane 12, ist von *Mario Botta* (1981). Sie gilt als Klassiker der zeitgenössischen Tessiner Architektur. Der Kindergarten und die Primarschule wurden 1974 errichtet und stammen von *Tita Carloni.* Ein Beispiel geglückten lombardischen Industriebaus zeigt die 1923 von *G. Bordonzotti* gebaute Hemdenfabrik Realini an der Via Ligoretto 10.

In **Stabio** gibt es alte, vielleicht schon von den Römern genutzte Heilquellen. Das **Museo della Civiltà Contadino del Mendrisiotto** zeigt die bäuerliche Kultur vergangener Zeiten im Mendrisiotto. Hier stehen eine Fachbibliothek, Fotos, Karten und audiovisuelles Material zur Verfügung. Geöffnet ist es Di, Do, Sa und So 14–17 Uhr. Wenn man die Augen offen hält, sieht man hier im flachen Gelände erste **Bauernhöfe,** die schon ganz im Stil der Lombardei auftreten.

Nahe an der italienischen Grenze birgt die vermutlich auf romanische Zeit zurückgehende **Kapelle S. Margherita in Campo** Fresken des 16. Jh., ältere wurden übermalt.

◁ Faszinierende Fundstücke im Museo dei Fossili

Praktische Tipps

Unterkunft

■ **Hotel garni Casa Sole** und **Osteria della Posta,** Lungolago, 6827 Brusino-Arsizio, Tel. 091 98 02 480, www.brusino.ch. Direkt am Luganer See bietet dieses Kleinhotel fünf geräumige, moderne Zimmer. DZ mit Dusche/WC sFr. 170.

■ **Wellnesshotel Serpiano,** Tel. 091 98 62 000, www.serpiano.ch. Mit unvergleichlichem Ausblick auf den Luganer See, Morcote, Melide, den Monte San Salvatore, Lugano und die Alpen. Gepflegte Zimmer, Restaurant, Terrasse mit Wellnessangebot. Etwas klinisch, die Lage macht dies aber wett. Seeblick verlangen! DZ mit Dusche/WC sFr. 198–238.

Essen und Trinken

■ **Grotto Grassi,** Tremona, Tel. 079 35 39 404, April/Mai und September/Oktober Do–So geöffnet, Juni bis August nur Mo geschlossen. Am Waldrand von Tremona unter Kastanienbäumen mit guter Regionalküche.

■ **Ristorante Torchio Antico,** Via al Fiume, Arzo, Tel. 091 64 64 994, Mo und Di bis 17 Uhr geschlossen. Gärtchen und zwei Salette mit Terracottagewölbe und Kamin, kreative lombardische Küche. Einfache Zimmer vorhanden.

Antico Grotto Fossati, Meride, Tel. 091 64 65 606. Traditionsreiches Gasthaus mit Tessiner Küche. Slow Food. Mo geschlossen.

■ **Montalbano,** Via Montalbano 34, San Pietro di Stabio, Tel. 091 64 71 206. Altes Haus inmitten von Weinbergen, kreative Küche. Sa Mittag, So Abend und Mo geschlossen.

■ **Chalet San Giorgio,** Via Cantonale, Brusino-Arsizio, Tel. 091 99 62 155. Am See, klassische italienische Küche, Pizzeria. Drei Zimmer vorhanden.

Museen

■ **Museo dei Fossili,** Commune di Meride, Meride, Tel. 091 64 00 080, www.montesangiorgio.org. täglich 8–18 Uhr, der Eintritt ist frei. Originale, Kopien und Illustrationen von Sauriern, Fischen und Wirbellosen aus dem Trias des Monte San Giorgio.

■ **Pinacoteca Cantonale Giovanni Züst,** Rancate, Tel. 091 81 64 791, Juli und August Di–So 14–18 Uhr. März–Juni 9–12 Uhr und 14–17 Uhr. Die Pinakothek zeigt Werke von Tessiner Künstlern des 17. bis 20. Jh. Das 19. Jh. ist am besten vertreten.

■ **Museo Vela,** in der Villa Vela, Ligornetto, Tel. 091 64 07 040, www.museo-vela.ch. Di–So 10–17 Uhr, geöffnet Juni bis Oktober, Eintritt frei. Die Villa Vela nimmt die Sammlung der Künstlerfamilie *Vela* auf. Die von einem öffentlich zugänglichen großen Park umgebene Villa gilt als das bedeutendste Wohnhaus/ Museum des 19. Jh. im Tessin.

■ **Museo della Civiltà Contadino del Mendrisiotto,** s.o.: „Stabio".

Seilbahn

■ **Funivia Brusino – Arzio – Serpiano,** Tel. 091 99 61 130. Täglich von April bis Mitte Oktober zwischen 8.30–19 Uhr.

Ausflüge

Naturlehrpfad am Monte San Giorgio, Vegetation, Fauna und geologische Formation des San Giorgio, ca. 3½ Std. Der Weg beginnt an der „Fontana" (altes Waschhaus) bei der ersten Häusergruppe hinter Meride, an der Straße nach Serpiano. Von hier führt der Weg nach Cassina durch den Taleinschnitt des Val Porina nach Serpiano und von hier nach Meride. Feste Wanderschuhe sind empfehlenswert. Eine verkürzte Version führt bis nach Cassina und über Crocifisso und Spinirolo zurück nach Meride, 2½ Std.

■ **Wanderung zum Gipfel des Monte Giorgio,** je nach Strecke ca. 2 oder 3 Std. Eine andere Wanderung führt von Meride über Cassina auf den Gipfel des San Giorgio (1 Std. 50 Min.) und von hier im Steil- und Direktkurs hinab nach Serpiano (40 Min.) oder in gemildertem Abstieg über die Alpe di Brusino, wo ein gemütliches Grotto auf Wanderer wartet, ebenfalls nach Serpiano (1 Std. 40 Min.). Hier gibt es Postauto- oder Seilbahnanschluss.

Mendrisio

Mendrisio ist der **Hauptort** des Mendrisiotto am Fuß des Monte Generoso. Funde aus der neolithischen Zeit belegen eine frühe Besiedlung. Erstmals erwähnt 793, gehörte der Ort zuerst zur Grafschaft Seprio, ab 1249 zu Como, seit 1335 zu Mailand; 1512 wurde er von den Eidgenossen besetzt. Ab 1522 war Mendrisio eine Landvogtei unter der auf Torre ansässigen Urner Familie *Beroldingen.* Seit 1814 bildet der Ort zusammen mit den Gemeinden des Monte San Giorgio den Bezirk Mendrisio.

Mendrisio liegt auf der untersten, von Hügeln geprägten Geländestufe des Generoso-Massivs. Es ist Teil einer zusammenhängenden Überbauungslandschaft, die sich bis Chiasso und Como fortsetzt, manchmal aufgelockert durch Villenviertel. Seit der Eingemeindung von Arzo, Capolago, Rancate und Tremona ist Mendrisio offiziell eine Stadt.

Mendrisio erlebte v. a. im 19. Jh. eine **bauliche Blütezeit,** als die einheimischen Architekten *Luigi Fontana, Antonio Croci* und *Isidoro Spinellei* hier öffentliche und private Bauten errichteten, so den Schulbezirk, das Theater, das Spital (Palazzo Turconi), die Villa Argentina sowie viele andere Villen. Das alte Spital und die **Villa Argentina,** welche 1872 für die in Argentinien reich gewordene Familie *Bernasconi* gebaut wurde, beherbergen heute die **Fakultät für Architektur** der Universität der italienischen Schweiz (das neue Gebäude der Accademia di Architettura neben der Villa Argentina stammt von *Amr Soliman* und *Patrik Zurkirchen).* Seit dem 17. Jh. ist Mendrisio ein Zentrum der **Textilindustrie.**

Sehenswertes

Mendrisios **Ortskern** ist gut versteckt und kann inmitten wüster Vorstadtarchitektur leicht übersehen werden. Der älteste Teil ist zwischen dem Klosterkomplex S. Giovanni und der Pfarrkirche angesiedelt. Nähert man sich der Altstadt von Westen, fällt die hübsche Jugendstilfassade des Cinema Teatro Mignon an der Via Vela auf, eines der wenigen Exemplare dieser Art, die es noch gibt. 1908 wurde das **Kino** von *F. Bernasconi* erbaut. Er ist auch Erbauer der Schul- und Verwaltungsanlage an der Via Municipio, dem Sitz des **Rathauses.**

Das 1873 von *Croci* gebaute Haus **Carlasc** an der Piazzale del Municipio war das Wohnhaus des Architekten. An der Via Nobile Torriani Nr. 1 steht der **Palazzo Torriani** mit einem Rundbogenportal von 1541, das in zwei malerische Innenhöfe führt. Der erste ist aus dem 17. Jh. und hat eine Loggia, der zweite besitzt toskanische Säulenpaare (15. Jh). Ein weiterer Innenhof befindet sich im Nordteil. Am nördlichen Stadtrand liegt das ehemalige Servitenkloster

Antico Convento di Serviti, erwähnt 1251. Zu Beginn des 13. Jh. befand sich hier ein Hospiz für Arme und Kranke, das von der Bruderschaft der Gedemütigten geführt wurde. Im Jahr 1477 ließen sich die Servitenbrüder im Hospiz nieder. Später diente das Gebäude als Gymnasium, seit 1982 ist das **Kunstmuseum** hier untergebracht. Der Komplex besteht aus dem stimmungsvollen Kreuzgang mit toskanischen Säulenarkaden, um den sich Konventgebäude und die mittelalterliche Marienkapelle sowie die Klosterkirche S. Giovanni scharen. In der Ecke des Südflügels findet sich ein **Renaissancerelief** aus der

Werkstatt der *Rodari,* 1514 von *Gaggini* gestiftet. In einem Raum hinter der Kapelle im Erdgeschoss steht ein romanisches Granitbecken mit Tierskulptur.

Ein interessanter Spätbarockbau ist die **Klosterkirche S. Giovanni,** sie wurde 1722 mit Ausnahme des Turms von *G. Magni* und *S. Soratini* neu gebaut. Sie hat eine Pilasterfassade, ein Giebel zeigt Malereien aus dem 18. Jh., innen ist sie reich stuckiert. Die Malereien im Gewölbe stammen von *Brenni* und *Bagutti.* Die äußerlich nur schwer als Kapelle erkennbare **S. Maria delle Grazie** hat eine romanische Mauerpartie mit Rundbogen, Arkadenfries und Luziden. Im Innern ist in der Lünette des Altars ein gut gearbeitetes Fresko der Muttergottes mit der heiligen Katharina und Johannes dem Täufer aus dem 14. Jh. zu sehen.

Im alten Ortsteil steht die **Kapelle S. Maria in Borgo** mit romanischem Turm. 1518 erstmals erwähnt, wurde sie später barockisiert. An der Westfront des Turms sieht man ein Renaissancefresko der Muttergottes aus dem späten 15. Jh. Sie birgt 15 gute Prozessionstafeln von *Giovanni Bagutti* aus dem 18. Jh. in der Karlskapelle.

In beherrschender Hügellage steht die monumetalste Kirche des Tessins aus dem 19. Jh.: die **Propsteikirche SS. Cosima e Damiano;** erbaut in der zweiten Hälfte des 19. Jh. von *Spinelli* nach Plänen von *Luigi Fontana,* vollendet 1925. Eine Freitreppe führt zum kreuzförmigen Zentralbau, der im Chor ein prachtvoll geschnitztes Altarziborium in Form eines zweigeschossigen Tempels (1670 von *Lezzani* und *Gaffuri* erbaut) besitzt.

Unterhalb der Kirche steht ein mittelalterlicher **Turm,** dessen älteste Teile auf das 12. Jh. zurückgehen. Früher diente er als Wachturm, seit Ende des 15. Jh. als Glockenturm. An der Nordseite findet sich ein römischer Inschriftenstein von *Publius Valerius Dromon* aus dem 2. Jh.

Der **Palazzo Pollini** steht in der Via Pontico Virunio; er ist einer der schönsten Barockpaläste im Tessin, erbaut 1720, ein winkelförmiger, zweieinhalbgeschossiger Monumentalbau mit hoher, abweisender Straßenfront und einer etwas leichteren Fassade mit zwei von Balkonen gekrönten Rundbogenportalen zur Piazetta Carobbiello. Der Hof hat einen toskanischen Säulenportikus. Die Piazza alle Valle ist ein Werk *Mario Bottas.* Auf einem Hügelsporn südöstlich Mendrisios lag in **Torre** der 1350 zerstörte Feudalsitz der Familie *della Torre (Torriani).* Der heutige Baukomplex mit Arkadenhof stammt von den *Beroldingen,* die sich hier 1679 niederließen.

Die **Kirche San Sisino** war die Privatkirche der *Torriani,* sie hat ihren Ursprung im Frühmittelalter, der heutige Bau geht auf Umbauten des 16. und 17. Jh. zurück. Sie birgt bemerkenswerte klassizistische Fresken von 1816, gemalt von *A.* und *G. B. Bagutti.* Geöffnet: täglich 9–11 und 14–16 Uhr.

Nahe der Autobahn nordöstlich von Mendrisio befindet sich über drei Vorgängerbauten die **Kirche S. Martino** (Schlüssel bei *H. Sciaini,* Mendrisio, Tel. 091 64 62 820). Der breite spätromanische Bau, erstmals erwähnt 962, hat eine eingezogene Halbrundapsis, die untere Hälfte der nördlichen Schiffswand stammt vom Vorgängerbau. An der südlichen Schiffswand sind Lisenen und Arkadenfriese mit Tierkopfkonsolen sowie drei Luziden zu sehen; die mittlere weist ein Adlerrelief auf. Die Vorhalle, der überhöhte Chor sowie die Sakristei sind von 1695. An der Chorfront sind barocke Fresken der Heiligen Martin und Firmus aus dem 18. Jh. zu sehen. Die geschnitzte Leuchterbank stammt aus dem Anfang des 16. Jh., das kostbare Stuckantependium, das die Enthauptung zweier Heiliger zeigt, ist um 1640 entstanden. Seit fast 400 Jahren findet am 11. November nahe der Kirche ein dem heiligen Martin gewidmetes Fest statt.

Auch das berühmte **Eselrennen Palio degli Asini** wird in Mendrisio alljährlich ausgetragen (s. u.: „Kultur und Feste").

Praktische Tipps

Information

- **Mendrisiotto Turismo,** Via Luigi Lavizzari, 6850 Mendrisio, Tel. 091 94 13 050, www.mendrisioturism.ch. Von April bis Ende Oktober finden Führungen durch den historischen Teil des Borgo statt.

Unterkunft

- **Hotel Morgana,** Via C. Maderno 12, 6850 Mendrisio, Tel. 091 64 62 355, www.hotelmorgana.ch. 16 Zimmer mit Bad/WC, DZ sFr. 195.
- **Coronado,** Via Borromini 10, 6850 Mendrisio, Tel. 091 64 13 050, www.hotelcoronado. ch. Modernes Geschäftshotel in der Nähe der Autobahnausfahrt. DZ sFr. 229–259.

Essen und Trinken

- **Grotto Eremo di San Nicolao,** in Salorino, Somazzo, Tel. 091 64 64 050 (Mi geschlossen). Neben der Wallfahrtskapelle (16. Jh.) am Fuß des Monte Generoso, hoch über Mendrisio, herrliche Sicht, einfache Tessiner Küche, man sollte vorbestellen.
- **Grotto La Balduana,** Salorino (Straße zum Monte Generoso), Tel. 091 64 62 528. Empfehlenswertes Restaurant mit gutem Preis-Leistungsverhältnis; schöne Terrasse, man sollte vorbestellen.
- **Atenaeo del Vino,** Via Pontico Virunio 1, Mendrisio, Tel. 091 63 00 636. Vinothek, Tagesteller.

507te tt

■ **Grotto Bundi,** Via alle Cantine, Mendrisio, Tel. 091 64 67 089. Traditionelles Grotto mit drei Sälen, im Kamin brodelt die Polenta.

■ **Antico Grotto Ticino,** Via alle Cantine, Mendrisio, Tel. 091 64 67 797. Mit typischen Tessiner Grottogerichten.

■ **Antica Osteria del Leone Barberini,** Via Pontico Virunio 1, Mendrisio, Tel. 091 63 00 636, hier wird lombardisch-piemontesische Küche serviert.

Museen

■ **Museo d'Arte,** Piazza San Giovanni, Tel. 058 68 83 350, Di–Fr 10–12 und 14–17 Uhr, Sa/So 10–18 Uhr. Im ehemaligen Servitenkloster: Tessiner Künstler (18.–20. Jh.), Werke aus deutscher und italienischer Schule (16. u. 17. Jh.), moderne und zeitgenössische Werke der Lombardei. Eintritt sFr. 10.

■ **Modelleisenbahn-Galerie,** Galleria Baumgartner, Via Stefano Franscini 24, Tel. 091 64 00 400, www.gb-trains.ch. Gegenüber Bahnhof. 600 m² Ausstellungsvitrinen mit über 15.000 Exponaten in allen Maßstäben; digital gesteuerter Betrieb von Modellbahn-Anlagen. Di–Fr 9.30–12 u. 13.30–17.30 Uhr, Sa/So 9.30–17.30 Uhr.

Kultur und Feste

■ **Estival Jazz** macht seit einigen Jahren Mitte Juli auch in Mendrisio Station. Es finden Gratis-Konzerte auf hohem Niveau statt. Informationen unter www.estivaljazz.ch.

■ Zur Faschingszeit gibt es in Mendrisio verschiedene **Karnevalsumzüge.** Am Faschingsdienstag, dem letzten Tag der Feierlichkeiten, zieht der berühmte Maskenzug Nebiopoli durch die Gassen der Stadt mit Kapellen, Guggen, Masken und Wagen.

‹ Die Altstadt von Mendrisio zur Osterzeit

Prozessionen in der Karwoche

Die Karwoche ist in Mendrisio von der Darstellung des **Leidensweges Jesu** und seines Todes am Kreuz geprägt. Am Donnerstag vor Ostern beginnt bei Sonnenuntergang der Umzug durch die alten Gassen: voraus die Legionäre zu Pferd unter Trompetenklang, dann Jesus mit der Dornenkrone (eine begehrte Rolle, der Name des Darstellers wird zuvor geheim gehalten).

Christus wird auf dem Weg zum Kalvarienberg von Veronika mit dem Schweißtuch und von weinenden Frauen begleitet. Simon hilft ihm, das Kreuz zu tragen. Herodes, Pilatus, Priester, Schreiber und Diebe gehören ebenfalls dazu. Römische Soldaten würfeln um die rote Tunika Jesu. Das Szenarium wird bei zunehmender Dunkelheit, einzig von Fackeln und Laternen erhellt, immer dramatischer.

Auch die **Karfreitagsprozession** hat ergreifenden Charakter. Maria und der leblose Körper ihres Sohnes werden von Bruderschaften und Klerus durch die von Gläubigen gesäumten Gassen getragen. Äußerst kunstvolle Lampions mit von der Rückseite beleuchteten Bildern, die die Gassen des historischen Ortszentrums überspannen, tragen zur Stimmung bei. Sie stammen teilweise aus dem 17. Jh.

Der Ursprung der Prozessionen ist in den **mittelalterlichen Passionsspielen** zu suchen, die mit ihrem Realismus eine starke religiöse Botschaft transportierten. In Mendrisio wurden sie von den Servitenpatres gegen Ende des 15. Jh. eingeführt und sind seit dem 17. Jh. urkundlich belegt.

■ Infos: Tel. 091 64 13 050.

508te tt

■ Beim **Eselrennen,** der *Palio degli Asini,* treten fünf Stadtteile gegeneinander an. Immer im Mai.
■ Das **Winzerfest** findet in Mendrisio am letzten Wochenende des Septembers statt.

Einkaufen

■ **Antiquitätenmarkt** in der Altstadt, im Frühling und Herbst.
■ **Factory Outlet Zentrum Foxtown,** Mendrisio. Eines der größten Outlet-Zentren Europas: Von Adidas über Nike und Prada bis Versace und Yves St. Laurent. Designermode zu Fabrikpreisen.
■ **Büchermarkt** gebrauchter Bücher, auf der Piazzale alla Valle, am dritten Mittwoch des Monats, 13–18 Uhr.
■ **Kulinarischer Monat,** im Oktober. 35 bis 40 Restaurants in Mendrisio und Umgebung bieten spezielle (Wild-)Gerichte an.

Das beliebte Estival Jazz in Mendrisio

Zwischen Mendrisio und Chiasso

Salorino und Somazzo

Am Hang des Dosso Bello über den Weinbergen liegt in schöner Aussichtslage das relativ gut erhaltene **Salorino,** Heimatort der Malerbrüder *Breni.* Es ist auch für seine Grotti bekannt. Oberhalb des Dorfes liegt die barockisierte **Kirche S. Zenone,** 1330 erwähnt. Sie birgt vorzügliche Stuckaturen und Bildfelder mit den vier Evangelisten im Chor. In der frühbarocken Rosenkranzkapelle steht ein Altar mit einer schönen Madonna aus Terracotta von 1626. Neben dem Portikus liegt das ehemalige Beinhaus.

Oberhalb des Dorfes liegen in **Somazzo** ein römisches Gräberfeld und die spätmittelalterliche barockisierte Kapelle S. Giuseppe. Das Haus Pestoni besitzt originelle Stuckbekrönungen mit personifizierten Jahreszeiten über den gassenseitigen Fenstern.

Über Somazzo gelangt man zur kleinen, in den Felsen gehauenen Wallfahrtskapelle **San Nicola** und dem **Grotto Eremo San Nicola,** beide offenbaren einen wunderbaren Blick auf das Tal. Die Kapelle soll hier seit 1413 stehen, seit 1591 ist sie bezeugt und wurde 1606 erweitert. Sie birgt Fresken des 17. Jh. und im dem Heiligen Michael gewidmeten Seitenaltar ein bemerkenswertes Gemälde von *F. I. Torriani* um 1700. Das Grotto diente früher als Einsiedelei.

Von Somazzo führt die Straße im Valle dell'Alpe nach **Bellavista** und zu dem nur im Sommer bewohnten Weiler **Cragna** unterhalb des Monte Generoso.

Coldrerio und Costa di Sopra

Coldrerio ist Heimatort der Maler *Pier Francesco Mola* (1612–1666) und *Gian Maria Livio,* gestorben 1766. In der stattlichen **Pfarrkirche S. Giorgio,** einem Spätrenaissancebau, erbaut im 16. Jh. und mehrmals erweitert, hängt in einer Seitenkapelle ein Gemälde von *Livio.* Sehenswert ist der Hochaltar mit dem Stuckretabel. Vor der Kirche ist ein Bronzedenkmal für *Pietro Mola* (1828–1884) zu sehen.

In Costa di Sopra steht das **Landhaus Malacrida;** es geht auf das 15. Jh. zurück. Auf zwei Fassadenseiten hat es Terracottafriese sowie Überreste spätgotischer Fresken. Auffallend das U-förmige Einfamilienhaus in den Rebbergen von 1989 von *P.* und *F. Moro.* In einsamer Lage mit einem malerischen Zugang liegt in einer Gruppe von Zypressen die **Friedhofskapelle S. Apollonia.** Die Fassade zeigt eine gemalte Marmorverkleidung. Im Inneren sind Malereien aus dem frühen 18. Jh. zu sehen. Sie zeigen die Muttergottes vor dem Berg Karmel und die Heiligen Lucia und Ursula sowie Agatha und Apollonia. Hier befinden sich die Gräber der Maler *Mola* (mit Medaillon von *Vela*) und *Livio.*

Villa

Villa besitzt einen altertümlichen Dorfkern und die **Nativitàkapelle** oder La Beccaria, ein barocker Backsteinbau mit eingezogenem quadratischen Chor von 1674. Es ist die Familienkirche der *Beccaria,* die im Dienste des Papstes *Alexander II.* standen. Ihre Wappen sind an der Pilasterfassade zu sehen. Sie birgt gute Wandgemälde in Stuckrahmen. Gegenüber der Kirche liegt der **Palazzo Beccaria,** ein trapezförmiger Bau mit stark umgebautem Innenhof.

Der **Palazzo Cigalini** oder Quadri, erbaut im 17. Jh., ist ein schlanker Bau mit kurzen Seitenflügeln und einer toskanischen Arkadenhalle. **S. Maria del Carmelo** ist ein einfacher Kirchenbau des 16. Jh. An der Fassade finden sich Überreste einer groß angelegten Himmelfahrt Mariä aus dem 16. Jh. von *G.B. Tarilli.* Die linke Seitenkapelle zeigt Malereien von *Pier Francesco Mola;* die Heiligen Sebastian und Rochus an der Altarwand stammen ebenfalls von *Mola.*

Balerna

Im Frühmittelalter eine Langobardensiedlung, ging Balerna 1335 in den Besitz eines Mailänder Klosters über. Die hier zu findende **Sommerresidenz des Bischofs von Como** aus dem 16. Jh. wurde stark modernisiert und von 2001 bis 2003 von dem Architekten *R. Cavadini* restauriert.

S. Vittore geht auf das 5. oder 6. Jh. zurück und ist seit 1180 Pfarrkiche. Sie wurde barockisiert und 1818 durch *P. L. Fontana* erweitert. Die romanische Apsis im Chor wird durch Lisenen gegliedert und hat ein Arkadenfries auf skulpierten Konsolen. Der Barockturm und die Barockfassade sind von *Silva,* 1744. An der Stirnwand des nördlichen Seitenschiffes befindet sich ein Frührenaissancefresko mit thronender Muttergottes und den Heiligen Viktor und Sebastian, darunter das Fragment einer Epiphanie und die Himmelfahrt Mariä, um 1500, vermutlich aus der Werkstatt *Tommaso Rodaris.* Weitere Fresken in der Apsis und in der Hängekuppel.

Die Kirche weist sechs Altäre auf, besonders prächtig ist der barocke Hochaltar aus Buntmarmor und Tempietto mit gedrehten Säulen, auf der Rückseite befindet sich eine Nische mit einer hölzernen Immakulata vom Anfang des 18. Jh. Viele Gemälde bekannter Tessiner Maler schmücken die Kirche. Auf der Südseite der Kirche steht ein **klassizistisches Baptisterium** mit einem schönen Renaissancetriptychon aus Marmor mit Muttergottes, den Heiligen Viktor und Stephanus, darüber eine Kreuzigungsgruppe aus der Werkstatt der *Rodari,* um 1500. Ein zierliches Beinhaus von 1759 liegt nördlich der Kirche. Hinter ihr ist die ehemalige **Nuntiatur.** Die ersten Wohnhäuser gehen auf das 12. Jh. zurück, der heutige Kern auf das 16. Jh., es folgten jedoch mehrmals Umwandlungen. Man tritt durch ein geschweiftes Portal in einen überwölbten Eingangsbereich, rechts liegt der Pallazzo della Nuntiatura. Der Festsaal hat eine Holzbalkendecke mit Régencebemalung und einem Fries mit Putten. Daneben gibt es zwei weitere Repräsentationsräume, durfte doch der Priester von Balerna den jeweiligen Nuntius aus Rom als Erster auf eidgenössischem Boden begrüßen. Die Räume wurden modernisiert, so auch der Eingangsbereich mit einer Kunstgalerie. Ein Atrium führt zum Hof, ein weiteres in die schöne Gartenanlage.

Hangwärts darüber, jedoch verdeckt durch einen anderen Bau, steht der bischöfliche **Palazzo Belvedere,** 1706 von *Carlo Silva* für den Bischof von Como, *Bonesana,* gebaut. Es ist ein mächtiger Rechteckbau mit vier Eckrisaliten, die auf drei Seiten einen Ehrenhof bzw. Terrassen mit Freitreppen einfangen. Die Mittelpartie wird durch ein Mezzaningeschoss überhöht. Kunstvolle Gitter zieren das Gartentor und die Balkone, den Empfangssalon schmücken ein ausgemaltes Spiegelgewölbe und Wappen des *Monsignore Lachat* und von Tessiner Bischöfen. Ersterer erhob als erster apostolischer Verwalter des Tessins das Gebäude 1859 zu seinem Sitz. Die Kapelle besitzt eine prachtvolle Rokokostuckdecke.

An der Via Silva 1 steht der 1974 gebaute Kindergarten von *Ivano Gianola.* An der Via San Gottardo fällt der klassizistische **Friedhof** mit seinen halbkreisförmigen Flügeln auf.

Entlang von Kreuzwegkapellen des 18. Jh. mit Terrakottareliefs von *F. Ab-*

509te tt

bondio von 1931 erreicht man in Cereda zuoberst auf einem Hügel die **Kapelle San Antonio da Padova** aus dem 17. Jh. In den Räumen der Anlage gibt es zahlreiche Bilder aus dem 16. bis 19.Jh. sowie eine bemerkenswerte hölzerne Madonna aus der *Rodari*-Werkstatt vom Anfang des 16. Jh. Balerna hat außerdem ein kleines **Kaffeemuseum**.

Mezzana und Pontegana

In Mezzana gehörte das ausgedehnte **Landgut** (heute *Istituto Agraio Cantonale)* im 16. Jh. der Familie *Torriani* aus Mendrisio. 1833 kam es in den Besitz der sardischen Königin *Maria Cristina;* unter ihr wurde es klassizistisch umgestaltet und der Nordflügel des Gebäudes neu gebaut; seit 1912 ist die **Agrarschule** hier untergebracht.

In **San Antonio** wurde die gleichnamige Kapelle von 1688 im Jahr 1931 umgebaut und um 180 Grad gedreht.

Pontegana besitzt Überreste einer **Burg,** 789 erwähnt, die 1124 zerstört wurde. Sie hat imposante Mauerreste, im Unterbau ist sie vermutlich frühmittelalterlich, sonst romanisch. Im Mauerwerk des Fundaments sind römische Sarkophage eingelassen. Im durch eine Marmorbalustrade abgetrennten Chor der **Addoloratakapelle** findet sich ein schönes Bild der Schmerzensmutter von *P. A. Magatti* von 1725.

⌃ Trauben und Kastanien sind die Schätze des Mendrisiotto – dazu gibt es viele Themenfeste

Novazzano

Das malerische Straßendorf Novazzano liegt in hügeligem Gelände. Seine **Pfarrkirche SS. Quirico e Giulietta,** 1330 erwähnt, wurde gegen Ende des 18. Jh. nach Plänen von *Regazzoni* aus Balerna neu gebaut. Vom ursprünglichen Gebäude sind der Glockenturm aus dem 12. Jh. und eine Kapelle, das heutige Oratorium der Verkündigung, Anfang 16. Jh., übrig geblieben. Die kreuzgewölbte Kapelle der alten Kirche, erreichbar vom nördlichen Querschiff, birgt Renaissancewandmalereien (1584) von *Gian Battista Tarilli.* Im Kreuzgewölbe sind die vier Evangelisten und die Kirchenväter abgebildet, an der Nordwand ein Letztes Abendmahl, in der Lünette der Einzug in Jerusalem und auf der Gegenseite Überreste einer Fußwaschung und eines Judaskusses. Die Kapelle hat einen prachtvollen Stuckaltar mit gedrehten Säulenpaaren von *Catenazzi* (1711): im Zentrum die Heiligen Quiricus und Giulietta, links der heilige Diakon, rechts Antonius von Padua. In der Kreuzigungskapelle steht ein Altar aus weißem Marmor; das Holzkruzifix stammt aus dem 17. Jh. 1999 wurden die Kirche restauriert. Der Altarraum und die liturgische Ausstattung wurden völlig erneuert. Auf dem neuen Altar steht eine Skulptur des aus Novazzano stammenden Künstlers *Alfredo Tadini.*

An der Via Marcetto Nr. 3 hat *Mario Botta* Sozialwohnungen realisiert, an der Via Casate eine Alterssiedlung.

100te tt

Die **Kapelle S. Trinità** in Castell di Sotto bildet den Eckbau einer mittelalterlichen Häuserzeile; sie besitzt eine romanische Halbrundapsis mit Lisenengliederung und Bogenfries aus dem 12. Jh. In der Apsis sind drei Terracottamedaillons sowie ein hübscher Stuckaltar zu sehen, beide um 1700 entstanden.

Brusata, Pedrinate und Seseglio

Brusata ist der Geburtsort **Carlo Fontanos,** einem der wichtigsten Barockarchitekten in Rom. Die spätmittelalterliche **Kapelle** wurde im späten 17. Jh. umgebaut und besitzt Gewölbemalereien aus dieser Zeit.

Die **Villa Riva** in Boscherina kam 1718 in den Besitz der Familie *Pedrazzini* und 1848 in den von *Vincenzo Maderni,* der sie zu einem zweigeschossigen klassizistischen Bau mit Terrakottafiguren auf der Veranda umbauen ließ.

Pedrinate ist ein Weinbauerndorf in erhöhter Aussichtslage an einem Südhang in der Nähe von Chiasso. In dominierender Lage erhebt sich die **Kapelle S. Stefano,** erwähnt 1579, umgebaut 1847, in der Chornische birgt sie Fresken des 17. Jh. Ein abgelöstes Fresko zeigt die Muttergottes, auf der Gegenseite ist die heilige Martha zu sehen (Mitte 15. Jh.).

Seseglio ist ein intaktes Dörfchen mit einer Kapelle von 1929.

Muggio im Muggiotal

Valle di Muggio

Das **südlichste Bergtal der Schweiz,** nordöstlich von Balerna gelegen, lässt sich in drei Vegetationszonen einteilen. Der enge Talgrund, vom Breggia-Fluss geformt, ist von Erlen, Eschen, Pappeln und Gebüsch bedeckt. Rund 100 m über der wildromantischen Breggia-Schlucht (heute ein Naturpark) öffnet sich das Tal terrassenförmig; hier beginnt das landwirtschaftlich genutzte Gebiet. Darüber liegt Buchenwald, der allmählich in sanft geschwungene Bergkämme übergeht.

Neben den zahlreichen Brücken aus verschiedenen Jahrhunderten fallen die so genannten Roccoli, die **Vogelfangtürme,** und die **Grà** auf. Letztere sind turmartige Einrichtungen, in welchen früher die Kastanien gedörrt wurden. Nur noch im Muggio-Tal zu finden sind die **Nevère,** die äußerlich an die apulischen Trulli erinnern. Die Rundbauten aus Stein dienten bis in die 50er Jahre des 20. Jh. mit Schnee gefüllt als Kühlhäuser zur Lagerung von Lebensmitteln.

Im Tal ist vor allem die **Käseproduktion** von Bedeutung. Als Spezialität bekannt sind die Weichkäsesorten Formaggini und Robiole.

Castel San Pietro

Castel San Pietro gehört mit Morbio Superiore und Sagno zur Bassa Valle. Die Orte liegen auf den beiden Talflanken mit Blick auf die Mendrisiotto-Ebene. Es ist die Heimatgemeinde von verschieden Künstlerfamilien, etwa der *Salterio, Carabelli, Magni* und *Pozzi.* In Castel San

Pietro stand früher eine im 12. Jh. gebaute **Burg,** die erst dem Bischof von Como, dann den *Rusca* gehörte. In ihrer Kirche, der **Capella Rossa,** wurden 1390 mehr als hundert Anhänger der ghibellinischen *Rusca* von den welfischen *Busioni* massakriert, daher rührt der Name Rossa (rot). 1610 wurde die Burg zerstört. Die heutige Kirche S. Pietro oder Capella Rossa auf einem Felskopf über der Breggia, erbaut 1343 und auf ehemaligem Burggelände gelegen, ist fast unverändert geblieben: ein schmuckloser Rechteckbau mit halbrunder Apsis. Über dem Westportal sind die Bauinschrift und Porträts des Bauherrn zu erkennen, des Bischofs *Bonifazius von Modena,* als Bischof und Lehrer. Das originale Marmorrelief ist im Innern der Kirche zu sehen. Hier ist ein reicher **gotischer Freskenzyklus** aus der ersten Hälfte des 14. Jh. erhalten. An den Schiffswänden sind streifenförmige Ornamente mit Würfelfries, Rosetten, Schnittmustern und Wellenranken zu sehen. An der Ostwand findet sich die Verkündigung Mariä, unten links die thronende Muttergottes, rechts die Heiligen Agatha, Katharina und Agnes. In der Apsiskalotte thront eine Majestas Domini mit den Evangelistensymbolen, darunter sind vier Szenen aus dem Leben Petrus' zu sehen: die Berufung durch Christus, vor Kaiser Nero, im Gefängnis und Kreuzigung. Der Schlüssel liegt im Pfarramt, Tel. 091 64 61 416.

Unterhalb des traubenförmig am Hang gelegenen Dorfes mit steilen Gassen liegt auf einem Geländesporn die prachtvolle **Barockkirche S. Eusebio,** 1670–78 von *Agostion Silva* erbaut, mit schönem Innenraum mit korinthischen Pilastern und umlaufendem Gebälk, vier Seitenkapellen und eingezogenem Chor, einmündend in eine leicht ausgreifende Apsis. Im Gewölbe des Schiffes zeigen zwei Bildfelder Eusebius, Viktor, Petrus und Paulus sowie Stuckaturen aus dem späten 17. Jh. Im Chorgewölbe sind die Verherrlichung des Kreuzes und die Dreifaltigkeit, begleitet von Engeln, dargestellt, in Rokokostuckaturen eingebettet. An den Chorwänden hängen Ölgemälde von *Carlone* aus dem Jahr 1759. In der zweiten Kapelle sind ein Stuckgehäuse mit Relieffiguren der Heiligen Firmus und Defendens sowie eine Kreuzigungsgruppe mit Engel, 1689 von *Barberini* geschaffen, zu bewundern. Die Altäre stammen aus dem 18. Jh., das spanische Kruzifix aus dem Jahr 1600.

In **Loverciano** steht der großzügigste Barockpalast des Mendrisiotto, der **Palazzo Turconi** aus dem 18. Jh., als Sommerresidenz für einen Grafen aus Como vermutlich von *Carlo Francesco* oder *Agostino Silva* errichtet. Der stattliche Rechteckbau weist hinten zwei, vorne drei Geschosse auf. Zwei talseitige Eckrisalite flankieren eine Terrasse über Arkaden mit Blick ins Mendrisiotto, der Hang ist durch Terrrassenmauern abgetreppt, vom Garten ist wenig erhalten.

Obino

In Obino thront in malerischer Höhenlage die ursprünglich romanische **Kapelle S. Antonio** mit kleeblattförmigem Chor. Dort sind zwei Fresken der Heiligen Antonius und Sebastian, um 1500,

> Die Breggia-Schlucht ist Teil eines Naturparks

erhalten. Der Stuckaltar hat ein Fresko mit thronender Muttergottes, Antonius und Stifterfigur. An der südlichen Schiffswand sieht man ein Fresko der Pietà, auf der Gegenseite die Heiligen Sebastian und Rochus. Orbino war 1925 Gründungsort der expressionistischen Gruppe „Rot-Blau", der u.a. die Künstler *Albert Müller, Hermann Scherer* und *Paul Camenisch* angehörten.

Morbio Inferiore

Morbio Inferiore liegt erhöht und besitzt im Ortskern eine urbane Geschlossenheit. Es war der Wohnsitz der einflussreichen Künstlerfamilie *Silva,* die sich vor allem im 16. bis 18. Jh. ausgezeichnet hat. Sehenswert ist die **Barockkirche S. Maria dei Miracoli,** erbaut 1595 an Stelle einer von den Eidgenossen zerstörten Burg. 1760 von *Carlo Silva* teilweise neu gebaut, gilt sie als der einheitlichste Barockbau des Mendrisiotto, reich an Stuckaturen und Fresken des 16. bis 18. Jh. und mit bedeutender Ausstattung. S. Maria dei Miracoli ist eines der populärsten Wallfahrtsziele des Kantons. Zwei vom Teufel gequälten Mädchen aus Mailand soll hier beim Beten um Besserung die Muttergottes erschienen sein, woraufhin die Mädchen geheilt waren.

Der Rechteckbau mit querschiffartiger Erweiterung und zweigeschossiger, übergiebelter Pilasterfassade hat einen unverputzten und unbekrönten Südturm. Die Kirche birgt **zahlreiche Stuckaturen** aus dem 17. Jh. vor allem von Mitgliedern der Familie *Silva.* Die Gemälde und Fresken, die oft den Tod thematisieren, wurden von *F. Silva, G. Petri-*

510te tt

ni, I. Torriani, I. Bianchi, I. Ceppi, G. Livio und *P. Recchi* gemalt. Die Via Crucis wird *Francesco Antonio Silva* zugeschrieben. In der Rosenkranzkapelle, erreichbar durch den Korridor hinter der Muttergotteskapelle, steht in einem Stuckaltar eine aus Pappe gefertigte Madonna aus dem 18. Jh. Das **Pfarrei-Museum** zeigt eine Ausstellung von Votivbildern und Kirchengegenständen; Öffnung auf Anfrage, Tel. 091 68 31 777.

Die spätbarocke Kapelle S. Rocco zeigt ebenfalls Gemälde und Malereien von *F. Silva, I. Ceppi* und *G. Livio.*

Die **Friedhofkirche S. Giorgio,** 1309 erwähnt und mehrmals umgebaut, birgt beachtliche Wandgemälde. In der Apsis eine Anbetung der Hirten aus dem späten 16. Jh., im südlichen Seitenschiff der heilige Silvester, darüber eine Heiligengruppe mit Muttergottes und Christus. An den Schiffsseitenwänden sind Kreuzwegstationen und Trompe-l'oeil-Cartelli zu sehen, z. B. mit der Kirche S. Giorgio. Im Gewölbe der Sakristei einer ehemaligen Kapelle ist eine thronende Muttergottes mit den Heiligen Martha, Joseph und Hieronymus aus der Mitte des 15. Jh. zu bewundern. In der Lünette findet sich ein Muttergottesfresko.

Die **Scuola Media** an der Via Franscini 30 ist ein Bau von *Mario Botta* der 1970er Jahre mit Amphitheater. In Morbio Inferiore liegen zahlreiche **Weingüter und Kellereien,** Besuche und Weinproben sind nach telefonischer Vereinbarung möglich. Informationen gibt *Ticinoweine,* Tel. 091 69 01 353. Außerdem kann man von hier aus den Parco delle Gole della Breggia (Geopark) erreichen.

Roncapiano im oberen Muggiotal

Morbio Superiore

In Morbio Superiore steht in beherrschender Lage die frühklassizistische **Pfarrkirche S. Giovanni Evangelista,** 1789 nach Plänen von *Canonti* vollendet. U.a. sehenswert die zwei Gemälde an den Schiffswänden von *Giovanni Battista Bagutti:* links die Ölmarter, rechts die Evangelisten in der Synagoge.

Unterhalb des Dorfes liegt die barocke **Kapelle S. Anna** von 1705. An den Schiffswänden sieht man rechts die Heiligen Anna und Joachim, überstrahlt vom Heiligen Geist, links die Unbefleckte Empfängnis. Hinter dem Marmoraltar des Chors sind Fresken und Rokokostuckaturen der Vorgängerkirche zu sehen. Im Zentrum die Muttergottes mit Rochus und Sebastian aus dem 17. Jh.

Die **Casa Pusterla** in der Zona Lecco wurde 1983 von *Mario Botta* gebaut. Einsam auf einem Hügel steht die romanische **Kapelle S. Martino** aus dem

102te tt

12. Jh. Der rechteckige Chor entstand um 1700, die Fassade zwischen den Flügelmauern 1866. Im Schiff ist ein interessanter Inschriftenstein von *Eutarcius zu sehen,* dem Schwiegersohn *Theodorichs* (519 Konsul), mit Kreuz, Taube und geometrischen Motiven. Im Tessin ist es der **einzige belegte Fund aus der Zeit der Goten.**

Von Morbio Superiore führt eine Straße nach **Sagno.** Die Häuser des Ortes liegen dicht gedrängt an einem Steilhang. Hier hat sich der romanische unverputzte Turm mit Blendbogen der **Pfarrkirche S. Michele** erhalten. Die Kirche wurde Ende des 18. Jh. von *Simone Cantoni* umgebaut. Äußerlich eher schlicht, wirkt das Innere mit der Pendentivkuppel eher überraschend, besonders das große Gemälde des heiligen Michael als Seelenwäger sticht hervor. Der Hochaltar birgt ein schönes Kreuzigungsgemälde aus der ersten Hälfte des 17. Jh.

Durchs obere Muggio-Tal

Von Morbio Superiore steigt die Straße noch etwas an, und man gelangt bei dem auf einer Geländerippe ausgebreiteten Dorf **Caneggio** fast unmerklich ins eigentliche Muggio-Tal. An der alten Straße nach Canneggio liegt ein Brunnen, dessen Trog der Deckel eines römischen Sarkophags war. Die spätbarocke **Kirche** von Caneggio, ein Bau von 1715, dominiert den Ort. Die Kirche birgt ein großes Gemälde des heiligen Karl Borromeo von 1630 sowie frühbarocke Stuckaturen und Malereien.

Jenseits eines kleinen Seitenbaches folgt **Bruzella** mit seinem weitgehend intakten, maßgeblich im 19. Jh. geprägten Ortsbild. In der Nähe liegt eine alte renovierte Wassermühle, Bestandteil des Talmuseums; auch das Dokumentationszentrum des Talmuseums findet sich hier. An der örtlichen Pfarrkirche S. Siro wird seit dem 16. Jh. gebaut, einer der

Bauherren war *Cantoni*. In **Zocco** steht die Wallfahrtskapelle S. Maria di Loreto aus dem 16. bis 18. Jh. Zur Kapelle führt ein Stationenweg mit Bildstöcken, die 1959 von *Gilardi* neu ausgemalt wurden.

Cabbio ist ein langgestrecktes Dorf mit schmalen Gassen; in seinem westlichen Teil liegen Häuserkuben aus dem 19. Jh. Der klassizistische Dorfbrunnen von 1844 mit seinen zwei seitlichen Waschtrögen stammt von *Luigi Fontana*. Die stattliche Spätbarockkirche wurde mit Stuckverzierungen von *D. Fontana* 1795 neu gebaut, der Marmoraltar stammt von *Rossi* aus Arzo. Die stattliche **Casa Cantoni** mit den zwei Höfen aus dem 16. Jh. (im 17. Jh. erweitert) beherbergt das Museo Etnografico delle Valle di Muggio.

Auf einer hohen Brücke überquert man den Bach, der aus dem Val Lausca kommt, und gelangt nach **Muggio,** das mit seinen eng gedrängten Häusern, schmalen Gässchen und Treppen mediterran wirkt. Muggio ist Heimatort der klassizistischen Architekten *Pier Luigi* und *Luigi Fontana* sowie von *Simone Cantone*. Die spätbarocke **Pfarrkirche S. Lorenzo** wurde 1760 praktisch von Giuseppe Fontana neu gebaut. Sie hat einen reich instrumentierten Innenraum mit einer Schiffs- und einer Chorkuppel. Kompsitpilaster und Gebälk umziehen die konchenartigen Seitenkapellen und den kleeblattförmigen Chor. Spärliche Stuckaturen, begleitet von illusionistischer Malerei, zeigen die Verherrlichung des Kirchenpatrons und der Madonna (1760). Die **Casa Cantone-Fontana** gegenüber der Kirche birgt im Erdgeschoss einen Festsaal mit Fresken von *Pozzi* aus dem 18. Jh. Der **Brunnen** mit Säulen am Nordende des Dorfes ist von *L. Fontana,* 1840. Jenseits des Flusses Breggia steht hier einsam die 1616 geweihte **Kirche S. Giovanni Battista,** das Chorflankentürmchen und die Vorhalle sind vermutlich erst aus dem 18. Jh. Sie birgt ein barockes Stuckretabel und Fresken aus dem 17. Jh.

Die Gemeinde Muggio umfasst den weiten Talkessel mit der Kirchgemeinde Scudellate und einer Reihe von Bergweilern und Maiensäßen am Monte Generoso. Beim Weiler **Tur** sind die charakteristischen engen Terrassierungen besonders deutlich ausgeprägt.

Weltabgeschieden liegt **Scudellate** am Steilhang mit zwei Reihen stattlicher Steinhäuser und seiner klassizistischen Kirche von *G. Fontana* nach einem Entwurf von *Cantoni* gebaut. Ein Fußweg führt zum italienischen Dorf Erbonne. Die Straße führt weiter nach **Roncapiano** mit seiner kleinen Kapelle. Malerisch klebt der Alpweiler **Casiroli** mit einheitlicher Steinplattenbedachung am Hang.

Zurück in Cabbio, zweigt bei der Post ein Sträßchen zur Talsohle ab, teilweise mit 25 Prozent Gefälle. Auf der anderen Seite geht es steil hinauf zu den auf der rechten Talseite liegenden Dörfern **Casima** und **Monte** am Osthang des Dosso Bello. In Casima steht am unteren Dorfrand die klassizistische Pfarrkirche SS. Maria e Carlo Borromeo, neu gebaut 1823, teils auf einem künstlichen Unterbau wegen der extremen Hanglage. Montes Pfarrkirche, 1579 erwähnt, birgt im Gewölbe ungewöhnlichen Stuck mit Blütenmotiven; neben ihr liegt ein hübsches Beinhäuschen mit Attikageschoss und Ziergurten aus Stuck (18. Jh.).

Ein außergewöhnlicher klassizistischer Bau auf ovalem Grundriss ist die im oberen Dorf gelegene **Kapelle.** Sie wurde 1815 gebaut.

◁ Geschichtliche Zeugen auf der Alp Nadigh: Die „Nevere" wurden mit Schnee gefüllt und dienten den Bauern so auch im Sommer als Kühlkeller

Chiasso

Der umtriebige **Grenzort** Chiasso liegt im Südzipfel des Tessins an der Hauptroute über den Gotthard nach Mailand. Im 15. Jh. wurde Chiasso vor allem für seinen Pferdemarkt bekannt. Seit der Eröffnung des Gotthardbahntunnels erlebte der Ort eine stürmische Entwicklung. In den letzten Jahrzehnten wurde Chiasso völlig überbaut. Im Ortskern sind die schönen Häuser aus dem 19. Jh., darunter viele von *Fontana,* nur noch bruchstückhaft vorhanden. Chiasso besitzt einen modernen Güter- und Verschiebebahnhof, ist Bankenplatz sowie Sitz internationaler Speditionsfirmen. Wer nicht geschäftlich in Chiasso unterwegs ist, wird seine Zeit eher im schönen Como verbringen.

In der **Bahnhofshalle** hängt ein Wandgemälde mit Auswanderern von *Pietro Chiesa* aus dem Jahr 1933. Die Figurenplastik „Italien und Schweiz" (1933) stammt von *M. Osswald-Toppi.* Das **Zollfreilager** wurde 1924 von *Robert Maillard* errichtet, der vor allem für seine Bogenbrücken aus Stahlbeton berühmt wurde.

Die **Pfarrkirche San Vitale** ist eine historisierende monumentale Säulenbasilika von 1934. Markant ist daneben im Zentrum insbesondere der Neubau der Bank Credit Suisse von *Sergio Grassi* und *Sandro Cantoni* von 1996. Ein Besuch lohnt sich auch im **MaxMuseo,** das dem Schweizer Grafiker *Max Huber* gewidmet ist (s.u.: „Museum").

Der Bandit Mattirö als Rebell und Retter der Armen

Im Jahr 1843 befehdeten sich im Mendrisiotto die Konservativen und die regierenden Liberalen besonders vehement. Dorf stand gegen Dorf und somit auch Familie gegen Familie. Im Muggiotal waren die Zusammenstöße so erbittert, dass es sogar Tote gab. Ausgelöst wurde die Eskalation durch ein alljährlich stattfindendes Volksfest an der Marienkirche am Monte Bisbino, der sich auf italienischem Boden nahe der Tessiner Grenze befindet. 30 Jugendliche scharten sich um zwei schwarze Fahnen, das Symbol der Konservativen, und zogen angetrunken ins Muggiotal, wo sie auf Liberale stießen und es zum Handgemenge kam. Im Tumult wurden ein Polizist aus Chiasso getötet und mehrere Liberale schwer verletzt, unter ihnen auch ein Priester. Die Wut war so groß, dass man die Priester der Anstiftung bezichtigte, da sie von ihren Kanzeln gegen die Liberalen predigten und zum Widerstand gegen die „Gottlosen" aufriefen.

An der Spitze eines Rachefeldzugs stand *Luigi Pagani von Vacallo,* genannt *Il Mattirolo* oder *Mattirö* („der Spinner"). Die Pfarrer von Morbio Superiore und Caneggio waren auf der Flucht, als *Mattirolo* den greisen *Don Michelangiolo Clericetti* von Bruzella mit einem Schuss zu Boden streckte. Auch die beiden anderen Priester wurden aufgegriffen und nach Chiasso gebracht, wo sie vom Pöbel, angeführt von der Witwe des ermordeten Polizisten und ihren fünf nun vaterlosen Kindern, schwer misshandelt wurden. Ihr Leben verdankten sie nur dem beherzten Eingreifen des Regierungskommissars *Dr. Lavizzari.*

Da sich das Muggiotal weigerte, die Mörder auszuliefern, wurde es von Regierungstruppen besetzt. Nach der Beisetzung des Polizisten kehrte *Pagani (Mattirolo)* ins Dorf zurück, wo er den Polizistenmörder zu erkennen glaubte und ihn kurzerhand erschoss. *Mattirolo* musste sich nie wegen Mordes vor Gericht verantworten und seine Taten verbreiteten sich so schnell, dass eine Redewendung besagt „Una schioppetta del *Mattirolo* non ve la leva neanche il vescovo di Como" („Gegen einen Schuss *Mattirolos* ist auch der Bischof von Como machtlos").

Richtig bekannt wurde er aber erst vier Jahre später, nachdem die Wogen zwischen der österreichischen Lombardei und dem Tessin hochschlugen. Das Tessin war damals eine Zufluchtsstätte italienischer Flüchtlinge, bald wurde die Landesgrenze von den Österreichern hermetisch abgeschlossen. Nachdem noch die Getreideeinfuhr gestoppt wurde, die Ernte aber 1847 auch in Italien schlecht war, stürmten Italiener die Exportladungen für das Tessin. Arbeiter aus Vacallo und Sagno durften ihre Arbeitsorte Como und Cernobbio nicht betreten.

Zu dieser Zeit hatte sich *Mattirolo* Gebäck in Italien gekauft, weigerte sich jedoch, es dem Zöllner zu zeigen und warf ihn den Hang hinunter. Der Zöllner suchte *Mattirolos* Haus auf und entging knapp dessen Pistolenschüssen.

Nicht nur die Österreicher machten dem liberalen Regierungspräsidenten *Stefano Franscini* das Leben schwer, auch die Tessiner Konservativen, wie etwa *Leone de Stoppani,* schlossen sich an und redeten eine Hungersnot herbei, indem sie von einer „Hungerregierung" *(governo affamatore)* sprachen. Im Mendrisiotto brach unter der armen Bevölkerung im Februar 1847 Panik aus. *Mattirolo* machte sich zum Fürsprecher der

☐ Im Muggiotal

106te tt

Besitz- und Heimatlosen und zog mit einer Schar von 300 bis 400 Bauern los, die mit Gewehren, Stöcken und Schaufeln bewaffnet waren und auch Säcke für Mais und Mehl mit sich trugen. Dem Zug schlossen sich auch der skrupellose Kleinkriminelle *Fasola* aus Como, der geistig zurückgebliebene Vize-Bürgermeister *Carlo Fontana* von Morbio Superiore und *Battista Medici* aus Corteglia an.

Die Losung lautete „Her mit Mais und Geld". Reiche Bürger im Ort und in der Umgebung zwang *Mattirolo* mit der Waffe, den Armen Weißmehl, Mais und Kastanien auszuhändigen. Die Beschenkten hielt er an, der Lieben Frau von Bisbino zu danken und die Bestohlenen segnete er. Diskret unterstützt wurde die Truppe von Regierungsgegnern. Zuerst wollte die Schar zum Getreidelager nach Chiasso ziehen, hier wurden sie aber bereits erwartet, also brach der Trupp nach Mendrisio auf, das aber wie ausgestorben war, da die Leute sich verschanzt hatten. Der Bürgermeister *Soldini* kaufte den Ort mit einer bescheidenen Summe los, die in den Wirtshäusern verprasst wurde. *Mattirolo* stellte am nächsten Tag noch eine Nachforderung, diesmal für seine eigene Tasche. Die Schar schrumpfte auf 30 Mitstreiter, sodass nur noch der harte Kern sich auf den Weg nach Capolago machte, wo sie auf eine Bürgerwache von Lugano trafen, die die Rebellion im Mendrisiotto unterdrücken sollte. *Mattirolo* und seinen Getreuen gelang zunächst die Flucht, am nächsten Tag jedoch saß *Mattirolo* in der Bürgerversammlung in Vacallo.

Zuerst ging *Mattirolo* freiwillig ins Gefängnis, brach dort aber wieder aus und versteckte sich, nachdem er zu zwölf Jahren Zwangsarbeit verurteilt worden war, jahrelang in den Schluchten seiner Heimat und setzte sich, wenn nötig, nach Italien ab. Verraten wurde er nie, sei es aus Furcht vor dem gewalttätigen Mann oder aus Solidarität Geächteten gegenüber. 1853 fühlte er sich in Italien nicht mehr sicher und emigrierte nach Argentinien und von dort in die USA. 1874 zog er nach einer Amnestie nach Vacallo zurück. Der Ex-Goldgräber war jetzt ein reicher Dandy, der gern mit Geld um sich warf. 1902 starb er, fast 90–jährig. Sein Ruf als eine Art Tessiner Robin Hood hing ihm im Mendrisiotto noch lange nach. Noch 1967 wollte ein Anhänger, ein gewisser *Luigi Ruggeri,* unbedingt auf seinem Grab beigesetzt werden, was ihm auch tatsächlich gestattet wurde.

Vacallo

Vacallo ist eine stark zersiedelte Gemeinde. Seine **Barockkirche SS. Simone e Giuda** zeigt Reste einer zweischiffigen mittelalterlichen Vorgängerkirche. Sie birgt verschiedene Fresken, darunter in der neuen Kapelle von 1971 ein abgelöstes vorzügliches Renaissance-Triptychon, vermutlich mit den Heiligen Antonius Eremita und Simon. Der Hochaltar birgt ein schönes Gemälde, das einen persischen König und die Heiligen Simon und Judas Thaddäus zeigt, 1725 von *P. A. Magatti* gemalt. Die **Kirche San Croce** im Dorfkern wurde in der zweiten Hälfte des 19. Jh. von *Fontana* und *Spinelli* erweitert. Der neue **Hotelanbau** des *Conca Bella* von 2001, gegenüber der Dorfkirche, stammt von *Bélen Alves Pfister* und *Nicola Pfister.* Im nördlichen Dorfteil sind noch historisierende und Jugendstil-Villen zu sehen.

Praktische Tipps

Unterkunft

■ **Hotel und Restaurant Conca Bella,** 6833 Chiasso-Vacallo, Via Concabella 2, Tel. 091 69 75 040, www.concabella.ch. Restaurant mit kreativer mediterraner Küche und attraktiver Weinkarte. 17 Zimmer. Geschlossen vom 27. Dezember bis 13. Januar, So, Mo Ruhetag. DZ mit Dusche/Bad sFr. 160–210.

■ **Mövenpick Hotel Touring,** Piazza Indipendenza 1, Tel. 091 68 25 331, www.moevenpick-hotels.com. Zentral beim Bahnhof gelegen, Restaurant, Straßenterrasse; 60 kleine Zimmer, DZ mit Dusche/WC sFr. 160–180.

■ **Hotel garni Centro,** Corso San Gottardo 80, Chiasso, Tel. 091 68 23 686, www.hotelgarnicentro.com; sauberes Stadthotel; DZ sFr. 154–184.

■ **Ul Furmighin,** 6839 Sagno, Tel. 091 68 20 175. Grotto mit guter Küche und einfachen DZ, eines mit Dusche/WC, sFr. 90–120.

Essen und Trinken

■ **Hotel und Restaurant Conca Bella,** s. o.

■ **Grotto Dei Tigli,** Balerna, Tel. 091 68 33 081 (Di Ruhetag). Ausgezeichnete Regionalküche mitten in Weinreben.

■ **Osteria del Giardino**, Via Cereghetti 11, Morbio Inferiore, Tel. 091 68 26 050, kleines, feines Lokal mit genuiner Küche.

■ **Snack Bar Faloppia,** Via Volta 2, Chiasso, Tel. 076 58 28 250, Gute Pizzeria.

■ **Vecchia Osteria,** Via Campora 11, Chiasso-Seseglio, Tel. 091 68 27 272, mediterrane Küche in rustikalem Ambiente, im Grünen gelegen. So Abend und Mo sowie Mitte September bis Anfang Januar geschlossen.

Museum

■ **Museum m.a.x.,** Via Dante Alighieri 5, Chiasso, Tel. 091 68 25 656, www.maxmuseo.ch. Das von *Durisch* und *Nolli* 2005 gebaute Museum mit Stadtsaal und Brunnen-Platz bildet zusammen mit dem Cinema Teatro eine Kulturinsel. Gezeigt werden neben temporären Ausstellungen über (Grafik-)Design, Fotografie und Videoart das Gesamtwerk von *Max Huber* sowie die Schenkung „Deposito Arte Video". Di–Do 10–12 und 15–18 Uhr, Eintritt sFr. 10.

■ **Ethnographisches Museum des Muggio-Tals,** Casa Cantoni, Cabbio, Tel. 091 69 02 038, www.valledimuggio.ch, Di–So 14–17 Uhr; **Mulino**

Die Kastanie war einst das Grundnahrungsmittel der Tessiner – sie wurde im Grà gedörrt

512te tt

(Mühle), Bruzella, Tel. 091 68 41 188, April–November; **Regione Valle di Muggio,** Morbio Superiore, Tel. 091 68 22 016. Thematische Wanderwege auf den Spuren von Schneekellern, Mühlen, Vogelfangtürmen, Brücken, Köhlerstätten, Dörrhäusern und Brunnen. Ausstellungen über die Kastanie bei der Forstverwaltung (AFOR) in Lattecaldo, über die Mühle in Bruzella, über die Schneekeller in Scudellate, Dokumentationszentrum in Bruzella.

Kultur und Feste

- **Fest der Kastanie.** Jedes Jahr findet Mitte Oktober, jeweils in einem anderen Dorf des Muggiotals, das Kastanienfest statt. Einziges Thema ist der Baum mit seinen Früchten. Es ist sinnlos, dieses Fest, das bis nach Mailand beliebt ist, mit dem Auto besuchen zu wollen. Es gibt einen Rückstau bis Mendrisio. Informationen unter Tel. 091 64 65 761.

Wanderungen

- **Rundwanderung auf den Monte Generoso** vom Muggiotal, 6 Std. 15 Min., s. auch Kap. „Monte Generoso". Von Muggio zum Monte Generoso dauert die Wanderung vier Stunden. Vom Monte Generoso kann man in zwei Stunden über die Pianca dell'Alpe nach Arogno weiterwandern.
- **Wanderung von Sagno zum Monte Bisbino.** Ein zweistündiger Aufstieg führt von Sagno bis zur Bergspitze auf 1325 m Höhe.
- **Rundwanderung von Muggio zum Monte Casima,** 3½ Std. Über San Giovanni und die Alpe di Germania nach Sassi und von hier zum Monte Casima. Rückkehr über Cabbio nach Muggio: von Cabbio nach Bruzella, 2 Std. Von Cabbio führt ein Weg über Uggine und Piazzo nach Bruzella.
- **Thematische Wanderwege,** angeboten durch das Ethnographische Museum (siehe „Museum").
- **Parco delle Gole della Breggia**, Tel.091 69 01 029, www.parcobreggia.ch. Von Morbio Inferiore aus verschiedene Routen.
- **Schutzgebiet des Parks der Breggia:** Die Schlucht bietet dem Wanderer interessante Ansichten des geologischen Profils, das sich auf dem Meeresboden des Tethys zwischen dem Jura und der Kreidezeit gebildet hat. Der erste Geopark der Schweiz.

Abstecher über die Grenze nach Como

Ein Abstecher über die Grenze bei Chiasso nach Como, in die nahe, fast 100.000 Einwohner zählende **Bischofsstadt** am südlichen Ende des Lago di Como, ist auf jeden Fall lohnend. In Como mit seinen zahlreichen Geschäften, seiner autofreien Altstadt und seinem pittoresken Lungolago kann man flanieren, kaufen, was das Herz begehrt, die großartige Kathedrale, die Museen oder die beeindruckenden, weitgehend intakten Befestigungsmauern aus dem 12. Jh. besichtigen, welche die als großes Rechteck angelegte Altstadt an drei Seiten abschließen. Die Stadt war Namensgeberin einer ganzen Epoche von **Architekten** und Steinmetzen, den „Comesi", welche aus der Stadt und dem nahen Mendrisiotto in die ganze Welt zogen und es mit ihrer Baukunst zu hohem Ansehen brachten.

Geschichte

Das Ende des Comer Sees, an dem die Stadt liegt, war schon in **vorgeschichtlicher Zeit besiedelt.** Das Museo Archeologico Artistico zeigt Funde aus der Stein-, Bronze- und Eisenzeit bis zur Zeit der Römer. Como war die Heimat **Plinius des Älteren** (24–79 n. Chr.) und seines Neffen **Plinius des Jüngeren** (62–113 n. Chr.), denen an der Fassade des Doms ein Denkmal gesetzt wurde.

Das Mittelalter und die Renaissance bescherten Como als Bischofssitz unzählige Auseinandersetzungen zwischen Kaisertreuen und Papisten sowie mit Mailand, das im Konflikt der großen Mächte als Konkurrent zur aufstrebenden, nach Süden drängenden Eidgenossenschaft auftrat. Zu Beginn des 12. Jh. wurde die Stadt von den **Mailändern** fast völlig zerstört. Unter ihrer Herrschaft vollzog sich jedoch auch der wirtschaftlich-kulturelle Aufschwung Comos. Dem folgte ein Stillstand unter spanischer Oberaufsicht.

Als die österreichischen Habsburger das Regiment übernahmen, blühte die **Seidenindustrie,** die „pura sete di Como" wurde zum führenden Exportartikel und verhalf der Stadt zu ihrer wirtschaftlichen Bedeutung. Bis heute hat sie ihren festen Platz im Handel der Stadt.

Como ist eine bedeutende Industrie- und Grenzstadt, aber auch ein **touristisches Highlight** dank des von Bergen umgebenen Sees, der pittoresken Lage und der vorzüglichen Wanderwege.

Sehenswertes

Eine Stadtbesichtigung könnte bei schönem Wetter am See beginnen, am Lungolario zwischen Piazza Cavour und Piazza Matteotti, wo die Hotelpaläste der Gründerepoche auf den See blicken. Sie führt über die Piazza Cavour in die **Hauptgeschäftsstraße,** die vorerst Via Plinia, dann Via Vittorio Emanuele II.

› Dom und Altstadt von Como

109te ns

heißt und von den Einheimischen „La Vasca", die Wanne, genannt wird, weil man dort so ungeniert in Konsumgütern baden kann. Ein Abstecher führt zum im 12. Jh. errichteten, gelb bemalten **Bischofspalast** mit auffälliger Loggia.

Der Dom

Kurz darauf steht man vor der herrlichen, vollständig restaurierten Hauptfassade des Doms; der Gesamtkomplex mit der Renaissancefassade, dem angebauten Broletto und dem romanischen Torre del Comune bildet eine packende Einheit. Der Turm und das angebaute arkadengesäumte Rathaus erinnern an toskanische Bauten; sie wurden bereits im frühen 13. Jh. gebaut, der Turm aus bossierten Steinen wurde 1927 renoviert.

Der Dom hat zwar vorromanische Ursprünge, wurde jedoch v. a. in der Gotik und Renaissance langsam und kontinuierlich aufgebaut und im Spätbarock mit der herrlichen Kuppel vollendet. Trotz der fast **vierhundertjährigen Bauzeit** ergibt sich ein harmonisches Ganzes. Man beachte die meisterhaften Details an der gotischen Fassadenfront der Kirche, z. B. die vom bedeutenden lombardischen Renaissancekünstler *Tommaso Rodari* stammenden Statuen *Plinius des Älteren* und *Plinius des Jüngeren* rechts und links des Hauptportals, die Heiligen und die Madonna mit Kind über dem Hauptportal und den auferstandenen Christus zuoberst an der einmaligen Fassade.

Die Kirche erhebt sich auf den Mauern des einst größeren Rathauses und einer romanischen Vorgängerkirche. Das heutige angrenzende Rathaus wird als **Informationszentrum** genutzt. An der **Außenfassade** des Doms bemerkenswert sind die in die nördliche und südliche Seitenmauer eingefügten Portale von *Rodari* und seinen Neffen; eines, genannt **Porta della Rana** („Froschtür"), zeigt die Heimsuchung Mariä, das Südportal die Flucht nach Ägypten.

Im Inneren sind die **Weihwasserbecken** neben dem Hauptportal bemerkenswert, die auf einem Löwen und einer säugenden Löwin ruhen. Man nimmt an, dass sie die Säulen der Vorkir-

che trugen und aus dem 13. Jh. stammen. Auch verschiedene **Retabeln** verdienen Aufmerksamkeit, so das des heiligen Ambrosius, das die Jahreszahl 1482 trägt und das älteste Altarbild der Kirche birgt, oder das Hochrenaissanceretabel der Passion von 1492. Der **Altar** des heiligen Abbondio wurde 1514 vollendet; er gilt in seiner Üppigkeit, mit seinen Holzverzierungen und perspektivischen Reliefs als typisch für die lombardische Kunst des frühen 15. Jh.

Das Innere der Kirche birgt weiterhin einige bemerkenswerte **Gemälde** und kostbare **Gobelins,** die leider nicht alle gut ausgeleuchtet sind und sich deshalb einer näheren Betrachtung eher entziehen. Zu den beachtenswerten Gemälden gehören neben der Holzretabel des heiligen Abbondio der von *Luini* und *Ferrari* geschaffene Zyklus der Flucht nach Ägypten (ca. 1523–46), die ebenfalls von *Luini* gemalte Anbetung der drei Könige und das bemerkenswerte Luini-Altarbild des heiligen Hieronymus (1521).

Aus der romanischen Vorkirche stammen ein früher in den Barockaltar der Apsis integrierter **Altar** der Maestri Campionesi, der erst 1986 wieder einen eigenen Platz gefunden hat und so besser zur Geltung kommt, sowie die ebenfalls von diesen aus der Nähe Luganos stammenden Meistern geschaffene **Skulptur der Maria mit Kind** an der Kanzel und das **Relief des heiligen Abbondio** am Bischofsstuhl. Im Gewölbe der Sakristei erstaunt der Prunk der Renaissancemalerei, der Fresken und der vergoldete Stuck mit einer Darstellung des Lebens und der Himmelfahrt Mariä, geschaffen von *Antonio Liciono*.

Die Altstadt

Einige Schritte weiter südlich vom Domplatz stehen am kleinen, fast dreieckigen Plätzchen der **Basilika S. Fedele,** die aus dem 13. Jh. stammt und mehrmals renoviert wurde, einige schöne alte **Wohnhäuser aus der Renaissance.** Man beachte vor allem die riesigen Balkenvorsprünge, auf denen die Wohnzimmer ruhen. Der Platz selbst dient als **Markt** für Lebensmittel und andere Güter.

Etwas weiter nordöstlich dieses Platzes schließt sich an der Via Cantù eine Besichtigung der **römischen Säulen** an, welche im 19. Jh. in das Lyzeum Volta integriert wurden. Gleich daneben steht der vier Meter hohe mittelalterliche **Torturm,** der zusammen mit zwei weiteren Befestigungstürmen die noch weitgehend intakte Stadtmauer begrenzt.

Wer über mehr Zeit verfügt, wird noch viel Sehenswertes entdecken, so die **Kirche von San Giacomo** unweit des Doms mit ihrer achteckigen Kuppel und der eigenartigen, von einer halbkreisförmigen Apeten gekennzeichneten Fassade von 1585. In der Altstadt sind auch eine ganze Reihe von Stadtpalästen zu finden, so der **Rusca-Palast** aus dem Jahre 1514 mit seinem von einem Säulengang gesäumten Hof und der breiten Freitreppe, der **Odescalchi-Palast** aus dem 14. Jh. mit der Stadtbibliothek oder der die Pinakothek beherbergende **Volpi-Palast** aus dem 17. Jh. An der Piazza Verdi findet man das **Teatro Sociale** mit seiner neoklassizistischen typischen Theaterfassade. Als die berühmte Mailänder Scala im Jahre 1944 wegen schwerer Kriegsbeschädigungen geschlossen werden musste, diente das Teatro Sociale einige Zeit als Ersatzspielort.

Sehenswürdigkeiten außerhalb der Altstadt

Auch außerhalb der Altstadt gibt es interessante Gebäude zu besichtigen. Hier stechen die großen Villen am See oder in Seenähe hervor, so die neoklassizistische **Villa Olmo** (1782–87) am südwestlichen Ufer, die heute für Kunstausstellungen und andere Kulturveranstaltungen genutzt wird, die **Villa Saporiti,** „La Rotonda" genannt wegen ihres halbrunden, auf den See hinausragenden Salons (heute Sitz der Provinzverwaltung), oder die elegante **Villa Gallia** von 1615, neben ihr die **Villa Gallietta** (1625–27). Der **Volta-Tempel** und der Volta-Leuchtturm oberhalb Brunate erinnert an den berühmten Comoeser Physiker *Volta.*

Praktische Tipps

Information

■ **Info Point,** Via Maestri Cumacini (neben Kathedrale), oder **Tourist Office Como,** Via Odescalchi, Tel. 031 25 25 28, www.comotourism.it.

Unterkunft

■ **Villa Flori,** Via per Cernobbio 12 (Straße nach Cernobbio), Tel. 031 33 820, 21000 Como, www.hotelvillaflori.it. Luxushotel in renovierter Villa aus dem 18. Jh. mit herrlichem Blick auf See und Berge. 53 Zimmer und mehrere Suiten, Preise auf Anfrage.

■ **Albergo Terminus,** Lungolario Trieste 14, Tel. 031 32 91 11, Como, www.albergoterminus.com. Ein gutes Hotel in alter Villa mit Stuckdecken, Holztäfelung, Veranda-Restaurant. 40 DZ mit Bad/WC, z. T. mit Seeblick, inkl. Frühstück 90–130 €.

■ **Palace Hotel,** Lungolario Trieste 16, Tel. 031 30 33 03, 21000 Como, www.palacehotel.it. Altes Hotel mit ansprechendem Komfort, zentral, gleich am Quai mit schönem Blick auf den See oder den Dom. DZ mit Bad/WC inkl. Frühstück 150–299 €.

■ **Borgo Antico Hotel,** Via Borgovico 47, Como, Tel. 031 33 80 150, www.borgoanticohotelcomo.it. Gutes neues Hotel an ruhiger Seitenstraße und doch nahe dem Zentrum. DZ 90–150 €.

■ **Albergo del Duca,** Piazza Mazzini 12, Tel. 031 26 48 59, 21000 Como, www.albergodelduca.it. Hübsches Kleinhotel am ruhigeren Mazzini-Platz in der Altstadt, dazu das Restaurant *Le Colonne.* Schöne DZ mit Dusche/WC und Frühstück für 90–130 €.

In der Umgebung

■ **Grand Hotel Villa d'Este,** 22012 Cernobbio, Tel. 031 34 81, www.villadeste.com. Hotel der Luxusklasse seit Jahrhunderten. Jedes Zimmer ist einzigartig, das Nonplusultra sind die Gärten: Ruinen, Säulen, kleine Bassins. Daneben alles, was ein Hotel dieser Klasse bieten muss: Wellness, Sportanlagen, Golf, Night Club. Der Preis ist entsprechend: ab 520 € für ein DZ.

■ **San Giorgio,** Via Regina 81, 22016 Lenno-Tremozzo, www.sangiorgiolenno.com, Tel. 034 44 04 15. Sehr angenehmes Familienhotel in kleinem Park gleich am See, ca. ½ Stunde seeaufwärts von Como. DZ mit Dusche/WC (alle mit Balkon, diejenigen nach hinten etwas laut) 130–165 € (ohne Frühstück). Frühzeitig buchen.

■ **Villa Simplicitas e Solferino,** 22028 San Fedele d'Intelvi, www.villasimplicitas.it, Tel. 031 83 11 32. Großes Landhaus im von Kastanien und Weiden gesäumten Garten im Intelvi-Tal zwischen Comer und Luganer See. Wohnen wie zu Großmutters Zeiten, mit alten Parkettböden und viel Patina, aber mit Bad. Bei Argegno am See Richtung San Fedele d'Intelvi abbiegen. DZ mit Bad/WC 80–140 €.

■ **Albergo Trattoria La Vignetta,** Via Monte Grappa 32, 22012 Cernobbio, Tel. 031 33 47 055, www.lavignetta.it; tolle Trattoria in guter Lage in Cernobbio nicht weit von Como am westl. Seeufer, mit sauberen Zimmern und gutem Essen, persönlicher Service. DZ 88 €.

Essen und Trinken

■ **Trattoria Il Solito Posto,** Via Lamberthengi 9, Tel. 031 27 13 52. Angenehme Trattoria mit guter Fisch- und Fleischküche. Mo Ruhetag.

■ **L'Angolo del Silenzio,** Viale Lecco 25, Tel. 031 33 72 157. Gute lombardische Küche in angenehmem Restaurant (mit Garten), etwas außerhalb der Stadtmauern der Altstadt.

■ **Terrazza Perlasca,** Piazza Alcide De Gasperi 8 (gleich neben Talstation der Bergbahn), Tel. 031 30 39 36. Am Quai mit Blick auf See. Gute Seefischküche. Mo Ruhetag.

■ **Er Piu',** Via Pastrengo 3, Tel. 031 27 21 54, eines der populärsten Lokale mit großer Karte. Pasta, Meeresfrüchte, Fleischgerichte.

■ **The Market Place,** Via Borsieri 21, Tel. 031 27 07 12; gutes Lokal etwas abseits der normalen Trampelwege und trotzdem zentral.

Einkaufen

■ Die **Hauptgeschäftsstraßen** Via Plinia und Vittorio Emmanuele II. sowie die ganze **Altstadt** sind ein einziges Einkaufsparadies. Hier findet man alles, was man in Italien gerne einkauft, vom leckeren Käse und Charcuteriewaren über Öl und Wein bis zu modischer Bekleidung und eleganten Antiquitäten. Das Preisniveau ist eher hoch, wie ganz allgemein der Lebensstandard in Norditalien; Schnäppchenjäger müssen sich hier anstrengen.

Ausflüge

■ **Spaziergang zur Villa Olmo** (ca. 30 Min.) am Lungolario Trento entlang: am Hafen das Denkmal für die europäische Widerstandsbewegung (1983), es folgen der Volta-Tempel (1927), das Kriegsgefallenendenkmal (1933), der Ruderclub, der Aeroclub und die Wasserflugzeugschule. Fußweg zur Villa Olmo. Das Strandbad liegt gleich neben der Villa.

■ Mit der **Standseilbahn** vom Seeufer am Rand der Altstadt steil hinauf in den Villenort **Brunate** auf fast 1000 m Höhe. Von hier hat man eine wunderbare Aussicht auf den See, die Berge und das Monte-Rosa-Massiv im Hintergrund. Von Brunate kann man in einer halbstündigen Wanderung bis zum Volta-Leuchtturm hinaufsteigen, wo die Sicht noch spektakulärer ist (man kann aber auch mit dem Auto hinauffahren). Gute Wanderer können weitergehen bis zum 1436 m hohen **Monte Palanzone** (4 Std.); Bergschuhe empfehlen sich.

■ **Mit dem Schiff auf dem See** nach Cernobbio, Blevio, Maltrasio, Carate Urio oder weiter nach Menaggio (ein hübscher Seekurort), in das elegante Cadenabbia, wo *Verdi* seine „Traviata" komponierte, oder nach Tremezzo mit der bekannten Villa Carlotta. Der Ferienort Bellagio mit noblen Hotels und Villen und dem mittelalterlichen Stadtkern ist seit 200 Jahren der touristisch beliebteste Platz des Sees. Tel. 031 30 40 60, Billets am Schalter beim Seeufer.

6 Praktische Reisetipps A–Z

Die Seilbahn zum Monte Brè

Allgemeine Informationen

In Deutschland und Österreich erhält man **Unterkunftsverzeichnisse** aller Art sowie **Broschüren** über touristische Regionen und Destinationen mit ihren Sehenswürdigkeiten und Angeboten am besten über folgende Kontakte:

Schweiz Tourismus

Schweiz Tourismus unterhält eine gut redigierte Website mit Links in alle Regionen und zu jeder Art von Sehenswürdigkeit und Dienstleistung:

- **Zentrale Rufnummer** (gebührenfrei): 00800 10 02 00 30, Fax 00800 10 02 00 31.
- **Internet/E-Mail für Deutschland:** www.myswitzerland.com, info@myswitzerland.com.

Man kann sich selbstverständlich mit allen das Tessin betreffenden Fragen auch direkt an das **Tessiner Verkehrsbüro** oder an eine der **lokalen Tourismusinformationsstellen** wenden. Jede größere Stadt und jeder wichtigere Fremdenverkehrsort haben ihr Tourismusbüro *(Ente Turistico)*. Diese werden in den Ortsbeschreibungen dieses Buches unter „Praktische Tipps" aufgeführt.

- **Ticino Turismo,** Casella Postale 1441, Via Lugano 12, CH-6501 Bellinzona, Tel. 0041 91 82 57 056, www.ticino.ch.

Das Tessin und der Lago Maggiore im Internet

Auch das Tessin und der Lago Maggiore sind im Internet mit ansprechenden Seiten vertreten; fast alle Städte und Ferienorte sind unter ihren Namen im Web auffindbar. Hier die wichtigsten Webadressen:

- www.ticino.ch
- www.bellinzonaturismo.ch
- www.biascaturismo.ch
- www.blenioturismo.com
- www.gambarognoturismo.ch
- www.leventinaturismo.ch
- www.ascona-locarno.com
- www.lugano-turismo.ch
- www.mendrisiottoturismo.ch
- www.tenero-tourism.ch
- www.vallemaggia.ch
- www.illagomaggiore.com
- www.wanderungen.ch ist eine sehr informative Plattform für Wanderungen, Biketouren und Winterwanderungen in der Schweiz; derzeit werden 698 Touren dort vorgestellt.
- www.ti.ch (die offizielle Homepage des Kantons, auf Italienisch; verlinkt mit der Website der Bundesbehörden der Schweizerischen Eidgenossenschaft, auf der man sich u. a. über aktuelle politische Themen informieren kann)
- www.tio.ch (Newsportal, nur italienisch)
- www.meteoschweiz.ch (Wetterdaten)

www.agrotourismus.ch. Hier findet man Informationen rund um den Urlaub auf dem Bauernhof, zum Übernachten im Stroh, zu Hofläden, Hofbesichtigungen etc.

Anreise

Mit dem Auto

Papiere und Vignette

Wer mit dem Auto reist, darf den nationalen **Führerschein** und den **Kfz-Schein** nicht vergessen. Die **Grüne Versicherungskarte** ist ebenso wie der **Auslandsschutzbrief** eines Automobilklubs empfehlenswert.

Für Autobahnen (grün beschildert) ist die **Maut-Plakette,** in der Schweiz Vignette genannt, Vorschrift. Sie ist an jeder Zollstelle, in schweizerischen Poststellen, bei Automobilverbänden, Bahnhöfen etc. nach wie vor für sFr. 40 erhältlich. Die Vignette muss gut sichtbar an die Windschutzscheibe geklebt werden.

An- und Rückfahrt

Autoreisende benutzen für die Einreise die großen Autobahnen. Auf der **A 5** (Karlsruhe – Basel – Westschweiz und Mittelland) und der **A 98** (Stuttgart und Ulm – Schaffhausen) geht es meist zügig voran. Wer über die **A 96** aus Ulm oder München bzw. Österreich in die Ostschweiz fahren möchte, muss hingegen mit Wartezeiten rechnen; der Zoll in St. Margrethen, im nordöstlichsten Zipfel der Schweiz, ist oft überlastet. Dafür gelangt man über die Autobahn des oberen Rheintals **(E 43/N 13)** nach Chur und über die Autostraße des San Bernardino meist ohne Stau ins Tessin. Zu Beginn und Ende der Ferien bevorzugen wir meist die „Westroute" über Basel und Bern nach Spiez via Lötschbergtunnel und Simplonpass nach Domodossola. Als Alternative kann man auch über Bern, Fribourg, Vevey-Martigny und den Großen St. Bernhard ins Aostatal fahren und von dort zu den oberitalienischen Seen. Man muss zwar für den Autoverlad durch den Lötschberg (Mo–Do sFr. 22, Fr–So sFr. 27 für den Lötschberg, sFr. 92 für Lötschberg-Simplon bis Iselle bei Domodossola, siehe www.bls.ch/autoverlad) und für die Querung des St. Bernhardtunnels eine Gebühr bezahlen (einfach/retour sFr. 30,50/48,50 siehe www.letunnel.com), vermeidet dafür aber fast immer das Warten in Autoschlangen.

Vom Wallis gelangt man im Sommer auch über den höchstgelegenen Teil des Rhonetals, das Goms, und den wenig befahrenen **Nufenenpass** ins Tessin.

Im Winter empfehlen sich geeignete Reifen oder Ketten. Einige Pässe sind dann geschlossen.

■ Informationen über den Straßenzustand, die Öffnung von Pass-Straßen, die Verkehrssituation etc. erhält man im Internet unter: **www.strassenzustand.ch.**

Mit der Bahn

Mit **Intercity** und **Eurocity-Zügen** sind die wichtigsten Städte Deutschlands und Österreichs mit dem Tessin und dem Lago Maggiore verbunden; oft verkehren die Züge mehrmals täglich. Stündlich fährt ein Zug durch den Gotthard von Zürich nach Bellinzona/Lugano, ein Intercity über Basel, Olten und Luzern in das Tessin; auch dieser Zug kann von Zürich aus mit Umsteigen in Arth-Goldau ohne lange Wartezeit erreicht werden. Locarno ist von Bellinzona aus mühelos in 25 Minuten erreichbar. Der italienische Teil des Lago Maggiore ist unter Umständen über die Simplonlinie (Basel/ Zürich – Bern – Brig – Domodossola) am besten erreichbar.

Besonders bequem ist die Anreise mit dem **ICE** nach Zürich und von dort mit dem **Intercity** nach Bellinzona und weiter. Erkundigen Sie sich nach den Spartickets. Von Wien aus kann man mit dem **railjet** oder in der Nacht mit dem **Wiener Walzer** über Zürich anreisen, von Graz mit dem **Zürichsee**.

Wer in der Schweiz öfter Bahn fährt oder längere Strecken zurücklegt, erwirbt vor der Anreise am besten eines der für Feriengäste konzipierten **Spezialangebote,** z. B. die Regionalabonnements (siehe Kap. „Öffentliche Verkehrsmittel"). Man kann **Bahntickets** an jedem größeren Bahnhof direkt kaufen. Es geht aber auch ohne Warteschlangen online oder telefonisch; die Tickets erhält man dann per Post zugeschickt:

- **DB,** www.bahn.de oder in Deutschland Tel. 0180 699 6633 (0,2 €/Anruf, ab Weiterleitung zum Reiseservice 0,39 €/Min.).
- **ÖBB,** www.oebb.at oder in Österreich Tel. 05 17 17 (zum Ortstarif).
- **SBB,** www.sbb.ch oder in der Schweiz Tel. 0900 30 03 00 (sFr. 1,19/Min.).
- **DB NachtZug,** www.nachtzugreise.de oder über die obigen Bahngesellschaften.
- **DBAutoZug,** www.dbautozug.de oder Tel. 01805 24 12 24 (0,12 €/Min.).

☐ Bootsanleger am Luganer See

Mit dem Flugzeug

Die Schweiz und Norditalien werden aus Deutschland und Österreich regelmäßig und relativ günstig angeflogen, doch die Branche ist so wechselhaft, dass sich kaum längerfristig gültige Aussagen über Anbieter, Preise und Flugpläne machen lassen. Grundsätzlich sind Flüge über Zürich, nach **Milano-Malpensa** (das näher am Lago Maggiore liegt als an der Stadt Mailand), aber auch nach **Bergamo** oder **Lugano-Agno** denkbar.

Angenehm sind die **kleineren Flughäfen** wie Lugano-Agno oder Bergamo, wo man innerhalb weniger Minuten abgefertigt wird und dabei meist wesentlich weniger Nerven benötigt als auf den großen interkontinentalen Airports.

Lugano-Agno bietet einige Kurzstreckenverbindungen u.a. mit Zürich an. Momentan verbindet **Darwin Airlines** Lugano-Agno auch mit Genf und von dort mit weltweiten Zielen. Die Airline – vorher im Besitz einiger Financiers aus dem Tessin – wurde Ende 2013 von Etihad (Abu Dhabi) übernommen und will unter der Marke **Etihad Regional** (www.etihadregional.com) aktiv werden, die wiederum mit **Air Berlin** alliiert ist. Neben den drei großen Fluglinien **Lufthansa, Austrian** und **Swiss,** die ihre Heimmärkte mit der Schweiz und mit Mailand verbinden, kommt deshalb in Zukunft auch die Partnerschaft Etihad/Air Berlin als Anbieter in Frage:

- **Air Berlin,** www.airberlin.com oder Tel. 01805 73 78 00 (D), Tel. 00848 73 78 00 (CH), verbindet auch Zürich mit Saarbrücken, Köln/Bonn, Stuttgart, Nürnberg sowie Milano-Malpensa mit Berlin-Tegel, Düsseldorf, Hamburg, Nürnberg und Köln/Bonn.

Daneben gibt es eine ganze Reihe sog. **Billigfluglinien,** die ebenfalls als Anbieter konsultiert werden können:

- **Easy Jet,** www.easyjet.com oder Tel. 01803 65 432 (D), Tel. 0848 88 82 22 (CH), verbindet Berlin-Schönefeld, Dresden, Düsseldorf, Hamburg mit Basel sowie Berlin und Luxembourg mit Milano-Malpensa.
- **Germanwings,** www.germanwings.com oder Tel. 01805 95 58 55 (D), Tel. 022 71 00 024 (CH), verbindet Köln-Bonn und Wien, Salzburg, Klagenfurt mit Zürich, teilweise mit Zwischenstopp.
- **Ryan Air,** www.ryanair.com oder Tel. 0190 17 01 00 (D), verbindet Berlin-Schönefeld, Düsseldorf, Frankfurt (Hahn), Lübeck und Bremen mit Bergamo.

An allen Flughäfen kann man ein **Fahrzeug mieten,** von den großen Airports fahren (teure) **Hotelshuttles** in die Städte, gute **öffentliche Verkehrsverbindungen** sind ebenfalls gegeben. Ab dem Flughafen Milano-Malpensa fährt ein Shuttle-Bus alle zwei Stunden nach Chiasso und Lugano (www.luganoservices.ch; bis Lugano 25 €, retour 38 €) sowie eine andere Gesellschaft nach Mendrisio, Lugano und Bellinzona (www.malpensaexpress.ch; H/R Mendrisio 25/35 €, Lugano 30/50 €, Bellinzona 35/55 €).

Last Minute

Wer sich erst im letzten Augenblick für eine Reise in den Tessin entscheidet oder gern pokert, kann Ausschau nach Last-Minute-Flügen halten, die von einigen Airlines mit deutlicher Ermäßigung **ab**

003te tt

etwa 14 Tage vor Abflug angeboten werden, wenn noch Plätze zu füllen sind. Diese Last-Minute-Flüge lassen sich nur bei Spezialisten buchen (bei den Rufnummern werden 0,12–0,20 € bzw. sFr. 0,12 pro Minute berechnet):

- **L'Tur,** www.ltur.com; Tel. 0761 557 557 (D), 0820 60 08 00 (A), 00 800 2121 2100 (CH) sowie 140 Niederlassungen europaweit. Unter „Super Last Minute" gibt es Angebote für den Abflug innerhalb der nächsten 72 Std.
- **Lastminute.de,** www.lastminute.de, Tel. 089 17 92 30 40 (D).
- **5 vor Flug,** www.5vorflug.de, Tel. 089 71045 4109 (D).
- **Restplatzbörse,** www.restplatzboerse.at, (A) Tel. (01) 580 850, Quelle von Schnäppchenflügen für unsere Leser in Österreich.

Autofahren

Verkehrsregeln

Die **Höchstgeschwindigkeit** auf Autobahnen beträgt in der Schweiz 120 km/h (in Italien 130 km/h), in Ballungsgebieten ist sie oft auf 100 km/h herabgesetzt. Auf den Autostraßen darf man ebenfalls 100 km/h fahren (in Italien 110 km/h), während die Geschwindigkeit auf normalen Straßen außerhalb geschlossener Ortschaften auf 80 km/h (in Italien 90 km/h) begrenzt ist. Innerorts gelten in der Regel 50 km/h. Lokale Begrenzungen beachten, z.B. 30 km/h-Beschränkungen in Wohngebieten!

Die Alkoholgrenze für Verkehrsteilnehmer liegt bei **0,5 Promille.** Es ist mit häufigeren Kontrollen zu rechnen, und die Polizei darf auch ohne begründeten Verdacht einen Test anordnen.

Auf Vorder- und Rücksitzen besteht **Anschnallpflicht.** Kinder unter sieben Jahren müssen mit einer Kinderrückhaltevorrichtung, z. B. einem Kindersitz, gesichert sein.

Telefonieren mit dem Handy ist während des Fahrens strikt verboten. Das Benutzen einer Freisprechanlage ist erlaubt, sofern die Aufmerksamkeit des Fahrers nicht beeinträchtigt wird.

Tankstellen

Immer häufiger wird man an Tankstellen wieder von Servicekräften bedient. In angeschlossenen Läden werden Waren des täglichen Bedarfs angeboten. Benzin ist in der Schweiz meist günstiger als in den Nachbarländern, auf jeden Fall bedeutend günstiger als in Italien.

Tankstellen an Autobahnen sind zumeist durchgehend geöffnet. Die meisten akzeptieren die gängigen Kreditkarten.

Autoverlad

Durch verschiedene Bahntunnel werden Autos transportiert, was die Reise erheblich verkürzt und erleichtert. Das Verladen findet meist ohne lange Wartezeiten statt. Über das Radio wird über den Straßenzustand informiert, dazu gehört auch die Situation an den Verladebahnhöfen. Die wichtigste Verladestrecke für Tessin-Reisende:

- **Lötschberg/Simplon:** ab Kandersteg (Bern) nach Goppenstein (Wallis) oder zurück: Mo–Do sFr.

22, Fr–So sFr. 27. Nach Iselle (inkl. Simplontunneldurchfahrt) oder zurück: sFr. 92. Die Karten können beim ADAC gekauft, aber nicht reserviert werden. Online-Reservierung über www.bls.ch/autoverlad.

Diplomatische Vertretungen

Schweizer Vertretungen in Deutschland und Österreich

- **Schweizerische Botschaft,** Otto-von-Bismarck-Allee 4a, 10557 Berlin, Tel. 030 39 04 000, www.botschaft-schweiz.de.
- **Schweizer Generalkonsulate** in Frankfurt a. M., München und Stuttgart.
- **Schweizerische Botschaft,** Prinz-Eugen-Strasse 10, 1040 Wien, Tel. 01 79 505, www.eda.admin.ch/wien.
- **Schweizer Konsulate** in Bregenz, Graz, Innsbruck, Klagenfurt, Linz und Salzburg.

Vertretungen in der Schweiz

- **Deutsche Botschaft,** Willadingweg 83, Bern, Tel. 031 35 94 111, in dringenden Fällen auch 079 35 79 373, www.bern.diplo.de.
- **Deutsches Konsulat,** Via Soave 9, Lugano, Tel. 091 92 27 882.
- **Österr. Botschaft,** Kirchenfeldstrasse 77/79, Bern, Tel. 031 35 65 252, www.bmeia.gv.at/botschaft/bern.htm.
- **Österr. Konsulat,** Via Pretorio 7, Lugano, Tel. 091 91 34 007.

Vertretungen in Norditalien

- **Deutsches Konsulat** in Mailand: Via Solferino 40, 20121 Milano, Tel. 0039 262 31 101. In Notfällen 0039 335 625 5621.

Einreisebestimmungen

Reisedokumente

Die Schweiz gehört (noch) zu Schengen, die Einreise wird an vielen Grenzübergängen und in den Eisenbahnzügen nur stichprobenartig überprüft. Auch wenn man zwischen dem Tessin und Norditalien hin- und herpendelt, wird man meist durchgewinkt oder die Zollstationen sind leer. Momentan genügen für EU-Bürgerinnen und -Bürger der **Personalausweis** oder ein Reisepass.

Man beachte, dass seit 2012 **jedes Kind über ein eigenes Reisedokument verfügen muss,** wenn es Deutschland verlässt. Es reicht nicht mehr aus, wenn es im Reisepass eines Elternteils eingetragen ist.

Wer einen **längeren Aufenthalt** plant, erkundige sich bei den konsularischen Vertretungen.

Autofahrer müssen ihren Führerschein und den Kfz-Schein mitführen, die **Grüne Versicherungskarte** ist empfehlenswert.

Hunde und Katzen dürfen nur mit einem **EU-Heimtierausweis** eingeführt werden. Weitere Einreisebestimmungen s.u.: „Haustiere".

Zollbestimmungen

Abgabenfreie Einfuhr in die Schweiz

- **Alkohol:** 5 l pro Person (Wein/Bier) oder 1 l pro Person über 18 Vol.-%.
- **Tabakwaren:** 250 Zigaretten oder Gramm Tabakprodukte.
- **Nahrungsmittel:** 1 kg Frischfleisch, Butter/Rahm, 5 kg Öle/Fette, Margarine. Fisch und Wild sind ausgenommen.
- **Wertfreigrenze:** Übersteigt der Gesamtwert der eingeführten Waren für persönlichen Gebrauch sFr. 300 pro Person, so wird die Ware insgesamt mehrwertsteuerpflichtig (8% bzw. 2%).
- **Waffen** und Waffenbestandteile sowie Munition und Munitionsbestandteile sind beim Zollamt anzumelden.
- **Auskünfte:** Oberzolldirektion, 3003 Bern, Tel. 031 32 6875, www.ezv.admin.ch.

Abgabenfreie Ausfuhr aus der Schweiz in die EU

- **Alkohol:** 1 l Spirituosen (über 22 Vol.-%) oder 2 l Spirituosen, Aperitifs oder ähnliche Getränke (22 Vol.-% oder weniger) oder eine anteilige Zusammenstellung dieser Waren und 4 l nicht schäumende Weine, 16 l Bier.
- **Tabakwaren:** 200 Zigaretten oder 100 Zigarillos oder 50 Zigarren oder 250 g Rauchtabak oder eine anteilige Zusammenstellung dieser Waren.
- **Arzneimittel:** die dem persönlichen Bedarf während der Reise entsprechende Menge.
- **Andere Waren:** bis zu einem Warenwert von insgesamt 300 € pro Person, Reisende unter 15 Jahren 175 €. Flugreisende 130 €.
- **Einfuhrbeschränkungen** bestehen z. B. für Tiere, Pflanzen, Arzneimittel, Betäubungsmittel, Feuerwerkskörper, Lebensmittel, Raubkopien, verfassungswidrige Schriften, Pornografie, Waffen und Munition; in Österreich auch für Rohgold. Auskünfte für Deutschland: www.zoll.de oder beim Zoll-Infocenter, Tel. 0351 44 83 450; für Österreich: www.bmf.gv.at oder beim Zollamt Villach, Tel. +43 (0) 15 14 33 56 40 53.

Haustiere

Wer Hund oder Katze mitnehmen möchte, braucht neben dem EU-Heimtierausweis ein **tierärztliches Zeugnis,** welches bescheinigt, dass das Tier gegen Tollwut geimpft ist. Die Impfung muss mindestens 30 Tage vor Grenzübertritt erfolgt sein und darf nicht länger als ein Jahr zurückliegen. Bei Nachimpfungen gilt die 30-Tage-Frist nicht. Darüber hinaus muss das Tier mit einem **Microchip** gekennzeichnet sein (für Tiere, die vor dem 30. Juni 2011 registriert wurden, reicht ihre bestehende Tätowierung aus, sofern diese gut lesbar ist).

Für andere Tiere gelten spezielle Bestimmungen; man erkundige sich beim **Bundesamt für Veterinärwesen** in Bern, Tel. 031 32 33 033 oder www.bvet.admin.ch.

Tiere sind leider **nicht überall willkommen,** dies gilt z. B. in Italien für große Hunde. Falls man ein Haustier mitnehmen möchte, sollte man vor der Buchung der Unterkunft klären, ob und unter welchen Bedingungen dies möglich ist. In Ortschaften empfiehlt es sich, **Hunde stets an der Leine** zu führen. Im ländlichen Gebiet können sie frei laufen, sofern es sich nicht um Wild- oder Naturschutzgebiete handelt.

Einkaufen

Wer in der Schweiz einkauft, stellt fest: Die Preise entsprechen dem hohen Lebensstandard der Schweizer, und das Warenangebot ist geprägt von der heterogenen kulturellen Zusammensetzung der Gesellschaft.

Große Handelsketten

Zwei große Handelsriesen beherrschen die Schweiz, **MIGROS,** der „orange Riese", und die von der Gewerkschaftsbewegung gegründete **COOP.** MIGROS ist eher in größeren Städten und Ballungsgebieten anzutreffen, die COOP hat im Tessin auch noch in abgelegenen Dörfern kleine Niederlassungen; hier ist auch noch nicht jedes „Lädeli" (wie es die Deutschschweizer nennen) wegrationalisiert. In allen Geschäften der beiden Branchenführer kauft man zu vernünftigen Preisen gute Qualität – in der COOP gängige Markenprodukte, in der MIGROS die firmeneigenen Marken. Die MIGROS besitzt mit der BUDGET-Linie ein Angebot für preisbewusste Konsumenten, bei der COOP heißt diese günstige Linie „Prix Garantie".

Weniger dicht ist das Netz der zu MIGROS gehörenden *Denner*-Geschäfte, welche im Discountbereich angesiedelt sind. *Denner* ist vor allem beliebt für Alkoholika und Tabakwaren; einige kleine Familiengeschäfte in den Tälern des Tessins bieten das *Denner*-Sortiment unter dem Namen „Denner-Satellit" an.

Andere Anbieter, die man im Tessin antrifft, sind *Vis-à-vis, Aldi* und *Lidl.*

Im **Warenhaussektor** sind MANOR (mit sehr guten Restaurants, siehe Kap. „Essen und Trinken") und *Globus* (gehobene Klasse, in Locarno) zu nennen. Die großen Märkte von MIGROS und COOP bieten Nonfood-Produkte für den Haushalt, z. B. günstige Elektronikartikel, Elektrogeräte, Haushaltsbedarf, Uhren, Sport- und Textilartikel.

Größere Supermärkte betreiben **Restaurants** mit Speiseangeboten, die das Budget nicht sprengen.

In Bahnhöfen, an Tankstellen und ähnlichen Treffpunkten findet man „Convenience-Food"-Geschäfte, die spät **nachts** und am **Sonntag** Güter des täglichen Bedarfs anbieten. Die Produkte in diesen Geschäften sind meist deutlich teurer.

Auf der **italienischen** Seite des Lago Maggiore findet man für den täglichen Einkauf die typischen Supermercati und Hypermercati.

- **Shopping Zentrum:** Im Centro Lugano Sud (Via Cantonale, 6916 Grancia) gleich an der Autobahn findet man von Möbeln (z.B. Ikea) über Elektronik bis Mode und Lebensmitteln so ziemlich alles, was man braucht.
- **Outlet-Shopping:** Im Foxtown, dem großen Outlet-Zentrum gleich an der Autobahn in Mendrisio, sind ca. 160 Geschäfte mit 250 berühmten Marken vertreten (Foxtown, 6850 Mendrisio, Tel. 084 882 88 88, www.foxtown.ch, Mo–So 11–19 Uhr). Ganz in der Nähe ist der Fabrikladen von Navyboot in Morbio Inferiore (Tel. 091 682 16 60).

515te tt

Nachhaltige Produkte und Dienstleistungen

Nachhaltigkeit wird in der Schweiz seit längerem von der Bevölkerung mitgetragen. Etwa ein Drittel der verkauften Nahrungsmittel in den zwei großen Detailhandelsketten MIGROS und COOP sind bio.

Schwierig wird es, weil eine ganze Reihe konkurrierender **Labels für nachhaltige Produkte** existieren. Im Bereich naturnaher Produktion hat sich das Label *Bio-Knospe* (www.bio-suisse.ch) durchgesetzt, daneben gibt es das Label *Demeter* für biodynamische Produkte sowie firmeneigene Bio-Labels wie *Naturaplan*, *Naturafarm* (und für Bekleidung *Naturalline*) bei COOP.

Wichtig sind auch verschiedene Auszeichnungen für **regionale Spezialitäten,** darunter das vom Bund unterstützte offizielle AOP-Label (*Appelation d'Origine Protégée,* in der EU geschütztes Herkunftslabel, früher AOC), das vor allem Käse und Fleischprodukte auszeichnet. MIGROS hat z.B. eine eigene Auszeichnung „Aus der Region für die Region".

Qualitätslabels gibt es auch im **Tourismus,** z.B. die Q-Labels des Tourismusbranchenverbands *Tourfed,* mit denen Unternehmen aus der Branche mit einem bis drei Q-Symbolen ausgezeichnet werden (vgl. www.tourfed.ch). Dasselbe gilt in der Hotellerie, wo zwei Qualitätssysteme miteinander konkurrieren – das des Hotelierverbands (www.hotelleriesuisse.ch) und das des Wirteverbands (www.gastrosuisse.ch). Ökologisch orientierte Hotels haben sich europaweit unter der Plattform www.biohotels.info zusammengeschlossen, schweizerische Betriebe sind hier noch eine Seltenheit.

Schlussendlich verweisen wir kurz auf **Soziallabels,** die v.a. die sozial verträgliche Produktion im Ausland auszeichnet (z.B. *Claro*, vergl. www.claro.ch).

Neben den zwei großen Detailhändlern der Schweiz, bei denen sich COOP sehr früh und konsequent für Bio eingesetzt hat, gibt es einen **spezialisierten Fachhandel,** z.B. im Tessin die Spezialgeschäfte für Bioprodukte „Bio Casa 5 Stelle" in Bellinzona, Losone, Agno, Lugano und Chiasso (www.biocasa.ch).

Für regionale Produkte haben die **Wochenmärkte** in der Schweiz und in Italien eine lange Tradition und spielen immer noch eine große Rolle. Hier findet man u.a. ein breites und qualitativ gutes Bio-Angebot sowie Nähe zur Produktion und zu Produzenten. Auf vielen Märkten ist insbesondere das Angebot an Fleisch, Käse, Gemüse, Früchten und Brot zum Teil hervorragend.

Wo man sich auch befindet, sind in der Schweiz Bauernhöfe nicht weit, die z.B. biologische Angebote direkt ab Hof verkaufen. Falls man den nächsten **Biohof** in der Nähe sucht, eignet sich z.B. ein Blick auf www.knospehof.ch, wo man einfach den Ort und den Umkreis in km eingibt und alsbald die Adressen zur Verfügung hat.

Lokale Spezialitäten gibt es auf der Festa d'autunno, dem Erntedankfest in Lugano

Spezialgeschäfte

Auf der italienischen Seite des Lago Maggiore findet man nach wie vor zahlreiche familiengeführte **kleinere Geschäfte** und **Frischmärkte.** Leider sind viele dieser Geschäfte dem Expansionsdruck der großen Handelsriesen zum Opfer gefallen. Nur in Locarno, Bellinzona und Lugano findet man noch die herrlichen Auslagen vor den Geschäften.

Die **Bäckerei** *(panetteria)* ist im Tessin neben der Drogerie fast das einzige mittelständische Handelsgeschäft, das auf dem Dorf noch regelmäßig anzutreffen ist. In größeren Ortschaften ist sie oft mit einem Café verbunden. Bäckereien haben oft sonntagmorgens für einige Stunden geöffnet. **Metzgereien** sind nur noch in größeren Dörfern anzutreffen. In kleineren bis mittleren COOP- und MIGROS-Geschäften findet man abgepacktes Frischfleisch, in größeren auch eine eigene Metzgerei.

- **Gastronomo della Piazzetta** ist ein hervorragendes Delikatessgeschäft mit hausgemachter Pasta, Käse, Fisch, Olivenöl und Weinen. Es findet sich etwas versteckt an der Piazzetta Resinelli in Bellinzona (Tel. 091 826 13 60).
- **Gabbani,** z.B. mit seiner auch nur schon für die Augen einzigartigen Bottega del Formaggio und der Macelleria-Salumeria an der Via Pessina im Herzen von Lugano bietet Weine, 160 Käsesorten, Wurst- und Fleischwaren, Gebäck und Brote sowie Früchte, Gemüse und Blumen an (Tel. 091 911 30 80/82/83/84/85/86).
- Die **Konditoreien Al Porto** in Locarno (Seepromenade Muralto), Ascona, Lugano (im Ristorante Gran Café an der Via Pessina 3) und in Tenero verkaufen die feinsten Amaretti und Amarettini, Panettoni, Truffes, Schokolade, aber auch Torten und feine Brote (www.alporto.ch, Tel. 091 756 20 40).

516te tt

Märkte

Empfehlenswert ist ein Besuch der farbenfrohen **Wochenmärkte,** besonders auf der italienischen Seite des Lago Maggiore (Luino, jeden Mittwoch- und Samstagmorgen 7–12 Uhr). Auch in Lugano (Di/Fr vormittags, Piazza Riforma) und Locarno (Do 8–13 Uhr, Piazza Grande) werden Obst und Gemüse, Tessiner Spezialitäten, Fleischwaren, frischer Fisch, Käse und Blumen auf den traditionellen Märkten angeboten.

In kleineren Orten finden ebenfalls wöchentlich Märkte statt, jedoch mit kleinerem Angebot. Informationen erteilen die örtlichen Tourismusbüros.

Zusätzlich gibt es **saisonale Märkte,** Jahrmärkte, regionale Gewerbeausstellungen und **Spezialmärkte** wie Antiquitäten- und Flohmärkte, oft begleitet von Fahrgeschäften und anderen Attraktionen für Kinder und Junggebliebene; hier ist z. B. der **Antiquitätenmarkt in Lugano** zu nennen, der am Dienstag- und Freitagmorgen von 8–12 Uhr und am Samstag von 8–17 Uhr im Quartier Canova stattfindet (Bücher, Bilderrahmen, Silber- und Kristallwaren etc.).

Dorf- und Hofläden

Die einst hoch subventionierte Landwirtschaft muss sich unter dem Druck von WTO und der EU-Integration seit geraumer Zeit neu orientieren und mehr Initiative entwickeln. Dynamische Bäuerinnen haben da passend die **Direktvermarktung** wieder entdeckt. Besuche auf den Höfen werden zum kleinen Event, besonders wenn die Bauersleute neben dem Verkauf von Wein, Käse, Kastanien, Blumen, Eingemachtem, Backwaren und kleinen Geschenkartikeln noch zusätzliche Ideen entwickeln, z. B. einen kleinen Tierpark mit Hoftieren zum Anfassen und Reiten. „Schlafen im Stroh" können Touristen als Alternative zum Hotel auswählen (s.u.: „Unterkunft"). Eine informative Website mit Übersicht der Landwirte, die im Tessin Produkte direkt vom Hof verkaufen, ein Bauernhofessen bereitstellen (meist auf Voranmeldung), eine Hofbesichtigung oder auch Schlafen im Stroh anbieten, findet sich im Internet auf der Seite www.agriturismo.ch. Viele dieser Landwirte haben ihren Hof auf biologische Bewirtschaftung (Knospenzeichen) umgestellt.

- **Lokale Angebote** haben wir in den Beschreibungen der verschiedenen Orte und Landschaften unter „Einkaufen" speziell vermerkt.
- **Terreni alla Maggia** vermarktet die im eigenen Landwirtschaftsbetrieb in den Gemeinden von Ascona, Locarno und Gordola hergestellten Produkte, darunter einzig in der Schweiz hergestellten Reis sowie Pasta, Polenta, Weine, Weinbrand und Öle, in ihrem Hofladen in Ascona, Via Muraccio 105, 6612 Ascona, Tel. 091 792 33 11.
- **www.tourisme-rural.ch** bietet eine Liste der Betriebe mit gastronomischen Angeboten und agrotouristischen Freizeitbeschäftigungen.

Degustation

Die Schweizer trinken ihre einheimischen **Weine** so gern, dass Ausländer meist gar nicht die Gelegenheit haben, sie zu kosten. Das gilt auch für das Tessin. Prüfen Sie bei einem Winzer oder einer Winzer-Genossenschaft den Wein, meist die örtlichen Merlots oder einfacheren Nostranos, und philosophieren Sie mit dem Weinbauern über den Jahrgang. Meist ist diese Verkostung gratis. Fast immer ist jemand anwesend, um Gäste zu empfangen (s.u.: „Essen und Trinken/Weine").

Die Familie *Delea*, die hervorragende Weine anbietet, hat ein hübsches Kleinhotel auf ihrem Gut eröffnet. Infos unter www.amorosa.ch.

< Tessiner Spezialitäten in einem Grotto in Menzonio im Val Lavizzara: Merlot, Käse, Kastanien, Salami

Souvenirs

Aus dem Tessin oder vom Lago Maggiore bringt man am ehesten regionale **Esswaren** mit, wie die hervorragenden einheimischen Käse, Salami, Trockenfleisch oder getrocknete Pilze, aber auch einheimische Weine, Grappa, Nuss- und Kastanienlikör. Auch Süßigkeiten bieten sich an, wie die in Italien beliebten Amaretti (Mandelgebäcke) oder Panettone (Hefekuchen). Im Herbst kann man sich mit frisch geernteten Kastanien versorgen, die sich herrlich am Kaminfeuer rösten lassen. Diese Produkte findet man sowohl bei den Produzenten, z.B. in kleinen Dorfläden (etwa in Sonogno im hinteren Verzascatal) als auch in den Zentren, dort meist in den Altstädten.

Daneben bietet das Tessin typisch schweizerische **Gebrauchsgegenstände** wie Uhren oder Armeemesser (auch bei MIGROS zu erwerben), Schmuck, schöne einheimische Keramik und Steinwaren, Korbwaren, Leder, Stickereien und Spitzen, aber auch Wollwaren und naturgefärbte Wolle.

Die *Communità Artigiani della Svizzera Italiana* hat ein Gütesiegel geschaffen, mit welchem die Qualität und die Echtheit von traditioneller Tessiner Handwerkskunst ausgezeichnet wird. Auf der italienischen Seite der Grenze findet man z.B. **Modeartikel** wie Schuhe, Kleider und Lederwaren oder Designgegenstände aus Mailand. Natürlich gibt es auch überall den typischen **Kitsch,** etwa Zoccoli (Holzschuhe), Boccalini (kleine Weinkrüge) und Wein in mehr oder weniger kunstvoll gedrehten Flaschen. Was diese Artikel mit dem Tessin zu tun haben sollen, ist wohl nur den Souvenirfabrikanten klar.

Essen und Trinken

Selten enttäuschen die Köche des Tessins, der Lombardei und des Piemonts ihre Gäste; einige von ihnen genießen Weltruhm. Doch auch in kleineren Grotti und Trattorias isst man meist sehr gut. Für Anspruchsvolle geben wir in unserem Führer auch Hinweise auf Spitzenküche. Wie für die Hotellerie gilt für die Gastronomie, dass man am Lago Maggiore auf der italienischen Seite im Winterhalbjahr oft vor verschlossener Tür steht. Nachfragen lohnt sich.

101te ns

Das Grotto

Das Grotto (Mehrzahl „Grotti") gehört zum Tessiner Lebensstil und ist eine urtypische Form von Gastfreundschaft. Grotti dienten in Höhlen oder an kühlen Hängen ursprünglich als Lagerräume- und Keller für Wein, Schinken oder Käse. Im 19. Jh. gab es erste Ausschankgenehmigungen, man baute Küchen, und immer mehr entwickelte sich aus dem Grotto eine Gastronomiekultur mit einfachen Granit- oder Steintischen. Im Sommer isst man meist im Garten, geschützt von Bäumen, im Winterhalbjahr im behaglichen Innenraum. Passend zum Lokal stehen auf der Speisekarte meist traditionelle Tessiner Gerichte, Wurstwaren aus Eigenproduktion, Salame oder Mortadella, Minestrone, Risotti, marinierte Fische, vitello tonnato, kalte oder warme Braten mit Salat und Bratkartoffeln, Kaninchen, Pilze, Hart- und Weichkäse aus der Region, als Dessert Zabaione, Brotkuchen und Pfirsiche im Wein. Tessiner trinken dazu ein Glässchen Merlot, Nostrano oder Barbera, oft gespritzt mit Gazzosa (Mineralwasser).

Ursprünglich wurden Grotti v.a. von Einheimischen besucht, heute haben sich einige von ihnen zu echten Entdeckungen bzw. auch zu Touristenfallen gemausert. In unseren Empfehlungen versuchen wir, authentische Grotti mit guter Küche herauszupicken.

Restaurants und Imbisse

Preiswerte Gerichte bieten die **Restaurants der Warenhausketten** (MIGROS, COOP). Empfehlenswert auch die preiswerten Buffets bei **MANORA** (frische Küche, Filialen in Balerna, Locarno-Muralto, Lugano-Zentrum und Vezia). Viele Restaurants bieten preiswerte **Tagesmenüs** oder -teller an. Auch **Fastfood-Angebote** fehlen im Tessin und in Italien nicht. Pizzerien, Pastarestaurants und Kebapshops haben viele traditionelle Gaststätten verdrängt. **Asiatische Küche** (Thai-, China- und Indien-Restaurants) findet sich fast überall. Wer **Fisch** liebt, wird zumindest an den Seen und in den Städten fündig werden.

Die **Gastronomie-Empfehlungen** in diesem Reiseführer beruhen zum Teil auf eigenen, zum Teil auf Einschätzungen lokaler Gewährspersonen. Vertrauen Sie jedoch auch Ihrem persönlichen Eindruck.

Achtung: Viele Lokale sind sonntags und/oder montags geschlossen!

Regionale Spezialitäten

Das Tessin, die Lombardei und das Piemont sind kulturhistorisch eine recht homogene Gegend, trotzdem besitzt jede Region ihre kulinarischen Besonderheiten. Gemein haben alle drei Regionen die Vorliebe für **kräftige Antipasti:** Mortadella, eine zum Teil riesige Ausmaße erreichende Schweinewurst, gehört dazu, ebenso wie diverse Schinken und Salame, dazu Spezialitäten wie die *Viulin della Val Vigezzo* (Ziegenkeule), die ihren Namen ihrer geigenartigen Form verdankt. Dann sollte man unbedingt die **Suppen- und Eintopfgerichte** kosten, z. B. die Minestrone (Gemüsesuppe), die *Cazzola,* ein Eintopfgericht mit Wurst, Kohl und Kartoffeln, oder die *Busecca* (Kuttelsuppe). Berühmt sind die **Risotti** (z. B. Safran-Risotto), am besten mit *Luganighe,* einer sehr schmackhaften Wurst. Reis ist zwar erst sehr spät bis in diese Gegend gekommen, gehört aber heute zu den Grundnahrungsmitteln; auch im Tessin werden kleine Mengen in sehr guter Qualität produziert. Auch **Maisgerichte,** etwa Polenta oder Polenta negra (der Mais wird hierbei mit Buchweizen angereichert), Maisschnitten *(Fette di Polenta)* mit *Capretto* (Zicklein) oder *Coniglio* (Kaninchen) sollte man probieren. **Kaninchen** kann man auch *con Purè di Patate* (Kartoffelpüree) und diversen Arten von Gnocchi oder Gnocchetti (ein leckeres Gericht aus Kartoffelmehl) versuchen.

Insgesamt ist die traditionelle Küche der Gegend eher eine **Armeleute-Küche:** Man baute Gerste, Buchweizen oder Hirse an, sammelte im Herbst Esskastanien und Pilze und produzierte daneben natürlich auch kleine, schmackhafte Weich- und Hartkäse. Erst sehr spät gelangten auch **Teigwaren** auf den Speisezettel der lombardischen und tessinischen Küche, sie werden aber heute hier wie überall in Italien in zahllosen Variationen auf den Teller gebracht. Die Seen geben frischen **Fisch** dazu, Forellen *(trota),* Hechte, aber auch Felchen *(lavarelli, coregone)* und Flussbarsche.

Jedes **Tal** hat seine **Spezialität:** Im italienischen Val Vigezzo gibt es den **Stinchett** (abgeleitet vom deutschen „Steinkuchen"), einen auf heißem Stein gebackenen Kuchen, der z. B. mit Käse zubereitet wird, oder **Cuchela** (Wirsing, Kar-

Die Küche des Tessins

Die Küche der Tessiner Bauern war bis ins 20. Jh. v.a. **vegetarisch.** Hirse, später Mais, Roggen, Kartoffeln und Kastanien waren die üblichen Nahrungsmittel. Das Brot bestand oft aus minderwertigem Korn. Der Tag begann mit der üblichen **Hirsepolenta,** nach und nach verdrängt von der Mitte des 16. Jh. im Mendrisiotto eingeführten und dann im ganzen Tessin gebräuchlichen Maispolenta – oft gestreckt mit Buchweizen. Während die Polenta der Talbauern relativ fad blieb, verfeinerten die Bergbauern mit Milch oder Käse.

Mittags gab es ein Stück Roggenbrot oder eine Handvoll Kastanien, ab dem 19. Jh. zunehmend auch Kartoffeln, abends folgte die **Minestra,** die fleischlose Gemüsesuppe, bestehend aus Gerste (später auch aus Reis), Kartoffeln, Bohnen und Rüben. In Waldgebieten bereicherte **Wildbret,** meist heimlich gejagt, die eintönige Küche. An **Festtagen** durfte es in guten Jahren auch ein Hase, ein Ziegen- oder Schafsbraten sein. Ab und zu landeten **Singvögel** als Delikatesse in den Kochtöpfen, besonders häufig im Sottoceneri. Für Abwechslung sorgten auch **Pilze** und die jungen Triebe des **Waldgeißbarts,** als *Spàragi dei Monti* bezeichnet. Nicht zu vergessen ist der **Wein,** den man als Grundnahrungsmittel verstand. Seine Qualität gab allerdings oft Anlass zu Kritik. **Teigwaren** erreichten die Tessiner Küche erst im 20. Jh., während des Ersten Weltkriegs.

Wenn Unwetter die Ernte zerstörte, glitten viele Bauern in bitterste **Armut;** teilweise wurde dann sogar Heu zu Mehl verarbeitet. In solchen Zeiten war es Nicht-Gemeindeangehörigen untersagt, Kräuter zu sammeln.

toffeln, Karotten mit Salami, Speck und Rippchen). Am Orta-See isst man **Tapulon** (in Wein gekochtes Eselsfleisch). Schmackhaft ist auch der in der Region produzierte **Käse.** Es sind nicht große Laibe, sondern kleine Käslein, die man hier findet, sei es der eher harte Alpkäse aus den Tälern und Bergen des Tessins oder der italienischen Alpen, sei es der Weichkäse *(formaggelli).* Oft findet man schmackhaften Ziegen- oder Schafskäse bzw. Mischungen aus Kuh- und Schafs- oder Ziegenmilch.

Als **Dessert** findet man in der Gegend die feinen *Torta di Pane, Pandolce* oder die berühmten Panettone, ferner feine Backwaren wie das Mandelgebäck Amaretti und natürlich Schokoladenspezialitäten und Eis.

Wein und andere Getränke

Von den Pflanzen, die im Tessin zum Nutzen der Menschen an Stelle der Waldflächen angepflanzt wurden, nehmen die Reben sowohl im Sottoceneri wie im Sopraceneri eine bedeutende Fläche ein und bestimmen das **Landschaftsbild.** Die Weinberge bedecken knapp 1000 Hektar (1870 waren es noch acht mal mehr). Auf ihnen wird heute 85% Merlot angebaut, der Rest entfällt auf Bondola, Freisa und Barbera. Während der normale rubinrote **Merlot del Ticino** eindimensional und mild ausfällt, mit angenehmem, leicht bitterem Abgang, zeichnet sich die „Riserva“ durch mehr Substanz und Charakter aus. „Viti“ ist eine Qualitätsbezeichnung für Tessiner Merlot – durchschnittlich erlangt lediglich ein Drittel der Gesamtproduktion dieses Siegel. Als die wichtigsten Weinanbaugebiete gelten der Sopraceneri in der Magadinoebene und der Sottoceneri, Luganese am Luganer See und die Gegend um Mendrisio.

Erzeuger und Händler im Tessin

- **Angelo Delea,** Losone, Tel. (091) 79 10 817; wuchtige Merlots (Riserva) aus dem Sopraceneri.
- **Werner Stucky,** Rivera, Tel. (091) 94 61 282; kleine Produktion von Merlot in hervorragender Qualität.
- **Christian Zündel,** 6981 Beride, Tel. 091 608 24 40; der Diplomingenieur ist v.a. für seine hervorragenden biodynamischen Weine, z.B. die roten „Terraferma“ und „Orizzonte“ sowie den Chardonnay „Velabona“ berühmt.
- **Giancario Pestoni,** Cantina Pizzorin Vitivinicola, Via alle Serta 8a, Sementina, Tel. 091 85 73 786; ausgezeichneter Merlot.
- **Azienda Agricola Avra,** Strada per Avra, Castel S. Pietro, Tel. 091 64 69 273; bekannt für hervorragende Chardonnays.
- **Zambarlani Vini,** Piotta, Tel. 091 86 81 133, www.zamberlani.ch; empfehlenswerte Weinhandlung mit gutem Preis-Leistungsverhältnis.
- **Robin Garzoli,** 6673 Maggia, Tel. 091 753 18 63, www.rombolau.ch, produziert im Maggiatal einen Wein, der kulturgeschichtlich besondere Bedeutung für dieses Tal besitzt, erntet man doch seit jeher auf zwei Etagen: unten auf dem Boden das Heu, den Roggen und die Kartoffel, auf der Pergola die Trauben. Speziell ist sein Rombolau aus 100% Merlot, aber auch sein Acqua Reale (100% Merlot).
- Die **Cantina Sociale Mendrisio,** Via Giorgio Bernasconi 22, Mendrisio, Tel. 091 64 64 621, www.cantinamendrisio.ch, ist eine Winzergenossenschaft von Weinbauern, die den Wein gemeinsam vermarkten und ca. 15% des Tessiner Weins produzieren. Der Wein wird breit vermarktet, doch es gibt auch Spitzenprodukte, so Monticello Vini, z.B. Racconti Riserva.

- **Literaturtipps:** *Luca Maroni,* „Guida dei vini italiani e del cantone del Ticino“; eine Bewertung der norditalienischen und tessinischen Weine. Lesenswert auch *Martin Kilchmanns* und *Jörg Wilczeks* Buch „Ticino del Vino“, Kontrast Verlag, sFr. 78.

Das **Piemont** ist bekannt für seine Spitzenweine wie Barolo, Barbera und Dolcetto. Doch auch in der Nähe des **Lago Maggiore** werden einige gute Tropfen gekeltert, so die Novareser Nebbiolo, speziell der Ghemme, der Gattinara und die Lokalspezialitäten Prunent, Noeuv, Bruschett und Ca' d'Mate (Casa di Matteo), die man allerdings viel zu selten findet. Aus der **Lombardei** findet man vorwiegend Weine aus dem Veltlin, so den körperreichen, lang lagerfähigen Sforzato (oder Sfurzat) aus Nebbiolotrauben, die auf Holzrosten ausgereift werden und deshalb 14,5 Volumenprozent erreichen, oder die etwas leichteren Grumello oder Sassella, auch diese aus der Nebbiolotraube. Daneben sind aus Norditalien die Weine aus dem Gebiet des Gardasees zu finden bzw. aus dem Friaul oder Südtirol.

Als Apéritif wird oft der spritzige **Prosecco** getrunken, sei es aus dem Piemont (Asti) oder aus den nordöstlichen Weingebieten Italiens.

Wer **Bier** mag, wird die italienischen Biere entdecken, sie haben durchaus europäischen Standard; wer Alkohol nicht trinken mag oder darf, sollte einmal den alkoholfreien **Bitter** *Crodino* probieren, der ähnlich wie ein Campari schmeckt, aber anders als dieser eine aprikosengelbe Farbe aufweist.

Geldfragen

Währung

Die Schweiz gehört nicht zum Euroraum, es gilt nach wie vor die eigene Landeswährung, der **Schweizer Franken (sFr.).** In Italien gilt der **Euro.**

Da die Schweiz wirtschaftlich eng mit Europa verflochten ist, wird der Franken gegenüber dem Euro nur in beschränktem Rahmen auf- oder abgewertet. Seit 2011 ist der Franken faktisch an den Euro gebunden, da die Schweizerische Notenbank eine Untergrenze von 1,20 erfolgreich verteidigt. Auch der Tourismusindustrie ist es gelungen, die Schweiz währungsmäßig attraktiver für fremde Gäste zu machen. So stellten wir fest, dass die meisten Betriebe ihre Preise seit der letzten Auflage unseres Führers eher tiefer ansetzten oder stabil hielten. Dies ist auch möglich, weil die Schweiz praktisch keine inflationären Tendenzen kennt. Bei Drucklegung dieser Auflage (Juni 2014) galt folgender Kurs: sFr. 1 = 0,82 €, 1 € = sFr. 1,22.

Der Schweizer Franken ist in **Noten** zu 1000, 200, 100, 50, 20 und 10 sFr. im Umlauf. Daneben gibt es **Münzen** zu sFr. 5, 2 und 1 sowie zu 50, 20, 10 und 5 Rappen (100 Rappen = sFr. 1).

In Poststellen erhält man als Souvenir noch die Einrappenstücke aus Kupfer, in Spezialgeschäften und bei Antiquitätenhändlern auch alte Noten und Münzen.

In der Schweiz gibt es keine Vorschriften für die Ein- und Ausfuhr von **Devisen.** Man beachte aber die Bestimmungen der Nachbarländer. Die Ausfuhrkontrollen an den Grenzen sind in den letzten Jahren verschärft worden.

Feste und Feiertage

Feiertage sind in der Schweiz **föderal geregelt,** im Tessin gelten deshalb die nebenstehenden offiziellen Feiertage. Dazu werden die (katholischen) kalenderungebundenen Tage **Pasqua** und **Lunedi di Pasqua** (Ostern/Ostermontag), **Pentecoste** und **Lunedi di Pentecoste** (Pfingsten und Pfingstmontag) sowie **Corpus Domini** (Fronleichnam) gefeiert.

In **Italien** ist es fast dasselbe; statt des 1. Augusts als Nationalfeiertag wird der 25. April als Tag der **Liberazione** (Befreiung vom Faschismus) gefeiert.

- **1. Januar** Cappodanno (Neujahr)
- **6. Januar** Epifania (Heilige Drei Könige)
- **19. März** San Giuseppe
- **1. Mai** Festa del Lavoro
- **29. Juni** Santi Pietro e Paolo
- **1. August** Festa nazionale (Nationalfeiertag)
- **15. August** Ferragosto/Assunzione (Mariä Himmelfahrt)
- **1. November** Ognissanti (Allerheiligen)
- **8. Dezember** Immacolata Concezione (Maria Empfängnis)
- **25./26. Dezember** Natale/Santo Stefano (Weihnachten/Stefanstag)

Zahlungsmittel

Die schweizerische Tourismusindustrie und der Handel haben sich auf die europäische Einheitswährung eingestellt; fast überall im Land werden **Schweizer Franken und Euro** als Zahlungsmittel akzeptiert. In den meisten Geschäften und Gaststätten sind die Preise in beiden Währungen ausgeschrieben. Es empfiehlt sich dennoch, eine kleinere Bargeldmenge in Schweizer Franken bei sich zu tragen. Wenn man mit **Kreditkarte** bezahlt, löst sich das Problem von selbst (hierbei ist jedoch zu beachten, dass für diese Zahlungsart in der Schweiz eine Gebühr von 1–2% des Umsatzes berechnet wird).

Geldautomaten gibt es meist bei Banken, Poststellen und an Bahnhöfen. Häufig kann man hier Schweizer Franken und Euro beziehen. Die meisten Automaten akzeptieren neben Maestro auch die gängigen Kreditkarten, von Barabhebungen per Kreditkarte ist jedoch abzuraten, weil dabei bis zu 5,5 Prozent an Gebühr einbehalten werden. Bei der Barabhebung mit der **Maestro-(EC-)Karte** werden je nach Hausbank pro Abhebung ca. 1,30–4 € berechnet. **Geldwechsel** ist in Banken, an vielen Bahnhofsschaltern und Poststellen möglich. Wechselstuben sind selten.

Preisniveau

Wer nicht auf seinen Geldbeutel achtet und keine Preisvergleiche anstellt, wird am Ende der Ferien das Image der Schweiz als teures Reiseland bestätigen müssen, die Schwierigkeiten des Euros haben sich auf das Wechselkursverhältnis ausgewirkt: Güter des täglichen Bedarfs sowie Aufenthalt und Verpflegung sind nach wie vor **teurer** als in Deutschland und Österreich. Einen großen Unterschied zwischen dem italienischen Gebiet des Lago Maggiore und dem Tessin konnten wir kaum feststellen, von den Nobeldestinationen Ascona, Locarno und Lugano einmal abgesehen.

Benzin ist im Tessin billiger als in Italien, auch ein **Mittag- oder Abendessen** in gehobenen Restaurants ist oft günstiger als dort; in „gewöhnlichen" Lokalen dagegen isst man eher in Italien preiswerter. **Elektro- und Elektronikartikel** sind zwar immer noch teurer als in Singapur, aber doch vergleichbar oder günstiger als in anderen europäischen Ländern. Relativ teuer sind **Getränke**, insbesondere Wein, und oft das Übernachten in Hotels – vor allem, wenn man die sogenannten „Rack"-Preise bezahlt und nicht Spezialtarife bucht, mit denen man erhebliche Kosten einsparen kann (s.u.: „Unterkunft").

Es bestehen große **regionale Preisunterschiede.** Relativ teuer sind die Städte, etwa Ascona, Locarno, Lugano, sowie Touristenorte der oberen Kategorie; wesentlich günstiger wird es, sobald man einige Kilometer außerhalb der Städte eine Unterkunft sucht. Da die Auswahl an Restaurants und Unterkünften auf der italienischen Seite des Lago Maggiore oder Luganer Sees bedeutend kleiner ist als diejenige auf der Schweizer Seite, hilft ein Ausweichen nach Italien oft nur bedingt. In der Hauptsaison sind die Preise auch dort hoch oder die Hotels sind ausgebucht. Falls man den Preisvorteil Italiens bezgl. der allgemeinen Lebenskosten für sich nutzen will, empfiehlt es sich frühzeitig zu buchen.

Karten und Literatur

Die Schweiz ist kartografisch schon lange Weltspitze; kein Wunder, dass es kartografisches Material für alle möglichen Zwecke gibt. Karten und Literatur über regionale und lokale Gegebenheiten erhält man im **Verkehrsbüro** oder in den **Buchhandlungen,** die auch Bildbände und Hintergrundliteratur zum besuchten Ort empfehlen können. In größeren **Bahnhöfen** gibt es meist eine Buchhandlung, die Reiseliteratur, Ortspläne und Kartenmaterial anbietet.

Spezielle Literaturtipps, z.B. literarische Wanderungen, werden im Anhang dieses Reiseführers aufgeführt.

Die momentan wohl beste **Reise-Übersichtskarte** heißt „My Holiday Map Tessin" von Hallwag, sie ist in Zusammenarbeit mit Schweiz Tourismus entstanden und als Straßenkarte 1:120.000 erhältlich, auf der Rückseite ist eine Panoramakarte abgebildet (sFr. 16,80, in Buchhandlungen, am Kiosk oder über www.swisstravelcenter.ch).

Die *Schweizerische Landestopographie* in Bern gibt hervorragende **detaillierte Karten** heraus: klassisch sind flächendeckende Karten im Maßstab 1:200.000 (4 Karten), 1:100.000 (23 Karten), 1:50.000 (29 Karten) und 1:25.000 (247 Karten). Es gibt zusätzlich auf diesem Material basierend hervorragende Freizeitkarten, z.B. für Schneeschuh- und Skitouren,

☒ Wanderparadies Tessin – hier im Val Colla

dazu historische Karten bis zurück zu den ersten Dufourkarten 1845 (s.u.: „Geschichte") oder digitale Karten und Atlanten für Win und Mac, bzw. Swiss map Mobile fürs Smartphone, Tablet oder online sowie Luft- und Satellitenbilder.

- www.swisstopo.admin.ch

Spezialkarten gibt es für beinahe jede Art von touristischer Aktivität, so für **Mountainbiker** die reiß- und wasserfesten „Swiss Singletrail Maps":

- **Ticino – Sottoceneri** (Malcantone, Valle di Lugano) 1:50.000, Swiss Singletrail Map, ISBN 978-3-909118-18-2, sFr. 25; über 1100 km Biketrails in allen Schwierigkeitsgraden, mit ausführlichem Trailguide.
- **Ticino – Sopraceneri,** ISBN 978-3-909118-50-2, sFr. 25.

Für Radfahrer:

- **Velokarte 18: Lugano – Locarno – Bellinzona,** Kümmerly+Frey, ISBN 978-3-259-00545-3, 1:60.000, sFr. 28,80.

Wander- und Kletterkarten

Für **Bergsteiger** unerlässlich sind die speziellen Wander- und Kletterführer des Schweizerischen Alpenclubs SAC, z.B. der Führer Tessin/Misox/Calanca, vom Val Bedretto zum Monte Generoso für sFr. 52, Alpinwandern Tessin für sFr. 49, oder Tessin Misox (60 Routenvorschläge) sFr. 46.

- www.sac-cas.ch

Empfehlenswert als Wanderkarten für das 3220 km lange Wanderwegnetz im Tessin sind die präzisen Karten No. 247T, 265T, 266T, 275T, 276T und 286T des **Vereins Schweizerische Wanderwege,** herausgegeben vom Bundesamt für Landestopographie in Bern (je sFr. 22,50). Zusätzlich ist 2013 neu im Maßstab 1:33.333 die Wanderkarte Locarno für sFr. 11.80 erschienen. Alle Karten kann man unter www.swisshiking.ch bestellen oder in guten Buchhandlungen bzw. am Kiosk im Tessin beziehen.

- **265T – Nufenenpass,** 1:50.000, ISBN 978-3-302-30265-2.
- **266T – Valle Leventina,** 1:50.000, ISBN 978-3-302-30266-9.
- **275T – Valle Antigorio** (mit Valle Devero, Bosco Gurin, Valle di Vergeletto); 1:50.000, ISBN 978-3-302-30275-4.
- **276T – Verzascatal** (mit Valle Maggia und Riviera des Lago Maggiore); 1:50.000, ISBN 978-3-302-30276-8.
- **286T – Malcantone,** 1:50.000, ISBN 978-3-302-30286-7.
- **3308T – Locarno,** 1:33.333, ISBN 978-3-302-33308-3.

Auch die Wanderkarten der Verlage **Kümmerly+Frey** und **Hallwag** in Bern sowie **Orell Füssli** in Zürich können empfohlen werden:

- **Tessin Sopraceneri** (Leventina, Valle Maggia), Kümmerly+Frey, 1:60.000, ISBN 978-3-259-00891-8, sFr. 26,80.
- **Tessin Sottoceneri** (Lugano, Lago Maggiore), Kümmerly+Frey, 1:60.000, ISBN 978-3-259-00889-8, sFr. 26,80.

- **Outdoor Walker, Ticino Sottoceneri** (Hallwag) 1:50.000, ISBN 978-3-8283-0619-6, mit 50 Tourvorschlägen) sFr. 24,80.
- **Lugano/Malcantone** (Hallwag) wetterfest, eingezeichnete Wanderwege) 1:50.000, ISBN 978-3-8283-0643-1, sFr. 22,50.
- **Locarno-Val Verzasca** (Hallwag) wetterfest, eingezeichnete Wanderwege) 1:50.000, ISBN 978-3-8283-0669-1, sFr. 22,50.
- **Vallemaggia (Hallwag),** wetterfest, eingezeichnete Wanderwege, 1:50.000, ISBN 978-3-8283-06806, sFr. 22,50.
- Der **Rotpunktverlag,** Zürich, gibt eine ganze Reihe von nützlichen Wanderbüchern heraus, so insbesondere über den italienischen Nationalpark in Nähe des Lago Maggiore, den **„Nationalpark Val Grande"** (ISBN 978-3-85869-369-3, sFr. 35) und ein Wanderbuch Vallemaggia (ISBN 978-3-85869-480-5; sFr. 39).
- Ein nützlicher **Ratgeber zum Kartenlesen** ist in der Reihe Praxis im Reise Know-How Verlag erschienen: „Richtig Kartenlesen" von *Wolfram Schwieder,* ISBN 978-3-83171-393-6.

Kinder

Die Schweiz gehört zwar zu den Ländern mit den niedrigsten Geburtenraten in Europa, aber deswegen ist sie keineswegs kinderfeindlich. Tariflich sind Familien in der Schweiz sehr häufig bevorzugt. Fragen Sie nach speziellen Angeboten für Familien oder nach Kindertarifen.

Unterkünfte

Eine Reihe von Angeboten ist speziell auf Kinder und ihre Begleiter ausgerichtet. **Ferienorte** offerieren familienfreundliche Angebote. **Camping** wird von Kindern meist geliebt. **Ferienhäuser und -wohnungen** eignen sich ebenfalls für Ferien mit Kindern.

Spezialisiert auf Familien hat sich die REKA, die **Schweizerische Reisekasse,** eine sozialtouristische Genossenschaft, welche überall in der Schweiz (und in der Lombardei) kinderfreundliche Ferienwohnungen anbietet und auch kinderfreundliche Hotels betreibt. Im Val Verzasca betreibt REKA ein Feriendorf und bietet auch Wohnungen in einem Hotel in Locarno an. Besonders kinder- und familienfreundlich sind auch alle Betriebe der Jugendherbergen in der Schweiz, siehe unter www.youthhostels.ch.

- **Schweizer Reisekasse,** Neuengasse 15, Postfach, 3001 Bern, Tel. 031 32 96 633, www.reka.ch.
- 31 Familienorte in der Schweiz sind mit dem **Gütesiegel „Familien willkommen"** ausgestattet. Siehe www.swisstourfed.ch und dort „Family Destination". Daneben finden sich auch **Ferienwohnungen** über www.ferienwohnung.ch oder über das Portal von Schweiz Tourismus: www.myswitzerland.com, dann auf Unterkunft und Ferienwohnungen klicken. **Kinderfreundliche Hotels** findet man unter dem Label family hotels ebenfalls über www.myswitzerland.com.

Restaurants

Auch die Gastronomen haben sich auf die speziellen Bedürfnisse der kleinen Gäste eingestellt. Günstige **Kindermenüs** sind weit verbreitet und bieten oft mehr als nur Hamburger und Pommes. Manche Restaurants bieten außerdem speziell für Kinder geschaffene Einrichtungen, z. B. einen kleinen Zoo mit Tieren zum Anfassen in der Nachbarschaft.

020te tt

Klettern und Bergsteigen

Falls Sie mit dem Nachwuchs klettern wollen, ist der Kletterführer des *Schweizerischen Alpen-Clubs* (SAC) ein Muss. Mit Kindern stellen sich betreffend der Routenwahl besondere Anforderungen. Das Verzeichnis „Klettergebiete für Kinder" dokumentiert rund 250 Kletterrouten (sFr. 35). Der SAC gibt außerdem das Merkblatt „Bergsteigen mit Kindern" und das gleichnamige Büchlein (sFr. 32) heraus.

- **Schweizer Alpen-Club,** Monbijoustraße 61, Postfach, 3000 Bern 23, Tel. 031 37 01 818, www.sac-cas.ch.

Reise-Highlights für Kinder

Die genauen **Adressen** finden sich in den jeweiligen Ortsbeschreibungen.

- **Hallenbad Piscina Coperta** in Bellinzona;
- **Splash and Spa Tamaro,** großer Wasserpark;
- **Kinderspazierweg** auf der **Bergstation Cardada** bei Locarno;
- **Bagno Pubblico** in Ascona;
- **Zollmuseum** bei Gandria;
- **Sentiero delle Meraviglie** im Malcantone;
- **Zoo in Magliaso** bei Lugano;
- **Aquapark** in Balerna;
- **Saurierfundstätten am Monte San Giorgio;**
- **Schokoladenmuseum** in Caslano;
- **Swissminiatur,** in Melide am Damm.

Rafting im Valle Riviera

Kleidung und Ausrüstung

Die Witterungsbedingungen und die Gegebenheiten der Bergwelt erfordern eine geeignete Ausrüstung. Es empfiehlt sich, auch im Sommer **ausreichend warme Bekleidung** mitzunehmen.

Für **Wanderer** oder **Bergsteiger** gilt: Turn- und ähnliche Sportschuhe sind in den Bergen ungeeignet. Wer dort Wanderungen plant, muss gut eingelaufene Wanderschuhe mitnehmen.

Die meisten **Wintersportler** benutzen ihre eigenen Skier oder Snowboards. In den größeren Wintersportorten kann man eine große Auswahl an Sportgeräten zu vernünftigen Preisen mieten. In der Hochsaison ist es sinnvoll, die Ausrüstung frühzeitig reservieren zu lassen. Das örtliche Tourismusbüro informiert.

Kurse und Bildungsangebote

Informationen über aktuelle Kurse und Veranstaltungen kann man im Veranstaltungskalender von *Schweiz Tourismus,* www.myswitzerland.com (Stichwort „Veranstaltungen") einsehen. Adressen von Veranstaltern hat auch die *Vereinigung für Erwachsenenbildung,* Postfach, Oerlikonerstrasse 38, 8057 Zürich, Tel. 0848 33 34 33.

Sprachkurse

- **CCT, Formazione Linguistica e Culturale,** Viale Cassarate 6, 6900 Lugano, Tel. 091 92 29 354, www.cct.ch.
- **Scuola Club** (Klubschule der Migros, die größte Weiterbildungsinstitution der Schweiz), in Bellinzona, Locarno, Lugano und Mendrisio. Info: Via Pretoria 15, 6900 Lugano, Tel. 091 82 17 150; www.scuola-club.ch.
- **Scuola Lingua,** Via Nozzola2, 6900 Lugano, Tel. 091 92 26 508, www.scuolalingua.ch.
- **Didac,** Via Vegezzi 4, CP 6351 Lugano, Tel. 091 92 25 252, www.scuola-didac.ch.

Bildhauerschule

Eine spezifisch tessinische Art der Ausbildung findet man im Maggiatal mit der dort ansässigen Bildhauerschule in Peccia, wo auch der als Material verwendete Marmor abgebaut wird.

Hier gibt es **Kurse im Steinbildhauen** für Anfänger und Fortgeschrittene, einen handwerklichen Grundlagenkurs, Modellieren und Gipsabguss, Aktzeichnen, Aktmodellieren, Kopfzeichnen und -modellieren sowie Seminare in Kunstgeschichte/Ästhetik usw. Die Angebote sind für alle zugänglich.

Es besteht auch die Möglichkeit einer **berufsbegleitenden Weiterbildung** (17 Wochen verteilt auf vier Jahre) mit dem Titel: „Steinbildhauen und dreidimensionales Gestalten".

Zudem stehen für längere Aufenthalte drei Gastateliers mit Werkplatz zur Verfügung.

- **Scuola di Scultura,** 6695 Peccia, Tel. 091 75 51 304 *(Alex Naef),* www.scultura.ch.

Themen- und Erlebnispfade

Bei der Beschreibung der einzelnen Regionen und Orte haben wir es besonders bedacht: Das Tessin bietet eine Reihe von interessanten Themen- und Erlebnispfaden für Kinder und Erwachsene, so z.B. in der Magadino-Ebene einen **agrotouristischen Lehrpfad,** der über die landwirtschaftliche Arbeit informiert (www.gambarognotourismo.ch).

Am Monte San Giorgio folgt man auf alten Plattenwegen, ausgehend vom Dorf Meride, mit schöner Aussicht auf den Luganer See dem **Saurierlehrpfad** (www.montesangiorgio.org); der Lehrpfad **„Menschenspuren"** führt rund um das Dorf Castelrotto (Gemeinde Croglio) in rund zwei Stunden durch die typische Hügellandschaft des Malcantone. Auf dem Weg kann man eine Käserei, einen Kühlkeller *(giazzera)* und einen Vogelfangturm besichtigen.

Ein **Weinpfad** führt von Gudo über Sementino nach Carasso und Biasca (Ludiano, Dongo). Eine Übersicht über Lehrpfade bieten die Webpages der einzelnen Regionen im Tessin.

Medizinische Versorgung

Die medizinische Versorgung entspricht europäischem Standard. Auf einigen Fachgebieten (z. B. Herz, Paraplegie) genießt die **Schweizer Medizin** Weltruf. **Apotheken** *(farmacia)* sind sehr gut ausgestattet und in großer Dichte präsent. Medikamente sind jedoch in der Schweiz deutlich teurer als in Deutschland oder Österreich.

Die Adressen von niedergelassenen **Ärzten** erhält man an der Touristeninformation oder an der Rezeption des Hotels oder Campingplatzes.

Vor Reiseantritt sollte man mit der Krankenkasse die Formalitäten abklären, falls rezeptpflichtige Medikamente bezogen werden oder mit Krankenschein abgerechnet wird. Verlangen Sie bei Barzahlung eine detaillierte Quittung für die spätere Abrechnung mit der Kasse oder Versicherung. Empfehlenswert ist eine **Auslandsreise-Krankenversicherung** (siehe Kap. „Vor der Reise/Versicherungen").

Für **medizinische Notfälle** gilt in der gesamten Schweiz Tel. 144 (siehe auch Kap. „Notfälle").

In **Italien** ist das Gesundheitssystem teils privat, teils staatlich organisiert. Grundsätzlich ist die freie Arztwahl wie in der Schweiz gewährleistet, man kann also einen Arzt aufsuchen, ihn bezahlen und anschließend die Kosten zurückfordern (über die genauen Bedingungen hierfür sollte man sich aber vor der Reise ausführlich bei seiner Krankenkasse informieren). Die Gemeinden haben aber zusätzlich **staatliche Gesundheitszentren** *(Unita Sanitaria Locale)*, wo Patienten grundsätzlich kostenlos versorgt oder von dort an einen Facharzt überwiesen werden. Medikamente werden gegen eine Rezeptgebühr abgegeben.

Nachtleben

Da die Schweiz keine Millionenmetropolen aufweist, wird das Nachtleben oft als provinziell eingeschätzt. Das Tessin und der Lago Maggiore sind denn auch nicht unbedingt Feriengebiete, die speziell junge Leute anziehen. Trotzdem gibt es natürlich, vor allem in den dichter besiedelten Gebieten um Locarno, Lugano, Como und am Südufer des Lago Maggiore, das normale Angebot an **Nightclubs, Diskotheken, Multiplex-Kinos** und auch **Casinos.** Seit kurzem ist in der Schweiz das Glücksspiel legalisiert, man kann also sein Geld im Casino von Locarno oder in der italienischen Enklave Campione am Luganer See aufs Spiel setzen.

Im Tessin und am Lago Maggiore finden in der Saison auch zahllose **Festivals, Konzerte und Freilichtvorführungen** statt. Hinweise finden sich bei den jeweiligen Ortsbeschreibungen bzw. sind bei den lokalen Verkehrsbüros, auf den Wesbites und in Broschüren erhältlich.

Notrufe in der Schweiz

- **Allgemein** 112
- **Sanitätsnotruf** 144
- **Polizei** 117
- **Feuerwehr** 118
- **Giftnotruf** 044 25 15 151
- **Schweizerische Rettungsflugwacht** (Rettungshelikopter) 1414
- **Pannendienst TCS Schweiz** 140 oder 0800 140 140 (aus dem Ausland nicht abrufbar)

Notrufe in Italien

- **Allgemein** 112
- **Polizei/Unfallrettung** 113
- **Ärztlicher Notruf** 118

Notfälle

Der **lokale Ärzte- und Apothekennotdienst** findet sich in der Lokalpresse, insbesondere in den „Amtsanzeigern", die man an jedem Kiosk kaufen kann.

Rufen Sie bei Unfällen und gesundheitlichen Notfällen am besten den **zentralen Notfalldienst** unter der **Telefonnummer 144** an. Geben Sie Adresse, Name und Alter des Patienten an. Beleuchten Sie nachts die Stelle, an der Sie den Krankenwagen erwarten. Bitten Sie eine Drittperson, auf den Rettungsdienst zu warten, während Sie sich um den Patienten kümmern und ihn beruhigen.

Bei **Verlust oder Diebstahl von Geldkarten** sollte man diese umgehend sperren. Für deutsche Maestro-(EC-) und Kreditkarten gibt es die **einheitliche Sperrnummer 0049 116 116** und im Ausland zusätzlich 0049 30 40 50 40 50.

Für österreichische und schweizerische Karten gelten:

- **Maestro-/EC-Karte,** (A-)Tel. 0043 1 20 48 800; (CH-)Tel. 0041 44 27 12 230, UBS: 0041 84 88 88 601, Credit Suisse: 0041 800 80 04 88.
- **MasterCard,** internationale Tel. 0800 89 70 92.
- **American Express,** (A-)Tel. 0049 69 97 97 20 00; (CH-)Tel. 0041 44 65 96 333.
- **VISA,** internationale Tel. 001 41 05 81 99 94.
- **Diners Club,** (A-)Tel. 0043 1 50 13 50; (CH-)Tel. 0041 58 75 08 080.

Öffentliche Verkehrsmittel

Spezialangebote

Feriengäste, die viel Bahn fahren, andere öffentliche Verkehrsmittel nutzen und auf Bergbahnen von Spezialtarifen profitieren möchten, sind oft über die hohen „Normal"-Tarife der öffentlichen Verkehrsmittel in der Schweiz erstaunt. Dabei nutzen praktisch alle Einheimischen Spezialtarife, und die gibt es auch für Touristen: Bei einem Aufenthalt ab drei Tagen empfehlen sich die Offerten von *Swiss Travel System* (Buchung über Reisebüros oder online via www.sbb.ch, Freizeit und Ferien).

Der **Swiss Pass** (227–506 €) erlaubt vier, acht, 15, 22 Tage oder einen Monat lang unbeschränktes Fahren auf dem gesamten Bahn-, Postauto- und Schifffahrtsnetz von *Swiss Travel System*. STS umfasst fast das gesamte öffentliche Verkehrsnetz der Schweiz. Inbegriffen sind die Straßenbahnen und Busse in 36 Städten sowie verbilligte Fahrten bei vielen Bergbahnen.

Mit dem **Swiss Flexi Pass** (217–345 €) kann man innerhalb der einmonatigen Geltungsdauer an drei bis acht frei wählbaren Tagen unbeschränkt auf dem gesamten Netz von *Swiss Travel System* reisen und genießt dabei die gleichen Vergünstigungen wie beim *Swiss Pass*. Ab zwei gemeinsam reisenden Personen gewährt *Swiss Travel System* 15 % **Rabatt** pro Erwachsenem auf *Swiss Pass* und *Swiss Flexi Pass*.

Das **Swiss Transfer Ticket** (113 €) ist einen Monat lang gültig und beinhaltet die Hin- und Rückreise von der Schweizer Grenze oder vom Flughafen zum Ferienort.

Auch viele Bergbahnen – hier am Monte Brè – wurden ins Swiss Travel System einbezogen

518te tt

519te tt

Die **Swiss Card** (163 €) bietet dieselben Leistungen wie das *Swiss Transfer Ticket*. Zusätzlich reist man jedoch einen Monat lang zum halben Preis per Bahn, Postauto und Schiff auf dem ganzen Netz von *Swiss Travel System*.

Neu gibt es auch die **Swiss Half Fare Card** mit der man für sFr. 120 einen Monat lang zum halben Preis auf dem ganzen Gebiet von STS unterwegs ist. Mit der **Familienkarte** von *Swiss Travel System* reisen Kinder bis 16 Jahre mit ihren Eltern **unentgeltlich** auf dem gesamten Netz von *Swiss Travel System* mit. Die Familienkarte gibt es kostenlos zu *Swiss Pass, Swiss Flexi Pass, Swiss Transfer Ticket* und *Swiss Card*.

Der **Swiss Youth Pass** gewährt jugendlichen Alleinreisenden (unter 26 Jahren) 25% Ermäßigung, für Mitreisende s.o. „Swiss Flexi Pass". Außerdem gibt es günstige **Pauschalangebote,** z. B. Kombinationen mit Hotelaufenthalten, Ferienwohnungen etc. Für Reisende, die die Schweiz oder Italien nur als eines von mehreren europäischen Zielen bereisen, ist ein **Interrailticket** (www.interrail.eu) praktisch.

Im Tessin gibt es neu die **Ticino Discovery Card,** mit der man nach Wahl an 3 von 7 Tagen fast das ganze Tessin „erfahren" kann. Man steigt in die Verkehrsmittel (inkl. Seil- und Zahnradbahnen, Postautos, Zug, Bus, Schiff) ein und bezahlt nichts zusätzlich, sondern hat noch freien Eintritt in touristische Einrichtungen wie Museen, Freizeitparks, Schwimmbäder etc. Die *Ticino Discovery Card* kostet sFr. 87, mit Halbtax, GA oder Swisspass nur sFr. 77 und für Kinder zwischen 6 und 16 Jahren sFr. 47. Erhältlich an allen wichtigen Bahnschaltern und Touristinformationen im Tessin sowie den Schweizer Großstädten und anderen Partnern. Info: www.cartaturisticaticino.ch oder Tel. 091 98 52 820.

Wo kein Zug verkehrt, kann man in der Schweiz auf den Postbus ausweichen

Bahn

Mit dem Fahrrad in der Bahn

Das öffentliche Verkehrssystem ist fahrradfreundlich (in der Schweiz heißt das Fahrrad übrigens *Velo*). Rad und Zug können ohne Weiteres kombiniert werden. Sie stellen ihr Rad am Bahnhof ab, geben es als Gepäckstück auf oder transportieren es als Handgepäck. In den meisten Zügen kann man das Rad selbstständig verladen und mitnehmen, teilweise (z.B. in Neigezügen) ist eine Reservierung (sFr. 5) notwendig. Sie können aber auch an vielen Bahnstationen Räder aller Typen (auch E-Bikes mit 250 Watt-Motoren) mieten. Über die Möglichkeiten informiert:

- www.sbb.ch/bahnhof-services/auto-velo/unterwegs-mit-dem-velo.html.
- www.rent-a-bike.ch (Tel. 041 92 51 170).

Besondere Fahrten

- Die **SEFT,** eine Gruppe von Eisenbahnfans, betreibt im Sommer die ehemalige **Misoxerbahn** der RhB mit einem Nostalgiezug von Castione (TI) bei Bellinzona bis Cama (GR) im Misox. Die 13 km hin und zurück kosten sFr. 14, einfache Fahrt sFr. 7; Info und Reservierung Tel. 091 82 64 554.
- Der **Club del San Gottardo** (www.clubsangottardo.ch) fährt im Sommer den Nostalgiezug Mendrisio-Valmorea-Malnate (Italien), sFr. 11 einfach, sFr. 22 zurück, mit einer hübschen Dampflok bzw. historischen elektrischen Lokomotiven.
- Die Nostalgiefahrten auf den **Monte Generoso** finden wegen Bauarbeiten auf dem Berg erst ab 2016 wieder statt.
- Der **Lagomaggioreexpress** ist eine tolle Tagestour von Locarno mit der FART (Centovallibahn) durch die „Hundert Täler" bis Domodossola, dann mit den italienischen Staatsbahnen bis Stresa und Arona und von dort per Schiff in 3 Stunden zurück nach Locarno. Die Reise kann irgendwo auf der Strecke angetreten werden und führt an den Ausgangsort zurück (1. Tag sFr. 48, 2 Tage sFr. 58).
- Der **Lötschberg-Centovalli-Express** fährt von Bern über die Lötschbergstrecke ins Wallis, durch den Simplon nach Domodossola und durch das pittoreske Centovalli (übersetzt „Hundert Täler") nach Locarno am Lago Maggiore (Tel. 091 75 60 400).

Postbusse

Wo keine Eisenbahnen hinführen, findet man im Tessin die Busse der Post (Postautos genannt), die bis in das entlegenste Dorf fahren. Zu erkennen sind sie an der leuchtend **gelben Farbe** und dem Posthorn-Dreiklang, dem ersten Takt der Ouvertüre der Rossini-Oper „Wilhelm Tell" entliehen.

Für Normalfahrten mit dem Postbus kann man dieselben **Fahrscheine** (Billetts) und Spezialkarten benutzen wie für die Bahn. Das ganze öffentliche Verkehrsnetz ist integriert. Anschlussverbindungen sind deshalb rasch gefunden. Die Fahrpläne führen Postbus- und Eisenbahnfahrten auf.

- Mit dem so genannten **Palm-Express** geht es per Postbus von St. Moritz über Menaggio nach Lugano. Reservierung obligatorisch an jedem Schalter.

Schiffahrt

Die Seen des Tessins laden zu einer Schifffahrt ein. Sowohl der Lago Maggiore wie der kleinere Luganersee bieten grenzüberschreitende kürzere und längere **Ausflugsfahrten** und die Möglichkeit, die **öffentlichen Kursschiffe** zu benutzen. Erkundigen Sie sich nach Ermäßigungen für Regionalpässe und anderen Spezialtickets.

- **Lago Maggiore:** www.navigazionelaghi.it.
- Schwimmende Bar auf dem Lago Maggiore: **Katjaboot** (an Seepromenade vor Muralto): www.katjaboat.ch.
- **Schifffahrtsgesellschaft des Luganersees:** www.lakelugano.ch.

Öffnungszeiten

Für die verschiedenen Dienstleistungsbetriebe sind gemäß *Schweiz Tourismus* folgende Öffnungszeiten zu beachten (kantonale und regionale Abweichungen berücksichtigen):

Banken und Geldwechsel: in großen Städten und wichtigen Geschäftszentren Mo–Fr 8.30–16.30 Uhr; in ländlichen Gegenden Mo–Fr 8.30–12 Uhr und 14–16.30/17.30 Uhr. Auf Flughäfen und an Bahnhöfen gibt es Wechselstuben für Bargeld und Schecks: geöffnet 6–21 Uhr, oft sogar bis 23 Uhr.

Behörden und Büros: Mo–Fr 8–12 Uhr und 14–17/18 Uhr.

Geschäfte sind Mo–Fr 8/8.30–18.30 Uhr und Sa 8–17 oder 18 Uhr geöffnet. Vorwiegend in den Städten bleiben Warenhäuser und andere Geschäfte am Montagvormittag geschlossen. Einmal pro Woche (meist Do) ist erst um 21 Uhr Ladenschluss. In kleineren Orten und außerhalb der Stadtzentren bleiben die Läden am Mittwochnachmittag und über die Mittagszeit ein bis zwei Stunden geschlossen. In den meisten Ferienorten haben sie länger geöffnet, manchmal auch stundenweise an Sonntagen.

Öffnungszeiten in Italien

In Italien gibt es meist noch die traditionelle **lange Mittagspause,** wobei die Wiederöffnung gegen Abend (ab 15 Uhr, meist aber später) scheint's der Laune des Ladeninhabers bzw. des Personals überlassen ist. Dafür sind die Geschäfte **abends** zum Teil recht lange, d. h. bis 20 oder 21 Uhr, geöffnet. Banken und die Post halten sich an ähnliche Öffnungszeiten wie in der Schweiz.

Post und Telefon

Telefon und Post sind in der Schweiz getrennt. Die *Telekom* wurde unter dem Namen *Swisscom* privatisiert.

Die **Post** kümmert sich nach wie vor um Brief- und Pakettransport, um den Zahlungsverkehr und den öffentlichen Busverkehr. Auch in kleineren Dörfern gibt es eine Postfiliale, in der man Briefmarken, Autobahnvignetten und einen Faxservice findet, in den größeren Postämtern auch einen Postomaten, an dem man Bargeld beziehen kann. Für Briefe oder Karten, die innerhalb Europas verschickt werden sollen, benötigt man derzeit Briefmarken zu sFr. 1,30 (Normalbeförderung) bzw. sFr. 1,40 (*priority* = max. zwei bis vier Lauftage). Sie sind zum Teil auch an Kiosken erhältlich.

Telefonieren über die öffentlichen Telefonapparate ist wesentlich billiger geworden. Die Gebühren für ein Gespräch nach Deutschland oder Österreich betragen sFr. 0,60 Grundgebühr plus sFr. 0,12, am Wochenende sFr. 0,10 pro Minute. Münzfernsprecher gibt es kaum, die Telefonzellen akzeptieren aber meist die gängigen Kreditkarten, internationale Prepaid-Karten und die an allen Kiosken und Poststellen erhältlichen Karten der *Swisscom*. Teurer ist das Telefonieren in Hotels, wo meist ein Zuschlag berechnet wird.

Für das **Mobiltelefon** gilt: Wenn Ihr Handy für internationales Roaming freigegeben ist, sind Sie mit ihm fast überall in der Schweiz erreichbar. Wegen der teilweise hohen Gebühren sollte man vor der Reise bei seinem Anbieter recherchieren, welcher der Roamingpartner günstig ist und diesen per **manueller Netzauswahl** voreinstellen. Für Besitzer von Smartphones kann besonders die **Datennutzung** im Ausland sehr teuer werden! Nicht zu vergessen sind auch die **passiven Kosten,** wenn aus der Heimat angerufen wird (ggfs. Mailbox abstellen). Der Anrufer zahlt nur die Gebühr ins heimische Mobilnetz, der Empfänger die Rufweiterleitung ins Ausland.

Wesentlich preiswerter ist es, sich auf die Kommunkation per **SMS** zu beschränken, der Empfang ist dabei in der Regel kostenfrei.

Falls das Mobiltelefon **SIM-lock-frei** ist (keine Sperrung anderer Provider vorhanden ist) und man viele Telefonate innerhalb der Schweiz führen möchte, kann man sich eine örtliche **Prepaid-SIM-Karte** besorgen.

Vorwahlnummern

- **Deutschland:** 0049
- **Österreich:** 0043
- **Italien:** 0039
- **Schweiz:** 0041

Achtung: Vor Jahren wurden die Telefonnummern in der Schweiz umgestellt. Seitdem ist **auch bei Ortsgesprächen die Ortsvorwahl** zu wählen: Innerhalb des Tessins ist im Allgemeinen die 091 und dann die individuelle Rufnummer zu wählen.

Telefoniert man aus dem Ausland **in die Schweiz,** entfällt nach der internationalen Vorwahl die 0 vor der regionalen Vorwahl. Man wählt also für das Tessin 0041 91 und dann die individuelle Nummer. In **Italien** muss die regionale Vorwahl-Null auch bei internationalen Gesprächen verwendet werden, man wählt also für weite Teile des Lago Maggiore z. B. 0039 0322 und dann die individuelle Rufnummer.

Reisende mit besonderen Bedürfnissen

Für Menschen mit Behinderungen stehen in der Schweiz folgende Beratungs- und Kontaktstellen zur Verfügung:

- **Call Center Handicap der Schweizerischen Bundesbahnen,** gebührenfreie Telefonnummer in der Schweiz 0800 007 102, aus dem Ausland Tel. 0041 51 22 57 844, tägl. 6–22 Uhr, auch im Internet unter www.sbb.ch/bahnhof-services/reisende-mit-handicap.html. Hier erhält man Informationen zu speziellen Angeboten in Zügen (Rollstuhlabteile, Bedienungszeiten, Ein- und Ausstiegshilfen etc.).
- Auch **procap** (der ehemalige Schweizerische Invalidenverband) informiert über Reise- und Sportmöglichkeiten für Schweiz-Touristen mit Handicap. Der Verband hat eine hilfreiche Website (www.procap.ch) mit einer Linkliste aller Spezialverbände für spezifische Behinderungen eingerichtet.
- **Mobility International Schweiz (MIS),** Froburgstraße 4, 4600 Olten, Tel. 062 20 68 835, www.mis-ch.ch. Reisefachstelle für Menschen mit Behinderung und für die Tourismusbranche. Auf der Website (Infothek) findet man neben weiteren nützlichen Links z.B. Reise-, Städte- und Regionenführer für Behinderte, Angebote bei spezifischen Behinderungen, eine Datenbank der rollstuhlgängigen Restaurants, Hotels und Ferienwohnungen in der Schweiz und gut zugängliche Ausflugsziele; weiterhin werden Begleiterkarten etc. angeboten.
- Im Tessin tätig ist die **Federazione Ticinese Integrazione Andicap.** Die Vereinigung erteilt Auskünfte und hat Broschüren mit Ausflugstipps für Menschen mit Behinderung (Luganer See, Täler): FTIA, Via Linoleum 7, P.O. Box 834, 6512 Giubiasco, Tel. 091 85 09 090, www.ftia.ch (auf Italienisch).
- Einen Überblick über **behindertengerechte Herbergen und Hotels** bietet www.rollihotel.ch.

Rollstuhlgängige Unterkünfte

- **Hotel Ibis,** 6600 Locarno, Tel. 091 756 26 26.
- **Hotel Pestalozzi,** 6600 Locarno, Tel. 091 759 95 05.
- **Jugendherberge Locarno (Palagiovani),** 6600 Locarno, Tel. 091 756 15 00.
- **Casa Lumino,** 6605 Locarno-Monti, Tel. 091 751 10 28.
- **Hotel Alba,** 6648 Locarno-Minusio, Tel. 091 735 88 88.
- **Hotel garni Minusio,** 6648 Locarno-Minusio, Tel. 091 743 19 13.
- **Casa Emmaus,** 6616 Losone, Tel. 091 786 90 20.
- **Albergo Losone,** 6616 Losone, Tel. 091 785 70 00, „bestes Familienhotel der Schweiz 2003–2010".
- **Albergo Sole,** 6614 Brissago, Tel. 091 793 11 48.
- **Hotel Pizzo Vogorno,** 6632 Vogorno (Verzasca), Tel. 091 745 12 56.
- **Centro Bosco della Bella,** 6996 Ponte Cremenaga (Malcantone an Grenze zu Italien), Tel. 091 600 01 00.
- **Evangelisches Zentrum,** 6983 Magliaso, Tel. 091 606 14 41, direkt am Luganer.
- **Casa Serena,** 6951 Signora, Tel. 091 944 14 74, Ferienheim für Behinderte im Val Colla.
- **Hotel De la Paix,** 6900 Lugano, Tel. 091 960 60 60.
- **Jugendherberge,** 6942 Lugano-Savosa, Tel. 091 966 27 28.
- **Hotel Vezia,** 6943 Vezia-Lugano, Tel. 091 966 36 31.
- **Hotel Serpiano,** 6867 Serpiano, Tel. 091 986 20 00.
- **Hotel Coronado,** 6850 Mendrisio, Tel. 091 630 30 30.

Reisezeit

Die Reisezeit für einen Besuch der Südschweiz und Norditaliens hängt von den jeweiligen Interessen der Besucher ab. Das Tessin und der Lago Maggiore haben **das ganze Jahr** über viel zu bieten: warme Tage im Sommer, an denen man wunderbar **baden** kann, aber auch einen herrlichen Herbst und ein mildes Frühjahr. Auch im Winter kann man an einem sonnigen Tag im Freien sitzen und einen Kaffee trinken oder, falls man dem Winter nicht entfliehen will, in den schneesicheren Bergregionen des Tessins oder der Ossolatäler **Ski laufen.**

Die Klimaveränderungen lassen jedoch **kaum noch sichere Prognosen** zu: War früher der Herbst im Tessin stets sonnig, so kann man heutzutage nasskalte Überraschungen erleben. Im August kann die Piazza Grande in Locarno auch schon einmal unter Wasser stehen, statt den Besuchern des legendären Filmfestivals einen sonnigen Empfang zu bereiten. Wenn es **regnet** im Tessin, fühlt man sich an den tropischen Monsun erinnert, und durch die Höhenlage kann es insbesondere in den Alpentälern empfindlich kalt werden.

Obschon die Alpensüdseite als relativ schneesicher gilt, leiden die Wintersportorte in manchen Jahren unter **Schneemangel** und können trotz aller Schneekanonen auch im Winter nur mit Wanderungen locken. Dafür gibt es in den Bergen meist Sonne pur und nebelfreie Tage mit herrlicher Sicht. Ob Wander- oder Skischuhe angesagt sind, wis-

Schneesicherheit bieten nur noch die Bergregionen wie hier in Airolo-Pesciüm

sen *Schweiz Tourismus* und der ADAC (Tel. 0180 52 32 221), die zwischen Dezember und April Auskunft über die Schweizer Skipisten geben. Aktuelle Wintersportinformationen können auch über die Website www.schweiz.de abgerufen werden.

Obgleich das Tessin viele sonnige, unvergleichlich klare Tage hat, erreicht der Mailänder **Smog** leider ab und zu auch den Lago Maggiore und das Sottoceneri.

Wer ein Hotel sucht, wird im Allgemeinen während des ganzen Jahres fündig. Es gibt keine eindeutige **Hochsaison** mehr, doch während des Filmfestivals in Locarno und Ascona (in den beiden ersten Augustwochen) oder während gewisser Messen in Lugano ist es schwierig und kostspielig, dort unterzukommen. Ascona ist überhaupt oft ausgebucht und teuer, ebenso wie Locarno, Lugano und Stresa. Für diese Ortschaften lohnt es sich, vor der Reise den Veranstaltungskalender zu studieren und sich gegebenenfalls in einem günstigeren Nachbarort einzuquartieren. Außerhalb der Hauptreisezeiten sind auch in einem Locarneser Vier-Stern-Hotel mit Seeblick schöne Zimmer zu vernünftigen Preisen zu haben. Dieses Buch empfiehlt auch in den Tourismushochburgen einige Hotels mit gutem Preis-Leistungsverhältnis.

Wichtige **Sehenswürdigkeiten** wie die Inseln des Lago Maggiore sind im Sommer oft überlaufen; hier empfiehlt sich ein Besuch außerhalb der Saison oder früh am Morgen.

Auf der italienischen Seite des Lago Maggiore und in Como sind sehr viele Hotels von **November bis Ostern** geschlossen, man wird in dieser Zeit dort nur mit Mühe eine Unterkunft finden.

Sicherheit

Die Schweiz ist heute **nicht mehr so sicher** wie einst und auch nicht unbedingt sicherer als ihre Nachbarländer. Verbrecherbanden sind international organisiert. Teure **Autos** sind ein beliebtes Ziel, ob in Italien oder in der Schweiz. Im Sommer gibt es immer wieder organisierte **Einbruchstouren** durch Einfamilienhäuser und Ferienchalets, sei es im Tessin oder in Norditalien. Wo immer sich Menschenmengen versammeln, gehen **Taschendiebe** zu Werke. Bei großen Sportereignissen kommt es manchmal zu Schlägereien und **Ausschreitungen,** meist durch Rechtsextreme. Unsicher ist es im Milieu von **Prostitution und Drogen.** Die Rotlichtdistrikte gehören zu diesen Bezirken, ebenso wie schummrige Bahnhofs- und Industriegebiete. Die Bahn- und Stadtbehörden und die Polizei haben in den letzten Jahren jedoch viel getan, um eine Verslumung solcher Gebiete zu verhindern und die Sicherheit im Allgemeinen zu erhöhen. Auch die liberale Drogenpolitik hat zu einer Abnahme der Drogendelikte geführt. Wenn die Schweiz also, was Sicherheitsstandards betrifft, ein **„normales europäisches Land"** geworden ist, so ist sie das im positiven wie negativen Sinne. Weder muss man hier besondere Vorkehrungen treffen, noch wäre es klug, alles, was man zu Hause berücksichtigt, in einem Tessin-Urlaub zu vergessen.

Während die Gefährdung durch Personen nicht übermäßig hoch ist, nehmen **Unfälle** im Zusammenhang mit **Naturkatastrophen** oder Naturereignissen im Alpenraum zu. Das labile Gleichgewicht der Natur ist gestört, was dort besonders spürbar wird. Lawinen, Schlammniedergänge und Wassereinbrüche sind heute fast überall möglich. Trendsportler begeben sich gerne in Gebiete, die bisher bei instabilen Wetterverhältnissen gemieden wurden. Bevor man hier Risiken eingeht, sei empfohlen, sich auf ortskundige Profis zu verlassen, die begleiten oder beraten. Das Wetter und das Gelände sind für Ortsunkundige kaum einzuschätzen.

Obschon es im Tessin oft aus allen Kübeln gießt und die Vegetation üppig gedeiht, sollte die Gefahr von **Waldbränden** nicht unterschätzt werden. Vor allem in den Kastanienwäldern kommt es immer wieder zu gefährlichen Feuern, welche die Vegetation empfindlich stören, Erdrutsche und die gefährlichen plötzlichen Wasserstürze von Bergbächen bewirken. Man informiert sich am besten bei den lokalen Verkehrsbüros über die aktuelle Lage und Vorschriften.

Sport

Die Schweiz galt lange Zeit als Reiseziel, das man einfach besucht haben musste. Doch Fehlentwicklungen wie eine zu stark auf Menge und Umsatz ausgerichtete Tourismuspolitik trugen dazu bei, dass die Schweiz irgendwann nicht mehr „in“ war. Erst in den letzten zehn Jahren hat ein Umdenken stattgefunden. Alternative Tourismus-Formen gewannen an Bedeutung. Viele Anbieter entdeckten die jungen Reisenden und stellten sich mit ihrem Angebot ganz bewusst auf diese Zielgruppe ein.

Die nach wie vor **attraktive Natur** des Landes ist dafür wie geschaffen. Insbesondere die Berggebiete und die Täler des Tessins eignen sich für ausgedehnte Wanderungen, für das Übernachten im Stroh und für das populäre Radfahren. Die Berge sind nicht nur für den mechanisierten Wintertourismus attraktiv, neue Attraktionen prägen im Sommer wie Winter das Bild: Freeclimbing, Canyoning, Mountainbiking, Riverrafting, Paragliding und Kanufahren ziehen junge Besucher in das Alpenland.

Abenteuersportarten, Bungee

- **Tegna Trekking Team,** Tel. 091 78 07 800, www.trekking.ch; Bungee-Sprung von der Centovalli-Brücke oder der Verzasca-Staumauer (220 m, auch Nachtsprünge, sFr. 195–255), Canyoning, Kletterkurse; April bis Oktober, mit Anmeldung.

Bergsteigen, Klettern

Im Schweizer Alpenraum gibt es 160 Klubhütten. Trotz ihrer herrlichen Lage sind sie nicht als Ferienunterkünfte oder Ausflugsziele gedacht, sondern dienen als Ausgangspunkt für Bergbesteigungen oder hochalpine Skitouren. Eine illustrierte **Klubhüttenkarte** mit Schweizer Karte und vielen wissenswerten Angaben kann man beim SAC bestellen:

- www.sac-cas.ch
- Unter dem Stichwort **„Schweizer Hütten“** findet man eine iPhone- oder iPad App (sFr. 5), die in einem schlechten Deutsch, aber sonst sehr nützlich Informationen (Position, Kontakt, Einzelheiten zur

Hütte, Bilder) zu Hunderten von Berghütten in der Schweiz liefert, darunter 140 Hütten im Tessin (die Programmierer stammen aus dem Tessin). Für Bergwanderer trotz Sprachproblemen nützlich.

Kletter- und Hochgebirgstouren sind natürlich überall möglich, doch man sollte sich der Risiken bewusst sein. Am besten vertraut man sich einem professionellen Führer an. Touristenbüros vermitteln Adressen.

■ **Guide Alpine Ticino – Scuola svizzera di alpinismo,** Verzeichnis der Bergführer. Massimo Bognuda, Via Ghiringelli 15, 6500 Bellinzona, Tel. 079 284 8958, www.guidealpinetichino.ch.

Gefahr in Wildbächen

Jedes Jahr ertrinken in Tessiner Bergbächen zahlreiche Menschen, meist Feriengäste, die mit den lokalen Verhältnissen nicht vertraut sind. Manche Bäche entwickeln besonders an Verengungen zwischen Felsen so starke Sogwirkungen und Strudel, dass auch geübte und kräftige Schwimmer in die Tiefe gezogen werden. Dazu kommt, dass am Oberlauf gewisser Bäche und Flüsse von Zeit zu Zeit von den Kraftwerken Wasser abgelassen wird, was zu plötzlichen Sturzfluten führt. Dasselbe kann während oder nach Gewittern geschehen oder durch Erdrutsche verursacht werden. Man sollte sich vor Ort eingehend über die Verhältnisse und notwendigen Vorsichtsmaßnahmen informieren und insbesondere auf Kinder und Jugendliche Acht geben. Seit kurzem gibt es zudem eine Hotline der Kraftwerke, die in den Orten und an den Flüssen ausgeschildert ist. Sie informiert über geplante Wasserablassungen.

019te tt

- **Klettergarten Palestra di Roccia San Paolo,** Bellinzona, Via Pedemonte, Tel. 091 82 61 331. Auf einem Gelände von 30.000 Quadratkilometern Schwierigkeitsstufen 6 bis 2. Anfänger brauchen mindestens zwei Tage für die Grundausbildung, bevor sie an einem Felsen üben können.
- **Pro Natura Zentrum Lucomagno,** 6718 Acquacalda, Tel. 091 87 22 610. Fünf Kilometer vor dem Lukmanier-Pass im Blenio-Tal. Bietet Seminare, Kurse, thematische Wanderwochen und Bergwanderungen an. Ein umfangreiches Programm für Familien und Kinder.

Fliegen, Ballonfahren, Fallschirmspringen

Der *Aero-Club der Schweiz* ist der nationale Verband, der sich mit diesen Sportarten befasst. Er umfasst die Sparten Motorflug, Segelflug, Modellflug, Ballonfahren, Fallschirmspringen, Hängegleiten, Ultraleicht-, Helikopter- und Amateurflugzeugbau. Flugplätze gibt es im Tessin in Ambri, in Locarno-Magadino und Lugano-Agno. Gute Links zur Aviatik gibt es im Internet unter www.nelly.ch.

- **AECS Aero Club der Schweiz,** Lidostr. 5, 6006 Luzern, Tel. 041 37 50 101, www.aeroclub.ch.

Flugschule, Gleitschirm- und Fallschirmfliegen

- **Club Volo Libero,** c/o Biago Lepori, Piazza G. Buffi, 6500 Bellinzona, Tel. 079 71 50 956, www.cvlt.ch.
- **Paracentro Locarno,** Aeroporto Cantonale, 6596 Gordola, Tel. 091 74 52 651, www.paracentro.ch.
- **Pink Baron,** P.O.Box 40, 6825 Capolago, Tel. 091 64 83 088, www.pink-baron.ch.
- **Paramania Flying School,** Via Essagra, 6592 S. Antonino, Tel. 091 85 72 225, www.paramania.ch.

Golf

- **Golf Club Lugano-Magliaso,** Tel. 091 60 61 557, www.golflugano.ch.
- **Golf Club Patriziale Ascona,** Tel. 091 78 51 177, www.golfascona.ch.
- **Golfschule Locarno** mit 9 Löchern auf 596 m, 6 Löchern und Driving Range, Putting und Pitching green (mit Bunker), Eintritt ohne Membership, Greencard oder Handicap möglich. Tel. 091 75 23 353, www.golflocarno.ch.
- **Sake Golf,** Pitsch & Putt, Golfakademie, 9-Loch, Albergo Losone, Tel. 079 62 13 946, www.sakegolf.ch.

Radfahren, Mountainbiking, E-Biking

Radfahren erfreut sich zunehmender Beliebtheit. Es gibt **hervorragende Routen** für Familien und anspruchsvolle Biker. Das Fahrradnetz des Tessins misst über 200 Kilometer, die Wege sind gut ausgebaut und beschildert. Im Bergkanton Tessin gibt es kaum flache Strecken: Neben der Magadino-Ebene ist eine Rundfahrt um den Luganer See oder den Lago Maggiore landschaftlich reizvoll und nicht allzu schweißtreibend, sieht man vom dichten Verkehr ab. Daneben gibt es alles von leicht bis „Trail thrill total“. Informationen erhält man hier:

- **Stiftung Veloland Schweiz,** Postfach 8275, Finkenhubelweg 11, 3001 Bern, Tel. 031 30 74 740, www.veloland.ch.

■ Man beachte den neuen **interaktiven Tourenführer,** der ganz auf die Bedürfnisse von Bikern zugeschnitten ist. Unter www.ticino.ch auf „Aktivitäten“, dann „Routen und Geführte Ausflüge“ klicken. So ist alles optimal aufbereitet, zu jeder Tour gibt es umfassende und präzise Informationen: Kurzcharakteristik, Höhenprofil, Eckdaten wie Länge, Höhenmeter, Fahrzeit, höchster Punkt und Wegbeschaffenheit. Dazu mit Schweiz MobilCard GPS-Datenpakete, die man gegen eine kleine Gebühr aus dem Internet herunterladen kann.

■ Über www.ticino.ch findet man rund 70 **Hotels,** die im Ticino **speziell für Biker** geeignet sind.

■ **Spezielle Karten** s. „Karten und Literatur“.

Fahrräder, Mountainbikes und E-Bikes kann man über das Internet oder telefonisch **mieten** über Rent a Bike AG (eine Unternehmung der SBB):

■ **Rent a Bike AG,** Merkurstr. 2, 6210 Sursee, Tel. 041 92 51 170, www.rent-a-bike.ch. Rent a Bike führt auf seiner Website allein 17 Stationen im Sopraceneri und 14 im Sottoceneri auf, wo man Fahrräder, Mountainbikes etc. mieten kann, vor allem an Bahnhöfen, bei Jugendherbergen, aber auch in einigen Hotels. Es werden auch Räder für Menschen mit Behinderung angeboten.

■ Das Tessin ist unter dem Stichwort **E-Bike Park Ticino** früh auf die E-Bike-Welle aufgestiegen: die oben erwähnten Mietstellen für Fahrräder führen meist auch E-Bikes und man kann bei allen Partnern von E-Bike Park Ticino schnell und gratis Batterien wechseln (vgl. www.ticino.ch/de/E-Bike-Park-Ticino).

Reiten

■ **www.equiticino.ch** bietet eine Liste aller Reitställe und -schulen im Tessin, die dem Verband angeschlossen sind.

Die **Scuderia Biologica La Finca** von Marco Stefania und Manuel Taminelli in 6705 Cresciano in der Riviera bietet mit ca. 20 Pferden Ausritte, Kutschenfahrten, Reittreks und Reitunterricht speziell für Kinder, aber auch für ältere Personen und Behinderte. Hier kann man im Stroh oder in der Ferien-

521te tt

wohnung schlafen und es gibt eine Töpferwerkstatt. Tel. 079 33 73 541.

- Die **Scuderia Degiorgi** in 6719 Aquila im Bleniotal bietet Kurse und Ausritte im Western-Stil sowie Trekking an, Tel. 079 26 58 152, www.scuderia degiorgi.altervista.org.
- Die **Scuderia „Team Crotta"** in Giubiasco (Magadinoebene) gibt Reitstunden für Anfänger und Fortgeschrittene. Tel. 091 87 51 512, www.team crotta.com.
- Die **Scuderia La Pirouette** in Lugano bietet Reitstunden auf Pferden und Ponys an, Tel. 091 96 65 254, www.lapirouette.ch.
- Dasselbe gilt in der Region Lugano auch für die **Scuderia Ai Platani,** Via Arboistora, 6913 Carabbia (Straße nach Carona), Tel. 076 33 81 025 oder 079 68 51 608, www.dermont.ch.
- Der **Pony Club „Il Cavallino"** in Sessa bietet Reitstunden und Lektionen auf Ponys für Kinder, Info auf www.ilcavallino.ch (nur italienisch).

Tennis

Tennisplätze, auf denen stundenweise gespielt werden kann, findet man im Tessin fast in jedem Dorf oder nahe jedem Hotel.

- Hallentennisplätze am **Park Hotel Delta,** Ascona, Tel. 091 78 57 785, und an der **Albergo Castello del Sole,** Ascona, Tel. 091 79 10 202.

Wandern, Trekking, Langsamverkehr

In den meisten Kurorten gibt es spezielle Angebote für Wanderer (sowohl im Sommer als auch im Winter). Spezialkarten für individuelle Touren, geführte Wanderungen und anspruchsvolle Spezialtouren sind überall erhältlich. Tipps finden sich im Kapitel „Karten und Literatur". Auch das örtliche Touristenbüro hilft weiter.

- **Schweiz Mobil,** Spitalgasse 34, 3011 Bern, Tel. 031 31 80 128, www.schweizmobil.ch, koordiniert das einheitlich ausgeschilderte Routennetz für **Langsamverkehr,** das die Sportarten Wandern, Radfahren, Mountainbiking, Skating und Kanufahren vereint. Außerdem werden autofreie Veranstaltungen veröffentlicht. Das Routennetz besteht aus mehr als 20 nationalen und regionalen „Best of"-Routen, z.B. im Tessin die Route 52 „Sentiero Lago di Lugano", Route 59 „Sentiero Cristallina" (Bignasco-Airolo), Route 74 „Sentiero Verzasca" sowie lokale Routen wie z.B. „Giro Alpi del Lucomagno" am Lukmanier oder „Giro della Valle del Salto" (Maggia). Auch ein hindernisfreier Weg (653) „Giro Lungolago Ascona" gehört zum Netz.
- Ein Anbieter für anspruchsvollere Wanderungen ist z.B. **Eurotrek**, Dörflistr. 30, 8057 Zürich, Tel. 044 31 61 000, www.eurotrek.ch.
- **www.ticino.ch** beschreibt unter den Stichworten „Erleben Sie das Tessin/Routen" regelmäßig abwechslungsreiche, einfachere und schwierigere Wander- und Trekkingrouten. In unseren Literaturtipps sind u.a. Wanderbücher aufgeführt.
- **Barbara Steinmann,** *Wanderlust,* Valendas, Tel. 081 92 14 597, www.wl-reisen.ch. Geführte Wandertrekkings in den Tessiner Alpen, maximal fünf bis zehn Personen.
- **Erica Bänziger,** 6653 Verscio, Tel. 079 35 41 230, organisiert Events, Wanderungen rund um das Thema Kräuter, Kastanien, etc. Informationen über www.ericabänziger.ch.
- **Literaturtipp:** Wer gut vorbereitet auf Tour gehen möchte, dem sei das „Trekking-Handbuch" von *Gunter Schramm* empfohlen, erschienen im Reise Know-How Verlag.

◁ Mit dem Bike auf den Passo del Sole (Val Piora)

522te tt

Kleine Wanderpause auf der Strada Alta

Wassersport

Wassersport ist gefragt wie alle Aktiv-Sportarten. Viele Anbieter haben die Attraktivität des Marktes entdeckt. Dazu gehören auch unseriöse Unternehmen, die kein entsprechendes Risikomanagement betreiben und ihre Kunden gefährden. Man sollte sich beim lokalen Touristenbüro nach vertrauenswürdigen Anbietern erkundigen oder, besser noch, offizielle Schulen auswählen.

Badestellen

- am Lido von **Ascona** im Maggiadelta;
- im unteren Maggia-Tal **zwischen Avegno und Cavergno** sowie **zwischen Someo und Coglio** und bei **Cevio;**
- unterhalb der Brücke in **Ponte Brolla;**
- unter der Brücke Ponte dei Salti in **Lavertezzo** oder **zwischen Brione und Sonogno;**
- am Lido von **Lugano;**
- südlich von Figino vor Morcote am Kieselstrand von **Casoro;**
- im Strandbad von **Campione d'Italia;**
- im Schwimmbad von **Carona.**

Achtung: Speziell in den Tälern im Hinterland des Lago Maggiore kommt es in den Flüssen und Bächen immer wieder zu tragischen Badeunfällen, weil die Gefahren durch Wirbel, Strömungen und glatte Steine unterschätzt werden (s. Exkurs „Gefahr in Wildbächen“).

Rafting , Canyoning und Kajaking

Diese Abenteuersportarten sind z. B. auf der Moesa, dem Tessin oder im Maggiatal möglich. Einige Adressen von Organisatoren (wir bieten für die Sicherheitsvorkehrungen dieser Veranstalter keine Gewähr):

- **Canyoningadventure,** R. Hutzli, Casa Cadola, 6523 Preonzo, Tel. 081 40 11 366 oder 078 74 06 996, www.canyoningadventure.ch.
- **Indepthoutthere,** 6596 Gordola, Tel. 078 61 49 877, www.indepthoutther.com.
- **Swissraft,** 7402 Bonaduz, Tel. 081 91 15 250, www.swissraft.ch.
- **Trekking Team AG,** Casa Rosina, 6652 Tegna, Tel. 091 78 07 800, www.trekking.ch.
- **Literaturtipp:** Im Reise Know-How Verlag ist ein Ratgeber für Kanuten erschienen, das „Kanu-Handbuch“ von *Rainer Höh.*

Tauchschulen

■ **Ticinodive,** Swiss Diving School, Lido di Magadino, 6573 Magadino, 079 46 72 470, www.ticino dive.ch.
■ **Planet Sea Diving School,** Via Cantonale 35, 6987 Daslano, Tel. 079 45 27 372, www.planetsea lugano.ch.

Segeln, Motorbootfahren, Surfen und Wasserski

Segelturns und Surfen auf den Schweizer Seen organisieren die lokalen Segel- und Surfschulen (weitere Adressen über die Touristenbüros).

■ **Asconautica, Scuola Vela,** CP 682, 6612 Ascona, Tel. 091 79 15 185, www.asconautica.ch, Segelschule, Motorbootschule, Wasserski für Anfänger und Fortgeschrittene.
■ **Scuola di Vela,** Brissago, Tel. 091 79 31 512, www.sailport-brissago.ch.
■ **Scuola Sonia,** Locarno, Tel. 079 88 28 892, www.scuolasonia.ch, Motorbootschule.

Wintersport

Die Ausübung des Wintersports ist im an und für sich schneesicheren Tessin immer etwas abhängig davon, ob die **Bergbahn- und Skiliftgesellschaften** ökonomisch gerade liquide sind oder sich wieder einmal im Konkurs befinden. In Airolo, in der Leventina, im Bleniotal aber auch z.B. in Bosco-Gurin oder in der Umgebung Locarnos gibt es durchaus schöne Skigebiete (siehe die entsprechenden Beschreibungen), doch der **Klimawandel** und die **ökonomische Situation der Betriebe** lassen es als ratsam erscheinen, sich vor dem Einpacken der Skier zu erkundigen, ob die Lifte gerade fahren.

■ **Scuola Svizzera di Sci e Snowboard Airolo/San Gottardo,** Airolo, Tel. 091 89 27 47, www.sssairolo.ch.
■ **Ecole Suisse de Ski et Snowboard Cari,** Pianaselva, Faido, Tel. 091 86 71 546, www.ssscari.ch.
■ **Scuola Svizzera Sport sulla Neve Bedea-Novaggio,** Tel. 076 34 89 738, www.scmontelema.ch.
■ **Ecole Suisse de Ski Locarno-Cardada,** Gordola, Tel. 091 74 53 508, www.sciclubcardada.ch.

Wer Informationen über das Skifahren in der Schweiz, über den Skisport oder Tourenskikarten sucht, der wende sich an den Skiverband.

Über Skischulen in der Schweiz informiert der Verband der Skischulen, über den wieder modischen Telemark der Telemark-Verband Schweiz.

■ **Skiverband:** *Swiss-Ski,* Haus des Skisportes, Worbstrasse 52, Postfach 478, 3074 Muri b. Bern, Tel. 031 95 06 111, www.swiss-ski.ch.
■ **Verband der Skischulen:** *Schneesport Schweiz,* Hühnerhubelstrasse 95, Postfach 182, 3123 Belp, Tel. 031 81 04 111, www.snowsports.ch.
■ **Telemark-Verband Schweiz,** Haus des Skisportes, Postfach 478, 3074 Muri b. Bern, Tel. 031 95 06 111, www.telemark.ch.
■ **Langlauf** im Verzasca: *Sci Club Verzasca,* Tel. 091 74 61 787; am Lukmanier: *Sportzentrum Campra,* Tel. 091 87 22 278, www.campra.ch; in Mogno im Lavizzara: Tel. 091 75 51 009, www.mognofree time.ch; in Dalpe: Tel. 091 86 62 424, www.leventi naturismo.ch.
■ Nähere Informationen zum Wintersport finden sich auch bei der Beschreibung der verschiedenen Ortschaften und Regionen in diesem Buch.

Strom

Wie in Deutschland und Österreich beträgt der Wechselstrom überall in der Schweiz und Italien 220 Volt. Dennoch ist es ratsam, einen **Netzadapter** mitzuführen, da Schukostecker nicht in Schweizer Steckdosen passen. Dasselbe gilt auch für Italien.

Wer in die Alpen reist, in Berghütten, auf Höfen oder Campingplätzen übernachten will, nehme vorsichtshalber **Taschenlampen** und evtl. **Kerzen** mit.

Unterkunft

Unterkunftsempfehlungen

Das Tessin hat in den letzten 20 Jahren eine fast so große Anzahl an Betrieben und Betten in der Hotellerie verloren wie man seit dem 2. Weltkrieg dazu gewonnen hatte. Es fand ein **Umwandlungs- und Konzentrationsprozess** statt, der zum Teil dem Gesamtangebot sehr weh getan hat: Viele Hotels an schönen Lagen wurden in Residenzen und Heime für Senioren umgewandelt, alte Hotelierfamilien mit Tradition gaben auf.

Zugleich hat dieser Prozess aber auch Dynamik gebracht. Boutiquehotels entstanden an Orten, wo bisher kein Angebot war, Restaurants offerieren ein Zusatzangebot mit einigen schönen Zimmern, wo Gourmets nach der Mahlzeit auch schlafen können. Und die **Gesamtzahl der Betten** ist immer noch imposant: Fast 17.000 Betten in der Hotellerie zählte die Tourismusstatistik für das Jahr 2012, dazu kommen etwa 100.000 Betten und Schlafplätze in der Parahotellerie, d.h. in Ferienhäusern und -wohnungen, Massenunterkünften, Herbergen und Campings. Die Betten in der Hotellerie werden pro Jahr circa 2,3 Millionen Mal benutzt; das Tessin steht damit an 7. Stelle der Schweizer Fremdenverkehrsgebiete. Ein riesiges Angebot, das sich in einem Reiseführer natürlich nicht umfassend beschreiben lässt.

In letzter Zeit waren **Qualität und Service** des Tessiner Fremdenverkehrs immer wieder Gesprächsthema, dazu beschäftigten Betriebsschließungen Gazetten und Medien. Qualitätsstandards waren ebenso in der Kritik wie die Unfreundlichkeit gewisser Inhaber und ihres Personals.

Während die Hotellerie im **gehobenen Bereich** in der Schweiz unserer Erfahrung nach guten bis sehr guten Standard aufweist, ist es im Bereich der **Drei-Sterne-Hotellerie** und abwärts zum Teil nicht einfach, angemessene Qualität zu vernünftigen Preisen zu erhalten. Hotels sind oft überschuldet, die Einrichtung entspricht teilweise nicht mehr dem minimalen Standard. Bei gewissen Betriebsleitern hat man zudem den Eindruck, sie hätten infolge der Sorgen und Selbstausbeutung jede Freude am Beruf verloren. Oft wird nicht genügend qualifiziertes Personal angestellt. Dazu kommt, dass die Tessiner im Unterschied zu ihrem südländischen Image oft eher etwas **introvertiert** sind, Bergler eben, und der Zugang daher nicht immer spontan ist.

> Landgasthaus Cà Vegia in Golino

Man findet aber, ganz entgegen der in den Medien verbreiteten Verallgemeinerungen, trotzdem überall im Tessin und am Lago Maggiore **engagierte Hoteliers,** Profis, teilweise auch zugezogene kreative Neu-Hoteliers aus der Deutschschweiz und Deutschland, die ihr Gewerbe mit Pfiff, Liebe zum Detail und Kreativität betreiben und denen man anmerkt, dass Gastfreundschaft für sie noch ein Anliegen ist.

Die Autoren haben, um den Lesern die Suche zu erleichtern, persönlich Hunderte von Betrieben verschiedenster Kategorien vom „Backpacker" bis zum Luxushotel besichtigt und eingeschätzt. Unterkünfte, die vom grauen Hotelalltag positiv abweichen, weisen z.B. ein möglichst gutes **Preis-Leistungs-Verhältnis** auf. Im niedrigeren Preisbereich bedeutet dies, dass sie sehr sauber sind, ein Mindestmaß an Komfort (möglichst WC, Bad/Dusche) und eine sehr freundliche Bedienung haben. In mittleren und höheren Kategorien finden vor allem Betriebe Berücksichtigung, die sich durch einen außerordentlichen Standort, die Architektur, Infrastruktur oder eine sehr gute Hotelküche auszeichnen.

Regionale Unterschiede im Standard sind einzukalkulieren. Wo der Tourismus überdurchschnittlich gute Ergebnisse erzielt, werden die Erträge wieder reinvestiert, und der Standard ist gut bis ausgezeichnet. In anderen Gebieten sind Einrichtung und Service hingegen nur Mittelmaß.

Wir haben alle empfohlenen Hotelbetriebe grundsätzlich selbst besucht und uns ein Bild gemacht. Betriebe, die unseren Mindestanforderungen nicht entsprachen, sind nicht erwähnt. Das

065te tt

bedeutet weder, dass nicht erwähnte Gaststätten zwangsläufig schlecht sind, noch dass alle erwähnten Betriebe denselben Standard entsprechen. Das Angebot ist **ständigen Veränderungen** unterworfen. Wir sind für Hinweise von Leserinnen und Lesern dankbar.

Nicht alle Hotels in der Schweiz sind **mit Sternen klassifiziert,** sondern nur diejenigen des Verbands *Hotellerie Suisse.* Seit längerem tobt ein Streit zwischen dem Verband der Hoteliers und dem Wirteverband; letzterer hat ein eigenes Klassifikationssystem eingeführt. Dieser Streit und die mangelnde Transparenz veranlassen uns, die Sterne nicht mehr aufzuführen, dafür grundsätzliche Preisangaben zu machen (mit Richtpreisen für ein Doppelzimmer), die einen Hinweis geben auf den Standard.

Öffnungszeiten

Einige Hotels im Tessin, aber besonders viele im nahen Italien sind **Saisonbetriebe,** die von Mitte Oktober bis Ostern schließen. Besonders im italienischen Teil des Lago Maggiore sind in dieser Zeit die geöffneten Hotels geradezu ein Wunder. Man informiere sich also in diesen Monaten frühzeitig über die Übernachtungsmöglichkeiten. Im Tessin ist es infolge des großen Angebots und der intensiveren Nutzung einfacher, ein offenes Hotel zu finden.

Spezialtarife

Mit dem Siegeszug von **Buchungsplattformen im Internet** haben Konsumenten – kombiniert mit Bewertungs-Applikationen – mächtige Hilfsmittel bei der Unterkunftswahl. Die Information über diesen Weg macht deshalb sicher Sinn. Doch man mache sich keine Illusionen: Auch die neuen Helferchen verfolgen meist kommerzielle Zwecke. Man wird geschickt mit mehr oder weniger Zwang vom **Bewertungsportal** zum Buchungsportal geleitet, und die Betreiber der Systeme verdienen nicht schlecht daran. Dazu kommt, dass viele Hotelbetreiber die Marktmacht dieser Portale fürchten und beklagen. Sie verlieren einen großen Teil ihrer Marge und das Geld fehlt dann für notwendige Investitionen.

Viele Hotels – gerade die besseren – gehen deshalb dazu über, auf der firmeneigenen Internetseite ebenfalls sehr kundenfreundliche Angebote zu machen. Einige sehr gute Hotels verweigern sich neuerdings den Buchungsplattformen vollständig, um nicht in eine fatale Abhängigkeit zu geraten. Ein **klassischer, unabhängiger Führer in Buchform** hat deshalb auch seine Vorteile, er basiert auf langjähriger Erfahrung, persönlichen Recherchen und Unabhängigkeit von margenorientierten Geschäften.

Zu Hause oder unterwegs mit dem Tablet/Smartphone kann man z.B. mit Hilfe folgender Anbieter rechieren:

- www.tripadvisor.de und
- www.holidaycheck.de

Wir empfehlen trotzdem, die **hoteleigene Homepage** nach Tarifen und Spezialangeboten zu checken, oft findet man hier Interessantes oder ein Schnäppchen und man gewährt dem Hotelbetrieb eine Marge, die ihm sonst verloren geht. Vielleicht sind die Hoteliers sogar dankbar und zeigen es mit gutem Service. Daneben gibt es auch den direkten Zugriff auf Webplattformen von **Hotelketten und Zusammenschlüssen.** Oft sind hier gute Angebote zu finden, z.B.

- www.bestwestern.com
- www.novotel.com
- www.swissqualityhotels.com
- www.romantikhotels.com

Ebenfalls interessant sind spezielle Plattformen wie die Angebote der Historic Hotels **(www.swiss-historic-hotels.ch).** *Schweiz Tourismus* präsentiert auch eine Reihe von Hotels nach bestimmten Kriterien, z.B. familienfreundliche Hotels (vgl. **www.myswitzerland.com** und dort „Unterkunft" anklicken).

Die meisten Hotels in den Ferienregionen sind **in der Nachsaison und im Frühjahr günstiger** als im **Hochsommer.** Findet gerade ein Festival – z.B. das Filmfestival in Locarno – statt, werden oft hohe Preise verlangt, wenn man überhaupt ein Zimmer findet. In Gebieten mit **Geschäftstourismus** (Kongresse, Messen) ist an den Wochenenden meist ein spezieller Tarif auszuhandeln.

Deutsche, Österreicher und Schweizer sind es oft nicht gewohnt um Preise zu feilschen. Trotzdem: Grundsätzlich ist es sinnvoll, **immer nach Spezialtarifen zu fragen.** Viele Hotels weisen ihre Mitarbeiter an, ohne Gegenfrage den Höchstpreis zu berechnen. Besonders abends oder nachts ist das Handeln empfehlenswert. Wer im Voraus die ganze Reise plant, sollte versuchen, über die Kontingente eines **Reisebüros** die oft viel günstigeren Gruppentarife zu erhalten. Auch wenn Reisebüro und Tour Operator mitverdienen, ist der Preis für organisierte Übernachtungen manchmal günstiger als der Individualtarif.

Pensionen und Fremdenzimmer

Pensionen und Fremdenzimmer sind in der Schweiz **seltener** als in Österreich oder Süddeutschland. Es gibt aber im Tessin eine kleine Auswahl dieser Betriebe. Auch am italienischen Ufer des Lago Maggiore finden sich einige Pensionen. Auskunft erteilen die lokalen Informationsbüros.

Hotel garni

Verbreiteter als Pensionen sind Hotels garni, d.h. meist kleinere Hotels, die **nur Unterkunft und Frühstück** anbieten. Diese liegen meist im Bereich der Ein- bis Drei-Sterne-Kategorie. Empfehlenswerte Betriebe sind in diesem Führer unter der entsprechenden Kategorie zu finden. Darüber hinaus erhält man bei jedem örtlichen Touristenbüro eine Liste der entsprechenden Betriebe.

Ferienwohnungen und Rustici

Das Angebot an Ferienwohnungen und Rustici (Ferienunterkünfte in ehemaligen Bauernhäusern) im Tessin und am Lago Maggiore ist unüberschaubar. Um diese Unterkünfte zu buchen, empfiehlt sich grundsätzlich der Kontakt mit dem

örtlichen Tourismusbüro, das eine Übersicht des Angebots besitzt und auch buchen kann. Die Adressen und Kontaktmöglichkeiten sind bei der Beschreibung der einzelnen Orte aufgeführt.

Darüber hinaus können Ferienwohnungen und -häuser über **Reisebüros** gebucht werden. Außerdem gibt es eine Anzahl von **Spezialisten,** die landesweit oder sogar international Ferienwohnungen und -häuser vermieten, wie z.B.:

- **Schweizer Reisekasse Reka,** Neuengasse 15, Postfach, 3001 Bern, Tel. 031 32 96 633, www.reka.ch.

Jugendherbergen, Jugendhotels und „Backpacker"

Für Jugendliche und Junggebliebene, denen der Preis wichtiger ist als Komfort und die den Kontakt zu Gleichgesinnten suchen, gibt es in der Schweiz sowohl Jugendherbergen wie auch spezielle Jugendhotels und „Backpacker", die neben Gruppenunterkunftsmöglichkeiten oft auch eine beschränkte Anzahl von Familienzimmern oder einfachen Doppel- und Einzelzimmern anbieten. Um bei den Jugendherbergen Rabatt zu bekommen, muss man die Mitgliedschaft schon zu Hause erworben haben. Tipp: Den Jugendherbergsausweis kann man auch als Familie beantragen!

- **Deutsches Jugendherbergswerk,** Bismarckstr. 8, 32756 Detmold, Tel. 05231 74 010, www.jugendherberge.de, 12,50–21 €.
- **Österreichischer Jugendherbergsverband,** Gozagagasse 22, 1010 Wien, Tel. 01 53 35 35 30, www.oejhv.or.at, 10–20 €.
- **Schweizer Jugendherbergen,** Schaffhauserstr. 14, 8042 Zürich, Tel. 01 36 01 414, www.youthhostel.ch, sFr. 22–55.

Die **Qualität** vieler Jugendherbergen ist unter dem momentan tätigen Management der *Youthhostels Schweiz* so gut geworden, dass diese Betriebe immer mehr nachgefragt werden, nicht nur von Jugendlichen und Familien mit begrenztem Reisebudget.

Die von den Autoren besuchten Betriebe sind unter den Ortsbeschreibungen aufgeführt, eine Übersicht geben die landesweit organisierten Netzwerke:

- **Swiss Hostels,** Alpenstrasse 16, 3800 Interlaken, Tel. 033 82 34 646, www.swisshostels.ch; umfasst 34 Unterkünfte in der ganzen Schweiz.
- **Swiss Backpacker News (SBN),** Eisengasse 34, 5600 Lenzburg, Tel. 062 89 22 676, www.backpacker.ch; umfasst 40 Backpacker in allen Landesteilen.
- Der **Verband der christlichen Hotels** ist eine Vereinigung, die ebenfalls ein sehr gutes Preis-Leistungs-Verhältnis anbieten kann (teils ohne Alkoholausschank), im Tessin führt der VCH 6 Häuser. VCH Schweiz, Geschäftsstelle, Zentrum Ländli, 6315 Oberägeri, Tel. 041 75 49 930, www.vch.ch.

Rabatte kann man bei bestimmten Unterkünften, Autovermietungen etc. auch bekommen, wenn man im Besitz eines internationalen Studenten- (ISIC), Lehrer- (ITIC) oder Schülerausweises (IYTC) ist.

- **ISIC/ITIC/IYTC,** zum Kauf (10 € bzw. sFr. 20) geht man zum AStA, in ein Reisebüro oder zum Studentenwerk und muss Immatrikulationsbescheinigung bzw. Schüler- oder Lehrerausweis, Personalausweis und Passbild vorlegen. Den nächsten Verkaufspunkt findet man unter www.isic.org oder www.isic.de.

Bed & Breakfast

Die in manchen Ländern Europas sehr populären Bed & Breakfast-Betriebe sind nun auch in der Schweiz und im Tessin **häufiger anzutreffen.** Da die meisten B & Bs nur über sehr wenige Zimmer verfügen, ist es kaum möglich, einen längeren Schweizaufenthalt zu planen, indem man sich ganz auf diese Unterkunftsform verlässt. Wer sich über das Gesamtangebot informieren will, benutze den B & B-Führer, der für das Tessin immerhin 74 Betriebe aufführt und die individuellen Internetseiten der B&Bs aufführt:

- **bnb,** Ausgabe 2013, ISBN 978-3-9700546-5-8 (sFr. 32) , www.bnb.ch.
- Der BnB-Führer ist neuerdings auch als **App** für das I-Phone (sFr. 6,60) erhältlich. Hier kann man unterwegs b&b-Unterkunft in Reichweite suchen und dann telefonisch reservieren (swiss bnb's).

Berghütten

Berghütten verfügen meist über **Gruppenlager** verschiedener Größe und in der Saison auch über ein beschränktes Verpflegungsangebot. Geführt werden die Betriebe von einer Hüttenwartin oder einem Hüttenwart, die während der Saison für das Wohl der Gäste sorgen. Eine Übersicht erhält man über:

- **Schweizer Alpen-Club,** Monbijoustrasse 61, Postfach, 3000 Bern 23, Tel. 031 37 01 818, www.sac-cas.ch.
- Unter dem Stichwort **„Schweizer Hütten"** gibt es für iPhone und iPad eine App mit Beschreibung der Alphütten. Das Deutsch ist gewöhnungsbedürftig, die Informationen jedoch wertvoll.

Agrotourismus

Mit dem Label „Ferien auf dem Bauernhof" verpflichten sich über 210 Bauernhöfe in der Schweiz zu einheitlichen Qualitätsbedingungen für **Ferien auf dem Hof.** Hinweise zu „Schlafen im Stroh" oder Camping auf dem Hof gibt es im Internet:

- **www.schlaf-im-stroh.ch**
- Auch die Webpage **www.agriturismo.ch** bietet eine Übersicht über Gruppenunterkünfte und „Schlafen im Stroh" auf Bauernhöfen im Tessin.
- Der Verein zur Entwicklung und Bewerbung eines ländlichen Tourismus in der Schweiz bietet unter **www.tourisme-rural.ch** eine geografisch geordnete Liste von Unterkünften und Restaurationsbetrieben in Bauernhöfen. In der Beschreibung der Regionen und Orte geben wir unter „Unterkunft" Hinweise auf spezielle agrartouristische Angebote.

Camping

Praktisch jedes Gebiet in der Schweiz und auch im angrenzenden Ausland verfügt über geeignete Campingplätze mit unterschiedlichem Komfort, das Tessin allein über ca. 50 Betriebe. Die Campingplätze sind in fünf Kategorien eingeteilt. Einige sind ganzjährig geöffnet und verfügen über die entsprechenden Einrichtungen, um in Tiefschnee und Eis zu campen. Manchmal gibt es eine beschränkte Anzahl von Schlafgelegenheiten für Gäste ohne Zelt, meist in Gruppenunterkünften. Der *Touring Club der Schweiz* TCS (das schweizerische Pendant zum ADAC) betreibt eigene Plätze. Das Campen außerhalb der offiziellen Plätze ist im Tessin verboten. In den Orts- und Regionenbeschreibungen sind die wichtigsten Plätze mit Adressen und Kontaktmöglichkeiten aufgeführt. Eine Übersicht über das Campingangebot erhält man unter:

- **www.camping.ch,** diese Seite informiert über Lage, Umgebung, Typenbeschreibung, Fotos und Preisangaben der schweizer Campingplätze.
- **Touring Club Schweiz,** Chemin de Blandonnet 4, Postfach 820, 1214 Vernier/Genf, Tel. 022 41 72 727, www.tcs.ch, dort auf „Reisen" und „Camping" klicken.

Verhaltenstipps

Sprache

Zeitweise fühlen sich die Tessiner als eine **Minderheit im eigenen Lande,** gibt es doch unter den etwa 323.000 Einwohnern ca. ein Viertel Ausländer plus ca. 13% Schweizer aus anderen Kantonen, mehrheitlich Deutschschweizer. Dazu kommt in der Hochsaison eine große Anzahl von Feriengästen.

Diesem Umstand trägt man als Tourist Rechnung, wenn man die Frage, ob der Gesprächspartner Deutsch spricht, erst einmal auf Italienisch stellt, soweit man einige Worte beherrscht. Die Antwort wird dann oft freundlicher klingen, als wenn man sein Bedürfnis gleich auf Deutsch anmeldet.

Nationalität

Zwischen **Tessinern** und **Italienern** besteht – wie oft zwischen Nachbarn – eine gewisse **Rivalität.** Es ist empfehlenswert, sich zu vergewissern, ob die Gesprächspartner Tessiner oder Italiener sind. Die Tessiner haben ein ausgeprägtes Gefühl für Eigenständigkeit und wollen nicht als „Fast-Italiener" behandelt werden, auch wenn sie in Milano studiert haben und in Italien einkaufen.

Das zeigt sich gerade auch bei Abstimmungen, die **Europafragen** berühren. Der Kanton Tessin stimmt meist mit den konservativen deutschschweizer Kantonen gegen europafreundliche Vorlagen. Man will sich gegenüber dem großen Nachbarn abgrenzen.

Ordnung und Sauberkeit

Im Unterschied zu gewissen Städten in der Deutschschweiz entspricht das Tessin noch dem Klischee der sauberen und ordentlichen Schweiz. Besucher sind eingeladen, dazu beizutragen, damit dies auch so bleibt.

Versicherungen

Notieren Sie sich vor der Fahrt alle **Notfallnummern** und **Policennummern** Ihrer Versicherungen und heben Sie diese Informationen für den Fall der Fälle auf. Rufen Sie im Notfall die Versicherung sobald als möglich an.

Auslandskrankenversicherung

Die gesetzlichen Krankenkassen Deutschlands und Österreichs garantieren im akuten Krankheitsfall die medizinische Versorgung auch in der Schweiz und in der Lombardei, falls die medizinische Versorgung nicht bis nach der Rückkehr warten kann. Um sich auszuweisen und den Anspruch nachzuweisen sollten Sie Ihre **EU-Krankenversicherungskarte** mit sich führen, welche Sie bei Ihrer Versicherung erhalten.

Es besteht ein Anspruch auf ambulante und stationäre Versorgung bei zugelassenen Ärzten und Krankenhäusern, eventuell müssen Sie die **Kosten** vorerst selbst tragen und bekommen die Rückerstattung des Ihnen von der Kasse zustehenden Teils nach Abrechnung mit dieser Kasse. In Zweifelsfällen lohnt sich die Abklärung mit Ihrer Krankenkasse! Überprüfen Sie auch, ob Ihr Anspruch bei Auslandsaufenthalten ausreichend ist oder ob sich der Abschluss einer separaten **privaten Auslandskrankenversicherung** lohnt. Insbesondere, weil diese eine Reiserückholversicherung enthält und deshalb die von den gesetzlichen Kassen nicht getragenen Transportkosten zu günstigen Tarifen versichert. In Deutschland sind solche Versicherungen für wenige Euro im Jahr erhältlich.

Jahresversicherungen sind günstiger als mehrere Einzelversicherungen und für **Familien** zahlt man weniger als für mehrere Einzelpersonen. Prüfen Sie, was im Kleingedruckten unter dem Begriff „Familie" steht!

Zur **Rückerstattung** der Kosten ist es empfehlenswert, alle Kosten lückenlos mit **Quittungen** zu dokumentieren (mit Datum, Namen, Art und Umfang der Behandlung, Kosten für Behandlung und Medikamente).

Andere Versicherungen

Für Ihr Fahrzeug lohnt sich der **Europaschutzbrief** eines Automobilclubs. Dies ist günstiger als wenn Sie im Notfall einen Schweizer Schutzbrief erwerben müssen, der dann nur in der Schweiz gilt. Reiserücktrittsversicherungen, Reisegepäckversicherungen, Reisehaftpflicht- oder Reiseunfallversicherungen sind je nach Ihrem Risiko- und Sicherheitsbedürfnis empfehlenswert.

Beachten Sie aber auch hier, dass sich die Versicherungen mit **Ausschlussklauseln** vielleicht gerade vor dem Risiko schützen, dass Ihnen am wahrscheinlichsten auf der Reise erscheint.

Durch manche **Kreditkarten** oder eine **Mitgliedschaft im Automobilclub** ist man für bestimmte Fälle schon versichert. Mit dem Besitz einer Kredikarte ist zumindest der Karteninhaber für bestimmte Reiserisiken versichert.

525te dreamstime | Peter.weyr

7 Land und Leute

Die „Plaun la Greina“ im geplanten Nationalpark Adula – mancher nimmt den beschwerlichen Aufstieg zur Hochebene (2200 m) gern in Kauf, um die besondere Stille zu genießen

Geografie

Das Tessin liegt als einziger Schweizer Kanton ganz auf der **Alpensüdseite;** er dringt keilförmig in die Po-Ebene vor. Wie ein Riegel sperren die Alpen Südeuropa mit dem Tessin vom Norden und Westen Europas ab, am Gotthard öffnen sie den wichtigsten Übergang. Auch das „Wasserschloss" des Kontinents ist hier zu finden: Die Rhone fließt westwärts, Aare und Rhein nach Norden, die Flüsse des Tessins nach Süden in den Po.

Die Übergänge über den **Gotthard** (San Gottardo), aber auch über den **Lukmanierpass** (Lucomagno) und über den Nufenenpass ins Wallis werden schon seit Jahrhunderten von Soldaten, Händlern und Transporteuren, Pilgern und anderen Reisenden benutzt. Die Lage an den Alpenübergängen verlieh den Eidgenossen in Europa ihre handelspolitische Bedeutung. Sie nutzten sie geschickt. Die Verkehrslage hat die Entstehung des Bundes und seine Entwicklung bis auf den heutigen Tag entscheidend geprägt.

Der Kanton Tessin erstreckt sich in nordsüdlicher Richtung über knapp **100 Kilometer,** er macht **sieben Prozent der Gesamtfläche der Schweiz** aus. Im Osten und Norden grenzt das Tessin an die Kantone Graubünden, Uri und Wallis, im Süden an die norditalienischen Provinzen Piemont (westlich des Lago Maggiore) und die Lombardei (östlich des Lago Maggiore).

Das Tessin kann in **vier geografische Regionen** unterteilt werden: Bellinzona und die Täler des Nordtessins, die Region rund um den Luganer See, die Region Lago Maggiore und im Süden das Mendrisiotto. Daneben gibt es eine Zweiteilung des Tessins in eine nördliche Hälfte, das **Sopraceneri,** und eine südliche, das **Sottoceneri,** markiert durch den Pass des Monte Ceneri.

Der im Bedretto-Tal entspringende **Fluss** Tessin (Ticino) fließt in den Lago Maggiore. Im Südtessin ist der Luganer See mit dem Lago Maggiore durch die Tresa verbunden; zwischen den beiden Seen liegt der pittoreske Malcantone. Die beide großen Seen des Tessins sind in eine spektakuläre Landschaft eingebettet; die Wasserqualität hat sich in den letzten Jahren erfreulicherweise deutlich verbessert.

Das Image des Kantons entspricht nur zum Teil der Wirklichkeit: Im südlichen Teil, insbesondere an den beiden Seen Lago di Lugano und Lago Maggiore, finden die Besucher genau das **südländische Klima** und das Ambiente, das man sich nach dem Überqueren der Alpen verspricht. Der ganze nördliche Teil des Kantons ist jedoch **gebirgig,** zum Teil karg und schroff, eng in der Leventina und im Val Verzasca. Eher lieblich ist das Bleniotal und zum Teil das Tal der Maggia. Insgesamt bietet die Region eine **Vielfalt,** die erst nach mehrmaligem Bereisen einen Überblick erlaubt und die auch erfahrene Reisende immer wieder erstaunt und entzückt.

Eine Aufwertung erfahren die Natur und die Kultur des Tessins momentan durch die Errichtung von zwei neuen Nationalparks (siehe nebenstehenden Exkurs).

Neue National- und Naturparks in der Schweiz und im Tessin

Die Schweiz steht unter großem Bevölkerungsdruck und verliert Jahr für Jahr wertvolles Natur- und Kulturland (s.u.: Exkurs „Direkte Demokratie und Verkehrs- und Raumplanungspolitik"). Viele Gebiete – v.a. im Mittelland, aber in Ansätzen auch im Tessin – entsprechen deshalb nicht mehr dem idyllischen Image, das man sich von der Eidgenossenschaft macht, sondern eher ödem Siedlungsbrei, wie man ihn überall in Europa, den USA oder Asien antreffen kann.

Die Schweiz besaß im 20. Jahrhundert nur einen Park von nationaler Bedeutung, den bereits 1914 als ersten europäischen Alpenpark gegründeten **Schweizerischen Nationalpark** im Süden des Engadins und Münstertals. Nebst Tieren und Pflanzen sind in diesem Park sämtliche natürlichen Prozesse geschützt, Eingriffe erfolgen auf einem absoluten Minimum. Seit Beginn des neuen Jahrhunderts ist nun Bewegung entstanden, eine ganze Reihe neuer Natur- und Nationalparks sind am Entstehen. Die Initiative kommt primär von den betroffenen Regionen und Gemeinden: Die UNESCO anerkannte 2001 das **Entlebuch** als (nach dem Nationalpark) zweites Biosphären-Reservat der Schweiz, der Bund förderte und finanzierte Vorprojekte zu neuen National- und Naturparks im Rahmen des Programms „regio Plus". Die Gemeinden in den interessierten Regionen vereinigten sich zu Projektgruppen, um neue Parkprojekte voranzutreiben.

Für schweizerische Verhältnisse ungewohnt rasch wurde das nationale Natur- und Heimatschutzgesetz adaptiert, es enthält ein neues Kapitel über Parks von nationaler Bedeutung und ermöglicht damit die Unterstützung der Projekte durch den Bund. Bereits zwei Projekte haben das offizielle Label „Nationalpark-Kandidat" erhalten, der große **Parc Adula** (2010) und der kleine **Parco Nazionale del Locarnese** im Hinterland des Lago Maggiore (2011). Beide Parks liegen zumindest zum Teil im Kanton Tessin. Sie befinden sich nun in einer vierjährigen sog. Errichtungsphase. Daneben sind schweizweit 14 Regionale Naturparks und ein Naturerlebnispark im Betrieb, zwei zusätzliche Naturparkprojekte sind in der Errichtungsphase. Die Betreiber und die dahinter stehenden Gemeinden erhoffen sich sowohl den Schutz wertvoller Natur- und Kulturlandschaften als auch wertvolle Impulse für den Tourismus und die lokale Wirtschaft. Die Interessengemeinschaft der Parks betreibt eine informative Website mit detaillierten Informationen und Verweisen: **www.paerke.ch.**

Nachhaltigkeit ist die Idee bei der Vermarktung von Park-Produkten: Seit 2013 führen schon acht Schweizer Parks Regionalprodukte mit dem Label **„Schweizer Pärke".** Die 270 zertifizierten Produkte reichen von Essig und Pflanzenölen bis hin zu Mehl, Frischgemüse und Trockenfleisch. Das Label garantiert, dass ein Produkt im Wesentlichen aus dem Park stammt und mit regionalen Rohstoffen hergestellt wurde. Zudem muss das Produkt im Sinne des Nachhaltigkeitsprinzips produziert werden – so profitiert letztendlich die Parkregion von diesem Produkt und die regionale Wirtschaft wird gestärkt.

Klima

Das Tessin und die norditalienischen Seen liegen auf der Alpensüdseite und öffnen sich gegen die Po-Ebene. Das grundsätzlich **gemäßigte Klima** wird dadurch begünstigt: Die kalten Strömungen aus dem Norden werden abgehalten, die feuchten, warmen Strömungen aus dem Süden verlangsamt. Infolge der Vielfalt der Landschaftsformen **variiert das Klima** jedoch beträchtlich. Von den subalpinen, milden Hängen an den Seen bis zu den arktisch-alpinen Bergflanken, Felsen und Gipfeln findet man eine ungewöhnlich vielfältige Flora und Fauna. Im Tessin sind auf engstem Raum alle Höhenlagen und Vegetationsformen der Schweiz anzutreffen.

Der **Nordföhn** ist ein vom Nordatlantik her über den Gotthard wehender Wind, der seine Feuchtigkeit über den Nordalpen ablagert und sich erwärmt, wenn er gegen Süden braust. Er bringt dem Tessin normalerweise schönes, trockenes Wetter und insgesamt die **größte Sonnenscheindauer** aller Schweizer Regionen. Die Anordnung der Täler (meist Nord-Süd) und die Gegensätze zwischen der Poebene und den Alpen begünstigen das Aufkommen von kräftigen Winden in Richtung Berg oder Tal. Starke Windböen werden auch durch die im Sommer recht häufigen **Gewitter** hervorgerufen. Einen negativen Einfluss auf das Klima übt manchmal der vom Industriegebiet Mailand bis ins Südtessin hinauf sich festsetzende **Smog** aus. Das Südtessin liegt dann unter einer Dunstglocke, die sich nur langsam auflöst. Normalerweise findet man aber im Tessin Wetterlagen, die der Landschaft bezüglich Klarheit, Kontrast- und Farbenreichtum Postkartenqualität verleihen. Grob lassen sich folgende **klimatische Regionen** unterscheiden:

- Regionen mit dem **Klima der Po-Ebene** (ebene Flächen im Mendrisiotto);
- Regionen mit so genanntem **insubrischen Klima** (um den Lago Maggiore und den Luganer See bis zu einer Höhe von etwa 400 m; trockene, sonnige Winter, oft ausgiebige Schneefälle, starke Niederschläge im Frühjahr und Herbst, ausgeglichene Temperatur);
- Regionen mit **Hügelklima** (bis 800–1000 m);
- Regionen mit **Bergklima** (1000 bis 2000 m);
- Regionen mit **alpinem Klima** (über 2000 m).

Calpiogna in der Leventina

526te tt

Flora und Fauna

Pflanzenwelt

Das Tessin ist der Schweizer Kanton mit der dichtesten und üppigsten Vegetation. Die Flora ist **mediterran;** so wachsen hier Kamelien, Magnolien, Azaleen, aber auch Palmen, Mimosen, Orangen- und Zitronenbäume. Ebenfalls häufig sind Merlot-Reben, die aus dem Bordeaux importiert wurden. In den Seiten- und Alpentälern wachsen Kastanien- und Nussbäume sowie Buchen, Eichen und Nadelbäume in den alpinen Regionen.

Ausrichtung, Sonneneinstrahlung, Windverhältnisse, aber auch Höhenlage und Beschaffenheit des Untergrunds beeinflussen die anzutreffende Flora. Alle Stufen der Vegetation mit den entsprechenden Arten sind anzutreffen: Die **Hügelstufe** bis 900 m über dem Meeresspiegel ist bedeckt von Laubwald, Kastanien (auf eher sauren Böden), Ulmen, Hagebuchen, aber auch Eiben, Stechpalmen, Efeu und Besenheide, Lorbeer und Zistrose aus dem subatlantisch-mediterranen Raum; Letztere wächst an sonnigen, schlecht zugänglichen Südhängen im Sopraceneri, mit großen Kronen weißer Blüten, die nur einen Tag lang halten. Hier wird Wein-, aber auch Getreideanbau betrieben, es gibt Obstbäume und Gemüsezucht. Die **Edelkastanie,** von den Römern eingeführt, bestimmt das Bild; sie feiert gegenwärtig eine Renaissance als Nutzpflanze (vgl. Exkurs „Die Kastanie“). Man trifft auf Kastanienbäume, die mehrere hundert Jahre alt sind.

In der **Bergzone** von 900 m bis ca. 1700 m ü. NN findet man Laub- und Nadelwald mit Rotbuche, Linde, Bergahorn, Edeltanne und Fichte, Vogelbeerbaum, aber auch Alpenerle und Felsenmispel aus Mittel- und Südeuropa. In diesen Höhenlagen sind die letzten Dörfer angesiedelt.

In der **subalpinen Stufe** (ca. 1700 bis 2000 m ü. NN) bis zur Grenze der Nadelbäume findet man Lärchen, Zirbelkiefern (Arven), Espen, Hängebirken, Zwergwacholder und bewimperte Alpenrosen (auf kalkarmen Böden) bzw. rostblättrige Alpenrosen (auf kalkhaltigen Böden).

Die **alpine Stufe** bis zu den Grenzen der Magerwiesen reichen bis 2900 Meter Höhe. Hier findet man noch die Stumpfblättrige Weide, Blaugras, Segge, Alpenazalee, Silberwurz und Polsternelke. Über 3000 m nimmt die Zahl der Pflanzenarten merklich ab und reduziert sich auf wenige Pionierpflanzen.

Tierwelt

Die Tierwelt des Tessins und des Lago-Maggiore-Gebiets unterscheidet sich wenig von derjenigen des restlichen Mitteleuropas. Unter den **Säugetieren** sind Gämsen und Murmeltiere sowie Fledermäuse leider eher selten, Füchse, Rehe, Hirsche und Wildschweine etwas häufiger als früher. **Reptilien und Amphibien** fühlen sich im hiesigen Klima heimisch, man findet Frösche, Salamander, Mauer- und Smaragdeidechsen, aber auch Blindschleichen, Nattern und die giftigen Kreuzottern und Aspisvipern.

Unter den einheimischen **Fischen** findet man in den langsam wieder gesundenden Seen wieder Forellen, Barsche, Hechte, Karpfen, Felchen, Salme, Schleien und Aale.

Im **Val Grande Nationalpark** im Hinterland des italienischen Teils des Lago Maggiore, aber auch in den kleineren Parks in den **Ossolatälern** und in den **Berggegenden** des Tessins findet man diese Fauna in ihrer natürlichen Umgebung.

Geschichte

Romanisierung und frühes Christentum

Ausgrabungen zeigen, dass das Tessin schon in prähistorischen Zeiten besiedelt war. Die Bevölkerung gehörte zum **Stamm der Lepontier,** der später unter keltischen und italienischen Einfluss geriet. Eine militärische Invasion durch die Römer blieb zwar aus, gegen Ende des 1. Jh. v. Chr. war das Tessin aber dennoch **romanisiert.** Nach der Blütezeit des Römischen Reiches ließen sich Völker aus der Po-Ebene in den Voralpen nieder und bildeten römische Zentren.

Die ersten Spuren des **Christentums** gehen auf das späte 4. Jh. zurück, die ersten Pfarrkirchen entstanden im 5. Jh. Die Taufkapelle von Riva San Vitale ist deshalb eine der ältesten erhaltenen Sakralbauten der Schweiz. Nach dem Zerfall des Römischen Reiches wurde das Tessin von Goten und Byzantinern erobert und im 6. Jh. ins **Langobardenreich** eingegliedert, dessen Hauptstadt Pavia war.

Unter dem Einfluss von Como und Mailand

Mailändische Chorherren übten im Val Blenio und in der Leventina die Herrschaft aus. Im Sottoceneri gelang es kirchlichen Institutionen nach dem Niedergang der Langobarden, Territorialherrschaften zu errichten. Die Gemeinde Como und die Stadt Mailand kämpften um die Vorherrschaft im Tessin. 1335 erlangte **Mailand,** wo die Familie der *Visconti* herrschte, den Sieg über Como. Mailand wurde Hauptstadt eines Staates, der sich in der zweiten Hälfte des 14. Jh. über einen großen Teil Norditaliens erstreckte. Bellinzona wurde 1340, Locarno 1342 erobert, Blenio und die Leventina fielen 1344 in die Hände der Mailänder.

Die *Visconti* und die *Sforza* verpachteten in der Folge ihre Gebiete im Tessin (mit Ausnahme von Bellinzona) an verschiedene Adelsfamilien.

Die Landvogteien der Eidgenossen

Aus dem Bund der Waldstätte am Vierwaldstätter See nördlich des Gotthards entstand 1291 die **Eidgenossenschaft,** welche rasch an Bedeutung gewann und sich wegen des Alpenübergangs auch für die Gebiete südlich des Gotthards zu interessieren begann. Die Eidgenossen besetzten nach dem Tod des Herzogs *Gian Galeazzo Visconti* zum ersten Mal die Leventina und Bellinzona. In den ersten Jahren des 16. Jh. eroberten sie auch Chiavenna und Domodossola. Kurze Zeit beherrschten sie Mailand und standen gar vor den Toren Genuas. Nach der

Oratorium S. Bernardo in Monte Carasso

046te ns

028te tt

Die Kastanie

Den Bergbauern des Tessins war der Kastanienbaum über lange Zeit fast heilig, ließen seine Früchte doch als wichtiges Grundnahrungsmittel die Dorfbewohner so manchen harten Winter überstehen. Auch Möbel, Geräte und Weinfässer wurden aus Kastanienholz hergestellt.

Mitte des 19. Jh. verlor die Kastanie als Grundnahrungsmittel an Bedeutung, nicht zuletzt, weil der Preis durch den Mais- und Kartoffelanbau sank. Unzählige bejahrte Bäume wurden in dieser Zeit gefällt, sie dienten als Brennholz oder wurden in Kohle verwandelt.

Die Edelkastanie (Castanea sativa), die sich unter den Römern von Kleinasien bis an den Südalpenraum verbreitete, wird heute wieder sehr vielfältig genutzt, z.B. als **Selve** (italienisch Selva) für die Produktion ausgewählter Früchte. Die Bäume sind hier veredelte Kernwüchse, die genügend Abstand voneinander haben müssen. Die Selve ist arbeitsintensiv: Die Bäume müssen beschnitten, das Gras unter den Bäumen gemäht, die Kastanienigel und das Laub entfernt werden. Als Niederwald dient die Kastanie vor allem der **Holznutzung.** Hergestellt werden Pflöcke und Brennholz. Die Bäume werden ganz flach geschnitten, so dass die Stockausschläge beim Strunk gedeihen. Aus dem Baumstrunk wachsen bis zu 30 Triebe, die in einem Jahr eine Höhe von drei Metern erreichen können. Alle sechs bis 30 Jahre wird abgeholzt.

Der Kastanienbaum eignet sich aufgrund seiner Widerstandsfähigkeit im Allgemeinen gut als Nutzpflanze; sein hoher Tanningehalt bildet einen natürlichen Schutz gegen Fäulnis (das Tannin, Gerbsäure, wurde früher auch bei der Lederherstellung verwendet). Leider sind heutzutage zahlreiche Kastanien von einer Art Krebserkrankung befallen.

Es gibt viele **Kastanienbaumsorten** mit klingenden Namen wie Boniröö, Pirenei, Magreta oder San Michele. Manche sind besonders süß, andere sind gut für das Dörren und Kochen in Salzwasser oder Milch geeignet, wieder andere werden am besten zu Kastanienmehl verarbeitet. Aus diesem werden Brot, Fladen und Torten gebacken. Mit geschlagenem Rahm sind Kastanien ein Kinderschmaus.

In kleinen, einfachen Dörrspeichern, im Tessin Grà genannt, werden die Kastanien **haltbar gemacht.** Diese Speicher bestehen aus zwei Räumen, unten ist der Ofen, darüber der Lagerraum mit einem Holzgitterboden. Das Ganze ist so konstruiert, dass die Kastanien nicht durchfallen, Rauch und Hitze aber aufsteigen können. Nach drei oder vier Wochen sind die Kastanien gedörrt und geräuchert. Mittels eines biegsamen Holzsteckens mit spitzen Kanten werden sie am Boden oder auf einem Holzblock in schmalen, groben Leinsäcken geschlagen, bis die Schalen aufspringen.

Die Kastanie gewinnt heute weiter an Boden, sie erobert im Winter zunehmend die **Küche** der Deutschschweiz. Im Appenzell wird Bier aus Kastanien gebraut, im Puschlav erinnert der Kastanienlikör an Whiskey. Nicht nur dem Wanderer bieten Kastanienwälder Schutz, sie sind auch bei Fledermäusen, Bienen und Hasen beliebt. Viele Touristen bücken sich im Herbst nach den beliebten Früchten. Was ist an einem grauen Novembertag schöner, als im Kamin Kastanien zu rösten? Steht jedoch ein Verbotsschild im Wald (etwa „Divieto di raccolta" oder „Questa selva castanile è gestia dal suo proprietario"), dürfen vor einem amtlich von Jahr zu Jahr neu festgelegten Termin im November keine Kastanien aufgelesen werden. Auskunft geben die lokalen Touristenbüros, die auch über Veranstaltungen rund um die Kastanie (wie etwa die Sagra della Castagna im Muggiotal) informieren.

- **Informationen:** www.ti.ch/forestali
- **Kastanienverkauf, Produkte aus Kastanien:** Orticoltura Mondino SA, Via Mondino 12, Muzzano, Tel. 091 99 45 980; 6582 Pianezzo, Tel. 091 85 73 093, www.basset-ti.ch.

Schlacht bei Marignano (1515) mussten sie die Lombardei an Frankreich abtreten. Sie verzichteten aber nicht auf die für ihre Handelsinteressen bedeutenden Alpenzugänge.

Das Tessin wurde in **acht Landvogteien** eingeteilt. Die Landvögte waren Herrscher und Richter, respektierten aber die gegebene Ordnung. Jede Landvogtei war ein autonomes Gebiet mit eigenen Satzungen, Versammlungen und sogar eigenen Gewichts- und Maßeinheiten.

Während der **Reformation** blieb das Tessin wie Uri katholisch. Nur in Locarno konnte das Gedankengut der Reformation bei wohlhabenden Familien Einzug halten. Sie beunruhigte die katholischen Kantone. Die Reformierten von Locarno wurden zum Exodus nach Zürich gezwungen.

Die Tessiner blieben im 17. Jh. von den verheerenden Kriegen ihrer lombardischen Nachbarn verschont und unterlagen auch nicht dem habgierigen spanischen Steuersystem. Sie exportierten ihr Vieh in die Lombardei und versorgten sich mit Getreide und Meersalz.

Obschon die Urner und die anderen Eidgenossen für sich selbst die Früchte der Freiheit zu schätzen wussten, waren sie nicht bereit, diese auch ihren Untertanengebieten südlich der Alpen zu gewähren. Als die Bewohner der Leventina Mitte des 18. Jh. eine beschränkte **Verwaltungsfreiheit** forderten, marschierten die Urner ein, zwangen die Leventiner zu einem demütigenden Treueschwur und enthaupteten die mutmaßlichen Rädelsführer (vgl. Exkurs „Der Aufstand der Leventiner" im Kap. „Das nördliche Tessin").

Das Tessin unter Napoleon Bonaparte

Die Armeen der **Französischen Revolution** machten der Herrschaft der Eidgenossen ein halbes Jahrhundert später ein Ende. 1796 wurde *General Napoleon Bonaparte* beauftragt, die Revolution nach Italien zu bringen und Österreich anzugreifen. Er marschierte in die Lombardei ein, wo er die Cisalpinische Republik gründete. In den eidgenössisch beherrschten Vogteien bildete sich eine kleine Gruppe, die die Revolution bewunderte und propagierte. Diese so genannten **Jakobiner** planten ein Komplott, um den Anschluss an die Cisalpinische Republik zu erreichen. Die Bevölkerung der Talschaften stand aber diesen Ideen eher feindlich gegenüber. Der Atheismus der Revolution war ihnen fremd, und sie waren wegen der durch die Besatzung entstandenen Versorgungsengpässe verärgert. Zudem war die Herrschaft der Eidgenossen offenbar gar nicht so unbeliebt, weniger verhasst zumindest als die Herrschaftsgelüste aus dem Süden. Am 15. Februar 1798 wurden cisalpinische Verbände und ihre Luganer Sympathisanten beim Versuch, die Stadt einzunehmen, von lokalen Truppenverbänden vertrieben. Die Franzosen brachten zwar die alte Eidgenossenschaft zu Fall, das Tessin wurde aber nicht Teil der Cisalpinischen Republik. Es gehörte fortan zur neu gegründeten **Helvetischen Republik** und bildete mit den Kantonen Bellinzona und Lugano zwei Verwaltungskreise.

Doch die Bewohner der beiden neuen Kantone standen auch diesem zentralistischen System feindlich gegenüber. Die Helvetische Republik verfiel in Chaos und Bürgerkrieg, bis sich wieder *Napoleon* als Mediator einschaltete. Mit der so genannten **Mediationsakte** entstand eine neue Eidgenossenschaft mit 19 relativ **autonomen Kantonen,** unter anderem der Kanton Tessin mit der Hauptstadt Bellinzona. Seinen Namen erhielt der neue Kanton in Anlehnung an seinen Hauptfluss. Am 20. Mai 1803 nahmen die ersten Verfassungsbehörden ihre Tätigkeit auf: ein Großer Rat mit 110 Abgeordneten, aus dem eine neunköpfige Regierung gewählt wurde. Die Integrität des Kantons war gefährdet, da der unterdessen zum Kaiser gekrönte *Napoleon* die Cisalpinische Republik in das Königreich Italien umwandelte, welches er mit Teilen des Tessins zu vergrößern gedachte. Der russische Feldzug zwang den Kaiser aber, die Besatzungstruppen zurückzuziehen; dies rettete das Tessin.

Der Gegensatz zwischen Liberalen und Konservativen

1813 brach das Mediationssystem zusammen. Ende 1814 gab sich der Kanton eine **Verfassung.** Die neue Regierung durch „Landammänner" war autoritär wie in den meisten anderen Kantonen der Schweiz während der so genannten **Restaurationszeit.** Liberale Ideen gewannen jedoch an Kraft. 1829 veröffentlichte der junge *Stefano Franscini* eine Schrift, welche die Untaten der Regie-

▷ Aus den alten Fels- und Lagerkellern entstanden die Grotti, die heute bewirtschaftet sind

041te ns

rung anprangerte. Die Wirkung der Publikation war immens: Die Regierung wurde durch das aufgebrachte Volk abgesetzt, 1830 wurde eine liberale Verfassung angenommen. Es entstanden **zwei politische Strömungen:** jene der reinen Liberalen (radicali) und jene der Gemäßigten (oder, wie man später sagte, der Konservativen). Die Gemäßigten hatten die öffentliche Moral und die Bewahrung der katholischen Religion zum Ziel, sie pflegten die Beziehungen zu Österreich und die lokale Autonomie. Die Liberalen, die 1839 nach einem Umsturz an die Macht gelangten, strebten einen zentralisierten, säkularen Staat, das allgemeine Wahl- und Stimmrecht und die Unantastbarkeit des Asylrechts an, und sie unterstützten die in Norditalien zur selben Zeit erstarkte Bewegung des *Risorgimento* unter *Giuseppe Garibaldi.* Der Gegensatz ließ sich nicht überwinden. Blutige Unruhen und Aufstände folgten im Wechsel, und 1875 mussten gar eidgenössische Truppen Lugano besetzen, das zu diesem Zeitpunkt Sitz der Regierung war. Der Gegensatz hatte auch eine geografische Entsprechung: Die Konservativen waren in den Bergen des Nordtessins stark, die Liberalen in den Zentren des Sottoceneri. Mehr als einmal gab es Bestrebungen, zwei getrennte Kantone zu bilden. Bis heute bleibt ein Gegensatz zwischen Sottoceneri und Sopraceneri spürbar. Die Liberalen pflegten das öffentliche Bildungswesen, gründeten Departemente, um Ordnung in die Verwaltung zu bringen, führten Justizreformen durch und reorganisierten Gemeinden, unterstellten die Kirche dem Staat und führten die direkte Steuer ein. 1875 gelangten die Konservativen an die Macht; sie gaben der Kirche Freiheiten zurück, veränderten das

Schulwesen und führten die direkte Demokratie ein, z.B. das Referendum, die Volksinitiative und die Gesetzesinitiative. Sie führten die geheime Abstimmung ein und legten die Hauptstadt fest, natürlich „ihr" Bellinzona im Sopraceneri. Um den Tessinern beizubringen, gemeinsam zu regieren, führte Bern nach Unruhen 1890 das **Proporzwahlsystem** ein, welches die Parteien in der Folge zur Zusammenarbeit zwang, die Entstehung von neuen politischen Gruppierungen förderte und die Ära der Umstürze und der Gewalt schließlich beendete.

Das Tessin im 20. Jahrhundert

Das Tessin war bis nach dem Zweiten Weltkrieg noch „Armenhaus" der Schweiz. Die nach dem Ersten Weltkrieg erstarkten **Sozialdemokraten** eroberten 1923 einen Sitz in der Regierung, seither existierte die **„Tessiner Zauberformel"**, eine Koalitionsregierung, welche aus zwei radikalen, zwei Konservativen und einem Sozialdemokraten zusammengesetzt war. 1995 gelang es allerdings der eben entstandenen **Lega** (siehe unten), diese Formel zu sprengen und einen eigenen Vertreter in der Regierung zu platzieren. Die Schweiz übernahm in den fünfziger Jahren des 20. Jahrhunderts die Idee der „Zauberformel" und integrierte die wichtigsten Parteien des Landes ebenfalls in eine Koalitionsregierung, den **Bundesrat.** Das System garantiert noch heute mehr oder weniger die politische Stabilität im Land und in den meisten Kantonen.

In den Jahren zwischen den beiden Weltkriegen prägte aber noch ständige politische Unruhe das öffentliche Leben, animiert durch die wachsende **Arbeiterbewegung.** Mit dem Bau der Gotthardbahn war das Tessin endlich an Nordeuropa und den Rest der Schweiz angeschlossen und begann sich auch wirtschaftlich zu integrieren. Der **Fremdenverkehr** erlangte Bedeutung.

Der in Italien erstarkende **Faschismus** fand zwar auch im Tessin seine Sympathisanten, rechtsextreme Bewegungen konnten in den 30er Jahren des 20. Jh. aber doch nur wenige Stimmen auf sich vereinen; zu sehr schätzte man unterdessen die Vorteile des föderalistischen und direktdemokratischen Systems.

In der **Nachkriegszeit** verbündeten sich Liberale und Sozialdemokraten für die Dauer von zwanzig Jahren. 1969 erhielten **Frauen** endlich auf Kantonsebene das Stimm- und Wahlrecht.

Im letzten Drittel des 20. Jahrhunderts etablierte sich im Tessin wie im nahen lombardischen und piemontesischen Norditalien eine **rechts-reaktionäre Bewegung** ganz eigener Art, die **Lega,** hier *Lega dei Ticinesi* genannt. Sie verband sich politisch mit den konservativen Kräften der deutschen Schweiz und trug dazu bei, dass der Kanton Tessin im Allgemeinen bei Abstimmungen und Wahlen eher wie die konservativen und europaskeptischen bis -feindlichen Kantone der Ost- und Zentralschweiz stimmt und nicht wie die eher progressiven und europafreundlichen französischsprachigen Kantone, die Kantone der Westschweiz und die großen Städte. Der alte **Konflikt**

◁ Die Ritterspiele am Castello Montebello erinnern an die Geschichte Bellinzonas

zwischen Liberalen und Konservativen bestimmt deshalb in neuer Form die politische Auseinandersetzung im Tessin.

Durch die besondere Geschichte, aber auch bedingt durch die Kleinheit und kulturelle Autonomie des Tessins hat sich eine eng an die politischen Parteien gebundene **Klienten- und Clangesellschaft** gebildet, die das politische und wirtschaftliche Leben des Tessins prägt. Zwar attackierten Jungpolitiker aus allen Parteien in den 1970er Jahren diese abgekarteten Spiele und das Gehabe der Dorfkönige und Lokalmatadoren mit ihren Machtkartellen. Seit den 1990er Jahren versucht auch die immer stärker werdende **Lega** als Protestbewegung von Rechts dasselbe. Insgesamt wurden die neuen Gruppierungen aber nach und nach in die alten Netzwerke integriert und die Lega dei Ticinesi ist im neuen Jahrtausend den **Skandalen und Klüngeleien** wohl ebenso ausgesetzt wie die traditionellen Parteien.

Deshalb versucht sich nun die Protestbewegung von **ennet dem Gotthard,** die SVP-Plattform des Milliardärs Blocher, auch im Süden der Schweiz in Position zu bringen. Ob neben der Stammtisch-Rhetorik der Lega aber noch genug Platz für eine zusätzliche, ebenso populistische Poltererpartei ist, ob die Wähler sich dem Tessiner Original zuwenden oder dem Import aus der Deutschschweiz, der finanziell über unbeschränkte Mittel zu verfügen scheint, ist unklar. In jüngster Zeit sieht es so aus, als ob das „Original" gewinnt: Die Lega hat im Regierungsrat des Kantons seit 2011 bereits zwei der fünf Sitze, und auch der einst sichere Bürgermeisterjob der Freisinnigen in der größten Stadt, Lugano, ging 2013 an die Lega.

Wirtschaft

Zu Beginn des 19. Jh. wurden im Kanton Tessin neben oft kärglicher Berglandwirtschaft, Forstwirtschaft und Weinbau nur **wenige handwerkliche Tätigkeiten** wie die Verarbeitung von Marmor, Tabak, Stroh, die Produktion von Ziegelsteinen, das Gerben von Fellen und die Seidenraupenzucht ausgeübt. Viele Tessiner waren zur (zumindest saisonalen) **Auswanderung** gezwungen. Mitte des 19. Jh. führten politische Spannungen mit Österreich zudem zum Abbruch der Beziehungen mit der Lombardei; ca. 6000 Tessiner wurden ausgewiesen, man war noch isolierter als zuvor. Erst die Eröffnung des Gotthard-Bahntunnels setzte der **Isolation** des Tessins ein Ende.

Im Tessin entwickelten sich eine bedeutende Bekleidungsindustrie, Lebensmittelproduktionsanlagen und Tabakfabriken. Auch der Tourismus und die Energiewirtschaft (Wasserkraftwerke) begannen sich zu entwickeln. Der **Fortschritt** war aufgrund des kleinen Absatzmarktes und von Finanzierungsproblemen noch gering; noch in den 1950er Jahren wurde das Tessin von den anderen Schweizer Kantonen wegen seiner **Armut** bemitleidet.

Der eigentliche wirtschaftliche und demographische **Boom** begann erst nach dem Zweiten Weltkrieg. Die **Energieproduktion** und der **Tourismus** verschafften dem Tessin einen enormen Aufschwung. Die Emigration konnte gestoppt werden, der Kanton wurde Immi-

▷ Der Hafen von Ascona mit der Piazza Motta

grationsgebiet und bot Tausenden von Grenzgängern Arbeit. Von 1946 bis zum Beginn der 1990er Jahre wuchs das Bruttosozialprodukt beträchtlich. Der Kanton gehört heute trotz des großen Berggebiets und trotz Tourismuskrise zu den mittelstarken Kantonen der Schweiz, der Sottoceneri gehört zu den wirtschaftsstärksten Regionen des Landes.

Die **vorherrschenden Wirtschaftszweige** sind neben dem Tourismus das Bauwesen sowie das Bank- und Finanzgeschäft. Die Entwicklung brachte dem Tessin nicht nur materiellen Wohlstand, sondern auch **Probleme** wie eine gewaltige Zunahme des Verkehrs und eine zum Teil an Norditalien erinnernde wuchernde Zersiedelung der Landschaft mit beliebiger bis hässlicher Architektur.

Zu Beginn der 1990er Jahre begann im Kanton Tessin eine **wirtschaftliche Rezessionsphase,** die Teil eines weltweiten Phänomens ist; sie traf im Tessin die wichtigen Tourismus- und Textilbereiche der Wirtschaft nachhaltig und konnte noch nicht überwunden werden. Die **Arbeitslosigkeit** im Tessin ist höher als im Landesdurchschnitt. Dies trifft jedoch nicht nur die Tessiner, sondern auch die Arbeitnehmer in den angrenzenden italienischen Städten, die bislang von den attraktiven Arbeitsplätzen im Hochlohnland Schweiz profitierten.

Das Tessin muss sich wieder einmal neu orientieren. Mit den neuen Verbindungen durch den Gotthard wird die **Anbindung an die übrige Schweiz** und an **Nordeuropa** noch einmal verbessert, die alte Transitfunktion des Tessins soll so in neuer Form wiederaufleben. Im Oktober 2010 erfolgte der Durchstich zum neuen, 57 km langen **Gotthard-Basistunnel.** Lugano wird von Zürich schlussendlich – nach der Eröffnung des Ceneri-Basistunnels – nur noch 82 Minuten entfernt sein.

055te tt

Staat und Verwaltung

Der Föderalismus und eine hohe Gemeindeautonomie sind in der schweizerischen Gesellschaft seit Jahrhunderten verankert, die Schweizer haben sie, mehr noch als die berühmte Neutralität, geradezu verinnerlicht. Dies gilt auch für das Tessin. Das System ist zugleich Garant der Funktionsweise einer hochkomplexen, multikulturellen Gesellschaft sowie sehr oft auch, besonders in einer schnelllebigen Zeit wie der unsrigen, Hindernis und zugleich Förderer des Fortschritts.

Föderalismus heißt, dass alles „von unten nach oben" organisiert ist. Die Schweizer sind zuerst Gemeindebürger, dann Kantonsbürger, dann Schweizer. Man empfindet entsprechend, und das erste Interesse gilt traditionell der Gemeinde, danach kommt der Kanton und dann erst das Land.

Das **Steuersystem** ist entsprechend gestaltet. Die Gemeinde erhebt Gemeindesteuern, der Kanton Staatssteuern, der Bund Bundessteuern. Dafür füllen die Schweizer drei verschiedene Steuererklärungen (oder drei verschiedene Rubriken in der Steuererklärung) aus.

Diese Philosophie geht grundsätzlich davon aus, dass man nach oben delegiert, nicht nach unten. Dem Kanton bleibt zu tun, was die Gemeinden nicht können, dem Bund, was die Kantone nicht können. Das bedeutet z.B., dass es in der Schweiz nach wie vor keinen Bildungsminister gibt, sondern 26 solcher Minister auf kantonaler Ebene. Die etwa 2900 Gemeinden genießen nach wie vor eine beträchtliche Autonomie, sie sind nicht bloß administrative Einheiten, wie in vielen Führern beschrieben, sondern die Urzelle des demokratischen Systems der Schweiz.

Zwei weitere **politische Prinzipien,** die tief verankert sind und die man kennen muss, um die Schweiz zu verstehen, sind das Kollegialitätsprinzip und das Vernehmlassungsprinzip.

Gemäß dem **Kollegialitätsprinzip** gibt es in den meisten Exekutiven keine Chefs, sondern nur einen (oder eine) *Primus inter Pares* (Ersten unter Gleichen). Es gibt keinen Ministerpräsidenten, sondern Bundesräte, und der Bundespräsident wechselt jedes Jahr. Es gibt Regierungsräte und Staatsräte, aber keine Landes- oder Kantonsministerpräsidenten (in einigen Kantonen zwar einen Landammann/eine Frau Landammann (!), aber auch die geben ihr Amt nach einem Jahr weiter). Der Bundesrat und die kantonalen Exekutiven entscheiden grundsätzlich nach dem Mehrheitsprinzip. Es entscheidet der Bundesrat, die Kantonsregierung als Ganzes, nicht ein einzelnes Mitglied. Dieses Prinzip der Kollegialität, der Absprache, des Austarierens der Interessen, wird ergänzt durch die Vernehmlassung.

In der **Vernehmlassung** wird jede politische Veränderung, jedes neue Gesetz, alle neuen Verordnungen vor der eigentlichen Beschlussfassung durch einen Prozess auf breiter Ebene ausdiskutiert, in dem erwogen wird, welche Interessenvertreter und welche Gruppierungen was zu diesem neuen Vorschlag zu sagen haben und wie die Sache allenfalls abzu-

Corippo mit seinem gut erhaltenen Ortsbild

ändern wäre, bevor man (Parlament oder Volk) es dann wirklich beschließt. Ein Vernehmlassungsprozess dauert im Allgemeinen mehrere Monate. Oft wird ein neuer Vorschlag zurückgezogen, weil man bereits in der Vernehmlassung merkt, dass er keine politische Chance hat. Radikalere Vorschläge haben es deshalb in der Schweiz schwer.

Zum Ausgleichen der verschiedenen kulturellen Interessen hat man ein kompliziertes System gefunden, das z.B. Initiativen nicht nur einem so genannten **Volksmehr** unterstellt, sondern auch einem **Ständemehr** (nach der alten Bezeichnung „Stände" für „Kantone"). Gefordert ist also nicht nur eine Mehrheit der Stimmen, sondern auch eine Mehrheit der Kantone, damit Initiativen in Kraft treten. Die großen Kantone (Zürich, Bern, Waadt) sollen die kleinen nicht majorisieren, die Reformierten die Katholiken oder die Deutschschweizer die Romands und Tessiner nicht überstimmen. Meist ist es aber so, dass die eher konservativen Kräfte die fortschrittlichen majorisieren.

Trotzdem funktioniert das System. Wenn in der Schweiz eine Neuerung den komplizierten Weg geschafft hat, ist ein Konsens vorhanden. Neuerungen brauchen oft mehrere Anläufe. Der Föderalismus wirkt manchmal als Bremse, oft jedoch auch als **Plattform für Experimente.** Es gibt immer wieder fortschrittliche Lösungen, etwa auf dem Erziehungssektor, in der Drogen-, Gesundheits- oder Asylpolitik, wo ein fortschrittlicher Kanton oder eine fortschrittliche Gemeinde einen neuen Weg einschlägt und die anderen Kantone bzw. Gemeinden interessiert zuschauen. Klappt es, so werden die Fortschrittlichen kopiert, der neue Weg wird zum Standard auf Bundesebene. Die Schweiz hat die fortschrittlichste Drogenpolitik in Europa. Die ökologische Verkehrspolitik der Schweiz wird heute von den Nachbarn nicht mehr belächelt. Aber auch das Nein der Schweiz zum **Europäischen Wirtschaftsraum** EWR 1991 kommt aus derselben Küche. Politische Systeme haben eben ihre Vor- und Nachteile.

057te ns

26 Kantone hat die Schweiz, sechs davon aus historischen Gründen so genannte „Halbkantone", d.h. sie entsenden nur je einen Vertreter statt zwei in den Ständerat, die zweite Kammer des eidgenössischen Parlaments. Diese Kammer zählt deshalb 46 Mitglieder, sie ist der anderen Kammer, dem Nationalrat, gleichgestellt. Der **Nationalrat,** die Volksvertretung, zählt 200 Mitglieder. Er wird proportional zur Stärke der Parteien in den Kantonen gebildet.

Die Schweiz ist eine **Referendumsdemokratie,** d.h. das Volk hat durch Initiative und Referendum direkten Einfluss auf Verfassung und Gesetzgebung. Die Schweizer machen normalerweise vier- bis fünfmal pro Jahr von diesen Rechten auf nationaler, kantonaler und Gemeindeebene Gebrauch. Die Stimmbeteiligung beträgt je nach Vorlage zwischen knapp dreißig und circa sechzig Prozent.

Vieles ist **kantonal unterschiedlich** geregelt. So sind z.B. im Kanton Jura Ausländer passiv und aktiv wahlberechtigt. In einigen Kantonen sind Kirche und Staat strikt getrennt, in anderen gibt es noch so genannte Staatskirchen. Welche Glaubensgemeinschaften staatlich anerkannt sind, ist von Kanton zu Kanton verschieden.

Dass jeder Schweizer sein Gewehr zu Hause hat, stimmt unterdessen nicht mehr, sondern gehört wie Tell zu den Mythen der Schweiz: Man wird im **Milizheer Schweiz** heute viel früher entlassen. Nicht jeder Schweizer ist ein begeisterter Schütze, wie es noch *Gottfried Keller* im „Fähnlein der sieben Aufrechten" beschrieb. Viele Schweizer geben das Gewehr nach Ableistung der Dienstpflicht an das Zeughaus zurück. Trotzdem ist am Wehrwillen der Schweizer wohl kaum zu zweifeln. Nachdem eine erste Armeeabschaffungsinitiative zu Beginn der 1990er Jahre sensationelle 40% Ja-Stimmen erhielt, gab es bei der wiederholten Abstimmung im Herbst 2001 nur noch 20% Armeegegner.

Politik im Tessin und in Norditalien

Der Kanton Tessin ist bezüglich der meisten dieser Eigenschaften **typisch schweizerisch,** ja, er steigert einige dieser Eigenschaften gegenüber dem Durchschnitt der Schweiz noch um eine Stufe (z.B. die Gemeindeautonomie). Einige wenige Besonderheiten erinnern aber doch an die Nachbarschaft zu **Italien:** So gibt es im Tessin wie in den benachbarten italienischen Nordprovinzen neben den nationalen Parteien noch die typische **Lega;** diese heißt im Tessin *Lega dei Ticinesi* und politisiert weit rechts und partikularistisch.

In der **Lombardei** und im **Piemont** sind die rechts stehenden Parteien (mit Ausnahme der Großstädte) meist in der Mehrheit, die rechts-föderalistisch politisierende *Lega Nord* des Arztes *Umberto Bossi* stammt aus der Gegend des Lago Maggiore und hat dort eine starke Wählerschaft. In einigen Köpfen geht dies bis zu sezessionistischen Gelüsten nach einer **unabhängigen Republik Padanien;** der Ruf danach ist im Gebiet rund um den Lago Maggiore immer wieder als Graffiti zu finden.

☒ Walserdeutsch an einem Haus in Bosco Gurin

528te ns

Sprache

Das Tessin umfasst den **italienischsprachigen Teil der Schweiz.** Die Tessiner sind sehr sprachgewandt und sprechen meist neben ihrem lombardischen Dialekt und Italienisch Deutsch, Schweizerdeutsch und Französisch (viele Tessiner haben ihr Studium, ihre Lehrjahre oder den Militärdienst im deutsch- oder französischsprachigen Teil der Schweiz verbracht). Im Unterschied zur französischsprachigen Minderheit in der Romandie spürt man starke **Abgrenzungsbedürfnisse** gegenüber den Deutschschweizern oder Deutschen fast nur bei den abgrenzungsorientierten Wählerschichten des rechten Lagers. Man akzeptiert im Allgemeinen den Gast und seine Sprache und wechselt ohne Probleme ins fremde Idiom, oft sogar, wenn die Gäste eigentlich ganz gern ihre italienischen Sprachkenntnisse praktizieren möchten.

Im dritten bis siebten Schuljahr steht heutzutage im Tessin die **zweite Landessprache Französisch** und als weitere Fremdsprache ab dem siebten Schuljahr **Deutsch** obligatorisch auf jedem Lehrplan. Ab dem achten Schuljahr folgt als dritte Fremdsprache **Englisch.**

Verhaltenstipps

Im Tessin hat man oft geradezu Mühe, sein Schulitalienisch verwenden zu können, weil fast jeder zweite „Tessiner" aus Deutschland oder der Deutschschweiz stammt und sich die „echten" Tessiner darauf eingestellt haben, mit Gästen **in deutscher Sprache** zu kommunizieren. Trotzdem ist es empfehlenswert, auch bei ungenügenden Italienischkenntnissen zumindest den Versuch zu machen, Einheimische in ihrer Muttersprache anzusprechen – sie also zumindest zu fragen, ob sie Deutsch sprechen. Dies wird als höflich empfunden und als Zeichen der **Achtung vor ihrer Kultur und Identität.**

Auf der italienischen Seite des Lago Maggiore ist die Situation ähnlich, es sind aber sicher weniger Leute anzutreffen, die gut Deutsch sprechen, auch weil ein Teil der hier Ansässigen gar nicht in der Region aufgewachsen ist, sondern in einem südlicheren Gebiet Italiens.

Einige wichtige Wörter und Sätze auf Italienisch sind im **Anhang** dieses Buches aufgelistet.

Direkte Demokratie, Verkehrs- und Raumpolitik

Die direkte Demokratie in der Schweiz verlangt von den Stimmberechtigten, dass sie sich **etwa viermal pro Jahr persönlich entscheiden,** in welche Richtung sich die Politik in der Schweiz, in den Kantonen und Gemeinden bewegt. Dabei stehen Entscheidungen ganz unterschiedlicher Bedeutung und Thematik zur Abstimmung an. Meist haben sie eine finanzielle Komponente, z.B. die Ertrags- und Vermögensrechnung der öffentlichen Haushalte, aber auch das eigene Portemonnaie der Abstimmenden ist betroffen. Oft stimmen die Bürgerinnen und Bürger auch **gegen ihre eigenen, privaten Interessen** – z.B. wenn es um die Zustimmung zu Steuererhöhungen oder Abgaben geht –, dafür im Sinne des effektiven oder vermeintlichen Gemeinwohls.

Zumindest **auf nationaler Ebene** beherrschen einzelne Themen immer wieder die politische Agenda, zur Zeit z.B. das Verhältnis der Schweiz zur EU, die Immigrationsfrage und – teilweise damit verbunden – auch die Verkehrs- und Raumplanungspolitik.

Der Themenkomplex **„Verhältnis zur EU"** und Fremdenangst wird dabei seit langem von einer Partei beherrscht, die in den sonst eher pragmatischen Schweizerinnen und Schweizern Angstgefühle und Abwehrreflexe mobilisiert und damit ihr eigenes populistisches Süppchen kocht. Geschickt wird alles in Frage gestellt, was in Richtung internationale Verpflichtungen und internationales Recht gehen könnte, auch Völker- und Menschenrechte sind den Agitatoren suspekt. Die Partei will sich damit als wahre Vertretung dessen präsentieren, was sie als „Volk" bezeichnet. Andersdenkende, z.B. Mehrheiten in den Städten und in der Romandie, werden zu Schweizern zweiter Klasse, aus der Schweiz des Konsens wird immer mehr eine Schweiz des 2. Sonderbundes, in der sich zwei fast gleich große Gruppen bekämpfen. Ob damit nicht das zerstört wird, was die erfolgreiche Schweiz der 1848er-Verfassung ausmachte, die Mitwirkungsfähigkeit dank Konsens?

Das zweite beherrschende Thema, die **Verkehrs- und Raumplanungspolitik,** ist durch das in den letzten Jahrzehnten prononcierte Bevölkerungswachstum geprägt. Es wird enger im kleinen Land, innerhalb kurzer Zeit ist die Gesamtbevölkerung von ca. sechs auf über acht Millionen angewachsen, das Modewort **„Dichtestress"** wird zitiert (*Klaus Wowereit* erwähnte bei einem Besuch in Bern, er hätte dieses Wort in der Schweiz zum ersten Mal gehört).

Durch die zunehmende Mobilität und die erhöhten Ansprüche an Wohn- und Freizeitkomfort ist sowohl das Verkehrsvolumen wie der Bedarf nach Wohnraum so stark gewachsen, dass viele Bürgerinnen und Bürger nur in einer Beschränkung des Wachstums die Lösung sehen. So wurde in einer vom Verein „Helvetia Nostra" und der Stiftung Franz Weber (einem bekannten Umweltaktivisten) lancierten Volksabstimmung am 11.3.2011 die sogenannte **Zweitwohnungsinitiative** beschlossen, gemäß derer nur maximal 20% aller Wohnungen in einer Gemeinde Zweitwohnungen sein dürfen. Die Konsequenzen sind bedeutend: im Alpengebiet ist in den meisten Gemeinden diese Schwelle längst erreicht. Die Umsetzung dieser Initiative ist seit ihrer Annahme heiß umstritten, da damit fast im gesamten Alpenraum der weitere Aus-

Die alte Passstraße am St. Gotthard

529te ns

bau mit sogenannten „kalten Betten" und damit auch die Finanzierung gemischter Anlagen (Hotels mit Apartments) erheblich erschwert wird.

Dass das Schweizer Stimmvolk **ökologisch sensibel** ist, bewies es bereits früher, z.B. Anfang 1994 mit der sog. Alpenschutzinitiative, später mit einer ganzen Reihe anderer Abstimmungen, mit denen die Schweiz den Transitverkehr von der Straße auf die Schiene verlagern möchte: So darf die Transitstraßen-Kapazität nicht erhöht werden (siehe Exkurs „Die Gotthardroute und ihre Geschichte") und der Schwerverkehr auf der Straße wird seit 2001 durch eine leistungsabhängige Abgabe belastet. Der **Ausbau des öffentlichen Verkehrs,** insbesondere die neue Eisenbahn-Transversale (NEAT) durch die Alpen und „Bahn 2000", wurde durch mehrere Beschlüsse immer wieder bekräftigt. Am 9. Februar 2014 kam mit FABI (Finanzierung und Ausbau Bahn-Infrastruktur) ein weiteres Paket zur Abstimmung, dass schon in der ersten Phase bis 2025 Projekte für 6,4 Milliarden Franken freigibt. Das Volk bewilligte die FABI-Vorlage deutlich und sagte gleichzeitig ganz knapp Ja zur ebenfalls mit ökologischen Motiven argumentierenden **„Masseneinwanderungs"-Initiative.** Sie wurde von der SVP lanciert, welche das Migrationsproblem zu dämpfen verspricht, gleichzeitig aber die bilaterale Bindung der Schweiz an die EU zum Scheitern bringen könnte. Die negativen Auswirkungen sind bereits spürbar (die Schweiz wurde von der ERASMUS-Zusammenarbeit ausgeschlossen, die Forschungszusammenarbeit und die Integration der Energiemärkte ist vorläufig auf Eis gelegt). Doch damit nicht genug, auch mit der Annahme der SVP-Initiative ist das Thema Migration und Bevölkerungsbeschränkung nicht abgeschlossen. Es warten bereits **weitere Abstimmungen:** Die sogenannte ECOPOP-Initiative will z.B. das Bevölkerungswachstum durch Zuwanderung auf höchstens 0,2% pro Jahr beschränken und die SVP hält jederzeit weitere fremdenfeindliche Initiativen im Köcher, über die das Stimmvolk befinden muss. Eine Region ist dabei in einer ganz speziellen Lage: das **Tessin,** das insbesondere von Grenzgängern stark frequentiert wird und deshalb deutliche Abwehrreflexe entwickelt hat.

Architektur und Malerei

Jede Strömung, die in der europäischen Baukultur von Bedeutung ist, hat im Tessin ihre typischen Beispiele. Zwar fehlt es in der Schweiz ganz allgemein an grandiosen Baudenkmälern, wie sie allmächtige Herrscher planten und finanzierten oder wie sie in Millionenstädten üblich sind. Fast 200 Jahre Frieden bewahrten jedoch andererseits wertvolles Kulturgut vor der Zerstörung. Die Anzahl interessanter Kulturobjekte aus allen Epochen ist – besonders auch in ländlichen Gebieten – überdurchschnittlich groß. In der Schweiz weisen noch ganze Städte und Dörfer ein geschlossenes Siedlungsbild auf, was einen Eindruck vom Leben in alter Zeit vermittelt. Bern, von der UNESCO als „Kulturelles Erbe der Menschheit“ ausgezeichnet, ist nur ein Beispiel von vielen.

026te tt

Epochen und Bauten

Schon aus der **Steinzeit** sind Geräte und zum Beispiel ein Brennofen als frühe Zeugnisse der einheimischen Kultur vorhanden, frühe Spuren weisen auf die Besiedelung schon 4000 Jahre v. Chr. hin. Die **Römer** besiegten die einheimischen Gallier bei Bellinzona und Como und wurden zur beherrschenden Kultur. **Gräber** (z.B. im Centovalli, bei Locarno und Ronco) bezeugen diesen Einfluss ebenso wie die heute noch praktizierte **Ziegelbauweise** im Südtessin. Das beeindruckendste Baudenkmal aus römischer Zeit ist das frühchristliche Baptisterium San Giovanni in Riva San Vitale.

Die **Romanik** ist im Tessin besonders stark und in hoher Qualität vertreten. Fast jedes Dorf hat seine Kirche oder doch zumindest einen Campanile (Turm) aus dieser Zeit; die Ortsbeschreibungen gehen detailliert auf die vielen Beispiele in allen Gegenden des Tessins und des Lago Maggiore ein. Herausragend sind sicher die Bauwerke in Giornico, in der meist eilig durchfahrenen Leventina, wo gleich drei großartige Beispiele, getrennt durch eine mittelalterliche Bogenbrücke, zu besichtigen sind. Man besichtige jedoch unbedingt auch San Vittore in Locarno-Muralto oder San Carlo Negrentino bei Leontica.

Etwa seit 1200 gelangt die **Gotik** auch in das Tessin, doch diese ist hier nicht mit allzu vielen Beispielen aus der Architektur präsent, dafür aber mit einer ganzen Reihe von Beispielen hervorragender Mal- und Stuckaturkunst aus der Übergangszeit zur Renaissance: Man findet z. B. im Verzascatal in Brione die Pfarrkirche Santa Maria Assunta mit ihren Fresken und die Fresken in der italienischen Enklave Campione sowie die Malereien der berühmten Familien der *Seregnesi* und der *da Tradates,* etwa in Arosio, Gorduno, Malvaglia, Lugano und Locarno.

Die **Renaissance** und insbesondere der **Barock** sind im Tessin zahlreich und qualitativ hervorragend mit Baumeistern und mit bildenden Künstlern vertreten: Dazu gehören *Michelangelo Buonarotti* (das Jüngste Gericht in der Kirche San Giorgio, Carona), *Giulionao Sangallo* (Kuppel der Kirche Santa Croce in Riva San Vitale) und *Donato Bramante* sowie viele unbekannte Baumeister und Maler, wie der Renaissancekünstler, der die Kirche Santa Maria delle Grazie in Campagna ausmalte. Am Übergang zum Barock und im Barock entstanden populäre Gesamtkunstwerke wie Santa Maria Assunta in Locarno und die fast noch berühmtere, wenn auch kunsthistorisch weniger bedeutende Madonna del Sasso oberhalb der Stadt. Neben kirchlichen Bauten entstanden auch einige Profanbauten, v.a. Villen und einzelne noch erhaltene Straßenzüge in den größeren Städten des Kantons, aber auch einige großartige Villen und Schlösser am Lago Maggiore.

Die neuere Zeit ist insbesondere durch die im zweiten Teil des 20. Jh. prägende Richtung der **postmodernen** neuen Tessiner Architekten ausgezeichnet: Durch den *Le Corbusier*schüler *Mario Botta* (man besichtige seine eigenwilligen, meist streng symmetrischen Bruchsteinmauerbauten mit kleinen Fenstern und klaren Formen und Farbkombina-

[<] Die Kirche San Giovanni Battista in Mogno, gebaut nach einem Entwurf von Mario Botta

029te tt

tionen, z.B. in Stabio, Morbio Superiore, Mogno, Lugano, auf dem Monte Tamaro), aber auch durch *Luigi Snozzi, Rino Tami* und *Tita Carloni*. Die erste Generation der heute weltweit hoch geschätzen Tessiner Schule wird unterdessen durch eine zweite Welle von Architekten ergänzt, unterstützt durch mutige Auftraggeber, die die sonst so beliebige Bauweise des 20. Jahrhunderts und die Zerstörung der Landschaft durch Zersiedelung durch bewusst moderne Architektur zu kontrastieren versucht.

Zu den jüngeren Tessiner Architekten, die auch in ihrer Heimat bauen, gehören neben z.B. *Michel Arnaboldi, Christian Mozzetti, Mario Ferrari, Michele Gagetta* und *Davide Macullo* in den letzten Jahren zunehmend auch Frauen wie *Sabine Snozzi* (*1962), *Sandra Giraudi* (*1962), *Lorenza Mazzola* (*1966), *Pelén Alves Pfister* (*1966) und *Monique von Allmen-Bosco* (*1966).

Neue Tessiner Architektur

Im Jahre 1975, in einer „Tendenzen" genannten Ausstellung an der Eidgenössischen Technischen Hochschule in Zürich, zeigte eine Reihe junger Architekten aus dem Tessin ihre Werke. *Mario Botta, Aurelio Galfetti, Luigi Snozzi* und einige andere erregten großes Aufsehen; sie wurden bald zu weltweit gefragten Vertretern der **„Tessiner Schule"**, die als richtungsweisend für innovative und anspruchsvolle moderne Architektur galt.

Die neue Tessiner Schule greift die **Tradition ihrer großen Vorgänger** seit der Renaissance und danach auf: *Domenico Fontana,* der den Quirinalspalast und die Vatikanische Bibliothek in Rom erbaute, sein Neffe *Carlo* und *Stefano Maderno,* die in Rom Kirchen bauten, *Domenico Andrea Trezzini,* der das Stadtbild von Kopenhagen und St. Petersburg maßgeblich gestaltete, oder der berühmte *Francesco Borromini* aus Bissone, der Kirchenbauer Roms aus der Barockzeit. Die neuen Architekten nahmen die Formen- und Farbsprache der alten lombardisch-tessinischen Vorbilder auf und entwickelten mit der Zeit einen **eigenen einfachen und gerade deshalb markanten Baustil.**

Als Begründer der Moderne im Tessin gelten **Rino Tami** (1908–1994), der die architektonische Gestaltung der Gotthardautobahn, insbesondere die Tunnelbauten, maßgeblich beeinflusste, und **Tita Carloni** (*1931 in Rovio). In Lugano findet man (an der Via Poda 10) Tamis Gebäude der Oberzolldirektion und nebenan den *Palazzo Corso,* ein Kino aus den Jahren 1956–57; von *Tita Carloni* stammt das Volkshaus *Sede amministrativa dell'OCST* in Lugano. Noch vor Tami baute sich allerdings die Germanistin, Holzbildhauerin und Textilkünstlerin **Georgette Klein Tentori** zusammen mit *Paul Andreu* bereits 1932 bei Barbengo, am Südende der Collina d'Oro, ein Künstlerhaus in der Formensprache des Neuen Bauens, die *Casa Sciaredo* (unterhalb des Grottos von Barbengo am Weg nach Figino). Das nach dem Tod der Bauherrin fast zerfallene Haus wurde in den letzten Jahren dank einer Stiftung ihrer Schwester sorgfältig restauriert; es dient seit 2003 jungen Künstlern als Wohn- und Arbeitsort.

Zur **jüngeren Architekten-Generation** des Tessins gehören *Michele Arnaboldi, Raffaele Cavadini, Lorenzo Felder, Luca Gazzaniga, Sergio Grassi, Giorgio* und *Giovanni Guscetti* oder *Sabine Snozzi.*

◁ Ein von Mario Botta entworfenes Wohnhaus in Ligornetto

Und es werden neue Talente dazu stoßen: Die von *Mario Botta* initiierte „Accademia", die **Architekturfakultät** der jungen Universität der italienischen Schweiz, wurde 1996 in Mendrisio gegründet und von *Aurelio Galfetti* als erstem Direktor geleitet.

Obschon unterdessen in Kalifornien (*Mario Botta,* Museum of Modern Art in San Francisco), aber auch in Basel und Dortmund (Tinguely-Museum, Stadtbibliothek) oder Peking (Olympiastadien) große öffentliche und private Bauten vom Schaffen dieser neuen Generation Tessiner Architekten zeugen, bauen diese gern nach wie vor **auch im Tessin.** Hier, in der „alpinen Stadt von der Domspitze des Mailänder Doms zum Fuße des Gotthardmassivs" (*A. Galfetti*) sollen mit guter Architektur Gegenakzente zu den Sünden der zersiedelten Agglomeration gesetzt werden. Dies geschieht auf mutige und überzeugende Weise sowohl in den Städten wie auch weitab in entlegenen Bergtälern und auf den Spitzen der Tessiner Berge. Die zunehmende Zahl öffentlicher und privater Bauherren, welche unkonventionelle, moderne Architektur realisieren wollen, trägt ihren Teil dazu bei.

Frühe Zeugnisse der Tessiner Schule sind meist kleinere Bauwerke, **Wohnhäuser** wie die berühmte **Casa Rotonda,** der Wohnturm von *Mario Botta* in Arbedo (1981), seine schon früher gebaute **Casa Bianchi** (1973) oder das kubische Haus in Ligornetto (1976); von *Luigi Snozzi* stammt die **Casa Bianchetti** in Monti della Trinità (1977, Via G. Zoppi), von *Aurelio Galfetti* die **Casa Rotalinti** in Bellinzona. Auch die zweite Generation hat bereits eine ganze Reihe bemerkenswerter Wohnbauten gestaltet: Beispiele sind *Andrea Bassis* Holzhaus auf Betonsockel über dem Luganer See in Brusino-Arsizio, *Sabina Snozzis* und *Gustavo Groismanns* schnörkellose, markante Betonbauten in Verscio und Gordemo oder *Monique von Allmen-Boscos* bemerkenswertes Holzhaus in Gentilino. Bei der Besichtigung bitte die Privatsphäre der Besitzer nicht stören!

Schon eher geeignet für eine genauere Besichtigung sind **öffentliche oder kirchliche Bauten** wie die meisterhafte Verbindung von Alt und Neu der Festung **Castelgrande** in Bellinzona durch *Aurelio Galfetti* (1982–1990), der Monolith der **Banca del Gottardo** mit der Galerie für zeitgenössische Kunst und der Busbahnhof in Lugano von *Mario Botta,* die **Scuola Media** (1977) desselben Architekten in Morbio Superiore, das Ethnographische Museum von *Cavadini* in Olivone (1998–2000, gleich neben dem Pfarrhaus), die Raiffeisenbank von *Arnoboldi* in Intragna oder das Hotel und Parkhaus im Zentrum von Airolo von den Brüdern *Guscetti.*

Auch die junge **Universität** der italienischen Schweiz gab einigen Architekten die Möglichkeit, in Lugano im Rahmen des Generalplans von *Jachen Könz* und *Aurelio Galfetti* fünf markante neue Gebäude zu realisieren: die Aula Magna *(Könz, Galfetti),* die Hörsaalgebäude *(Piero Bruno, Donatella Fioretti, José Gutierrez Marquez, Lorenze Martini),* das Computer-LAB *(Sandra Giraudi, Felix Wettstein),* die Bibliothek *(Giorgio und Michele Tognola)* und das Gebäude der Theologischen Fakultät *(Michele Christen).* Auch die Architekturfakultät selbst erhielt in Mendrisio ein neues Gebäude, den Palazzo Canavée von *Amr Soliman* und *Patrik Zurkirchen.* Er steht im Park neben den historischen Gebäuden der Fakultät, der im Kolonialstil gebauten Villa Argentina und dem klassizistischen Palazzo Turconi, dem ehemaligen Krankenhaus (hinter dem Säuleneingang des Palazzo Turconi entdeckt man übrigens eine große farbige Plastik von *Niki de Saint-Phalle,* ein Geschenk der Künstlerin an die Accademia).

Hoch hinauf, nämlich bis Ambri am Gotthardeingang, muss, wer die dortige turmartige **Kletterhalle** von *Giorgio* und *Giovanni Guscetti* mitten in der Tallandschaft betrachten oder an der knallroten **Tankstelle** von *Mario Botta* auftanken will (Tankstelle in Talrichtung); hoch hinaus auch, wer in San Bernardino am gleichnamigen Pass die neue **Jugendherberge** von *Lorenzo Felder* als Nachtlager ausprobieren möchte. Noch höher geht es, bis zur **Alphütte Cristallina** nahe dem gleichnamigen Pass auf 2580 m Höhe, einem modernen Almhüttenkubus aus Holz mitten in einer archaischen Berglandschaft. Einen einzigartigen Aussichtspunkt hat sich auch *Mario Botta* ausgewählt, als er auf dem Monte Tamaro auf 1560 m Höhe seine viaduktartig auf den Berghang hinausragende **Kirche Santa Maria degli Angeli** baute. Sie wurde 1996 geweiht und ist schon heute eines der berühmtesten Bauwerke des Tessins, das zahllose Besucher anlockt, welche mit der Seilbahn hochfahren. Nicht weniger erstaunlich, „typisch *Botta*" und doch ganz anders als Santa Maria degli Angeli, ist die in grüner Alplandschaft beim kleinen Weiler Mogno

[>] Die Kirche Santa Maria degli Angioli zwischen dem Monte Tamaro und dem Monte Lema, ebenfalls ein Entwurf von Mario Botta

483te tt

im Val Lavizzara liegende **Kirche San Giovanni Battista,** welche die runde Symmetrik alter *Botta*-Bauten in der wunderbar einfachen Form eines abgeschrägten Zylinders wieder aufnimmt.

In der Nähe Bellinzonas ist das bekannteste Werk eines anderen Großen der „Neuen Tessiner", *Luigi Snozzi,* zu besichtigen. Der im eher konservativen Tessin wegen seiner linken Ideen leider bei öffentlichen Ausschreibungen oft zu kurz gekommene Snozzi, wohl der kompromissloseste Vertreter der „klassischen Moderne" in Gefolgschaft *Le Corbusiers,* konnte in **Monte Carasso,** einem Dorf zwischen Bellinzona und Locarno, seine kreativen, städteplanerischen Ideen umsetzen, die „Architektur der Stadt" gestalten. In Monte Carasso wollte er zeigen, dass Verstädterung nicht an und für sich ein Problem ist, sondern die Art und Weise, wie man mit Entwicklung umgeht. Er gestaltete den Ort radikal um, nahm das historisch einzigartige Zentrums des Orts, das in früheren Phasen vielfach verschandelte und teilweise zerstörte Kapuzinerkloster, wieder als Ausgangspunkt der Ortsplanung und setzte in langwierigen politischen Auseinandersetzungen eine Orts- und Verkehrsplanung durch, welche die historischen Dorfstrukturen in eine vorwärtsgerichtete, verdichtete Stadtplanung für ein Monte Carasso der Zukunft weiterentwickelt. Auch einige Einzelgebäude in Monte Carasso, so die mit *Walter von Euw* schon 1974 realisierte, nicht ganz in *Snozzis* Sinne vergrößerte Wohnbebauung „Verdemonte", und das Haus des Bürgermeisters *Guidotti* (1983–84), sowie der Umbau des Hauses Rapetti (mit *Gustafo Groisman,* 1988), das Doppelhaus Guidotti (mit *Claudio Buetti,* 1989–91) und das Haus d'Andrea (mit *Giuliano Mazzi,* 1993) zeugen vom Können dieses großen Planers und Architekten, der zu Unrecht seltener genannt wird als sein Kollege *Mario Botta.*

8 Anhang

< Im Skigebiet Airolo-Pesciüm

Literaturtipps

■ Wer sich für die **Geschichte des Tessins** interessiert, kann leider im Moment nur auf antiquarische Exemplare der deutschen Übersetzung des Standardwerks von *Raffaello Ceschi* zurückgreifen: **Geschichte des Kantons Tessin,** Huber Verlag, Frauenfeld, 2003. Auf Italienisch sind zwei Werke des Autors relevant, die beide in den edizionicasasgrande (www.edizionicasagrande.com) erschienen sind: **Storia del Canton Ticino,** 1998, ISBN 9788877132789 und **Storia della Svizzera italiana,** 2000. Wenn man auf dem neuestem Stand sein will, kann man sich auch in dem umfangreichen Werk **„Geschichte der Schweiz und der Schweizer"** von *Ulrich Im Hof* et al. informieren, Schwabe Verlag, Basel, 2006, ISBN 978-3-7965-2067-9, welches sich im Gesamtzusammenhang der europäischen und schweizerischen Geschichte auch mit dem Tessin beschäftigt.

■ Literarisch interessant sind Werke, in denen sich heimische Schriftsteller oder solche, die es geworden sind, mit dem Tessin beschäftigen. Dazu gehört *Hermann Hesse* mit seinem Büchlein **Tessin,** Insel Tb., Frankfurt a. M. 1997, ISBN 978-3-45833-194-0. Reizvoll sind die Kurzgeschichten des 1979 verstorbenen Erzählers und Lehrers *Plinio Martini,* z.B. sein ergreifender Auswanderer-Roman **Nicht Anfang und nicht Ende. Roman einer Rückkehr,** Limmat Verlag, Zürich 2006, ISBN 978-3-8579-1495-9. Lesenswert ist außerdem **Spätholz, Roman aus dem Tessin,** von *Walther Kauer,* Lenos Verlag, Zürich 2002, ISBN 978-3-8578-7669-1.

■ Ergreifend auch der sich an Jugendliche wendende Klassiker über die Kaminfegerjungen des Tessins: *Lisa Tetzner,* **Die Schwarzen Brüder,** der 2013 in 21. Auflage (!) im Sauerländer Verlag erschien (ISBN 978-3-73736272-6). Der Roman wurde 1941 vom Ehemann *Tetzners* geschrieben, dem „Rote Zora"-Autor *Kurt Held,* der damals Schreibverbot hatte.

■ Im Limmat Verlag, Zürich, erscheinen Werke bekannter Tessiner Autoren zum Teil auf Italienisch und Deutsch und als Hör-CD, so der Gedichtband **Rückspiel/ Partito di ritorno** von *Giorgio Orelli,* von *Fabio Pusterla* **So lange Zeit bleibt/ Dum vacat** oder von *Alberto Nessi* aus dem Mendrisiotto die Erzählungen **Die Wohnwagenfrau, Terra Matta** oder **Schattenblüten** sowie der zweisprachige Gedichtband **Mit zärtlichem Wahnsinn/ Con tenera follia.**

■ Die moderne Tessiner Architektur (insbesondere die Generation nach *Botta* & Co.) wird im neuen Band **Tessin Architektur – die junge Generation,** von *Thomas Bamberg* und *Paola Pellandini* vorgestellt; DVA, München, 2004, ISBN 978-3-4210-3465-6.

■ Kulinarisch-literarisch empfehlenswert ist das liebevoll geschriebene Büchlein der bekannten Schriftstellerin *Evelyne Hasler:* **Mein Tessin: Spaziergänge durch mein Tessin. Landschaft, Küche und Kultur,** Sanssouci Verlag München/Wien 2002, ISBN 978-3-8363-0131-2. Es enthält auch empfehlenswerte Kochrezepte.

■ Wer sich für die Tessiner Grotti interessiert, lege sich den 2003, ISBN 88-8281-128-X, von der Tipografia Stazione SA herausgegebenen dreisprachigen **Guida a Grotti e Osterie del Ticino e Mesolcina** zu. Die Beschreibungen der Lokale sind zuverlässig, und das Kartenmaterial beschreibt den Weg zu den teilweise recht verborgen gelegenen Grotti.

■ **Italienisch – Wort für Wort** aus der Reihe Kauderwelsch, Reise Know-How Verlag, Bielefeld, ISBN 978-3-89416-482-9. Dazu sind separat ein AusspracheTrainer auf Audio-CD, ISBN 978-3-8317-6004-6, sowie ein „Kauderwelsch digital" (das gesamte Buch auf CD-ROM plus AusspracheTrainer), ISBN 978-3-8317-6014-5, erhältlich.

Wanderbücher

Unser Handbuch gibt nur Hinweise auf Wanderungen, will Wanderungen anregen. Nähere Auskunft – insbesondere im gebirgigen Gelände – muss man sich mit Zusatzinformation, Kartenmaterial etc. schaffen (vgl. „Praktische Reisetipps A–Z, Karten und Literatur"). Anregend können aber auch literarische Wanderbücher sein, die bestimmte Wanderungen beschreiben. Hier einige Beispiele.

- Als Wanderbuch über das Tessin ist *Beat Hächlers* (Hrsg.): **Das Klappern der Zoccoli. Literarische Wanderungen im Tessin,** Rotpunktverlag, 2000 Zürich, ISBN 978-3-85869-196-5, wohl das Schönste und Instruktivste zum Mitnehmen. 35 „LiteraTouren" verschiedener Autoren führen in die Regionen Tessins und beschreiben, welche Verbindung Schriftsteller wie z.B. *Frisch, Glauser, Hesse, Biancone* und *Martini* zum Tessin hatten.
- **Grenzschlängeln,** von *Ursula Bauer* und *Jürg Frischknecht,* ebenfalls erschienen im Rotpunktverlag, 2000 Zürich, ISBN 978-3-85869-123-1, ist momentan nur antiquarisch erhältlich. Es ist ein von zwei ausgezeichneten Autoren geschriebenes Buch über ihre Wanderungen entlang der Schweizer Grenze. Ca. 20 der 47 Episoden beschreiben das Grenzschlängeln an der Grenze Tessin – Italien mit viel Lokalkolorit und Liebe zum Detail.
- **20 Bergwanderungen Tessin,** Werd Verlag, Zürich, ISBN 978-3-85932-347-6. Beschreibt 20 schöne Bergwanderungen mit Streckenkarten, Höhenprofilen, An- und Rückreise, Kunst und Kultur am Weg und in der Umgebung.
- *S. Corinna Bille,* eine der wichtigsten Schriftstellerinnen der Romandie im 20. Jh. und Ehefrau des vielleicht noch bedeutenderen *Maurice Chappaz,* beschreibt in ihrem 2011 im Rotpunktverlag, Zürich, liebevoll herausgegebenen und ins Deutsche übersetzten **„Von der Rhone an die Maggia"** (ISBN 978-3-85869-458-4) eine Wanderung vom Wallis ins Maggiatal, mit einer aktuellen „Einladung zum Nachwandern" von *Andreas Weissen.* Empfehlenswert!

Kleine Sprachhilfe Italienisch

Begrüßung

Guten Tag	Buon giorno (signor/signora)
Auf Wiedersehen	Arrivederci!
Guten Abend	Buona sera (zur Begrüßung)
Gute Nacht	Buona notte (zum Abschied)
Wie geht es	Come sta/ Come va?
Danke, gut	Bene, grazie.
Und Ihnen/Dir?	E lei/tu?
Bis bald	(a) Più tardi! A presto!
Bis morgen	(a) domani!
Tschüss	Ciao!

Unterwegs

Bitte, wo ist ...?	Scusi, dove è ...?
Der Bahnhof	la stazione
Das Hotel	l'albergo
Eine Tankstelle	una stazione di servizio
Norden	nord
Osten	est
Süden	sud
Westen	ouest
links/rechts	a sinistra/a destra
geradeaus	diritto
nah/weit	vicino/lontano
Wie viele Kilometer sind es?	Quanti chilometri sono?
Eingang/Ausgang	l'ingresso/l'uscita (sprich: *uschita*)

Ankunft/Abfahrt	l'arrivo, la partenza
Straße	via
Gasse	viale
Pfad, Weg	sentiero
Brücke	ponte
Wegweiser	l'indicatione per .../ il cartello indicatore
Umweg	deviazione
Einbahnstraße	senso unico
Auto	macchina (sprich *makina*)
Fahrrad	biccicletta
Einfache Fahrt	solo andata
Retourfahrt	andata e ritorno
Fahrkarte	biglietto (sprich: *bilieto*)
Seilbahn/Bergbahn	telecabina, funivia
Wanderung	giro, escursione
Reise	giro (sprich: *tschiro*)
Ferien	vacanze
Berg	montagna, monte
Gipfel	cima
Sattel	sella
Ebene	piano
Hochebene	altopiano
Tal	val, valle
Fluss	fiume
See	lago
Wasserfall	cascate
Hügel	collina
Hoch	alto
Tief	basso
Panne	guasto
Unfall	Incidente

Notfall

Hilfe!	Ajuto!
Arzt	medico
Ich brauche einen Arzt.	O bisogno d'un medico.
Ambulanz	l'ambulanza
Krankenhaus	ospedale
Notaufnahme	pronto soccorso
Apotheke	farmacia
Polizei	la polizia
Feuerwehr	i vigili del fuoco
Können Sie mir einen Arzt empfehlen?	Mi può consigliare un buon medico?
Geben Sie mir ein Medikament für	Mi può dare una medicina per ...
... Kopfweh	... mal di testa
... Halsweh	... mal di gola
... Grippe	... influenza
... Husten	... tosse
... Fieber	... febbre
... Zahnschmerzen	... mal di denti

Einkaufen/ Post/ Bank/ Telefon

Preis	prezzo
Quanto costa ...	Wie viel kostet ...?
Geben Sie mir ...	Mi dia ...
... ein Stück	... un pezzo
... die Hälfte	... la metà
... etwas mehr	... un po di più
1/3	un terzo
1/4	un quarto
100 g	un etto
500 g	un mezzo chilo
1 kg	un chilo
1 l	un litro
kaufen/verkaufen	comprare/vendere
Geschäft	negozio
Lebensmittelhandlung	alimentari
Supermarkt	supermercato
Kaufhaus	grande magazzino
Bäckerei	panificio
Metzgerei	macelleria
Milchgeschäft	latteria
Fischladen	pesceria

Fotogeschäft	un negozio di articoli fotografici
Tabakladen	tabaccaio
Markt	mercato
Post	la posta
Bank	banca
Briefmarke	francobollo
Brief/Karte	lettera/cartolina
Paket	pacchetto
Nach Deutschland/ Österreich/ in die Schweiz	per la Germania/ l'Austria/ la Svizzera
Telefonkarte	carta telefonica
Vorwahlnummer	prefisso
Telefonieren	telefonare
Kleingeld	spiccioli
Geld	soldi
Geld wechseln	cambiare
Währung	valuta

Im Hotel/Restaurant

Hotel	un albergo
Pension	una pensione
ein Zimmer	una camera
Zweibettzimmer	dobbia
mit Bad/Dusche	con bagno/docchia
für eine (2) Nächte	per una (due) notte
für eine Woche	per una settimana
mit Seeblick	vista lago
Was kostet	Quanto costa
... das Zimmer?	... la camera?
... mit Frühstück?	... con la prima colazione?
... mit Halbpension?	... a mezza pensione?
Wo gibt's ein gutes ...	Scusi, mi potrebbe indicare un buon ...
... Restaurant?	... ristorante?
... typisch tessinerisches/ piemontesisches/ lombardisches Lokal?	... tipico ticinese/ piemontese lombardese?
... Eisdiele?	... una gelateria?
Reservieren Sie bitte	Può riservare ...
... heute Abend	... per stasera
... einen Tisch	... una tavola
... für vier Personen	... per quattro persone
Zum Wohl!	Alla sua salute!
Bezahlen, bitte!	Il conto, per favore!
Es war ausgezeichnet!	Era excellente!

Grundwortschatz

ja/nein	si/no
Danke	grazie
Bitte	per favore
Bitte (als Antwort)	prego
Entschuldigung	scusi/scusa
Es tut mir Leid	mi dispiace
Ich möchte ...	Vorei ...
Möchten Sie ...?	Vuole ...?
Haben Sie ...	Ha ... (*a* gesprochen)
Ich verstehe nicht ...	Non capisco ...
Ich spreche kein Italienisch	Non parlo Italiano
Ich spreche wenig Italienisch	Parlo solo un po' d'Italiano
Deutsch	tedesco
Ich hätte lieber ...	Preferisco ...
Können Sie mir bitte helfen?	Mi può aiutare, per favore?
Es ist offen/ geschlossen	E aperto/ chiuso
Wie bitte?	Come?
In Ordnung	Va bene
Es funktioniert nicht	Non funziona
kalt/heiß	freddo/caldo
groß/klein	grande/piccolo
schön	bello
Es gefällt mir	Mi piace
Es gefällt mir nicht	Non mi piace
Es ist genug	Abbastanza
mehr	più
zu viel	troppo

Fragen

Wann?	quando
Wie?	come?
Wo?	dove?
Warum?	perque?
Wie viel?	quanto?
Was ist ... das?	che cosa e questo?
Gibt es ...?	cê ...?

Tageszeit/Wochentage/Monate/Jahreszeiten

Morgen	la mattina
Mittag	il mezzogiorno
Nachmittag	il pomeriggio
Abend	la sera
Nacht	la notte
Montag	lunedi
Dienstag	martedi
Mittwoch	mercoledi
Donnerstag	giovedi
Freitag	venerdi
Samstag	sabato
Sonntag	domenica
gestern	ieri
morgen	domani
übermorgen	dopodomani
Januar	gennaio
Februar	febbraio
März	marzo
April	aprile
Mai	maggio
Juni	giugno
Juli	luglio
August	agosto
September	settembre
Oktober	ottobre
November	novembre
Dezember	dicembre
Frühjahr	primavera
Sommer	estate
Herbst	autumno
Winter	inverno

Zahlen

1	uno
2	due
3	tre
4	quatro
5	cinque
6	sei
7	sette
8	otto
9	nove
10	dieci
11	undici
12	dodici
13	tredici
14	quatordici
15	quindici
16	sedici
17	diciasette
18	diciotto
19	diciannove
20	venti
21	ventuno
22	ventidue
23	ventitre
30	trenta
31	trentuno
32	trentadue
40	quaranta
50	cinquanta
60	sessanta
70	settanta
80	ottanta
90	novanta
100	cento
101	centuno
200	duecento
1000	mille

2000	duemila
10000	diecimila
100000	centomila
1000000	un millione
2000000	due millione

Glossar für Kunst und Architektur

- **Alkoven:** Nische, Nebenraum in einem Zimmer, z. B. für das Bett.
- **Antependium:** Altarverkleidung, bedeutete im Mittelalter „Vorhang".
- **Apsis, Apsiden** (Pl.): Raum mit halbrundem Grundriss, von Halbkuppel überwölbt. Öffnet sich meist gegen einen Hauptraum.
- **Arkade** (von lat. „Bogen"): ein von Pfeilern oder Säulen getragener Bogen. Mehrere Arkaden werden zum Bogengang.
- **Assunta:** Mariä Himmelfahrt.
- **Attikageschoss:** Aufsatz über dem Hauptgeschoss eines Hauses. In der Schweiz als frei stehende Wohnung auf dem Dach eines (meist größeren) Wohnhauses.
- **Baptisterium:** Taufkirche.
- **Barock** (vom ital. *barocco*, „schiefrund", und port. *barroco*, „unregelmäßige Perle"): Kunst- und Architekturform ab der zweiten Hälfte des 16. Jh., außerhalb Italiens und des Tessins erst ab dem 17. Jh. bis zur Französischen Revolution. Löst die strengen Formen der Vorperiode zugunsten vielfältiger, aufgelockerter bis üppiger Gestaltungsformen ab. Passt zum Prunk des Absolutismus.
- **Basilika:** Drei- oder mehrschiffige Kirche mit Mittelschiff.
- **Basrelief:** franz. für Flachrelief, also wenig erhabenes Relief.
- **Beinhaus:** Ossarium, Gebäude zur Aufbewahrung der Gebeine, meist mit Kapelle verbunden.
- **Beletage:** Stockwerk mit repräsentativen Zimmern.
- **Bergfried:** Hauptturm einer Burg, diente bei Belagerung als Zuflucht.
- **Biforen:** zweiteilige Fensteröffnung, Zwillingsfenster (Romanik).
- **Bildstock:** Säule mit Nische, in der eine Heiligenfigur steht.
- **Blende:** Wandgliederung durch Flächenschichtung, meist dekoratives nicht-räumliches Motiv, Blendfenster, Blendarkade (Trompe-l'oeil).
- **Bossieren:** Rohform, Stehenlassen eines Buckels auf der Fläche eines Quaders.
- **Campanile:** Kirchturm (ital.).
- **Chor:** oft überhöhter Raum der Kirche, ursprünglich für Gebet und Gesang der Mönche bestimmt.
- **Donjon:** Bergfried, Wohnturm auf einer Burg.
- **Draperiemalerei:** Malerei, welche Tür- und Fenstervorhänge und andere geraffte Stoffbehänge darstellt. Bereits im Mittelalter, aber speziell im 17. bis 19. Jh. sehr verbreitet.
- **Emblem:** sinnbildliche Darstellung.
- **Epiphanie:** Erscheinung, Selbstoffenbarung einer Gottheit.
- **Epitaph:** Gedenktafel.
- **Erker:** geschlossener, befensterter Ausbau.
- **Evangelistensymbole:** Im frühen Christentum wurden die Evangelisten mit vier Strömen des Paradieses verglichen und daher in der bildenden Kunst oft durch Wellenlinien symbolisiert.
- **Fachwerk:** selbsttragender Skelettbau aus Holz mit waagerechten und diagonalen Verspannungen. Die Zwischenräume können z.B. mit Lehm und Haselrutengeflechten geschlossen sein.
- **Flamboyant:** flammenförmige Motive im Maßwerk (Spätgotik).
- **Feston:** Dekoration, Gehänge von Blumen, Blättern, Früchten.
- **Fresko:** auf feuchtem Verputz aufgetragenes Gemälde.
- **Fries:** waagerechte Ornamentik, die Flächen teilt oder begrenzt.

- **Gespreng:** architektonischer Aufbau über Flügelaltären (Gotik).
- **Gestrickt:** horizontal geschichtete, verzapfte Balken.
- **Giebelständig:** mit dem Giebel zur Straße gekehrt, im Gegensatz zu traufständig.
- **Gnadenstuhl:** Darstellung der heiligen Trinität (Gottvater, Christus, Heiliger Geist, meist in Form einer Taube). Bekannt seit dem 12. Jh.
- **Gotik:** Baustil des Hoch- und Spätmittelalters, welcher v.a. die Vertikale, das Hochstrebende betont, was etwa in den Hallenkirchen sichtbar wird. Die hochragende Bauweise mit relativ dünnen Wänden wurde v.a. durch die Spitzbogenarchitektur, Rippengewölbe, Schwibbogen und andere architektonische Neuerungen möglich, welche statisch einen bedeutend geringeren Seitenschub entwickeln als z.B. die in der Romanik üblichen Rundbogen. In der Gotik entwickelte sich auch der Profanbau mit Bürgerhäusern, Rathäusern etc.
- **Grisaille:** grautönige Malereien.
- **Groteske:** Ornamente, z.B. Ranken mit Fantasiewesen.
- **Gurtbogen:** Bandartige Verstärkung eines Gewölbes.
- **Hippokampen:** Mischwesen aus sich aufbäumendem Pferd und Fisch.
- **Intarsien:** Einlegearbeiten in Holz, meist aus andersfarbigem oder anders gemasertem Holz, Elfenbein, Metall etc.
- **Joch:** Große Gewölbe werden durch Gurtbögen (s. oben) in einzelne Raumabschnitte gegliedert. Die die einzelnen Gewölbeeinheiten überdeckenden Abschnitte bezeichnet man als Joch.
- **Kalottengewölbe:** Gewölbeform, Teil einer Kugel.
- **Kalvarienberg:** Hügel, knapp außerhalb Jerusalems, auf dem Jesus gekreuzigt wurde (Golgatha). Die Darstellung der Kreuzigungsgruppe wird oft als Kalvarienberg bezeichnet.
- **Kapitell:** oberster Teil einer Säule.
- **Karyatiden:** Auf das Griechische zurückgehende Bauplastik mit einer bodenlang gewandeten Frauenfigur, oft als tragendes Element für Balkone, Erker, Portale. Die Frauen aus Karyai sollen für Kontakte mit dem Feind zum Tragen von Lasten verurteilt worden sein. Männliches Gegenstück: Atlant.
- **Kassettendecke:** von franz. *cassette* („Kästchen"). Decke aus kastenförmigen Feldern aus Holz, Stein oder Stuck.
- **Kenotaph:** leeres Grab.
- **Kompositpilaster:** Wandpfeiler mit ionisch-korinthischem Kapitell.
- **Kreuzfirst:** sich kreuzförmig durchdringende Dächer.
- **Krypta:** unterirdischer Raum unter dem Chor, als Grabstätte oder für Reliquien.
- **Langhaus:** Kirchenschiff.
- **Leibung:** Wandung von Maueröffnung.
- **Lettner:** Kircheneinbau, der den Chor vom Schiff abtrennt.
- **Lisene:** leicht vortretende Wandvorlagen.
- **Lünette:** halbmondförmiges Fenster.
- **Luziden:** Lichtschlitz, schmales Fenster.
- **Maiensäß:** früh (Mai) und spät im Jahr bewirtschaftete Alp mit Alphütte.
- **Majestas Domini:** Frontale Christusdarstellung mit dem segnenden Heiland auf Thron oder Regenbogen, oft von Glorie umgeben.
- **Mandorla:** Heiligenschein (mandelförmig).
- **Manierismus:** Spätrenaissance-Kunstform, von Florenz ausgehend, ab der zweiten Hälfte des 16. Jh. Ursprünglich abwertend im Sinne von exaltiert, gekünstelt, geziert gemeint.
- **Maschikuli:** Pechnasenkranz, meist an Wehrgängen.
- **Maßwerk:** geometrisch konstruiertes gotisches Ornament.
- **Mezzanin:** Halb- oder Zwischengeschoss.
- **Monstranz:** Liturgisches Gefäß, das zum „Demonstrieren" einer Reliquie oder Hostie verwendet wird. Typisch im Barock die so genannte Sonnen- oder Strahlenmonstranz, meist aus vergoldetem Silber.
- **Municipio:** Gemeindeverwaltung, Rathaus.
- **Orangerie:** Gewächshaus, in dem man Zitrus-

früchte und andere mediterrane Pflanzen überwintert (seit 16. Jh.).

Oratorium: Ursprünglich der Zusammenkunftsort für gemeinsames Beten (lat. *orare* = beten, bitten). Gebetsraum, z.T. später auch Bezeichnung für Kloster, Musikkomposition geistlichen Inhalts.

Palas: Hauptwohnhaus einer mittelalterlichen Burg.

Pechnase: kleiner, unten offener Erker z.B. an einer Burgmauer. Durch die Öffnung goss man siedendes Pech auf angreifende Gegner.

Pendentifkuppel: Kuppel, deren Grundkreis von sphärischen Dreiecken (Pendentifs) ins Vieleck des Grundrisses übergeleitet wird.

Piano nobile: ital. „vornehmes Stockwerk". Erstes Stockwerk in Herrenhäusern, in denen der Empfang stattfand.

Pietà: Figurengruppe mit über Jesus' Leichnam trauernder Muttergottes.

Pilaster: auf der Wand aufgesetzter Pfeiler.

Portikus: von Säulen getragene Vorhalle.

Presbyterium: den Priestern vorbehaltener Raum, oft der Chor oder frühchristlich oft die Apsis. Als noch heiliger galt im Mittelalter das Sanktuarium, der Raum um den Altar.

(Propheten-)Medaillons: Kleines umrahmtes, meist als Dekor dienendes Prophetenbild.

Prospekt: Dem Hauptraum der Kirche zugewendete, deshalb meist reich dekorierte Seite der Orgel (Orgelprospekt).

Putto, Putten: nackte, kleine Engelsfigur.

Régence: Kunstrichtung zwischen *Louis XIV.* (Hochbarock) und *Louis XV.* (Rokoko). Erste Phase des Rokoko, leichter und verspielter als die wuchtige Hochbarockkunst.

Renaissance: franz. für „Wiedergeburt", ital. *risorgimento*. Wiederaufleben der Antike. Kunstgeschichtlich der Beginn der Neuzeit, Rückbesinnung auf alte Kulturen aber auch auf das Profane, Diesseitige, Sinnenfrohe. Ab ca. 1400–1600.

Retabel: Altaraufbau.

Risalit: Bauteil, der in der ganzen Fassadenhöhe hervortritt.

Rocaille: muschelähnliche, schnörkelige Ornamentik, gerne mit Blumen- und Zweigmotiven verbunden. Gab dem „Rokoko" den Namen.

Romanik: Von franz. *romain*, „römisch". An altrömische Bauformen anlehnende Formen mit Säulen und Bogen. Man unterscheidet eine frühromanische (ottonische, 950–1050), eine hochromanische (salische, 1050–1150) und eine spätromanische (staufische, 1150–1250) Zeit.

Rosette: Stilisierte, runde Blüte mit vom Zentrum ausgehenden Strahlen. Mit floralem Motiv oft auch Blumenrosette genannt. Altes göttliches Symbol, oft auch für Kirchenfenster benutzt.

Sägefries: Bandartiges Ornament, hier in Form eines Sägeblatts.

Sakrarium: Raum, in dem die Hostien aufbewahrt werden.

Säulen, korinthische: jüngste, schon ins römische Zeitalter hineinreichende Form. Kelchförmiges Kapitell, umgeben von ein bis zwei Reihen vertikal angeordneter Akanthusblätter. Aus den Blättern erheben sich Spiralformen, so genannte Helices. Ein Rundstab trennt das Kapitell von der Säule.

Schwibbogen: Auch Schwebebogen. Strebewerk der Gotik zwischen Strebepfeilern und anderen statisch wichtigen Gebäudeteilen. Tragende Funktion, aber auch dekorativ und zum Teil als Verbindungsgang konzipiert.

Serliana: Je zwei Stützen mit geradem Gebälk tragen einen Rundbogen.

Sgraffito: Fassadenschmuck, ital. „Kratzputz". Auskratzen verschiedenfarbiger Putzschichten, so dass sich Farbeffekte ergeben.

Sibyllen: Weissagende Frauen (oft 12, den 12 Aposteln gegenübergestellt). Im Mittelalter auch ein Symbol der unbefleckten Empfängnis.

Sinopien: Vorzeichnung von Fresken an der Wand (mit Rötelstift oder Braun).

Spolie: ein Bauteil aus einem früheren, abgebrochenen Bau.

Sprenggiebel: Die zwei hochstrebenden Dreiecksseiten eines Giebels sind nach ca. zwei Dritteln abgebrochen, „gesprengt", nach innen gebogen und meist überhöht von Zierart (Urnen, Vasen, Kreisformen).

■ **Strickhäuser:** siehe „gestrickt".

■ **Stuckatur:** Verzierungen an Innenwänden, Decken, aber auch Außenwänden aus Stuck, einem verformbaren, rasch härtenden Gemisch aus Gips, Kalk, Sand und Wasser. Leicht modellierbar, wird es nach dem Trocknen sehr hart. Bereits von den Römern verwendet.

■ **Tabernakel:** Gehäuse für Hostie.

■ **Tambourkuppel:** Zylindrische Zwischenstücke zwischen Wölbung und Unterbau, durch dessen Fensteröffnung Licht in den Raum fällt.

■ **Tonnengewölbe:** Einfachste Gewölbeform, dessen Bogen im Querschnitt einen Halbkreis oder eine halbe Ellipse bilden. Zwei Tonnengewölbe, die im rechten Winkel stehen, bilden ein Kreuzgewölbe.

■ **Traufständig:** mit dem Giebel von der Straße abgekehrt.

■ **Triumphbogen:** kirchlicher Trennbogen zwischen Schiff und Chor.

■ **Trivultus:** dreiköpfiger Gott, drei Köpfe zu einem zusammengefügt, drei Nasen, drei Münder, vier Augen. Christlich symbolisiert der Trivultus die Dreieinigkeit von Gott, Gottes Sohn und dem Heiligen Geist. Meist umgeben von Evangelisten und Kirchenvätern.

■ **Trockenmauerwerk:** Versetzt aufgeschichtetes, unverputztes und unvermörteltes Steinwerk, aus dem in Norditalien Gartenmauern, Umgebungsmauern, aber auch Häuser erbaut wurden.

■ **Trompe-l'oeil:** „täuscht das Auge" (franz.), auch „quodlibet" (lat. „was beliebt"): illusionistischer, fotorealistischer Malstil, der z.B. Räumlichkeit vortäuschen sollte. Bereits in der Antike beliebt, die Renaissance bediente sich insbesondere auch perspektivischer Effekte, um die Täuschung zu perfektionieren.

■ **Via Crucis:** Kreuzweg.

■ **Volutengiebel:** Giebel mit spiraliger oder schneckenartiger Dekoration.

■ **Vorwerk:** Verteidigungswerk, außerhalb der Burganlage.

■ **Votivgemälde:** (lat. *votivus,* „durch Gelübde versprochen"). Meist auf Holz oder Leinwand gemaltes Gelübde, im Zusammenhang mit überstandenen Erkrankungen, Unfällen, Errettung vor dem Tod. Der Anlass des Gelübdes ist meist auf dem naiven Gemälde festgehalten.

■ **Vierung:** Raumteil, wo sich Langhaus und Querschiff durchdringen.

■ **Wehrgang:** Durchgang, oft aus Holz, auf Wehrmauern, der mit Schießscharten, Fußscharten, Kugelscharten ausgestattet war. Am Ende eines Wehrgangs befanden sich oft zusätzliche Befestigungen, z.B. Mauertürme.

■ **Wimpergen:** althochdeutsch *wintberga,* bedeutet Windschutz. In der Gotik übliche Ziergiebel aus Blendmaßwerk (oder mit durchbrochener Gliederung) über Portalen und Fenstern. Giebel oft mit Kreuzblume bekrönt.

■ **Ziborium:** Kelch zur Aufnahme von Hostien.

■ **Zitadelle:** (ital. *cittadella,* „kleine Stadt"). Erhöhte, befestigte Verteidigungsanlage einer Stadt oder Burganlage.

■ **Zwergbogenfries:** Bandartiges Ornament, hier Zierform aus aneinander gemalten Bögen.

■ **Zwickel:** Dreieckige Wandfläche zwischen den zwei Bögen einer Arkade. Ein Pendentif ist ein Zwickel in Form eines sphärischen Dreiecks im Übergang eines eckigen Grundrisses zur Kuppel (siehe Pendentifkuppel).

Register

A

B

537te ns

Die Autoren

Eva Meret Neuenschwander ist Diplom-Übersetzerin und selbstständige Publizistin. **Jürg Schneider** doziert nach Jahren in der Praxis, u.a. auch im Tourismus, nun an einer Fachhochschule strategisches Management für Nonprofit-Organisationen. Die Autoren sind Schweizer und leben in Niederscherli bei Bern. Sie haben im Reise Know-How Verlag schon den Reiseführer „Schweiz mit Liechtenstein" veröffentlicht.

Fotonachweis
Die Autoren (ns)
Ticino Turismo (tt)
Bellinzona Turismo, Pino Brioschi (bt)
Distretto Turistico dei Laghi (dt)
Wikimedia (Link direkt am Bild)
123rf.com (Autoren direkt am Bild)
fotolia.com (Autoren direkt am Bild)
dreamstime.com (Autoren direkt am Bild)
Jeannette Merguin (Titelfoto)
Wir danken für die freundliche Abdruckgenehmigung.